UTB **1989**

Eine Arbeitsgemeinschaft der Verlage

Wilhelm Fink Verlag München
A. Francke Verlag Tübingen und Basel
Paul Haupt Verlag Bern · Stuttgart · Wien
Hüthig Fachverlage Heidelberg
Verlag Leske + Budrich GmbH Opladen
Lucius & Lucius Verlagsgesellschaft Stuttgart
Mohr Siebeck Tübingen
Quelle & Meyer Verlag Wiesbaden
Ernst Reinhardt Verlag München und Basel
Schäffer-Poeschel Verlag Stuttgart
Ferdinand Schöningh Verlag Paderborn · München · Wien · Zürich
Eugen Ulmer Verlag Stuttgart
Vandenhoeck & Ruprecht in Göttingen und Zürich
WUV Wien

Willi Erzgräber

Der englische Roman von Joseph Conrad bis Graham Greene

Studien zur Wirklichkeitsauffassung und Wirklichkeitsdarstellung
in der englischen Erzählkunst
der ersten Hälfte des 20. Jahrhunderts

A. Francke Verlag Tübingen und Basel

Für Anne

Die Deutsche Bibliothek – CIP-Einheitsaufnahme

Erzgräber, Willi:
Der englische Roman von Joseph Conrad bis Graham Greene : Studien zur Wirklichkeitsauffassung und Wirklichkeitsdarstellung in der englischen Erzählkunst der ersten Hälfte des 20. Jahrhunderts / Willi Erzgräber. – Tübingen ; Basel : Francke, 1999
 (UTB für Wissenschaft: Uni-Taschenbücher; 1989)
 ISBN 3-8252-1989-5 (UTB)
 ISBN 3-7720-2258-8 (Francke)

© 1999 · A. Francke Verlag Tübingen und Basel
Dischingerweg 5 · D-72070 Tübingen
ISBN 3-7720-2258-8

Das Werk einschließlich aller seiner Teile ist urheberrechtlich geschützt. Jede Verwertung außerhalb der engen Grenzen des Urheberrechtsgesetzes ist ohne Zustimmung des Verlages unzulässig und strafbar. Das gilt insbesondere für Vervielfältigungen, Übersetzungen, Mikroverfilmungen und die Einspeicherung und Verarbeitung in elektronischen Systemen.
Gedruckt auf chlorfrei gebleichtem und säurefreiem Werkdruckpapier.

Satz: Nagel, Reutlingen
Einbandgestaltung: Alfred Krugmann, Stuttgart
Druck und Bindung: Presse-Druck, Augsburg
Printed in Germany

ISBN 3-8252-1989-5 (UTB-Bestellnummer)

Inhalt

Einleitung	7
Kapitel 1: JOSEPH CONRAD – die Wirklichkeit des Moralischen	24
Kapitel 2: JAMES JOYCE – das künstlerische Bewußtsein und die Lebenswirklichkeit der Menschheit	75
Kapitel 3: VIRGINIA WOOLF – der Roman als Instrument der Wirklichkeitsentdeckung	125
Kapitel 4: E.M. FORSTER – "Sawston" und seine alternativen Wirklichkeiten	173
Kapitel 5: D.H. LAWRENCE – die Wirklichkeit des 'Blutes'	224
Kapitel 6: ALDOUS HUXLEY – Satire und Didaxis in der Darstellung der gesellschaftlichen Wirklichkeit	275
Kapitel 7: EVELYN WAUGH – der Mensch in der Wirklichkeit des gesellschaftlichen Zerfalls und des absurden Zufalls	322
Kapitel 8: GEORGE ORWELL – der gescheiterte Ausbruch aus der Wirklichkeit	366
Kapitel 9: GRAHAM GREENE – die Wirklichkeit der Gewalt, des Verbrechens und der Sünde	405
Ausblick	453
Auswahlbibliographie	457
Register	491

Einleitung

In seiner Schrift *Wozu noch Literatur?* bemerkt Gerhard Kaiser, "daß Dichtung eine dem Menschen wesentliche Weise der Bearbeitung seiner Lebenswirklichkeit und der Auseinandersetzung mit ihr ist".[1]

Bearbeitung der Lebenswirklichkeit geschieht in der erzählenden Literatur mit einer Reihe von sprachlichen und erzähltechnischen Mitteln, vom Dialog und Monolog bis zum Bericht, dem Kommentar und der Bildersprache. In der Auswahl, Koordination und thematischen Funktion der Darstellungsmittel spiegelt sich zugleich die Deutung der Wirklichkeit durch den Autor, auch wenn dieser, wie Flaubert es versuchte, nirgendwo direkt in seinem Werk faßbar ist. Es läßt sich im Verhältnis von Wirklichkeit und Darstellung eine Wechselbeziehung konstatieren: Die Sicht der Wirklichkeit bedingt die Auswahl der Darstellungsmittel, und an der Art und Weise, in der die Darstellungsmittel eingesetzt werden, läßt sich die Deutung der Wirklichkeit ablesen. Obwohl Epiker danach streben, die Fülle der Wirklichkeitsaspekte und der Deutungsmöglichkeiten zu veranschaulichen, – vom philosophischen und politischen, vom moralischen bis zum psychologischen Deutungsansatz –, ist nicht zu verkennen, daß die einzelnen Autoren bestimmten Sichtweisen den Vorrang geben. Einige der für die folgenden Kapitel gewählten Überschriften signalisieren jeweils die besondere Sicht: bei Conrad ist es der moralische Standort, bei Graham Greene rückt in einigen Romanen die religiöse Perspektive in den Vordergrund, er nimmt dabei aber die moralisch-psychologische Sicht in die übergreifend religiöse in sich auf. Bei anderen Autoren wie beispielsweise Virginia Woolf dominiert die Reflexion über Sprache und Darstellungstechnik, so daß sich von der Form her eine Erschließung ihrer Wirklichkeitsauffassung anbietet.

Obwohl die ausgewählten Autoren ihre Werke in der ersten Hälfte des 20. Jahrhunderts verfaßten, liefert jeder von ihnen eine

---

1 Gerhard Kaiser, *Wozu noch Literatur? Über Dichtung und Leben*, München 1996, 10.

eigene Sicht der Wirklichkeit, die im künstlerischen Temperament und den Lebensumständen, die die Entwicklung des Erzählers beeinflußten, bis hin zu den Zufälligkeiten des Alltags begründet ist. Autoren- und epochenspezifische Faktoren gehen überdies von Werk zu Werk neue Verbindungen ein, so daß es beispielsweise unmöglich ist, in dem experimentellen Roman *Jacob's Room* den Schlüsssel für alle anderen experimentellen Werke Virginia Woolfs zu sehen. Wenn ein solcher Versuch unternommen wird, verlieren die einzelnen Romane ihr besonderes Gepräge und damit auch ihren eigentlichen Sinn. Es geht aus diesem Grunde in der vorliegenden Darstellung darum, das Spezifische der ausgewählten Werke herauszuarbeiten. Sie werden jeweils als Antworten der Autoren auf eine neue Erlebnissituation, auf neue Einsichten in die Lebenswirklichkeit, auf veränderte Einstellungen zur Absicht, die Lebenswirklichkeit zu bearbeiten, verstanden.

Wir benutzen die einzelnen Werke nicht als Daten für ein theoretisches System (ein solcher Versuch setzt ein anderes Erkenntnisziel und andere methodische Wege voraus). Wir betrachten vielmehr die einzelnen Werke als Äußerungen eines Menschen, eines Künstlers, über seine Erfahrung der Wirklichkeit und als Versuche, seine Einsichten anderen Menschen mit erzählkünstlerischen Mitteln mitzuteilen und sie die dargestellten Erfahrungen nacherleben zu lassen. Man kann diese Art der Literaturbetrachtung als "humanistische Literaturwissenschaft" bezeichnen, vorausgesetzt, daß der Begriff "humanistisch" nicht mit dem bildungstheoretischen und bildungspolitischen Akzent versehen wird, den er im 19. und weithin auch im 20. Jahrhundert hatte. Man sollte demgegenüber von einem gebrochenen Humanismus sprechen, wie er sich am besten in den Romanen Joseph Conrads und Graham Greenes spiegelt. Gerade die Offenheit für die erzählkünstlerische Präsentation des Menschen und seiner Lebenswirklichkeit, die geprägt ist von den geschichtlichen Erfahrungen des 20. Jahrhunderts, ermöglicht es dem gegenwärtigen Leser, einen Zugang zu der Wirklichkeit, in der er steht und an der er denkend, fühlend oder handelnd teilhat, zu finden. Die Erzählkunst provoziert ihn, über seine eigenen Erfahrungen und die Schlüsse, die er aus seinen Erfahrungen gezogen hat, zu reflektieren. Wir betrachten die Werke nicht als bloße Raster, in die der Leser seine eigenen imaginativen Entwürfe von Welt und Wirklichkeit hineinprojizieren kann. Wir sehen in einem Werk vielmehr die komplexe Äußerung eines Autors, der in den meisten

Fällen nicht in der Lage ist (oder in der Lage wäre), den Sinn seiner Aussage mit absoluter Zuverlässigkeit interpretierend nachzuzeichnen. Das Besondere eines dichterischen Werkes liegt gerade darin, daß seine Komplexität, die in der Fülle der sprachlichen Ausdrucksmittel mitbegründet ist, eine unabschließbare Reihe von Deutungsmöglichkeiten in sich birgt. Die Leserreaktionen lassen diese Deutungsmöglichkeiten sichtbar werden, und sie eröffnen einen infiniten Rezeptionsvorgang, bei dem Impressionen, die die Texte im Leser evozieren, mit ebenso zahlreichen Reflexionen über das Werk gekoppelt sind.

Interpretationen sind – vor diesem Hintergrund gesehen – nichts anderes als Versuche, sich an diesem Gespräch zu beteiligen, wobei die Kenntnis der vom Autor verwendeten Ausdrucksmöglichkeiten und des geistigen Milieus, in dem er sich bewegt(e), die verdeckten Intentionen des Autors und seiner künstlerischen Äußerungen freilegen kann. Wissenschaftliche Interpretationen wollen verhindern, daß die künstlerischen Werke einer interpretatorischen Willkür unterworfen werden. Es gibt in jedem Werk einen geistigen Kern, dem sich die Interpreten durch ein stets verfeinertes methodisches Instrumentarium nähern möchten, und die kritische Auseinandersetzung, die Interpreten über ein und dasselbe Werk führen, ist von der (meist unausgesprochenen) Absicht bestimmt, eine möglichst plausible Auslegung des Textes zu liefern. Wenn von der Überzeugungskraft einer Interpretation gesprochen wird, dann heißt dies, daß die gesamte Interpretation der geistigen Substanz und der besonderen künstlerischen Leistung eines Autors nahekommt – näher als andere Auslegungen, die gleichzeitig oder zu einem früheren Zeitpunkt unternommen worden sind. Diese Einstellung zum Erkenntnisziel, zu "the idea of truth", hat A.S. Byatt in *Passions of the Mind* wie folgt charakterisiert: "... that idea itself is only wholly meaningful if we glimpse a possibility of truth and truthfulness for which we must strive, however, inevitably, partial, our success must be."[2]

Der erste Akt der Bearbeitung der Lebenswirklichkeit ist deren Wahrnehmung.[3] Wahrnehmen und sehen sind nicht identisch – ebenso wenig wie die photographische Kopie und die erzählerische Darstellung von Wirklichkeit. Wahrnehmung enthält immer auch

---
2 A.S. Byatt, *Passions of the Mind*, London 1991, 24.
3 Vgl. in diesem Zusammenhang Susanne Peters, *Wahrnehmung als Gestaltungsprinzip im Werk von James Joyce*, Trier 1995.

ein Element der Auslegung des Wahrgenommenen. Wahrnehmung setzt nicht nur die Sinne in Bewegung, sondern auch die Koordination des sinnlich Wahrgenommenen im Hinblick auf die Sinngebung. Wahrnehmung impliziert eine Auswahl der sinnlichen Data und zugleich deren Verwandlung.

Zur Erläuterung dieses Sachverhaltes sei eine Stelle aus dem Eingang von Virginia Woolfs Roman *Mrs Dalloway* zitiert, an der der Spaziergang der Protagonistin durch das morgendliche London beschrieben wird:

> There! Out it boomed. First a warning, musical; then the hour, irrevocable. The leaden circles dissolved in the air. Such fools we are, she thought, crossing Victoria Street. For Heaven only knows why one loves it so, making it up, building it round one, tumbling it, creating it every moment afresh; but the veriest frumps, the most dejected of miseries sitting on doorsteps (drink their downfall) do the same; can't be dealt with, she felt positive, by Acts of Parliament for that very reason; they love life. In people's eyes, in the swing, tramp, and trudge; in the bellow and the uproar; the carriages, motor cars, omnibuses, vans, sandwich men shuffling and swinging; brass bands; barrel organs; in the triumph and the jingle and the strange high singing of some aeroplane overhead was what she loved; life; London; this moment of June.[4]

Zunächst registriert Mrs. Dalloway die Glockenschläge des Big Ben, danach richtet sich ihre Aufmerksamkeit auf die unmittelbare Umgebung, auf die Menschen, denen sie begegnet, auf die Geräusche im Londoner Verkehr, auf unterschiedliche Klänge. Es zeigt sich aber, daß die Impressionen von Mrs. Dalloway zugleich gedeutet werden. So sind die Schläge des Big Ben für sie: "First a warning, musical; then the hour, irrevocable". In den Adjektiven spiegelt sich ihr ambivalentes Lebensgefühl: die Offenheit für die Schönheit, die Musikalität der Klänge, aber auch das Bewußtsein der Unwiederholbarkeit des Erlebten. In dieser Situation dominiert in ihren folgenden Reflexionen die Hingabe an das Leben, und sie sieht diese Haltung auch bei den anderen Menschen: "They love life". Liebe zum Leben charakterisiert auch *ihre* Einstellung zur Wirklichkeit: "in the triumph and the jingle and the strange high singing of some aeroplane overhead was what she loved". Die innere Bewegung der Gefühle und der Gedanken kulminiert in der (in der erlebten Rede) getroffenen Feststellung: "life;

---

4 Virginia Woolf, *Mrs Dalloway*, ed. Morris Beja, Oxford 1996, 6.

London; this moment of June". Auffällig ist in dieser Passage die Rhythmisierung, die von dem einsilbigen Wort "life" ausgeht und die ihre Klimax in der Wendung "this moment of June" erreicht. Die Wirklichkeit wird an dieser Stelle zum einen in ihren faktischen Gegebenheiten erfaßt, zum anderen aber als eine erlebte Wirklichkeit präsentiert. Die Verwandlung, die in der sprachlichen Wiedergabe und in den Reflexionen über die Impressionen stattfindet, entspricht den ästhetischen Forderungen Virginia Woolfs und des Bloomsbury-Kreises. Zugleich wird damit ein Formprinzip sichtbar, das beispielsweise auch bei Joyce anzutreffen ist, der dafür den Begriff "transmuting" verwendet.

Dies gilt auch noch für die Darstellung der Vorkriegsphase, wie sie in George Orwells Roman *Coming Up For Air* erscheint, der, 1938 publiziert, geradezu als ein Werk bezeichnet werden kann, in dem sich die Wandlungen der ersten Jahrhunderthälfte in paradigmatischer Weise spiegeln. In der Erinnerung des George Bowling ist Lower Binfield ein ländliches Paradies, in das freilich die sozialen Spannungen, die mit und nach dem Ersten Weltkrieg stärker spürbar werden, bereits eingezeichnet sind. Bei seiner Rückkehr in die Heimat in den 30er Jahren ist Lower Binfield zu einem Ort geworden, an dem sich modellhaft die Auswirkungen der modernen technischen Zivilisation ablesen lassen.

> It was a long way. Miles, it seemed to me, though really it wasn't a mile. Houses, shops, cinemas, chapels, football grounds – new, all new. Again I had that feeling of a kind of enemy invasion having happened behind my back. All these people flooding in from Lancashire and the London suburbs, planting themselves down in this beastly chaos, not even bothering to know the chief landmarks of the town by name. But I grasped presently why what we used to call the market-place was now known as the Old Market. There was a big square, though you couldn't properly call it a square, because it was no particular shape, in the middle of the new town, with traffic lights and a huge bronze statue of a lion worrying an eagle – the war-memorial, I suppose. And the newness of everything! The raw, mean look! Do you know the look of these new towns that have suddenly swelled up like balloons in the last few years, Hayes, Slough, Dagenham and so forth? The kind of chilliness, the bright red brick everywhere, the temporary-looking shop-windows full of cut-price chocolates and radio parts. It was just like that.[5] (*Coming Up for Air*, 192–193).

---

5 George Orwell, *Coming Up for Air*, London 1996, 192–193.

Äußere Wirklichkeit ist für George Bowling ein 'scheußliches Chaos'. Die neue Stadt hat keinen inneren Zusammenhang, ist keine historisch, harmonisch gewachsene Ganzheit, sondern eine willkürliche Anhäufung von Häusern und Geschäften.

In der modernen Erzählliteratur ist daneben ein zweites Bild anzutreffen, wenn von der Unübersichtlichkeit der Städte, ihrer bedrückenden Atmosphäre und der Unergründlichkeit des Lebens in ihnen die Rede ist: das Labyrinth – am deutlichsten ausgeformt in James Joyces *Ulysses*.

Zu der äußeren Wirklichkeit, die im Roman des 20. Jahrhunderts eine neue Gestalt angenommen hat, ist neben dem Milieu und der Landschaft auch die Gesellschaft zu zählen, womit zugleich ein Übergang zur inneren Realität gegeben ist, insofern in den unterschiedlichen Erscheinungsformen des gesellschaftlichen Alltags – von der unterhaltsamen Konversation bis zur politischen Auseinandersetzung – geistige Kräfte zutage treten, die das Zusammenleben der Menschen bestimmen und ein Wechselspiel zwischen beharrender Tradition und umgestaltendem Fortschritt zustande kommen lassen.

In den 20er und 30er Jahren des 20. Jahrhunderts hat für George Bowling in *Coming Up for Air* das gesellschaftliche Leben die Kontinuität und die innere Geschlossenheit verloren, die er in seiner Jugend in Lower Binfield noch erlebte. Die gesellschaftlichen Normen des viktorianischen Zeitalters büßten schrittweise ihre Gültigkeit ein; dies gilt für die Normen und Konventionen, die für das Verhalten einzelner Gruppen und Schichten innerhalb der gesamten Gesellschaft verbindlich waren, wie für die Überzeugungen im religiösen und kulturellen Bereich.[6] Im panoramahaften Überblick über die Gesellschaft kann von einer Fragmentarisierung gesprochen werden, die z.B. in Huxleys *Point Counter Point* ihren Ausdruck gefunden hat. Huxley spielt die unterschiedlichen Weltanschauungen, die in der englischen Gesellschaft der 20er Jahre anzutreffen waren, gegeneinander aus – vom Hedonismus bis zum christlichen Spiritualismus, vom Faschismus bis zum Kommunismus, vom Satanismus bis zum Vitalismus – und läßt die Träger der unterschiedlichen Ideen in episodischen Konflikten auftreten. Der

---

6 Vgl. die ausführliche Darstellung des Hintergrundes der englischen Literatur im 20. Jahrhundert von Willi Erzgräber in: *Die englische Literatur, Band 1: Epochen · Formen*, Bernhard Fabian (Hg.), München (1991), ³1997.

geistreich zugespitzte Dialog, in dem die Stimme des Essayisten Huxley zu vernehmen ist, bildet zwar ein zentrales Formelement, aber es bleibt die Paradoxie bestehen, daß es trotz geschliffener Dialoge keine Kommunikation zwischen den Personen gibt, keine konfliktbezogenen Gespräche, die auf Lösungen zusteuern. Es bleibt die Fülle der Ideen, "multiplicity" ist ein Hauptformelement im Hinblick auf die Dialoge und die gesellschaftlichen Begegnungen. Wenn man trotzdem auch von einer formalen Tendenz zu künstlerischer Einheit sprechen kann, so ist dies in der musikalischen Kompositionsweise, der erzählerischen Technik des "counterpoint" begründet.

In der Gestaltung der fragmentarischen Fülle von Ereignissen, Personen, Dialogen und geistigen Triebkräften ist Joseph Conrads Roman *Nostromo* (1904) dem Huxleyschen Roman überlegen. Auch dort werden die unterschiedlichen weltanschaulichen, politischen und wirtschaftlichen Ideen zum Ausdruck gebracht. Die Personen sind jedoch stets mehr als bloße Ideenträger; sie sind zugleich Individualitäten, Charaktere von ganz eigenem Zuschnitt mit ihrem persönlichen Temperament und ihren persönlichen Einstellungen. Das gesamte Geschehen in *Nostromo* gleicht einer Anhäufung von Gesteinsblöcken, die durch ein Beben gegeneinander verschoben wurden. Der Eindruck der chaotischen Fülle wird dadurch noch verstärkt, daß die Wirklichkeit nicht mehr aus der übergeordneten Perspektive eines allwissenden Erzählers gesehen und gedeutet wird. Impressionen, Erfahrungen und Reflexionen Einzelner werden nebeneinander gerückt, wie es sich bei den alltäglichen Begegnungen der Personen zufällig zu ergeben scheint. Erzähltechnisch hat sich Joseph Conrad die "point-of-view technique" von Henry James zu eigen gemacht, die als Korrelat zu Nietzsches Weltsicht gedeutet werden darf. Nietzsche hat (in *Genealogie der Moral*) grundsätzlich festgestellt: "Es gibt *nur* ein perspektivisches Erkennen"[7].

Wenn Nietzsche in *Die fröhliche Wissenschaft* weiterhin bemerkt: "Wir, die Denkend-Empfindenden, sind es, die wirklich und immerfort etwas *machen*, das noch nicht da ist: die ganze ewig wachsende Welt von Schätzungen, Farben, Akzenten, Perspektiven,

---

7 Friedrich Nietzsche, *Werke*, 3 Bde., Karl Schlechta (Hg.), München 1955, Bd. 2, 861.

Stufenleitern, Bejahungen und Verneinungen"[8], so hat er damit auf ein wesentliches Merkmal der "Standpunkt-Technik" hingewiesen. Die Wiedergabe der Wirklichkeit im Bewußtsein der Personen ist kein mechanischer Spiegelungsprozeß, sondern eine aktive Spiegelung, die dazu führt, daß jeder Einzelne eine bestimmte Auffassung von der Wirklichkeit, ein bestimmtes Bild der Wirklichkeit produziert.

Dies gilt auch für die Charaktere in James Joyces *Ulysses* oder in Virginia Woolfs Romanen. Die inneren Monologe des Leopold Bloom sind Beispiele dafür wie er als "Denkend-Empfindender" auf die Wirklichkeit reagiert, und die sechs Personen in Virginia Woolfs *The Waves* sind die besten Beispiele für "die ganze ewig wachsende Welt von Schätzungen, Farben, Akzenten, Perspektiven, Stufenleitern, Bejahungen und Verneinungen". Bei allen Personen werden die Farbimpressionen registriert, die sich ihnen von frühester Kindheit an einprägen, und der Roman erreicht seinen Höhe- und Endpunkt in den "Bejahungen und Verneinungen", die Bernard in seinem abschließenden Monolog vornimmt.

Im Gegensatz zum mittelalterlichen Epos, in dem – wie in Dantes *Göttlicher Komödie* – der transzendente Sinn vorgegeben ist und alles Geschehen seinen entsprechenden Ort und seine angemessene Bewertung im Inferno, Purgatorio oder Paradiso findet, zeichnet sich in Conrads Romanen ein tastendes Suchen nach dem Sinn des Geschehens, des menschlichen Lebens und der Geschichte der Menschheit ab. Kritiker haben darüber nachgedacht, ob Conrads Weltsicht (in *Nostromo*) eher skeptisch sei oder mehr optimistische Züge aufweise, und sind überwiegend zu dem Resultat gelangt, daß er die Wirklichkeit mit ironischer Distanz betrachtet: Lord Jim ist eine tragi-komische Figur, und alles Geschehen in *Nostromo* wirkt wie eine große Tragikomödie. Zugleich ist nicht zu übersehen, daß Conrad an moralischen Grundüberzeugungen festhält, die im viktorianischen Zeitalter ausgeprägt worden waren.

Joyce schloß sich bei seiner universalen Sicht der Menschheitsgeschichte in seinem letzten Roman *Finnegans Wake* dem geschichtsphilosophischen Modell Giambattista Vicos an: Die gesamte Menschheitsgeschichte verläuft in zirkulären Bewegungen, die in jeder Phase zu einem *ricorso*, zu einer Auflösung und Erneuerung des Lebens führen. Die Bejahung des Lebensstroms, mit der Molly

---

8 Ebd., 177.

Bloom und Anna Livia Plurabelle jeweils ihren letzten Monolog beenden, bringt eine vitalistische Grundüberzeugung zum Ausdruck, die auch den Romanen Virginia Woolfs wie dem Gesamtwerk von D.H. Lawrence zugrunde liegt. Am Ende ihres letzten Romans *Between the Acts* spricht Virginia Woolf von einem Baum, aus dem die Botschaft des Lebens ertönt:

> The tree became a rhapsody, a quivering cacaphony, a whizz and vibrant rapture, branches, leaves, birds syllabling discordantly life, life, life, without measure, without stop devouring the tree.[9]

D.H. Lawrence entwickelte am deutlichsten als Widerspiel gegen die christliche Tradition eine Religion des "Blutes", in der moderner Vitalismus und Vorstellungen der primitiven Religionen ineinander übergehen. Dazu bemerkt Graham Hough:

> Certainly he is a vitalist, if we are to use such terms; but it is hardly appropriate to use modern analytical terminology at all: his apprehension of the world is far closer to that of primitive religion, which had not thought to distinguish clearly between organic and inorganic, spirit and matter, but saw the whole universe and all parts of it as simply and obviously alive.[10]

Evelyn Waugh sah – ähnlich wie Conrad – in seinen frühen Werken im Leben ein absurdes Spiel, und er zeigt mit dem rhetorischen Geschick eines Satirikers die Verhaltensweisen auf, mit denen moderne Charaktere sich und ihre Umwelt in eine Wirklichkeit der Illusionen und Täuschungen versetzen. Waugh wies jedoch in *Brideshead Revisited* in der Darstellung der modernen Gesellschaft dem katholischen Glauben eine zentrale Rolle zu, und er entwarf anschließend in der Trilogie *Sword of Honour* ein umfassendes Gesellschaftspanorama für die Zeit des Zweiten Weltkriegs, die auf die religiöse Sinnmitte bezogen ist, die für die meisten seiner Zeitgenossen keine Gültigkeit mehr hat.

Auch Graham Greene schrieb in seiner mittleren Phase religiöse Romane; mit *Brighton Rock*, *The Power and the Glory* und *The Heart of the Matter* zog er das Interesse einer großen Leserschaft auf sich: er ließ in diesen Romanen den Horizont sehr deutlich zum Vorschein kommen, der durch die traditionelle Religion und die kirchliche Dogmatik gekennzeichnet wird. Aber seine Protagonisten

---

9 Virginia Woolf, *Between the Acts*, London (1941) 1965, 245.
10 Graham Hough, *The Dark Sun*, New York 1957, 224.

sind stets so eigenwillig, daß sie nicht als Illustrationen überlieferter dogmatischer Lehren aufgefaßt werden können. Die Priester, die gegen Ende der Romane auftreten, lassen jeweils die Differenz zwischen der Lehrmeinung der Kirche und dem persönlichen, letztlich unergründlichen Denken und Empfinden der Protagonisten aufscheinen.

Religiöse Themen beschäftigen auch Aldous Huxley in seinen erzählerischen und essayistischen Werken. Wenn Huxley die spirituell-mystische Sicht der Realität (und in Verbindung damit die Tradition der östlichen Religionen) in seinen späteren Werken (1936–1963) gegenüber der rationalistisch-kritischen Sicht der Frühzeit stärker betonte, kann nicht behauptet werden, daß er aus der Skepsis zum Glauben überwechselte:

> Huxley could not cultivate faith which requires a total surrender of the intellect and will to a religious system a person desires to embrace to experience the ultimate Reality. His attempt at empirical theology suffers from inherent contradictions, for he examines the mystical doctrines from the standpoint of a "rational idealist".[11]

In seinem letzten Werk *Island* hat Huxley zwar eine Synthese aus östlicher Weisheitslehre und westlicher Wissenschaft zu konstruieren versucht – aber diese Konstruktion, erzählerisch als eine Utopie dargeboten, bleibt ein problematischer Versuch, für die Konflikte der modernen Gesellschaft Lösungsmöglichkeiten anzubieten. Überzeugender als diese Utopie ist nach wie vor seine Anti-Utopie *Brave New World*.

Die beiden Anti-Utopien, Huxleys *Brave New World* und Orwells *Nineteen Eighty-Four*, entwerfen Bilder der äußeren gesellschaftlichen Realität, wobei sie einerseits Elemente der modernen, zeitgenössischen Erfahrungswirklichkeit entnehmen, sie aber in eine imaginierte Zukunftswelt hineinprojizieren. Huxley konzipierte, angeregt durch Henry Fords Ideen, eine Gesellschaft, die einer Maschinerie mit gut geöltem Räderwerk gleicht. Menschen werden als 'Menschenmaterial' betrachtet, das durch chemische Prozesse produziert und konditioniert wird. Psychologische Techniken ebenso wie Drogen tragen dazu bei, daß bei dem Einzelnen wie bei der gesamten Gesellschaft ein Höchstmaß an Stabilität erzeugt wird.

---

11 Kulwant Singh Gill, "Crisis of Double Consciousness in the Huxley Canon", in: Bernfried Nugel (Hg.), *Now More Than Ever: Proceedings of the Aldous Huxley Centenary Symposium Münster 1994*, Frankfurt a.M. 1995, 291.

Orwell ging, als er *Nineteen Eighty-Four* schrieb, von den politischen Entwicklungen aus, unter denen er in Spanien als Mitglied einer trotzkistischen Splittergruppe physisch wie psychisch gelitten hatte. In welchem Maße er allgemeine Erfahrungen, insbesondere während des Zweiten Weltkrieges, übernahm, als er 1948 über einen Staat nachdachte, der 1984 Wirklichkeit werden könnte, hat Valerie Meyers hervorgehoben:

> In part, the city is London at war as his contemporary audience would certainly remember it: the streets dark, full of holes and rubble, buildings crumbling, light and heat in short supply; lipstick, razorblades and coffee are unobtainable except on the black market; food is tasteless and monotonous; air-raids are a constant danger.[12]

Orwells Kritik richtete sich gegen den Totalitarismus und die Herrschaftspraktiken, wie er sie bei Faschisten und Kommunisten beobachten konnte. Die Gesellschaft, die er schildert, ist ein durchkalkulierter Machtapparat, der die Menschen ständig überwacht, propagandistisch indoktriniert und sie gegebenenfalls auf infame Weise foltert, um alle psychischen Regungen abzutöten, die auf einen individuellen Widerspruch gegen das bestehende System schließen lassen. Orwell wollte vor möglichen Entwicklungen warnen, die auch in England vorstellbar waren; er sah mögliche Tendenzen im Leben des Einzelnen und der Gesellschaft, die alle Spuren einer freien Entfaltung der individuellen Existenz und eines Zusammenlebens in gegenseitiger Achtung und Toleranz auslöschen würden.

Orwell und Huxley ordnen sich insofern in eine Hauptentwicklungslinie des zeitgenössischen Romans ein, als auch sie den Blick auf den einzelnen Menschen lenken, auf seine Entfremdung in der Gesellschaft, auf seine psychische Verfasssung und Konflikte, denen er sich, bedingt durch seine Umwelt, ausgesetzt sieht. Huxley führte zu diesem Zweck die Außenseiterfigur John the Savage ein, während Orwell den Protagonisten Winston Smith dazu benutzte, um das Schicksal eines Einzelnen in einem totalitären Staat darzustellen. Beide, Winston Smith und John the Savage, sind Rebellen gegen den Machtapparat, in dem sie gefangen sind. John wird in einen Leuchtturm nach Surrey gebracht, versucht Buße zu tun, bestraft sich mit Selbstkasteiung und begeht schließlich Selbstmord. Orwell

---

12 Valerie Meyers, *George Orwell*, London 1991, 119.

dagegen nimmt Winston als Demonstrationsobjekt, um zu zeigen, wie in einem totalitären Staat, jeder Versuch, ein eigenes Leben ("own-life") zu führen, zum Scheitern verurteilt ist. Winston wird jedoch nicht "evaporisiert", sondern es wird dargestellt, wie mit subtil-grausamen Methoden das – im Sinne des Staates und der Partei – "falsche Bewußtsein" in das "richtige Bewußtsein" transformiert wird.

Joseph Conrads Versuch, die innere Wirklichkeit, die Psyche des Einzelnen, zu erkunden, spiegelt sich modellhaft in *Lord Jim*, wobei psychologische und moralische Gesichtspunkte stets miteinander verbunden werden. Jims wenig ehrenvolles Verhalten bei der Patna-Kollision ist für ihn ebenso ein letztlich unlösbares Rätsel wie für die Charaktere, die ihm begegnen. Selbst so kluge und welterfahrene Männer wie Mr. Stein und Captain Marlow, die in sich selber eine Einstellung zur äußeren Wirklichkeit entdecken, die derjenigen Jims verwandt ist, bewegen sich in ihren Gesprächen über Jim bildlich gesprochen auf Asymptoten.

Radikaler noch als bei Lord Jim ist die Vereinsamung bei Razumov, dem Protagonisten in *Under Western Eyes*, ausgearbeitet: sein Doppelspiel zwischen Anarchisten und Autokraten liefert ihn einer absurden Tragikomödie aus. Im Chaos seiner Seele spiegelt sich das Chaos der politischen und geschichtlichen Situation, in die er sich gestellt sieht. Er bekennt seine 'Schuld', aber es gibt für ihn keine höhere Macht, von der er Vergebung und Gnade erhoffen könnte. Er gleicht zahlreichen anderen modernen Roman'helden', die ihre Menschenwürde nur dadurch bewahren können, daß sie auf eigene Weise für sich und andere büßen, indem sie freiwillig eine Strafe auf sich nehmen oder in den Tod gehen. Dies gilt beispielsweise auch für Major Scobie in Graham Greenes *The Heart of the Matter*, der in seiner Sicht aus Liebe Selbstmord begeht, obwohl er um die Problematik eines solchen Schritts für einen Katholiken weiß.

Einsamkeit ist auch bei Virginia Woolf eines der zentralen Themen: von *The Voyage Out*, wo Leben und Tod eines jungen Mädchens beschrieben werden, bis hin zu *The Waves*, wo Virginia Woolf mit Rhodas Ende ihr eigenes Schicksal antizipiert hat. Mrs. Dalloway ist insofern eine komplexere Gestalt als die Charaktere in *The Waves*, als in ihren inneren Monologen gegenwärtige Impressionen und Erinnerungen an Vergangenes sowie die Reflexionen über tatsächliche Ereignisse wie über verpaßte Chancen und zukünftige Möglichkeiten gemeinsam auf einen zeitgeschichtlichen Rahmen, auf England in den Jahren nach dem Ersten Weltkrieg, bezogen werden. Noch radikaler wirkt sich dieses Wechselspiel in dem durch den Krieg gestörten Bewußtsein des Septimus Warren Smith aus, der aus dem Leiden an seinem Schicksal und aus seiner Einsamkeit nur einen Ausweg findet: den Suizid.

Ganz anders dagegen sieht die innere Wirklichkeit des Stephen Dedalus aus, der sich in *A Portrait of the Artist as a Young Man* mit Absicht Schritt für Schritt in die Einsamkeit hineinbegibt – er trennt sich von Familie, Vaterland und Religion – um für die Entfaltung seines künstlerisch-kreativen Bewußtseins Raum zu schaffen. Die Kühnheit seines Unterfangens faßt er so zusammen: "I go to encounter for the millionth time the reality of experience and to forge in the smithy of my soul the uncreated conscience of my race".[13] "Conscience" darf hier – ähnlich wie im elisabethanischen Sprachgebrauch – als Gewissen und Bewußtsein verstanden werden: Dedalus verkündet in seinem einsamen Entschluß das Ziel des Autors, das Bewußtsein der Menschheit zum Ausdruck zu bringen.

Bei dem Versuch, die äußere und innere Realität zu erkunden und überzeugend darzustellen, erprobte er die Leistungsfähigkeit aller sprachlichen Mittel und aller Erzähltechniken. Grundsätzlich zeigt sich bei Joyce – wie bei dem gesamten Roman des 20. Jahrhunderts – eine merkliche Zurücknahme des auktorialen Erzählerstandpunkts: erzählerische Allwissenheit wird von einer Skepsis verdrängt, die dem Erzählen den souveränen Gestus nimmt und alles Erzählen und alles Sprechen nur als Versuche versteht, in eine unübersichtlich gewordene Wirklichkeit vorzudringen. David Lodge geht sogar so weit, eine Beziehung zwischen aesthetischer und theologischer Allwissenheit anzunehmen; er spricht von "a normative correlation between omniscient authorial narration and an explicitly Christian perspective".[14] Lodge wäre zumindest dahingehend zu korrigieren, daß sich der auktoriale Standpunkt auch im Roman des 20. Jahrhunderts dort behauptet hat, wo der Autor in der Überzeugung, eine eigene gültige Weltsicht gefunden zu haben,

---

13 James Joyce, *A Portrait of the Artist as a Young Man*, ed. Hans Walter Gabler with W. Steppe and C. Melchior, New York/London 1993, V. 2788–90.
14 David Lodge, *The Novelist at the Crossroads and Other Essays on Fiction and Criticism*, London 1971, 120. Diesen Hinweis verdanke ich Franz K. Stanzel, *Theorie des Erzählens*, Göttingen [6]1995, 170.

diese Einstellung in ungebrochener Rhetorik dem Leser übermitteln möchte. Dies gilt beispielsweise für einen Autor wie D.H. Lawrence, dessen Erzählsituation Stanzel mit dem Begriff "auktorial-aperspektivisch" charakterisiert.[15]

Joyce hat sich von einer solchen Erzählhaltung freigehalten und verwendet den auktorialen Standpunkt nur gelegentlich und sehr häufig in verspielt-ironischer Manier. An die Stelle der "aperspektivisch-auktorialen" Erzählweise tritt bei ihm das perspektivische Erzählen, das am reinsten im inneren Monolog ausgeprägt wird. Zwar gibt es stilistische Grundmerkmale dieser Erzähltechnik (1. Person; kolloquiales Sprechen im Präsens), aber es zeigt sich, daß der innere Monolog von Molly Bloom, Leopold Bloom und Stephen Dedalus die Mentalität der Sprecher und deren Urteilsbildung über ihre jeweiligen Erfahrungen deutlich erkennen lassen.[16]

Die im modernen Roman und insbesondere bei Joyce ebenso häufig verwendete erlebte Rede ist als Übergang zwischen Erzähltechnik im herkömmlichen Sinn und innerem Monolog zu betrachten: Der Stil der erlebten Rede zeigt, daß der Erzähler versucht, sich an die jeweilige Figur anzupassen (es ist üblich geworden, hier auch vom Prinzip der "Ansteckung" zu sprechen), so daß vor allem auch der eigentliche Sprech- und Lebensrhythmus einer Figur erfaßt wird.

Joyce nutzte bei seiner Erkundung der äußeren wie der inneren Wirklichkeit die Möglichkeiten, die die englische und angloirische Sprache der Gegenwart, aber auch der Vergangenheit zur Verfügung stellten, so daß man von einem Prinzip der kombinierten Synchronie und Diachronie sprechen kann, und er ist zugleich offen für die Klischees, die das Denken, Sprechen und Fühlen seiner Zeitgenossen beeinflußten. Besondere Aufmerksamkeit schenkte er der Frage, wie durch die Sprache das Alltagsbewußtsein geformt wird. Sein Blick richtet sich dabei auf die Sprache der Werbung ebenso wie auf die Stilarten von Zeitungen.

Die Analyse der Sprache seiner Figuren, der Sprache, die sie im inneren Monolog, im Dialog, aber auch in schriftlichen Äußerungen wie einem Brief verwenden, zeigt, wie sie von Augenblick zu Augen-

---

15 Franz K. Stanzel, *Theorie des Erzählens*, Göttingen ⁶1995, 181.
16 Vgl. Willi Erzgräber, "Varianten des inneren Monologs" in ders., *James Joyce, Mündlichkeit und Schriftlichkeit im Spiegel experimenteller Erzählkunst*, Tübingen 1998, 89–132.

blick eine eigene Wirklichkeit aufbauen, in der die Kategorien, nach denen sich die Charaktere im realistischen Roman in der Regel orientieren, d.h. die Kategorien von Raum und Zeit, eine ganz eigene Gestalt annehmen. Sehr gut läßt sich dieser Vorgang auch bei Virginia Woolf in *Mrs Dalloway* beobachten. Die Protagonistin verbindet ständig gegenwärtige und vergangene Vorstellungen und stellt sich dabei gleichzeitig die Räume vor, in denen sie jeweils lebte. Die 'erinnerte' Zeit gehorcht dabei ganz eigenen Gesetzen, was besonders deutlich wird, wenn die Bewußtseinsinhalte präsentiert werden, die in ein und demselben Augenblick von dem gleichen äußeren Anlaß ausgelöst werden wie z.B. von den Glockenschlägen von Big Ben. Virginia Woolf bezeichnet die Zeitvorstellung in der inneren Wirklichkeit als "mind-time", und sie setzt die äußere, chronologisch meßbare Zeit ("clock-time") in Kontrast dazu. Die Faszination der Wirklichkeitsdarstellung in *Mrs Dalloway* beruht gerade darin, daß der Leser sich am Zeitgerüst, das der Big Ben vermittelt, orientieren kann, daß er aber dazu – zumindest bei den Hauptpersonen, die sich zu einer bestimmten Zeit alle in London aufhalten, – die Bewußtseinsvorgänge, d.h. deren "mind-time", erfährt. Es ist wahrscheinlich, daß Virginia Woolf diese besondere Zeitdarstellung von James Joyces *Ulysses* übernahm, wo der Leser ebenfalls gleichzeitig die chronologische Ordnung eines Tages und die verwirrende Fülle der Vorgänge im Innern zahlreicher Personen kennenlernt.

Die erlebte Zeit ist im modernen Roman weiterhin dadurch charakterisiert, daß das kontinuierliche Wechselspiel zwischen den Partikeln des gegenwärtigen, vergangenen und zukünftigen Lebens durchbrochen und das Bewußtsein – bildlich gesprochen – aus der horizontalen in eine vertikale Bewegung hineingelenkt wird: es sind dies Augenblicke, die Virginia Woolf und Joseph Conrad "moments of vision" nannten; in der Forschung hat Wolfdietrich Rasch vom "Transzendieren ins Diesseits"[17] gesprochen. In diesen Augenblicken erschließt sich eine innere Realität, die hinter oder unter der Oberflächenrealität angenommen wird. Dabei lassen sich Analogien

---

17 Wolfdietrich Rasch, "Aspekte der deutschen Literatur um 1900", *Zur deutschen Literatur seit der Jahrhundertwende: Gesammelte Aufsätze*, Stuttgart 1967, 1–48. Diesen Hinweis verdanke ich Eveline Kilian, *Momente innerweltlicher Transzendenz: Die Augenblickserfahrung in Dorothy Richardsons Romanzyklus 'Pilgrimage' und ihr ideengeschichtlicher Kontext*, Tübingen 1997, 111.

zur mystischen Erfahrung nachweisen – mit dem grundlegenden Unterschied, daß es für die modernen Autoren keinen Gott mehr gibt, so daß Rasch diese im Roman dargestellte Erlebnisweise "eine säkularisierte, innerweltliche Mystik ohne Gott"[18] genannt hat. Virginia Woolf glaubte in solchen Augenblicken "Sinnmuster", "patterns" wahrzunehmen, die sie in künstlerische Gestalt umzusetzen versuchte. Es ist nicht zu übersehen, daß es bei der "Abwesenheit einer göttlichen Verbürgtheit von Wahrheit"[19] ein unruhiges Fragen gibt, ob die innere Wirklichkeit unabhängig sei, d.h. außerhalb des menschlichen Bewußtseins in sich selber ruhe – oder ob sie als ein subjektives Produkt zu verstehen sei[20], das durch die künstlerische Erlebnisweise überhaupt erst als eine Vorstellung besonderer Art hervorgebracht wird.

Die 'Öffnung' der inneren Wirklichkeit in den einzelnen Personen hat zur Folge, daß sich Halbbewußtes und Unbewußtes in den erzählerischen Vermittlungsvorgang einmischen, was insbesondere auch bei Joyce dazu führt, daß die Personen auf psychische und mythische Grundtypen bezogen werden können. Bereits der Familienname 'Dedalus', den Joyce dem Protagonisten in *A Portrait of the Artist as a Young Man* gegeben hat, bereitet den Leser auf die Auslegung des Namens vor, die Stephen selber vornimmt. Wenn die Personen im modernen Bewußtseinsroman wenig handeln, so gewinnen sie dennoch individuelle und zugleich typische Konturen. Leopold Bloom ist der Annoncenakquisiteur mit ganz persönlichen Neigungen, gleichzeitig aber auch der Inbegriff des "homme moyen sensuel" und dazu ein Everyman, der insofern dem Menschen schlechthin gleicht, als er männliche und weibliche Züge in sich vereinigt, so daß er als Beispiel eines androgynen Menschen gelten kann, wie ihn Virginia Woolf in *A Room of One's Own* beschrieb.

Wenngleich die Erzähler in der ersten Hälfte des 20. Jahrhunderts bei der Verwendung neuartiger Sprach- und Ausdruckselemente nicht so kühn verfuhren wie Joyce, waren seine experimentellen Werke auch für diejenigen, die sich in vorwiegend traditionellen Bahnen bewegten, Quellen der Inspiration. Dies gilt beispielsweise für die Verwendung des Ich-Erzählers in Orwells *Coming Up For Air* oder – in der zweiten Hälfte dieses Jahrhunderts –

---

18 Rasch, "Aspekte", 22.
19 Kilian, *Momente*, 113.
20 Vgl. ebd., 112.

für die Erfindung einer besonderen Sprache, wie dies in Anthony Burgess' *Clockwork Orange* beobachtet werden kann.

Sowohl die neuen Einsichten, die die Romanciers des 20. Jahrhunderts bei ihrer Wirklichkeitsdarstellung zum Ausdruck brachten, als auch die neuen sprachlichen und stilistischen Mittel, die Autoren in dieser Epoche erprobten, konnten die traditionellen realistischen Darstellungsweisen nicht völlig zum Verschwinden bringen, auch wenn sie zeitweilig verdrängt oder modifiziert wurden.

JOSEPH CONRAD (1857–1924)

Die Wirklichkeit des Moralischen

1

Der im Jahre 1904 publizierte Roman *Nostromo* stellt nicht nur den Höhepunkt im Schaffen Joseph Conrads dar, der, wiewohl Pole von Geburt, als erster bedeutender Romancier der Moderne in englischer Sprache gilt. An diesem Werk lassen sich zugleich die Wandlungen ablesen, die sich in der Entwicklung des englischen Romans in der spätviktorianischen Ära und der beginnenden Moderne vollzogen.

Bedient man sich der Terminologie, die Edwin Muir in seinem Buch *The Structure of the Novel* entwickelte, so ist *Nostromo* dem Typus des *Chronicle* zuzuordnen. Bei der Erläuterung der Besonderheiten dieses Romantyps geht Edwin Muir von Tolstois *Krieg und Frieden* aus und zeigt, daß der Roman in einer umfassenden Weise das Bild einer geschichtlichen Epoche des russischen Volkes und darüber hinaus des menschlichen Lebens überhaupt wiedergibt: "Scattering all our generalisations, *War and Peace* seems to give a comprehensive picture of life both in time and space, and in spite of that to achieve universality".[1]

Dieser Roman bietet ein eindringliches Bild von privaten Schicksalen; er vermittelt Einblicke in die besonderen gesellschaftlichen Verhältnisse, wie sie im Zeitalter Napoleons in Rußland herrschten. Und er läßt den Leser erkennen, in welcher Weise Tolstoi private wie gesellschaftliche Entwicklungen in eine umfassende Geschichtsphilosophie einzuordnen bemüht war. In der Verflechtung von individuellen Erlebnissen mit gesellschaftlichen und geschichtlichen Vorgängen gleicht der russische Roman in seiner Grundstruktur anderen großen Epen der europäischen Literatur: Mit *Krieg und Frieden* lieferte Tolstoi gleichsam eine Synthese von Homers *Ilias*

---

1 Edwin Muir, *The Structure of the Novel*, London (1928) ²1967, 94.

und *Odyssee*, wenngleich nicht zu übersehen ist, daß der mythisch-religiöse Hintergrund, wie er im Epos bei Homer oder Dante vorhanden ist, nicht mehr in gleicher Ungebrochenheit existiert. In Tolstois Roman spiegeln sich zugleich die geistigen und religiösen Spannungen, die dem künstlerischen Schaffen der europäischen Völker seit dem Beginn der Neuzeit das besondere Gepräge geben.

Ähnlich umfassende Bilder einer Epoche hatten im viktorianischen Zeitalter Thackeray in *Vanity Fair* und George Eliot in *Middlemarch* vorgelegt. Thackeray verzichtete in seinem Roman auf einen Helden, kontrastierte vielmehr zwei Frauengestalten, Amelia Sedley und Becky Sharp, verdeutlichte deren Schicksal anhand einer Fülle von Episoden und wob in die Darstellung kontrastiver Lebensläufe eine Vielzahl von Begegnungen ein, in denen Vertreter der verschiedensten Gesellschaftsschichten zu Wort kommen. Wie bei Tolstoi spielten auch bei ihm die napoleonischen Kriege eine bedeutsame Rolle, wenngleich das kriegerische Geschehen nur von ferne wahrnehmbar, hörbar ist und nicht – wie bei Tolstoi – in aller Breite erfaßt wird. George Eliot sah sich in *Middlemarch* gezwungen, vier Handlungsstränge miteinander zu verknüpfen, um die verschiedenen Aspekte des gesellschaftlichen Lebens in einer Stadt in den Midlands kurz vor der ersten *Reform Bill*, d.h. kurz vor 1832, aufzuzeigen. An ihrem Roman läßt sich beobachten, wie die Tendenz zur "epischen Breite" (sie übernahm diesen Terminus in ihren Briefen aus der deutschen Ästhetik) dazu führt, daß sie das Netzwerk der gesellschaftlichen, politischen und ökonomischen Wechselbeziehungen freilegt, die das Leben der Menschen in einer englischen Stadt im 19. Jahrhundert bestimmten. Es ist ihrem Roman anzumerken, daß sie nicht nur ausgedehnte Studien im Bereich des religiösen Schrifttums unternommen, sondern daß sie auch eine Fülle naturwissenschaftlicher, medizingeschichtlicher und politologisch-soziologischer Werke gelesen hatte, um sich mit den geistigen Tendenzen des Zeitalters vertraut zu machen. In dem Versuch, das dargestellte Stück Leben zugleich im Hinblick auf die Bewegkräfte zu deuten, die das Leben der Gesellschaft wie des einzelnen Menschen beeinflussen, setzt sie zwar die Neigung englischer Epiker des 18. Jahrhunderts, insbesondere Fieldings, fort, der seinerseits moralphilosophische Betrachtungen in seine Romane einarbeitete, aber die Tendenz zur "Verwissenschaftlichung" des Erzählens, die bei einzelnen Autoren des 20. Jahrhunderts (man denke an Aldous Huxley) sehr stark ausgeprägt ist, macht sich bei George Eliot auch schon deutlich bemerkbar. Zugleich bereitet sie in einem Roman wie *Middlemarch* auf den modernen Erzählstil vor, insofern sie an einer Vielzahl von Stellen auf den expliziten Kommentar verzichtet und Bilder und Symbole einsetzt, um die Sympathien und Antipathien des Lesers zu steuern und damit an seine Fähigkeit, Sinndeutungen intuitiv zu erfassen, zu appellieren.[2]

2

Von allen Romanen, die Joseph Conrad publizierte, kann am ehesten *Nostromo*[3] mit Tolstois *Krieg und Frieden* oder George Eliots *Middlemarch* verglichen werden, weil er in diesem Werk nicht nur die Lebensläufe vieler Personen schildert, sondern auch das Schicksal eines Staates, einer Provinz und einer Stadt und dabei auch die Vielzahl der politischen, sozialen, kulturellen Faktoren erfaßt, die das Schicksal eines Volkes determinieren. Im Gegensatz aber zu großen Autoren des 19. Jahrhunderts wie Dickens, Thackeray und Eliot, Balzac, Stendhal und Flaubert, Tolstoi und Dostojewski schrieb Conrad weder über die (polnische) Gesellschaft, aus der er stammte, noch über die (englische) Gesellschaft, die ihm nach einem abenteuerlichen Seemannsleben eine Heimat bot. Sein episches Panorama eines südamerikanischen Staates handelt von einer Gegend, die er nur kurz kennengelernt hatte. So bemerkte er 1903 über seine Südamerika-Reise, die schon lange zurücklag: "I just had a glimpse 25 years ago – a short glance. That is not enough pour bâtir un roman dessus"[4]. Daher plante er ursprünglich auch nur, eine Kurzgeschichte über einen Silberdiebstahl zu schreiben – dieser Stoff stammte mit größter Wahrscheinlichkeit aus der Literatur, die er gelesen hatte –; als er es jedoch unternahm, sich in die Verhält-

---

2 Siehe dazu Willi Erzgräber, "George Eliot: *Middlemarch*", in: Franz K. Stanzel (Hg.), *Der englische Roman*, Bd. 2, Düsseldorf 1969, 174–214.
3 Aus der Fülle der Arbeiten über diesen Roman seien besonders hervorgehoben: Robert Penn Warren: "On *Nostromo*", in R.P. Stallmann (ed.), *The Art of Joseph Conrad: A Critical Symposium*, Michigan State University 1960, 209–227, und Paul Goetsch: "Joseph Conrad: *Nostromo*", in: Horst Oppel (Hg.), *Der moderne englische Roman*, Berlin (1965), ²1971, 49–77.
4 Joseph Conrad, "Letter to Cunninghame Graham, 8 July 1903", in: Frederick R. Karl and Lawrence Davies (eds.), *The Collected Letters of Joseph Conrad: 1903–1907* (vol. III), Cambridge/New York 1988, 45.

nisse Mittel- und Südamerikas einzuarbeiten, wuchs der Stoff unter seinen Händen, und es entstand ein Werk, das Walter Allen "the greatest novel in English of this century"[5] genannt hat.

Costaguana – der Name ist von Costa Rica und Guano abgeleitet – erinnert an Eindrücke, die er von der Küste Venezuelas und von den Westindischen Inseln gewonnen, und er verarbeitete dazu Informationen über Kolumbien, Chile und Argentinien, die er aus seiner Lektüre oder mündlichen Berichten übernommen hatte. Über Südamerika unterrichtete ihn im Freundeskreis Cunninghame Graham, der mehrere Jahre in Süd- und Mittelamerika gelebt und gearbeitet hatte und mit den wirtschaftlichen Verhältnissen aufs genaueste vertraut war.

Zur Literatur, die Conrad verarbeitete, gehören vor allem G.F. Mastermans *Seven Eventful Years in Paraguay* (1869) und E.B. Eastwicks *Venezuela: or Sketches of Life in a South American Republic* (1868). Aus Mastermans Darstellung entnahm er zahlreiche Orts- und Familiennamen, und aus Eastwicks Skizzen stammen außer Namen auch geographische Beschreibungen. Ergänzend zog Conrad Bücher wie Ramón Páez' *Wild Scenes in South America; or, Life in the Llanos of Venezuela* (1863) oder Frederick Benton Williams' (pseud.) *On Many Seas: The Life and Exploits of a Yankee Sailor* (1897) heran. Williams lieferte ihm die Geschichte eines Silberdiebstahls, Páez vervollständigte seine Vorstellungen von der südamerikanischen Tier- und Pflanzenwelt. Nicht zu vergessen sind die zahlreichen Artikel, die in Zeitungen und Zeitschriften erschienen und die über den Spanisch-Amerikanischen Krieg, der die Unabhängigkeit Kolumbiens brachte, oder über die Aktivitäten der Vereinigten Staaten berichteten, die zu Panamas Unabhängigkeit führten.

Sicherlich haben auch die Interpreten recht, die auf die Verarbeitung autobiographischen Materials hinweisen.[6] Nostromo, der Held des Romans, dürfte Züge des Abenteurers und Matrosen Dominic Cervoni aufweisen, den Conrad in den ersten Jahren seines Seemannslebens in Südfrankreich kennengelernt hatte, und es ist nicht abwegig, in dem Skeptiker Decoud ein Selbstportrait des Autors zu sehen: Decoud endet durch Suizid, und auch Conrad

---

5 Walter Allen, *The English Novel: A Short Critical History*, London 1954, 296.
6 Vgl. z.B. Jocelyn Baines, *Joseph Conrad: A Critical Biography*, (1960) ²1971, 55ff.

versuchte, während seiner Zeit in Frankreich seinem Leben ein Ende zu setzen.

Schließlich sei vermerkt, daß Conrad auf seinen Weltreisen eine Fülle von visuellen und auditiven Eindrücken gesammelt hatte, die in seiner Erinnerung hafteten und seiner formenden Erzählerphantasie als ein unerschöpfliches Reservoir zur Verfügung standen. Bei der Verarbeitung der Impressionen und Erinnerungen ging es ihm in *Nostromo* nicht nur darum, ein exotisches Milieu zu evozieren, sondern auch die Lebensweise eines ganzen Volkes in einer Vielzahl von alltäglichen Begebenheiten lebendig werden zu lassen. So schreibt er im 8. Kapitel des ersten Teils beispielsweise:

> Whole villages were known to have volunteered for the army in that way; but, as Don Pépé would say with a hopeless shrug to Mrs. Gould, "What would you! Poor people! Pobrecitos! Pobrecitos! But the State must have its soldiers."
>
> Thus professionally spoke Don Pépé, the fighter, with pendent moustaches, a nut-brown, lean face, and a clean run of a cast-iron jaw, suggesting the type of a cattle-herd horseman from the great Llanos of the South. "If you will listen to an old officer of Paez, señores," was the exordium of all his speeches in the Aristocratic Club of Sulaco, where he was admitted on account of his past services to the extinct cause of Federation.[7]

Die äußere Erscheinung einer Nebenfigur wie Don Pépé wird in diesen Zeilen ebenso erfaßt wie seine Art zu sprechen; und durch dieses knappe Personenporträt erhält der Leser zugleich einen Einblick in die politische und soziale Situation des Landes.

Wenn Leser bei der ersten Beschäftigung mit diesem Roman den Eindruck gewinnen, einer verwirrenden Fülle von Personen und Ereignissen ausgeliefert zu sein, so wird diese Wirkung vom Autor dadurch noch erhöht, daß er eine Fülle von zeitlichen Sprüngen in die Darbietung der Ereignisse eingebaut hat und auf eine stabile Erzählperspektive verzichtet. Der Erzähler bietet manche Vorgänge aus unmittelbarer Nähe, scheint dann aber gleichsam über den Vorgängen zu schweben, er berichtet ein Faktum und holt dessen komplexe Vorgeschichte erst lange nach der ersten Erwähnung nach, er nimmt die Maske eines Augenzeugen an und wechselt dann

---

7 *The Collected Works of Joseph Conrad, The Medallion Edition, Nostromo: A Tale of the Seabord*, (1925), London: Routledge/Thoemmes Press, 1995, vol. III, 97. Im Folgenden zitiert als *N*.

wiederum in die Rolle des allwissenden Erzählers und Kommentators. Vor allem stellt er eine Fülle von Parallelen und Kontrasten her, die der Leser erst bei der zweiten und dritten Lektüre erfaßt. Parallel- und Kontrastsituationen, die oft in sehr verdeckter Weise aufeinander bezogen sind, dienen dazu, den Leser zum Vergleichen und zum differenzierten Urteilen anzuregen. Es gibt keine Figur, mit der sich der Autor völlig identifizieren ließe, und er verhindert es auch, daß der Leser sich allzu schnell in einen "Helden" oder in einen Hauptcharakter versetzt, um aus dessen Perspektive die Wirklichkeit zu sehen und zu beurteilen. Die intrikate Erzählerstrategie ist ein Mittel, um den Leser in die Komplexität des politischen und gesellschaftlichen Lebens, aber auch in komplexe psychologische und moralische Situationen der meisten Charaktere einzuführen. Hätte Conrad eine übersichtliche Chronologie und eine ebenso eindimensionale logisch-kausale Charakterdarstellung und -deutung gewählt, dann wäre er damit seinem Gegenstand nicht gerecht geworden. Mit der überaus verschlungenen Darbietung der Ereignisse und Personen läßt er den Leser teilhaben an dem politischen und gesellschaftlichen Dschungel, in dem die Menschen in Costaguana leben, in dem sie sich zu behaupten versuchen, in dem sie aber allzu oft korrumpiert werden und zugrunde gehen.

Das chronologische Schema, das Conrad seinem Roman zugrundelegt, kann nur mit großer Umsicht und Scharfsinn erschlossen werden. Soviel dürfte nach den Untersuchungen von Cedric Watts feststehen[8]: Bei dem Versuch, die Ereignisse in Costaguana nachzuzeichnen, ist davon auszugehen, daß im Mai 1888 der Diktator-Präsident Ribiera an die Macht gelangte, im April 1889 die Rebellion des Generals Montero stattfand. Am 21. April 1890 wurde Ribiera von Montero in der Schlacht von Socorro geschlagen. Die Hauptereignisse, die der Roman schildert, spielen sich zwischen dem 1. und 17. Mai des Jahres 1890 ab: Am 1. Mai bricht in Sulaco ein Aufstand aus; am 2. Mai verspricht Nostromo, der Führer der Hafenarbeiter, den Europäern zu helfen; er rettet Ribiera und widersetzt sich mit den Hafenarbeitern dem Mob; am gleichen Tag erreicht General Barrios, der auf Seiten Ribieras steht, die Hafenstadt Cayta, während Pedrito auf Sulaco vorrückt, um seinem Bruder zum Sieg zu verhelfen. Am 3. Mai unternimmt Colonel Sotillo, auf Seiten der Aufständischen, einen Vorstoß von See aus

---

8 Vgl. Cedric Watts, *A Preface to Conrad*, London/New York 1982, 158–163.

und kollidiert dabei mit einem Leichter, in dem Nostromo und Decoud die Silberbarren in Sicherheit zu bringen versuchen. Am 4. Mai verstecken sie das Silber auf der Insel Great Isabel, wo Decoud zurückbleibt (und später Selbstmord begeht), während Nostromo nach Sulaco zurückkehrt und auf Vorschlag des Arztes Dr. Monygham nach Cayta fährt, um General Barrios zur Rückkehr und Befreiung Sulacos zu bewegen. Am 17. Mai hat General Barrios den Hafen erreicht; Sotillo wird überwältigt, Pedrito vertrieben, der Minenbesitzer Charles Gould von Pépé und den Bergwerksarbeitern gerettet. Anfang Juni wird eine neue Verfassung verkündet; im Mai 1891 ist der Krieg zwischen Costaguana und Sulaco beendet; Montero wird ermordet, Sulaco erlangt mit der Unterstützung der USA seine Selbständigkeit. Allerdings deuten sich neue Spannungen und Konflikte an: es besteht die Absicht, Costaguana mit Waffengewalt zu annektieren.

Der Rhythmus der Geschichte, der sich in den Geschehnissen darstellt, scheint ein wellenartiges Auf und Ab zu sein: auf jede Revolution oder Rebellion folgt eine Phase, in der sich die politischen Verhältnisse ein wenig stabilisieren; alsbald aber bricht ein neuer Konflikt aus und droht das Land ins Chaos zu stürzen. Conrad konnte eine solche Sicht der Geschichte Mittel- und Südamerikas durch zahlreiche Fakten stützen, und blickt man von den 90er Jahren aus auf die Geschichte dieses Teiles der Welt, so muß man Conrad bestätigen, daß er mit der Gabe der künstlerischen Intuition ein Modell der Geschichte entwickelte, das für die mittel- und südamerikanischen Staaten im 20. Jahrhundert seine Gültigkeit behält. Zu diesem Modell zählt auch die Rolle der Vereinigten Staaten in den wirtschaftlichen und politischen Wechselfällen Lateinamerikas.

Bedenkt man weiterhin, daß Conrad das Silber zum Zentralsymbol des Romans machte und das Streben nach dem Besitz des Silbers und der Ausbeutung der Silberminen die eigentliche Triebkraft im politischen und wirtschaftlichen Leben dieses Landes ist, daß weiterhin durch den Kampf um das Silber oder den Besitz des Silbers das private Leben der zentralen Charaktere bestimmt wird, so läßt sich dieser Roman auch als die Epopöe des kapitalistischen Zeitalters in seiner Spätphase verstehen. Neuere Forschung hat hervorgehoben, daß Cunninghame Graham, Conrads Freund, von Engels "Communist, Marxian"[9] genannt wurde, und hat von die-

---

9 Cedric Watts, *A Preface to Conrad*, 147.

sem biographischen Hintergrund her einige Züge des Romans beleuchtet, die auf eine marxistische Sicht der Geschichte schließen lassen. Mit dem Symbol des Silbers, seiner Faszination und seinen destruktiven Wirkungen auf den Einzelnen wie auf das Schicksal der Völker betont Conrad die Rolle des Kapitals, die Bedeutung der ökonomischen Mächte in der Geschichte der Menschheit, und er zeichnet auch ein anschauliches Bild von den Auswirkungen des Kapitals auf das moralische Leben der Menschen. Nirgendwo finden sich jedoch Beweise, daß er an die Möglichkeit glaubte, durch eine Revolution seitens des Proletariats könne eine neue Gesellschaft geschaffen werden. Dem steht ein abgründiger Pessimismus entgegen, der auf die Philosophie Schopenhauers zurückgeführt werden kann und der sich im Roman darin dokumentiert, daß der Glaube an den möglichen Fortschritt durch zahllose absurde Ereignisse immer wieder in Frage gestellt und ironisiert wird. Daraus erklärt sich die konservative Deutung des Romans: Conrad erscheint als der Fürsprecher des Bestehenden. Bedenkt man jedoch, daß konservative wie progressive Tendenzen von ihm zugleich in komplexen ironischen Brechungen gutgeheißen wie verdammt werden können, so dürfte Martin Seymour-Smith den wahren Sachverhalt getroffen haben, als er Conrad "a Flaubertian liberal" nannte, "a disillusioned liberal who put imagination above political philosophy"[10]. Diese im letzten Grund ästhetisch distanzierte Haltung zum Leben des Einzelnen wie der Völker, die sich einen elementaren Glauben an das Gute (im Sinne eines theologisch wie politisch nicht festgelegten Humanismus) zu wahren versuchten, wird deutlich, wenn man den Eigentümlichkeiten der Charakterdarstellung in diesem Roman nachgeht.

Der Prüfstein für den Rang aller Charaktere in *Nostromo* ist ihr Verhältnis zum Besitz, zum Silber, zu ihren "material interests" (*N*, z.B. 84, 504, 509, 510, 521, 522). Obwohl ihn sein Vater warnte, das Bergwerk zu übernehmen, kann Charles Gould der Fazination, die vom Silber ausgeht, nicht widerstehen. Er glaubt, durch die Vermehrung der materiellen Güter in Sulaco die Voraussetzungen zu schaffen, um einen Staat der Sicherheit und Gerechtigkeit aufbauen zu können. Die materiellen Interessen erweisen sich jedoch als mächtiger als seine hohen Ideale. Er wird zwar als "King of

---

10 Joseph Conrad, *Nostromo: A Tale of the Seaboard*, ed. with an Introduction and Notes by Martin Seymour-Smith, Harmondsworth 1983, 21.

Sulaco" (*N*, z.B. 93, 357) geachtet, und man spricht auch von seinem felsenfesten Charakter (seine "rock-like quality of character", *N*, 86). Aber er büßt in zunehmendem Maße diese charakteristische Stabilität ein: Er arbeitet mit Bestechungsgeldern und gerät immer mehr in den Dschungel der politischen Korruption. Ist sein Schweigen zunächst als Zeichen seiner inneren Ruhe und Überlegenheit zu deuten, so wird es später zu einem Zeichen seiner Kälte und seiner inneren Leere. Die Entfremdung zwischen Charles und Emilia Gould wächst, je mehr er das Opfer seiner beruflichen und politischen Leidenschaften wird: Er besitzt zwar das Silber, aber es gilt in noch höherem Maße der Satz, daß er besessen ist von der Idee des Besitzes und der Macht, die er durch seinen Besitz ausübt. Das heißt: das Silber besitzt ihn. Sein moralischer Nihilismus erreicht einen Höhepunkt, als er sich bereit zeigt, die Silbermine in die Luft zu sprengen, falls die Gefahr droht, daß er sie verlieren könnte.

In dem Amerikaner Holroyd, der den internationalen Finanzkapitalismus vertritt, zeichnet sich die Spannung, an der Gould moralisch zugrunde geht, in vergröberter Form ab. Er trägt eine Ideologie vor, in der rigorose wirtschaftliche Interessen mit religiösen und idealistischen Wendungen kaschiert werden – eine Ideologie, die ihre Herkunft aus dem Puritanismus nicht verleugnen kann:

> Of course, some day we shall step in. We are bound to. But there's no hurry. Time itself has got to wait on the greatest country in the whole of God's Universe. We shall be giving the word for everything: industry, trade, law, journalism, art, politics, and religion, from Cape Horn clear over to Smith's Sound, and beyond, too, if anything worth taking hold of turns up at the North Pole. And then we shall have the leisure to take in hand the outlying islands and continents of the earth. We shall run the world's business whether the world likes it or not. The world can't help it – and neither can we, I guess. (*N*, 77)

Ein Opfer dieses brutalen Systems der Herrschaft und der Ausbeutung wird auch der Held des Romans, Nostromo. Sein Name läßt sich vom Italienischen her als "unser Mann" oder Bootsmann deuten, vom Spanischen her als "unser Herr", denn er ist der Führer der Hafenarbeiter. In dieser Rolle kann er seine angeborenen Talente, andere Menschen zu lenken und zu beeinflussen, zur Entfaltung bringen. Mit einigem schauspielerischen Talent vermag er mit Worten und Gesten seine Umgebung zu beeindrucken, und er genießt es, wenn er die Wirkung, die von ihm ausgeht, in den Augen anderer Menschen gespiegelt sieht. Ihm fällt die Aufgabe zu, das

Silber in Sicherheit zu bringen; er versteckt es auf der Insel Great Isabel, und nach dem Selbstmord von Decoud ist er der einzige, der das Versteck des Silbers kennt. Wenn der Erzähler ihn am Ende seines Lebens treffend "master and slave of the San Tomé treasure" (*N*, 554) nennt, kennzeichnet er damit die ambivalente Situation, an der Nostromo schließlich zugrunde geht.

Aus pragmatischen Gründen – er möchte den Zugang zur Insel nicht verlieren – verlobt er sich mit Linda Viola und verrät damit Giselle Viola, die er eigentlich liebt. Gleich Charles Gould verrät er damit die Frau, die ihm am nächsten steht, wegen des Silbers, dem er verfallen ist. Es ist eine der vielen Ironien dieses Romans, daß Nostromo von Giorgio Viola, Giselles und Lindas Vater, für einen Eindringling auf der Insel gehalten und erschossen wird. Nostromo erscheint zunächst wie ein schönes, wildes Tier, das in seiner Ungebrochenheit den natürlichen Instinkten folgt. Je mehr er aber seinem Verlangen nach Besitz nachgibt, je mehr er sich einen eigenen Bereich sichern möchte, aus dem allein er Reichtum schöpfen kann, um so mehr wird er zu einem blinden Tor, den schließlich die (poetische) Gerechtigkeit ereilt.

Ungebrochenheit im geistig-moralischen Bereich zeigt vor allem Captain Mitchell, den Conrad – mit einer gewissen Ironie – zu einem der Kommentatoren der Ereignisse gemacht hat. Er vertritt das Ethos des nüchternen Pragmatikers, der sich durch berufliche Tüchtigkeit und gewissenhafte Pflichterfüllung auszuzeichnen versucht, dabei aber in eine gewisse selbstgerechte Art verfällt, über sich und andere zu urteilen. Es entspricht seinem Pragmatismus, wenn er sich zu einer vereinfachten Fortschrittsideologie bekennt und die geschichtlichen Ereignisse, die Sezession Sulacos, als Zeichen für eine Höherentwicklung der politischen und gesellschaftlichen Verhältnisse in diesem Lande deutet. Die drohenden Konflikte vermag er nicht wahrzunehmen.

Im Gegensatz zu Captain Mitchell vertreten Martin Decoud und Dr. Monygham eine skeptische Weltdeutung, wobei der Ursprung dieses Skeptizismus bei jedem verschieden ist: Decouds Skeptizismus stammt aus der französischen Philosophie, Dr. Monygham wurde durch die Erfahrung, durch die Foltern eines Diktators zu einer skeptischen Welt- und Menschenbetrachtung gezwungen. Decoud interpretiert das politische Leben als makabre Farce, das geschichtliche Geschehen als absurden Kreislauf, kritisiert die Illusionen der Politiker und entwickelt selbst einen politischen Plan: Da die Frau, die er liebt, – Antonia Avellanos –, nicht bereit ist, Sulaco ihm zuliebe zu verlassen, setzt er sich dafür ein, daß Sulaco sich von Costaguana löst. Als Zyniker, als Skeptiker fehlt ihm der Glaube an sich selbst; gelegentlich besteht er nur aus Gesten und leeren rhetorischen Formeln. Als er sich auf der Insel Great Isabel ausgesetzt und sich selber überantwortet sieht, erfährt er an sich die Auflösung des Ich, die Leere, das Nichts, so daß er schließlich seinem Leben freiwillig ein Ende macht.

In Decouds Entwicklung steht das Scheitern am Ende, bei Dr. Monygham am Anfang: Durch Folterungen ließ er sich dazu zwingen, Freunde an den Diktator zu verraten. Seine menschliche Schwäche läßt ihn zum Skeptiker werden, der nicht so sehr den Idealen mißtraut, als der Fähigkeit des Menschen, nach seinen Idealen zu leben. Er scheint ein treuer und offener Mensch zu sein, der in allen Situationen seine kritische Besonnenheit zu wahren versucht. So mißtraut er auch dem kapitalistischen Credo Goulds:

> There is no peace and no rest in the development of material interests. They have their law, and their justice. But it is founded on expediency, and is inhuman; it is without rectitude, without the continuity and the force that can be found only in a moral principle. (*N*, 511)

Das moralische Prinzip, von dem er sich in seinem Handeln leiten läßt, spiegelt sich in seiner (verschwiegenen) Liebe zu Mrs. Emilia Gould und seiner Treue zu dieser vereinsamten Frau. Aus Liebe zu Mrs. Gould greift er auch in das politische Geschehen ein, überlistet Sotillo und sorgt dafür, daß das Silber nicht in die Hände der Gegner von Charles Gould fällt. Freilich erscheint auch diese Rettungsaktion in einem ironischen Licht: Indem Dr. Monygham sich für Charles Gould, für das Silber einsetzt, trägt er zugleich dazu bei, daß das Elend, unter dem Emilia zu leiden hat, andauert. Dennoch ist nicht zu übersehen: Durch die selbstlose Liebe zu Mrs. Gould wird Dr. Monygham innerlich verwandelt; während Nostromo sich an das Silber verliert, gewinnt Dr. Monygham seine Selbstachtung zurück. Er ist einer der wenigen Charaktere in Conrads Romanen, die schuldig werden, denen aber eine Regeneration gelingt.

Emilia Gould nimmt unter allen Charakteren in *Nostromo* eine Sonderstellung ein. Obwohl sie begreift, daß ihre Ehe mit Charles Gould in dem Augenblick scheitert, als er die "material interests" höher einstuft als die Liebe seiner Frau, ergeht sie sich nicht in Klagen und Vorwürfen; sie trägt ihr Schicksal mit Würde und weiß sich in ihrer Einsamkeit geschützt durch die Treue und Freundschaft Dr. Monyghams. Ihr liebenswürdiger Charme, ihre Güte, ihre Vornehmheit, ihre Schönheit lassen sie zum gesellschaftlichen Mittelpunkt in Sulaco werden. In dem Bemühen, anderen Menschen zu helfen, glaubt sie, in dem Silber ein Instrument in Händen zu haben, um humanitäre Ziele durchsetzen zu können. Sie verliert sich jedoch niemals an das Silber; als Nostromo ihr seine Schuld gestehen und das Versteck des Schatzes preisgeben will, geht sie über den Verlust des kostbaren Besitzes mit den Worten hinweg: "No one misses it now. Let it be lost for ever" (*N*, 560). An der Seite des sterbenden Nostromo erfüllt sie geradezu eine priesterliche Funktion. Als Verkörperung der Liebe und Güte, des Mitleids und des Verzeihens, als eine Frau, die mit wachem Verstand und Lebensklugheit das Los der Menschen im Hier und Jetzt zu bessern, ihr Leid zu lindern versucht, gleicht sie Dorothea Brooke in *Middlemarch*, Mrs. Wilcox in *Howards End*, Mrs. Moore in *A Passage to India* und Mrs. Ramsay in *To the Lighthouse*. Es sind dies Frauengestalten, die sich bei aller Nüchternheit in der Erledigung alltäglicher Pflichten nicht den Zwängen einer von Männern beherrschten Welt pragmatischer Zwecke und rationalistischer Zielsetzungen und Methoden unterwerfen. Sie handeln nicht aus wohlerwogenen Prinzipien einer instrumentellen Vernunft, sondern aus der Spontaneität ihres Gemüts. In einer Wirklichkeit, in der – wie in *Nostromo* – ein bleiernes Schicksal auf den meisten Menschen zu lasten scheint, stellt sie eine Welt utopischer Hoffnungen dar. Mit dieser Frauengestalt hat Joseph Conrad eine Forderung erfüllt, die er selbst in dem Essay "Books" erhoben hat:

> I would require from him [i.e. the artist] many acts of faith of which the first would be the cherishing of an undying hope; and hope, it will not be contested, implies all the piety of effort and renunciation. [...]
>
> To be hopeful in an artistic sense it is not necessary to think that the world is good. It is enough to believe that there is no impossibility of its being made so.[11]

Man mag Conrads Absage an einen arroganten Pessimismus und seinen Glauben, daß der Mensch zumindest zum Guten fähig ist, für "viktorianisch" erklären. Mit Autoren der viktorianischen Epoche

---

11 *The Collected Works of Joseph Conrad, The Medallion Edition, Notes on Life & Letters*, London (1925), London: Routledge/Thoemmes Press 1995, vol. XIX, 8–9.

verglichen, erscheint er jedoch insofern modern, als er die Gebrochenheit der menschlichen Natur, die Komplexität des Moralischen angesichts einer ebenso komplexen gesellschaftlichen Wirklichkeit und eines Universums, das letztlich ein Mysterium ist, weit stärker betont als die meisten Viktorianer, die ihm gegenüber moralisch ungebrochener erscheinen.

3

In seiner Darstellung moderner Erzählkunst, in *The Novel and the Modern World*, bemerkt David Daiches: "Loneliness is the great reality, love the great necessity"[12]. Diese Feststellung gilt für die Hauptpersonen in Joseph Conrads Romanen ebenso wie für den Autor selbst. Ehe Conrad begann, von der Vereinsamung, den Illusionen, dem Scheitern des modernen Menschen zu erzählen, sah er sich einem abenteuerlichen Leben voller Wechselfälle ausgesetzt, das ihm die Vereinsamung des modernen Menschen immer wieder bewußt machte. Zwar hatte er in frühster Jugend den Lebensstil des polnischen Landadels kennengelernt, aber das politische Engagement des leidenschaftlich patriotischen Vaters brachte es mit sich, daß die Familie zunächst ins nördliche, später ins südliche Rußland verbannt wurde, wo die Mutter 1865 starb. Wenige Jahre später (1869) verlor Conrad auch seinen Vater, nur der Onkel Thaddäus Bobrowski sorgte für ihn. Als Siebzehnjähriger siedelte er nach Marseille über; damit begann ein 20jähriges Wanderleben, in dem er die Wirklichkeit, geographisch wie menschlich, kennenlernte, die er danach als Erzähler darstellte. Zwischen 1874 und 1876 segelte er im Dienste der französischen Handelsflotte, beteiligte sich am Waffenschmuggel im Golf von Mexiko und im Mittelmeer und geriet dabei in mancherlei intrikate Situationen, aus denen er durch einen Selbstmordversuch einen Ausweg zu finden glaubte. Seit 1878 fuhr er unter englischer Flagge, zunächst als einfacher Seemann, später als Offizier und Kapitän, und es sind die Abenteuer dieser Fahrten zur See, die später seine Phantasie als Erzähler erneut beschäftigten: Der Brand auf der "Palestine" (1881) ging in die Erzählung "Youth" ein, die Fahrt auf der "Narcissus" und das Erlebnis eines bedrohlichen Sturmes finden sich in *The Nigger of*

---

12 David Daiches, *The Novel and the Modern World*, Chicago/London 1960, 10.

the "Narcissus" gespiegelt. Die Fahrt, die er im Auftrag einer belgischen Firma im Mai 1890 antrat und die ein klägliches Ende nahm, gab den Anstoß zu seiner wohl berühmtesten Erzählung "Heart of Darkness". 1894 zwang ihn sein Gesundheitszustand aus der Marine auszuscheiden, nachdem er bereits Mitte Januar 1891 wegen Gicht in einem Londoner Krankenhaus behandelt worden war.

Während eines Londoner Aufenthaltes im Jahre 1889 begann Conrad seinen ersten Roman *Almayer's Folly* (publiziert 1895) zu schreiben. Es ist bei diesem und auch seinem zweiten Roman *An Outcast of the Islands* (1896) offenkundig, daß ihn eine romantische Sehnsucht in ein abenteuerliches Seemannsleben getrieben hatte: Mit der Sehschärfe eines Impressionisten nimmt er die Farbenpracht exotischer Milieus wahr und übersetzt sie in Sprache. Es ist aber auch zu erkennen, daß er bei seinem Versuch, als Epiker "Welt" darzustellen, auf vielerlei Hilfen und Stützen verzichten mußte, die sein Freund John Galsworthy in Anspruch nehmen konnte, als er die Geschichte der Forsytes beschrieb: Conrad konnte sich nicht den Normen und Konventionen einer Nation oder einer (bürgerlichen) Klasse anvertrauen, und es gab für ihn auch keine Ideen oder Ideologien, die er ungefragt auf die Fülle der Materialien übertragen konnte, die das Leben ihm lieferte. Aber er hatte zugleich einen scharfen kritischen Sinn, der ihn dazu antrieb, mit philosophischer Skepsis den Menschen, ihren Überzeugungen und Illusionen auf den Grund zu gehen, alle Masken zu durchdringen und den Einsichten, so bitter sie oft waren, mit stoischem Sinn standzuhalten. Es ist daher kein Zufall, daß Gestalten wie Almayer oder Willems seine Phantasie fesselten – Gestalten, die sich in ausweglose Situationen hineinmanövrieren oder hineingetrieben sehen und in äußerster Vereinsamung an sich und der Welt zugrunde gehen. Almayer hofft, den Goldschatz im Dschungel gewinnen zu können, um mit seiner Tochter Nina, die aus der Ehe mit einer Malaiin stammt, in der europäischen Heimat Ansehen erlangen zu können. Nina folgt jedoch Dain Maroola, einem einheimischen Händler und Sohn eines Rajah, und Almayers Wahnvorstellungen – "Almayer's Folly" – brechen zusammen; er verkommt und stirbt.

Die Ereignisse, die in *An Outcast of the Islands* geschildert werden, gehen denjenigen von *Almayer's Folly* voraus: der Roman berichtet die Geschichte von Willems, der wegen einer Unterschlagung entlassen und von Tom Lingard zu Almayer gebracht wird;

dort verfällt er der Faszination Aïssas, der Tochter eines Piraten. Er wird in doppelter Weise zum Verräter: er verrät Lingard an arabische Konkurrenten und ist auch bereit, Aïssa zu verraten und mit seiner Frau Joanna die Flucht zu ergreifen. Aïssa nimmt jedoch Rache und erschießt den Verräter.

Wenngleich diesen Romanen anzumerken ist, daß der Stoff einer abenteuerlichen, exotischen Geschichte zum Roman erweitert wurde, daß die Darstellung der Szenerie, nicht aber die geduldige Durchdringung der Charaktere und die Entfaltung komplexer Handlungszusammenhänge dem Roman epische Breite geben[13], wird bei den Charakteren klar, welche Themen Conrad fesselten: Er ist als Epiker angesprochen von Charakteren, die in mehrfacher Weise vereinsamt sind; als Europäer stehen sie der eigenen Rasse wie den Eingeborenen als Fremde gegenüber, sie verspielen das Vertrauen, das ihnen entgegengebracht wird, sie glauben, die Realität zu kennen und verfallen dennoch ihren Illusionen. Bei allem Scheitern sind sie keine tragischen Helden, sondern amoralische Wesen, die sich selber korrumpieren und an ihrer Schwäche, an List, Betrug und Verrat zugrunde gehen. Da ihnen die heroische Größe fehlt, vermag der Leser bei ihrem Scheitern keine Furcht (im aristotelischen Sinn) zu empfinden, es bleibt allenfalls das Mitleid mit Charakteren, die ihr Elend selbst heraufbeschwören und dem exotischen Milieu, seiner betäubenden Sinnlichkeit, so sehr verfallen, daß sie schließlich keine moralische Kraft mehr besitzen, um das Leben ehrenhaft zu bestehen oder zumindest ehrenhaft untergehen zu können. Almayer und Willems sind Gestalten, die ein blinder Lebenswille zu treiben scheint und die sich von ihrer Vernunft wie von einem Irrlicht verführen lassen.

Als Conrad den Roman *The Nigger of the "Narcissus"* publizierte (1897), hatte er eine Stufe in seiner Entwicklung erreicht, auf der er mit sicherem Zugriff einen Roman aufbauen konnte und auf der er sich zugleich theoretisch Rechenschaft über sein Metier als Erzähler zu geben vermochte. Der Roman schildert die Fahrt des Seglers "Narcissus" von Bombay bis London, d.h. Raum und Zeit

---

13 Vgl. hierzu Frederick R. Karl, *A Reader's Guide to Joseph Conrad*, rev. ed., New York 1960, 100: "Conrad began *An Outcast* not as a novel, but as a short story, and perhaps its thinness and deficiency of substance can be traced to its original conception. The vast panorama of jungle creates a scenic background far in excess of what the characterization can sustain."

des Geschehens sind ebenso eingegrenzt wie das Personal, aus dem Captain Allistoun, der alte Seemann Singleton, Donkin, der Aufrührer und Drückeberger, sowie Jimmy Wait, der todkranke Neger, besonders herausragen. In den vier Hauptpersonen zeichnet sich der Kontrast zwischen den lebenserhaltenden, auf Selbstbehauptung bedachten Kräften und den destruktiven Mächten ab. Zwischen ihnen entwickelt sich ein dramatischer Konflikt, und es ist kein Zufall, daß sich Conrad eines fünfteiligen Strukturschemas bedient, um in Anlehnung an die klassische Form des Dramas die Konflikte einer Seereise darzustellen. Jedes der fünf Kapitel weist in sich eine dreiteilige Struktur auf; denn im Zentrum steht jeweils der Einbruch gefährdender Mächte, während am Anfang und Ende des Kapitels das Ethos der Figuren dargestellt oder beschrieben wird, die sich den Einbrüchen widersetzen. So legt Conrad in dem Auftakt des ersten Kapitels besonderen Nachdruck auf die Beschreibung des alten Singleton, der als die Verkörperung der Weisheit, der Ruhe und der Erfahrung des Alters erscheint. Donkin und Jimmy Wait lassen bereits durch ihre Redeweise und durch ihre Gebärdensprache erkennen, daß sie als eine Provokation des von Singleton repräsentierten Seemannsethos zu deuten sind. Das zweite Kapitel rückt zunächst das Schiff, die kosmische Ordnung von Himmel und See und schließlich Captain Allistoun als die hierarchische Spitze der in sich sehr streng gefügten seemännischen Welt in den Vordergrund. Der Einbruch in diese Ordnung wird durch Jimmy Wait signalisiert, der seinen Tod ankündigt; den Widerstand gegen die narzißtische Verliebtheit ins eigene Sterben artikuliert Singleton: "'Well, get on with your dying'"[14]. Für ihn ist das Sterben eines Menschen so selbstverständlich wie ein Naturvorgang. Diese Ungebrochenheit wird freilich nicht von allen Mitgliedern der Schiffsmannschaft geteilt; ihre Sympathie für den Sterbenden macht ihre Menschlichkeit, aber auch ihre (seemännische) Schwäche aus.

Im Zentrum des dritten Kapitels steht die Beschreibung des Sturmes, der die Tüchtigkeit und die Solidarität der Mannschaft auf die Probe stellt. Der Selbstbehauptungswille der Mannschaft ermöglicht ihr Überleben. In den Augenblicken höchster Gefahr vergessen alle den in eine Kajüte eingesperrten Jimmy Wait; das bedeu-

---

14 *The Collected Works of Joseph Conrad, The Medallion Edition, The Nigger of the "Narcissus". Typhoon*, London (1925), London: Routledge/Thoemmes Press 1995, vol. III, 42. Im Folgenden zitiert als *NN*.

tet: Der Wille zur Selbstbehauptung verdrängt den Gedanken an den Tod; erst als die Gefahr des Untergangs abgewendet ist, taucht die Frage auf: "'Where's Jimmy'?" (*NN*, 63).

Das vierte Kapitel transponiert das Thema der Gefährdung der seemännischen Ordnung, die symbolisch für jede Ordnung des Zusammenlebens der Menschen steht, auf die moralische Ebene. Der Agitator Donkin zettelt einen Aufruhr unter der Schiffsmannschaft an, und es kommt auch zu einem Attentat auf den Kapitän, das allerdings ohne ernsthafte Folgen bleibt. Für eine kurze Spanne werden die hierarchische Struktur, die für das gesellschaftliche Leben auf dem Schiff kennzeichnend ist, und das Ethos, das diese Ordnung mit Leben erfüllt, in Frage gestellt; mit dem Überleben des Kapitäns wird die Gültigkeit der sozialen wie der moralischen Ordnung bestätigt. Das fünfte Kapitel bildet nur noch die äußere Bestätigung für die Konfliktlösung, die im vierten Kapitel bereits gefunden wurde: Jimmy stirbt, der Leichnam wird dem Meer übergeben; er kehrt in den Kreislauf der Natur zurück, und das Schiff erreicht sein Ziel, den Bestimmungshafen London. Damit aber löst sich zugleich die Schiffsmannschaft auf, was darauf hindeutet, daß die gesellschaftliche Ordnung und das Ethos, das sie repräsentiert, nicht selbstverständlich weiterdauern, sondern stets neu gefunden, durch menschliche Anstrengung neu hergestellt werden müssen. Darauf weist auch eine längere Erzählerreflexion hin, die sich am Anfang des vierten Kapitels findet:

> On men reprieved by its disdainful mercy, the immortal sea confers in its justice the full privilege of desired unrest. Through the perfect wisdom of its grace they are not permitted to meditate at ease upon the complicated and acrid savour of existence. They must without pause justify their life to the eternal pity that commands toil to be hard and unceasing, from sunrise to sunset, from sunset to sunrise; till the weary succession of nights and days tainted by the obstinate clamour of sages, demanding bliss and an empty heaven, is redeemed at last by the vast silence of pain and labour, by the dumb fear and the dumb courage of men obscure, forgetful, and enduring. (*NN*, 90)

Es fällt auf, daß Conrad zwar eine Reihe religiöser Termini wie "mercy", "grace" oder "pity" gebraucht, daß sie aber, zusammen mit dem Adjektiv "immortal", auf das Meer, auf die Natur bezogen werden. Die Natur ist die alles Geschehen beherrschende Macht, sie verhängt über die Menschen das Los der ständigen Unruhe, der ständigen Bewährung durch Mühe und Arbeit. Nur aus einer unabläßigen Selbstbehauptung – in der Schmerz, Furcht und Mut sich mischen – kann eine Erlösung hervorgehen, die streng genommen eine Erlösung des Menschen durch sich selbst ist.

Das Weltbild, das diesem Erzählerkommentar zugrunde liegt, bildet auch den Hintergrund für die Vorrede, die Conrad diesem Roman voranstellt und die als sein künstlerisches Credo bezeichnet werden darf: Die Arbeit, die Anstrengung, die Conrad sich selbst auferlegt sieht, ist der einzelgängerische Versuch, die Wahrheit ans Licht zu bringen und dabei die Grundlagen unserer menschlichen Existenz darzustellen. Conrad rückt in dieser Vorrede den Künstler, insbesondere den Erzähler, in die Nachbarschaft des Naturwissenschaftlers und des Philosophen und unterscheidet drei Wege, die zur Wahrheit führen. Die Naturwissenschaft hat es mit Fakten, der Philosoph mit Ideen zu tun, der Künstler, der Erzähler arbeitet mit den Erlebnissen des Menschen. Der Künstler wendet sich dabei an unseren ästhetischen wie an unseren moralischen Sinn:

> He speaks to our capacity for delight and wonder, to the sense of mystery surrounding our lives; to our sense of pity, and beauty, and pain; to the latent feeling of fellowship with all creation – and to the subtle but invincible conviction of solidarity that knits together the loneliness of innumerable hearts, to the solidarity in dreams, in joy, in sorrow, in aspirations, in illusions, in hope, in fear, which binds men to each other, which binds together all humanity – the dead to the living and the living to the unborn. (*NN*, viii)

Wenn Conrad von der "Einsamkeit unzähliger Herzen" spricht, nimmt er die moderne Erlebnislage seiner Leser auf, sieht aber die Aufgabe des Künstlers gerade darin, diese Erlebnislage zu überwinden und durch die Natur ein Gefühl der Solidarität in allen zu schaffen. Conrad ist sich bewußt, daß ihm nur eine jeweils momentane Einsicht in die Wahrheit ("glimpse of truth", *NN*, x) gewährt wird und daß seine Aufgabe darin besteht, den visionären Augenblick mit allen sinnlich wirksamen Mitteln so zu gestalten, daß der Leser das Erlebnis des Autors nachvollziehen kann:

> It is to show its vibration, its colour, its form; and through its movement, its form, and its colour, reveal the substance of its truth – disclose its inspiring secret: the stress and passion within the core of each convincing moment. (*NN*, x)

Wenn das Kunstwerk im Sinne Joseph Conrads gelingt, offenbart sich für den Künstler wie für den aufnehmenden Leser im visionären

Augenblick die ganze Wahrheit des Lebens ("all the truth of life is there", *NN*, xii) – eine Wahrheit, die die naturwissenschaftliche Deutung von Fakten und philosophische Ideen nach seinem Urteil überdauert.

4

Zwei Probleme stellten sich Joseph Conrad, als er sich nach dem Roman *The Nigger of the "Narcissus"* dem Roman *Lord Jim* (1900) zuwandte: 1. wie ist die psychische Eigenart eines Menschen zu erklären, den ein romantischer Traum von heldenhafter Größe in die Welt treibt, der aber mit sich nicht ins reine kommt, wenn er sieht, daß sich dieser Traum nicht verwirklichen läßt; 2. wie ist die Problematik eines solchen Menschen in einem Roman angemessen darzubieten.[15]

Bereits bei der ersten Lektüre erkennt der Leser, daß nur die ersten vier Kapitel von einem allwissenden Erzähler geboten werden. Vom fünften Kapitel an wird Jims Geschichte durch Marlow berichtet, der seinerseits auf eine Fülle von Informationen und eine Vielzahl von Informanten angewiesen ist und der einen langen und umständlichen Weg zurücklegen muß, um in das Innere des "Helden" vorzudringen, das sich ihm freilich immer wieder zu entziehen scheint. Schließlich greift Conrad vom 37. Kapitel an auch auf ein altes episches Requisit, den Brief, zurück, um über das Ende Jims berichten zu können. Der gesamte Erzählvorgang läßt sich in zwei Schichten gliedern: 1. die Erlebnisschicht des Lord Jim, 2. die Vermittlungsschicht, repräsentiert durch Captain Marlow. Marlow (und mit ihm der Leser) wird bei seiner Entdeckungsfahrt in das Innere von Lord Jim von drei Fragen getrieben: 1. "What had happened?" (in herkömmlichen Kategorien gesprochen versucht er die "Handlung" zu rekonstruieren); 2. "Who was he?" (er möchte den auf den ersten Blick merkwürdigen Menschen, den die Eingeborenen "Tuan Jim" nennen, verstehen lernen); 3. "How to be?" (Leben und Schicksal lassen Marlow die Frage stellen, wie denn der

---

15 Zu *Lord Jim* vergleiche auch Willi Erzgräber, "Joseph Conrad: Lord Jim", in: *Der englische Roman im 19. Jahrhundert*, hg. von Paul Goetsch, Heinz Kosok und Kurt Otten, Berlin 1973, 288–306.

Mensch leben soll, um in einem rätselhaften, mysteriösen Universum menschenwürdig bestehen zu können).[16]

Die Geschichte des Lord Jim, die sich rekonstruieren läßt, kann wie folgt zusammengefaßt werden: Jim stammte aus einem anglikanischen Pfarrhaus, kam aber, durch Ferienlektüre angeregt, auf den Gedanken, Seemann zu werden. Er ist von romantischen Träumen erfüllt, versäumt es aber mehrfach, sich in entscheidender Situation zu bewähren. Als es bei einer Fahrt mit der "Patna" nachts zu einer Kollision kommt, überläßt er 800 moslemische Pilger ihrem Schicksal – er sieht keinerlei Möglichkeit, sie zu retten – und bringt sich in Sicherheit, wobei er dem Beispiel der weißen Schiffsbesatzung folgt, die er im Grunde verachtet. Als das Schiff jedoch nicht sinkt und ein französischer Zerstörer die Pilger rettet, sieht er seine Ehre verloren, seine bisherige Selbstauffassung vernichtet. Die Gerichtsverhandlung ist nur ein äußerer Vorgang; wichtiger ist für ihn die Frage, wie er künftig mit dieser Schmach fertig werden soll. Rat- und ruhelos zieht er von Hafen zu Hafen, bis er durch Vermittlung von Mr. Stein auf Patusan, einer der malaiischen Inseln, einen neuen Tätigkeitsbereich findet. Er wird von den Eingeborenen verehrt und gewinnt die Liebe des Mädchens Jewel, sieht sich jedoch eines Tages mit zwei Weißen, Cornelius und Gentleman Brown, konfrontiert, die sich unehrenhaft verhalten. Jim, der dennoch mit diesen beiden Angehörigen der weißen Rasse Mitgefühl hat, läßt den hinterhältigen Brown ziehen, der auf der Flucht auf die Eingeborenen schießt und dabei Dain Waris, den Sohn des Häuptlings, tödlich trifft. Hierauf hat Lord Jim keine andere Wahl, als sich dessen Gericht zu stellen.

Bezeichnet man die einzelnen Abschnitte der Biographie von Lord Jim mit den Buchstaben des Alphabets und fragt man nach der Abfolge dieser Abschnitte im Erzählvorgang, so gelangt man zu einer höchst irregulären Sequenz; sie beginnt – wie J.W. Beach gezeigt hat – wie folgt: KLMP, WA, E, B, E, E, H, GD, HJ, FE[17].
Beach nennt diese Darbietungsweise impressionistisch, denn Marlow folgt in der Vermittlung der Tatsachen über Jim den Zufällig-

---

16 Vgl. W. Herget, *Untersuchungen zur Wirklichkeitsdarstellung im Frühwerk Joseph Conrads (mit besonderer Berücksichtigung des Romanes "Lord Jim")*, Diss. Frankfurt 1965, 110ff.
17 Joseph Warren Beach, *The Twentieth Century Novel: Studies in Technique*, New York 1932, 363.

keiten des Alltags: Er berichtet von den Eindrücken, die er oder andere bei bestimmten Gelegenheiten von Jim gewannen. Allerdings muß hinzugefügt werden, daß diese Eindrücke meist nicht auf visuelle Wahrnehmungen begrenzt bleiben, sie sind häufig auch mit moralischen Problemen verknüpft. Dabei ergeben sich, je nach dem Standort der Person, die über die Eindrücke berichtet, die Jim hinterließ, ganz verschiedenartige Bezugssysteme und Auswertungsmöglichkeiten. Der Vater Lord Jims erscheint beispielsweise als der Vertreter eines rationalistischen Christentums, wie es sich im 18. Jahrhundert in England entwickelt hatte. Er sieht die menschliche Natur als ein im rationalistischen Sinne deutbares und auflösbares Phänomen. Sein zentrales Axiom lautet: "who once gives way to temptation, in the very instant hazards his total depravity and everlasting ruin"[18]. Die Komplexität der menschlichen Natur, das Widerspiel von Bewußtem und Unbewußtem, von rationalen und imaginativen Kräften, von widrigen Umständen und menschlicher Schwäche wird nicht mitveranschlagt.

Marlow dagegen mißtraut – wie der Autor Conrad selbst – der rational vereinfachenden, moraltheologischen Deutung von Schuld, Ehrverlust und Gewissenskonflikt und begibt sich auf die Suche nach der Wahrheit über Jim. Dieses Unterfangen zwingt ihn, auch nach den Maßstäben zu forschen, die für die Beurteilung der psychologischen und moralischen Probleme angemessen sind, die sich dem Betrachter mit Jim stellen. Marlow verfängt sich dabei in einem Labyrinth von Vermutungen: Er ist auf die Aussagen und Urteile einer Vielzahl von Personen angewiesen; je intensiver er sich um eine Koordination der Standpunkte bemüht, um so mehr gerät sein anfängliches Seemannsethos der Treue, Aufrichtigkeit und Zuverlässigkeit ins Wanken.

Da alle Äußerungen über Jim, die Marlow im ersten Teil des Romans (Kap. 5 bis 35) darbietet, auf den Sprung von der Patna und das daraus resultierende Verhalten Jims bezogen sind, ergibt sich eine reich gestufte Skala von Deutungs- und Bewertungsmöglichkeiten. Ein Extrem in dieser Skala bildet das pragmatische Seemannsethos des französischen Kapitäns, der glaubt, das tradierte Berufsethos sei stark genug, um die Gefahr eines ehrlosen Verhal-

---

18 *The Collected Works of Joseph Conrad. The Medallion Edition, Lord Jim*, London (1925), London: Routledge/Thoemmes Press, 1995, vol. IV, 341–342. Im Folgenden zitiert als *LJ*.

tens abwenden zu können. Was zu tun ist, wenn die Ehre verlorengeht, vermag er nicht zu sagen. Ebenso blind und stumpf ist der australische Händler, der nur ein pragmatisches unreflektiertes Sich-Einordnen in Wirklichkeitszusammenhänge kennt und dem eine Einsicht in Jims Psyche versagt ist. Captain Brierly, der zum Seegericht gehört, das über Jim zu befinden hat, weiß mit geschärfter Sensibilität für psychische und moralische Probleme auf Jim zu reagieren. Er ist ein Seemann von makelloser Vergangenheit, der durch Jim das Seemannsethos in Frage gestellt sieht. Da er sich andererseits mit Jim zu identifizieren vermag, möchte er am liebsten das sein Ethos bedrohende Element auslöschen; so ist zu erklären, daß er Jim Mittel zur Flucht anbietet. Als er begreift, daß damit weder für Jim noch für ihn das moralische Problem, das beide beschäftigt, gelöst wäre, begeht er Selbstmord.

Innerhalb der breiten Skala der Bewertungen von Jims Fall nimmt Steins Kommentar einen zentralen Platz ein. Stein, der Kaufmann, Wissenschaftler und Politiker zugleich ist, hat die Züge eines *uomo universale*. Der Bericht über seine Vergangenheit deutet darauf hin, daß er in einer einmaligen, genial anmutenden Synthese von *vita activa* und *vita contemplativa* den Traum vom Ich Wirklichkeit werden lassen konnte. Es entspringt seinem Selbstverständnis, wenn er über Jim lapidar feststellt: "'He is romantic – romantic'". Der Zusatz: "'And that is very bad – very bad. ... Very good, too'" (*LJ*, 216) läßt erkennen, daß Stein sich der Ambiguität einer solchen Daseinsform bewußt ist. Im Dialog mit Marlow entwirft Stein eine romantische Lebensauffassung, angeregt durch die Frage: "'How to be!'" (*LJ*, 213). Dem Menschen ist das ungebrochene, instinktsichere Dasein eines Tieres versagt; er lebt in einer antithetischen Spannung: "'He wants to be a saint, and he wants to be a devil'" (*LJ*, 213). Zugleich ist der Mensch ein Wesen, das illusionäre und idealisierte Entwürfe vom Ich konzipiert und damit eine Spannung zwischen Illusion und Realität erzeugt. Stein bejaht den Traum, die Illusion, die für ihn zugleich ein zerstörerisches Element ist; er fordert zudem die aktive Selbstbehauptung im Traum, weil das passive Sich-Überlassen ans Unbewußte auf die Dauer nicht möglich ist.

Gegen diese Deutung setzt Marlow seine skeptischen Vorbehalte: Die Welt erscheint seiner Auffassung nach in Steins Darstellung in einem bezaubernden, aber auch täuschenden Licht; sie ist durch die Imagination verwandelt. Deshalb bleibt für Marlow, der von sich behauptet, keine Imagination zu haben, die Frage, ob Stein das Chaos und den Tod nicht in das Zwielicht romantischer Poesie tauche und sich damit den Blick für bestimmte Aspekte der Wirklichkeit verstelle. Es bleibt daher zu untersuchen, wie Marlow selber die Wirklichkeit sieht und welches Bild vom Menschen und der Welt er in der Konfrontation mit Jim entwickelt.

Der Unterschied zwischen Steins und Marlows Weltbild besteht darin, daß Stein von dem destruktiven Charakter der Traumwirklichkeit und einem illusionären Welt- und Selbstverständnis ausgeht, Marlow hingegen vom Prinzip der Treue und der Solidarität. Dieses Prinzip bezeichnet bei Marlow zum einen das seemännische Berufsethos, wird von ihm zum anderen als Ausdruck der Verbundenheit mit den Normen größerer gesellschaftlicher Gruppen wie Volk oder Nation verstanden und ist für ihn schließlich ein Zeichen der Verbundenheit des Einzelnen mit der zivilisierten Menschheit. Wenn Marlow trotz seines Pessimismus und aller Skepsis ein Verfechter des Ethos der Treue und der Solidarität zwischen den Menschen bleibt, dann entspricht diese Synthese einer in der Geschichte des philosophischen Denkens bei Schopenhauer vorgeprägten Einstellung: Aus der pessimistischen, am Buddhismus orientierten Weltbetrachtung erwächst bei Schopenhauer ein Ethos des Mitleids, das einer seiner Interpreten wie folgt kommentiert hat:

> Es ist notwendig, für den ethischen Gehalt eines Systems, das mit dem Lebensgefühl des Individuums beginnt und mit der Einheit der Menschheit endet, ein verständliches Wort zur Verfügung zu haben. Am besten eignet sich das Wort *Solidarität*. [...][19]

Wie ein Nachhall der Schopenhauerschen Ausführungen über die Blindheit des Lebenswillens, den Schein der Maja und den illusionären Charakter aller Wirklichkeit wirkt die folgende Äußerung Marlows:

> And yet is not mankind itself, pushing on its blind way, driven by a dream of its greatness and its power upon the dark paths of excessive cruelty and of excessive devotion? And what is the pursuit of truth, after all? (*LJ*, 349–350)

An Jims Schicksal und an seinem Charakter läßt sich ablesen, was im konkreten Einzelfall mit der Unveränderlichkeit des Charakters,

---

19 Alfred Baeumler, "Einführung", in: Arthur Schopenhauer, *Philosophische Menschenkunde: Das Werk als Anthropologie*, Stuttgart: Kröner 1957, lxii.

dem Verhältnis von Charakter und ethischer Verantwortung, mit der Bedingtheit und Eigenmächtigkeit des Handelns und der sekundären Rolle des Intellekts im Schopenhauerschen Sinne gemeint sein kann.

Die Tatsache, daß Conrad den Erzähler Marlow in "Heart of Darkness", einer Erzählung, die zur gleichen Zeit entstand wie der Roman *Lord Jim*, einmal "a Buddha preaching in European clothes and without a lotus-flower"[20], ein anderes Mal a "meditating Buddha" (*HD*, 162) nennt, kann als eine indirekte Bestätigung für die These angesehen werden, daß Conrads erzählerisches Weltbild um 1900 durch Schopenhauer nachhaltig beeinflußt war. Dennoch bleibt bei aller Nähe zu Schopenhauer insofern eine Differenz zu konstatieren, als Marlow sich die letzte ethische Forderung des Philosophen nicht zu eigen macht: eine Verneinung und Überwindung des Willens zum Leben, die für den Heiligen charakteristisch ist. Marlow bleibt bei der Überwindung des blinden Lebenswillens stehen, wie sie durch die ästhetische Anschauung vermittelt wird – für Schopenhauer nur eine Durchgangsstufe. Das heißt letztlich: Marlow verharrt bei der künstlerischen Versenkung in die für ihn unauflösbaren Ambiguitäten von Jims Charakter und Schicksal im Bannkreis eines romantischen Ästhetizismus – allerdings auf einer höheren, durch die Skepsis geläuterten, differenzierteren Bewußtseinsstufe, als sie für Stein kennzeichnend ist.

Versucht der Leser seinerseits, mit einer gewissen kritischen Distanz zu Marlow, alle Informationen über Jim auszuwerten, so ergibt sich folgendes Bild: Jim ist ein Mensch, der gleich Narzissus in das Bild eines makellosen Ichs verliebt ist. Die permanente Vorstellung von persönlicher Größe wird bei ihm zu einer fixen Idee und läßt ihn zu einer tragikomischen Gestalt werden. Er hat als Romanheld die Züge eines Don Quichote, eines Idealisten, der aus der Perspektive nüchterner Realisten nichts anderes ist als ein verdammter Narr ("'Confounded fool!'", *LJ*, 4). Seine Blindheit ist tragisch und komisch zugleich; seine komisch-absurden Züge treten in der "Patna"-Episode, seine tragischen Züge im Patusan-Abenteuer stärker hervor.

---

20 *The Collected Works of Joseph Conrad, The Medallion Edition, Heart of Darkness*, in: *Youth, A Narrative and Two Other Stories*, London (1925), London: Routledge/Thoemmes Press 1995, vol. VI, 50. Im Folgenden zitiert als *HD*.

Die Voraussetzung für die farcenhaft-absurde Komik der "Patna"-Episode ist die Tatsache, daß hier nicht Menschen in einen Konflikt miteinander geraten, sondern daß Dinge kollidieren und äußere Umstände sich nicht vom Menschen kontrollieren lassen. Die Eigenbewegung der Dinge (etwa das in seine Ausgangsposition zurückschwingende Rettungsboot) beherrscht die Bewegung der Menschen. Ihre Aktionen und Reaktionen sind der Ausdruck eines sinnlosen Bemühens, die Gewalt über die Dinge zurückzuerlangen. In die Absurdität der Vorgänge und Gebärden wird auch die menschliche Kommunikation einbezogen: In der Dunkelheit halten der Kapitän und die beiden Maschinisten Jim für den dritten Maschinisten, und Jim muß sich an dessen Stelle seines Zögerns wegen als "lunatic", "fool" und "the greatest idiot" (*LJ*, 116) beschimpfen lassen. Die Situation, in die sich Jim hineinmanövriert, nimmt in seinem Bewußtsein dadurch einen tragischen Charakter an, daß er sich für sein Handeln, den Sprung vom Schiff, verantwortlich fühlt, obgleich seine Handlung nicht einem freien, durchreflektierten Entschluß entsprang.

Das Patusan-Abenteuer gibt ihm die Möglichkeit, seine schöpferischen Fähigkeiten hervortreten zu lassen. Er wird zum Begründer einer Phase des Friedens und der Gerechtigkeit; aus der Sicht der Malaien gleicht er einem Sonnengott, der das Leben schützt und dessen ständige Erneuerung garantiert. Die Problematik von Jims Heldentum ergibt sich aus der Ambivalenz der Imagination: Sie ist zwar eine schöpferische Gabe, macht Jim aber auch blind. Sie erzeugt in ihm die Illusion, daß das Leben absolut gestaltbar und beherrschbar sei, macht ihn aber zugleich von seinem Ego-Ideal abhängig. Indem er Brown ungestraft weiterziehen läßt, möchte er durch diese Geste den Traum von seinem idealen Selbst retten; er beschwört jedoch damit seinen Untergang herauf. Nicht das Wohl der Gemeinschaft, an deren Spitze er steht, sondern die Illusion vom eigenen Ich bestimmt sein Handeln. Sein Leben und sein Tod sind der Ausdruck eines permanenten Leidens am eigenen Ich; humane Würde gewinnt er durch die Bereitschaft, dieses unveränderliche Leiden zu akzeptieren und mit Intensität das zu sein, wozu er sich bestimmt fühlt. Jim rückt damit in die Nachbarschaft von Tragödienhelden, wie sie in der Literatur des 19. Jahrhunderts bei Büchner anzutreffen sind. *Lord Jim* ist nicht primär die Tragödie des handelnden, sondern des an der Welt und am eigenen Ich leidenden Menschen.

5

Bereits ein Jahr vor *Lord Jim* hatte Joseph Conrad die Erzählung "Heart of Darkness" (in Blackwood's Magazine 1899) publiziert, die sich in vieler Beziehung mit diesem Roman vergleichen läßt, zugleich aber auch als Vorspiel zu *Nostromo*, *Under Western Eyes* und *The Secret Agent* verstanden werden kann. Läßt sich *Lord Jim* als der Versuch Captain Marlows interpretieren, in das Innere des Protagonisten vorzudringen, so ist "Heart of Darkness" eine Entdeckungsfahrt im doppelten Sinn: a) Marlow fährt in das Innere des Kongo, b) er versucht, das Innere des Mr. Kurtz zu ergründen, in dem er – ähnlich wie im Roman in Jim – eine Art Doppelgänger sieht. Allerdings liegt der Akzent in "Heart of Darkness" durchgehend auf der Darstellung der Erlebnisse Marlows: Zwar wird in zahlreichen Anspielungen und Gesprächen das Erscheinen des Mr. Kurtz von Anfang an vorbereitet, aber er tritt erst im letzten Teil der Erzählung auf, und auch in diesem Teil wird die Erzählperspektive so ausgerichtet, daß der Leser Marlow nie aus den Augen verliert, sondern stets danach fragt, welche Bedeutung Mr. Kurtz für Marlow hatte. Kann man bei *Lord Jim* davon sprechen, daß Marlow im wesentlichen von psychologischen und moralischen Fragen geleitet wird, so ist in "Heart of Darkness" der Horizont weiter gespannt: Die Erörterung der moralischen und psychologischen Probleme wird deutlich in politische und geschichtliche Zusammenhänge gestellt. Damit aber werden schon die Themen angeschnitten, die Conrad in *Nostromo* und in den "politischen" Romanen *Under Western Eyes* und *The Secret Agent* weiter verfolgte.

"Heart of Darkness" basiert auf autobiographischen Materialien: seit frühester Jugend hatte Conrad von einer Reise in den Kongo geträumt; 1890 konnte er sich diesen Wunsch erfüllen, als er im Auftrag der "Société Anonyme pour le Commerce du Haut-Congo" die Reise nach Zentralafrika antrat. Diese Reise wurde jedoch zu einer Kette von Enttäuschungen: Entgegen den Versprechungen der Gesellschaft fuhr er nur als Untergebener eines Kapitäns den Kongo aufwärts, und er "geriet in eine ihn abstoßende Gesellschaft von Spekulanten, Agenten, zweifelhaften Geschäftemachern, in die trübe Welle der Zivilisation, der Händlertaktik, die sich in das unerschlossene Innere einer Urlandschaft von ungeheuerlicher Düsternis ergoß"²¹. Schließlich wurde er krank; Malaria und Dysenterie quälten ihn, so daß er sich entschloß, nach England zurückzukehren. Conrad hat die Erlebnisse dieser für ihn enttäuschenden Reise in einem Tagebuch festgehalten, und ein Vergleich des Tagebuchs mit der Erzählung kann zeigen, wie eng er sich im Detail gelegentlich an die autobiographischen Aufzeichnungen anschloß, wie stark er aber die Gesamtkonzeption der Geschichte nach eigenen Zielsetzungen ausformte. Die im Tagebuch niedergeschriebenen Einzelimpressionen lassen schon erkennen, wie sehr ihn die fragwürdigen Verhaltensweisen der Europäer im afrikanischen Milieu beschäftigten. So bemerkt er einmal in seinem Tagebuch: "Prominent characteristic of the social life here: people speaking ill of each other"[22].

"Heart of Darkness" umkreist in ständig neuen Variationen die eigentümliche Spannung zwischen dem Anspruch der Europäer, den Eingeborenen Fortschritt, Erziehung und bessere Lebensverhältnisse bringen zu wollen, und dem rücksichtslosen Streben, die Reichtümer des Landes und seine Menschen auszubeuten. Conrad sieht, daß diese beiden scheinbar konträren Haltungen aus ein- und demselben Menschen – beispielsweise aus Mr. Kurtz – hervorgehen können. Ehe Captain Marlow seine Erzählung der Kongo-Reise beginnt, reflektiert er über den Drang der Europäer, Welt zu erobern, der sich für ihn bereits in der Frühzeit der englischen Geschichte, in der Eroberung Britanniens durch die Römer spiegelt:

> The conquest of the earth, which mostly means the taking it away from those who have a different complexion or slightly flatter noses than ourselves, is not a pretty thing when you look into it too much. What redeems it is the idea only. An idea at the back of it; not a sentimental pretence but an idea; and an unselfish belief in the idea – something you can set up, and bow down before, and offer a sacrifice to. ... (*HD*, 50–51)

In *The Nigger of the "Narcissus"* waren es das Ethos der Arbeit und der Solidarität der Seeleute, die die erlösenden Ideen für Conrad ausmachten. In "Heart of Darkness" steht die Idee der Zivilisation, die Grundlage der europäischen Kultur, der Gedanke, daß durch die

---

21 Hermann Stresau, *Joseph Conrad: Der Tragiker des Westens*, Hannover 1947, 47.
22 Joseph Conrad, *Congo Diary and Other Uncollected Pieces*, ed. and with Comments by Z. Najder, New York: Doubleday & Co., 1978, 7.

Kräfte des Geistes Fortschritt erzielt und zugleich die destruktiven Mächte gezähmt und gebändigt werden könnten, auf dem Spiel.

Bereits die Fahrt zum Kongo setzt hinter diese Überzeugungen ein Fragezeichen. Captain Marlow beobachtet beispielsweise, wie ein französisches Kriegsschiff in ein Eingeborenenlager hineinfeuert – eine Handlung bar jeglichen Sinnes: "'In the empty immensity of earth, sky, and water, there she was, incomprehensible, firing into a continent'" (*HD*, 61–62). Außerhalb der europäischen Kontexte verlieren viele Verhaltensweisen der Europäer ihren Sinn: Sie nehmen den Charakter des "Unwirklichen" an, während das Leben der Eingeborenen die "Wirklichkeit" auszumachen scheint. Es ist für die Erlebnisse Marlows kennzeichnend, daß sich in seinem Bewußtsein und in den Beobachtungen und Erinnerungen, über die er berichtet, sowohl der Begriff der Wirklichkeit wie auch der Begriff der Idee immer wieder verschieben:

> Idee bedeutet bald eine Art Fetisch, dem man selbstlos dient, bald einen 'sentimentalen Glauben', der der Realität nicht standhält, bald ein Mittel, um egoistische Motive zu verschleiern, bald eine feste Überzeugung, die notwendig ist, um nicht dem Zynismus und der Barbarei zu verfallen. [...] Ähnlich vielgestaltig wie der Begriff Idee ist der der Wirklichkeit. Er bedeutet bald die durch den Imperialismus praktizierte Ausbeutung und das Leiden der Neger, bald den Bereich, den die habgierigen Händler nicht erkennen, so daß sie sich in einer alptraumartigen Atmosphäre verstricken, bald den Bereich des Dschungels und der Triebe, der sich dem Zugriff moralischer Normen verschließt.[23]

Europäische Maßstäbe beim Arbeiten und im äußeren Auftreten hält der Hauptbuchhalter aufrecht, den Marlow in der Lower Station trifft – er ist elegant und sauber gekleidet und führt seine Bücher akkurat: Zivilisation ist bei ihm allerdings ganz in den äußeren Schein, die äußere Erscheinungsform gedrängt; er ignoriert die gequälten und geschundenen Eingeborenen, die in nächster Nähe sterben. In ähnlicher Weise ist auch der Manager der Zentralstation nur darum besorgt, den Routinebetrieb aufrechtzuerhalten; ihm geht jeder schöpferische Einfall ab; er denkt in den überlieferten pragmatischen Kategorien der Ausbeuter, die ein Maximum an Profit mit einem Minimum an Anstrengung zu erzielen versuchen.

---

23 Lothar Bredella, *Ästhetische Erfahrung und soziales Handeln*, Frankfurt a.M./Berlin/München, 1975, 54.

Während der Manager nur auf eine routinemäßige Ausbeutung der Eingeborenen bedacht ist, fehlt dem russischen Matrosen, der sich voll Hingabe an Mr. Kurtz anschließt, jegliches Sensorium für moralische Probleme, in die Captain Marlow in zunehmendem Maße verstrickt wird. Der Russe gleicht in seinem Auftreten eher einem Kind oder einem Narren; das Gewand des Harlekins, das er trägt, läßt ihn zu einer absurden Gestalt werden. Die Anhänglichkeit, die er Kurtz gegenüber zeigt, wirkt wie eine Parodie auf das Ethos der Treue und der Solidarität, wie es Conrad in *The Nigger of the "Narcissus"* beschrieben hatte.

Kurtz selbst ist eine dämonische Gestalt zu nennen: Er überragt alle anderen Europäer, von denen Marlow berichtet, durch seine schöpferischen Gaben – er ist als Maler und Musiker ebenso talentiert wie als Schriftsteller, er ist Geschäftsmann, zielt aber ursprünglich auch darauf ab, europäische Kultur und Zivilisation in Afrika zu verbreiten. So kann es mit Recht von ihm heißen: "'He was a universal genius'" (*HD*, 154). Wenn Marlow andererseits feststellen muß: "'He had taken a high seat amongst the devils of the land'" (*HD*, 116), dann deutet er mit diesem Bild an, daß die genialen Begabungen des Mr. Kurtz in ihr Gegenteil umschlugen, daß sie nicht mehr im kreativen, sondern im destruktiven Bereich liegen. Der Kongo ist zum Prüfstein für alle Europäer geworden; der Wille, Elfenbein zu besitzen, nimmt einem Mann wie Mr. Kurtz jegliche Selbstbeherrschung: "'The wilderness had patted him on the head, and, behold, it was like a ball – an ivory ball'" (*HD*, 115). Der Mensch verliert – wie das Bild des Elfenbeinkopfes verdeutlicht – seine humanen Qualitäten und wird selbst zum Ding. Bei Kurtz freilich bedeutet dies zugleich, daß sein Genius dämonische Züge annimmt, daß er die Eingeborenen so zu faszinieren versteht, daß sie in ihm ein göttliches Wesen sehen. Während er die Eingeborenen äußerlich beherrscht, wird er seinerseits das Opfer seiner Begierden und Gelüste. Als Besitzender ist er zugleich ein Besessener, der sich in der Welt seines größten Triumphes zugrunde richtet.

Wenn Marlow Mr. Kurtz rettet, wenn er ihn aus dem Dschungel, in den Kurtz sich erneut zu flüchten versucht, auf das Schiff zurückholt, dann möchte Marlow damit zugleich seinem Ethos Gültigkeit verschaffen, das er nun durch die Erlebnisse im Kongo bedroht sieht. Die Begegnung mit Kurtz ist für Marlow nicht die Begegnung mit *irgendeinem* Fremden. In Kurtz sieht Marlow ein – wenngleich verzerrtes – Spiegelbild des eigenen Ich. Er ist sich bewußt, daß jeder Europäer, auch er selbst, unter gleichen oder ähnlichen Bedingungen den Versuchungen erliegen könnte, denen Mr. Kurtz im Herzen des Kongo tatsächlich erlag. Wenn Marlow in Mr. Kurtz mehr sieht als nur einen raffinierten Ausbeuter, so ist dies nicht nur in der genialen Veranlagung des Mr. Kurtz, sondern auch in der Faszination begründet, die von ihm in seiner Todesstunde noch ausgeht:

> I was fascinated. It was as though a veil had been rent. I saw on that ivory face the expression of sombre pride, of ruthless power, of craven terror – of an intense and hopeless despair. Did he live his life again in every detail of desire, temptation, and surrender during that supreme moment of complete knowledge? He cried in a whisper at some image, at some vision – he cried out twice, a cry that was no more than a breath:
> 'The horror! The horror!' (*HD*, 149)

Dieser Aufschrei ist für Marlow ein Beweis dafür, daß Kurtz vor seinem Tod Selbsterkenntnis beschieden war; diese Selbsterkenntnis, dieses Urteil über die Erfahrungen, denen Mr. Kurtz sich willentlich auslieferte, wertet Marlow zugleich als einen moralischen Sieg: "'It was an affirmation, a moral victory paid for by innumerable defeats, by abominable terrors, by abominable satisfactions. But it was a victory!'" (*HD*, 151).

Die Begegnung mit Mr. Kurtz bewirkt in Marlow eine Bewußtseinserweiterung: Er begreift das Wesen der menschlichen Natur, verspürt an sich die Spanne zwischen dem Göttlichen und dem Diabolischen, in die er sich wie jeder andere hineingestellt sieht, er begreift aber auch, wie gefährdet deshalb die europäische Zivilisation ist, wie gefährlich es sein kann, den Kräften des Verstandes, dem Glauben an das Gute allzu ungebrochen zu vertrauen. Diesen Glauben hat sich in naiver Weise die Verlobte von Mr. Kurtz bewahrt. Wenn Marlow sich, von ihr nach der Sterbestunde des Mr. Kurtz befragt, in eine Lüge hineindrängen läßt – er behauptet, Mr. Kurtz habe sterbend ihren Namen ausgesprochen –, so zeigt dies, daß Marlow sich jetzt bewußt zu einem Ethos bekennt, das komplexer ist als das Ethos seemännischer Tüchtigkeit und Solidarität. Um eine Frau zu schützen, ist er bereit, die Unwahrheit zu sagen: "'We must help them to stay in that beautiful world of their own, lest ours gets worse'" (*HD*, 115).

6

Der Roman *Under Western Eyes* (1911) läßt sich insofern mit *Lord Jim* und "Heart of Darkness" vergleichen, als er eine ähnliche Grundstruktur aufweist: An die Stelle des Erzählers Marlow tritt in diesem Roman der Sprachlehrer, ein Engländer liberal-konservativer Gesinnung, der in Genf lebt; der Held des Romans, Razumov, der uneheliche Sohn eines russischen Prinzen, ähnelt Lord Jim, insofern auch er von einer großen Karriere (als Professor der Philosophie) träumt, an der Wirklichkeit aber scheitert, die in Gestalt des Terroristen Haldin plötzlich seine Pläne durchkreuzt: Razumov sieht sich vor die Frage gestellt, ob er Haldins Vertrauen mit einem Akt der Solidarität beantworten und ihm zur Flucht verhelfen oder ob er Haldin, den Mörder des Ministers de P-, an die Behörden des autokratischen Staates ausliefern soll.

Die besonderen Merkmale des Romans *Under Western Eyes* treten jedoch bereits bei einem Vergleich des Erzählers mit Captain Marlow in *Lord Jim* und *Under Western Eyes* hervor: Marlow ist eine dynamische Erzählerfigur, er wandelt sich und nimmt Züge eines höchst komplexen Charakters an, der Erfahrung verarbeitet sowie sein bisheriges Weltbild an neuen Einsichten mißt. Der Sprachlehrer, dessen Namen der Leser nie erfährt, bleibt demgegenüber eine statisch blasse Gestalt: er wahrt stets die Distanz, ist zwar fair und – soweit möglich – ausgewogen in seinem Urteil über Razumov, aber er vertritt die westliche Zivilisation gegenüber östlich-russischer Mentalität. Gewiß gibt es einige verwandte Züge: so beklagt sich Haldin einmal über das kühle "englische" Verhalten Razumovs[24], aber solche Parallelen tragen nicht wesentlich dazu bei, den Protagonisten und den Erzähler einander näher zu bringen. Sie verstärken eher den ironischen Kontrast zwischen den beiden Charakteren. Das abgründig-dämonische Wesen Razumovs, der in seiner intellektuellen Begabung an den universal begabten Mr. Kurtz erinnert, bleibt dem Sprachlehrer verschlossen, der darüber klagt, nicht genügend sprachliche Mittel und keine imaginativen Fähigkeiten zu besitzen, seinen Gegenstand angemessen erfassen und darstellen zu können. Er ist auf das Tagebuch Razumovs ange-

---

24 *The Collected Works of Joseph Conrad, The Medallion Edition, Under Western Eyes*, London (1925), Routledge/Thoemess Press 1995, vol. XII, 16. Im Folgenden zitiert als *UWE*.

wiesen, um die Erlebnisse des Protagonisten vor seinem Aufenthalt in Genf nachzeichnen zu können. Dazu verläßt er sich auf Zeitungsberichte und die Berichte anderer Personen (Natalia); schließlich sammelt er eine Reihe eigener Beobachtungen, um einen (fast) protokollartigen Bericht über bestimmte Ereignisse zustande zu bringen. Er nennt sich einen stummen Zeugen, "a mute witness of things Russian, unrolling their Eastern logic under my Western eyes" (*UWE*, 381). Allerdings bleibt er kein ausschließlich registrierender Beobachter: Er unterbricht immer wieder seinen Bericht über den Gang der Ereignisse und läßt Kommentare in den Roman einfließen, die freilich gelegentlich den Eindruck erwecken, daß sie eher direkt aus dem Autorbewußtsein stammen und dem sich sonst so bescheiden und zurückhaltend gebenden Sprachlehrer nicht recht zuzutrauen sind. Aber selbst wenn nicht alle Kommentare über das russische Leben und die "Seele Rußlands" völlig der Mentalität des Sprachlehrers angepaßt sind, ist offenkundig, daß formal wie inhaltlich die östlich-russische und die westliche Perspektive ineinander verzahnt sind. Es gibt Passagen, in denen der Sprachlehrer, dem Tagebuch Razumov folgend, so erzählt, daß sich der Leser unmittelbar in die Psyche des Protagonisten versetzt fühlt, und es gibt andererseits Abschnitte, in denen der Leser dazu gebracht wird, sich mit den Urteilsnormen des Sprachlehrers zu identifizieren und die Geschichte "mit den Augen des Westens" zu lesen. Diese doppelte Perspektive ermöglicht es dem Leser freilich auch, aus der Perspektive, die jeweils suggeriert wird, herauszutreten und die Geschichte gleichsam "gegen den Strich" aufzunehmen.

Für den Westen stehen in diesem Roman nicht nur der Sprachlehrer, sondern auch Genf und die Schweiz. Der westliche Schauplatz ist der Inbegriff einer durch lange Tradition gefestigten demokratischen Lebensordnung. Wenn diese Ordnung von Razumov aus gesehen als "the very perfection of mediocrity attained at last after centuries of toil and culture" (*UWE*, 203) erscheint, so ist dies insofern verständlich, als er die Offenheit für das Geniale wie das Mystische vermißt, die ihm eigen ist und die er sich zu bewahren versucht. Wenn allerdings ähnliche Urteile aus der Perspektive des Erzählers gefällt werden, wenn er sich beispielsweise über die heuchlerische Respektabilität mokiert, die die Atmosphäre der Stadt bestimmt, so dürfte dies darin begründet sein, daß Conrad eine einseitige Schwarz-Weiß-Technik vermeiden wollte. Der menschliche Rang des Helden, der Tiefgang seines Erlebens, seines Denkens und Fühlens, sollen nicht vor das Gericht einer bürgerlichen Mediokrität gezerrt werden. Conrad will Razumov nicht nur mit den Augen des Westens beobachten, sondern auch die Augen des Westens öffnen für eine Wirklichkeit, die dem Durchschnittsbürger einer westlichen Demokratie befremdlich und gefährlich erscheinen mag, die er am liebsten verdrängen möchte. Für Conrad war auch dieser Roman ein Instrument, in seelische Wirklichkeiten einzudringen – seelische Wirklichkeiten, die in einem geographischen und politischen Raum gedeihen, den er in frühster Jugend aus eigener Anschauung kennenlernen konnte.

Die politischen Verhältnisse in Rußland, die in diesem Roman geschildert werden, sind durch den Antagonismus zweier Gruppen charakterisiert: a) die Autokraten, die für die Aufrechterhaltung der Zarenherrschaft eintreten, b) die Anarchisten, die sich diesem Regime widersetzen und es völlig vernichten möchten, um – so jedenfalls waren ihre ursprünglichen Ziele – die Selbstbefreiung der Massen, die Selbstorganisation der Gesellschaft, die Selbstverwirklichung des Individuums in Freiheit und Gleichheit erreichen zu können.

Wenn bei den Autokraten wie bei den Anarchisten zahlreiche gemeinsame Züge beobachtet werden können, so ist dies darin begründet, daß beide Gruppen von gleichen Grunderlebnissen ausgehen: Beide spüren den Verfall überlieferter Ordnungen, beide empfinden Angst und Grauen vor dem Nichts. Jeder einzelne sieht sich letztlich auf sich selbst zurückgeworfen, die Welt scheint eine sinnlose Maskerade, eine absurde "Comedy of Errors" zu sein. Die Menschen werden zu Marionetten, nehmen oft die Züge von Clowns und Harlekins an, ähnlich wie der Russe in "Heart of Darkness", der zu den getreuen Anhängern des Mr. Kurtz zählt.

In dem Maße, in dem die moralischen Ordnungen abgebaut, die Egozentrizität freigesetzt wird, wächst das Machtstreben einzelner Gruppen, die entweder die Herrschaft einer bereits dekadenten Adelsklasse aufrechterhalten und absichern möchten oder aber über die Destruktion der noch bestehenden Verhältnisse eine neue Gesellschaft aufbauen wollen. Mit dem Willen zur Destruktion verschreiben sich die Anarchisten aber zugleich Verhaltensformen, die für die mit gleicher Brutalität über die politische Macht gebietenden Autokraten kennzeichnend sind. Es handelt sich also um eine "Scheinpolarität" der Mächte, die die Verhältnisse in Rußland bestimmen. Der Wille zur Macht ist in jedem Fall der gleiche, deshalb sind auch die Instrumente, die Spione, austauschbar; Autokraten und Anarchisten unterscheiden sich in den Ideen, mit denen sie nach außen hin den Willen zur Macht kaschieren.

Prinz K-, der Vater Razumovs, ist der Repräsentant des dekadenten Adels. Sein Alter und seine Gicht dürfen als symbolische Zeichen gefaßt werden: Sie charakterisieren die Schwäche des Systems, das er nach außen hin noch vertritt, dem er sich aber innerlich, durch den ausgesprochenen Hang zum Privatleben, entziehen möchte.

Demgegenüber sind Mr. de P-, das Opfer von Haldins Mordanschlag, General T- und Mikulin, der Leiter des Generalsekretariats, typische Repräsentanten des autokratischen Prinzips. Ihre äußere Erscheinung deutet meist schon darauf hin, daß sie seelenlose Anhänger, fanatische Verteidiger eines brutalen Herrschaftssystems sind. Mr. de P-s Gesicht ist ausdruckslos, die Augen des Generals sind kalt, Mikulin zeigt ein undurchsichtiges Verhalten.

Mr. de P-s gesamtes Weltbild ist auf das Modell der Autokratie gebaut: Gott ist der autokratische Herrscher im Universum; nach seiner Herrschaft muß auch jegliche weltliche Herrschaft strukturiert sein: Harmonie ist nur möglich, wenn absoluter Gehorsam geleistet wird; daher ist jegliche Form freiheitlicher Regung im Keime zu ersticken.

General T- setzt deshalb grausame Gewalt gewissenlos ein, um alle Elemente, die die Zarenherrschaft gefährden oder gar beenden könnten, auszurotten. Während Mr. de P- und General T- typenhaft schematische Gestalten sind – sie stehen für die Gruppe der brutalen Fanatiker und der gewissenlosen Machtmenschen – , wird Councillor Mikulin differenzierter charakterisiert. Er erscheint einerseits als ein gutmütiger und verständnisvoller Mensch; andererseits wandelt sich seine "unutterable simplicity" (*UWE*, 89) in "shrewd simplicity" (*UWE*, 295), sobald er sich als Funktionär betätigt: Er ist als Staatsbeamter bereit, mit Schläue Aufträge durchzuführen, die seiner angeborenen Gutmütigkeit widersprechen und von äußerster Unmenschlichkeit zeugen. Sein weicher Gesichtsausdruck läßt darauf schließen, daß in ihm noch eine Spur von Sympathie für den Mitmenschen vorhanden ist – der schwere goldene Siegelring mit dem blutroten Stein dagegen ist ein Symbol für die Brutalität, zu der auch er fähig ist. Wiewohl Mikulin ein treuer Beamter ist, gerät er schließlich in den Sog undurchsichtiger Intrigen; ob ihm dabei die "reforming tendencies" (*UWE*, 306) zum Schaden gereichen, von denen einmal bei seiner Charakterisierung gesprochen wird, bleibt offen. Der Erzähler hebt in der Passage, die von Mikulins Ende berichtet, zum einen die unerklärliche Ambivalenz des Staates – hier: der barbarischen Autokratie – hervor, der nicht nur seine Feinde, sondern auch seine Freunde und Diener vernichtet, und er betont zugleich die würdevolle Haltung, mit der Mikulin stirbt:

> And in the stir of vaguely seen monstrosities, in that momentary, mysterious disturbance of muddy waters, Councillor Mikulin went under, dignified, with only a calm, emphatic protest of his innocence [...]. (*UWE*, 305)

Seine bürgerliche Existenz wird ausgelöscht, und er sieht sich einem Schicksal überantwortet, das dem eines Sträflings gleicht: "For the terribly heavy sentence turned Councillor Mikulin civilly into a corpse, and actually into something very much like a common convict" (*UWE*, 306). Er wird zum Opfer des autokratischen Staates, für dessen Erhaltung er eintrat. Mikulin ist ein Beispiel für die Persönlichkeitsspaltung eines Menschen in einem totalitären System: er agiert als "Funktionsträger" und als Mensch und geht an dieser Doppelrolle schließlich zugrunde.

Bei der Darstellung der Anarchisten konzentriert sich Conrad auf die Situation der Exilanarchisten und auf die eigentümliche Mischung von Mystizismus, Messianismus und romantischem Nihilismus, die ihr Denken und Handeln charakterisiert. Peter Ivanovitch, "the noble arch-priest of Revolution" (*UWE*, 210), der nach dem Vorbild von Bakunin und Kropotkin gezeichnet wurde, lebt ganz aus der Inspiration. Von jedem seiner Anhänger verlangt er unbedingten Gehorsam – darin gleicht er einem Autokraten wie General T- – und unbezweifelten Glauben an die große geschichtliche Mission der Anarchisten. Er möchte sich seiner Anhänger wie blinder Instrumente bedienen; er erwartet bedingungslose Unterwerfung unter seine Befehle. Aber auch er ist, gleich Mikulin, eine gespaltene Persönlichkeit. Er predigt zwar die Revolution, handelt aber nicht im Sinne der Lehre; er ist von hohen Idealen erfüllt, "thirsting for the triumph of spiritual love and political liberty" (*UWE*, 122), benimmt sich aber zugleich auch wie ein brutaler Sadist. Als er sieht, daß seine persönlichen Pläne scheitern, daß er auf Madame de S- nicht zählen kann, flüchtet er in die Ehe mit einem Bauernmädchen. Madame de S-, eine Diplomatenwitwe und Intrigantin, wird von dem – feministischen Ideen zugetanen – Peter Ivanovitch eine Zeitlang als "true light of femininity" (*UWE*, 213) verehrt; in Wirklichkeit ist sie jedoch eine Großsprecherin, die sich an ihre hohlen Phrasen verliert. In ihrem Größenwahn, ihrer Macht- und Habgier, ihrer Skrupellosigkeit und ihrem Mystizismus wirkt sie wie die Perversion all der Vorstellungen, die Russen mit dem "Mütterchen Rußland" assoziierten.

Die nihilistische Komponente des Anarchismus tritt besonders deutlich bei Sophia Antonovna zutage, die von Razumov als "the true spirit of destructive revolution" (*UWE*, 261) bezeichnet wird und ihre unterwürfig-gläubige Anhänglichkeit an Peter Ivanovitch in der Zuversicht bezüglich des Gelingens der Revolution so ausdrückt: "'I don't think, young man. I just simply believe it'" (*UWE*, 245). Wenn andererseits gesagt wird, daß sie in ihrer äußeren Erscheinung frei war von bösen und diabolischen Zügen, so wird sie damit in die Gruppe der Personen eingereiht, bei denen eine eigentümliche Spannung zwischen den Theorien, die sie vertreten, und ihrem äußeren Erscheinungsbild auffällt.

Wie stark die Ideen der Anarchisten wirken, zeigen die Äußerungen Natalias und das Verhalten ihres Bruders Victor Haldin. Natalia ist von der geschichtlichen Mission Rußlands überzeugt und formuliert die Aufgabe, vor die sie ihre Landsleute gestellt sieht, wie folgt:

> We Russians shall find some better form of national freedom than an artificial conflict of parties – which is wrong because it is a conflict and contemptible because it is artificial. It is left for us Russians to discover a better way. (*UWE*, 106)

In einer geradezu lyrisch-visionären Diktion beschreibt sie einen zukünftigen Weltzustand, in dem Liebe, Freiheit und Gerechtigkeit triumphieren werden.

Victor Haldin, ihr Bruder, betrachtet es als seine Aufgabe, diese Ideen in die Wirklichkeit umzusetzen. (Das historische Vorbild für Haldin war G. Sasonow, der im Juli 1904 den Minister K.V. Plehve ermordete.[25]) Haldin verteidigt im Gespräch mit Razumov seine Tat wie folgt:

> This is not murder – it is war, war. My spirit shall go on warring in some Russian body till all falsehood is swept out of the world. The

---

25 Nach den Ausführungen von Avrom Fleishman, *Conrad's Politics: Community and Anarchy in the Fiction of Joseph Conrad*, Baltimore, 1967, 219, verarbeitete Conrad bei der Darstellung der äußeren Umstände dieses politischen Mordes vor allem Details der Ermordung des Zaren Alexander II. im Jahre 1882.

> modern civilization is false, but a new revelation shall come out of Russia. Ha! you say nothing. You are a sceptic. I respect your philosophical scepticism, Razumov, but don't touch the soul. The Russian soul that lives in all of us. It has a future. It has a mission, I tell you, or else why should I have been moved to do this – reckless – like a butcher – in the middle of all these innocent people – scattering death – I! I! ... I wouldn't hurt a fly! (*UWE*, 22)

Haldin sieht zwar, daß er sich verhält wie ein Schlächter, aber er handelt, als habe er einen religiösen Auftrag, für den es wie ein Märtyrer zu sterben gelte. Er selbst stellt einmal fest: "I thought 'God's will be done'". (*UWE*, 23)

Razumov, der Einzelgänger, der seine Mutter nicht kennt und seinem Vater nur einmal flüchtig begegnete – in Erinnerung blieb ihm vor allem der Händedruck des Vaters –, glaubt als Mann des Verstandes, als Student der Philosophie, in einer politischen Wirklichkeit, in der Autokraten und Anarchisten aufeinanderprallen, sich völlig selbst bestimmen und auf Grund einer akademischen Karriere einen unangefochtenen Platz in der russischen Gesellschaft gewinnen zu können. Das Erscheinen Haldins macht diese Zukunftspläne zunichte und entlarvt Razumovs illusionäres Selbst- und Wirklichkeitsverständnis. Razumovs Lage verschärft sich noch dadurch, daß es ihm nicht gelingt, den betrunkenen Kutscher Ziemianitch zu wecken und dazu zu bewegen, Haldin zur Flucht zu verhelfen. Auf dem Rückweg erlebt er eine innere Wandlung, eine (fragwürdige) Erweckung. Das väterliche Erbe scheint ihn dazu zu bestimmen, sich dem autokratischen Regime zu verschreiben und das heißt: Haldin zu verraten.

Nachdem diese Entscheidung gefallen ist – das Unterbewußtsein eilt, wie so oft bei Razumov, voraus und sein Bewußtsein folgt, indem es rationale Gründe für sein Verhalten findet –, begegnet er dem Geist Haldins, einem Phantom, das er im Schnee vor sich liegen sieht, und es ist charakteristisch für seine innere Verfassung, daß er über die Brust dieser vor ihm liegenden (Phantom-)Gestalt hinwegzuschreiten wagt. Er ist überzeugt, daß die Tat im Sinne seines Glaubens an das Mütterchen Rußland erlaubt ist. In seiner inneren Argumentation erscheint sein Verhalten völlig gerechtfertigt; aber er erlebt an sich einen Protest des Unterbewußtseins, das einen Verstoß gegen das Prinzip der Solidarität, einen Vertrauensbruch nicht zuläßt. Mit dem Verrat an Haldin – der entsprechend den Umständen völlig überflüssig war – wird in Razumov der Zusammenhang zwischen der Vernunft und dem elementaren Wertbewußtsein gestört. In Razumov steigen Bilder auf, die ihn ängstigen. Das Leben scheint nicht mehr als eine Phantasmagorie zu sein; die Wirklichkeit, die ihn umgibt, verliert ihre festen Grenzen. Wahrheit und Lüge, Erkenntnis und Irrtum gehen in Razumovs Bewußtsein ineinander über, und sein rätselhaftes Verhalten evoziert auch in seiner Umgebung die unterschiedlichsten Reaktionen. Haldin betrachtete ihn als einen hochgesinnten Menschen, dem er sich anvertraute; aber er täuschte sich in dem Charakter Razumovs, insofern er die Möglichkeiten nicht mitbedachte, die in Razumov zu dessen eigener Überraschung zum Vorschein kommen. In gleicher Weise setzt auch Mikulin auf Razumov, weil er in ihm eine überragende Intelligenz sieht, einen subtilen Geist, der als Agent für die Überwachung der Exilanarchisten geeignet sei; aber er täuscht sich in den moralischen Qualitäten Razumovs, der bereit ist, unbarmherzig Gericht über sich selbst abzuhalten. Schließlich bewundern auch die Anarchisten in Genf seine hervorragenden intellektuellen Qualitäten und lassen sich doch durch sein Auftreten täuschen, bis er ihnen die Wahrheit über sich selbst gesteht.

Die Erfahrung, die Razumov zwischen dem Verrat und dem Geständnis seiner Schuld macht, ist die der psychischen und moralischen Ortlosigkeit. Es gibt für ihn keinen Ort der Geborgenheit, der Ruhe – auch nachdem der Kutscher Ziemianitch Selbstmord begangen hat und er sich äußerlich in Sicherheit wiegen darf. Razumov spürt, daß er in seiner absoluten Verschlossenheit zum Spielball der politischen Mächte geworden ist. Als Natalia, die Schwester des von ihm ermordeten Haldin, sich in ihn verliebt, potenziert sich sein innerer Konflikt: Würde er Natalias Liebe erwidern, würde er sie heiraten, dann wäre diese Ehe auf eine für ihn letztlich unerträgliche Lüge gegründet. Er entschließt sich, Natalia die Wahrheit zu sagen, weil sie für ihn die Verkörperung der Wahrheit ist; ihre moralische Integrität zwingt ihn letztlich, im privaten Bereich seine Schuld zu gestehen. Und er geht anschließend zu den Anarchisten und wiederholt auch dort sein Geständnis: er bekennt sich damit öffentlich schuldig, obwohl diese "Öffentlichkeit" moralisch ebenso fragwürdig ist wie jene im zaristischen Rußland. Er weiß, daß er sich damit zugleich seine öffentliche Vernichtung einhandelt: Nikita, ein *agent provocateur*, der zwischen den Anarchisten und Autokraten laviert und in dieser Beziehung Razumov gleicht, zerstört sein Trommelfell, so daß Razumov schließlich in einen schweren

Unfall verwickelt wird, als er das Herannahen einer Straßenbahn nicht hört. Der Verlust des Gehörs erscheint äußerlich als die gerechte Strafe für einen Mann, der die Bitte eines anderen um Hilfe nicht erhörte.

Wenn Razumov gegen Ende des Romans feststellt: "Confess, go out – and perish", und: "I am independent – and therefore perdition is my lot" (*UWE*, 361–362), so spiegelt sich darin die besondere Tragik seiner Existenz. Äußerlich gleicht er einem tragischen Helden im traditionellen Sinn: Als Sohn eines Prinzen hat er tragische Fallhöhe, er wurde gleich Hamlet in eine Welt hineingeboren, die aus den Fugen geraten ist, und er glaubt, in sich den Auftrag zu vernehmen, diese Welt wieder in Ordnung bringen zu müssen. Diese Aufforderung aber kommt nicht – wie in Shakespeares *Hamlet* – von außen, von einer höheren Welt, sondern steigt in ihm auf und erweist sich als eine verhängnisvolle moralische Täuschung. Indem Razumov dieser Illusion verfällt, wird er zu einer tragikomischen Figur; er sieht sich einer "Comedy of Errors" ausgeliefert und ist schließlich von Charakteren mit absurden und grotesken Zügen umgeben, die ihrerseits ihren moralischen Nihilismus nur mühsam mit Illusionen verdecken. Wenn Razumov sich dennoch zu einem doppelten Geständnis durchringt, so ändert er damit nichts am allgemeinen Zustand der Welt, der Konflikt zwischen Autokraten und Anarchisten bleibt durch seine Entscheidung unbeeinflußt, aber er wagt damit einen individuellen Ausbruchsversuch aus einer ungeordneten Welt; er bekennt sich als Vereinsamter zu einer Form des Lebens, die durch den unbedingten Willen zur Wahrheit gekennzeichnet ist. Da dieser Wille nicht mehr gedeckt ist durch eine allgemein akzeptierte gesellschaftliche Ordnung und auch nicht ausdrücklich mit einer übergreifenden religiösen Weltordnung in Verbindung gebracht wird, trägt Razumov die Züge eines tragischen Helden der Moderne: Er übernimmt die Verantwortung für die Wahrheit in einer, wie es scheint, sinnlos gewordenen Welt. Man kann in diesem moralischen Willen ein Relikt des 19. Jahrhunderts sehen, das auf dem Weg zum absurden Roman völlig abgebaut wird. Man kann darin aber auch ein utopisches Element besonderer Art erblicken: In Razumov findet eine Form von Humanität ihren Ausdruck, die über Anarchismus und Autokratie hinausweist.

7

Bereits in *The Secret Agent* (1907), dem Roman, der *Under Western Eyes* vorausging, sich aber in der Form wie in der Art, Personen zu charakterisieren, in einigen wesentlichen Punkten von den bisher besprochenen Werken Conrads unterscheidet, war der Anarchismus eines der erzählerischen Themen. Knüpft *Under Western Eyes* an die Ermordung des Ministers Plehve im Jahre 1904 an, so bildet der Anschlag auf das Greenwich Observatorium am 14. Februar 1894 den Hintergrund für *The Secret Agent*. Die Konzentration auf eine unerhörte merkwürdige Begebenheit rückt einen solchen Roman in die Nachbarschaft der Novelle. Aber während die deutsche Novelle des 19. Jahrhunderts dazu neigt, die merkwürdige Begebenheit zu isolieren, schildert Conrad in *The Secret Agent* den Bombenanschlag so, daß daran die Beschaffenheit der Welt, zumindest die Beschaffenheit der Gesellschaft abgelesen werden kann, in der dieses Ereignis möglich ist. Es wäre auf jeden Fall falsch, wollte man einen Kontrast konstruieren zwischen einer stabilen, "gesunden" bürgerlichen Ordnung und den diese Ordnung bedrohenden Kräften. Wiewohl die englische Gesellschaft, die in Ausschnitten in diesem Roman geschildert wird, einen zivilisatorischen Apparat entwickelt hat, um sich zu schützen, und obgleich ein fremder Diplomat wie Mr. Vladimir empört ist, daß der Spielraum für die Anarchisten zu weit gespannt ist, muß man zugestehen, daß unter der Oberfläche des zivilisierten Lebens Kräfte lebendig sind, die das System der Zivilisation in Frage stellten. Der Konflikt, den Mr. Kurtz im Kongo erlebt, kann jederzeit auch im Zentrum des *British Empire*, in London, ausbrechen. Die Menschen neigen – wenngleich in unterschiedlichem Grade – dazu, sich selbst als Mittelpunkt des gesellschaftlichen Lebens zu begreifen, und es läßt sich nicht immer ein perfekt funktionierendes System finden, durch das die Egoismen gebändigt werden.

Das englische System der Rechtsstaatlichkeit und der Legalität, das den Anarchisten wie ihren Verfolgern Schutz und Lebensmöglichkeit gibt, ist paradoxerweise durch beide Gruppen gefährdet. So bemerkt Mr. Vladimir in einem Gespräch mit Mr. Verloc: "The general leniency of the judicial procedure here, and the utter absence of all repressive measures, are a scandal to Europe"[26]. Mr. Vladimir plädiert für eine Einengung des rechtlich gesicherten Freiheitsspielraums, der dem Einzelnen in England zusteht – und die Anarchisten zielen auf eine völlige Zerstörung von Rechtsstaatlichkeit und Legalität ab, um eine neue Gesellschaft, frei von Repression, aufzubauen. Die Urteile Mr. Vladimirs über die englische Gesellschaft spiegeln seine Auffassung wider, wonach sie an Prinzipien festhalte, die zu ihrem Untergang beitrügen. Überdies sei sie sich ihrer Situation nicht bewußt. Aus dem Dialog zwischen Mr. Vladimir und Mr. Verloc (im zweiten Kapitel) seien folgende Sätze herausgegriffen:

> England lags. This country is absurd with its sentimental regard for individual liberty. [...] The imbecile bourgeoisie of this country make themselves the accomplices of the very people whose aim is to drive them out of their houses to starve in ditches. And they have the political power still, if they only had the sense to use it for their preservation. I suppose you agree that the middle classes are stupid? [...] They have no imagination. They are blinded by an idiotic vanity. (*SA*, 29)

Wenngleich Mr. Vladimir nicht als die absolute Norm zu verstehen ist, an der alle Personen und alle Ereignisse zu messen sind, weist er in rhetorischer Übertreibung auf Sachverhalte hin, die – wie die Handlung des Romans zeigt – nicht übersehen, nicht aus dem politischen Kalkül eliminiert werden sollten. Die bürgerliche Gesellschaft Englands, wie sie von Mr. Verloc – wohl mit Absicht – zu Beginn des Romans charakterisiert wird, hält sich für vernünftig und ist doch blind; sie verehrt beispielsweise die Naturwissenschaften, deren Symbol das Greenwich Observatorium ist, ohne tatsächlich einen inneren Zugang zu den Wissenschaften zu haben. Wissenschaft ist für diese Gesellschaft kein Instrument der Wahrheitsfindung, sondern ein Mittel zur Absicherung ihres Lebensstiles, ihrer politischen und gesellschaftlichen Macht. Übertroffen wird das Bürgertum in seinem unkritischen Selbstvertrauen noch durch die breite Masse, die sich einem blinden Lebenstrieb überläßt:

> They swarmed numerous like locusts, industrious like ants, thoughtless like a natural force, pushing on blind and orderly and absorbed, impervious to sentiment, to logic, to terror, too, perhaps. (*SA*, 82)

---

26 *The Collected Works of Joseph Conrad, The Medallion Edition, The Secret Agent*, London (1925), London: Routledge/Thoemmes Press 1995, vol. X, 17. Im Folgenden zitiert als *SA*.

Wirft Mr. Vladimir dem britischen Mittelstand und der breiten Masse vor, daß sie blind seien, so kann ihm selber der gleiche Vorwurf nicht erspart bleiben: Er täuscht sich in den Anarchisten, deren Indolenz er übersieht und die er falsch einschätzt, und er täuscht sich in der englischen Polizei, der er in die Falle geht.

Obwohl nach außen hin "law and order" erhalten bleiben, zielt Conrads Darstellung der Vertreter des Establishment darauf ab, Spannungen zwischen dem äußeren Verhalten und der tatsächlichen inneren Verfassung von Regierung und Polizei aufzuweisen. So paßt der Bombenanschlag auf das Greenwich Observatorium wenig in die Pläne des Home Secretary Sir Ethelred. Er bittet den Assistant Commissioner, sich bei seinem Bericht kurz zu fassen, weil er fürchtet, daß seinem Bild von der Wirklichkeit im Falle einer intensiveren Beschäftigung mit dem Ereignis alle Grundlagen entzogen würden. Die Angabe, daß er schwache Augen habe, ist symbolisch zu verstehen: Er vermag die politische Realität nicht in aller Schärfe zu sehen und Aufgaben der unmittelbaren Gegenwart zu erkennen und zu lösen. Er erschöpft sich in der vornehmen äußeren Attitüde.

Chief Inspector Heat gerät dadurch in ein eigentümliches Spannungsfeld, daß er sich sowohl nach dem Prinzip der Legalität wie dem der Effizienz zu richten versucht. Nach außen hin erscheint er als der getreue Staatsdiener, "loyal servant" (*SA*, 89), aber aus Gründen der Effizienz ist er auch bereit, einen Geheimagenten zu decken und Informationen zurückzuhalten. So sehr er sich in Fragen der alltäglichen Praxis seinem Intellekt anvertraut, so stark ist in ihm der Instinkt ausgeprägt, der die Prinzipien der Vernunft und der Legalität, wie sie in der englischen Gesellschaftsordnung vorgegeben sind, durchkreuzt. So bemerkt der (neutrale) Erzähler einmal über Chief Inspector Heat: "the idea of thieving appeared to his instinct as normal as the idea of property" (*SA*, 93). Wenn er aber seinen instinktiven Regungen folgt, erweist er sich in seiner Weise als ein ebenso egozentrischer Mensch wie die Anarchisten: Er strebt nach Besitz und Ansehen, sucht sich auch in komplexen Situationen aufgrund seiner Vitalität zu behaupten, erklärt einen Grenzfall wie den Professor für "a mad dog" (*SA*, 122) und setzt den Begriff des Absurden ein, wenn er sich mit einem Sachverhalt konfrontiert sieht, der weder mit seinem Intellekt noch mit dem Instinkt zu fassen ist: "The complexion of that case had somehow forced upon him the general idea of the absurdity of things human" (*SA*, 91).

Der Assistant Commissioner erweist sich im Vergleich zu Chief Inspector Heat als eine typisch Conradsche Gestalt. Er hat Erfahrungen in den Kolonien gesammelt, ehe er – seiner Frau zuliebe – eine Stelle bei Scotland Yard annahm. Er hat die Skepsis, die in großem Stil Captain Marlow auszeichnet, und er besitzt auch ein gesundes Maß an Selbstkritik und Mißtrauen. Er deckt nicht nur die Praktiken von Chief Inspector Heat auf, sondern kommt ihm auch bei der Ermittlung des Schuldigen zuvor. Dennoch ist auch er nicht frei von Eitelkeit; er durchschaut zwar seine persönlichen Schwächen, läßt sich aber im Interesse der Selbsterhaltung von ihnen bestimmen. "Though he judged his alarm sardonically he did not dismiss the improper thought from his mind. The instinct of self-preservation was strong within him" (*SA*, 113). Es kann nicht überraschen, daß der Erzähler auch auf ihn Begriffe wie "ignorance" (*SA*, 99) und "instinct" (*SA*, 113) anwendet, wodurch er bei allen äußeren Gegensätzen in die Nachbarschaft von Inspector Heat gerückt wird. Der Staat wird durch einen Apparat, die Polizei, gedeckt, in dem sich die Hierarchie der Egoismen ebenso spiegelt wie im Staat selbst.

Im Vergleich zu den Vertretern des Establishment sind die Anarchisten farbiger gezeichnet; aber auch sie bleiben letztlich zweidimensionale Charaktere. Sie agieren wie Marionetten, die von unsichtbarer Hand geleitet werden, sind jedoch im wesentlichen aus der Außenperspektive charakterisiert, so daß sich die Distanz des Autors und seines ironisch-sarkastisch berichtenden Erzählers, die nirgendwo in der Weise faßbar sind wie Captain Marlow oder der Sprachlehrer, auf den Leser überträgt. Conrad empfindet in diesem Roman noch weit weniger Sympathie für die Anarchisten als dies in dem (später geschriebenen) Werk *Under Western Eyes* der Fall ist. Die Anarchisten in *The Secret Agent* sind durchweg komische Gestalten, wobei sich vom Grad ihrer individuellen Gefährlichkeit her gesehen Nuancierungen ergeben, die der Komik groteske, absurde oder makabre Züge verleihen. Um Conrads Charakterisierungstechnik bei der Präsentation der Anarchisten in *The Secret Agent* zu verdeutlichen, sei eine Stelle aus dem dritten Kapitel ausgewählt, an der Karl Yundt vorgestellt wird:

On the other side of the fireplace, in the horse-hair armchair where Mrs. Verloc's mother was generally privileged to sit, Karl Yundt giggled grimly, with a faint black grimace of a toothless mouth. The terrorist, as he called himself, was old and bald, with a narrow, snow-white wisp of a goatee hanging limply from his chin. An extraordinary expression of underhand malevolence survived in his extinguished eyes. When he rose painfully the thrusting forward of a skinny groping hand deformed by gouty swellings suggested the effort of a moribund murderer summoning all his remaining strength for a last stab. He leaned on a thick stick, which trembled under his other hand.

"I have always dreamed," he mouthed, fiercely, "of a band of men absolute in their resolve to discard all scruples in the choice of means, strong enough to give themselves frankly the name of destroyers, and free from the taint of that resigned pessimism which rots the world. No pity for anything on earth, including themselves, and death enlisted for good and all in the service of humanity – that's what I would have liked to see." (SA, 42)

Conrad konzentriert sich zunächst auf die äußere Erscheinung Karl Yundts; betont dessen Gebrechlichkeit und Hinfälligkeit, hebt Einzelheiten wie den zahnlosen Mund, den kahlen Kopf, den Ziegenbart, die erloschenen Augen, die geschwollene Hand hervor und läßt ihn dann in wenigen Sätzen seine paradoxe Lehre von der mitleidlosen Zerstörung im Dienste der Menschheit vortragen. Sein Äußeres, das vom Zerfall gezeichnet ist, wirkt grotesk, die absurde Komik dieser Figur besteht darin, daß er in einer Gesellschaft, die er kannibalistisch nennt, nicht auch nur den kleinen Finger gerührt hat, um seine Theorie in die Tat umzusetzen.

In ähnlicher Weise predigt Michaelis seine marxistische Lehre von der Determiniertheit der Geschichte durch die ökonomischen Verhältnisse: "'History is dominated and determined by the tool and the production – by the force of economic conditions'" (SA, 41), und er hebt immer auch die Bedeutung von Erziehung und Propaganda für die Vorbereitung der Revolution hervor. Aber er bleibt ein tatenloser Träumer, der äußerlich so dick ist wie ein Faß und dessen Physiognomie dazu noch durch ein blasses Mondgesicht gekennzeichnet ist.

Ossipon schließlich, ein Anhänger des italienischen Anthropologen Cesare Lombroso, ein ehemaliger Medizinstudent, verfaßt Pamphlete, hält Vorträge über Hygiene und hebt in seinen Darlegungen über das politische Leben die Rolle der Emotion als handlungsauslösenden Faktor hervor: "'Without emotion there is no action'" (SA, 50). Weit davon entfernt, ein aktiver Anarchist zu sein, erweist er sich als ein Frauenheld, der nur darauf aus ist, seine Opfer gierig auszubeuten. Seiner Skrupellosigkeit ist es zuzuschreiben, daß Winnie, die sich von ihm im Stich gelassen sieht, Selbstmord begeht.

Eine Sonderrolle spielt in diesem Kreis die Gestalt, der Conrad nur den Titel "Professor" gegeben hat und die im Roman auch als "The Perfect Anarchist" (*SA*, 302) bezeichnet wird. Er ist der Sohn eines Predigers einer religiösen Erweckungsbewegung, war einige Zeit lang Assistent an einem chemischen Institut und entwickelte sich zu einem radikalen Gegner aller überlieferten und bestehenden Ordnung. Sein Wahlspruch lautet: "'No God! No master'" (*SA*, 306). Er haßt alle Schwachen und Dummen, in denen er die Hindernisse für den von ihm erstrebten Fortschritt sieht. Kulminierte Mr. Kurtz' moralischer Zerfall in dem Satz: "Exterminate all the brutes" (*HD*, 118), den er seinem Traktat über de Fortschritt hinzufügte, so stellt der Professor im Gespräch mit Os pon fest:

> ... The source of all evil! They are our sinist r masters – the weak, the flabby, the silly, the cowardly, the faint of heart, and the slavish of mind. They have power. They are the multitude. Theirs is the kingdom of the earth. Exterminate, exterminate! That is the only way of progress. ...(*SA*, 303)

Fortschritt im Sinne des Professors führt nur über eine totale Destruktion des Bestehenden. Deshalb möchte er einen Sprengkörper, eine Bombe entwickeln, mit der er die ganze Welt zerstören könnte. Sein Ich wird zum Zentrum einer Allmachtsvorstellung, die in Ohnmacht, in leeren Wahn umschlägt. Die Bomben, die er (bisher) entwickelte, entsprechen nicht seinen Vorstellungen. Die Chance, die Welt in seinem Sinn zu verändern, bleibt ein leeres Gedankenspiel; dazu muß er begreifen, daß es ihm auch nicht gelingen wird, "madness and despair" (*SA*, 309, 311) als Bedingungen der menschlichen Existenz auszutilgen. Sein Plan ist Ausdruck eben dieser Gegebenheiten. Er wird damit zum Opfer des eigenen Ich. Die Spannung zwischen imaginiertem Anspruch und faktischem Sein läßt auch ihn zu einer komischen Figur werden, und diese Komik wird durch den Kontrast zwischen äußerer Gestalt ("dingy little man", *SA*, 62) und übersteigertem Selbstbewußtsein noch unterstrichen. Da er eine ständige Bedrohung der bestehenden Wirklichkeit, eine Inkarnation aller dämonisch-destruktiven Kräfte darstellt, ist er zugleich eine groteske Figur.

In Adolph Verloc überlagern sich die verschiedenen Interessenbereiche des gesellschaftlichen und politischen Lebens in London:

Er besitzt einen Buchladen und verkauft pornographische Literatur; er ist in seinen häuslichen Gepflogenheiten ein typischer Kleinbürger, der zusammen mit seiner Frau, Winnie Verloc, für Stevie, den schwachsinnigen jüngeren Bruder Winnies (und zeitweilig auch für deren Mutter) sorgt; er steht in Diensten des Mr. Vladimir, arbeitet für ihn als *agent provocateur*, nimmt den Auftrag an, einen Sprengstoffanschlag auf das Greenwich Observatorium vorzubereiten, und bewirkt dadurch das Ende seiner ganzen Familie; er steht aber zugleich mit der Polizei in Verbindung und liefert ihr wichtige Informationen über die Terroristen und Anarchisten, die ebenfalls in seinem Haus verkehren. Wenn er in Kreisen der Geheimdienste nur mit einem geometrischen Symbol, einem Dreieck, bezeichnet wird, so läßt sich dies als ein (von Conrad mit subtiler Ironie eingesetzter) Hinweis auf seine eigentümlich gespaltene Existenz, auf seine Rollen im politischen Leben beziehen; das Dreieck steht für seine Beziehung zu Mr. Vladimir, der Polizei und den Anarchisten. Die Gespaltenheit seiner Existenz kommt auch dadurch zustande, daß er mit zwei Stimmen zu sprechen versteht: mit einer Baßstimme, wenn es sich um öffentliche Auftritte handelt, mit einem heiseren Knurren, wenn er sich privat äußern soll. Meist aber herrscht zwischen den Ehepartnern Schweigen, da Verloc zu sehr mit sich selbst beschäftigt ist, um wahrzunehmen, was seine Frau tatsächlich zu ihm sagt: "Mr. Verloc's anxieties had prevented him from attaching any sense to what his wife was saying. It was as if her voice was talking on the other side of a very thick wall" (*SA*, 58–59). Wenn bei der Erörterung der Entwicklung des europäischen Romans im 19. Jahrhundert gesagt wurde, daß sich an dieser literarischen Gattung die zunehmende "Versteinerung"[27] der gesellschaftlichen Verhältnisse ablesen lasse, dann ist im Hinblick auf *The Secret Agent* festzustellen, daß Versteinerung bis ins Zentrum der Privatsphäre, bis in die Wechselbeziehungen der Ehepartner Adolph und Winnie Verloc vorgedrungen ist. Sie wirken beide wie steinerne Gebilde. Nur kurz vor seiner Ermordung bemerkt Verloc einmal (in erlebter Rede): "He was tired. A man isn't made of stone. Hang

---

27 Vgl. hierzu Theodor W. Adorno, *Noten zur Literatur*, Bd. I, Berlin/Frankfurt a.M., 1958, 64f.: "Von jeher, sicherlich seit dem achtzehnten Jahrhundert, seit Fieldings *Tom Jones*, hatte er [i.e. der Roman] seinen wahren Gegenstand am Konflikt zwischen den lebendigen Menschen und den versteinerten Verhältnissen".

everything!" (*SA*, 259). Und von Winnie heißt es in der gleichen Situation: "Her face was no longer stony" (*SA*, 260). Sie hat sich von ihrem Alltagsverhalten gelöst, die Freiheit gefunden, eine eigene Entscheidung zu treffen, auch wenn dies eine Entscheidung zum Bösen ist, nämlich die Entscheidung, Verloc zu töten. Später findet sie wieder zu ihrem Habitus zurück und erscheint als "a figure half chiselled out of a block of black stone" (*SA*, 280).

Dem äußeren Erscheinungsbild nach ist Verloc, der einmal als "burly in a fat-pig style" (*SA*, 13) charakterisiert wird, den physisch deformierten Personen zuzurechnen, an deren Phänotypus bereits ihre Trägheit, ihre Faulheit, ihre Gleichgültigkeit abzulesen ist. Manchmal scheint er nur Materie zu sein, einem Felsen zu gleichen, in anderen Situationen einem Automaten; so wird sein Verhalten im Gespräch mit Mrs. Verloc einmal wie folgt charakterisiert:

> Mr. Verloc obeyed woodenly, stony-eyed, and like an automaton whose face had been painted red. And this resemblance to a mechanical figure went so far that he had an automaton's absurd air of being aware of the machinery inside of him. (*SA*, 197)

Er ist nicht nur seiner Tätigkeit nach ein "Geheimagent", ein Mensch, der gezwungen ist, seine wahre Natur zu verbergen. Er bleibt für seine Umgebung ein mysteriöser Charakter, bei dem nicht auszumachen ist, was er eigentlich treibt und was ihn innerlich bewegt. So bemerkt der Erzähler einmal:

> He might have been anything from a picture-frame maker to a locksmith; an employer of labour in a small way. But there was also about him an indescribable air which no mechanic could have acquired in the practice of his handicraft however dishonestly exercised: the air common to men who live on the vices, the follies, or the baser fears of mankind; the air of moral nihilism common to keepers of gambling hells and disorderly houses; to private detectives and inquiry agents [...]. (*SA*, 13)

Hinter den Stimmen und Masken des Mr. Verloc verbirgt sich nach den Worten des Erzählers (der hier auch die Meinung des Autors wiedergeben dürfte) ein moralischer Nihilismus. Dieser Nihilismus ermöglicht Verloc das mühelose Wechseln von einem Lebensbereich in den anderen und schafft in ihm die Bereitschaft, seinen geistesgestörten Schwager, der ihm mit hündischem Gehorsam ergeben ist, mit dem Bombenanschlag zu betrauen. Man kann nicht sagen, daß Verloc Stevie wissentlich und willentlich in den Tod schickt, denn die unmittelbare Ursache für Stevies Tod ist ein Mißgeschick: er stolpert auf dem Weg zum Observatorium. Aber Verloc macht sich insofern schuldig, als er solche trivialen Umstände nicht mitberücksichtigt.

Der Tod Stevies ist zugleich der Grund dafür, daß Verlocs Ehe mit Winnie scheitert. Winnie hatte von Anfang an diese Ehe nur als einen Akt der Klugheit, als einen bloßen Vertrag betrachtet, den sie schloß, um ihren geistesgestörten Bruder geschützt und versorgt zu wissen. Mit Stevies Tod endet dieser Vertrag, so daß Winnie sich frei fühlt, ihren Bruder zu rächen: "She had her freedom. Her contract with existence, as represented by that man standing over there, was at an end. She was a free woman" (*SA*, 251). Mit Verlocs Ermordung löst sich Winnie zugleich von ihrer lethargisch-oberflächlichen Art zu leben: "Mrs. Verloc, who always refrained from looking deep into things, was compelled to look into the very bottom of this thing. [...] She saw there an object. That object was the gallows" (*SA*, 267). Sie begreift, daß sie sich der moralischen Wirklichkeit mit deren elementaren Gesetzen nicht entziehen kann. Ihr Selbstmord ist freilich weniger ein Gericht, das sie über sich selbst hält, als eine Verzweiflungstat, zu der sie sich durch Ossipons Betrug gezwungen fühlt.

Wenngleich Joseph Conrad diesen Roman als "Winnie Verloc's story" (*SA*, xv) bezeichnete, kommt von allen Charakteren Stevie das größte Gewicht zu. Stevie gehört zu den bemerkenswerten Narrengestalten der Weltliteratur, wenngleich er nicht jene Größe aufweist wie Shakespeares King Lear oder Dostojewskys Fürst Mischkin. Stevie – dessen Name an Stephen, den ersten Märtyrer der christlichen Kirche erinnert – hat den Narren in der kleinbürgerlichen Welt zu repräsentieren und ist selber mit entsprechenden Zügen ausgestattet. Er hat mit Narrengestalten Shakespeares und Dostojewskys eines gemein: Er vermittelt dem Leser einen Begriff, eine Vorstellung vom reinen, schuldlosen menschlichen Sein in einer Welt der Lüge und des Scheins, der Korruption und der Dekadenz, und er artikuliert Einsichten in die Grundstruktur des menschlichen Daseins, die als wahr zu bezeichnen sind; auch für ihn gilt die Formel, die Shakespeare für King Lear fand: "reason in madness" – aus dem Geistesgestörten gehen Einsichten von größter Vernunft hervor. Die Fahrt mit der Pferdedroschke, in der Winnies Mutter ins Altersheim gebracht wird, wird zum Inbegriff des Elends, dem sich die Menschheit ausgesetzt sieht: Stevie leidet mit dem abgemagerten Pferd, das vom Kutscher geschlagen und geschunden wird, weil er selber ein verkrüppelter und geschundener Mensch ist. Das Elend, das in dieser Szene paradigmatisch zum Ausdruck kommt, ist für Stevie ständiger Anlaß zum Protest, den er freilich nur höchst unvollkommen zu artikulieren versteht. Künstlerisch verleiht er seiner Weltsicht dadurch Ausdruck, daß er konzentrische und exzentrische Kreise zeichnet, die zusammengenommen einen wirren Eindruck machen. Wenn der Erzähler von einem "cosmic chaos" (SA, 45) spricht und damit eine Formulierung gebraucht, die Joyce auf seine Weise zu "chaosmos"[28] weiterentwickelte, so deutet Conrad damit auf eine eigentümliche Verbindung von Sinn und Sinnlosigkeit hin, die in Stevies absurder "Kunst" ("mad art", SA, 45) ihren Ausdruck findet. Der Kreis ist einerseits ein traditionelles Sinnbild der Harmonie und der kosmischen Ordnung; die Fülle der Kreise, die Stevie zeichnet, lassen jedoch keine übergreifende Ordnung mehr erkennen; sie sind nicht – wie etwa die drei ineinandergeschlungenen Kreise, von denen Dante am Ende der *Divina Commedia* spricht – auf eine metaphysische Sinnmitte bezogen, sondern deuten auf die Abwesenheit eines Sinnzentrums hin. In Stevies absurder Kunst ist zugleich das Weltbild zum Ausdruck gebracht, das dem gesamten Roman aus der Perspektive des Autor-Erzählers zugrunde liegt. Zwar überdauert die englische Gesellschaft den Bombenanschlag auf das Greenwich Observatorium, mit dem alle herkömmliche Orientierung im Räumlichen wie im Zeitlichen außer Kraft gesetzt werden sollte, aber die Bedrohung bleibt bestehen; sie wandert in der Gestalt des Professors "deadly, like a pest in the street full of men" (SA, 311). Es gibt zwar Versuche in einer Welt, die von Irrsinn und Verzweiflung bedroht ist, Ordnung zu stiften; aber diese Versuche führen über das "cosmic chaos" nicht hinaus.

The Secret Agent ist zwar nicht Conrads letzter Roman; bereits in *Under Western Eyes* zeichnen sich wiederum stärkere Sinnmuster im Leben des Helden ab, aber von den größeren Romanen, die er nach 1900 veröffentlichte, ist *The Secret Agent* der düsterste. Die universale erzählerische Ironie, die diesen Roman charakterisiert, ist der Ausdruck für den Willen des Autors, das Chaos des dargestellten Wirklichkeitsausschnittes durch artistische Gestaltung in eine ästhetische Ordnung umzuformen, die dem Geschmack eines modernen Lesepublikums entgegenkommen und den strengen Anforderungen des Autors genügen konnte.

---

28 James Joyce, *Finnegans Wake*, London (1939), 1966, 118.

Under Western Eyes wird nach dem Urteil der meisten Conrad-Kritiker als "the last major work"[29] betrachtet. Danach setzte eine Phase ein, in der Conrads schöpferische und auch physische Energien merklich nachließen; er hat zwar bis zum Ende seines Lebens Romane geschrieben, aber Werke wie *Chance* (1914), *The Arrow of Gold* (1919), *The Rescue* (1920) und *The Rover* (1923) werden zusammenfassend mit dem Stichwort "The Decline"[30] gekennzeichnet. Einzig der Roman *Victory* (1915) hat bei einer Gruppe von Kritikern seit den 60er Jahren Anerkennung gefunden. Die Hauptfigur Axel Heyst – möglicherweise nach dem Helden von Villiers de L'Isle Adams Drama *Axel* (1890) benannt[31] – ist eine Studie des Pessimismus und der Auswirkungen dieser Philosophie auf einen Mann, der frei von jeglichen Bindungen zu leben versucht. Axel läßt sich durch seinen Vater, der ein Anhänger der Schopenhauerschen Lehre war, dazu bestimmen, ein Leben der Kontemplation zu führen und dabei in abenteuerlicher Weise die Welt zu durchwandern. Zwei Ereignisse veranlassen ihn, sich aus der *vita contemplativa* in die *vita activa* hervorzuwagen: Zunächst ist es die Begegnung mit dem Händler Morrison, mit dem er ein Kohleunternehmen gründet, ein Geschäft, das er auch nach Morrisons unerwartetem Tod (in London) weiterführt und bei dem er scheitert. Danach wird sein Schicksal durch die Begegnung mit einer englischen Geigerin, Alma Magdalena – kurz Lena genannt, in neue Bahnen gelenkt.

Lena war ähnlich wie Heyst mit einem Orchester durch die Inselwelt gereist. Heyst rettet sie vor den Nachstellungen des Hoteliers Schomberg und nimmt sie mit in seinen Bungalow auf der Insel Samburan. Aber ihre Idylle wird ähnlich wie die Idylle Jims auf Patusan zerstört; drei (von Schomberg entsandte) Eindringlinge, Jones, Ricardo und Pedro, bewirken ihr Ende: Lena wird getötet, und Heyst begeht in seiner brennenden Behausung Selbstmord. Das letzte Wort des Romans ist gleichsam der Schlüssel für die Deutung Axel Heysts und des Weltbilds, das diesem Werk zugrundeliegt: "nothing".

In der neueren Forschung[32] ist hervorgehoben worden, daß Heyst und Lena an Gestalten aus der *Fin-de-siècle*-Literatur er-

---

29 Martin Seymour-Smith, *Joseph Conrad*, London 1995, 90.
30 Ebd., 95.
31 Vgl. Helga Stelzer, *Narzißmus-Problematik und Spiegel-Technik in Joseph Conrads Romanen*, Frankfurt 1983, 116.
32 Helga Stelzer, a.a.O., 116, 124, 128.

innern. Heyst kann nicht nur mit Villiers de L'Isle Adams Axel von Auersperg verglichen werden, sondern auch mit Figuren wie Walter Paters Marius the Epicurean, Huysmans' Jean Des Esseintes (aus *A rebours*) oder Flauberts Einsiedler aus *La tentation de Saint Antoine*. Lena gleicht in ihren Anfängen dem Typus der "femme fragile", sie wandelt sich jedoch – im Gegensatz zu Heyst – und ähnelt danach eher den Vertreterinnen eines neuen Frauenbildes, wie es Ibsen beispielsweise in Lona Hessel (in dem Drama *Die Stützen der Gesellschaft* 1877) gezeichnet hat. Axels Scheitern ist der Ausdruck seiner Unfähigkeit, sich aus der Bindung an den Vater und das heißt zugleich von der *vita contemplativa* zu lösen und seine Lebensenergien freizusetzen.

Von einem psychoanalytischen Ansatz aus gesehen erscheint der Roman *Victory* in seiner Figurengestaltung als ein "stimmiges" Werk. Allerdings ist eine gewisse allegorische Schematisierung nicht zu übersehen, die dazu geführt hat, daß die Auseinandersetzung zwischen Heyst und den drei Banditen als eine "Psychomachie"[33] bezeichnet wurde, als ein Kampf des Protagonisten mit Seelenkräften, die in den Banditen realistische Gestalt annehmen, ähnlich wie in mittelalterlichen Allegorien.

Insgesamt ist dem Urteil von Martin Seymour-Smith über den Roman zuzustimmen:

> *Victory* has all the usual Conradian ingredients, is immensely professional and a thoroughly good love and adventure story; its villains are far more lively than its heroes; it is also of the greatest interest as coming from Conrad; but the prose is flat and dilute by comparison with that of *Nostromo*, and the sexual relationship between Heyst and Lena is unconvincing, as is Lena herself.[34]

Die großen Romane Conrads wie *Lord Jim* und *Nostromo*, *The Secret Agent* und *Under Western Eyes* haben sich durch das 20. Jahrhundert hindurch in der Kritik behauptet. Die Wirkungen, die von Conrads Kunst auf die Weiterentwicklung des englischen Romans ausgingen, lassen sich an Graham Greenes Werken deutlich ablesen.

---

33 George F. Reinecke, "Conrad's *Victory*: Psychomachy, Christian Symbols, and Theme", in: Rima Drell Reck (ed.), *Explorations of Literature*, Baton Rouge, La., 1956, 70–80.
34 Martin Seymour-Smith, *Joseph Conrad*, 99.

JAMES JOYCE (1882–1941)

Das künstlerische Bewußtsein und die Lebenswirklichkeit der Menschheit[1]

1

Bereits in der halb erzählerischen, halb essayistischen Skizze *A Portrait of the Artist*, die James Joyce am 7. Januar 1904 verfaßte, berührte er die Themen, die ihn im folgenden Jahrzehnt beschäftigen sollten: die Rebellion des Künstlers gegen die Gesellschaft, die religiöse Krise, die frühen sexuellen Erfahrungen. Da John Eglinton, der Herausgeber der Zeitschrift *Dana*, sich weigerte, einen solchen, zumal für unverständlich gehaltenen Beitrag aufzunehmen, begann Joyce einen großen autobiographischen Roman, der nur in Fragmenten erhalten ist und heute allgemein unter dem Titel *Stephen Hero* zitiert wird. In diesem Roman verarbeitete Joyce seine Jugenderlebnisse, insbesondere seine Erfahrungen in dem jesuitischen Internat zu Clongowes Wood, dessen Schüler er von 1888 bis 1891 war, im Belvedere College, das er von 1893 bis 1898 besuchte, und am University College in Dublin, an dem er von 1898 bis 1902 studierte.

Die erhaltenen Teile des Romans lassen den Schluß zu, daß der Akzent von vornherein auf der Darstellung der dichterischen Entwicklung des Helden lag, so daß man dieses Werk Oscar Wildes *The Picture of Dorian Gray* (1890/91) und Samuel Butlers *The Way of All Flesh* (1903 posthum erschienen) zur Seite stellen kann, die um die Jahrhundertwende die herausragenden Vertreter des Künstler- und Bildungsromans waren.

Dem Stile nach erinnern die erhaltenen Kapitel des *Stephen Hero* (1944) an einen realistischen Roman des 19. Jahrhunderts.

---

[1] Das vorliegende Kapitel basiert auf einer Reihe von Studien zu James Joyce, die in der Monographie des Verf., *James Joyce: Mündlichkeit und Schriftlichkeit im Spiegel experimenteller Erzählkunst*, Tübingen 1998, 389–390, verzeichnet sind.

Joyce versucht, das feingesponnene Netz alltäglicher Begebenheiten ("the network of falsities and trivialities"[2]) nachzuzeichnen, das ihn bis zu dem Tag gefangen hielt, an dem er die Heimat verließ und nach Paris übersiedelte. Sehr detailliert wird das Äußere der einzelnen Charaktere, ihre besondere Physiognomie und ihr unverwechselbarer Habitus, aber auch ihre Einstellung zu politischen, künstlerischen oder religiösen Fragen beschrieben. Die Erinnerung an Personen, die den Lebensweg von James Joyce in seiner Jugend kreuzten, hat offenbar die Tendenz zum Individualisieren und prägnanten Charakterisieren in *Stephen Hero* wesentlich gestützt und gefördert.

Als sich jedoch seine Einstellung zu Irland, seiner eigenen Jugend und schließlich auch zu seinem künstlerischen Schaffen wandelte, geriet die Arbeit an diesem autobiographischen Werk ins Stocken. Im Jahre 1907 entschloß sich Joyce daher, den Stoff nach neuen erzählerischen Prinzipien zu gestalten und das Material, das ihm seine Lebenserfahrung geliefert hatte, mit größerer innerer Distanz zur eigenen Vergangenheit zu einem fiktiven Gebilde umzuformen. Die Version, die er in den folgenden Jahren langsam ausreifen ließ und der er den Titel *A Portrait of the Artist as a Young Man* gab, konnte schließlich auf Vermittlung von Ezra Pound 1914/15 in der Zeitschrift *The Egoist*, 1916 in Buchform publiziert werden.

A Portrait of the Artist as a Young Man verrät, welche Sicherheit Joyce inzwischen in der Handhabung der sprachlichen und erzählerischen Mittel erworben hatte. Der Leser spürt, daß hier ein Epiker am Werk ist, der mit höchster Bewußtheit und Überlegung arbeitet; in jedem Satz ist die Kontrolle des Stilkünstlers über sein Material zu erkennen. Joyce strebt nun als Erzähler danach, sein Werk raffiniert zu konstruieren, die einzelnen epischen Techniken geschickt miteinander zu kombinieren und geheimnisvolle Korrespondenzen in den einzelnen Kapiteln durchscheinen zu lassen. Dienten Joyce in der strengen Zucht, der er sich bei der Formung des angeborenen sprachlichen Vermögens unterwarf, Flaubert und Cardinal Newman als Vorbilder, so war es für die kompositorische Arbeit am *Portrait* höchst bedeutsam, daß er ein intensives Dante-

---

2   James Joyce, *Stephen Hero: Part of the 1st Draft of "A Portrait of the Artist as a Young Man"*, ed. Theodore Spencer, John J. Slocum and Herbert Cahoon, London (1944) [2]1956, 173. Im Folgenden zitiert als *SH*.

Studium getrieben und sich eingehend mit dem französischen Symbolismus befaßt hatte.

Wenn sich die Entwicklung des Helden in diesem Roman trotz komplexer Symbolik in klaren Konturen abzeichnet und sich dem Bewußtsein des Lesers einprägt, so ist dies darin begründet, daß Joyce zugleich Elemente der klassischen Stil- und Formtradition in sein Werk aufgenommen hat. So manieristisch verschlungen die symbolischen Bezüge des Romans auch sind, vom erzählerischen Gesamtaufbau her ist das vielschichtige Material im *Portrait* in souveräner Weise gemeistert. Stanislaus Joyce hat im Hinblick auf das gesamte literarische Schaffen seines Bruders bemerkt: "In all Joyce's work the architectonic plan is dominant."[3] Der dominierende Plan für das *Portrait* war die klassische fünf-aktige Struktur des Dramas. Klar werden voneinander abgesetzt: die Erlebnisse im Elternhaus und in Clongowes Wood (Kap. I); das rebellische Aufbegehren in der Adoleszenz (Kap. II); die religiöse Wandlung von der Verfallenheit an die Sünde bis zur Reue und Beichte (Kap. III); die Entscheidung, Priester oder Künstler zu werden (Kap. IV) und schließlich sein Entschluß, sich von allen irischen Traditionen zu lösen und nach Paris zu fliehen (Kap. V).

Die Fixierung der Erzählerperspektive und der Verzicht auf auktoriale Kommentare lassen erkennen, daß Joyce sich im *Portrait* am Vorbild des sogenannten "personalen Romans" orientierte. Dementsprechend sind auch die erzählerischen Mittel gewählt, mit welchen das Bewußtsein des Helden dargestellt wird. Vorherrschend ist das Stilmittel der erlebten Rede; das Tagebuch, mit dem das V. Kapitel schließt, ist nach dem Muster des inneren Monologs geschrieben. Joyce wahrt sich jedoch auch im *Portrait* die Freiheit, aus der erlebten Rede in Dialog, Beschreibung und Bericht überzuwechseln und dabei das Bewußtsein Stephens – wie es im auktorialen Roman üblich ist – mit Hilfe eines Gedankenberichtes zu erfassen.

Als personaler Roman und als Bewußtseinsroman gewinnt das *Portrait* dadurch ein eigenes Gepräge, daß Joyce hier den Versuch macht, die Bewußtseinsvorgänge in einem Menschen darzustellen,

---

3   Zitiert nach Philip L. Handler, *James Joyce: From Hero to Artist*. Master's Thesis, Columbia University 1955 (Masch.-schr.), 17. Eine Kopie dieser Untersuchung wurde mir freundlicherweise durch die Vermittlung von Donald B. Kuspit zugänglich gemacht. Wie Handler (27) vermerkt, stammt das Zitat aus: Stanislaus Joyce, *Recollections of James Joyce by his Brother*, New York 1950.

der allen vorgegebenen tradierten Deutungen menschlicher Erfahrung mit wachsender Skepsis begegnet. Bei der Schilderung der abenteuerlichen Entdeckungsfahrten, die Stephen in seinem Bewußtsein unternimmt, ehe er sich anschickt, seine Heimat zu verlassen, gewinnen Erlebnisse und Begebenheiten im *Portrait* eine zentrale Bedeutung, die vom viktorianischen Roman aus gesehen als "Episoden" anzusprechen wären, nach dem ästhetischen Vokabular von Joyce jedoch als "Epiphanien" zu bezeichnen sind. In *Stephen Hero* wird der Begriff "epiphany" wie folgt definiert: "a sudden spiritual manifestation, whether in the vulgarity of speech or of gesture or in a memorable phase of the mind itself" (*SH*, 216). Epiphanien sind also Augenblicke, in welchen der Erlebende über den Weg der äußeren Wahrnehmung ("speech", "gesture") oder in unmittelbarer innerer Erfahrung ("mind") Einsichten in das Wesen der Dinge, in Wirklichkeitszusammenhänge gewinnt, die ihm bis zu diesem Zeitpunkt verborgen blieben. Epiphanien sind Momente der plötzlichen Erkenntnis, deren Gültigkeit jedoch durch nachfolgende Momente wieder in Frage gestellt werden kann, woraus sich die innere Dynamik und Dialektik dieses Romantypus ergibt.

An den Epiphanien läßt sich im *Portrait* ablesen, wie sich der Prozeß einer fortschreitenden Selbstentdeckung vollzieht und wie sich dabei das künstlerische Verhältnis des Protagonisten zur Wirklichkeit herausbildet. Bereits die ersten Impressionen, die im Bewußtsein Stephens haften bleiben, geben Aufschluß über sein kindliches Verhältnis zur Sprache: Er ist fasziniert von Klängen, Reimen und Rhythmen, begreift aber sehr bald auch, daß Sprache ein komplexes System von Bedeutungen darstellt, in das sich der junge Mensch erst hineinfinden muß. Die Bedeutungen von Wörtern wie "hot" und "cold"[4] lassen sich über den Tastsinn ermitteln; das Erlebnis der Krankheit läßt ihn begreifen, wofür das Wort "sick" (vgl. *P* I.527) steht. Weit schwieriger ist es für ihn, die Polysemien (etwa des Wortes "belt": "Gürtel", "Schlag mit dem Gürtel" (vgl. *P* I.70ff.) oder die metaphorischen Wendungen etwa in der Sprache seiner Mitschüler zu erfassen, in der "dog-in-the-blanket" (*P* I.55) den Karfreitagspudding bezeichnet. Stephen begreift, daß Sprache vom einzelnen wie von der Sprachgemeinschaft dazu benutzt wer-

---

4 James Joyce, *A Portrait of the Artist as a Young Man*, (1916) ed. Hans Walter Gabler with W. Hettche, New York 1993, 30. Im Folgenden zitiert als *P* unter Angabe der Kapitelnummer und Zeilenzahl, hier also *P* I.161.

den kann, Erfahrungen, Wirklichkeiten zu offenbaren, aber auch zu verschleiern und zu verschlüsseln.

Stephen sieht sich daher vor die Aufgabe gestellt, die sprachliche und die außer-sprachliche Wirklichkeit mit scharfen Sinnen und wachem Verstand zu beobachten und dabei sowohl die komplexen Strukturen der Realität wie die komplexen Interpretationsmuster, mit denen Realität für den menschlichen Verstand begreifbar gemacht werden kann, zu erfassen und – wie sich sehr bald zeigt – kritisch zu überprüfen. Stephen erfährt an sich selbst jenen Vorgang der schrittweisen Bewußtseinserhellung, die der Autor James Joyce mit seinen Werken bei seinen Lesern zu erzeugen versuchte. Kirche und Staat, Religion und Politik – das sind die Mächte, die Stephen Dedalus zur permanenten Reflexion und Kritik provozieren. Clongowes Wood, das Jesuiteninternat, wird für ihn zu einem Ort, wo geistliche Macht und Autorität in unbeugsamer Härte und Strenge herrschen und blinden Gehorsam fordern. Eine ungerechte Bestrafung veranlaßt Stephen zur Frage, ob seine gesellschaftliche Umwelt mit ihren eigentümlichen Konventionen nichts anderes ist als ein Labyrinth, in dem er ausweglos gefangen ist. Die Problematik der politischen Verhältnisse in Irland wird Stephen bei einem Streitgespräch bewußt, das er an einem Weihnachtstag in seinem Elternhaus mitanhört. Der Anlaß des Streits ist das Schicksal des Politikers Charles Parnell, in dem Männer wie Simon Dedalus oder Mr. Casey den potentiellen Befreier des Landes sahen, der jedoch wegen seiner Liebesaffäre mit Kitty O'Shea gestürzt und in den Tod getrieben wurde. Parnell, den die irischen Katholiken ebenso haßten wie die Briten, nimmt im Bewußtsein seiner Anhänger Züge eines Märtyrers an. Die Verquickung von Religion und Politik, die sich in dem Streit um Parnell abzeichnet, wird von Mrs. Riordan (von Stephen "Dante" genannt) beharrlich verteidigt, von Stephens Vater und Mr. Casey aber ebenso hartnäckig bekämpft.

Thematisch ist der Streit über Parnell mit Stephens Konflikt in der Schule – er lehnt sich gegen die Ungerechtigkeiten auf, unter denen er leidet – insofern verknüpft, als die Kirche auch im politischen Leben wie in der Erziehung unbedingten Gehorsam gegenüber ihren Geboten verlangt. "The bishops and priests of Ireland have spoken, [...] and they must be obeyed" (*P* I.874f.). Je mehr Stephen in die komplexe politische, soziale und religiöse Umwelt eindringt, in der er lebt, um so mehr fühlt er sich von den gebotenen gesellschaftlichen Rollen verwirrt: Er soll sich in der Schule als "decent fellow" (*P* II.852), in der Familie als gehorsamer Sohn erweisen; zugleich möchte man aus ihm einen guten Katholiken, einen Gentleman, einen überzeugten Patrioten machen. Vom II. Kapitel an beschreibt der Roman die Phasen eines Entwicklungsganges, der zur völligen Emanzipation Stephens aus allen familiären, religiösen und nationalen Bindungen führt.

Im modernen Roman ist Stephen Dedalus einer der ersten Charaktere, die bewußt nach einem Ideal von Einsamkeit in völliger Freiheit streben. Eltern und Geschwister sind für ihn nicht mehr als Adoptiv-Eltern und Adoptiv-Geschwister. Während die Lösung von der Mutter, die seine Lösung von Kirche und Religion zu verhindern versucht, tragisch überschattet bleibt, hat die Distanzierung vom Vater, der für Stephen zugleich der Inbegriff der national-vaterländischen Tradition ist, einen ironisch-satirischen Zug. Die Lösung von seinen geistlichen Vätern vollzieht sich in Abschnitten, die den Entwicklungsstufen seiner Sexualität zugeordnet sind. Die Begegnung mit einer Prostituierten, für Stephen die Epiphanie seines Sündenfalls, steht am Ende des II. Kapitels. Nachdem er sich im IV. Kapitel endgültig von den jesuitischen Erziehern gelöst und dafür entschieden hat, nicht Priester, sondern Dichter zu werden, begegnet er dem "Vogelmädchen", das er ins Meer hinauswaten sieht; diese Szene (am Ende des IV. Kapitels) wird für ihn zu einer epiphaniehaften Initiation in die neue Daseinsform: Das Mädchen, dessen Anblick in ihm eine Art Ekstase auslöst, ist für ihn der Bote des irdischen Lebens, ein Engel der sterblichen Schönheit, an deren versucherischen Glanz und Reichtum er sich nun verlieren möchte.

In seiner Rolle als Künstler versteht sich Stephen Dedalus als *deus poeta*, und seine theoretischen Darlegungen über Kunst und Dichtung sowie die Villanella, deren Entstehung im Roman beschrieben wird, sind durchdrungen von zahlreichen religiösen Analogien: Vorstellungen der christlichen Religion und Theologie dienen jedoch bei Stephen nicht dazu, seine künstlerische Tätigkeit in übergreifende religiöse Zusammenhänge einzugliedern, sondern werden gekonnt aus den ursprünglichen Zusammenhängen herausgelöst und dazu benutzt, seine Vorstellungen von der Autonomie des Kunstwerkes zu stützen. Im Sinne der Dichtungstheorien der englischen Romantik, der europäischen Dekadenz und speziell des englischen Ästhetizismus betont Stephen die absolute Unabhängigkeit der schöpferischen Kraft, der Imagination des Dichters, und er definiert sich selbst als "a priest of the eternal imagination, transmuting the daily bread of experience into the radiant body of everliving life" (P V. 1677–1679).

Für Stephen gibt es nur das Credo der Imagination, dauerndes Leben wird nur durch die Kunst gestiftet. Eine Umdeutung traditioneller Begriffe macht sich auch bemerkbar, wenn man die Verwendung der thomistischen Termini "integritas", "consonantia", "claritas" überprüft, die Stephen benutzt, um im Dialog mit seinem Kommilitonen Cranly seine Kunstauffassung darzulegen. Bei Thomas von Aquin werden die zitierten Termini verwendet, um die Eigenschaften des Schönen zu beschreiben; Joyce gebraucht diese Begriffe jedoch nicht im ontologischen, sondern im psychologischen Sinn und sieht in ihnen die Bezeichnungen für die Stufen der ästhetischen Wahrnehmung. Von der Wahrnehmung der Ganzheit ("integritas", "wholeness") eines Gegenstandes führt der Weg über die Wahrnehmung seiner Einzelteile und der zwischen ihnen bestehenden Relationen ("consonantia", "harmony") und schließlich zu einer umfassenden Schau des Ganzen ("claritas", "radiance"), in der sich die individuelle Besonderheit und Einmaligkeit des Gegenstandes erst voll erschließt. Neigte Joyce ursprünglich dazu, "claritas" und "radiance" im Sinne einer symbolistisch-idealistischen Kunstauffassung auszulegen und "radiance" als "a light from some other world" (P V. 1383) zu deuten, so sagte er sich von einer solchen Auslegung im *Portrait* los, tilgte auch den Begriff der Epiphanie, den er in *Stephen Hero* noch als Synonym für "radiance" benutzte, und setzte dafür den Begriff "quidditas" ("whatness") ein. Da es ihm aber nicht um die Erfassung eines Dinges in Relation zu seiner Spezies geht, wäre hier im Sinne der scholastischen Philosophie der von Duns Scotus verwendete Begriff "haecceitas" angebracht gewesen. Aber selbst wenn man den Begriff "haecceitas" für angemessen hält, muß man zugleich hinzufügen, daß Joyce den Blick ganz auf die Empirie (und nicht auf transzendente Bezüge) richtet und daß er dementsprechend jene Kunst am höchsten schätzt, die "statisch" ist, in der also der Blick des Betrachters ganz vom Kunstwerk gefangen genommen wird und er im Sinne Gustave Flauberts, Stéphane Mallarmés, Walter Paters und Oscar Wildes in der Betrachtung und Würdigung der Kunst um ihrer selbst willen ("art for art's sake") verharrt.

Der Künstler ist nach Dedalus ein schöpferisch begabter Mensch, der mit einem bestimmten Material ein kluges, durchdachtes Werk erzeugt; dementsprechend versteht er sich selbst als "artificer", und er ruft daher am Schluß des Romans Daedalus, seinen Namenspatron an, den Erbauer des Labyrinths, in dem der Minotaurus auf der Insel Kreta gefangen gehalten wurde – zugleich den Konstrukteur der Flügel, mit denen er und Ikarus die Flucht ergriffen. Wie der antike Daedalus, so will auch der moderne Stephen Dedalus mit allen Listen und höchster Kunstfertigkeit arbeiten.

Stephen schließt sich mit dieser daedalischen Ästhetik an die hermetische Tradition im europäischen Denken und Dichten an, die auf Hermes Trismegistos – im Ägyptischen ist es der Gott Thoth – zurückgeführt wird. In dieser philosophisch-religiösen Tradition sind Elemente der Kabbala, des Neuplatonismus, der Alchimie und der okkulten Philosophie miteinander verbunden. Die Affinität zur hermetischen Literatur tritt bei Stephen Dedalus deutlich zutage, als er – im V. Buch – beim Verlassen der Bibliothek den Flug der Vögel beobachtet und dabei über seine Zukunft nachdenkt (P, V. 1768ff.). Ein Satz von Cornelius Agrippa geht ihm dabei durch den Sinn, er fühlt sich an Swedenborgs Ausführungen über die Korrespondenzen zwischen dem intellektuellen Bereich und dem Verhalten der Vögel erinnert, er denkt an Daedalus, schließlich an Thoth, den Gott der Dichter. Zu diesen Namen, die alle zur hermetischen Tradition gerechnet werden, stellt Stephen auch Blake (P V. 2664ff.) und Yeats (P V. 1827ff.).

Mit der hermetischen Kunstauffassung steht das Credo im Einklang, das Stephen über seinen Abschied von Irland und seine künstlerischen Ziele setzt:

> I will try to express myself in some mode of life or art as freely as I can and as wholly as I can, using for my defense the only arms I allow myself to use, silence, exile, cunning. (P V. 2577–2580).

Eine Beziehung zur hermetischen Tradition ergibt sich innerhalb der Trias "silence, exile, cunning" am ehesten von dem Begriff "cunning".

Seine vorletzte Tagebucheintragung bezeugt, daß es sein Ziel ist, in schweigsamer Zurückgezogenheit im Exil das ungeschaffene, ungestaltete Bewußtsein seines Volkes in ein Kunstwerk umzusetzen: "Welcome, O life! I go to encounter for the millionth time the reality of experience and to forge in the smithy of my soul the uncreated conscience of my race" (P V. 2788–90). Stephen löst mit seiner Entscheidung, ins Exil zu gehen, zugleich auf eine ganz eigene

Weise auch die symbolische Bedeutung seines Vornamens ein. War der Hl. Stephan der erste Märtyrer der christlichen Kirche, so stilisiert er sich in seinem Selbstbewußtsein zum Märtyrer seines ästhetischen Credos.

2

Die Sammlung von *Short Stories*, die zwischen 1904 und 1906 entstand und die James Joyce 1914 unter dem Titel *Dubliners* veröffentlichte, stellen den ersten Versuch dar, das Leben der Zeitgenossen in seiner Heimatstadt erzählerisch zu erfassen. Die künstlerische Absicht, die Joyce mit diesen *Short Stories* verfolgte, umschreibt er auf diese Weise:

> My intention was to write a chapter of the moral history of my country and I chose Dublin for the scene because this city seemed to me the centre of paralysis.[5]

Diese Äußerung zeigt, daß alle Erzählungen auf ein einheitliches Thema – die Paralyse des gesellschaftlichen Lebens – bezogen sind. Die Wirkung, die Joyce sich von den *Dubliners* erhoffte, war die Befreiung seiner irischen Leser von den Illusionen und Zwängen, denen sie sich kritiklos unterwarfen. Seine Kritik am Dubliner Leben ist jedoch nicht nur aus erzählerischen Kommentaren abzuleiten; sie ist auch in der Präsentation von Vorgängen, Gebärden, Dialogen, in der Koordination der einzelnen Abschnitte aus dem Dubliner Leben und im Aufbau der Geschichten enthalten. Joyce arbeitet mit Anspielungen und Andeutungen, d.h. er macht sich als Erzähler die subtilen Darstellungstechniken zu eigen, die die Russen (Tschechow) und die französischen Symbolisten entwickelt hatten und die kurz vor ihm Joseph Conrad bereits in die englischsprachige Erzählkunst einführte. Joyce bietet in den *Dubliners* in jeder Geschichte Schritt für Schritt eine kritische Perspektive auf und versucht, die Einstellung des Lesers durch Bilder und Symbole, die er mit eigenem, neuem Sinn erfüllt, so zu beeinflussen, daß der Leser sich mit der kritischen Haltung des Autor-Erzählers identifiziert, daß er erkennt, was ihm bisher verborgen blieb. Joyce rekurriert

---

5   James Joyce, *Letters*, 3 vols., ed. Stuart Gilbert (vol. I, 1957) und Richard Ellmann (vols. II, III), London 1966. Im Folgenden zitiert als *L I-III*. Hier *L II*, 134.

zwar bei seinem ersten erzählerischen Versuch, das Leben in Dublin darzustellen, auf realistische und auch naturalistische Techniken: Krankheit, Dekadenz und Paralyse ließen sich mit den Mitteln, die Realisten und Naturalisten im 19. Jahrhundert entwickelt hatten, in eindringlicher Weise erfassen. Aber die gleichzeitige Verwendung der subtilen Techniken der Symbolisten beweist, daß er sich nicht mit der Reproduktion der häßlichen Fassade Dublins begnügen wollte, sondern darum bemüht war, mit Hilfe symbolischer Allusionen und Suggestionen dem Leser ein Gespür für die Hintergründe und Abgründe des Lebens in einer modernen Stadt zu vermitteln. Er verzichtet deshalb auch auf die zielstrebige Handlung als zentrales Kompositionsprinzip; er bietet vielmehr eine Reihe von "Momentaufnahmen" des gesellschaftlichen Lebens in Dublin und läßt von isolierten Augenblicken und segmentartigen Ausschnitten her ein Gesamtbild in Facetten entstehen.

Der Aufbau der Kurzgeschichtensammlung ist ebenso wie die Struktur seiner Romane sorgfältig durchdacht. Er selbst bemerkte:

> I have tried to present it to the indifferent public under four of its aspects: childhood, adolescence, maturity and public life. The stories are arranged in this order. (*L II*, 134)

Es zeugt von einer auf die Erfassung der Lebenstotalität gerichteten epischen Gesinnung, wenn Joyce sich zum Ziel setzte, sowohl die verschiedenen Lebensstufen als auch Aspekte des privaten wie des öffentlichen Lebens wiederzugeben. Die drei ersten Geschichten – "The Sisters", "An Encounter", "Araby" – illustrieren Aspekte des moralischen, intellektuellen und religiösen Lebens vom Standort der frühen Kindheit; je vier Geschichten – "Eveline", "After the Race", "Two Gallants", "The Boarding House" und "A Little Cloud", "Counterparts", "Clay", "A Painful Case" – sind aus der Sicht der Jugend und des reifen Alters erzählt; die vier letzten Geschichten – "Ivy Day in the Committee Room", "A Mother", "Grace" und "The Dead" – charakterisieren das öffentliche Leben, wobei der letztgenannten Erzählung eine Sonderstellung einzuräumen ist.

"The Dead" bildet gleichsam die Summe aller in *Dubliners* berührten Themen: So klingt das Todesthema bereits in der ersten Geschichte an, wenn vom Tod eines Priesters berichtet wird. In "The Dead" wird das gleiche Thema in vielfältiger Weise variiert – von den Gesprächen über große Dubliner Künstler bis zu dem epiphaniehaften Augenblick, in dem Gabriel Conroy erkennen muß, daß seine Frau Gretta noch immer dem längst verstorbenen Geliebten Michael Furey nachtrauert. Die letzten Zeilen dieser Erzählung lassen in einer visionären Weise ein Bild der schneebedeckten Welt entstehen und evozieren zugleich eine Vorstellung vom Weltende:

> Yes, the newspapers were right: snow was general all over Ireland. It was falling on every part of the dark central plain, on the treeless hills, falling softly upon the Bog of Allen and, farther westward, softly falling into the dark mutinous Shannon waves. It was falling, too, upon every part of the lonely churchyard on the hill where Michael Furey lay buried. It lay thickly drifted on the crooked crosses and headstones, on the spears of the little gate, on the barren thorns. His soul swooned slowly as he heard the snow falling faintly through the universe and faintly falling, like the descent of their last end, upon all the living and the dead.[6]

Die Ausweitung der erzählerischen Perspektive ins Kosmische und Universalgeschichtliche, die in diesen Zeilen enthalten ist, deutet bereits auf eine Technik hin, die sich Joyce in zunehmendem Maße bis zu seinem letzten Roman, *Finnegans Wake*, zu eigen machte.

Sicherlich ist es abwegig, bei der Deutung der *Dubliners* Schemata zugrunde zu legen, wie sie in der mittelalterlichen Erzählkunst – etwa bei John Gower – beobachtet werden können und einzelne der Erzählungen auf die drei theologischen Tugenden Glaube, Hoffnung, Liebe oder auf die sieben Todsünden festzulegen. So streng der architektonische Wille bereits in den frühen Werken von James Joyce ausgeprägt ist, so stark der Einfluß der theologischen Tradition in seinem Denken zu spüren ist – es widerstrebt ihm, die Momentaufnahmen des Dubliner Lebens, die die Paralyse des privaten und des öffentlichen Lebens erläutern sollen, auf ein mittelalterlich-theologisches Weltbild zu beziehen, das für ihn sehr früh an Gültigkeit verloren hat. Er deutet die Sehnsüchte, die Schwächen, die Illusionen der Dubliner nicht im moraltheologischen Sinn, er sieht vielmehr umgekehrt, wie stark die religiösen, moralischen und auch politischen Traditionen auf dem Einzelnen und dem irischen Volk insgesamt lasten. Die Erzählung von Eveline, die vor der Entscheidung steht, sich von ihrem Vater zu lösen und Frank, einem Matrosen, zu folgen und mit ihm in Buenos Aires ein

---

6 James Joyce, *Dubliners* (1914), ed. H. W. Gabler und W. Hettche, New York 1993, 384. Im Folgenden zitiert als *D* unter Angabe der Seiten- und Zeilenzahl, hier also *D* 384.1605–1615.

neues, ihr eigenes Leben zu beginnen, ist für die Sammlung von symbolischer Bedeutung. Eveline schreckt vor der möglichen Befreiung von der Welt der Väter zurück; sie bleibt in der Abhängigkeit und Unterdrückung, in der sie aufgewachsen ist. Dublin ist – wie "The Dead" anschaulich zeigt – eine Welt erstarrter Riten, in der ein Mann wie Gabriel Conroy kaum noch einen Ausweg findet, auch wenn er sich innerlich von der gesellschaftlichen Umwelt, in der er bisher ständig gelebt hat, distanziert; die Melancholie, von der dieser Charakter gezeichnet ist, ergibt sich aus dem Wissen um ein mögliches, anderes Leben und der Gebundenheit an die trübe, sinnentleerte Dubliner Alltagswelt.

Traditionelle religiöse Symbole evozieren in den *Dubliners* zwar Erinnerungen an eine sinnerfüllte Wirklichkeit – sie haben aber ihre Verbindlichkeit eingebüßt: der Kelch des Priesters (in "The Sisters", der ersten Erzählung) liegt ohne Funktion auf der Brust des Toten, der sich selbst zuzulächeln scheint: " – Wideawake and laughing-like to himself. ... So then of course when they saw that that made them think that there was something gone wrong with him. ..." (*D* 174.305–307). Die Kirche hat in der Sicht von James Joyce ihren lebensbestimmenden Einfluß verloren. Die Vater-Figuren sind dekadent, vom Tode gezeichnet; geistliches und politisches Leben sind von einer großen Lähmung befallen.

3

In die Sammlung *Dubliners* sollte auch eine Kurzgeschichte eingegliedert werden, die von einem gewissen Mr. Hunter handeln sollte und für die der Titel "Ulysses" vorgesehen war. Joyce änderte jedoch seinen Plan und wählte für die Odyssee eines Dubliner Bürgers die Roman-Form. Der innere Zusammenhang zwischen dem Roman *Ulysses* (1922), der zwischen 1914 und 1921 entstand, und der Kurzgeschichtensammlung ist nicht nur stofflich nachzuweisen; einige der Figuren, die in den *Dubliners* bereits erwähnt werden, kehren im *Ulysses* wieder, und schließlich bereitet auch die Thematik der *Dubliners* – "a chapter of the moral history of my country" – die des großen Romans vor.[7]

---

7 Im Folgenden übernehmen wir – mit geringfügigen Änderungen und Ergänzungen – die Interpretation, die in der Festschrift für Gerhart Baumann, *Bild und*

Das alltägliche Leben der Dubliner am 16. Juni 1904 liefert den epischen Horizont für den *Ulysses*. Zugleich hat Joyce mit diesem Roman die Thematik des *Portrait* weiterentwickelt: Stephen Dedalus steht in den drei ersten Episoden im Vordergrund – er ist aus Paris zurückgekehrt, hat sich geweigert, am Sterbebett der Mutter niederzuknieen und arbeitet zunächst bei Mr. Deasy als Lehrer. Während Joyce jedoch in *A Portrait* den Stil der dramatischen Konzentration bevorzugte, kehrt er nun zum Stil der epischen Expansion zurück – ohne freilich in jene realistische Formlosigkeit des Erzählens zu verfallen, die für seinen ersten Versuch, *Stephen Hero*, kennzeichnend war. Das Werk ist in allen Einzelheiten so durchdacht und durchkomponiert, wie das bei wenigen Romanen des 20. Jahrhunderts der Fall ist.

Das epische Grundgerüst dieses Werkes bildet die Alltagsodyssee des Annoncenakquisiteurs Leopold Bloom, die hier nur stichwortartig angedeutet werden kann. Der Leser beobachtet ihn zunächst bei allerlei Verrichtungen im Hause: Er bereitet für seine Frau Molly das Frühstück zu, liest einen Brief seiner Tochter Milly, holt schließlich beim Metzger eine Niere, die er sich selbst zum Frühstück brät. Gegen 10 Uhr beginnen seine Wanderungen durch die Stadt: das Postamt, eine Kirche, ein öffentliches Bad, der Friedhof und die Zeitungsredaktion des *Freeman's Journal* sind die Stationen seiner Wanderung bis zur Mittagszeit. Nach einem kleinen Imbiß in einem Restaurant, in dem er angeekelt ist von der Eßgier der Gäste, begibt er sich in die Bibliothek, sodann in die Ormond Hotel Bar, später in Barney Kiernans Pub, wo er, der Jude, von einem irischen Nationalisten beleidigt wird, dem er schließlich entkommt. Nach einem Flirt mit Gerty MacDowell am Strand erkundigt er sich in der Entbindungsanstalt nach Mrs. Purefoy, die einen Sohn zur Welt bringt, dann folgt er Stephen Dedalus ins Bordell der Bella Cohen. Im Anschluß an die Schwarze Messe in diesem Etablissement kümmert er sich um Stephen, der auf der Straße von einem britischen Soldaten niedergeschlagen wird: Mit Stephen kehrt Leopold Bloom in eine Kutscherkneipe ein; anschließend nimmt er ihn mit in seine Wohnung 7 Eccles Street und bewirtet ihn mit einer Tasse Kakao. Schließlich legt er sich neben Molly schlafen, die ihn nachmittags mit ihrem Impresario Blazes Boylan betrogen hat.

Gedanke, hg. von Günter Schnitzler in Verbindung mit Gerhard Neumann und Jürgen Schröder, München 1980, 365–384 veröffentlicht wurde.

Die Begebenheiten im Alltag von Leopold Bloom sind trivial: Essen und Trinken, Arbeiten und Schlafen bestimmen den Ablauf der Ereignisse. Joyce hat eine Fülle von solch alltäglichen Einzelheiten in seinen Roman aufgenommen, um seinem Epos eine stabile, eine realistische, in mancher Beziehung naturalistische Basis zu geben. Es ist wohl kein Zufall, daß die erste Episode im Martello Tower beginnt, die letzte sich im Wohnhaus von Leopold Bloom abspielt und daß selbst das einzige Schiff, das an diesem Tag in den Hafen von Dublin einläuft, auf diese versteinerte Wirklichkeit bezogen ist: es bringt Backsteine. Daß der Roman eine so eindeutig materiell realistische Grundlage hat, kann nicht entschieden genug betont werden. Die esoterischen Elemente, die philosophischen und theosophischen, die theologischen und okkulten Spekulationen, die gelegentlich in das Werk einfließen, aber auch die Metamorphosen der Personen haben zuweilen Leser und Interpreten vergessen lassen, daß Joyce in diesem Werk sich nicht gänzlich von den Erzähltechniken gelöst hat, deren er sich in den *Dubliners* bediente.

3.1

Die zehnte Episode des *Ulysses* – die "Irrfelsenepisode" – läßt erkennen, bis zu welchem Grade Joyce sich realistische Techniken zu eigen machen konnte. Joyce präsentiert das Leben in Dublin in 19 Kurzepisoden, die gleichsam in Miniatur die 18 großen Episoden des Romans spiegeln, während die zentrale, die charakteristischerweise von Leopold Bloom berichtet, in sich selbst ruht, sich selbst bespiegelt. Sowohl die Wanderungen Blooms als auch die der übrigen Dubliner Bürger sind nach dem Modell des Labyrinths gebaut; die Pfade sind so irregulär ineinander verschlungen, daß der Leser bei der ersten Lektüre kaum bestimmte Muster sieht. Beim aufmerksamen Wiederlesen wird erkennbar, mit wieviel List auch dieser Teil des Romans konstruiert wurde: Die erste Episode der "Wandering Rocks" ist Pater Conmee, dem Rektor des Jesuitenkollegs gewidmet, die letzte schildert den Zug des Vizekönigs durch die Stadt: die geistliche und die weltliche Autorität, die das Leben in Dublin bestimmen, ja beherrschen, werden auf diese Weise aufeinander bezogen; sie bilden den Rahmen, innerhalb dessen sich alles Leben abspielt. Im Zentrum steht allerdings Leopold Bloom, der "Romanheld", der für seine Frau ein pornographisches Werk, *The Sweets of Sin*, kauft. Sein privates Leben und das öffentliche Leben, das sich gleichsam hinter seinem Rücken abspielt, sind einander kontrapunktisch zugeordnet. Wie Bloom, so wandern auch Stephen Dedalus, ein einbeiniger Matrose, Blazes Boylan oder Simon Dedalus, der Vater von Stephen, durch die Stadt. Gerade weil einzelne Begebenheiten zusammenhangslos und willkürlich erscheinen, tragen sie zum künstlerischen Gesamteindruck des Kapitels bei: Die Bewegungen der Menschen scheinen einer äußeren Mechanik unterworfen zu sein; der suchende Vater findet seinen geistigen Sohn (noch) nicht; der suchende Sohn verfehlt seinen Vater; jeder von ihnen, aber auch viele andere Menschen, die ihnen begegnen, ist in seine Einsamkeit, in seine Welt eingeschlossen.

Um die realistische Oberfläche des städtischen Lebens in ihrer Mechanik wiederzugeben, hat Joyce sich an *Thom's Directory*, einem amtlichen Verzeichnis der Straßen, Geschäfte und Einwohner Dublins orientiert. So entsteht in der Phantasie des Lesers eine verläßliche Topographie der Stadt, und auch die Zeitangaben sind so durchkalkuliert, daß die illusionäre Wirklichkeit des Romans einer Überprüfung mit Hilfe der Kriterien, die aus dem empirischen Alltag der Stadt gewonnen werden können, standhält. Sie sind so berechnet, daß die Vorgänge, die sie datieren, im genannten Raum innerhalb der angegebenen Zeit sich tatsächlich abspielen konnten. Joyce hat in dieser Beziehung die Prinzipien des Realismus ins äußerste Extrem getrieben: Zugleich aber lassen die erzählerische Ordnung der Episode und die leitmotivischen Einschübe – wie etwa die Anspielungen auf einen von Bloom weggeworfenen Zettel – erkennen, daß auch der chronologische und topographische Realismus nicht mehr als nur *eine* mögliche Darbietungsform der Wirklichkeit ist, die in sich wiederum von artifiziellen Elementen durchdrungen ist. Mit dieser Verbindung von Wirklichkeit und Künstlichkeit beabsichtigt Joyce, das naive Verständnis von Alltagsrealismus in Frage zu stellen.

3.2

Stuart Gilbert hat in seinem von Joyce gebilligten, vielzitierten Buch ein Kompositionsschema mitgeteilt, das die Bauprinzipien des Werkes aufzeigt: Es ist zu erkennen, daß er sich bei der Darstellung von Raum und Zeit am klassischen Schema der drei Einheiten orientiert hat.[8] Die Ereignisse, die er schildert, füllen einen Tag aus: Die Handlung beginnt am Vormittag um 8 Uhr und endet nachts etwa um 3 Uhr. Neben der Einheit der Zeit ist die Einheit des Ortes insofern gewährleistet, als alle Ereignisse in Dublin lokalisiert sind, auch wenn jede der 18 Episoden an einem oder mehreren Schauplätzen in Dublin spielt. Innerhalb des auf eine Stadt begrenzten Raumes entfaltet sich eine epische Fülle von räumlich faßbaren Details.

Die raum-zeitlichen Vorgänge werden dadurch strukturiert, daß die Episoden, die von Leopold Bloom berichten, d.h. die Episoden 4–17, je auf ein körperliches Organ bezogen sind, so etwa die in der Bibliothek spielende 9. Episode auf das Gehirn, die 11. Episode, die Sirenen-Episode, auf das Ohr, die 14., in der Entbindungsanstalt spielende Episode auf den Mutterleib. Alle Episoden haben weiterhin ein zentrales Symbol; alle (bis auf die letzte) sind einer *ars*, einer Kunstfertigkeit im mittelalterlichen Sinne zugeordnet, einige auch einer bestimmten Farbe.

Sicherlich läßt sich im einzelnen darüber streiten, ob alle Zuordnungen, die Stuart Gilbert (zusammen mit Joyce) vorgenommen hat, zutreffend sind, oder ob einige unscharfe oder gar irreführende Deutungen in diesem Schema enthalten sind. Und selbst wenn Joyce bestimmte Interpretationsschemata billigte, ist nicht zu übersehen, daß manche Korrespondenzen ein wenig willkürlich anmuten. Für die Einstellung des Autors zu seinem epischen Gegenstand ist jedoch bemerkenswert, daß er überhaupt mit solchen Schemata gearbeitet hat. Sie beziehen sich auf den Entstehungsprozeß und den Rezeptionsvorgang, insofern er vom Autor mitgesteuert wurde. Die Strukturschemata bezeichnen Konstruktions- und Stil-Elemente und lassen erkennen, daß Joyce als Epiker im *Ulysses* einem inklusiven Stil zustrebte: Bei jedem Schritt im Kompositionsprozeß (der bis in die einzelnen Korrekturen des Werkes bei der Drucklegung hineinreicht) hat er das Werk bereichert; *Ulysses* ist das Produkt einer fortschreitenden Differenzierung.

Von den Kompositionsprinzipien, die Stuart Gilbert nennt, sind die Korrespondenzen zur homerischen *Odyssee* die wichtigsten, auch wenn gerade in der jüngsten Forschung die Tendenz zu beobachten ist, Homer als episches Muster für dieses Werk gering zu bewerten oder gar ganz beiseite zu schieben. Fest steht, daß Joyce

---

8 Vgl. Stuart Gilbert, *James Joyce's "Ulysses": A Study*. London (1930) ²1952, 41.

bereits in frühester Jugend die homerische *Odyssee* und insbesondere ihren Helden bewunderte; nicht zu übersehen ist auch die Tatsache, daß der Titel des Buches eine ausdrückliche Beziehung zwischen dem Odysseus der Antike und dem jüdischen Annoncenakquisiteur des 20. Jahrhunderts herstellt. Fest steht weiterhin, daß Joyce die 24 Bücher des homerischen Epos in 18 Episoden umformte und diese Episoden ursprüngliche nach den homerischen Figuren und Episoden benannte – von Telemachus, Nestor und Proteus am Anfang bis zu Eumäus, Ithaca und Penelope am Schluß. (Ohne die Kenntnis dieser Bezeichnungen ist ein Großteil der Joyce-Literatur überhaupt nicht zu verstehen.) Die Reihenfolge der Begebenheiten wurde zwar nicht genau eingehalten, aber im Gesamtaufbau folgte Joyce seinem antiken Vorbild: auf die Telemachie (Episode 1–3) folgen die Irrfahrten des Helden (Episode 4–15), am Ende steht der Nostos, die Heimkehr (Episode 16–18).

Wenn Joyce später die an Homer erinnernden Titel der Episode tilgte; wenn innerhalb des Romans wenige explizite Beziehungen zum homerischen Vorbild hergestellt werden; wenn Leopold Bloom sich nicht bewußt ist, daß er in der Rolle des Odysseus agiert, dann läßt dies alles darauf schließen, daß das antike Epos in vieler Beziehung für Joyce ein Baugerüst war, welches er nach Abschluß seines Werkes beiseite rückte, damit der unvoreingenommene Leser sich ganz auf den modernen Text konzentriere und nicht durch das antike Baugerüst abgelenkt werde.

Es sollte jedoch festgehalten werden, daß Joyce (Herbert Gormans und) Stuart Gilberts Verfahren billigte, der die ursprünglich geplanten Kapitelüberschriften des Romans in seinem Kommentar wiederverwendete.[9] Damit steuerte Joyce die Rezeptionsgeschichte seines Werkes, denn bis zum heutigen Tag ist die Joyce-Kritik bei der Konvention geblieben, die 18 Kapitel des *Ulysses* nach den aus Homer abgeleiteten Titeln zu bezeichnen. Das homerische Modell hat – wie Eco vermerkt – "auch den Wert eines dem Werk zur Dechiffrierung von außen her auferlegten Rahmens"[10]. Weiterhin sollte bei der Erörterung der Homer-Korrespondenzen im *Ulysses* nicht die Tatsache außer acht gelassen werden, daß Joyce eine Reihe wissenschaftlicher und pseudowissenschaftlicher Kommentare las,

---

9 Vgl. Richard Ellmann, *Ulysses on the Liffey*, London (1972), reissued 1984, 188.
10 Umberto Eco, *Das offene Kunstwerk*, (1962), Günter Memmert (Übers.), Frankfurt 1973, 375.

durch die seine Vorstellung von Homer und der Bedeutung der *Odyssee* beeinflußt wurde. Francis Bacons *The Wisdom of the Ancients* (1619) bestärkte Joyce in der Überzeugung, daß die *Odyssee* symbolisch zu lesen sei. Weiterhin fand er bei Bacon die von Homer abweichende Darstellung erwähnt, wonach Penelope ihren Gatten mit allen Freiern betrogen habe – eine Erzähltradition, die Joyce als eine Bestätigung für seine Penelope-Konzeption betrachtete. Samuel Butler deutete in *The Authoress of the Odyssey* (1897) das Epos als die kaschierte Autobiographie einer in Sizilien lebenden Griechin und ermutigte Joyce um so mehr, in seinem Roman in versteckter Weise autobiographische Elemente zu verarbeiten. Victor Bérards Buch *Les Phéniciens et l'Odyssée* (1902–3) legte es Joyce nahe, seinen modernen Odysseus mit der jüdischen Tradition zu verbinden.[11]

Es wäre jedoch irreführend, die *Odyssee*-Korrespondenzen, die Joyce in seinen Roman einarbeitete, nur als den Ausdruck einer kuriosen Neigung eines *poeta doctus* zu verstehen, als die Manie eines Autors, der nichts zu erfinden weiß und der sich im Spiel mit überlieferten Materialien und Kommentaren zu diesen Materialien gefällt. Es muß mit allem Nachdruck darauf hingewiesen werden, daß Joyce in seinen Vorstellungen von Homer und dessen *Odyssee* auch von der Auffassung mitbestimmt wurde, die Giambattista Vico in seiner *Scienza Nuova* (1725) entwickelt hatte. Vico unterschied in seiner Geschichtsphilosophie drei Phasen: das göttliche, das heroische, das menschliche Zeitalter und dazu den *ricorso*, die Phase, in der ein Zyklus zu Ende geht und ein neuer Geschichtszyklus beginnt. Wie stark Joyce von Vico beeinflußt wurde, zeigt folgende Bemerkung: Auf die Frage "But do you believe in the *Scienza Nuova*?" antwortete er: "I don't believe in any science, but my imagination grows when I read Vico as it doesn't when I read Freud or Jung."[12]

Bereits 1949 wies Margaret Church in ihrem Buch *Time and Reality* darauf hin, daß Vicos Ideen im *Ulysses* präsent sind und daß im Sinne Vicos der homerische Odysseus als Repräsentant des

---

11 Phillip F. Herring, "Zur Textgenese des 'Ulysses', Joyces Notizen und seine Arbeitsmethode", in: Therese Fischer-Seidel (Hg.), *James Joyces 'Ulysses': Neuere deutsche Aufsätze*, Frankfurt a.M. 1977, 89 und 100.
12 Richard Ellmann, *James Joyce*, [1959], New and Revised Edition, issued as an Oxford University Press paperback, with corrections, London, New York etc. 1983, 693.

heroischen Zeitalters, Ulysses in Gestalt Leopold Blooms als Repräsentant des menschlichen, des demokratischen Zeitalters angesehen werden müsse.[13] Der Unterschied zwischen der antiken und der modernen Gestalt läßt sich auch so formulieren: Odysseus ist der Held eines Epos, in dem in der Regel die Bewährung der Hauptcharaktere im Sinne des antiken (oder des jeweils geltenden) aristokratischen Heldenideals dargestellt und beurteilt wird. Dies gilt insbesondere für den Kampf des Odysseus mit den Freiern, für die rächende Wiederherstellung einer gerechten Ordnung. Ulysses dagegen ist der "Held" im Sinne des neuzeitlichen Romans. Sein Aktionsradius ist höchst begrenzt. Es geht weder um heroischen Kampf noch um heroische Abenteuer. "Abenteuer, Reise und Entwicklung sind keine sinnvollen Möglichkeiten zur Zeit des Leopold Bloom".[14] An die Stelle abenteuerlicher Fahrten, bei denen ständig das Leben auf dem Spiel steht und nur ein mannhaft-physisches Heldentum gepaart mit List weiterhilft, sind die im Grunde recht harmlosen Wanderungen durch die verschiedenen Viertel der Stadt Dublin – vom Redaktionsbüro des *Freeman's Journal* bis zu Bella Cohens Bordell – getreten. Joyce konnte sich deshalb auch mit einem Ausschnitt von weniger als 24 Stunden aus dem Leben des Leopold Bloom begnügen, denn mit diesem Ausschnitt ist seine Alltagsexistenz, an der sich nichts ändern wird, bereits erfaßt.

Die Einzelheiten über Leopold Bloom, die sich aus dem Roman zusammentragen lassen, bestätigen die Grundthesen, daß er im Vergleich zu Odysseus ein moderner Anti-Held ist, eine Figur, deren Alltagsleben typisch und paradigmatisch ist für das menschliche Zeitalter im Sinne Vicos. Kann es beispielsweise von dem homerischen Helden heißen: "Die Ausübung der Rache betont [...] gleichzeitig die Reintegration des Odysseus in seine Sippe"[15] – so ist Bloom der in mehrfachem Sinn vereinsamte Außenseiter; in dieser Vereinsamung ist er zugleich ein paradigmatischer "Romanheld" der Moderne. Seine ungarisch-jüdische Herkunft rückt ihn in der Dubliner Gesellschaft in eine Randsituation, und auch wenn er zweimal getauft wurde (nach protestantischem und katholischem Ritus), zeigen seine Äußerungen zu religiösen und politischen Fra-

---

13 Margaret Church, *Time and Reality: Studies in Contemporary Fiction*, Chapel Hill, N. C., (1949) 1963, 44. – Zu Vico vgl. auch S. 118ff. des vorliegenden Bandes.
14 Christoph Schöneich, *Epos und Roman: James Joyces "Ulysses". Beitrag zu einer historisierten Gattungspoetik*, Heidelberg 1981, 183.
15 Ebd., 74.

gen, daß er ein "Freidenker", ein Aufklärer ist. Und wie er im öffentlichen Leben an den Rand gedrängt ist, ist er auch in seiner Familie ein Einsamer. Seine Frau betrügt ihn, und er duldet ihr Verhalten schweigend.

Mag Leopold Bloom aufgrund seiner Einsamkeit und seiner sexuellen Schwäche als Anti-Held der Moderne dem antiken Heros unterlegen sein, so wäre es falsch anzunehmen, Joyce entleihe mit einer gewissen Nostalgie, wie sie in der Irischen Renaissance etwa bei Yeats festzustellen ist, seine Normen dem heroischen Zeitalter, um damit die Gegenwart satirisch zu verurteilen. Es gibt gerade umgekehrt einige Episoden, die zeigen, wie Leopold Bloom vom Autor-Erzähler in ein sympathisches Licht gerückt wird, so daß er als der Angehörige einer höheren Zivilisationsstufe erscheint. Als Repräsentant des menschlichen Zeitalters zeigt Leopold Bloom eine deutliche Abneigung gegen alle Formen der Gewalt: "he was reluctant to shed human blood even when the end justified the means"[16]. Wenn bei Homer Odysseus den einäugigen Polyphem mit Gewalt überwindet, begegnet Bloom dem fanatischen Nationalisten in Kiernans Bar mit Selbstverleugnung; Gerechtigkeit und Liebe, "justice", "love", "charity" – das sind die Ziele, von denen er sich leiten läßt, wiewohl nicht zu übersehen ist, daß er für seine Humanitätsideale mehr leiden muß, als daß er sie aktiv verwirklichen könnte. Es bleibt Leopold Bloom nur die Hoffnung, daß seine vagen utopischen Vorstellungen von einem Irdischen Paradies, von einem "new Bloomusalem in the Nova Hibernia" (*U* 15.1544f.) einmal Wirklichkeit werden.

Untersucht man die Koordination der Figuren in der homerischen Vorlage mit den Figuren im *Ulysses*, so stößt man auf eine Reihe feststehender Kontraste, mit denen Joyce parodistische Wirkungen zu erzielen vermochte:

> Odysseus ist zu einem Anzeigenwerber abgesunken, die treue Penelope zu der den Freiern willfährigen Molly Bloom, Nausikaa zu dem sentimentalen Backfisch Gerty MacDowell und Kirke, die eine Tochter von Helios war, zu der Bordellmutter Bella Cohen.[17]

---

16 James Joyce, *Ulysses*, ed. H.W. Gabler, Wolfhard Steppe with Claus Melchior, [New York 1984] London 1986, 551. Im Folgenden zitiert als *U* unter Angabe der Kapitelnummer und Zeilenzahl, hier also *U* 17.293f.

17 Arno Esch, "James Joyce und Homer: Zur Frage der *Odyssee*-Korrespondenzen im *Ulysses*", in: Therese Fischer-Seidel (Hg.), *James Joyces "Ulysses": Neuere deutsche Aufsätze*, 213–253, hier 217.

Die Lebenswirklichkeit der Menschheit 95

Joyce setzt mit der ironisch-parodistischen Umformung der homerischen Vorlage eine Stiltradition fort, die in der englischen Homer-Rezeption im 18. Jahrhundert bei Fielding anzutreffen ist, der in der berühmten Schlacht auf dem Friedhof (*Tom Jones*, IV, 8) homerische Erzählkonventionen parodiert. Bei Fielding ist die Homer-Parodie jedoch nur von punktueller rhetorischer Bedeutung; bei Joyce wird die ironische Distanz zwischen Moderne und Antike dem Leser, der die *Odyssee* mitzudenken vermag, ständig ins Bewußtsein gehoben. Joyce steht mit der parodistischen Entmythologisierung und Entheroisierung der Antike in der Nachbarschaft von G.B. Shaw, der in seinen Historiendramen in ähnlicher Weise mythische Größe auf das Durchschnittsmaß der Moderne reduziert. Die Verwendung der Homer-Korrespondenzen ist jedoch nur unzureichend beschrieben, wenn man vom parodistischen Kontrast spricht oder wenn man mit T.S. Eliot "a continuous parallel between contemporaneity and antiquity"[18] annimmt. Weit wichtiger erscheint das Prinzip der Ambivalenz der Analogien zu sein, auf das Arno Esch hingewiesen hat. Er zeigt u.a., daß "Stephen bei seinem Spaziergang am Strand weniger eine Parallele zu Telemach als zu dem mit Proteus ringenden Menelaos [ist]. Nicht nur Boylan, sondern auch Buck Mulligan entspricht Antinoos."[19] Die homerische Kalypso ist mit Molly, mit Martha Clifford, der Leopold Bloom insgeheim Briefe schreibt, und schließlich auch mit Gerty MacDowell in Verbindung gebracht worden, mit der er bei seinem Spaziergang am Strand flirtet. Dabei ist zu beachten, daß Gerty im parodistischen Kontrast zugleich der antiken Nausikaa und Molly Bloom der homerischen Penelope entspricht.

Die Homer-Korrespondenzen sind also in ein verwirrendes Spiel permanenter Metamorphosen einbezogen, das in diesem Roman auf allen Ebenen der Darstellung – von der lautlichen bis zur symbolisch-thematischen – zu beobachten ist und das den Eindruck erweckt, als biete Joyce Kapitel für Kapitel einen Roman *in statu nascendi*, als mache er den Leser zum Beobachter eines gerade ablaufenden und noch nicht abgeschlossenen Experiments. Ist dies nur ein ausgelassenes Spiel eines komödiantisch begabten Autors, der sich über den Leser lustig macht und ihn mit immer neuen

---

18 T.S. Eliot, "*Ulysses*, Order and Myth", *The Dial* 75 (November 1923), 480–483, hier 483.
19 Arno Esch, "James Joyce und Homer", 219f.

Parallelen, Kontrasten und Abwandlungen dieser Kontraste überrascht? Sicherlich ist dies *eine* Erklärungsweise für die Metamorphosen des antiken Stoffes im modernen Roman.

Aber es ist auch daran zu erinnern, daß das antike Weltbild keine Verbindlichkeit mehr für Joyce hatte – und mehr noch, daß er selbst kein eigenes, stabiles modernes Weltbild dem antiken entgegensetzen konnte. Die antike Tradition, die Homerische *Odyssee*, hat sich aufgelöst und wird von Joyce zu ästhetischen, rein erzählerischen Zwecken verwendet. Er nähert sich dem antiken Gegenstand nicht im Stil eines Historikers, der, soweit er es vermag, darstellen möchte, wie es damals gewesen ist und wie es heute tatsächlich aussieht. Er ist der Erzähler, der mit List und Schläue ("cunning", [P, V. 2580]) seinen eigenen erzählerischen Kosmos konstruiert und dabei Versatzstücke einer vergangenen Kultur benutzt, um *ein* mögliches Bezugssystem für die Darstellung der Moderne zu haben – wobei die Perspektive, unter der Homers *Odyssee* und ihre Figurenwelt gesehen wird, je nach der erzählerischen Situation und ihrer besonderen Thematik neu eingerichtet werden kann. *Ulysses* ist das Dokument eines extremen, subjektiven Ästhetizismus der Moderne. Der Roman gewinnt durch die permanente Metamorphose der Gestalten einen proteischen Charakter – das Proteus-Kapitel ist die beste Illustration der immanenten Poetik dieses Romans; dieser proteische Charakter wird dadurch noch verstärkt, daß Homers *Odyssee* nicht der einzige Bezugspunkt ist, wenn die Vorgänge des Dubliner Alltags berichtet werden. Bei der Charakterisierung von Leopold, Molly und Stephen bedient sich Joyce sowohl des Shakespeareschen *Hamlet* als auch der christlichen Trinitätslehre.

Von *Hamlet* aus gesehen entspricht Stephen dem Tragödienhelden, Leopold Bloom dem Geist von Hamlets Vater, Molly Bloom, die treulose Gattin, der treulosen Königin Gertrude, Buck Mulligan erinnert als Usurpator in der Turmwohnung, die Stephen mit ihm und Haines teilt, an König Claudius; Mr. Deasy, der Schulleiter schließlich, entspricht dem homerischen Nestor, aber auch dem Shakespeareschen Polonius. Auch die Geistererscheinung hat ihre Entsprechung: im *Ulysses* ist es die Mutter, die Stephen erscheint und von der Hölle spricht. Als Joyce das Muster der "trinitas" auf seinen Roman übertrug, ging er sowohl von *Hamlet* wie von den theologischen Disputen über die Trinitätslehre (einschließlich der arianischen und der sabellianischen Häresie) aus. Das "Trinitätsmuster" spiegelt sich seiner Auffassung nach in den Beziehungen zwischen dem ermordeten Vater Hamlet, seinem Sohn und dem Geist des Vaters, aus dessen Worten wiederum Liebe und Zuneigung zum Sohne spricht. Von den theologischen Disputen her ließen sich u.a. folgende Verbindungslinien ziehen: Stephen Dedalus betrachtet sich als der Sohn, der sich vom konsubstantiellen Vater gelöst hat, der sich aber danach sehnt, mit seinem geistigen Vater einszuwerden, den er vermeintlich in Leopold Bloom gefunden hat. Sprachlich wird dieser Zusammenhang dadurch suggeriert, daß an einer Stelle Stephen und Bloom zu "Blephen" und "Stoom" werden (vgl. *U* 17.549ff.). Im Rahmen des Trinitätsschemas fällt Molly Bloom die Rolle der dritten Person der Trinität zu. Bedenkt man, daß Joyce den Charakter Mollys einmal in einem Brief auf die Formel bringt: *"Ich bin das Fleisch, das stets bejaht"* (Brief vom 16. August 1921 [*L I*, 170]), dann sieht man, bis zu welchem Grad die überlieferten Sinnschemata bei der Applikation auf einzelne Personen des Romans verformt werden konnten: Mehrfach nähert sich die Parodie überlieferter theologischer Vorstellungen der Blasphemie; das gilt nicht nur für die Korrespondenz zwischen Molly und der dritten Person der Trinität, sondern auch für den Romananfang, wo Buck Mulligan mit dem Rasierbecken auftritt, auf dem kreuzweise ein Spiegel und ein Rasiermesser liegen; dazu stimmt Buck ein *"Introibo ad altare Dei"* (*U*, 1.5) an.

Die bewußte Verwendung literarischer und theologischer Analogien zu parodistischen Effekten, wie sie bei Stephen Dedalus und Buck Mulligan nachzuweisen ist, deutet darauf hin, daß der Dubliner "Alltag" nicht nur die Summe äußerer Vorgänge, wie sie in der Irrfelsen-Episode in Abbreviatur dargeboten wird, und auch nicht nur die Summe der Impressionen darstellt, die etwa Leopold Bloom bei seinem Gang durch die Straßen registriert. Zum "Alltag" gehören bei Leopold Bloom, Molly Bloom und Stephen Dedalus die vielfältigen Assoziationen und Reflexionen, die durch ihr momentanes Erlebnis geweckt werden; "Alltag" ist darüber hinaus auch die Summe aller geistigen, philosophischen, theologischen und sozialen Traditionen, die das Leben in Dublin zu Beginn des 20. Jahrhunderts bestimmen. "Alltag" ist schließlich die Summe aller äußeren faktischen und aller inneren psychischen und intellektuellen Faktoren, die menschliches Leben beeinflussen können.[20]

---

20 Vgl. in diesem Zusammenhang auch Eckhard Lobsien, *Der Alltag des Ulysses: Die Vermittlung von ästhetischer und lebensweltlicher Erfahrung*, Stuttgart 1978.

3.3

Den Alltag als ein soziologisches Phänomen zu begreifen, heißt nicht nur, die innere und äußere Wirklichkeit gedanklich durchdringen, sondern auch die Sprachschemata erfassen, die eine Sprachgemeinschaft wie die Bewohner Dublins entwickelt hat, um sich in dieser komplexen Wirklichkeit zu orientieren und Kommunikation zwischen den Menschen zu ermöglichen. Joyce sah sich bei dem Versuch, den Alltag Dublins erzählerisch nachzuschaffen, vor einem Problem, das sich in dieser Radikalität noch kein anderer englischer Erzähler gestellt hatte: Die Dubliner Alltagswirklichkeit in einer bestimmten Stilart zu erzählen, hätte in seiner Sicht eine Verfälschung der Realität bedeutet, wie sie sich seiner künstlerischen Wahrnehmung darbot. Er entschied sich daher auch stilistisch für ein enzyklopädisch-inklusives Verfahren. Wie das Strukturschema des Romans (bei Stuart Gilbert) ausweist, ordnete Joyce jeder Episode eine eigene Stilart zu: So wird beispielsweise die erste mit dem Stichwort "narrative (young)", die 16. mit "narrative (old)" charakterisiert; dem monologischen Stil des Stephen Dedalus in der Proteus-Episode ("monologue (male)") steht die Darbietungsweise in Mollys Monolog ("monologue (female)") gegenüber. Freilich sind die Bezeichnungen, die Gilbert gewählt hat, oft nur von einer suggestiven Wirkung, und es fragt sich, ob die Stilarten "narrative (young)", "narrative (mature)" und "narrative (old)" in zwingender Weise voneinander abgegrenzt werden können.[21] Es bleibt also dem Kritiker und Interpreten überlassen, die Stilarten in eigener Terminologie voneinander abzuheben.

Die in sich stilistisch vielfältige 14. Episode ("Oxen of the Sun"), die von der Geburt von Mrs. Purefoys Sohn berichtet, bietet sich als besonders lohnendes Untersuchungsobjekt an. Joyce – so hat man erkannt – führt hier an Hand von 40 verschiedenen Stilarten die Entwicklung der englischen Prosa bis zur unmittelbaren Gegenwart vor: Thomas Malory, Sir Thomas Browne, John Bunyan, Daniel Defoe, Jonathan Swift, Joseph Addison, Sir Richard Steele, Charles Lamb, Walter Savage Landor und Thomas Babington Macaulay tauchen in dieser Episode als stilistische Vorbilder ebenso auf wie Cardinal John Newman, Walter Pater, John Ruskin

---

21 Vgl. Stuart Gilbert, *James Joyce's "Ulysses"*, 41.

oder Thomas Carlyle. Die 40 Stilarten sind nach Meinung der Kritiker auf die 40 Wochen abgestimmt, die ein Embryo zu seiner Entwicklung braucht; Stil- und Sprachgeschichte werden auf ein organisches Entwicklungsschema festgelegt; ein geistiges Phänomen wie die Literatursprache eines Volkes scheint der gleichen Gesetzmäßigkeit unterworfen zu sein wie die menschliche Physis. Bei der Lektüre dieses Kapitels wird jedoch zugleich deutlich, daß Joyce nicht nur mit spielerischer Souveränität über die einzelnen Stile verfügte, sondern auch ihre historische Bedingtheit und ästhetische Begrenztheit akzentuiert. In der Sequenz der Stilarten erkennt der Leser, daß jeder Stil jeweils nur einen partiellen Aspekt der Wirklichkeit wiedergibt, daß *ein* Stil niemals die Totalität aller Einstellungen zur Realität reproduzieren kann. Jedem Stil ist eine bestimmte Art, die Wirklichkeit wahrzunehmen und darzustellen, eigen. Dies gilt nicht nur für die geschichtlich gewordenen Stilarten, die Joyce in der 14. Episode anwendet, sondern auch für die Darbietungsweisen, die er in den übrigen Episoden benutzt.[22]

Vermittelt die "Oxen of the Sun"-Episode einen Einblick in die geschichtlichen Tiefenstrukturen der englischen Sprache in ihren (meist) literarischen Ausformungen, so lassen sich an der Æolus-Episode die Eigentümlichkeiten ihrer aktuellen Oberflächentextur ablesen. Joyce parodiert den journalistischen Stil, insofern er in den Bericht über die Vorgänge in den Redaktionsbüros von *Freeman's Journal* und *National Press* ganz unterschiedliche Schlagzeilen eingebaut hat, die erkennen lassen, wie durch die Überschriften das Verständnis eines Artikels und damit der Alltagsrealität, über die der Reporter jeweils berichtet, konditioniert und gesteuert wird. Wenn Joyce die Darstellungsweise in diesem Abschnitt "enthymemisch" genannt hat, dann knüpft er damit an die in der Logik gebräuchliche Bedeutung des Begriffes "Enthymem" an: Es bezeichnet eine Schlußfolgerung, bei der eine Prämisse unterdrückt wird. In ähnlicher Weise sind in diesem Kapitel des Romans die Zusammenhänge zwischen den Schlagzeilen und dem folgenden Abschnitt nur teilweise sprachlich ausformuliert; es ist dem Leser aufgetragen, die eliminierten Bezüge zu ermitteln. Am Modell der Zeitung läßt sich die Problematik zeitgenössischer Alltagskommunikation, sofern sie den "Medien" übertragen ist, deutlich erfassen: Die Zeitungsmel-

---

22 Vgl. hierzu Wolfgang Iser, *Der implizite Leser, Kommunikationsformen des Romans von Bunyan bis Beckett*, München 1972, ³1994, 276–299.

dung mit ihrer Überschrift ist als Konstrukt zu durchschauen, wenn eine einigermaßen verläßliche Orientierung in der Wirklichkeit stattfinden soll.

Ähnliche stilistische Schemata, wie der Stil eines Zeitungsberichtes, einer Sportreportage, eines spiritistischen Sitzungsprotokolls, werden im Zyklopen-Kapitel (durch die Kontrastierung mit dem Stil des Ich-Erzählers) parodiert; im Nausikaa-Kapitel ist dem Stil des sentimentalen Trivialromans die Diktion entgegengesetzt, deren sich Leopold Bloom im inneren Monolog bedient, und im Eumäus-Kapitel werden Sprachklischees und Schablonen verschiedener Provenienz gegeneinander ausgespielt und damit zugleich die Bedingtheit ihrer Aussageweisen dem Leser ins Bewußtsein gehoben.

In dem vielzitierten Sirenen-Kapitel erscheint die Sprache insofern in einer "Grenzsituation", als die Vermittlungsfunktion auf ein Minimum reduziert und dafür die Ausdrucksfunktion überbetont wird: Ist in der alltäglichen Kommunikation normalerweise ein einigermaßen ausgewogenes Verhältnis von Sprache als Klang und Sprache als Sinnträger zu beobachten, so wird im Sirenen-Kapitel – entsprechend der bei Homer vorgebildeten Situation – Sprache als eine klangliche Wirklichkeit erlebt – es sind die "Sirenenklänge" in einer Bar, die Joyce registriert – und sowohl durch einzelne Laute und Lautverbindungen als auch durch Satzrhythmen eine musikalische Wirkung suggeriert. Geht man davon aus, daß in dieser Episode ständig auf erotisch-sinnliche Wirkungen angespielt wird (dies gilt für die Bardamen wie für Blazes Boylan und Leopold Bloom selbst), so läßt sich auch umgekehrt sagen: Sinnlichkeit übersetzt sich in Sprache. Damit werden die psychische und die sprachliche Wirklichkeit nahezu kongruent. Mit der Übersetzung von Sinnlichkeit in Klang verlieren die Personen, die an dieser Szene Anteil haben und die sich ihren psychischen und physischen Reaktionen überlassen, ihre personalen Konturen. Charaktere werden zu Klangfiguren. Lydia Douce, George Lidwell, Richie Goulding, Leopold Bloom und der Kellner Pat werden zu "Gould Lidwell" und "Pat Bloom" (vgl. *U* 11.720). Damit deutet sich eine Entwicklung an, die im *Ulysses* in der Circe-Episode und in Joyces gesamter Entwicklung als Romancier in *Finnegans Wake* ihren Höhepunkt erreicht. In der Sprache ereignet sich eine Verwandlung der Realität, wobei diese Metamorphose mehr ist als nur ein Produkt des sprachlichen Spieltriebes des Autors. Im Sprachspiel werden Möglichkeiten freigesetzt, die in der Alltagswirklichkeit verdeckt sind, absichtlich verborgen und unterdrückt werden und dennoch im weiteren Sinn ein Teil von ihr sind.

Joyce läßt daher in der Schwarzen Messe der Circe-Episode, die im Bordell von Bella Cohen spielt, faktische Tagwirklichkeit und halluzinatorische Traumwirklichkeit nahtlos ineinander übergehen. In der Circe-Episode kommen die verdeckten Regungen des Unterbewußtseins, die sexuellen Gelüste mit all ihren perversen Spielarten zum Vorschein, leblose Gegenstände werden lebendig, die Toten sind ständig gegenwärtig: Lipoti Virag, der Großvater Leopold Blooms, und Blooms verstorbener Sohn Rudy erscheinen in dieser Episode ebenso wie der am Vormittag beigesetzte Paddy Dignam. In den halluzinatorischen Metamorphosen der Circe-Episode verlieren Stephen und Leopold ihre persönliche Identität und lösen sich in reale und illusionäre Rollen auf. Stephen Dedalus wird *"His Eminence Simon Stephen cardinal Dedalus"* (U 15.2654), vereint als fliegender Geier die Rollen von Daedalus und Ikarus und sieht sich als verdammter Sohn neben der toten Mutter. Blooms äußere Erscheinung verliert bereits zu Beginn der Episode ihre Konturen, *"A concave mirror at the side presents to him lovelorn longlost lugubru Booloohoom"* (U 15.3930–3941); später wechselt er in die Rolle eines Reformators und eines Königs von Irland über, schließlich wird er eine Hure, während Bella Cohen sich in einen Mann verwandelt und als brutaler Bello auf Bloom reitet, der – in Analogie zu den Gefährten des Odysseus – sich in ein Schwein verwandelt. In den Untergangsvisionen, die sich gegen Ende der Episode einstellen, verwandelt sich ein Hund in Paddy Dignam (dessen Bestattung Bloom beiwohnte); Erinnerungen an die Proteus-Episode und das Erscheinen eines Hundes, der den toten "dogsbody's body" (U 3.352) beschnüffelte, werden evoziert, und die parodistische Behandlung traditionell christlicher Motive führt schließlich dazu, daß "Dog", der Gott der Verdammten, in sein Spiegelbild, in "God" umgewandelt wird.

Im dionysischen Rausch der Circe-Episode zerschlägt Stephen – gegen Ende der Episode – eine Lampe, soll heißen: Er zerstört die herkömmlichen Vorstellungen von Raum und Zeit, und Bloom erlebt an sich durch die Verwandlung in eine Frau die Überwindung der Grenzen zwischen den Geschlechtern. Damit zeichnen sich in beiden Charakteren Möglichkeiten ab, das gegenwärtige Dasein zu transzendieren.

Wenn Joyce für diese Episode die Form des dramatischen Dialogs wählte – in den längere Szenenanweisungen eingeschoben sind –, dann dürfte dies darin begründet sein, daß er dieser Form – im Vergleich zu Lyrik und Epik – den höchsten Grad an Objektivität und Authentizität zubilligte. Erinnert sei an eine Äußerung aus *A Portrait of the Artist as a Young Man*: "The esthetic image in the dramatic form is life purified in and reprojected from the human imagination. The mystery of esthetic like that of material creation is accomplished" (P V. 1464–1467). Die Paradoxie des Circe-Kapitels besteht darin, daß nicht ein im traditionellen Wortverstand alltägliches Geschehen, sondern die Halluzinationen einer Walpurgisnacht als objektive Realität durch den dramatischen Darstellungsmodus dargeboten werden. Wiederum weckt Joyce damit im Leser das Bewußtsein für die Leistungsfähigkeit einer künstlerischen Form; zugleich akzentuiert er damit die Bedeutung des Unterbewußtseins und der Traumrealität für das Verständnis von Wirklichkeit insgesamt.

Die ersten drei Kapitel des Romans, "Telemachus", "Nestor" und "Proteus", die von Stephen Dedalus berichten, und die Kapitel 4–6, "Calypso", "Lotophagen" und "Hades" bilden zu den folgenden Kapiteln insofern einen Kontrast, als in ihnen der stilistische Differenzierungsprozeß nicht bis zu jenem Extrem getrieben ist wie in den Kapiteln 7–18. Insbesondere die Kapitel, die Leopold Bloom einführen, sind so gestaltet, daß der Leser die Verarbeitung der Realität im Bewußtsein dieser Personen und die Präsentation der Bewußtseinsvorgänge durch erlebte Rede und inneren Monolog verhältnismäßig leicht nachzuvollziehen vermag. Die psychischen Reaktionen Leopold Blooms sind meist der Art, daß sie in einer an den Prinzipien des *common sense* orientierten Denkweise die Erfahrung interpretieren, wenngleich nicht übersehen werden kann, daß er in seinen Assoziationen gelegentlich auch überraschende Verbindungen herstellt. Damit wird das Kontinuum psychischer und intellektueller Reaktionen, das sich als eine Art Parallele zu den äußeren Ereignissen vorstellen läßt, durchbrochen und aufgesplittert.

Dieser Differenzierungsvorgang setzt in weit stärkerem Maße bereits in der Telemachie ein und erreicht in der Proteus-Episode seinen Höhepunkt. In den Verwandlungen, die Stephen dort durchläuft, ist er – um nur einige Stadien zu nennen – Aristoteles, Jacob Boehme, Hamlet, William Blake und George Berkeley; er identifiziert sich mit Stéphane Mallarmés Faun, mit einem Ertrunkenen, mit Ferdinand, dem Sohn Alonsos in Shakespeares *Tempest*, mit Christus und mit Luzifer, mit Adam und Eva und schließlich auch mit einem Hermaphroditen. In seiner Phantasie scheint sich Stephen in eine Vielzahl von Personen aufzulösen und damit ein Strukturgesetz vorwegzunehmen, das Joyce in *Finnegans Wake* ins Extrem trieb. Dennoch: Stephen bleibt in seinem inneren Gestaltwandel an die faktisch-materielle Welt gebunden. Bereits im ersten Abschnitt des Proteus-Kapitels finden sich die für seine Situation symptomatischen Sätze: "Then he was aware of them bodies before of them coloured. How? By knocking his sconce against them" (*U* 3.4ff.).

Die Geste des Schädelanschlagens hat symbolische Bedeutung: Der Kopf, Sitz des Gehirns und der Gedanken, wird in drastisch-vehementer Weise auf die Realität bezogen: Als Körperteil ist der Kopf darüber hinaus Teil der physischen Realität insgesamt; im Kopf und durch den Kopf werden Innen- und Außenwelt in ständig neue Wechselbeziehungen gebracht. Das italienische Zitat "maestro di color che sanno" ist der *Göttlichen Komödie* entnommen und bezieht sich dort auf Aristoteles[23]; Joyce markiert durch dieses Zitat die erkenntnistheoretische Position, die Stephen in seinen Reflexionen über Innen- und Außenwelt zu Beginn des Proteus-Kapitels einnimmt. Stephens Reflexion setzt wie folgt ein:

> Ineluctable modality of the visible: at least that if no more, thought through my eyes. Signatures of all things I am here to read, seaspawn and seawrack, the nearing tide, that rusty boot. Snotgreen, bluesilver, rust: coloured signs. Limits of the diaphane. (*U* 3.1–4)

Das Grundphänomen, das Stephen mit der Reflexion über die Modalität des Wahrgenommenen ständig umkreist und das er in seiner Phantasie an sich erfährt, ist die Wandelbarkeit aller Dinge. Das Meer ist nicht nur der Hintergrund für diese Erfahrung, sondern zugleich ihr Symbol. Die Dinge sind nicht als absolute Fixpunkte zu verstehen; sie konkretisieren sich in verschiedenen Erscheinungsweisen, "them bodies before of them coloured", und gehen durch alle Sinne in das Bewußtsein ein. Die paradoxe Formulierung: "Shut your eyes and see" (*U* 3.9) deutet darauf hin, daß für das Wahrnehmen von Realität ("to see") der Tast- und Gehörsinn ebenso

---

23 Dante Alighieri, *Die Göttliche Komödie* IV, "Inferno" 131, Hermann Gmelin (Übers.), Stuttgart (1949) ²1969, 56.

bedeutsam sind wie der Gesichtssinn, der hier gleichsam suspendiert wird, um die übrigen Sinne zu aktivieren.

Zur Wahrnehmung der inneren Realität gehören in der Proteus-Episode die Erinnerungen an Vergangenes sowie die Erinnerung an den Aufenthalt in Paris oder der Tod der Mutter; weiterhin gehört dazu die Vergegenwärtigung von Ereignissen, die sich im Augenblick des Reflektierens gleichzeitig in Dublin abspielen (Stephen denkt an gottesdienstliche Handlungen, die zu diesem Augenblick in verschiedenen Kirchen stattfinden); ein Bestandteil der inneren Wirklichkeit sind schließlich auch die Antizipationen künftiger Möglichkeiten (Stephen denkt beispielsweise über einen Besuch bei Onkel Richie nach). Eine assoziative Verbindung von erinnerter, innerer Wirklichkeit (Mutter) und beobachteter äußerer Wirklichkeit (Meer) kommt in dem inneren Monolog Stephens dadurch zustande, daß er Mutter und Meer als Konkretionen des Gesetzes der Wandelbarkeit allen Seins betrachtet; am Meer und am Schicksal der Mutter läßt sich das Prinzip der Entstehung und der Vergänglichkeit des Lebens ablesen. Die Erinnerung an die tote Mutter weckt in Stephen schließlich auch Vorstellungen von Schuld und Sünde als Wesensmerkmalen der menschlichen Existenz. Das bedeutet: Der Spaziergang am Strand erzeugt in Stephen nicht nur ein Bewußtsein für die Modalität des Sichtbaren, sondern auch für die spezifischen Modalitäten der eigenen, menschlichen Existenz.

Ein sprachliches Indiz für die eigentümliche Weltsicht Stephens ist die häufige Verwendung des Partizip Präsens: als Adjektiv gebraucht, hat es Anteil an der Nominal- und Verbalsphäre zugleich; es bezeichnet in dieser Verwendungsform Dauer und Wechsel.[24] Wenn in Molly Blooms innerem Monolog in der letzten Episode des Romans ("Penelope") eine ähnliche Bevorzugung der -*ing*-Formen zu beobachten ist, so muß festgestellt werden, daß auch sie auf das ständige Fließen und Strömen der Lebenskräfte bezogen ist, über das Stephen bei seinem Spaziergang am Strand reflektiert; aber der Unterschied besteht darin, daß unmittelbares Teilhaben und Empfinden (bei Molly) dem Reflektieren über dieses Weltgesetz (bei Stephen) gegenübergestellt sind. Das reflektierende Moment spiegelt sich bei Stephen in der logischen Struktur seiner Sprache, in dem

---

24 Vgl. hierzu Therese Fischer-Seidel, "Charakter als Mimesis und Rhetorik, Bewußtseinsdarstellung in Joyces *Ulysses*", in: Therese Fischer-Seidel (Hg.), *James Joyces "Ulysses"*, 309–339, hier 330ff.

richtigen Gebrauch der begründenden Konjunktionen, in der klaren Fixierung der räumlichen und zeitlichen Verhältnisse. Bei Molly ist die logische Struktur weitgehend aufgelöst; ihre Teilhabe am Lebensstrom spiegelt sich sprachlich in dem nahezu ungeordneten Gedankenfluß, in dem Bewußtseinsstrom ihres inneren Monologs, in dem die Einzelvorstellungen weitgehend assoziativ miteinander verknüpft werden. Die bevorzugte Konjunktion ist "and", und ihr "because" hat einen "scheinkausalen" Charakter[25]; es ist die assertorische Bekundung ihres *élan vital*, weniger der Ausdruck eines kausal-logischen Denkens. Wiewohl Raum und Zeit in dieser letzten Episode eng begrenzt sind (der Raum: das Bett; die Zeit: 2.00 h bis ca. 3.00 h), schweifen ihre Gedanken durch die verschiedenen Räume und Zeiten und setzen das zeitliche Nacheinander in ein gleichberechtigtes Miteinander und Nebeneinander um. Leben ist für Molly die Allgegenwart der physischen Empfindung und Reize; die Substantive, die sie gebraucht, bezeichnen häufig Körperteile und Kleidungsstücke, die Männer, über die sie nachdenkt, sind (potentielle) Liebhaber, die Frauen (potentielle) Rivalinnen.[26] Molly ist zwar eine Frau mit besonderem Schicksal, ähnlich wie Leopold Bloom in der Dubliner Gesellschaft eine Außenseiterin, weil sie spanisch-jüdischer Herkunft ist, aber zugleich auch der Inbegriff des Weiblichen, der vitalen Kräfte, die in Stephens Bewußtsein durch das Meer und die Mutter symbolisiert werden. Joyce verleiht Molly insofern mythische Züge, als er sie in der Ithaca-Episode mit der Erdgottheit Gea-Tellus in Beziehung setzt: "Gea-Tellus, fulfilled, recumbent, big with seed" (*U* 17.2313f.). Molly verkörpert die Physis, in der das Leben im biologischen Sinn seinen Ursprung hat.

3.4

Für Leopold Bloom gilt, was für Molly Bloom festgestellt werden kann: Auch er ist als Person und als vielschichtiges Symbol konzipiert. Nach der Lektüre der ersten Episoden (4–6) glaubt der Leser zwar, mit den Alltagsgewohnheiten des Dubliner Annoncenakquisi-

---

25 Vgl. Hugo Friedrich, *Die Struktur der modernen Lyrik*, rowohlts enzyklopädie, Hamburg [¹1956], erw. Neuausgabe 1992, 205.
26 Vgl. Therese Fischer, *Bewußtseinsdarstellung im Werk von James Joyce: Von "Dubliners" zu "Ulysses"*, Frankfurt a.M. 1973, 168f.

teurs vertraut zu sein, ihn zu kennen, wie einen Charakter aus einem Dickens-Roman. Aber bald wird er sich bewußt, daß Bloom (wissentlich oder unwissentlich) zahlreiche Metamorphosen durchlebt. So nennt er sich beispielsweise Henry Flower, wenn er mit Martha Clifford korrespondiert. Auf die experimentellen Darstellungstechniken ist es zurückzuführen, daß sein Name – ohne daß Bloom selbst es beabsichtigt – zahlreiche Variationen durchläuft. In der "Oxen of the Sun"-Episode erscheint er beispielsweise als "childe Leopold" (*U* 14.160), "sir Leopold" (*U* 14.169f.), "Master Bloom" (*U* 14.424), "Mr Leopold" (*U* 14.566), "Mr Bloom" (*U* 14.845), "old man Leo" (*U* 14.1524) oder "Bloom toff" (*U* 14.1535); im Circe-Kapitel wird sein Name dekliniert: "Bloom. Of Bloom. For Bloom. Bloom" (*U* 15.677), im Sirenen-Kapitel wechselt er gar ins Pronominalsystem über: "Bloowho" (*U* 11.86), "Bloowhose" (*U* 11.149), "Bloohimwhom" (*U* 11.309), oder er geht in Komposita ein: "Seabloom, greaseabloom" (*U* 11.1284). Auch die Übersetzung des Namens in andere europäische Sprachen ist nachzuweisen: Legte Blooms Großvater den ungarischen Namen Virag ab, so reicht die (vom Autor-Erzähler konzipierte) Skala der europäischen Varianten von irisch O'Bloom über portugiesisch Senhor Enrique Flor bis zu dem deutschen Prof. Luitpold Blumenduft. Blooms Familienname geht weiterhin in Ortsnamen wie Bloomville ein, seine utopischen Zukunftshoffnungen finden im Neologismus "the new Bloomusalem" (*U* 15.1544) ihren Niederschlag. Die Namensvarianten lassen Bloom als eine umfassende Ausformung menschlichen Daseins überhaupt erscheinen; in der Ithaca-Episode findet diese Tendenz zur Universalität in der Formel "his firm full masculine feminine passive active hand" (*U* 17.289f.) ihren Niederschlag. Bloom, der moderne Odysseus, ist nicht nur eine Synthese von schlauer Aktivität und ebenso kluger, gelassener Passivität, sondern erscheint auch als eine Synthese der männlichen und der weiblichen Natur. Er ist – ähnlich wie Orlando in Virginia Woolfs gleichnamigen Roman – ein androgyner Charakter; sein Gestaltwandel in der Circe-Episode ist also mehr als eine phantasievolle Spielerei; in ihr tritt zutage, was in ihm angelegt ist und im alltäglichen Leben verborgen bleibt. In Bloom ist die Einheit des Menschengeschlechtes wiederhergestellt; er ist die moderne Version des Urmenschen, aus dem – nach der platonischen Lehre im *Symposion* – die beiden Geschlechter hervorgingen. Von Molly Bloom, der "Everywoman", unterscheidet sich dieser moderne "Everyman" (der zugleich als "Noman" [*U* 17.2008] bezeichnet wird) dadurch, daß er bei allen Anklängen an den mythischen Ursprung des Menschengeschlechtes zugleich auf ein mögliches Ziel der Menschheitsgeschichte, auf Bloomusalem, bezogen ist: "All kinds of Utopian plans were flashing through his (B's) busy brain" (*U* 16.1652). Wenn Joyce Blooms utopisches Denken in ein satirisches Licht rückt, so ist dies darin begründet, daß Bloom bei der Konkretisierung seiner Utopie an Wertvorstellungen der bürgerlichen Ära – Geld, Reichtum, Komfort – gebunden bleibt.

Leopold Blooms zahllose Metamorphosen, von denen ihm die wenigsten bewußt sind, stellen ein Indiz für Joyces erzählerische Einstellung zum Gegenstand dar: Bloom, der Durchschnittsbürger und Außenseiter zugleich, dient Joyce dazu, menschliches Dasein in einer Vielfalt von Perspektiven, und das heißt zugleich: Bedeutungen, erscheinen zu lassen. Die Tendenz zur enzyklopädischen Summe, die dem Werk eigen ist, spiegelt sich auch in der Präsentation des "Helden". Leopold Bloom ist wie Ulysses "polytropos": Er ist der vielgewanderte, der mit vielen Listen ausgestattete, der mannigfaltig (polyperspektivisch) gezeichnete Held. Wenn von Stephen gesagt werden kann, daß er ein proteisches Bewußtsein besitze, dann darf vom Autor dieses Romans behauptet werden, daß er den Helden in proteischer Manier dargestellt habe.

Im Vergleich zur Tradition des Epos bedeutet dies, daß Joyce auf die Stabilität der Erzählperspektive verzichtete, nicht mehr aus der fixen Sicht eines Erzählers berichtet, der sich bei seinen Meinungen und Urteilen in Übereinstimmung mit einer Hörer- oder Lesergemeinschaft weiß; er ist – wie Stephen es im *Portrait* von sich selbst sagt – der listige Alleingänger, der ein Labyrinth konstruiert, in dem sich der Leser in einer Flucht von unendlichen Spiegelungen verlieren kann. Joyce bedient sich für die Darstellung des Labyrinths der inneren Wirklichkeit zweier Techniken, die vor ihm zwar schon angewandt wurden, durch ihn aber erst zur höchsten virtuosen Entfaltung gebracht wurden: die erlebte Rede und den inneren Monolog, bei dem er sich auf Édouard Dujardins Roman *Les lauriers sont coupés* (1881) bezog. Der innere Monolog, in extremer Form im Penelope-Kapitel angewandt, weckt im Leser die Illusion, daß er unmittelbaren Einblick in das Bewußtsein eines Charakters gewinnt, wenngleich bei einer sorgfältigen Analyse unschwer zu erkennen ist, daß auch der assoziative Fluß der Gedanken nicht einer "objektiven" Reproduktion von Bewußtseinsvorgängen innerhalb eines begrenzten Zeitabschnittes entspricht, sondern wie alle Stilformen und Erzähltechniken eine Selektion von Wirklichkeitspartikeln voraussetzt. Dazu sollte festgehalten werden, daß der innere Monolog den *Bewußtseins*strom nachbildet, Vor- und Unterbewußtes nur insofern miteinbezieht, als es aus diesem Bewußtseinsstrom erschlossen werden kann.

Wenn Joyce mit dem inneren Monolog die erlebte Rede koppelt, die das innere Sprechen der Figuren in der dritten Person und im Präteritum darstellt, dann dient diese Technik dazu, die Übergänge von der äußeren zur inneren Realität, vom Erzählergesteuerten Bericht zum inneren Monolog zu signalisieren. Das Erleben der Personen wird in der erlebten Rede in einer gedämpfteren Weise präsentiert als in dem im präsentischen Tempus und in der Ich-Form geschriebenen inneren Monolog. Die proteische Erzählhaltung von James Joyce bekundet sich darin, daß er sich der ganzen Skala von Darbietungsmöglichkeiten bedient, d.h. etwa in der Circe-Episode Bericht und Dialog in den Vordergrund rückt, in der Zyklopen-Episode einen Ich-Erzähler auftreten läßt und in der Ithaca-Episode einen Dialog vorführt, in dem der allwissende Erzähler zwei Rollen spielt. Man hat mit Recht gefragt, wer eigentlich diesen Roman erzähle. Franz K. Stanzel sprach vom "Konzeptionsmonolog des Autors"[27], Herbert Rauter vom "überindividuelle[n] oder kollektive[n] Bewußtsein"[28], und Samuel L. Goldberg hat von "a hidden character: *the author himself*"[29] gesprochen. Ich halte es für sinnvoll, in Anlehnung an Wayne C. Booth vom "implied author", dem implizierten Autor zu sprechen, der – ähnlich wie der Autor-Erzähler bei Robert Weimann[30] – vom historischen Autor als Instanz im Roman abzutrennen ist – eine Instanz, die bei Joyce mit einem umfassenden "kollektiven Bewußtsein" ausgestattet und in der Lage ist, "ein Experiment mit der Totalität der Darstellungs-

---

27 Franz K. Stanzel, "Die Personalisierung des Erzählaktes im *Ulysses*", in: Fischer-Seidel (Hg.), *James Joyces "Ulysses"*, 284–308, hier 292.
28 Herbert Rauter, "Ulysses", in: F.K. Stanzel (Hg.), *Der englische Roman: Vom Mittelalter zur Moderne*, Bd. 2, Düsseldorf 1969, 317–355, hier 339.
29 S.L. Goldberg, *The Classical Temper: A Study of James Joyce's "Ulysses"*, London 1961, 35.
30 Robert Weimann, "Erzählerstandpunkt und *point of view*: Zu Geschichte und Ästhetik der Perspektive im englischen Roman", *Zeitschrift für Anglistik und Amerikanistik* 10 (1962), 369–416, hier 373.

möglichkeiten unserer Welt im Roman"[31] durchzuführen. Dieser implizierte Autor ist der raffinierte Akteur, der es auch versteht, im *Ulysses* als "das auktoriale personale Medium"[32] zu fungieren, sich in die Rolle eines der Charaktere zu versetzen und wiederum aus dieser Rolle herauszutreten und über diesen Charakter zu sprechen. Die Erzählhaltung des implizierten Autors ist aus dem modernen (aus der Romantik, dem englischen Ästhetizismus und dem französischen Symbolismus abstammenden) künstlerischen Selbstbewußtsein zu erklären. Durch die Verarbeitung des Ästhetizismus und Symbolismus haben Autoren wie James Joyce und Virginia Woolf die erzählerische Naivität eingebüßt, die für viele Autoren des 19. Jahrhunderts kennzeichnend ist und die unzählige Autoren des 20. Jahrhunderts dem Scheine nach zu bewahren versuchen. Joyce erzählt und reflektiert zugleich über jeden erzählerischen Schritt; er hat im 20. Jahrhundert die Grundlage für den poetologischen Roman gelegt und ihn mit dem *Ulysses* und *Finnegans Wake* sofort zur höchsten Entfaltung gebracht.

Joyces *Ulysses* erweckt im Leser, dessen Sensibilität für experimentelle Literatur geschärft ist, jedoch nicht nur den Eindruck eines poetologischen Experimentes. *Ulysses* ist zwar eine labyrinthische Konstruktion, aber auch ein Roman, der Leben simuliert. Nicht nur im Penelope-Kapitel, dem in dieser Beziehung zentrale Bedeutung zukommt, sondern auch in allen anderen Episoden ist der *élan vital* zu spüren: Er steckt in einem Charakter wie Leopold Bloom, von dem Molly beim Vergleich mit Blazes Boylan immerhin sagt: "he has more spunk in him" (*U* 18.168); er ist in Stephen, aber auch in dem satirisch-historischen Buck Mulligan zu erkennen, und er steckt schließlich auch in dem "implied author", in dessen souveränem Spieltrieb, denn er spielt nicht nur mit den erzählerischen Masken, sondern auch mit Wörtern, Situationen, mit allen Motiven und Traditionssträngen der europäischen Literatur, die er aufgenommen und verarbeitet hat, mit Homer ebenso wie mit Dante, mit Shakespeare wie mit Mallarmé. Je mehr der Leser einen Sinn für Parodien, sprachliche wie literarische, entwickelt, um so größer wird das Vergnügen, das er bei der Lektüre des Romans empfindet. *Ulysses* ist ein "Riesenscherzbuch"[33] genannt worden, und wie bei

---

31 Stanzel, "Die Personalisierung des Erzählaktes im *Ulysses*", 293.
32 Ebd., 294.
33 Vgl. Josef Baake, *Das Riesenscherzbuch Ulysses*, Bonn 1937.

einem Witz gilt auch hier: Man muß die unausgesprochenen Prämissen und die sprachlichen Konventionen kennen, auf die der Autor sich bezieht, um mit den anderen Lesern dieses Werkes über diesen irischen Witzbold lachen zu können.

4

Der letzte Roman von Joyce, *Finnegans Wake* (geschrieben von 1923 bis 1938, publiziert 1939), stellt die höchste Steigerung der Sprach-, Stil- und Formexperimente dar, zu der dieser Autor fähig war.[34] Selbst begeisterte Leser des *Ulysses* und professionelle Literaturkritiker, die Grundlegendes zum Verständnis des *Ulysses* beigetragen haben, kündigen Joyce die Gefolgschaft auf, wenn ihnen *Finnegans Wake* zur Lektüre und kritischen Beurteilung vorgelegt wird. Die Sprache des Werkes, Satz für Satz eine Montage aus *portmanteau words* und Kalauern, verstellt den Zugang zur Realität durch ein Labyrinth aus Wörtern, in dem die moderne Tendenz zum Hermetismus, zur obskuren Verschlüsselung und Verrätselung ihren Höhepunkt innerhalb der zeitgenössischen englischsprachigen Erzählliteratur erreicht hat. Der ideale Leser sollte nicht nur unendlich geduldig und nicht nur des Englischen auf allen Stilebenen und in allen seinen Nuancierungen mächtig sein, er sollte mit feinem Ohr und scharfem Auge zugleich lesen. Die von Joyce intendierten Effekte sind im Klang der Wörter und Sätze ebenso verborgen wie im Schriftbild. Manch hintergründiger Witz dieses Buches ist nur zu begreifen, wenn der Blick auf die orthographischen Eigenwilligkeiten und subtilen Versteckspiele mit den Buchstaben gerichtet ist. Der Leser muß bereit sein, Anagramme zu entziffern und in "nathandjoe"[35] De(an) Jonathan (Swift) zu erkennen; gelegentlich muß er auch Wörter rückwärts lesen, um überhaupt vernünftige Zusammenhänge erkennen zu können: So erscheinen Mark of Cornwall und Yseut (= Iseult) – in einer von Marvin Magalaner

---

34 Einen ausgezeichneten Überblick über die Forschung zu *Finnegans Wake* gibt Patrick A. McCarthy (ed.), *Critical Essays on James Joyce's Finnegans Wake*, New York etc. 1992, Introduction 1–11.

35 James Joyce, *Finnegans Wake*, London (1939) ³1964, 3. Im Folgenden zitiert als *FW* unter Angabe der Seiten- und Zeilenzahl, hier also *FW* 3.12.

gedeuteten Episode[36] – als "Kram of Llawnroc" und "Tuesy" (vgl. *FW* 388.2ff.). Wörter wie "Wehpen" und "natsirt" (*FW*, 388.3) lassen sich mit dieser Lesetechnik als "nephew Tristan" entziffern. Solche Beispiele zeigen, daß viele Passagen in *Finnegans Wake* mit List ("cunning") und Überlegung konstruiert sind, und der Kritiker dieses Buches ist gut beraten, wenn er bei der Charakterisierung seiner spezifischen Züge mit einer Vokabel wie "suggestiv" vorsichtig ist.

Die vielzitierte (und von Joyce selbst auch für eine Schallplattenaufnahme gelesene) Stelle aus *FW* I, 8, an der die Dubliner Waschfrauen über den Helden tuscheln und schmutzige Wäsche (auch im übertragenen Sinn) waschen, ist sicherlich ein Beispiel für Joyces Fähigkeit, mit Klängen die Vorstellung von einer bestimmten Landschaft und einer bestimmten Atmosphäre zu evozieren und in uns die Illusion zu erwecken, daß Menschen sich in Bäume verwandeln und aus dem Geplapper von Waschweibern Stimmen werden, die in den Bäumen und Wellen zu stecken und von den Naturphänomenen her an unser Ohr zu dringen scheinen. Solche Stellen, in denen die Welt ganz in Klang aufgeht, an denen mit 100 Lauten das Rollen des Donners imitiert wird, sind immer wieder bei Joyce anzutreffen. Aber sie sind eingebettet in einen übergreifenden Sprachstil, den Joyce ausbildete, um sein Wissen um die Menschheitsgeschichte und um die historischen Zusammenhänge, die sich ihm bei der Lektüre theologischer und theosophischer, historischer und pseudohistorischer, psychologischer und politischer Schriften erschlossen hatten, zum Ausdruck zu bringen. Die Tendenz zur Enzyklopädie ist in diesem Roman noch stärker ausgeprägt als im *Ulysses*: Der Weltalltag ist zur Weltgeschichte geworden.

Während *Ulysses* (mit Ausnahme der Circe-Episode) vorwiegend ein Roman über Alltagswirklichkeit ist, in dem mit den möglichen Formen der Darstellung dieser Wirklichkeit experimentiert wird, hat Joyce für seinen letzten Roman die Form des Traumes gewählt.[37] Er knüpft damit an die mittelalterliche Dichtungstradition

---

36 Vgl. Marvin Magalaner and Richard M. Kain, *Joyce: The Man, the Work, the Reputation*, New York 1956, 234.
37 Vgl. z.B. Danis Rose and John O'Hanlon, *Understanding Finnegans Wake: A Guide to the Narrative of James Joyce's Masterpiece*, New York/London 1982, Introduction, xx: "Finnegans Wake is a big dream: one for the tribe". Bemerkenswert ist auch die Äußerung von Harriet Shaw Weaver in einem Brief an James S. Atherton: "My view is that Mr. Joyce did not intend the book to be looked

an, unterscheidet sich jedoch von Autoren wie William Langland oder John Gower in seiner Diktion, insofern er eine eigene Sprache entwickelt, die im Leser die Illusion erzeugen soll, daß er einem traumhaft verformten Sprechen zuhört und daß er eine visionäre Traumwirklichkeit miterlebt, in der sich in (scheinbar) ungeordneter Folge die verschiedenen Wirklichkeitsschichten sowie Gegenwärtiges und Vergangenes überlagern.

Der Träumer ist – entsprechend der Terminologie, die bei der Interpretation des *Ulysses* angewandt wurde – der implizierte Autor: Er hat als Träumer und "allwissender" Autor – er ist allwissend in einem polyhistorischen Sinne – die Fähigkeit, in das Bewußtsein der Personen, von denen er träumt, einzudringen und ständig in neue Standorte und Perspektiven überzuwechseln.[38] Nach den Darlegungen von Clive Hart verharrt der Träumer in den Büchern I und II in einer objektiven "Außenperspektive", wenn er von H.C. Earwicker, einem Kneipenwirt in Dublin, und dessen Familie berichtet. Mit dem 4. Kapitel des II. Buches wechselt die Perspektive insofern, als dort von den Halluzinationen und Visionen des betrunkenen H.C. Earwicker erzählt wird, für den sich die Kneipe in Tristans und Isoldes Schiff verwandelt; im III. Buch teilt der Träumer den Traum des Earwicker mit; diese Traumphase endet mit dem 3. Kapitel des III. Buches: Dort wird berichtet, daß Shaun, einer der Söhne des Kneipenwirtes, einschläft, und der Leser wechselt mit dem implizierten Autor in die Traumwelt des Shaun über; der Leser erlebt also "the Dreamer's dream about Earwicker's dream about Shaun's dream"[39]. Im IV. Buch bewegt sich der Roman wieder auf der ersten Traumebene – der implizierte Autor als Träumer verharrt in seiner Traumwirklichkeit. Earwicker aber kehrt aus seiner Nacht- und Traumwelt in einen neuen Tag zurück.[40]

---

upon as the dream of any one character, but that he regarded the dream form with its shiftings and changes and chances as a convenient device, allowing the freest scope to introduce any material he wished – and suited to a night-piece". (James S. Atherton, *The Books at the Wake*, New York 1960, 17.)

38 Vgl. zum Folgenden Clive Hart, *Structure and Motif in 'Finnegans Wake'*, London 1962, "The Dream-Structure", 78–108.
39 Ebd., 87.
40 Wenngleich die klare Schichtung der Traumebenen auf kritische Einwände gestoßen ist, halten die meisten Forscher daran fest, daß es sich bei *Finnegans Wake* um eine Traumdichtung handelt. Gegen die Deutung von Clive Hart hat sich Derek Attridge in seinem Aufsatz "Finnegans Awake: The Dream of Interpretation", *JJQ* 27 (1989), 11–30, gewandt und für diverse andere Lesemodelle plädiert.

Der Held des Romans, H.C. Earwicker, ist wie Leopold Bloom ein Dubliner Bürger, und seine Familie trägt die Züge einer Dubliner Durchschnittsfamilie. Wie Leopold Bloom ist auch Earwicker ein Außenseiter: Sein Name ("-wicker") deutet darauf hin, daß er zu den normannischen Eindringlingen zu rechnen ist. Zugleich ist er in einem noch umfassenderen Sinn als Leopold Bloom als Inbegriff der Menschheit gedacht. Sein Name wird abgekürzt zu HCE und in vielfältiger Weise wieder aufgelöst: HCE kann zugleich "Here Comes Everybody", "Haveth Childers Everywhere" oder auch "Howth Castle and Environs" bedeuten: HCE wird auf diese Weise auch zu einer mythischen Gestalt umstilisiert: Er ist der Inbegriff der Menschheit ("Everybody") und der Menschheitsgeschichte (darauf deutet "Howth Castle and Environs", d.i. der Name des Schlosses von Dublin). In gleicher Weise ist auch Earwickers Frau, die ALP (= Anna Livia Plurabelle) genannt wird und als eine Verkörperung des Weiblichen, der Schönheit in der Fülle ihrer Erscheinungsformen, der Fruchtbarkeit der Natur und insbesondere des Flusses Liffey, der durch Dublin fließt, zu verstehen. Das Prinzip der Verwandlungsfähigkeit – im *Ulysses* bereits vielfältig angewandt – wird bei HCE und ALP ins Extrem getrieben; die beiden Figuren verkörpern die Polarität des Männlichen und des Weiblichen in universeller Entfaltung: im menschlichen, natürlich-biologischen wie im geschichtlichen Bereich.

Mit den beiden Söhnen Shem und Shaun wird das Polaritätsprinzip im männlichen Bereich abgewandelt: In Shem (oder Jerry) und Shaun (oder Kevin) stehen sich das schöpferisch-revolutionäre und das erhaltende Prinzip gegenüber: Shem und Shaun gleichen Kain und Abel; Shem ist – gleich James Joyce – der Dichter, er ist "the Penman" (*FW* 125.23), der die Masse verachtet, der ins Exil geht; er ist der kühne Entdecker, der an die Tabus rührt, ist der kühne Prometheus. Shaun steht als "postman" (*FW* 488.19) dem "Penman" gegenüber; er vermittelt der Masse eine Botschaft, die Shem entdeckte; er bleibt im Rahmen der Gesetze, er lebt nach den guten Traditionen, bezwingt die Widersacher der staatlichen und gesellschaftlichen Ordnung; er gründet die Reiche, er ist der Epimetheus.[41] Im Konflikt zwischen den Brüdern spiegeln sich geschichtliche Gegensätze wie der Gegensatz zwischen Romulus und

---

41 Vgl. hierzu auch Jean Paris, *James Joyce in Selbstzeugnissen und Bilddokumenten*, Stuttgart 1960, 155–156.

Remus, zwischen Caesar und Brutus, zwischen dem Hause Lancaster und dem Hause York in den Rosenkriegen. Wie bei der Schilderung der Eltern sind auch bei der Darstellung der Streitigkeiten zwischen den Söhnen mythologische und historische Allusionen miteinander gekoppelt, und es ist sicherlich nicht abwegig, wenn man auch an autobiographische Bezüge denkt: Shem und Shaun stehen auch für James und seinen Bruder Stanislaus Joyce. Wenn weiterhin der Konflikt zwischen den Söhnen einerseits und dem Vater andererseits den endlosen Generationskonflikt der Menschheitsgeschichte darstellt, so ist die Tochter Isabel, auch Issy, Isolt oder Iseult genannt, im Vergleich zu Anna Livia Plurabelle die jüngere Erscheinungsform des Weiblichen – ebenso wie ihre 28 Gefährtinnen oder die beiden Mädchen (Versucherinnen?), denen gegenüber H.C. Earwicker sich im Phoenix Park unziemlich verhalten haben soll.

Diese "Schuld" Earwickers, hinter der möglicherweise nichts anderes als das Inzestmotiv steht, löst die "Handlung" dieser Traumdichtung aus: Drei betrunkene Soldaten wollen ihn bei seinem unkorrekten Benehmen beobachtet haben; das Gerücht macht die Runde in der Stadt, HCE sieht sich um seinen Erfolg im Wahlkampf gebracht; er wird verhaftet, dann aber durch seine Frau wieder befreit. In den Hauptlinien ist dies sicherlich eine "einfache" Erzählung: Grundkonflikte der Menschheitsgeschichte, typische Situationen und Verhaltensformen bilden das Gerüst für diese Traumdichtung. Ihre Komplexität entsteht dadurch, daß Joyce alles Wissen um die Menschheitsgeschichte, das von unterschiedlichen Wissenschaftsdisziplinen angesammelt und in den verschiedenen Formen der literarischen Darbietung vermittelt worden war und das er selbst lesend und denkend erzählerisch-konstruierend zu verarbeiten vermochte, in dieses Werk eingehen ließ.

4.1

Wie im *Ulysses* sind auch hier die Bezüge zur christlichen Tradition nicht zu übersehen: Bereits in der ersten Zeile des Romans tauchen die Namen Adams und Evas auf. HCE ist der Urvater des Menschengeschlechtes, sein nie ganz aufgeklärtes Verhalten im Phoenix Park ist sein "Fall", der dem Sündenfall Adams im Paradies entspricht. Der Vorname Humphrey wird mit "hump" (= Buckel) in

Verbindung gebracht, womit die körperliche Mißbildung HCEs bezeichnet wird, die ihrerseits wiederum ein Symbol seiner Schuld ist. Joyce hat sich jedoch – ähnlich wie im *Ulysses* – nicht mit einigen generellen Analogien zur christlichen Vorstellungswelt begnügt, sondern in zahlreichen Details Analogien etwa zur katholischen Messe in die einzelnen Bücher eingearbeitet. Hugh Kenner ist diesen Zusammenhängen nachgegangen und bei der Analyse des I. Buches zu dem Resultat gelangt, daß die Kapitel 1–8 den Abschnitten des ersten Teiles der Messe entsprechen: "The parts of the first section of the Mass – Introit, Confiteor, Gloria, Epistle, Sermon, Gospel – appear in the *Wake* in order, with remarkable exactness of correspondence."[42]

In ähnlichen Bahnen bewegt sich eine Bemerkung von Harry Levin: Um die semantische Vielschichtigkeit dieses Romans zu charakterisieren, hat Levin die mittelalterliche Lehre vom vierfachen Schriftsinn herangezogen, die Dante in einem Brief an Can Grande della Scala als Deutungsmodell für seine *Divina Commedia* empfahl.[43] Danach stellt Joyces Roman, zunächst einmal im literalen Sinn gedeutet, die Mißgeschicke, die Alpträume von HCE dar; im anagogischen Sinn wäre der Roman eine Schilderung der Geschichte der menschlichen Zivilisation; allegorisch eine Ausdeutung der Topographie Dublins, moralisch die Darstellung der Erbsünde des Menschengeschlechtes, des Problems des Bösen.

Wie beim *Ulysses* ist jedoch auch bei *Finnegans Wake* festzuhalten, daß Joyce nicht darum bemüht war, seinen modernen Roman auf ein geschlossenes Weltbild festzulegen, sondern umgekehrt die dargestellte Wirklichkeit auf vielfältige mögliche Deutungsmodelle zu beziehen. Von diesen Modellen seien nur einige genannt: Hugh Kenner hat beispielsweise gezeigt, daß neben der katholischen Messe der *Oedipus Rex* des Sophokles mehrfach als Korrelat für die Vorgänge in *Finnegans Wake* herangezogen wird, wenngleich die Parallelen nicht so eng sind wie zwischen dem *Ulysses* und der Homerischen *Odyssee*.[44] Bei Joyce wie bei Sophokles bildet eine Stadt, auf der ein Fluch liegt, den äußeren Rahmen. Die Schuld wird

---

42 Hugh Kenner, *Dublin's Joyce*, Gloucester, Mass., 1969, 350.
43 Vgl. Harry Levin, *James Joyce: A Critical Introduction*, London (1941) ²1960, 134. – Klaus Reichert spricht demgegenüber vom "vielfachen Schriftsinn". – Vgl. Klaus Reichert, *Vielfacher Schriftsinn*, Frankfurt a.M. 1989.
44 Vgl. Kenner, *Dublin's Joyce*, 343–346.

letztlich bei demjenigen gesucht und auch gefunden, der die Stadt repräsentiert: Wenn die Schuld des Oedipus präzise zu erfassen ist, diejenige des HCE immer wieder denjenigen als nicht faßbar erscheint, die über ihn richten wollen, dann ist dieser Unterschied darin begründet, daß die antike Tragödie das Fehlverhalten eines Einzelnen zu erkennen und zugleich die angemessene Strafe und Sühne darzustellen versucht, während in der von der christlichen Tradition geprägten Literatur eine Individualschuld immer auch mit der "Kollektivschuld" des Menschengeschlechtes, der Erbsünde, bewußt oder unbewußt in Verbindung gebracht wird. Dieser Sachverhalt tritt klar zutage, wenn man die *Orestie* mit Shakespeares *Hamlet* vergleicht: Während im äschyleischen Zyklus Schuld und Sühne des Orest klar zu definieren sind, erscheint Hamlet als ein schuldlos-schuldiger Mensch in einem Staate, in dem alles faul ist. Auf *Oedipus Rex* und *Finnegans Wake* übertragen, bedeutet dies: In *Oedipus Rex* weiß man, daß der Held den Vater erschlagen hat, in *Finnegans Wake* bleibt unklar, wie HCE zum Nachfolger von Finnegan geworden und welches genau gesagt seine Schuld im Phoenix Park gewesen ist. Wenn Oedipus sich nach dem Bekenntnis seiner Schuld blendet, so betrinkt sich HCE nur, nachdem er wegen seines Verhaltens im Phoenix Park in Verlegenheit gebracht wurde. Wie im *Ulysses* wird auch in *Finnegans Wake* Heroisches in Bürgerliches übersetzt; dazu werden die Beziehungen, die sich bei Sophokles an den äußeren Handlungen ablesen lassen – der Sohn erschlägt den Vater und heiratet die Mutter – "verinnerlicht". Wenn ALP ihren Gatten HCE "sonhusband" (*FW* 627.1) nennt, umschreibt sie damit ein Verhältnis, das genau dem Verhältnis der Jokaste zu Oedipus entspricht.

Es ist dennoch auch nicht überraschend, daß sich Joyce der psychoanalytischen Lehre von Sigmund Freud bediente, um die unterbewußten, insbesondere auch die verdrängten sexuellen Regungen der Personen zu charakterisieren – etwa die Regungen, die HCE gegenüber seiner Tochter Isabel verspürt oder umgekehrt auch die oedipale Neigung der Söhne zu ihrer Mutter. Überall, wo in diesem Roman von Inzest, Homosexualität oder Impotenz oder auch von der tragischen Schuld die Rede ist, die am Anfang einer geschichtlichen Entwicklung steht, die mit der Rebellion der Söhne gegen den herrschenden Vater beginnt, darf zumindest davon ausgegangen werden, daß Joyce durch die Diskussionen der Freudschen Psychoanalyse zu solchen Themen angeregt wurde, auch wenn er auf Freud in *Finnegans Wake* nur an einigen Stellen direkt und meist in ironisch-satirischer Weise anspielt.[45] Die Distanzierung von Freud, die sich auch in autobiographischen Äußerungen des Autors nachweisen läßt, sollte die Leser, Interpreten und Kritiker nicht daran hindern, die Spuren der Freudschen Psychoanalyse aufzuspüren, die im Werk tatsächlich vorhanden sind. Gleiches gilt für die Anklänge an die Lehre C.G. Jungs, der, wenngleich er sich von Freud losgelöst hatte, in *Finnegans Wake* mit ihm in der Formel "yung and easily freudened" (*FW*, 115.23) assoziiert wird; an anderer Stelle spricht Joyce von "the law of the jungerl" (*FW*, 268, note 3). Obwohl wir aus Joyces Biographie wissen, daß er in Zürich ablehnte, sich einer Psychoanalyse zu unterziehen[46], zeigt *Finnegans Wake*, daß Joyce von Jungs Lehre über das kollektiv Unbewußte, die Rolle der Symbole in den Träumen der Menschen, das Auftauchen archetypischer Situationen im Traum und in der Dichtung beeindruckt war und von diesen Vorstellungen Gebrauch machte, wo immer sie in das von ihm konstruierte labyrinthische Traumbuch über die Menschheitsgeschichte paßten.[47]

Ähnlich wie sein irischer Landsmann und Zeitgenosse W.B. Yeats verbindet auch Joyce mit den Theorien C.G. Jungs theosophische Anschauungen, die er aus den Werken von Mme. Blavatsky, insbesondere aus *Isis Unveiled* und den *Mahatma Letters* entnahm. Dazu scheint er sich über die Hindu-Mythologie in einem alten Lehr- und Textbuch von W.J. Wilkins, *Hindu mythology, Vedic & Puranic* orientiert zu haben. Ebenso wie T.S. Eliot in *The Waste Land* verarbeitete Joyce auch die Theorien der Cambridge School of Anthropology, insbesondere die Anschauungen, die James George Frazer in *The Golden Bough* (2 Bände, 1890, auf 13 Bände erweitert bis 1936, Kurzfassung in 2 Bänden, 1922) vorgetragen

---

45 Sehr eng schließt sich Margot Norris in ihrem Buch *The Decentered Universe of Finnegans Wake: A Structuralist Analysis*, Baltimore and London 1976, an die Freudsche Lehre an; vgl. bes. Kapitel 5: "Dream and Poetry" (98–118). – Vgl. auch Kimberly J. Devlin, *Wandering and Return in Finnegans Wake: An Integrative Approach to Joyce's Fiction*, Princeton, N.J., 1991, 12: "The language of the dream resembles the rich, multivalent language generated by the Freudian unconscious, where signifiers are often created from several others, which are in turn links in complex associative chains".
46 Vgl. Ellmann, *James Joyce*, 466.
47 Vgl. Patrick Parrinder, *James Joyce*, Cambridge etc. 1984, 215: "... it is an archetypal dream of Everyman, constructed out of the Jungian 'collective unconscious' rather than the personal symbolism analysed by Freud".

hatte. Frazer trug weit verstreute Materialien zusammen, um die religiösen, magischen und tabuverhafteten Verhaltensweisen der Völker in Vergangenheit und Gegenwart zu durchleuchten. Besonderes Interesse scheint Joyce für den Band *Adonis, Attis, Osiris*[48] entwickelt zu haben, in dem das Thema der wiedererstehenden Gottheit in allen seinen Verästelungen in der orientalischen Mythologie behandelt wird. Das Trinklied von Tim Finnegan, von dem sich Joyce für den Titel seines Romans inspirieren ließ, war mühelos im Sinne Frazers auszulegen und in vielfältigen Variationen in das Werk einzuarbeiten: Das Lied berichtet, daß Tim Finnegan, ein Maurer, in Trunkenheit von der Leiter stürzte und dabei ums Leben kam. Die Freunde, die an seinem Sarg die Totenwache hielten ("wake"), zechten und versprühten Whiskey über seinen Körper, so daß er wieder ins Leben zurückkehrte. Die Freunde legten ihn schließlich wieder in den Sarg mit der Begründung, daß sein Nachfolger schon gekommen sei. Finnegan läßt sich mit Osiris ebenso wie mit Christus, mit Finn MacCool, dem sagenhaften Anführer irischer Helden, und schließlich auch mit H.C. Earwicker gleichsetzen; sein Fall von der Leiter wird mit Luzifers und Adams Fall, dem Fall Roms und dem Börsenkrach an der Wall Street in Verbindung gebracht. Einzelheiten, die im Zusammenhang mit der Totenwache der Freunde berichtet werden – sie essen alles auf und scheinen schließlich auch den Körper Finnegans zu verzehren –, lassen sich als Analogien zum Abendmahl deuten.

Von allen Büchern, die Joyce in seinem letzten Roman verarbeitete, übte Giambattista Vicos *Scienza Nuova* (1725) die nachhaltigste Wirkung aus, so daß Margaret Church sogar feststellen konnte: "Without Vico, *Finnegans Wake* would be meaningless."[49] Vicos Geschichtsphilosophie, die von Herder und Goethe, Hegel, Spengler und Benedetto Croce bewundert und verarbeitet wurde, basiert auf der Dreizeitaltertheorie: Von der Epoche der Götter geht – nach seiner Auffassung – jede geschichtliche Entwicklung über in die Epoche der Heroen, auf die schließlich das menschliche Zeitalter folgt. Nach einer Phase der Auflösung setzt eine Art "regeneratio" ein, die Vico "ricorso" nennt und die Joyce zu einem vierten Zeital-

---

48 James George Frazer, *The Golden Bough: Adonis Attis, Osiris. Studies in the History of Oriental Religion*, London (1906) ³1922.
49 Church, *Time and Reality*, 57.

ter ausweitete.⁵⁰ Vico vertritt also eine zyklische Geschichtsauffassung: die Unterschiede der einzelnen Zeitalter weist er in den Sitten und Gesetzen der Völker nach, weiterhin in ihren Regierungsformen, ihrer Sprache und Literatur, ihrer Rechtsprechung und schließlich auch in ihrer Bewertung des Vernunftprinzips. Im Bereich der Sprache ist das erste Zeitalter die Zeit der heiligen Texte und der Hieroglyphen, das zweite dasjenige der poetisch-metaphorischen, das dritte das der abstrakten Sprache. Dieses Modell ermöglichte es Vico nicht nur, in einer manchmal recht eigenwilligen Weise die Zeitalter und Geschichtsepochen gegeneinander abzuheben, sondern auch verwandte Züge in geschichtlich weit auseinanderliegenden Epochen zu deuten. Joyce hatte sich schon 17 Jahre mit Vico befaßt, ehe er mit der Arbeit an *Finnegans Wake* begann, und bereits 1929 ließ er Samuel Beckett in dem Essay "Dante ... Bruno. Vico ... Joyce"⁵¹ die Bedeutung von Vicos *Scienza Nuova* für sein "Work in Progress" signalisieren. Vico wurde für Joyce zum "vicociclometer" (*FW* 614.27), zum Strukturprinzip, nach dem sich eine schier unübersehbare Masse an Vorstellungen, Ideen und Kenntnissen, die sich auf die Menschheitsgeschichte bezogen (und was vermochte Joyce nicht auf die Universalgeschichte zu beziehen?) ordnen ließen.

Die vier Bücher des Werkes entsprechen den Hauptepochen in Vicos Geschichtsphilosophie, wobei Joyce sich die Freiheit nahm, Vicos Modell aufzulockern.⁵² Buch I, das Buch der Eltern, gleicht Vicos "Divine Age", Buch II, das Buch der Söhne, dem "Heroic Age", Buch III, das Buch des Volkes, dem "Age of the People" und Buch IV schildert in nur einem Kapitel die Auflösung des alten und den Beginn eines neuen Zyklus. Innerhalb der einzelnen Bücher hat

---

50 Vgl. hierzu die Darlegungen von Patrick A. McCarthy: "Finally, while in Vico the *ricorso* is a fairly insignificant element in the whole scheme, Joyce elevates the *ricorso* (which in Joyce's system *is* a return rather than just a retrial, although it has the legal meaning, too) to a place of unprecedented importance. Thus, it becomes possible to speak of Vico's system – or rather Joyce's adaptation of the Viconian system – as consisting of *four* ages, each of which corresponds to one of the books of Finnegans Wake." (Patrick A. McCarthy: "Structures and Meaning of *Finnegans Wake*", in: Zack Bowen and James F. Carens (eds.), *A Companion to Joyce Studies*, Westport, Conn.; London 1984, 583.
51 In: S. Beckett et al., *Our Exagmination Round his Factification for Incamination of "Work in Progress"*, London (1929) 1961, 3–22.
52 Vgl. Patrick A. McCarthy, "Structures and Meaning of *Finnegans Wake*", 583.

Joyce dieses Schema ebenfalls zugrunde gelegt: Buch I, insgesamt acht Kapitel, ist in je vier Kapitel gegliedert, von denen die erste Gruppe HCE, die zweite ALP und ihren Söhnen zugeordnet ist. Innerhalb einer jeden Vierergruppe wiederholt sich der von Vico beschriebene Ablauf der Zeitalter. Die gleiche Anordnung läßt sich auch in den jeweils 4 Kapiteln des II. und III. Buches beobachten; selbst innerhalb eines Kapitels ist – wie Clive Hart am Beispiel von III,1 dargelegt hat[53] – Vicos Modell zu erkennen. Das Motiv des Donnerschlags, das sich durch das ganze Werk hindurch verfolgen läßt, dient Joyce (in Anlehnung an Vico) dazu, jeweils den Beginn einer neuen großen geschichtlichen Phase zu markieren, und Joyce nutzte weiterhin auch die Ausführungen Vicos über Sitten und Gebräuche, die Sprachen und Literaturen der Völker in den verschiedenen Phasen ihrer Entwicklung, um seine Materialien entsprechend zu plazieren.

Das Kontrastprinzip Giordano Brunos und die Lehre des Nikolaus von Kues von der "coincidentia oppositorum" trugen wesentlich dazu bei, daß Joyce innerhalb der einzelnen Kapitel gewisse Grundrhythmen des menschlichen Lebens und der Universalgeschichte kennzeichnen konnte. Durch den Cusaner sah sich Joyce in der Überzeugung bestätigt, daß in jedem Ding das Ganze enthalten ist, in jedem aber auf eine eigene Weise, d.h. in der "Anschauung von einer Mehrdimensionalität des Realen, von den unendlich vielen möglichen Perspektiven, von einer universellen Form, die unter unendlich vielen Gesichtswinkeln angeschaut werden und in unendlich vielen komplementären Gestalten erscheinen kann"[54]. Dies findet sowohl in der Struktur als auch in der sprachlichen Textur von *Finnegans Wake* seinen Ausdruck.

4.2

Die Hauptmerkmale der Sprache in *Finnegans Wake* – auf einige wurde eingangs schon verwiesen – wurden mehrfach beschrieben: Reim, Alliteration, Assonanz und Lautmalerei sind Effekte, die im klanglichen Bereich zu beobachten sind; *back-formations*, *infixes*, *etymologies*, *spoonerisms* (Vertauschen von Buchstaben), *acrostics*

---
53 Vgl. Hart, *Structure and Motif*, 57–60.
54 Eco, *Das offene Kunstwerk*, 410.

und *anagrams* kennzeichnen die morphologische Schicht.[55] In Anlehnung an Lewis Carrolls *Alice in Wonderland* hat Joyce das Prinzip der Überlagerung von Wörtern, die Bildung von *portmanteau words* (Schachtelwörtern) ins Extrem getrieben. Als Beispiele seien genannt: "meandertale" (*FW* 18.22), "chaosmos" (*FW* 118.21), "*funferal*" (*FW* 120.10). Im ersten Beispiel sind "Neanderthal", "to meander" und "tale" miteinander verbunden: Er berichtet (im "tale") in einer gewundenen, labyrinthischen Weise ("meander") von der Geschichte der Menschheit seit ihren Anfängen ("Neanderthal man"). Das *portmanteau word* kennzeichnet damit den Gegenstand und die Darbietungsweise des Gegenstandes. "Chaosmos" ist eine der zutreffendsten Bezeichnungen für Joyces Werk: Es hat kosmische Dimensionen, läßt aber zugleich den Eindruck aufkommen, daß es chaotische Fülle bietet; es hat architektonische Ordnungsprinzipien, stellt aber kein geschlossenes Weltbild dar. "*funferal*" ist eine Kontamination aus "fun for all" und "funeral". Auch dieses *portmanteau word* kann als eine Charakterisierung des gesamten Werkes verstanden werden: Es knüpft an eine Totenwache, eine Beerdigung an, ist aber zugleich als ein Werk der komischen Literatur konzipiert und zur Unterhaltung für all jene gedacht, die am Spiel mit Worten Spaß haben. Dieses Spiel kann gelegentlich steril, pueril und pedantisch wirken, aber auch reiche poetische Wirkungen haben, die sich meist erst erschließen, wenn man das einzelne Wort in seinen vielfachen Kontexten sieht.

Im semantischen Bereich konnte sich Joyce an eine lange Tradition des Wortspiels, des *pun*, anschließen, um ähnliche Effekte zu erzielen wie im morphologischen Bereich durch das *portmanteau word*: das *pun* umschließt mehrere Bedeutungen im gleichen Schriftbild oder im gleichen Lautkörper. Als ein raffiniertes *pun* ist von den meisten Interpreten der Titel des Werkes gedeutet worden, der sich als "Finn again's wake" und "Finnegan's wake" auslegen läßt, wobei "wake" in der zweiten Lesart noch einmal doppeldeutig ist und "Totenwache" oder "Kielwasser" bedeuten kann. Joyce hat in seinem Werk nirgendwo einen Hinweis angebracht, in welcher Weise er den Titel ausgelegt haben möchte: Die Polysemie ist beabsichtigt. Diese Beschaffenheit seiner Sprache bedingt die vielfältigen Kommentare und die mannigfachen Lesarten, zu denen einzelne Kritiker gelangt sind. Ein Prinzip, das in jedem literarischen Werk

---

55 Vgl. Levin, *James Joyce*, 157.

angelegt ist, die potentielle Vieldeutigkeit, die besonders deutlich wird, wenn die Reaktionen von Lesern und Kritikern aus verschiedenen geschichtlichen Epochen miteinander verglichen werden, ist bei Joyce verabsolutiert. Denn die meisten Werke verbinden das konnotative und das denotative Prinzip, die Tendenz zur Vieldeutigkeit und zur Eindeutigkeit miteinander. In vielen Fällen ist beispielsweise bei der Lektüre eines Romans wie Henry Fieldings *Tom Jones* zu ermitteln, welche Bedeutung bei einem an sich vieldeutigen Terminus wie etwa "nature" dominiert, welche Nebenbedeutungen auf Grund des Kontextes ausgeschlossen sind und welche nur in untergeordneter Funktion mitschwingen (können). Eine solche Tendenz zur Eindeutigkeit, die bei einem realistischen Autor durch die Plastizität der Handlung und der Charaktere noch gestärkt wird, ist bei Joyce bewußt aufgegeben. Die Sprache spielt gleichsam mit sich selbst, der implizierte Autor reflektiert gleich Narzissus über sich und die in der Sprache angelegten Möglichkeiten, und er genießt dieses Spiel mit der Selbstgefälligkeit eines Ästheten. Um die Eigentümlichkeit dieser Sprache und das Zusammenwirken der mit linguistischer Energie aufgeladenen Einzelelemente beobachten zu können, sei der erste (Halb-)Satz von *Finnegans Wake* zitiert und kurz kommentiert:

> riverrun, past Eve and Adam's, from swerve of shore to bend of bay, brings us by a commodius vicus of recirculation back to Howth Castle and Environs. (*FW* 3.1ff.)

Wenn *Finnegans Wake* mit dem Ende eines Satzes beginnt und dem Anfang dieses Satzes ("A way a lone a last a loved a long the", *FW* 628.15f.) endet, dann wird allein durch diese syntaktische Besonderheit auf die zirkulare Struktur des Werkes insgesamt aufmerksam gemacht. Wie T.S. Eliot in "East Coker" könnte auch Joyce von seinem Roman sagen: "In my beginning is my end" und "In my end is my beginning"[56]. Damit wird aber nicht nur ein zirkulärer Zeitablauf gekennzeichnet, sondern durch das Ineinander zeitlich an sich getrennter Abschnitte, durch den Zusammenfall von Anfang und Ende, wird die übliche Kategorisierung im räumlichen wie im zeitlichen Bereich transzendiert: Im Nu, im Augenblick ist immer auch das ganze Werk, die Vorstellung von der Ganzheit der

---

56 T.S. Eliot, *The Complete Poems and Plays*, ed. Valerie Eliot, London (1969), 1990, 177 u. 183.

Menschheitsgeschichte präsent. Mit dem Anfang ist das Ende des Buches, der Universalgeschichte bereits gegeben, und im Ende ist der Anfang mitenthalten.

Die Wortschöpfung "riverrun" unterstreicht die Vorstellung vom Fluß im gegenständlichen wie im übertragenen Sinn: "riverrun" kann als Hinweis auf den Fluß Liffey verstanden werden, der durch Dublin fließt und an Anna Livia Plurabelles Namen erinnert; kann aber auch in übertragenem Sinn als Fluß der Zeit gedeutet werden, in den der Mensch mit der Geburt eintaucht und dem er sich nicht mehr entziehen kann. Joyce bereitet den Leser zugleich auf das Strukturgesetz des ganzen Werkes vor, in dem – im heraklitischen Sinne – alles fließt: die Sprache mit ihren Klängen und Bedeutungen, die Personen und die Situationen, die Räume und die Zeiten – in jedem Bereich gibt es fließende Übergänge.

"Eve and Adam's" spielt auf die lokale Umgebung des Romangeschehens an: "Adam and Eve's" ist der Name einer Kirche in Dublin; die beiden Eigennamen erinnern zugleich an den Anfang der Menschheitsgeschichte in biblischer Sicht und bereiten den "Fall" vor, von dem in ständig neuen Variationen im Buch berichtet wird. Die Umstellung der Namen "Adam and Eve's" zu "Eve and Adam's" läßt aufhorchen. Joyce löst sich von der traditionellen Koppelung der Namen und nennt das weibliche Prinzip zuerst – vergleichbar seinem Verfahren in *Ulysses*, wo er durch Mollys Monolog am Ende des Romans dem Prinzip des Weiblichen in der Darstellung ebenfalls einen prominenten Platz einräumte. In gleicher Weise taucht in "riverrun" zuerst in verdeckter Form Anna Livia Plurabelle auf, und erst am Ende des Eingangssatzes wird mit "Howth Castle and Environs" auch HCE, das entsprechende männliche Pendant zu ihr benannt. Beide einander polar zugeordneten Prinzipien sind also in den Namen der Urelten des Menschengeschlechtes wie in den Landschaftsbezeichnungen "river" und "castle" enthalten, wobei zugleich auch auf den Kontrast zwischen Natur und Geschichte angespielt wird. Die Wendung "from swerve of shore to bend of bay" zeichnet die Dubliner Landschaft nach, von der Mündung des Flusses Liffey bis zu der Stelle der Dubliner Bucht, wo der Hill of Howth und der Fluß einander berühren. "A commodius vicus of recirculation" ist mit der Wendung "ein bequemerer Kreisweg" verdeutscht worden[57]; aber auch hier

---

57 Vgl. hierzu Eco, *Das offene Kunstwerk*, 400.

sind in den topographischen Angaben Allusionen auf das Gesetz enthalten, das allem natürlichen und historischen Geschehen zugrunde liegt: "vicus" ist die lateinische Entsprechung zu Vico; "recirculation" heißt in dessen Sprache "ricorso"; "commodius" wird von den Interpreten als eine Anspielung auf den römischen Kaiser gelesen, mit dem der Untergang des Römischen Reiches, beschrieben in Edward Gibbons *The Decline and Fall of the Roman Empire* (1776ff.), einsetzte.

Joyce hat in *Finnegans Wake* ein paradoxes Werk geschaffen. Er schreibt ein Epos über den Jedermann ("Everyman"), über die Geschichte der Menschheit, eine *comédie humaine* – er bedient sich aber einer Sprache und Darstellungsweise, die enigmatisch und esoterisch zu nennen ist. Es ist – wiederum mit Vico zu sprechen – ein Buch des demokratischen Zeitalters und für die Menschheit eines solchen Zeitalters; darauf deutet auch die polyglotte Diktion. Aber gerade weil es dem demokratischen Zeitalter angehört, sind in ihm alle vorhergehenden Epochen aufgehoben und die Träume von Jahrhunderten gespeichert. Das Buch gleicht einem Computer, von dem sich jederzeit ein beliebiges Programm abrufen läßt, das seinerseits wiederum mit einer Vielzahl von Schlüsseln dechiffriert werden kann. Auch Joseph Campbell und Henry Morton Robinson bezeichneten ihr Werk nur als *A Skeleton Key to Finnegans Wake*.[58] Den Schlüssel gibt es nicht, und er wird sich auch bei immensem Fleiß vieler Gelehrtengenerationen nicht finden lassen. Der Traum, den Joyce in *Finnegans Wake* dargestellt hat, wird auch in Zukunft ein Alptraum des "Common Reader" bleiben.

---

58 Joseph Campbell und Henry Morton Robinson, *A Skeleton Key to Finnegans Wake*, New York 1944/London 1947, ³1959.

VIRGINIA WOOLF (1882–1941)

Der Roman als Instrument der Wirklichkeitsentdeckung[1]

1

Stellt man die Äußerungen Virginia Woolfs über die Funktionen eines Kunstwerks, insbesondere eines Romans, zusammen, die sich in ihren Essays, Tagebüchern, Briefen und in den Romanen selbst finden, so ergibt sich, daß sie sich dieser Thematik von einem doppelten Ansatzpunkt her näherte: In ihren kunsttheoretischen Äußerungen verbindet sie produktionsästhetische und rezeptionsästhetische Fragestellungen. Bei ihren produktionsästhetischen Erörterungen geht sie von ihrer Einstellung zur modernen Realität aus und fragt sich, welche Funktion der Roman bei der Auseinandersetzung mit der komplexen Erfahrungswirklichkeit der Moderne aus der Perspektive des gestaltenden Autors erfüllen kann. Da sie andererseits den Roman nicht als ein Instrument der künstlerischen Selbstbespiegelung betrachtete, sondern als eine ganz spezifisch geartete Mitteilung eines Autors an den Leser, ergaben sich für sie rezeptionsästhetische Probleme, die sich sowohl auf das Was als auch auf das Wie der künstlerischen Aussage beziehen.

Wenn Virginia Woolf bei diesen Erörterungen von dem Gegenstand spricht, den der Romancier erfassen soll, gebraucht sie Substantive wie "life", "spirit", "truth", "reality", und sie stellt in ihrem Essay "Modern Fiction" zur gegenwärtigen Erzählkunst, d.h. zur Romankunst der Edwardians, und zu den Aufgaben eines modernen Autors fest: "Whether we call it life or spirit, truth or reali-

---

[1] Dieses Kapitel basiert auf folgenden Arbeiten des Verfasssers: *Virginia Woolf, Eine Einführung*, München 1982, 2. überarb. u. erw. Aufl. – Tübingen; Basel 1993, sowie "Form and Function of Virginia Woolf's Novels", in: *Functions of Literature: Essays Presented to Erwin Wolff on his Sixtieth Birthday*, hg. von Ulrich Broich, Theodor Stemmler und Gerd Stratmann, Tübingen 1984, 285–303.

ty, this, the essential thing, has moved off, or on, and refuses to be contained any longer in such ill-fitting vestments as we provide".[2] Und an anderer Stelle bemerkt sie: "Is it not the task of the novelist to convey this varying, this unknown and uncircumscribed spirit, whatever aberration or complexity it may display, with as little mixture of the alien and external as possible?" (*CR I*, 189) An ihrem Sprachgebrauch fällt auf, daß Begriffe wie "life", "spirit", "truth", "reality" nahezu bedeutungsgleich sind, so daß sie gegeneinander ausgetauscht werden können. Weiterhin ist bemerkenswert, daß im ersten Zitat der Lebensbegriff an der Spitze steht. Mit dieser emphatischen Heraushebung des Lebensbegriffes ordnet sich Virginia Woolf in eine Generation ein, die zu Beginn des 20. Jahrhunderts eine neue Weltsicht, eine neue Philosophie entwickelte und nach einem Instrumentarium suchte, um die veränderte Bewußtseinslage und Erfahrung der Realität zum Ausdruck zu bringen. "Alle Formprinzipien" – so Wolfdietrich Rasch in seinem Aufsatz "Aspekte der deutschen Literatur um 1900", – "die in der Literatur dieser Zeit wirksam werden, lassen sich schließlich zurückbeziehen auf diesen Lebensbegriff, der die [...] entscheidende Erfahrung jener Jahrzehnte, die Erfahrung der Einheit und Allverbundenheit des gesamten Seienden mit enthält".[3]

Vergleicht man allerdings Virginia Woolfs Romane mit den Romanen von D.H. Lawrence, so zeigen sich bei einer grundsätzlichen Verwandtschaft in der emphatischen Betonung des Begriffes "life" doch auch individuelle Nuancierungen. Bei beiden läßt sich beobachten, daß sie sich auf das Lebensprinzip beziehen, wenn sie eine Gegenwelt schildern, die im Gegensatz steht zur bürgerlich-viktorianischen Wirklichkeit, in der Zweckrationalität, Konkurrenzdenken, imperialistischer Herrschaftsanspruch, die Dominanz der Männer in der Familie und im öffentlichen Leben, an den Universitäten, in den Parlamenten wie in den Gerichten die kennzeichnenden Merkmale waren. Wenn Virginia Woolf gegen diese spätviktorianische Lebenswelt den Begriff "life" ausspielt, meint sie damit nicht einen im Instinkthaft-Physischen und im Unterbewußtsein gründenden Vitalismus, wie das bei D.H. Lawrence der Fall ist,

---

2   Virginia Woolf, "Modern Fiction", in: Dies., *The Common Reader, First Series*, London: The Hogarth Press (1925), [12]1975, 188. Im Folgenden zitiert als *CR I*.
3   In: Wolfdietrich Rasch, *Zur Deutschen Literatur seit der Jahrhundertwende: Gesammelte Aufsätze*, Stuttgart 1967, 17.

und sie plädiert auch nicht für eine klösterlich-kontemplative Haltung, in der sich erst die Fülle des Lebens, der inneren Geschichte erschließen lasse. Leben heißt für sie die ungeteilte Hinwendung zum Irdischen, zum Hier und Jetzt, leben heißt, sich allen "showers of sensations" aussetzen, die Wirklichkeit durch alle Sinne aufnehmen, heißt aber auch, sich dieser Wirklichkeit mit allen Aufnahmemöglichkeiten zuwenden, die im menschlichen Intellekt angelegt sind, heißt schließlich diese sinnlich-intellektuelle Hinwendung zur Wirklichkeit bewußt vollziehen. "Nicht Sinnlichkeit oder Intellektualität charakterisieren [...] letztlich das menschliche Leben, sondern Bewußtsein der Sinnlichkeit, Bewußtsein der Intellektualität. Leben heißt bei Virginia Woolf geradezu 'bewußt' sein."[4]

Insofern sich Virginia Woolf den Sinnen anvertraut, bewahrt sie auch für ihre Romankunst eine empirisch-faktische Basis. Insofern sie gleichzeitig den Strom des Bewußtseins, seine überraschenden Wendungen erfassen und die momentanen visionären Erlebnisse darstellen möchte, in denen der Mensch über den Bereich des Faktischen hinaus vordringt und Einsichten in die Struktur der Realität[5] gewinnt, die ihm bisher verborgen blieben, bedarf es besonderer Ausdrucksmöglichkeiten, die einem Erzähler, der nur auf die Reproduktion des Faktischen aus ist, nicht zu Gebote stehen. Virginia Woolf hat deshalb in ihren Essays "Mr. Bennett and Mrs. Brown" und "Modern Fiction" Autoren wie Arnold Bennett, H.G. Wells und John Galsworthy "Materialisten" genannt, weil sie sich im wesentlichen in der erzählerischen Wiedergabe auf die "materielle" Oberfläche der bestehenden gesellschaftlichen Wirklichkeit konzentrierten. Von ihrem Erfahrungsbereich her wirft Virginia Woolf diesen Romanciers vor, daß sie in ihren Werken ein unwahres Bild von der Wirklichkeit des menschlichen Daseins böten, daß sie sich in der Darstellung vordergründiger Gegebenheiten des gesellschaftlichen Lebens erschöpften, daß sie es nicht vermöchten, zum Geheimnis der individuellen Existenz eines Menschen sowie seiner Beziehungen zu den Mitmenschen vorzudringen. Nach dem Urteil Virgi-

---

4 Ingeborg Weber-Brandies, *Virginia Woolf – The Waves, Emanzipation als Möglichkeit des Bewußtseins*, Bern/Frankfurt 1974, 18.
5 Vgl. hierzu Vera Nünning, *Die Ästhetik Virginia Woolfs: Eine Rekonstruktion ihrer philosophischen und ästhetischen Grundanschauungen auf der Basis ihrer nichtfiktionalen Schriften*, Frankfurt a.M. etc. 1990, insbesondere 111–115.

nia Woolfs schickten sich die Edwardians allzu willig in erzählerische Konventionen, die von den Epikern des 18. und 19. Jahrhunderts entwickelt worden waren. Sie ignorierten damit Wandlungen, die sich inzwischen im menschlichen Bewußtsein vollzogen hatten und die durch Namen wie Tolstoi und Dostojewski, Turgenev und Tschechow, Cézanne und van Gogh, Marcel Proust und Henry James, Freud und Einstein signalisiert werden. In den Werken der genannten Autoren spiegelt sich nach Virginia Woolf der "moderne Geist", das neue "Bewußtsein", dessen Erscheinungsformen und dessen subtilen Auswirkungen der Romancier nachzugehen habe. Virginia Woolf sah sich daher mit ihren Zeitgenossen vor die Aufgabe gestellt, eine Prosakunst zu schaffen und erzählerische Verfahrensweisen zu entwickeln, die dem Lebensgefühl und der veränderten Weltsicht ihrer Generation angemessenen und überzeugenden Ausdruck verleihen konnten.

Die Aufgabe des Romans ist es also nach Virginia Woolf, nicht nur Wirklichkeit darzustellen, sondern auch der Wahrheit auf die Spur zu kommen. Mit der These, daß der Roman die Funktion habe, Einsicht in die Wahrheit zu vermitteln, ordnet sich Virginia Woolf in eine lange Tradition poetologischer Reflexionen über den Roman ein. F.K. Stanzel hat in seinen "Gedanken zur Poetik des Romans" von der stereotypen Formel "true to life"[6] gesprochen, mit der die Relation der fiktionalen Darstellung zur Realität immer wieder beschrieben worden ist. Je größer seit dem 18. Jahrhundert der Anspruch der Wissenschaften, insbesondere der Naturwissenschaften wurde, das Leben, die Wahrheit, die Wirklichkeit "erklären" zu können, je stärker sich der Einfluß des popularwissenschaftlichen Schrifttums bemerkbar machte, das dem Leser "Lebenshilfen" jeglicher Art versprach, um so mehr sah sich die schöne Literatur in eine Verteidigungsposition hineingedrängt. Es wuchs seitens der Literatur der Anspruch, eine Art von "Erkenntnis" vermitteln zu können, die der wissenschaftlichen Erkenntnis ebenbürtig zur Seite gestellt werden könnte, ja die ihr überlegen sei. Diese Denkweise läßt sich von der romantischen Ästhetik bis zum *New Criticism* nachweisen, und sie hat seit der Romantik in unterschiedlichem Ausmaß das Selbstbewußtsein der Autoren gestärkt

---

6 Franz K. Stanzel, "Gedanken zur Poetik des Romans", in: Ders. (Hg.): *Der englische Roman: Vom Mittelalter zur Moderne*, Bd. 1, Düsseldorf 1969, 9–20; hier: 11.

und ihre Äußerungen über Wert und Funktion der Literatur bestimmt.

Bei dem Versuch, die Funktion der Wahrheitsvermittlung zu beschreiben, die jedem Kunstwerk, so auch dem Roman, zukomme, bewegt sich Virginia Woolf in scheinbar widersprüchlichen Formulierungen. So stellt sie einerseits fest: "Art is being rid of all preaching", und andererseits: "beauty teaches".[7] Dieser Widerspruch läßt sich jedoch aufklären: Mit der ersten Feststellung "Art is being rid of all preaching" schiebt sie die bei viktorianischen Schriftstellern – etwa George Eliot – oft zu beobachtende Konvention beiseite, die den Roman, insbesondere die Erzählerkommentare, aber oft auch die dargestellten Personen und Situationen, zu einem Instrument der didaktischen, moralischen, gelegentlich auch moraltheologischen Belehrung machte. Ein solcher Erzählhabitus steht nach Virginia Woolf auf der gleichen Ebene wie die viktorianische Zweckrationalität im politischen und ökonomischen Bereich. Wer sich inhaltlich dieser Zweckrationalität entziehen will, muß auch als Erzähler formal andere Wege gehen. "Virginia Woolf [...] verteidigt [deshalb] die Autonomie der Kunst, will sie keiner Ideologie, keinem direkten gesellschaftspolitischen Zweck dienstbar gemacht sehen."[8] Indem sie sich aber ganz den Gesetzen der autonomen Kunst unterstellt, gewinnt sie durch die Radikalität der künstlerischen Gestaltung Einsichten in das Leben des Einzelnen und der Gesellschaft, in die Isolation des Einzelnen, seine Identitätsschwäche und seine Orientierungsunsicherheit, die sie durch die konkrete Gestaltung im individuellen Werk und am Beispiel eines individuellen Schicksals dem Leser durch eine dem Gegenstand angemessene Erzählweise vermittelt, ohne daß sie explizit, gleichsam mit deiktischer Gebärde, auf diese Befunde aufmerksam machen muß. Zugleich hat sie in ihrer Bildersprache wie in ihrem Prosarhythmus, der dem Rhythmus des *vers libre* angenähert ist, sprachliche Mittel zur Verfügung, um eine Gegenwelt aufzubauen, die dem Leser eine vorläufige Vorstellung von einem Leben gibt, das frei ist von den Zwängen, die im gegenwärtigen gesellschaftlichen Leben gelten. Insofern der Roman durch eine neue Erzählweise wirkt, die zwar Elemente des Realismus, gelegentlich auch des Naturalismus in sich aufgenommen, diese aber in eine poetische Prosa eingelagert hat,

---

7 Weber-Brandies, 28.
8 Weber-Brandies, 28.

kann Virginia Woolf sagen: "beauty teaches". Rezeptionsästhetisch gesprochen: die Sprache, der Stil, der Aufbau, die Dialoge, die Personen, die Bildelemente des Romans sind so strukturiert, daß der Roman durch das Wie der Gestaltung zugleich eine Einsicht in das Was des dargestellten Lebens vermittelt. Je ernster der Roman sich dem Gesetz der Autonomie des Kunstwerkes unterstellt, um so größer ist – nach Virginia Woolf – die Möglichkeit, daß er auch als *fait social* wirkt, daß er in einer gesellschaftlichen Wirklichkeit, die nach der Deutung von Theologen, Philosophen und Psychologen durch das Element der Entfremdung gekennzeichnet ist, eine Vorstellung von einer freigesetzten Humanität liefert, oder, wenn dies dem Autor noch zu optimistisch sein sollte, im Scheitern eines Menschen, der für ein menschenwürdiges Dasein einsteht, dem Leser einen Begriff von Humanität aufzeigt.

Den Sitz der Humanität im einzelnen Menschen bezeichnet Virginia Woolf mit dem Begriff "Soul"; und wenn sie einen Autor oder eine Gruppe von Autoren in ihrer kritischen Bewertung hoch einstuft, greift sie auf diesen Begriff zurück. So bemerkt sie über den russischen Roman: "Indeed, it is the soul that is the chief character in Russian fiction" (*CR I*, 225) und über Dostojewskis Romane insbesondere: "They are composed purely and wholly of the stuff of the soul. Against our wills we are drawn in, whirled round, blinded, suffocated, and at the same time filled with a giddy rapture" (*CR I*, 226). Schließlich sagt sie von Montaignes Essays, sie seien "an attempt to communicate a soul" (*CR I*, 92).

Damit macht sie zugleich auf ihre grundsätzliche Einstellung zu rezeptionsästhetischen Fragen aufmerksam. Kunst ist eine Form der Kommunikation. Und die Funktion eines Romans – wie ihn Virginia Woolf schreiben möchte – besteht darin, daß er nicht die entstellte und entfremdete Vorstellung vom Menschen und vom menschlichen Leben reproduziert, die der Zeitgenosse aus der flüchtigen Beobachtung der Oberflächenwirklichkeit des Alltags ableiten kann, sondern daß der Roman eine Vorstellung von einer möglichen "Gegenwirklichkeit" vermittelt, wie sie sich dem künstlerischen Bewußtsein des Autors in "moments of vision", in visionären Augenblicken, erschlossen hat. Einerlei ob diese "Gegenwirklichkeit" in anderen (geistigen) Räumen oder anderen Zeiten in Vorstellungen von einem zukünftigen Leben angesiedelt ist – in jedem Falle ist die Vorstellung von einem anderen Leben, von einem menschenwürdigen Dasein Ausdruck einer im weitesten Sinne utopischen

Einstellung zur Realität. Es gibt vereinzelte Äußerungen von Virginia Woolf, die darauf hindeuten, daß für sie die Mitteilung, die Kommunikation solcher Einsichten eine Pflicht war, "to share is our duty" [9](CE III, 24). Mag sie auf den ersten Blick als eine Autorin erscheinen, die einen solipsistischen Ästhetizismus vertritt, so wird immer wieder deutlich, daß sie aus einer tiefen menschlichen Verbundenheit mit ihren Lesern schrieb, die sie an ihren visionären Einsichten teilhaben lassen wollte, weil sie davon überzeugt war, daß sie als Autorin den Auftrag hatte, Einsichten zu vermitteln, die damit auch zu einer Bewußtseinserweiterung ihrer Leser beitragen konnten. Je souveräner sie über die künstlerischen Mittel verfügte, die ihr zu Gebote standen, je freier sie mit den Formen der erzählerischen Darstellung von Wirklichkeit umging, um so größer war für sie zugleich die Chance, durch die Form ihre künstlerische Vision vom Menschen dem Leser zu übermitteln. Ein Überblick über ihre Entwicklung als Romanschriftstellerin von *The Voyage Out* bis *Between the Acts* zeigt allerdings, daß bei ihr nicht von einer kontinuierlichen Entwicklung die Rede sein kann, sondern – um bei einem Bild zu bleiben – von beständigen Versuchen, von der Peripherie des Lebens künstlerisch zu dem Zentrum vorzustoßen, das sie in ihren Essays mit den Begriffen "life", "spirit", "truth", "reality" markiert. Jeder Roman ist für sie ein neues erzählerisches Experiment, bei dem sie überlieferte Romantypen wie den biographischen Roman, den Gesellschaftsroman oder den Geschichtsroman benutzte, bei dem sie aber zugleich neue Erzähltechniken einführte, so daß sich ihr gesamtes Schaffen als ein faszinierendes Wechselspiel von Ausdrucksmöglichkeiten darbietet, das unter dem Vorzeichen von Tradition und Experiment steht.

2

In ihren ersten Romanen gelang es Virginia Woolf noch nicht in der Weise wie in ihren späteren Werken, die einzelnen Ausdruckselemente und Stilarten aufeinander abzustimmen und ineinander zu verzahnen. In *The Voyage Out* (1915) folgte sie im Aufbau des Romans noch dem chronologischen Schema eines realistischen Reise-, Erziehungs- und Entwicklungsromans. Auch die Darstellung

---

9 Virginia Woolf, *Collected Essays*, (1925), London 1966ff., 4 vols.; III, 1967, 24.

des Milieus ist weitgehend am Vorbild des viktorianischen Romans orientiert. In den Kapiteln, die von dem gesellschaftlichen Milieu handeln, in dem Rachel Vinrace, die Heldin des Romans, sich bewegt, herrscht die realistisch-satirische Stilart vor. Die Skala der satirisch gezeichneten Charaktere reicht von den beiden gelehrten Pedanten Ridley Ambrose, der mit einer Pindar-Ausgabe beschäftigt ist, und Mr. Pepper, der sich für Petronius und Catull interessiert, über den Oxforder Akademiker Hughling Elliot und seine aufgeregt-affektierte Frau, die exzentrische Mrs. Flushing und die altjüngferliche Miss Allan, die an einer kurzen Geschichte der englischen Literatur schreibt, bis hin zu der geistig stumpfen Susan Warrington, die in Arthur Venning verliebt ist. Virginia Woolf bedient sich bewährter satirischer Techniken, wenn sie die Grenzen der Angehörigen der *upper middle class* dadurch zum Ausdruck bringt, daß sie Tiervergleiche verwendet und beispielsweise den Erzähler berichten läßt: "Glancing back, at the doorway, they saw Mr. Pepper as though he had suddenly loosened his clothes, and had become a vivacious and malicious old ape"[10].

Poetische Prosa, angereichert mit Metaphern, Symbolen und literarischen Allusionen, herrscht in den Teilen des Romans vor, die von der Entwicklung der Heldin, der 24jährigen Rachel Vinrace, handeln, die, wohlbehütet und in vieler Beziehung vom Leben der Erwachsenen abgeschirmt, in London groß wurde und auf einer Reise nach Südamerika aus ihrer naiven Unwissenheit heraustritt. Deutlich sind bei der Beschreibung der Reise und der Entwicklung Rachels die literarischen Einflüsse Joseph Conrads zu beobachten. Seine Erzählung *Heart of Darkness* blieb für Virginia Woolf durch ihre gesamte Entwicklung hindurch eines der großen literarischen Vorbilder. Auch *The Voyage Out* ist eine Reise in das Herz der Dunkelheit, eine Reise in den Dschungel. Aber im Vergleich zu Conrad dominieren bei Virginia Woolf nicht die moralischen Ansichten eines welterfahrenen Mannes, sondern die psychologischen Probleme einer unerfahrenen jungen Frau. Rachel Vinrace, die, wie Virginia Woolf selbst, sehr früh Halbwaise wurde, ist zu Beginn ihrer Reise ein gesichtsloses Wesen, das erfahren möchte, was es bedeutet: "to feel, to love, to live"[11]. Rachel erinnert in ihrer Sensi-

---

10 Virginia Woolf, *The Voyage Out*, (1915), ed. C. Ruth Miller and Lawrence Miller, Oxford/Cambridge, Mass., 1995, 12–13. Im Folgenden zitiert als *VO*.
11 Jean Guiguet, *Virginia Woolf and her Works*, London 1965, 202.

bilität, in ihrer Bereitschaft, die Wirklichkeit mit allen Sinnen intensiv zu erleben und auf Impressionen emotional zu reagieren, an Virginia Woolfs eigentümliche Einstellung zur Realität. Die Reise nach Südamerika, Rachels "Voyage Out", ist zunächst eine Reise, die rein äußerlich aus England herausführt; vor dem exotischen Milieu werden die Grenzen und Fragwürdigkeiten der englischen Gesellschaft deutlich sichtbar, und neue Wirklichkeitsbereiche rücken in ihr Blickfeld. Die Reise in exotische Landschaften wird für sie aber zugleich zu einer "Voyage In", denn in der Konfrontation mit der fremden, sie oft erschreckenden Natur lernt sie in sich Wirklichkeiten zu entdecken, die ihr zuvor verschlossen blieben. War ihr Leben bisher nur vom gesellschaftlichen Zwang und der Forderung bestimmt, immer nur das Schickliche zu tun, so gewinnt sie nun die Freiheit, die in ihr angelegten imaginativen Kräfte zu entfalten, die bislang nur in der Beschäftigung mit Musik Nahrung fanden.

Von besonderer Bedeutung für Rachels Entwicklung ist die Begegnung mit dem kritisch-skeptischen St. John Hirst, der sich in der Analyse eigener und fremder Erlebnisse und Erfahrungen gefällt, und mit Terence Hewet, der seinen ersten Roman konzipiert, einen Roman über das Schweigen. Beide Charaktere, St. John wie Terence, lassen sich von der Biographie der Autorin her deuten: auch Virginia Woolf hat Züge einer Skeptikerin; auch sie war in der Phase, in der sie diesen Roman schrieb, eine Schriftstellerin, die ihre Talente erst noch zu erproben hatte. Dennoch vermochte sie es, den beiden männlichen Charakteren in ihrem ersten Roman genügend Eigenständigkeit zu verleihen, so daß sie nicht nur als Stellvertreter der Autorin erscheinen. Rachels Begegnung mit Terence, ihre gegenseitige Liebe und die Reflexionen über dieses Erlebnis, trägt am stärksten zu ihrer Selbstentfaltung, zur Entdeckung ihrer Ich-Identität bei. Diese Liebe ist die Voraussetzung dafür, daß sich in ihr ein Gefühl der kosmischen Verbundenheit mit allem Lebendigen einstellt und daß sie in einem Augenblick der *contemplatio* die Überzeugung gewinnt, daß in allem Leben ein Sinn enthalten sei.

Welche Rolle das Sexuelle im Liebeserlebnis von Rachel und Terence spielt, bleibt im Roman unerörtert. Wesentlich ist für Virginia Woolf, daß sich in dieser zwischenmenschlichen Begegnung für Rachel und Terence eine spirituelle Realität erschließt. Rachel hat das Gefühl, daß sie mit Terence in einen Bereich emporgetragen wird, der jenseits des alltäglichen Hier und Jetzt liegt. Dennoch ist ihre Liebe von paradoxer Natur: Beide fühlen sich unendlich nah und doch wieder unendlich fern. Eine Integration der beiden Daseinsformen, der physischen wie der spirituellen, vermag Rachel nicht zu finden. Mit der Verweigerung der in der Sexualität angelegten Vitalität ist sie gleichsam von innen her reif zum Tode, der sich in der Erfahrung der kontemplativen Ruhe und des Friedens bereits ankündigt. Das Fieber, an dem Rachel nach der Expedition in den Dschungel stirbt, ist ein äußeres Zeichen dafür, daß sie in der höchsten Steigerung ihrer spirituellen Energien dem alltäglichen Leben mit seinen Gefährdungen schutzlos preisgegeben ist. Wenn insbesondere in den letzten Kapiteln eine ironische Distanz besteht zwischen der Darstellung der Empfindungen, die Rachels Tod in Terence auslöst, und der Wiedergabe der alltäglich-trivialen Beschäftigungen der Engländer, die sich in Santa Marina aufhalten, dann ist diese Besonderheit darin begründet, daß Virginia Woolf selbst in dieser Phase ihrer Entwicklung die Kluft zwischen äußerer und innerer Realität nicht zu überbrücken vermochte.

3

Mit *Jacob's Room* (1922) gelang Virginia Woolf der Durchbruch zu einer neuen Form des biographischen Romans. Äußerlich verwendet Virginia Woolf bei dem Versuch, die fiktive Biographie eines jungen Mannes zu schreiben, der 1888 geboren wurde und 1915 in Flandern fiel, ein Schema, das Fielding in *Tom Jones*, Dickens in *David Copperfield* und Hardy in *Jude the Obscure* benutzt hatten. Aber schon der Umfang des Romans, der nur 14 Kapitel beträgt, weist darauf hin, daß sie die herkömmliche Form des biographischen Romans wesentlich verändert hat. Die Publikation von Lytton Stracheys *Eminent Victorians* im Jahre 1918 und die heftige Reaktion, die insbesondere die Einleitung zu diesem Buch auslöste, dürften Virginia Woolf in ihrer Überzeugung bestärkt haben, daß herkömmliche Romane, die von der Biographie eines Mannes oder einer Frau handeln, als Kunstwerke oft recht mangelhaft komponiert waren und dem Leser selten eine Vorstellung vom wahren Wesen eines Menschen vermitteln konnten. Wenn Lytton Strachey an den englischen "Standard Biographies" Form und Methode der Darbietung kritisierte – "their ill-digested masses of material, their slipshod style, their tone of tedious panegyric, their lamentable lack of selection, of detachment, of design"[12] – dann lassen solche Formulierungen erkennen, wie tief auch er sich die ästhetischen Grundüberzeugungen des Bloomsbury-Kreises zu eigen gemacht hatte. War für ihn schon die Biographie eines historischen Charakters ein künstlerisches Problem, und legte auch er Wert auf die Selektion und das Arrangement des Materials, so stellt sich Virginia Woolf ständig die Frage, wie sie die Materialien gruppieren sollte, die sie auswählte, um das Leben eines jungen Mannes in der Zeit vor dem Ersten Weltkrieg zu beschreiben und dabei zugleich ihren kunsttheoretischen Forderungen gerecht zu werden.

Die Essays, die sie in den 20er Jahren schrieb und die kleinen Prosaskizzen, die sie vor *Jacob's Room* verfaßte und denen sie den Titel *Monday or Tuesday* (1921) gab, lassen erkennen, daß sie sich sehr wohl an die Fakten des alltäglichen Lebens hält, daß sie Wirklichkeit mit allen Sinnen in sich aufnimmt, daß ihre Erzählkunst eine sensualistisch-empirische Basis hat. Aber es ist auch zu beobachten, daß sie mit Hilfe einer experimentellen Erzähltechnik tiefere Realitätsschichten zu erschließen versucht. Eine Biographie des Jacob Flanders schreiben heißt für Virginia Woolf, von seiner physischen Existenz, aber auch vom Wesen seines Charakters berichten. Virginia Woolf scheut sich, die Konventionen der Viktorianer zu übernehmen und zu Beginn des Romans ein Porträt des Protagonisten zu zeichnen, in dem bereits alle wesentlichen physischen und psychischen Merkmale enthalten sind und das für den Leser als ein bequemes Orientierungsschema dienen kann. Eine derartige Technik lehnte Virginia Woolf in ihren Essays ab, und die Spuren dieser theoretischen Reflexion sind in *Jacob's Room* deutlich festzustellen. Spricht sie in dem (1924 publizierten) Essay "Mr. Bennett und Mrs. Brown" davon, wie schwierig es ist, eine durchschnittliche Frau wie Mrs. Brown, der man in jedem Eisenbahnabteil begegnen kann, zu porträtieren, so geht sie in *Jacob's Room* von der umgekehrten Situation aus. Hier schildert sie, was es für eine Frau wie Mrs. Norman bedeutet, sich ein richtiges Bild von Jacob Flanders zu machen, mit dem sie sich in demselben Abteil befindet, als er zum Studium nach Cambridge reist. Virginia Woolf registriert mit Hilfe von Gedankenbericht und erlebter Rede die Impressionen und Reaktionen von Mrs. Norman, fügt aber in diese Passage zugleich kleine auktoriale Erzählerkommentare ein, die auf

---

12 Lytton Strachey, *Eminent Victorians*, London (1918), ²1966, 7.

die Ambivalenz solcher Impressionen und Reaktionen aufmerksam machen; sie vermitteln Aufschlüsse über den Beobachteten, aber auch über den Beobachter. Sie dürfen jedoch nicht als summarische Deutung eines Charakters verstanden werden: "It is no use trying to sum people up. One must follow hints, not exactly what is said, nor yet entirely what is done – [...]"[13]. Es fällt auf, daß sehr häufig die Äußerungen anderer Personen über Jacob abbrechen, wenn eine Begründung für die Wirkung gegeben werden soll, die von ihm ausgeht. So heißt es im 5. Kapitel: "'I like Jacob Flanders,' wrote Clara Durrant in her diary. 'He is so unworldly. He gives himself no airs, and one can say what one likes to him, though he's frightening because ..."' (*JR*, 69f.); und in gleichem Zusammenhang wird festgestellt: "Captain Barfoot liked him best of the boys; but as for saying why ..." (*JR*, 70). Das eigentümliche Fluidum, das von seiner Person ausgeht, entzieht sich jeglicher kausalen Deutung, es läßt sich nur erfahren und erzählerisch durch "hints and suggestions", durch pointillistisch hingetupfte Impressionen wiedergeben.

Insgesamt stellt der Roman eine Sequenz von auditiven und visuellen Impressionen dar, die von Personen registriert werden, denen Jacob Flanders in seiner Kindheit, während seines Studiums in Cambridge, in London und schließlich auf seinen Reisen auf dem Kontinent bis hin nach Griechenland begegnet. Dazu kommen Impressionen, die ein erzählerisches Medium aufzeichnet, in dem ein Rest des auktorialen Kommentators erhalten ist. Die Augenblicksbilder halten die besondere lyrische Stimmung und Atmosphäre fest, die für die verschiedenen geographischen Schauplätze und das gesellschaftliche Milieu kennzeichnend sind, mit denen Jacobs Existenz in vielfältiger Weise verbunden ist. Virginia Woolf versteht es, dem Leser das Wesen des Jacob Flanders ("his soul") über die Vielfalt der Wirkungen nahezubringen, die von seiner persönlichen Erscheinung, dem besonderen Charme seiner Persönlichkeit ausgehen. Wenn bei aller Heiterkeit des Tones über dem gesamten Roman eine eigentümliche Schwermut liegt, so ist dies darin begründet, daß der dargestellte Lebensprozeß nicht auf eine höhere transzendente, absolute Macht bezogen ist, die der Vergänglichkeit Sinn verleihen könnte. "In any case life is but a procession of shadows"

---

13 Virginia Woolf, *Jacob's Room*, London: The Hogarth Press (1922), 1976, 29. Im Folgenden zitiert als *JR*.

(*JR*, 70) erklärt das auktoriale Medium einmal, und dementsprechend behält auch Jacob eine schattenhafte Existenz.

Hinter den subtilen impressionistischen Augenblicksbildern zeichnen sich im biographischen Schema die Umrisse eines traditionellen Bildungsromans ab: Gelegentliche Ausführungen verraten, daß Jacob bereits in früher Jugend mit antiker Literatur vertraut gemacht wurde und daß von seiner Studienzeit an die griechische Antike die Norm bildet, an der er seine Gegenwart mißt. Und auch als er Griechenland selbst kennenlernt, bleibt es trotz aller Trivialitäten des modernen Alltags für ihn der Inbegriff der Freiheit, der Kühnheit und der Lebendigkeit.

Das zentrale Erlebnis seines Griechenland-Aufenthaltes ist für ihn der Besuch der Akropolis. Jacob ist von der architektonischen Schönheit des Parthenon beeindruckt – das Augenblickserlebnis aber, das ihm auf der Akropolis zuteil wird, ist nicht die Empathie, nicht die mystisch-ekstatische Identifikation des Betrachters mit dem betrachteten Kunstwerk, sondern umgekehrt: die Erkenntnis, daß im gegenwärtigen Augenblick die Verwirklichung einer durch die griechische Kunst ausgedrückten Einstellung zur empirischen Realität auf Dauer nicht möglich ist: "And then looking up and seeing the sharp outline, his meditations were given an extraordinary edge; Greece was over; the Parthenon in ruins; yet there he was" (*JR*, 149). Das Erlebnis des Parthenon und der Akropolis ist damit jedoch nicht zu einer bedeutungslosen Illusion geworden; seine Fähigkeit, die Wirklichkeit zu sehen und über sie zu reflektieren, wird durch die Wahrnehmung griechischer Kunstwerke geschärft, und die in ihm angelegte "spiritual energy" wird durch die geistige Energie, die im Kunstwerk steckt, gesteigert und geformt. Durch die Konfrontation mit der Kunst der Antike hat er zu sich selber, zur Kunst, zur Geschichte, zur menschlichen Gesellschaft ein neues Verhältnis gewonnen.

Die kritische Distanz zu England, die sich Jacob während eines Aufenthaltes in Griechenland zu eigen gemacht hat, faßt er im Dialog mit seinem Freund Bonamy (zu Beginn des 13. Kapitels) in der Feststellung zusammen: "'There's none of this European mysticism'" (*JR*, 164). Die letzte Szene aus Jacobs Leben, die der Roman mitteilt, zeigt ihn in meditativer Haltung: "But Jacob might have been thinking of Rome; of architecture; of jurisprudence; as he sat under the plane tree in Hyde Park" (*JR*, 171). Er hat sich von der trivialen Sphäre des Londoner Alltags gelöst und denkt über eine

Kultur und deren Geschichte nach, die – wie er – vom Untergang bedroht ist. Mit dem Satz: "Darkness drops like a knife over Greece" (*JR*, 175), umschreibt Virginia Woolf die weltgeschichtliche Katastrophe, in der Jacob Flanders sein Ende findet.

Mit Jacob Flanders stirbt zugleich die Lebens- und Liebeskraft, aus der eine *regeneratio* der englischen Gesellschaft hervorgehen könnte, die sich allzu willig einschnürenden Konventionen unterwirft. Dies läßt sich deutlich an Jacob Flanders' Verhältnis zu Frauen ablesen. In dem Maße, in dem sich Jacob den Fesseln der Gesellschaft entzieht, vermag er die in ihm angelegte Lebensenergie freizusetzen und sie auf jene Menschen zu übertragen, die in seinem Umkreis leben. Jacob wird mit einem Magnet verglichen: Er ist ständig von einem Kraftfeld umgeben, an dem alle Frauen partizipieren, die ihm begegnen, die ihn jedoch nicht – im Sinne der possessiven Mentalität der Gesellschaft – auf die Dauer als Partner besitzen können. Die Beziehung zu Florinda bleibt auf das physisch-sexuelle Erlebnis begrenzt; in ihr verbinden sich physische Attraktivität und intellektuelle Stupidität. Fanny Elmer, von Krankheit und Tod gezeichnet, liebt Jacob, ohne je Erwiderung zu finden. Und auch zu Sandra Wentworth Williams, einer verheirateten Frau, die Jacob in Griechenland trifft, vermag er keine dauernde innere Beziehung zu finden. Sehr bald verspürt Jacob die Enttäuschung, die die Begegnung mit dieser Frau zugleich mit sich bringt: "He had in him the seeds of extreme disillusionment, which would come to him from women in middle life" (*JR*, 158).

Jacob's Room läßt sich daher auch als ein "Desillusionsroman" (im Sinne der von Georg Lukács in seiner *Theorie des Romans* (1920) entwickelten Typologie) beschreiben: Die Lebenskraft, die Liebesfähigkeit, die in Jacob vorhanden ist, verströmt sich; mehr als eine momentane, physisch-sexuelle oder psychisch-erotische Erfüllung ist ihm nicht vergönnt. Jacobs privates Schicksal und das Schicksal seiner Generation sind zutiefst auf das Thema des Todes und des Untergangs abgestimmt.

4

Der Roman *The Waves* (1931) läßt sich insofern dem biographischen Romantypus zurechnen, als hier die Lebensläufe von sechs Personen miteinander koordiniert werden. Auch für diesen Roman gilt: Die faktischen Wahrheiten einer Biographie sind nicht identisch mit der durch das Kunstwerk erschlossenen Wahrheit, das die Bedeutung und das Wesen menschlicher Existenz zu erfassen hat. Während sich Virginia Woolf in *Jacob's Room* eines impressionistischen Darstellungsprinzips bediente, dominiert hier das expressionistische Prinzip. Der Roman erhält sein besonderes formales Gepräge dadurch, daß die Personen Louis, Neville und Bernard sowie Rhoda, Susan und Jinny dem Leser Einblicke in ihre eigentümliche Lebensweise und ihre besondere Art, emotional wie intellektuell auf die Umgebung zu reagieren, in alternierenden Monologpassagen vermitteln. Die sechs Rollen sind so angeordnet, daß die Lebensformen und Einstellungen zur Realität einander ergänzen und korrigieren und zusammengenommen ein vollkommenes menschliches Wesen ausmachen würden. Da Virginia Woolf die männlichen und weiblichen Charaktere nicht auf eine konstante Typologie festlegen wollte, führte sie in diesem Roman drei mögliche Varianten des männlichen und des weiblichen Charakters vor, wobei jede Variante innerhalb des einen Geschlechts eine Entsprechung im anderen Geschlecht hat. So werden Louis und Rhoda, Bernard und Jinny, Susan und Neville einander zugeordnet, weil sie verwandte Züge tragen, weil sie in polarer Spannung zueinander leben und in ihren Wechselbeziehungen drei mögliche Formen der Vollendung des menschlichen Seins aufleuchten lassen. Die Personen in *The Waves* sind also keine individuellen Charaktere im Sinne der englischen Realisten des 19. Jahrhunderts, die Personen mit all ihren äußeren, zufälligen Merkmalen und kuriosen Idiosynkrasien schildern. Die Personen in *The Waves* sind poetische Konzentrate von Existenzmöglichkeiten, an denen sich wiederum Aspekte des modernen Bewußtseins ablesen lassen. Nur solche Züge, die für die Darstellung eines dieser sechs Aspekte wesentlich sind, werden in *The Waves* ausgewählt. Wie in der expressionistischen Malerei geht es auch hier um "Wesenserforschung und -enthüllung"[14], und auch hier führt bei allen sensualistischen Details der Weg spontan von innen nach außen. Im Monolog spricht die betreffende Person jeweils in radikaler Vereinfachung der Perspektive von sich, und bei der ersten Vorstellung der Personen zu Beginn des Romans steht an der Spitze eines jeden Satzes das Pronomen "I":

---

14 Werner Hofmann, *Grundlagen der modernen Kunst. Eine Einführung in ihre symbolischen Formen*, Stuttgart 1966, 253.

> "I see a ring," said Bernard [...]
> "I see a slab of pale yellow," said Susan [...]
> "I hear a sound," said Rhoda [...]
> "I see a globe," said Neville [...]
> "I see a crimson tassel," said Jinny [...]
> "I hear something stamping," said Louis.[15]

Das Verständnis der Personen und der durch sie repräsentierten Aspekte des modernen Bewußtseins ergibt sich durch den wechselseitigen Vergleich ihrer monologischen Selbstauslegungen in der jeweils gleichen Lebensphase, durch die Verknüpfung der Monologpassagen, die in den verschiedenen Phasen zu finden sind, aber demselben Sprecher zugeordnet werden. Der Roman läßt sich mit einer Partitur vergleichen, die gleichzeitig horizontal, auf die Entwicklung einer Stimme hin, und vertikal, auf den Zusammenklang der Stimmen hin, auf die Harmonie, zu lesen ist. Schließlich ist zu bedenken, daß alle Sprecher sich in doppelter Weise auf einen gemeinsamen Hintergrund beziehen: Für alle ist Percival, der Freund, der im Roman niemals direkt zu Wort kommt, die Bezugsperson, und weiterhin werden alle Phasen in der Biographie der sechs Personen auf die zyklische Ordnung der Natur abgestimmt, die in gesonderten Abschnitten (durch Kursivdruck deutlich von den Monologpassagen abgesetzt) beschrieben wird. Die Phasen in der Entwicklung der Personen, die auf den "Sonnentag" und das "Sonnenjahr" bezogen werden, sind: (1) ein Kindheitstag, (2) die Zeit im Internat, (3) der Eintritt ins Leben, (4) das Treffen in London, (5) die Reaktion auf Percivals Tod, (6) der Prozeß der Vereinzelung, (7) die Steigerung der Vereinzelung, (8) das erneute Treffen in Hampton Court, (9) der Rückblick auf die sechs Lebensläufe in Bernards abschließendem Monolog. Die Tatsache, daß Virginia Woolf auch London und Hampton Court als Schauplätze wählte, beweist, daß sie die sechs Charaktere zwar auf die kosmische Ordnung bezieht, aber auch auf geschichtliche Räume und Traditionen. Noch deutlicher tritt dies zutage, wenn man berücksichtigt, daß Percival – nach neueren Forschungen – als die Verkörperung von Werten zu betrachten ist, die im 19. Jahrhundert in der Literatur wie im öffentlichen Leben als ideale Normen angesehen werden. Louis sieht in ihm beispielsweise einen Helden mit religiösen Zügen, "some mediaeval

---

15 Virginia Woolf, *The Waves*, (1931), ed. James M. Haule and Philip H. Smith, Jr., Oxford/Cambridge, Mass., 1993, 5. Im Folgenden zitiert als W.

commander" (W, 23) und evoziert damit Erinnerungen an Carlyles Heldenauffassung, wie sie in der Schrift *On Heroes, Hero-Worship, and the Heroic in History* (1841) ihren Niederschlag fand; für Neville ist er dagegen der Inbegriff des Paganismus, wie ihn Swinburne vertrat. Wenn sich alle Personen des Romans Percival zuwenden, von ihm fasziniert sind, ist diese Haltung aus der Krise des modernen Bewußtseins zu erklären. Seine monolithische Stabilität muß Charaktere beeindrucken, die permanent an ihrer eigenen Instabilität leiden.

Das Grundproblem, das alle Personen beschäftigt, die Suche nach ihrer Identität, wird von Neville und Bernard in die leitmotivisch wiederholte Frage zusammengedrängt: "'Who am I?'" (W, 53 u. 187). Diese Frage ergibt sich mit innerer Notwendigkeit, sobald der Einzelne sich aus den konventionellen Bindungen löst und traditionelle Normen abstreift, die ihm zuvor Möglichkeiten der Selbstfindung und Selbstbestimmung anboten. (Auch hier lassen sich Verbindungslinien zum Expressionismus und dessen Vorstellungen von einer Befreiung des Menschen, die einem "Herauslösen aus allem Relativen"[16], aus allen zeitbezogenen und zeitbedingten Bindungen gleichkommt, ziehen.) Die monologischen Passagen des Romans sind die Antworten, die die Personen auf die Frage: "Who am I?" in einem unablässigen und unabschließbaren Prozeß der Selbstauslegung in den verschiedenen Situationen ihres Lebens zu geben versuchen. Die Monologe der sechs Personen sind also nicht nur stilisierte Darstellungen des "Bewußtseinsstroms", sondern zugleich Protokolle der Deutungsversuche, die diese Personen ständig unternehmen. Von allen Personen des Romans hat sich Rhoda am stärksten von der äußeren Realität gelöst; ihr Scheitern ist das Scheitern der radikalen "Verinnerung". Bereits ihr Spiel mit den weißen Blütenblättern, die sie als Kind in einer Wasserschale hin- und hertreiben läßt, ist für ihre Einstellung zur Realität kennzeichnend. In Rhodas Phantasie verwandeln sich diese Blütenblätter in Schiffe, die auf hoher See scheitern oder an Klippen zerschellen. Wenn sie als Kind noch in der Illusion lebt, Inseln erreichen zu können, so beweist ihr späteres Leben, daß sie mit dieser Vorstellung einer Selbsttäuschung verfiel. Es gelingt ihr nirgendwo, einen Ort des Friedens und der Geborgenheit zu finden; sie begeht deshalb Selbstmord und versinkt damit wie ihre Schiffe im Reich des Todes.

---

16 Vgl. Fritz Martini, *Was war Expressionismus?*, Urach 1948, 33.

Rhoda erinnert in ihren Träumen und Visionen an Dichter der Romantik und des Symbolismus, an Shelley und Verlaine zugleich, der von sich sagte: "Je suis l'Empire à la fin de la décadence".[17] Ihre Sehnsucht geht, um mit den deutschen Romantikern zu sprechen, nach der Blauen Blume, aber die Blumen, die sie pflückt, die Veilchen, sind "Blumen des Todes"; sie erinnern nicht nur an Percival, sondern deuten auch auf ihren freigewählten Tod voraus.

Bei Jinny konstituiert der Körper das Bewußtsein: Körperliche Erfahrung bedeutet für sie Kommunikation und Erhellung der Realität. Der vergoldete Stuhl, Symbol der gesellschaftlichen Atmosphäre, in der sich Jinny bewegt, sowie das feurig-wallende Kleid werden leitmotivisch auf sie bezogen. Verben wie "to tingle" und "to flash" charakterisieren die sinnlichen, auditiven wie visuellen Effekte, die mit ihrem Auftreten verbunden sind. In ihrem ekstatischen Erleben werden Wörter zu gelben, feurigen Gebilden, und auch ihr Kleid nimmt die Eigenschaft des Feuers an. Jinny überläßt sich ganz ihren animalischen Regungen und findet im dionysischen sexuellen Rausch höchste Erfüllung. Sie genießt die (gesellschaftliche) Welt in der Vielfalt ihrer Erscheinungen, ohne sich nach Dauer im Wechsel zu sehnen. Zwar gibt es in ihrer Jugend einmal das Erschrecken, daß sich alles bewegt. Aber nirgendwo ist bei Jinny der Versuch zu spüren, reflektierend in metaphysische Hintergründe des Lebens einzudringen. Sie findet in ihrer Lebenswelt ebensowenig eine Ich-Identität wie Rhoda: auch ihr Dasein steht im Zeichen einer faszinierenden, aber sterilen Dekadenz.

Susan ist zwar ebenso wie Jinny dem Physischen zugewandt, jedoch nicht in der Absicht, die eigenen physischen Reize zu genießen und die sexuelle Liebe auszukosten. Sie entwickelt sich zur Mutter im konservativen Sinn, heiratet einen Squire und hat Söhne, auf die sie stolz ist wie auf ihren ländlichen Besitz. Susan ist der Inbegriff der biologisch-vitalen Kräfte, und es gibt in ihren Monologen Passagen, die darauf schließen lassen, daß sie bereit ist, ganz in der Natur und ihrem natürlichen Rhythmus aufzugehen. Eine völlige lyrische Entgrenzung liegt Susan allerdings fern; in dem gleichen Augenblick, in dem sie sich an die Dinge zu verlieren scheint, schlägt ihr Bewußtsein um, und es dominiert ihr Wille, die Dinge für sich zu besitzen. Zur Londoner Gesellschaft findet sie keinen

---

17 Paul Verlaine, »Langueur« in: Œuvres poétiques, ed. Jacques Robichez, Paris 1995, 314.

Zugang; die Gesellschaft ist für sie Schein und Attrappe, Inbegriff der Stagnation und Sterilität. Dennoch wäre es falsch, bei der Deutung Susans von der einfachen Antithese zwischen der positiv bewerteten Natur und der negativ gezeichneten Gesellschaft auszugehen. Natur und Gesellschaft sind für Susan ambivalente Bereiche. Sie fühlt sich zwar in der Natur geborgen, empfindet jedoch gelegentlich Überdruß am Nur-Biologischen; sie haßt die Gesellschaft und begreift doch auch, daß sie mit der inneren und äußeren Distanz zur Londoner Gesellschaft Lebensmöglichkeiten verliert, die nur außerhalb ihres alltäglichen Lebenskreises und außerhalb ihrer possessiven Denkweise gedeihen können.

Die Komplementärfigur zu Susan ist Neville. Beide haben einen ausgeprägten Sinn fürs Konkrete, beide streben danach, sich die Natur zu eigen zu machen. Während Susan die Natur im ökonomischen Sinn "besitzen" möchte, denkt Neville an die künstlerisch geordnete, gestaltete Natur. Er möchte sich Natur in einem schöpferischen Prozeß aneignen, in dem die Form den Gegenstand gleichsam vernichtet und neu, als Produkt der Imagination wiedererstehen läßt. Die Tatsache, daß er sich die römischen Dichter Catull, Horaz und Lukrez zum Vorbild wählt, daß er sich überdies an Pope und Dryden, Hauptvertretern des englischen Klassizismus, orientiert, beweist zum einen, daß er einen ausgesprochen klassischen Formsinn besitzt, zum anderen, daß er kein Originalgenie ist, sondern ein Imitator vorgegebener Muster.

In seiner Kunstauffassung wie in seinem Lebensstil, in der Kombination von romantischer (oft gespielter) Leidenschaft und klassischem Formwillen erinnert Neville an Oscar Wilde – den Dichter, der in Virginia Woolfs Jugend zugleich am berühmtesten und berüchtigsten von allen Dekadenten war. Mit Oscar Wilde hat Neville die kühle Distanz und auch die hochmütige Arroganz gemeinsam, mit der er seine ästhetizistische Lebensform vor der breiten Masse abzuschirmen versucht: "[...] I cannot read in the presence of horse-dealers and plumbers. I have no power of ingratiating myself" (W, 44). Der Haß auf alles Mittelmäßige, der sich bei Neville zu einer blinden, aber auch ohnmächtigen Zerstörungswut steigern kann, zeigt die Grenzen seiner Rationalität an. Vernunft wird bei ihm zu einem formalen Prinzip, zu einem Instrument degradiert, das vor seiner Selbstzerstörung nicht zurückschreckt, wenn es an seine eigenen Grenzen stößt. Neville bleibt sein ganzes Leben hindurch eine egozentrische Natur, die an dem unaufgelösten Widerspruch zwischen dem rational Faßbaren und dem irrational Unfaßbaren leidet und sich als Opfer des Lebens deutet, wo er das Opfer eigener Schwächen, der nicht vollzogenen Integration des aufklärerischen und des romantischen Erbes ist.

Auch Louis, die Komplementärfigur zu Rhoda, bleibt während seines ganzen Lebens aufgrund seiner Herkunft, seiner Erziehung und seiner Aussprache ein Außenseiter: "'My father is a banker in Brisbane and I speak with an Australian accent'" (W, 12). Seine Arbeit im Büro einer Reederei, die Beziehungen zu Ländern in allen Erdteilen unterhält, versteht Louis als einen Versuch, Ordnung in der chaotischen Vielfalt der Erfahrung zu stiften. Wenn Louis mit dem Leitmotiv eines stampfenden Elefanten assoziiert wird, wenn er weiterhin bereit ist, kühn an die Tür zu klopfen und einzutreten, während Rhoda Angst hat, daß die Tür sich öffnet und die Realität sie anspringt wie ein Tiger, so beweisen diese Leitmotive, daß Louis einen Minderwertigkeitskomplex durch energische Arbeit zu kompensieren versucht. Bewunderte er in seiner Jugend die Autorität eines Priesters, so nimmt er später selbst die autoritären Züge eines kühnen Unternehmers an, der andere Menschen zu führen, aber auch zu beherrschen versteht.

Trotz dieser energischen Hinwendung zu Wirtschaft und Administration zieht sich Louis immer wieder in eine Mansarde in der Vorstadt zurück, um sich vom Leben zu lösen, das er im Beruf so bestimmt und entschieden formt: "'Thus I divest myself of my authority'" (W, 129). In seinem Mansardenzimmer arbeitet er an einem Gedicht oder empfängt Rhoda gelegentlich zu Besuch: "'For we are lovers'" (W, 109). Beide ähneln einander insofern, als sie durch das Gefühl, ihrer Umgebung unterlegen zu sein, in ihrer Identität geschwächt sind und auch vor einer physischen Vereinigung zurückschrecken. Diese Gleichartigkeit ihres Empfindens ist der Grund dafür, daß ihre Beziehung nicht von Dauer ist und sie sich beide in ihre private Einsamkeit zurückziehen.

Während Louis und Neville in ihrer egozentrischen Haltung die Lyrik als die angemessene Gattung betrachten, in der sie ihre inneren Konflikte austragen können, ist Bernard in seiner Offenheit für alle Formen des Lebens, in seiner Sympathie für Menschen aller Stände der geborene Epiker. Die Fähigkeit, andere Charaktere intuitiv zu erfassen, prägt auch sein Verhältnis zur Literatur, so daß er in der Rückschau einmal bemerkt: "'[...] I changed and changed; was Hamlet, was Shelley, was the hero, whose name I now forget, of a novel by Dostoevsky; was for a whole term, incredibly, Napoleon; but was Byron chiefly'" (W, 162). Wenn Bernard in seinem letzten zusammenfassenden Monolog im Kontrast dazu bemerkt: "'I rose and walked away – I, I, I; not Byron, Shelley, Dostoevsky, but I, Bernard'" (W, 165), so wird deutlich, daß er sich bei allem Vergnügen am literarischen Rollenspiel und bei aller Sympathie für andere Menschen nicht um seine persönliche Identität brachte. Auch wenn er einmal auf die Frage: "'Who am I?'" (W, 187) nur skeptisch bemerkt: "'Am I all of them? Am I one and distinct? I do not know'" (W, 187), dann zeigt ein Vergleich mit Louis und Neville, daß er im lebendigen Prozeß der Kommunikation mit anderen die Fülle menschlicher Erfahrung in sein Selbst hereinholt und diesem Selbst damit eine differenzierte Gestalt verleiht. Seine Persönlichkeitsstruktur nimmt ständig stabilere Züge an, so daß er sich am Schluß ohne alle Überheblichkeit der Auseinandersetzung mit dem Tod zu stellen vermag. Bernard unterliegt weder einer morbiden Todessehnsucht wie Rhoda, noch verliert er sich an die sinnliche Fülle der Erfahrung wie Jinny, und er ist schließlich auch frei von jeder Arroganz, zu der sich Neville und Louis in ihrer Egozentrizität verleiten lassen.

Bernard erfüllt in diesem Roman insofern eine doppelte Funktion, als er sich als Person entwickelt und dem Leser damit eine Vorstellung von einer ausgeformten Persönlichkeit vermittelt, und als er zugleich als eine Art Norm fungiert, an der sich die Grenzen in der Entwicklung der übrigen Personen – sei es das possessive Streben Susans oder das autoritäre Gebaren von Louis – ablesen lassen. Bernard läßt den Leser begreifen, daß Realität nicht auf ein rationales Begriffssystem zu bringen ist, sondern nur im Zusammenwirken von Sensibilität, Imagination und Ratio annähernd zu erfassen ist, zumal Realität kein statisches Gebilde, sondern einen dynamischen Prozeß darstellt. Sinnvolle Teilhabe am Leben heißt für Bernard wie für Virginia Woolf, in kreativer Wechselbeziehung zur Realität und zu anderen Menschen stehen. Bernard versteht es nicht nur, die verschiedenen Aspekte des menschlichen Lebens, die er wahrgenommen hat, zu einer Einheit zu integrieren (allen Entgrenzungserlebnissen zum Trotz, die auch ihm zuteil werden, vgl. W, 73); es gelingt ihm auch, die Erfahrung des zeitlichen Wandels und der Todesverfallenheit in seine Lebensform mit einzuschließen. Das Bewußtsein des Wandels geht in seine Vorstellung von der ewigen Erneuerung, "the eternal renewal" (W, 192), ein, von der er gegen

Ende seines letzten Monologs spricht, wiewohl er bereits auf dem Zenit seines Lebens dieses Daseinsgesetz wahrnehmen konnte: als Percival starb, wurde sein Sohn geboren.

Bernard ist in diesem Roman eine Person wie alle anderen Personen; er ist gleichzeitig der Stellvertreter der Autorin, allerdings nicht als Kommentator im Sinne der auktorialen Erzähler des 19. Jahrhunderts, sondern als ein exemplarischer Charakter im Sinne Virginia Woolfs: ein Charakter, der zugleich ist, was er bedeutet, und dessen Kommentar über das Leben in seiner Lebensform beschlossen ist.

Wenn vorausgesetzt werden kann, daß jede Gesellschaft einen eigenen Erzählstil hervorbringt, so kann man behaupten, daß *The Waves* insgesamt ein Spiegelbild der Sensibilität und der Mentalität des Bloomsbury-Kreises darstellt, der in seiner Grundeinstellung zum Leben wie zu künstlerischen Fragen nachhaltig durch die Philosophie G.E. Moores beeinflußt wurde. Quentin Bell hat in seinem Buch *Bloomsbury* die Philosophie Moores, der 1903 mit den beiden Schriften *The Refutation of Idealism* und *Principia Ethica* hervorgetreten war, als "a tremendous instrument of liberation"[18] bezeichnet und gezeigt, wie stark auch bei Moore das Bemühen ist, sich im ethischen Bereich von traditionellen Vorstellungen, Normen und Idealen zu lösen. Moore setzt die intellektuellen und moralischen Energien des Einzelnen frei, und er sieht in seiner Ethik die höchste Steigerung menschlichen Lebens dann erreicht, wenn der Mensch sich einer kontemplativen Versenkung in die Schönheit, die Liebe und die Wahrheit hingibt. Nicht heroische Aktionen, nicht Märtyrerschicksale sind für ihn die Normen, an denen er den Einzelnen mißt, sondern die Bewußtseinszustände, "states of mind", "states of consciousness", in denen der Mensch das Schöne intuitiv erfaßt, die Wahrheit begreift und die Liebe zur höchsten Entfaltung gelangen läßt.

G.E. Moore wandte sich mit dieser Lehre gegen die materialistisch-utilitaristische Gesinnung des viktorianischen Zeitalters; gegen die Überbetonung der moralischen Pflicht spielt er die Bedeutung natürlicher Zuneigung aus; der Forderung, das gesellschaftlich Schickliche zu erfüllen, setzte er die Bedeutung persönlicher Beziehungen entgegen. Er verließ sich auf die Vernunft und den Geschmack des Einzelnen und führte mit seiner Lehre Gedanken wei-

---

18 Quentin Bell, *Bloomsbury*, London (1968), repr. 1976, 25.

ter, die im 19. Jahrhundert William Ruskin, Matthew Arnold, vor allem aber Walter Pater entwickelt hatten. Der Kunst, der ästhetischen Einstellung zur Wirklichkeit wird ein hoher Stellenwert zugesprochen, weil sie den Menschen aus der Bindung an die utilitaristisch-pragmatischen Zwecke zu lösen und zur Steigerung seines "spiritual life" beizutragen vermag; sie erweitert seine Wahrnehmungsfähigkeit, verfeinert seine Sensibilität und schärft sein Urteilsvermögen.

5

Bei ihrem ersten Versuch, einen Gesellschaftsroman zu schreiben, lehnte sich Virginia Woolf an das Vorbild Jane Austen an, gewann aber auch für die Figurengestaltung und die Handlungsführung Anregungen aus Shakespeares Komödien, insbesondere aus *As you Like It* und *Twelfth Night*. Die komischen Verwicklungen ergeben sich in Virginia Woolfs *Night and Day* (1919) wie bei Shakespeare und Jane Austen aus der Partnersuche, aus den Täuschungen und Illusionen, denen die Personen eine Zeitlang zum Opfer fallen, und aus dem allmählichen Reifeprozeß, den sie durchlaufen. Am Anfang steht Ralph Denham zwischen Katharine Hilbery und Mary Datchet. Als Katharine sich mit William Rodney verlobt, wendet Ralph sich Mary Datchet zu, die jedoch sehr bald erkennt, daß er stärker von Katharine angesprochen ist als von ihr. Das Auftreten von Cassandra Otway, der Cousine Katharines, ändert die Situation. William Rodney sieht in ihr die angemessene Partnerin, und Katharine hilft ihm, Cassandras Sympathien zu gewinnen. Nachdem sie ihr Verlöbnis gelöst hat, ist sie frei, sich Ralph Denham zuzuwenden, in dem sie einen Ehemann findet mit der gleichen Einstellung zum Leben wie sie.

Es entspricht dem Komödienstil, daß mancherlei äußere Umstände dazu beitragen, daß das Ziel der Komödienhandlung, das *happy ending*, erreicht wird. Zu diesen äußeren Umständen zählt nach alter Komödientradition auch das Auftreten eines *deus ex machina*, einer Macht, die im entscheidenden Augenblick den Gordischen Knoten durchschlägt, wenn es den Akteuren selbst offenbar nicht gelingen will, aus eigenen Kräften ihr Glück zu erreichen. Diese Funktion erfüllt in *Night and Day* Mrs. Hilbery, die Mutter Katharines, die gegen Ende des Romans allen äußeren gesellschaftlichen Widerständen zum Trotz die Paare zueinander finden läßt. Sie spielt in vieler Beziehung auch die Rolle des Narren einer Shakespeareschen Komödie: Sie ist untauglich für eine Welt, in der "rules and reasons", "Grundsätze und Gründe" gelten, und hat niemals gelernt, sich strengen Konventionen zu unterwerfen. Sie vertraut ihren Emotionen, glaubt an ihre Vision vom Leben und ist mit der Gabe der Einsicht in tiefere Wirklichkeitszusammenhänge ausgestattet, so daß sie als die weiseste Person bei den Menschen gilt, die sie umgeben.

Auf den Komödienstil sind mehrfach auch die Dialoge abgestimmt, die oft einem witzigen Gesellschaftsspiel gleichen, in dem in aphoristisch zugespitzter Weise Allgemeinplätze ausgetauscht werden, hinter denen eine persönliche Anspielung, ein satirischer Angriff auf den Partner steckt, ohne daß es zu einem offenen Konflikt kommt. Die Kunst des gesellschaftlichen Dialogs ist es, zu verhüllen und im Verhüllen doch die Wahrheit immer wieder aufblitzen zu lassen. Dialoge dieser Art sind auch in Jane Austens Romanen anzutreffen, wo ebenfalls Personen der *upper middle class* und der Aristokratie in geschliffener, nuancenreicher Rede über die rechte Partnerwahl, über Liebe und Ehe diskutieren.

Dennoch sind die Unterschiede zwischen *Night and Day* und Jane Austens Romanen nicht zu verkennen, denn Virginia Woolf hat bereits in diese frühen Romane sozialkritische Ideen einfließen lassen, die sie später – in ihren Essays *A Room of One's Own* und *Three Guineas*, aber auch in dem Roman *The Years* – weiter ausarbeitete. Verfechterin der sozialkritischen Ideen ist in diesem Roman Mary Datchet, die zunächst für die Suffragettenbewegung in einem Büro arbeitet, sich dann einer sozialistischen Vereinigung anschließt. Mary Datchet, die Tochter einer Pfarrersfamilie, lebt allein in London und verwirklicht für sich das Ideal der *New Woman*, die verantwortungsbewußt für die Reform der Gesellschaft arbeitet. Eine der Veränderungen, die sie für nötig erachtet, ist die Reform des Wahlrechts, das den Frauen größeren Einfluß auf die Gestaltung der politischen Verhältnisse ermöglichen soll.

Mary bildet mit den Ideen, die sie vertritt, einen Bezugspunkt für alle Personen des Romans, so daß einige neuere Interpreten in ihr die eigentliche Hauptperson des Romans sehen. Wenn es an einer Stelle einmal heißt: "Mary was aware [...] of another very strong desire; Katharine was not to be allowed to go, to disappear into the free, happy world of irresponsible individuals"[19], dann zeigt sich, daß Virginia Woolf mit diesem Roman nicht die Komödie einer kleinen Gruppe von Individualisten schreiben wollte, die sich von der modernen Gesellschaft abschirmen, um sich nur ihren privaten Neigungen zu überlassen. Die Reflexion über den Gesellschaftszustand ist durch Mary Datchet mit in diese Gesellschaftskomödie des 20. Jahrhunderts hineingenommen. Bei der Bewertung Mary Datchets ist zu berücksichtigen, daß sie nicht nur als eine Art Propagandistin gesehen wird: sie betont im Gespräch mit Katharine beispielsweise den Wert der persönlichen Beziehungen, des emotionalen Engagements ebenso stark wie in anderen Zusammenhängen die Bedeutung verantwortungsbewußten Handelns. Mary verficht eine Synthese des privaten und des gesellschaftlichen Lebens, auch wenn es ihr selbst nicht gelingt, diese Synthese im eigenen Leben zu verwirklichen.

Sowohl an Mary Datchets Schicksal wie an den Äußerungen der übrigen Personen über ihre eigene Lebenserfahrung läßt sich ablesen, bis zu welchem Grad sich das öffentliche und private Leben voneinander entfremdet haben, wie stark die Spannungen zwischen der realistisch zweckbestimmten gesellschaftlichen Lebensform ("Day") und der zweckfreien romantisch privaten Lebensform ("Night") geworden sind. In den Reflexionen Katharines wird deutlich, daß diese Frau sich danach sehnt und danach strebt, die Entfremdung im modernen gesellschaftlichen Leben, die Distanz zwischen "the life of society" und "the life of solitude", überwinden zu können.

Katharines freundschaftliche Beziehung zu Ralph Denham, die sich zu einer Liebesbeziehung entwickelt, überbrückt die Kluft, die für Katharine anfänglich zwischen der Nacht- und der Tagwirklichkeit bestand. Sie erfahren Liebe als schöpferische Kraft, die ähnlich wie die Liebe und die Imagination in den Shakespeareschen Komödien eine Synthese der ehedem getrennten Existenzweisen in den Liebenden stiften kann. Katharine verwirklicht im Zusammenleben mit Ralph die Ideen einer freien Entfaltung als Frau, für die Virginia Woolf in ihren sozialkritischen Essays immer wieder plädierte. Das *happy ending* dieses Romans ist daher auch nicht als eine Flucht in eine private Idylle zu verstehen; Ralph und Katharine werden viel-

---

19 Virginia Woolf, *Night and Day*, (1919), ed. J.H. Stape, Oxford/Cambridge, Mass., 1994, 221.

mehr von einer utopischen Idee geleitet. In ihrem Bewußtsein taucht die Vorstellung von einer zukünftigen Welt auf, die nach Gestaltung verlangt und das Signum der Vollkommenheit trägt. Es entspricht der Wirklichkeitserfahrung, die Virginia Woolf von ihrem ersten bis zu ihrem letzten Roman zum Ausdruck bringen wollte, daß diese Vorstellung von einer utopischen Welt eine momentane Vision bleibt, daß im Romanschluß nur von der Möglichkeit einer anderen Welt gesprochen wird.

6

Die neue Einstellung zur Realität, die sich bei Virginia Woolf nach dem Ersten Weltkrieg herausbildete, führte bei ihrem zweiten Gesellschaftsroman, *Mrs Dalloway* (1925), unter dem Einfluß von James Joyce und Marcel Proust zu einer Modifikation der in den ersten Romanen benutzten Erzähltechnik. Insgesamt ist die Wiedergabe von Vorgängen in der "äußeren" Wirklichkeit für Virginia Woolf von untergeordneter Bedeutung. Der Akzent liegt auf der Schilderung geistig-seelischer Vorgänge in den einzelnen Charakteren, auf der Darstellung ihres Bewußtseins. Virginia Woolf bedient sich dabei sowohl traditioneller Mittel wie des Berichtes und des Kommentars, als auch der Erzähltechniken, die erst in diesem Jahrhundert stärker ausgeprägt wurden wie die erlebte Rede und der innere Monolog; sie stuft diese Mittel mit der Souveränität einer erfahrenen Erzählerin gegeneinander ab, um den Leser mit wechselnden Intensitätsgraden am Erleben der einzelnen Personen teilhaben zu lassen, wobei folgendes Grundprinzip zu erkennen ist: Der Bericht hat eine distanzierende, der innere Monolog eine identifizierende Wirkung. Die Vorgänge im Bewußtsein der Personen werden in einem sorgfältig alternierenden Rhythmus dargestellt, wobei die äußeren Ereignisse, wie z.B. die Glockenschläge des Big Ben die "bridge passages" bilden, die es dem hinter allen Vorgängen verborgenen Autor-Erzähler ermöglichen, von einer Person in die andere überzuwechseln.

Rein äußerlich gesehen fällt auf, daß Virginia Woolf in ihrem Roman allein schon durch die Wahl des Schauplatzes und die entsprechende Datierung des Geschehens eine "Oberflächenwirklichkeit" schildert, mit der die meisten ihrer (englischen) Leser beim Erscheinen des Romans vertraut waren: London im Juni 1923.

Indem sie überdies die Geschehnisse auf einen einzigen Tag datiert, erlegt sie sich eine geradezu klassische Beschränkung auf: Sie folgt damit Joyce, der für seinen *Ulysses* den 16. Juni 1904 und Dublin als äußere raum-zeitliche Begrenzung wählte. Virginia Woolf verzichtet zwar darauf, das genaue Datum zu nennen – wir wissen nur, daß es ein Tag in der Mitte des Monats Juni ist –, aber sie vermittelt dem Leser doch eine recht genaue Vorstellung von dem äußeren zeitlichen Gerüst, auf das die geschilderten Vorgänge zu beziehen sind: Die Glockenschläge des Big Ben und anderer Londoner Uhren bilden ein wesentliches Strukturelement dieses Romans. So läßt sich bei den meisten Vorgängen und Begegnungen mit ziemlicher Genauigkeit ermitteln, wann sie sich abspielen. Dennoch ist nicht zu übersehen, daß nicht die Angabe, *wann* sich etwas Bestimmtes ereignet, für Virginia Woolf entscheidend ist, sondern das innere Verhältnis der Personen zu diesem Augenblick oder überhaupt zu allem zeitlichen Geschehen.

In gleicher Weise erleben die einzelnen Charaktere des Romans auch die äußere geographische Wirklichkeit der Stadt London – es tauchen Namen auf wie Bond Street, Piccadilly, St. James's Park, Buckingham Palace – in einer rein subjektiven Sicht. Für Clarissa ist der Londoner Alltag ein Inbegriff des Lebens überhaupt, ein Leben, an das sie sich in einzelnen Augenblicken geradezu enthusiastisch verlieren möchte; für Rezia, die Italienerin, bleibt London eine fremde Stadt – die dauernde Nähe ihres geistesgestörten Mannes Septimus Warren Smith läßt London für sie zum "Herz der Dunkelheit" werden. Da im Bewußtseinsstrom der einzelnen Charaktere das Hinabtauchen in die Vergangenheit stets auch mit einer Vergegenwärtigung anderer Schauplätze verbunden ist, bildet sich in den inneren Monologen der Personen dieses Romans eine Simultaneität der Orte und der Zeiten heraus: Die Erlebniskategorien gehen ineinander über, so daß man bei ein und derselben Person sowohl von einer "Verzeitlichung des Raumes" wie von einer "Verräumlichung der Zeit" sprechen kann.

Allein die Analyse der äußeren Vorgänge und der ihnen zugeordneten seelischen Erlebnisse Clarissas, die im ersten Segment des Romans dargestellt werden, zeigt, daß Virginia Woolf nicht nur eine unregelmäßige Folge von Impressionen und Reflexionen festzuhalten versucht hat, wie das einzelne Äußerungen über die Ziele ihres Romanschaffens vermuten lassen. Durch die Fülle der notierten Impressionen und oszillierenden Stimmungen hindurch wird auch ein subtiles Geflecht von polaren Spannungen und Kontrasten transparent, durch das der Roman seine innere Geschlossenheit erlangt.

Die Eindrücke, die der Leser aus den inneren Monologen der Protagonistin gewinnt, die in vieler Beziehung als eine typische Vertreterin der *upper middle class* gelten kann, sind höchst widersprüchlich: Augenblicke der ekstatischen Verbundenheit mit dem Leben wechseln ab mit Augenblicken der Niedergeschlagenheit und der Todessehnsucht. Clarissa Dalloway läßt sich durch den oberflächlichen Lebensstil der Gesellschaft beeindrucken, ist stolz darauf, am Abend eine Party veranstalten zu können, zu der auch der Prime Minister erscheint; zugleich spürt sie, daß sie zu unwürdigen Kompromissen gezwungen und gedemütigt wird. Septimus' Selbstmord zwingt sie zur Reflexion über ihre eigene Lebensweise und bestärkt in ihr die Befürchtung, sich ihrerseits an Verderbtheiten, Lügen und Geschwätz zu verlieren.

In anderen Augenblicken glaubt Clarissa "Wellen göttlicher Lebenskraft", "waves of that divine vitality"[20], in sich zu verspüren, oder sie erlebt in der Begegnung mit Frauen gelegentlich "moments of vision" – Augenblicke, die den visionären Augenblicken der Mystiker gleichen; auch im Hinblick auf Clarissa wird von "a sudden revelation" (*MD*, 26) und "an illumination" (*MD*, 26) gesprochen. Aber es sind dies keine Augenblicke, in denen im religiösen Sinn das göttliche, absolute Sein aufblitzt, sondern Augenblicke, die an die Begegnung mit anderen Menschen gebunden sind und in denen sich Sinnmuster in den Wechselbeziehungen der Menschen abzuzeichnen scheinen. Aus diesen Erlebnissen gewinnt Clarissa die Überzeugung, daß ihre Beziehungen zu anderen Menschen jenseits aller gesellschaftlichen Konventionen, Bindungen und Verpflichtungen als spontane, kreative Akte menschlicher Solidarität begriffen werden können. In den gesellschaftlichen Zusammenkünften, zu denen sie einlädt, sieht sie die Möglichkeit, Menschen aus ihrer Einsamkeit zu erlösen und Beziehungen herzustellen, die in ihren Augen eine Art Geschenk oder Opfergabe sind, die sie darbringt aus Mitgefühl und Mitleid mit dem Nächsten.

Die Widersprüche, die polaren Spannungen, die in Clarissa nachgewiesen werden können, zeigen an, daß Virginia Woolf in ihre

---

20 Virginia Woolf, *Mrs. Dalloway*, (1925), ed. Morris Beja, Oxford 1996, 8. Im Folgenden zitiert als *MD*.

Romanheldin eigene Konflikte hineinprojizierte, womit nicht von einer völligen Identifikation von Autorin und Romanheldin gesprochen werden soll: Die affirmative Anpassung an die Gesellschaft einerseits und die kritische Auseinandersetzung mit der bestehenden Gesellschaft andererseits stehen in spannungsreichem Kontrast zueinander, wobei sich im Hintergrund ein Zustand abzeichnet, in dem alle viktorianischen Schranken überwunden sind und der eine für den anderen im Sinne der "Religion of Humanity" einsteht, von der im Roman des 19. Jahrhunderts bereits George Eliot gesprochen hatte.

Noch deutlicher wird diese Vorstellung im Bewußtsein des Septimus Warren Smith faßbar, der zwar als Doppelgänger Clarissas konzipiert wurde, den Einwirkungen der zerstörerischen Mächte jedoch viel stärker ausgesetzt ist, seitdem der Krieg seinen Verstand zerrüttet hat. Die Vertreter der gesellschaftlichen Mächte, die Ärzte, die über ihn verfügen, werden für ihn zu einem Inbegriff der Grausamkeit und Bestialität. Er versteht sich selbst als Welterlöser, der bereit ist, das Leiden der Menschheit auf sich zu nehmen und für sie zu sterben. Er hört Botschaften wie "[...] first, that trees are alive; next, there is no crime; next, love, universal love" (*MD*, 52), die er an die Gesellschaft weitergeben möchte und die aus einem popularisierten Utopismus des 19. Jahrhunderts hervorgegangen sind. Die Gegenwelt zur gesellschaftlichen Wirklichkeit hat bei ihm im Gegensatz zu Clarissa auch deutlich sozialreformerisch-politische Züge. Der Widerstand, den die bestehende Gesellschaft ihm entgegensetzt, bringt ihn schließlich dazu, sich ihr im letzten Augenblick (vor der Einlieferung in ein Heim für Geistesgestörte) zu entziehen. Für Clarissa ist sein Suizid der Ausdruck einer unbeugsamen Selbstbehauptung, eines letzten Versuchs, die moralische Integrität zu bewahren. Septimus stirbt als Opfer anonymer Mächte, als Opfer gesellschaftlicher Verhältnisse und geschichtlicher Ereignisse. Bei allen Grenzen, die ihm als Charakter eigen sind, weist er scheiternd auf einen möglichen Gesellschaftszustand hin, in dem "universal love" herrscht – auf einen Zustand, der vom gegenwärtigen Augenblick aus gesehen als Utopie bezeichnet werden muß.

Die schärfsten satirischen Angriffe richten sich in diesem Roman gegen Sir William Bradshaw, den Repräsentanten aller zerstörerischen Mächte, die in das Leben des englischen Volkes hineinwirken. Mit hintergründiger Raffinesse bewegt sich dieser Arzt durch die Londoner Gesellschaft ähnlich wie die Gestalt des *Vice* auf der spätmittelalterlichen Moralitätenbühne. Erinnerungen an die Figurenwelt und die Stilart dieses dramatischen Genres werden im Leser vor allem auch dadurch geweckt, daß ihm – ganz entgegen den Gepflogenheiten des Bewußtseinsromans – in einer auktorialen Charakterisierung *Conversion* und *Proportion* als allegorische Figuren zugeordnet werden. *Conversion* deutet darauf hin, daß Sir William Macht über die Seelen auszuüben versucht. *Proportion* bezeichnet die Norm, an der sich seine Ratio ständig orientiert, die alles menschliche Leben auf Quantitätsverhältnisse zu reduzieren versucht. Gesundheit ist für Sir William identisch mit einer Lebensführung, die ganz im Zeichen vernünftiger Berechnung steht; alle Abweichungen von diesem Maß, an das er mit der verblendeten Vernunft eines Tyrannen glaubt, gelten als Wahnsinn, den er mit der Unterstützung des Staates bekämpft. Die abgründige Ironie dieser Gestalt liegt darin, daß Sir William als Psychiater Ansehen genießt, ohne in seiner rationalistischen Flachheit ein Gespür für das Unergründlich-Einmalige, für alles Irrationale im menschlichen Dasein zu besitzen. Er trägt die Maske bürgerlicher Wohlanständigkeit, spricht von "love, duty, self-sacrifice" (*MD*, 76), weiß Takt, Mitgefühl und Verständnis für die Leiden seiner Mitmenschen vorzutäuschen und versucht auf diese Weise, seine brutale Absicht zu verschleiern, mit den Mitteln einer ausschließlich naturwissenschaftlich orientierten Medizin Kontrolle über Körper, Geist und Seele aller Staatsbürger auszuüben. Die Kritik, die gegen ihn vorgebracht wird, ist vielschichtig: Sie richtet sich ebensosehr gegen den machtgierigen Heuchler, der seine wahren Intentionen zu verbergen weiß, wie gegen eine Gesellschaft, die ihm in blinder Verehrung huldigt, und gegen einen Staat, der sein Tun sanktioniert.

Die gesellschaftskritische Tendenz von *Mrs Dalloway* kommt auch dadurch zur Geltung, daß Virginia Woolf mit Peter Walsh eine Kontrastfigur zu allen Vertretern der englischen Aristokratie und der *upper middle class* eingeführt hat. Es fällt auf, daß die Reflexionen und Meditationen Peters in diesem Roman einen verhältnismäßig breiten Raum einnehmen, daß vor allem auch die Abendgesellschaft Clarissas wiederholt aus seiner Perspektive gesehen wird. Er durchdringt die gesellschaftlichen Masken der Personen, legt die geheimen Motive ihres Handelns frei und entdeckt dabei Snobismus und Heuchelei, Stolz auf Ämter und Würden, Gier nach Geld und Gold. Peter Walshs Interesse für Popes Dichtung ist ein Zeichen seiner Verwurzelung in der rationalistischen Tradition und Gesellschaftskritik des 18. Jahrhunderts. Daß aufgeklärtes Denken sein Verhältnis zu den zeitgenössischen politischen, sozialen und geistigen Strömungen bestimmt, geht deutlich aus seiner Bejahung des Sozialismus, seiner Kritik am Kapitalismus und Militarismus hervor. Peter Walsh erinnert darin in vieler Beziehung an einen modernen Aufklärer wie George Bernard Shaw.

Lebensschicksal und angeborene Mentalität weisen Peter Walsh eine Außenseiter- und Ausnahmestellung zu. Geistige Überlegenheit über seine Umwelt und eine innere Distanz zur Gesellschaft lassen ihn souveräner erscheinen als jede andere Gestalt des Romans. Zugleich ist er erfüllt von einer tiefen Sympathie für alles Menschliche, die verhindert, daß seine Kritik in kalter und hochmütiger Ironie erstarrt; er überschaut die Welt vielmehr in gelöster Heiterkeit. Peter Walsh übernimmt damit in vieler Beziehung die Rolle, die im viktorianischen Roman dem kommentierenden Erzähler zufiel. Dennoch ist er nicht als die absolute kritische Instanz, als der einzige zuverlässige Kommentator der Vorgänge und Ereignisse aufzufassen. Durch eine geschickte erzählerische Strategie versteht es Virginia Woolf, Peters innere Einstellung, seine Urteile und Meinungen an verschiedenen Stellen ironisch einzugrenzen. Da die progressiv anmutende Gesellschaftskritik von Peter Walsh wirkungslos bleibt und er die Kräfte nicht zu erkennen vermag, die Septimus zugrunde richten – von Indien kommend bewundert er nur die Effizienz der Zivilisation, ist aber blind für ihre Ambivalenz –, bleibt *Mrs Dalloway* ein Zustandsroman, von welcher Perspektive auch immer man dieses Werk liest.

7

Der Roman *The Years* (1937), der in der letzten Phase von Virginia Woolfs Schaffen entstand, läßt sich als Gesellschaftsroman und zeitgeschichtlicher Roman zugleich deuten. Als Virginia Woolf an diesem Roman arbeitete, gebrauchte sie zunächst dafür den Terminus "an Essay-Novel". Dementsprechend bestand der ursprüngliche Entwurf aus fünf erzählerischen Kapiteln und sechs Essays, in denen die Thematik der einzelnen Kapitel in kommentierender Manier gedeutet wird. In der Endfassung verzichtete Virginia Woolf auf jegliche Form der essayistischen Präsentation politischer und sozialkritischer Ideen. Die Autorenreflexion ist eingegangen in den gesamten Erzählstil: Was Virginia Woolf in ihren Reflexionen über die englische Gesellschaft bewegte, ist umgesetzt in epische Vorgänge und Situationen, in Gespräche und gelegentlich auch innere Monologe. Wird in *The Waves* die viktorianische Ära durch Percival repräsentiert, eine eigentümlich geisterhafte Existenz, so bedient sich Virginia Woolf für *The Years* des Modells einer Familienchronik, um den Wandel von der spätviktorianischen Epoche zur Moderne zu schildern.

Die Zeitspanne, über die sich das Romangeschehen ausdehnt, reicht von 1880 bis in die Mitte der 30er Jahre des 20. Jahrhunderts. Virginia Woolf bietet also einen Abschnitt englischer Sozialgeschichte, der sich nahezu mit der Spanne ihres Lebens bis 1937 deckt. Sie verließ sich bei der Wiedergabe der Fakten und Begebenheiten, die für das Leben einer englischen Familie der *upper middle class* in diesem Zeitraum als charakteristisch angesehen werden konnten, weitgehend auf eigene Erfahrung; es bedurfte keiner imaginativen Rekonstruktion einer geschichtlichen Phase, die außerhalb des Erfahrungsbereichs der Autorin gelegen hätte.

An der Familie des Oberst Pargiter läßt sich ablesen, auf welchen gesellschaftlichen Normen und Konventionen das Leben einer Familie der *upper middle class* in der spätviktorianischen Ära ruhte und wie Macht und Einfluß zwischen den Geschlechtern verteilt waren. Abel Pargiter versteht sich in der Familie wie im politisch-militärischen Leben auf die Kunst des subtilen Herrschens, wenngleich nicht zu übersehen ist, daß seine Herrschaft bereits geschwächt ist. Das äußere Symbol dafür ist die rechte Hand, die während eines Aufstandes in Indien verletzt wurde. Wiewohl er nicht in einer allzu vereinfachenden Art als Tyrann charakterisiert wird, werden seine Gefühllosigkeit und der – gelegentlich brutale – Zwang, mit dem er die Geschicke seiner Familie zu lenken versucht, deutlich herausgearbeitet.

Seine Söhne fügen sich in die beruflichen Rollen, die die spätviktorianische Gesellschaft für die männlichen Angehörigen der *upper middle class* bereit hielt: Edward wählt die Laufbahn eines Gelehrten; Morris geht ganz in der Rolle eines Anwalts auf; Martin dient zunächst als Soldat in Indien und arbeitet später an der Börse. Von den Töchtern des Oberst Pargiter nimmt Milly kritiklos die bestehende Gesellschaftsordnung an, während Rose sich für die Suffragetten, Delia für die Sache der Iren begeistert. Eleanor nimmt insofern eine Sonderstellung ein, als sie einerseits bei ihren Geschwistern die Rolle der Mutter vertritt, andererseits aber offen bleibt für eine neue Lebensordnung. Um deren Verwirklichung bemühen sich die Angehörigen der jüngeren Generation – wie Peggy Pargiter, die Ärztin wird, oder Sara Pargiter, die sich in der Rolle einer modernen Antigone gefällt, – die sich dabei von dem Rollenverständnis lösen, das die viktorianische Familie Frauen und Töchtern der *upper middle class* zuwies.

An der Intensität des Reflektierens läßt sich bei den einzelnen Personen erkennen, bis zu welchem Grad sie sich ihrer eigenen und der gesamtgesellschaftlichen Situation bewußt sind; umgekehrt deutet ein Mangel an Reflexion auf die Bereitschaft des Einzelnen hin, sich in den bestehenden Konventionen einzurichten und sich den traditionellen Strukturen und Normen des gesellschaftlichen Lebens aus schierer Bequemlichkeit auszuliefern. Bei den Reflexionen der meisten Pargiters fällt auf, daß Fragen wie "Where am I?"[21] oder "What's 'I'? ..." (Y, 150) einen symptomatischen Charakter haben, denn sie spiegeln die Orientierungslosigkeit der Fragenden, die, auch wenn sie bereit sind, sich vom Bestehenden zu lösen, doch recht vage Vorstellungen vom anderen Leben haben, dem sie zustreben. "Justice" und "Liberty" sind für sie oft nicht mehr als Reizworte aus der liberalistischen Tradition, die sie als Orientierungshilfe für ihren Aufbruch in die neue Ära benutzen. Die Sonderstellung des Polen Pomjalovsky ist darin begründet, daß er offenbar intensiver als seine englischen Zeitgenossen über ein neues Gesellschaftsideal nachgedacht hat und bereit und fähig ist, danach zu leben. Seine Auftritte und die Möglichkeiten, im Dialog utopische Vorstellungen zu konkretisieren, sind jedoch – wohl mit Absicht – knapp bemessen. Entweder wird sein Pathos ironisch unterlaufen oder aber die Dialoge, in denen er ansetzt, seine Vorstellungen zu entwickeln, werden unterbrochen, so daß sie "offen" bleiben.

Virginia Woolf will nicht primär (auch nicht durch eine als Sprachrohr agierende Person) eine bestimmte politische oder sozialreformerische "Botschaft" verkünden, sondern das Dilemma Einzelner präsentieren. Die Gespräche, in denen die Einzelnen ihre ungelösten Fragen artikulieren, sind eingebunden in alltägliche Vorgänge im Leben der Familie. Es sind Gespräche, wie sie sich bei gegenseitigen Besuchen und auf Parties ergeben. Es herrscht der

---

21 Virginia Woolf, *The Years*, London: The Hogarth Press (1937), 1958, 25. Im Folgenden zitiert als Y.

leichte Konversationsstil vor – mit seinen vielen Unverbindlichkeiten, mit seinen Trivialitäten und Banalitäten –, nicht aber die ernsthafte Diskussion, die durch eine dem Gegenstand gebührende Logik bestimmt wird. Und da Virginia Woolf bewußt auf eine Haupthandlung verzichtet, ergibt sich auch aus dem bloßen Ablauf der Ereignisse keine "dramatische" Dynamik.

Am ehesten läßt sich ein angemessenes Verständnis der erzählerischen Darbietungsweise, die Virginia Woolf in diesem Roman bevorzugt, gewinnen, wenn der Leser die einzelnen Abschnitte von *The Years* als eine Folge von Kurzgeschichten auffaßt, die durch die gleiche Personengruppe und eine durchgehende Thematik zu einer Einheit verbunden sind. Die einzelnen, lediglich chronologisch gekennzeichneten Abschnitte des Romans liefern wie moderne Kurzgeschichten Ausschnitte aus dem Leben der englischen Gesellschaft und provozieren den Leser dazu, über die dargestellten Personen und Vorgänge nachzudenken. Als Vorbild für diese Darstellungstechnik kommt am ehesten Tschechow in Frage.

Bereits in ihrem Essay "The Russian Point of View" (*CR I*, 219–231) hatte Virginia Woolf dargelegt, weshalb sie von Tschechow so fasziniert war. Die Gesellschaftssatire im Stile von George Bernard Shaw und die psychologische Erzählkunst von Henry James wurden von Virginia Woolf nicht so hoch eingestuft wie die subtile Erzählkunst Tschechows, der sich sowohl vom reformerischen Eifer wie von einer "vernünftigen" Auflösung aller Konflikte im letzten Kapitel fernhält. Sie bewundert an Tschechow die souveräne Kompositionskunst, den Umgang mit den Trivialitäten des Lebens, die scheinbar so lässige Darbietungsweise und den offenen Schluß, der die sichtbare Konsequenz der inneren Offenheit ist, mit der er dem Leben begegnete. An Tschechow erinnert bei Virginia Woolfs Roman auch die Dominanz der Atmosphäre und der Stimmung, die wechselseitige Spiegelung der Vorgänge in der Natur und in der menschlichen Psyche und schließlich auch die starke Betonung des Musikalischen, sowohl in der Kompositionstechnik wie in der lyrischen Färbung der poetischen Prosa.

Gewiß konnte Virginia Woolf einzelne dieser Techniken auch bei anderen Autoren beobachten. Für das Zusammenwirken der verschiedenen Techniken innerhalb eines Werkes, für die veränderte Einstellung zu einer gesellschaftlichen Umwelt, die zur Satire herausforderte, für die Offenheit des Fragens und Darstellens hatte sie in Tschechow ein vorzügliches Vorbild, das ihr half, sich näher an eine umfassende Sicht einer Epoche der englischen Sozialgeschichte heranzuarbeiten, als sie dies je zuvor vermochte. *The Years* ist, wie ihre anderen Romane, als ein erzählerisches Experiment zu bezeichnen, in dem sie die Form des Romans modifizierte, um dem Leser Einsichten in die gesellschaftliche und geschichtliche Wirklichkeit zu vermitteln, die durch die traditionellen Formen des Erzählens nur in sehr begrenzter Weise vermittelt werden konnten.

8

Einige Tagebucheintragungen weisen darauf hin, daß sich Virginia Woolf schon sehr früh mit der Sozialgeschichte Englands befaßte. Unter dem Datum des 20. Juli 1925 notiert sie über ihre literarischen Pläne: "I want to read voraciously and gather material for the *Lives of the Obscure* – which is to tell the whole history of England in one obscure life after another"[22]. Und unter dem Datum des 8. Dezember 1929 teilt sie über ihre schriftstellerische Tätigkeit als Fünfzehn- oder Sechzehnjährige mit: "I was then writing a long picturesque essay upon the Christian religion [...] and I also wrote a history of Women; and a history of my own family – all very long-winded and Elizabethan in style" (*AWD*, 151). Kann *The Years* in modifizierter Form als "a history of my own family" bezeichnet werden, als ein Familienroman, der – wie dargelegt – zugleich ein Gesellschafts- und Geschichtsroman ist, so stellt *Orlando* (1928) den ersten Versuch Virginia Woolfs dar, von einer Biographie her in die Darstellung einiger Hauptphasen der englischen Geschichte vorzudringen. Virginia Woolf nannte dieses Werk "A Biography", weil es von der Intention ausgeht, die Geschichte eines einzigen Menschen zu erzählen, der im elisabethanischen Zeitalter geboren wird, die englische Geschichte zunächst als Mann erlebt, sich dann in eine Frau verwandelt und am 11. Oktober 1928, an dem Tag, an dem der Roman endet, angeblich 36 Jahre alt ist.

Wie die Widmung des *Orlando* zu erkennen gibt, wurde Virginia Woolf von Victoria (Vita) Sackville-West zu dieser Biographie inspiriert. Die Parallelen zwischen dem historischen Vorbild und

---

22 Virginia Woolf, *A Writers's Diary, Being Extracts from the Diary*, ed. Leonard Woolf, London: The Hogarth Press 1953, 81. Im Folgenden zitiert als *AWD*.

Orlando, zwischen der historisch belegbaren Familiengeschichte der Sackville-Wests und der fiktiven Biographie sind zahlreich. Wie Orlando war auch Vita Sackville-West im Jahre 1928 sechsunddreißig Jahre alt; wie Orlando war auch sie androgyn, eine Lesbierin, die vorübergehend mit Virginia Woolf sehr eng befreundet war, zugleich mit Harold Nicolson verheiratet und Mutter von zwei Kindern. Auf die Familiengeschichte und die Vorfahren Vitas spielt Virginia Woolf mehrfach an; wenn etwa von Orlando gesagt wird, daß er die Zigeuner-Tänzerin Rosina Pepita heiratete, dann erinnert diese Begebenheit daran, daß Lionel Sackville-West, Vitas Großvater, eine andalusische Tänzerin geheiratet hatte, worüber Vita selbst in dem Buch *Pepita* berichtet.

Die geschichtliche Entwicklung, in die das Leben Orlandos eingelagert ist, gleicht einer Folge von dramatischen Szenen, Orlando ähnelt einem Akteur, der ständig neue Rollen übernimmt. Als junger Adliger hält er sich zunächst am Hof Elisabeths I. auf, später lebt er am Hof Jakobs I. Unter Karl II. geht er als Botschafter nach Konstantinopel, heiratet eine Zigeuner-Tänzerin, erlebt einen Geschlechtswandel, kehrt nach abenteuerlichen Wanderungen mit den Zigeunern nach England zurück und heiratet im 19. Jahrhundert Marmaduke Bonthrop Shelmerdine. Im 20. Jahrhundert ist Orlando eine Schriftstellerin. Während in den Romanen Virginia Woolfs eine strenge Formkunst festzustellen ist, gleicht die fiktive Biographie *Orlando* eher einem entspannten, einfallsreichen, parodistisch-satirischen Spiel. Virginia Woolf spielt zum einen mit der Kategorie der Zeit: Nicht die chronologisch-meßbare, sondern die erlebte Zeit zählt für sie; in dem Leben des Titelhelden dieses Buches sind mehr als 300 Jahre erlebter Zeit, geschichtlicher Erfahrung zusammengedrängt. Sie spielt weiterhin mit dem Thema der personalen Identität; die Grenzen zwischen der männlichen und der weiblichen Persönlichkeitsstruktur sind fließend; Orlandos androgyne Veranlagung entfaltet sich im Laufe seiner Biographie.[23] Schließlich spielt die Autorin auch mit der Form der Biographie: Sie fügt dem Werk einen (wenn auch nicht vollständigen) Index hinzu; sie parodiert aber diese Form zugleich und benutzt dabei Laurence Sternes *Tristram Shandy* als literarisches Modell.

---

23 Vgl. hierzu Willi Erzgräber, "Feminismus und Androgynie bei Virginia Woolf", in: *Frauen und Frauendarstellung in der englischen und amerikanischen Literatur*, Therese Fischer-Seidel (Hg.), Tübingen 1991, 115–140.

Ähnlich wie später in *Between the Acts* lehnt sich Virginia Woolf bei der Schilderung einer jeden Epoche an die Literatur des Zeitalters an, um die geistige Atmosphäre zu treffen. Im Vorwort nennt sie Defoe, Sir Thomas Browne, Sterne, Sir Walter Scott, Lord Macaulay, Emily Brontë, De Quincey und Walter Pater, denen sie besondere literarische Anregungen verdankt. Dazu kommt, daß Orlando selbst literarisch begabt ist, im elisabethanischen Zeitalter Nick Greene kennenlernt und im 18. Jahrhundert mit Alexander Pope und dessen Freundeskreis zusammentrifft; in der Romantik schreibt Orlando – nun eine Frau – im Stil der Dichter des Zeitalters, im 19. Jahrhundert läßt er sich von Tennyson beeindrucken. Mit den Erfahrungen, die Orlando als Schriftstellerin im 20. Jahrhundert sammelt, verdeutlicht Virginia Woolf literatursoziologische Probleme, die sie in ihrem Essay *A Room of One's Own* (1929) noch ausführlicher behandeln sollte.

9

Der Roman *Between the Acts*, der zwischen 1938 und Februar 1941 entstand und posthum 1941 veröffentlicht wurde, ist im doppelten Sinn ein historischer Roman: Er registriert zeitgeschichtliches Erleben, persönliche Stimmungen und Ängste; er artikuliert aber zugleich das Bewußtsein, einem bestimmten Volk und einer bestimmten Tradition anzugehören. Die Handlung des Romans wird auf einen Junitag des Jahres 1939 datiert; die Angst vor dem Ausbruch eines neuen Krieges prägt die Atmosphäre, die in diesem Buch beschrieben wird, auch wenn sein Schauplatz, Pointz Hall, ein beschaulicher aristokratischer Landsitz ist.

Aus den Tagebüchern Virginia Woolfs geht hervor, wie stark sie von den politischen Ereignissen in Europa betroffen war. So stellt sie am 17. Mai 1938 fest: "[...] the whole of Europe may be in flames [...] One more shot at a policeman and the Germans, Czechs, French will begin the old horror" (*AWD*, 293). Persönliche Erfahrungen und Befürchtungen der Autorin spiegeln sich sehr deutlich im Roman. Wenn es in einer Dialogpassage einmal heißt: "'And what about the Jews? The refugees ... the Jews ... People like ourselves, beginning life again ... But it's always been the same'"[24],

---

24 Virginia Woolf, *Between the Acts*, London: The Hogarth Press (1941), 1965, 145. Im Folgenden zitiert als *BA*.

so ist in eine solche Äußerung Virginia Woolfs Angst um das Schicksal ihres Mannes mit eingegangen. Leonard Woolf verfaßte in dieser Zeit ein Buch, dem er den Titel *Barbarians at the Gate* gab. Er wie Virginia Woolf fürchteten nicht nur um ihr persönliches Leben und den Fortbestand der englischen Traditionen, denen sie sich um so mehr zuwandten, je mehr sie durch die politischen und militärischen Ereignisse bedroht waren; es stand für sie auch eine der zentralen Vorstellungen des Bloomsbury-Kreises auf dem Spiel, nämlich die Idee der Zivilisation, die Idee des kulturellen Fortschritts.

Wenn T.S. Eliot im letzten der *Four Quartets* formulierte: "History is now and England"[25], so läßt sich eine derartig aphoristische Feststellung auch auf Virginia Woolfs Roman übertragen. Sie erfährt die Wirklichkeit der Geschichte im Hier und Jetzt vor dem Hintergrund der englischen Tradition. Bereits in der einleitenden Beschreibung der Umgebung von Pointz Hall spielt Virginia Woolf auf die Spuren an, die an frühere geschichtliche Epochen, an die Zeit der Briten und der Römer, an das elisabethanische wie an das napoleonische Zeitalter erinnern. Einige Familiennamen aus dieser Gegend finden sich im *Doomsday Book*; der Garten von Pointz Hall soll 500 Jahre alt sein, die Scheune, in der jährlich ein "pageant", ein Historienspiel, aufgeführt wird, 700 Jahre – so alt wie die Kirche.

Die Bedeutung der geschichtlichen Traditionen, ihre prägende Kraft für den Einzelnen, läßt sich am deutlichsten an der Sprache der Personen ablesen. Die englische Literatur, die hohe wie die volkstümliche, Shakespeare wie die *Nursery Rhymes*, ist für sie nicht von gelehrtem, archivalischem Interesse, sondern eine lebendige, stets greifbare, wenn auch in mancher Beziehung beschädigte Tradition.

Das Spiel, das Miss La Trobe geschrieben hat, bewegt sich stilistisch in den gleichen Bahnen wie die Sprache der Hauptcharaktere; es intensiviert die angedeuteten Tendenzen lediglich und stilisiert die einzelnen Spiele so, daß innerhalb einer jeden Epoche die Anklänge an die Diktion des dargestellten Zeitalters dominieren. Außerdem werden nicht nur die Sprache, sondern auch bestimmte Charaktere und Handlungselemente benutzt, um die spezifischen Züge einer Epoche, wie sie sich dem Gedächtnis der Engländer auf

---

25 T.S. Eliot, *The Complete Poems and Plays*, London (1969), 1990, 197.

Grund der überlieferten Literatur eingeprägt haben, hervortreten zu lassen. Sind in der Episode, die vom elisabethanischen Zeitalter handelt, Verbindungslinien zu Shakespeares *Henry IV*, *As You Like It*, *Cymbeline* und *The Tempest* gezogen worden, so erinnert das Spiel des Restaurationszeitalters, das mit "*Where there's a Will there's a Way*" betitelt ist, vor allem an Congreves *The Way of the World*, aber auch an Goldsmith und Sheridan. Anklänge an Goldsmith sind auch noch im Stück über das viktorianische Zeitalter zu vernehmen – möglicherweise soll damit eine literarische Kontinuität angedeutet werden, vorherrschend aber sind die sentimentalen und bombastischen Klischees zweitrangigen viktorianischen Schrifttums und die Anklänge an Henry Arthur Jones sowie Gilbert und Sullivan. In der turbulenten Schlußszene vermischen sich Zitate aus Stevenson und Tennyson, Dante und Shakespeare, wobei sich bei dem Leser Erinnerungen an Eliot, insbesondere an den Schluß des *Waste Land* einstellen können: "These fragments I have shored against my ruins".[26]

Miss La Trobes Historienspiel ist keine detaillierte Darstellung der politischen Geschichte Englands, keine Szenenfolge, in der etwa im Sinne Carlyles die Entscheidungen großer Persönlichkeiten vorgeführt werden. Miss La Trobe versteht – wie Virginia Woolf selbst – Geschichte primär als Sozialgeschichte und schildert "the Lives of the Obscure" (*AWD*, 81) exemplarisch an Hand einzelner Episoden. Wenngleich die Zuschauer durch alle Szenen hindurch "gleiche Grundsituationen" und "gleichbleibende Themenkreise wie Liebe, Tod und Jenseits"[27] verfolgen und das Wechselspiel von Liebe und Haß in den Beziehungen der Geschlechter beobachten können, wenngleich wir also von einer Repetition der Grundkonflikte im Zusammenleben der Geschlechter durch die Jahrhunderte hin sprechen müssen, hat Virginia Woolf den geschichtlichen Ablauf auch auf ein bestimmtes Entwicklungsschema abgestimmt. Ist im elisabethanischen Zeitalter noch eine Einheit im Zusammenleben der Menschen spürbar, so verdeutlicht die Renaissance-Episode zugleich, wie im Handeln der Menschen sich der Wille zur Beherrschung des anderen bemerkbar macht. Diese Tendenz verstärkt sich in der Szene aus dem Zeitalter der Restauration, die zwar im Zei-

---

26 T. S. Eliot, *The Complete Poems and Plays*, 75.
27 Frieder Stadtfeld, "Virginia Woolfs letzter Roman: More Quintessential than the Others", *Anglia* 91, 1973, 56–76, hier 63.

chen der Vernunft steht, aber den vielsagenden Titel "*Where there's a Will there's a Way*" (*BA*, 149) trägt. Im viktorianischen Zeitalter hat das Streben nach Macht von der ganzen Nation Besitz ergriffen. Inbegriff dieser Epoche ist der Polizist, der mit physischer Gewalt eine Ordnung aufrecht erhalten muß, die im 20. Jahrhundert zerbrechen sollte.

Die Episode, die dem modernen Zeitalter gewidmet ist, läßt nicht nur das Selbstverständnis der Personen, sondern auch die Problematik der Kunst – hier des Dramas, indirekt aber auch des Romans – hervortreten, die dieses Selbstverständnis zum Vorschein bringen möchte. Zunächst bleibt die Bühne leer; Miss La Trobe versucht die Gegenwart dadurch präsent zu machen, daß die Personen gezwungen sind, über sich selbst zu reflektieren. Das Publikum ist jedoch durch die vorausgehende Historienszene so sehr auf die Vermittlung geschichtlicher Verhältnisse durch dramatische Konventionen eingestellt, daß es die intendierte perspektivische Wendung ohne entsprechende Anregung von der Bühne her nicht vollzieht. Eine ähnliche Schockwirkung wird in den Zuschauern ausgelöst, wenn schließlich die Schauspieler mit gesprungenen Spiegeln auftreten und die Zuschauer zwingen, sich in diesen Spiegeln zu betrachten. Das traditionelle Spiegelungsprinzip ist hier auf eine primitive, aber um so wirksamere Stufe reduziert. Dabei ist zu beachten, daß die Spiegel gesprungen sind. Nicht nur die moderne Zivilisation ist brüchig geworden, auch das Vertrauen in die Möglichkeiten der künstlerischen Darstellung des gegenwärtigen gesellschaftlichen Zustandes ist skeptischer Kritik gewichen. Wenn die kommentierende Stimme abschließend fragt, wie aus den Fragmenten der Gegenwart – gemeint sind die Zuschauer selbst – die Zivilisation wieder aufgebaut werden könne, scheint die Musik den Eindruck, daß nur das Chaos regiere, zunächst zu bestätigen. Dann aber erklingt eine Melodie, deren Komponist nicht auszumachen ist, und läßt die Vorstellung von einer Ordnung aufkommen, die sich hinter dem Chaos oder im Chaos verbirgt. Die Musik wird zur Trägerin einer sprachlosen Utopie und vermittelt die Vorstellung von einer potentiellen Bändigung des Chaos durch die kreativ-gestaltenden Kräfte des Menschen; dies erscheint am Ende des Spiels als das Ziel, auf das sich die Menschheitsgeschichte hinbewegen sollte.

Die *Comédie humaine*, die sich "between the acts", genauer gesagt: vor dem Beginn des Schauspiels, während der Pausen und danach zwischen den Hauptpersonen abspielt, bestätigt in zahlreichen Varianten die Gültigkeit der anthropologischen Grundkonzeption, die dem Historienspiel zugrunde liegt. "Love. Hate. Peace: Three emotions made the ply of human life" (*BA*, 111) heißt es einmal im Hinblick auf das Historiendrama. Liebe ist das einheitsstiftende Prinzip ("unity"); Haß bewirkt die Trennung, die Zerstreuung des Gemüts ("dispersity"); Friede ("peace") zielt auf die Synthese von "love" und "hate", die sich immer wieder auflöst, so daß sich die beiden Pole "love" und "hate" erneut aufladen. Am Ende des Romans stehen sich nach allen Irrungen und Wirrungen eines Junitages Giles und Isa allein gegenüber; sie bewegen sich wie zwei animalische Wesen, die zunächst miteinander kämpfen, dann aber einander lieben und möglicherweise neues Leben erzeugen. Die letzten Sätze binden die Begegnung der beiden Ehepartner in eine Geschichtsauffassung ein, die sich durch den ganzen Roman hindurch verfolgen läßt: "It was the night that dwellers in caves had watched from some high place among rocks. Then the curtain rose. They spoke" (*BA*, 256). Giles und Isa verwandeln sich in riesenhafte Figuren, sie gleichen urtümlichen Gestalten, die in Höhlen wohnen. Die unmittelbare Gegenwart des 20. Jahrhunderts, der Junitag des Jahres 1939, wird auf den Anfang der Geschichte bezogen, der freilich nicht nur ein Anfang im biologischen Sinn ist, sondern zugleich den Anfang der menschlichen Zivilisation bedeutet – sie beginnt mit einem Gespräch, mit sinnvoller Kommunikation.

Virginia Woolf vertraute trotz aller desintegrativen Tendenzen hinsichtlich der geschichtlichen Entwicklung nicht so sehr auf einen vernünftigen, politisch geschulten Willen, sondern auf das Leben selbst, auf dessen generative und regenerative Kräfte. Diese Lebensgläubigkeit findet in einer Szene gegen Ende von *Between the Acts* ihren Ausdruck. Dort reflektiert Miss La Trobe einen Augenblick lang, hinter einem Baum verborgen, über ihr Spiel, das sie als einen Fehlschlag betrachtet. Plötzlich fallen Stare in den Baum ein, und es heißt weiter: "The tree became a rhapsody, a quivering cacophony, a whizz and vibrant rapture, branches, leaves, birds syllabling discordantly life, life, life, without measure, without stop devouring the tree" (*BA*, 245).

Die Stelle bekräftigt die These, daß der Lebensbegriff in Virginia Woolfs Werken in die geistes- und literaturgeschichtlichen Zusammenhänge einzuordnen ist, die Wolfdietrich Rasch von der deutschen Literatur her aufwies:

> Das Pathos, mit dem allenthalben und in unzähligen Wiederholungen das Wort Leben ausgesprochen wird, hat eine seiner Wurzeln in der vehementen Diesseitigkeit, in einer polemischen Spannung gegenüber der herkömmlichen Daseinsorientierung am Jenseits, die besonders durch Nietzsche destruiert wurde. Vom Leben pathetisch sprechen, das bedeutet, in ihm selbst seinen einzigen Sinn sehen, keine Sinngebung des Daseins anzunehmen, die von irgendeiner Instanz außerhalb des Lebens selbst ausgehen könnte.[28]

Aus der emphatischen Hinwendung zum Leben, aus dem Versuch, den Lebensrhythmus von Generation, Degeneration und Regeneration herauszuarbeiten, erklärt es sich, daß Virginia Woolf keine positivistische Sicht geschichtlicher Details und Partikularitäten bietet, sondern eine dichterische Vision, die vom Standpunkt des Literaturwissenschaftlers als "dramatically effective" zu bezeichnen ist. Sie steht damit in unmittelbarer Nachbarschaft zu James Joyce, der in *Finnegans Wake* – zwei Jahre vor *Between the Acts* veröffentlicht – ebenfalls eine Sicht der Geschichte zum Ausdruck brachte, die von den polaren Spannungen zwischen den beiden Geschlechtern und der permanenten Dekadenz wie der permanenten Regeneration im Leben der Völker berichtet. Das Besondere an *Between the Acts* ist, daß Virginia Woolf durch Miss La Trobe ständig auch ihr Publikum ins Auge faßt. In der Rezeption des Historiendramas spiegeln sich die vielfältigen Reaktions- und Rezeptionsmöglichkeiten – von der naiven Identifikation der ästhetischen Illusion mit der dargestellten Wirklichkeit bis zur Einsicht in die ästhetischen Vermittlungsvorgänge bei der Darstellung historischer Wirklichkeit. Doch damit nicht genug: Der Leser erlebt auch die Reaktionen einer Autorin – Miss La Trobe – auf die Reaktionen ihres Publikums. Sie reflektiert über die Rezeption ihres Werkes, um daraus neue Impulse für ihre produktionsästhetischen Reflexionen zu gewinnen, die zur Konzeption eines neuen Werkes führen. Wenn Miss La Trobe sich fragt, ob sie mit ihrem Spiel über die englische Geschichte ihr künstlerisches Ziel erreicht, ob ihre Kunst die Funktion, dem Publikum Erkenntnis zu vermitteln, erfüllt habe, empfindet sie einen momentanen Triumph, der aber zugleich in Enttäuschung umschlägt: "It was in the giving that the triumph was. And the triumph faded. Her gift meant nothing" (*BA*, 244). In den Tagebüchern drückte Virginia Woolf ähnliche Zweifel aus; sie wurde ihr Leben

---

28 Wolfdietrich Rasch, *Zur Deutschen Literatur seit der Jahrhundertwende*, 21.

lang die quälende Skepsis nicht los, ob sie mit ihren Romanen die eigentliche Funktion dieser Gattung erfüllt habe, nämlich das Bewußtsein des Lesers zu erweitern, zu verändern und ihm Einsichten in die Realität durch die Form ihrer Werke zu vermitteln.

10

Die Darstellung des kreativen künstlerischen Bewußtseins und der Wechselbeziehung zwischen der Kunst und dem Leben, der Wirklichkeit, ist Virginia Woolf am eindrucksvollsten in dem Roman *To the Lighthouse* (1927) gelungen, einem Werk, das sich – geht man von thematischen Gesichtspunkten aus – als ein Familien- und Künstlerroman bezeichnen läßt und das wegen seiner formalen Vollendung von der Kritik meist als Höhepunkt ihres künstlerischen Schaffens bezeichnet wird.

Schauplatz des Geschehens ist die Hebriden-Insel Skye. Teil I, "The Window", beschreibt einen Septembernachmittag und -abend, an dem der Philosophieprofessor Mr. Ramsay, seine Frau und ihre acht Kinder sich mit ihren Freunden treffen, zu denen Charles Tansley, ein Mitarbeiter Mr. Ramsays, die Malerin Lily Briscoe, der Dichter Augustus Carmichael und der Botaniker William Bankes gehören; ihnen schließt sich das Liebespaar Paul und Minta an. Teil II, "Time Passes", stellt den Wandel im Ferienhaus der Familie Ramsay und den allmählichen Verfall des Hauses in den folgenden zehn Jahren dar. Die Schicksale der Familienmitglieder – Mrs. Ramsay stirbt, ebenso ihre Tochter Prue, und der Sohn Andrew fällt im Ersten Weltkrieg – werden nur in Parenthesen mitgeteilt. In Teil III, "The Lighthouse", wird berichtet, daß Mr. Ramsay, sein Sohn James und seine Tochter Cam nach zehn Jahren zur Insel Skye zurückkehren und die Fahrt zum Leuchtturm, die sie einst planten, durchführen, während Lily Briscoe das von ihr konzipierte Bild vollendet, das Mrs. Ramsay und deren Sohn darstellt.

Wie sehr Virginia Woolf bei diesem Roman darauf bedacht war, ein durchstilisiertes und durchkomponiertes Bild von der Realität zu entwerfen, läßt sich besonders deutlich an der Figurengestaltung ablesen. Da der gesellschaftliche Hintergrund, der auf das Leben der Ramsays zu beziehen ist, nur angedeutet und auch die geschichtliche Situation – die Zeit um den Ersten Weltkrieg – nur in wenigen Passagen erwähnt wird, gewinnt Virginia Woolf erzählerischen

Freiraum für eine Figurengestaltung, in der eine individualisierende und eine typisierende Technik miteinander verbunden sind. Die Erinnerung an den Vater und die frühverstorbene Mutter trug bei Virginia Woolf dazu bei, daß gelegentlich sehr idiosynkratische Züge der Eltern in die Charakterisierung von Mr. und Mrs. Ramsay aufgenommen wurden.

Zu Beginn des Romans erscheint Mrs. Ramsay als die schützende Mutter; in der Welt der Erwachsenen spürt sie ständig bedrohliche und zerstörerische Kräfte, die sie abzuwehren versucht. Aus ihrer Bereitschaft zu schützen und zu helfen erklärt es sich auch, daß sie nicht nur auf eine rein persönliche Weise karitativ tätig ist, sondern sich einer nicht näher bezeichneten Organisation angeschlossen hat, deren Ziel es ist, das Leid und die Not der Gesellschaft zu lindern. "[...] suffering; death; the poor"[29] sind deshalb für sie die zentralen Themen ihrer Meditation, die in den Mittelpunkt des ersten Teiles gerückt ist. Wie Clarissa Dalloway erlebt auch Mrs. Ramsay "moments of vision". Während des Abendessens, zu dem sich die Familie Ramsay und ihr Freundeskreis versammelt haben, wird Mrs. Ramsay plötzlich von einem Gefühl der Ruhe und des Friedens durchströmt; im flüchtigen Augenblick offenbart sich das Dauernde:

> [...] there is a coherence in things, a stability; something, she meant, is immune from change, and shines out [...] in the face of the flowing, the fleeting, the spectral, like a ruby; so that again to-night she had the feeling she had had once to-day already, of peace, of rest. Of such moments, she thought, the thing is made that endures. (*TL*, 89)

Selbst nach ihrem Tod bleibt Mrs. Ramsay noch die spirituelle Mitte und die belebende Kraft dieses Familien- und Freundeskreises; sie wird zum Symbol der Dauer, Stabilität und Kohärenz, die sie in dem Augenblick erlebte, als sie mit der Familie auf der Hebriden-Insel Skye versammelt war. Wenn sie auch intellektuell in ihrer Umgebung als die Unterlegene erscheint, übertrifft sie ihre Familie und den Freundeskreis durch die Gabe der Intuition, die ihr einen Zugang zur Wahrheit eröffnet, der anderen Menschen verschlossen bleibt.

Repräsentant der rationalistischen Sicht der Realität ist in *To the Lighthouse* Mr. Ramsay. Er ist der strenge Vater im Sinne der

---

29 Virginia Woolf, *To the Lighthouse*, (1927), ed. Susan Dick, Oxford/Cambridge, Mass., 1992, 52. Im Folgenden zitiert als *TL*.

patriarchalischen Familienstruktur und zugleich der Denker und Philosoph, dessen oberstes Ziel die Erkenntnis der Wahrheit ist. In seiner Wahrheitsliebe ist er gelegentlich grausam und brutal, so daß er die elementarsten Normen des zivilisierten Benehmens verletzt. Wenn er die Illusionen zerstört, die seine Frau in den Kindern weckt, glaubt er im Recht zu sein, denn er ist überzeugt, daß nur auf diese Weise Kinder angemessen auf das Leben vorbereitet werden können. Seine oft destruktiven Einwände lassen ihn kalt und gefühllos erscheinen, während Mrs. Ramsay der Inbegriff der Sympathie und der Liebe ist. Der Versuch, die Realität rational zu durchdringen und zu erklären, gewinnt bei Mr. Ramsay auch einen tragischen Zug. Bei seinem Bemühen, eine geistige Ortsbestimmung vorzunehmen, nimmt er ständig das Alphabet zur Hand. Er glaubt, daß er bis jetzt zum Buchstaben Q vorgedrungen sei, versucht aber vergeblich, den Buchstaben R zu erreichen, und er zweifelt, ob er je bis zum Ende des Alphabets kommen werde. (Sieht man in der Wahl der Buchstaben Q und R eine künstlerische Absicht der Autorin, so ließe sich sagen, "Q" steht für "Quest", für seine unablässige Suche, "R" für "Reality", das Ziel dieser Suche.) Wenngleich er kraft seiner philosophischen Spekulation tiefer in erkenntnistheoretische Fragen eindringt als seine Umgebung, bleibt ihm bei aller begrifflichen Anstrengung die Realität letzlich verschlossen, so daß er sich auf sein eigenes Ich zurückgeworfen sieht. Auch Mr. Ramsay ist wie viele Helden im modernen Roman vom Solipsismus gezeichnet. Er fühlt sich in seinem Ich gefangen, zum Scheitern verurteilt und verleiht dieser inneren Erfahrung insofern histrionischen Ausdruck, als er beim Hin- und Herschreiten ständig Passagen aus romantischer Dichtung oder der englischen Prosaliteratur rezitiert, die das Thema des Scheiterns zum Gegenstand haben.

Im Gegensatz zu Mrs. Ramsay kann bei Mr. Ramsay von einer Entwicklung gesprochen werden. Als er mit seinen Kindern James und Cam nach zehn Jahren die Hebriden-Insel wieder besucht, beschließen seine Kinder, gegen die väterliche Autorität zu rebellieren und sich gegen seine tyrannischen Ansprüche zur Wehr zu setzen. Es kommt jedoch nicht zu dieser Auflehnung, weil Mr. Ramsay jetzt die Rolle des Vaters mit derjenigen der Mutter vereint und sich im Zusammenleben von Vater, Sohn und Tochter eine Harmonie herausbildet, die jener Harmonie vergleichbar ist, die Lily Briscoe auf ihrem Bild zum Ausdruck bringen möchte.

Wenngleich in die Figur des Mr. Ramsay mancherlei Erinnerungen an den Vater der Autorin eingegangen sind, kann nicht übersehen werden, daß Virginia Woolf mit der Porträtierung von Mr. und Mrs. Ramsay das Ziel verfolgte, typische, urbildliche Verkörperungen des männlichen und des weiblichen Prinzips zu liefern. In der Charakterisierung der Kinder, der Söhne Roger, Jasper, Andrew und James sowie der Töchter Nancy, Rose, Prue und Cam, erscheint die Polarität, die sich im Verhältnis der Eltern zueinander abzeichnet, in modifizierter Form. So sind beispielsweise Andrew, die Verkörperung männlicher Intelligenz, und Prue, die Verkörperung weiblicher Schönheit, einander zugeordnet, und ihre Verbundenheit wird noch dadurch betont, daß beide das gleiche Schicksal teilen: beide sterben während des Ersten Weltkrieges. In dieser Koordination der Charaktere deutet sich in *To the Lighthouse* bereits ein Prinzip in der Figurengestaltung an, das Virginia Woolf in *The Waves* noch deutlicher ausarbeitete.

Daß Virginia Woolf sich bei der Niederschrift dieses Romans an kunsttheoretischen Werken (wie z.B. an Roger Frys Buch *Cézanne: A Study of his Development*[30]) orientierte, die im Bloomsbury-Kreis entstanden und erörtert wurden, geht aus Äußerungen Lily Briscoes über ihre künstlerischen Ziele hervor. Alle Angaben über die Relation zwischen Kunst und Leben, die in der Darstellung des künstlerischen Schaffensprozesses im dritten Teil des Romans zu finden sind, deuten darauf hin, daß Lily Briscoe sich innerlich ständig mit dem Doppelcharakter des Kunstwerkes auseinandersetzt, das sie schaffen möchte. In der Gestaltung der Struktur und der Textur ihres Bildes unterstellt sie sich in aller Radikalität ästhetischen Zielsetzungen; sie will sich jedoch gleichzeitig nicht aus dem Kontext des gesellschaftlichen Lebens lösen; ihr Bild bleibt auf Mrs. Ramsay bezogen, die allerdings nicht als Individualität in diesem Bild erscheinen soll. Farbsymbolik und Bildstruktur sollen vielmehr auf ein Prinzip hindeuten, das sie für Lily Briscoe verkörpert: das Prinzip der schöpferischen Gestaltung des menschlichen Zusammenlebens.

Wenn es Lily Briscoe im ersten Teil des Romans nicht gelingt, das Bild zu vollenden, so ist dies darin begründet, daß der künstlerische Wille, von der äußeren Wirklichkeit zu abstrahieren, und die Neigung, sich immer auf den konkreten Gegenstand ihrer Male-

---

30 Roger Fry, *Cézanne: A Study of his Development*, (1927), Chicago 1989.

rei zurückzubeziehen, einander behindern: der künstlerische Transformationsprozeß kommt nicht durchgehend zustande. Beim zweiten Versuch hat Lily nicht nur zeitliche, sondern auch geistig-seelische Distanz zum Gegenstand gewonnen. Der Prozeß der künstlerischen Gestaltung und Vollendung des Bildes setzt jedoch auch voraus, daß Lily Briscoe ein neues Verhältnis zu Mr. Ramsay gewinnt. Solange sie ihn haßte, blieb ihr Bild unvollendet; erst als sie während seiner Fahrt zum Leuchtturm Sympathie für ihn entwickelt, schafft sie die innere Voraussetzung für das Gelingen ihres Werkes. Der dritte Teil des Romans beweist, daß es Lily Briscoe nicht um eine Kunst geht, die sich im Spiel der Formen erschöpft; die Form ist für sie ein Instrument, das Erfahrung erhellt – und damit zugleich das Bewußtsein des Betrachters.

11

Diese Auffassung vom Verhältnis der Kunst zur Realität steht in unmittelbarer Nachbarschaft zu Theorien, wie sie van Gogh und Cézanne entwickelten. Van Gogh lehnte in seinen Briefen den Vorschlag Gauguins ab, sich ganz von der beobachteten Realität zu lösen und aus dem Kopf zu malen. Van Goghs Kunst ist auf die wahrgenommenen Dinge ebenso angewiesen wie auf das schöpferische Ich, das auf die Wirklichkeit in intensivem Erlebnis antwortet. Seine Kunst ist "in einem Zwischenreich, dem 'Spiegelreich' zwischen Ding und Mensch"[31], angesiedelt. Farbe dient ihm dazu, das in dieser Auseinandersetzung mit der beobachteten Wirklichkeit für wahr Erkannte dem Betrachter des Bildes zu übermitteln und bei der Darstellung menschlicher Leidenschaft in den Ausdruckswert der Farbe auch die Sinngehalte aufzunehmen, die ehedem durch Gestik und Mimik gekennzeichnet wurden. Wie die Impressionisten blieb Cézanne hart am 'Motiv'[32] und strebte zugleich eine souverän gestaltete Umsetzung der beobachteten Wirklichkeit an, wobei es ihm weniger auf den durch Farbwerte vermittelten Ausdruck der seelischen Einstellung zur Wirklichkeit als auf die konstruktive Bewältigung des Gegenstandes ankam. Auch Cézannes Kunst ist

---

31 Werner Haftmann, *Malerei im 20. Jahrhundert*, Bd.1: Text-Band, München, (1954), zweite durchgesehene Auflage 1957, 31.
32 Ebd., 40.

"zwischen den abstrakten Gebilden der reinen Form und den optischen Erscheinungen in der Natur"[33] anzusiedeln.

Virginia Woolf hat in ihrem Roman *To the Lighthouse* nachimpressionistische Anschauungen über den strukturellen Aufbau eines Bildes und über die Funktion der Farben thematisiert,[34] indem sie die Entstehung von Lily Briscoes Bild schildert. An der Komposition ihres Romans und an der Verwendung der Farbadjektive läßt sich im einzelnen nachweisen, daß sie sich die aus der malerischen Praxis gewonnenen theoretischen Einsichten der Nachimpressionisten in die Funktion formaler Mittel für ihre Erzähltechnik zu eigen machte. Eine solche Orientierung erzählerischer Formkunst an den nachimpressionistischen Anschauungen war deshalb möglich, weil Virginia Woolf in ihrer Wirklichkeits- und Kunstauffassung mit den Nachimpressionisten übereinstimmte. Weder Virginia Woolf noch Cézanne und van Gogh möchten ein Abbild der Wirklichkeit vermitteln; die Erzählerin wie die Maler sind aber auch nicht bereit, sich im Stil der abstrakten Kunst völlig von der erfahrbaren und erfahrenen äußeren Wirklichkeit zu lösen. Sie erstreben vielmehr eine Kunst, in der die erfahrene Wirklichkeit durch die Form so transformiert wird, daß mit dem Gegenstand zugleich das geistig-seelische Verhältnis des Künstlers zu den Gegenständen zum Ausdruck kommt. Virginia Woolf sucht die Nähe zur alltäglichen Erfahrung zu erhalten, diese zugleich aber visionär zu verwandeln, so daß ihre Weise, die Welt zu sehen und darzustellen, in allen Einzelheiten ihrer Romane – in deren Makrostruktur wie in den Grundelementen der Textur – zu erkennen ist.

---

33 Ebd., 41.
34 Vgl. hierzu Willi Erzgräber, "Nachimpressionistische Anschauungen über Kompositionstechnik und Farbsymbolik in Virginia Woolfs Roman *To The Lighthouse*", in: Festschrift für Helmut Viebrock, hg. von Kuno Schumann, Armin Paul Frank und Wilhelm Hortmann, München 1974, 148–183.

E.M. FORSTER (1879–1970)

"Sawston" und seine alternativen Wirklichkeiten

1

Während James Joyce und Virginia Woolf sich einem experimentellen Erzählstil verschrieben, setzte E.M. Forster mit seinen Romanen die Tradition des realistisch-gesellschaftskritischen Erzählens fort, als dessen Hauptvertreter im 18. Jahrhundert Henry Fielding und zu Beginn des 19. Jahrhunderts Jane Austen gelten. Die Tatsache, daß Forster in *A Passage to India* (1924) einen Charakter namens Mr. Fielding auftreten läßt, bei dem sich etliche Ähnlichkeiten mit dem Autor selbst nachweisen lassen, darf als ein deutlicher Hinweis auf das künstlerische Selbstverständnis Forsters gewertet werden.

In seinen gesellschaftskritischen Kommentaren wandte sich Forster gegen den Lebensstil und die Mentalität der englischen Mittelklasse. Tonbridge, die *Public School*, die er besucht hatte, galt ihm als Inbegriff dieser Mentalität, mit der er sich in dem Essay "Notes on the English Character" auseinandersetzte; dort faßte er seine Kritik wie folgt zusammen: "They [gemeint sind die Schüler einer *Public School*] go forth into a world that is not entirely composed of public-school men [...] with well-developed bodies, fairly developed minds, and undeveloped hearts"[1]. Diese kritische Maxime liegt allen seinen Romanen zugrunde, in denen Sawston der Name einer *Public School* und einer Kleinstadt nahe London ist. Und stets stellte Forster dieser bürgerlichen, spätviktorianischen, puritanisch verengten Lebenswelt alternative Wirklichkeiten gegenüber, bei deren Charakterisierung er philosophische, künstlerische und politische Ideen verwertete, die er in Cambridge genauer kennenlernte und mit denen er sich in seinem Freundeskreis auseinandersetzte. Seit seiner Studienzeit bekannte sich Forster zum Liberalismus, wie er vor allem in John Stuart Mills Schrift *On Liberty* (1859) seinen Ausdruck gefunden hatte. "At the very heart of For-

---

1 E.M. Forster, *Abinger Harvest*, London: Edward Arnold (1936), repr. 1946, 5.

ster's liberalism is his belief in the importance of the individual, and his emphasis on personal relations"[2]. Forster trat stets für die Freiheit des Einzelnen ein, sich in Wort und Tat ungehindert entfalten zu können. Er wehrte sich gegen jegliche Form der Intoleranz und Gewalt; er war ein Gegner der englischen Kolonialpolitik und wandte sich gegen die Überbetonung nationaler und rassischer Unterschiede. Er war von der angeborenen Güte des Menschen, von seiner Erziehungsfähigkeit überzeugt und glaubte dementsprechend an die Möglichkeit gesellschaftlichen Fortschritts. Er war und blieb ein Rationalist, der sich freilich stets gegen die Verabsolutierung des Vernunftprinzips wandte. Die Kräfte des Gemüts und des Herzens sollten ebenso stark ausgeprägt werden wie diejenigen des Verstandes.

Es war daher naheliegend, daß er sich als Student auch empfänglich zeigte für die Ideen G.E. Moores, dessen Philosophie zu Beginn des 20. Jahrhunderts die geistige Atmosphäre in Cambridge prägte. Über diese Atmosphäre bemerkt Maynard Keynes in der Rückschau:

> We were at an age when our beliefs influenced our behaviour, a characteristic of the young which it is easy for the middle-aged to forget, and the habits of feeling, formed then, still persist in a recognizable degree.[3]

Im Zentrum der Erörterungen standen ethische, ästhetische und erkenntnistheoretische Fragen. Wie Virginia Woolf, die Moores Ideen über ihre in Cambridge studierenden Brüder und den späteren Bloomsbury-Kreis kennenlernte, war auch Forster von der These beeindruckt, daß die angenehmen Empfindungen, die durch zwischenmenschliche Beziehungen ausgelöst werden können ("the pleasures of human intercourse"), und das Vergnügen, das durch schöne Gegenstände hervorgerufen wird ("the enjoyment of beautiful objects"[4]), diejenigen Bewußtseinszustände sind, die am höchsten in der ethischen Wertskala einzustufen sind.

Für den Freundeskreis um Moore wurde die vorurteilsfreie Erforschung der Wahrheit eines der Hauptziele in der individuellen

---

2   Richard Martin, *The Love that Failed: Ideal and Reality in the Writings of E.M. Forster*, The Hague/Paris 1974, 32.
3   Zitiert nach J.K. Johnstone, *The Bloomsbury Group: A Study of E.M. Forster, Lytton Strachey, Virginia Woolf, and their Circle*, London 1954, 20.
4   G.E. Moore, *Principia Ethica*, Cambridge 1959, 188.

Lebensgestaltung; "vorurteilsfrei" war für sie gleichbedeutend mit der Abkehr von der herkömmlichen Moral, den überlieferten Konventionen und gesellschaftlichen Maximen. "We repudiated entirely customary morals, conventions and traditional wisdom"[5]. Moore bestärkte Forster in seinem liberalistischen Individualismus, in seiner kritischen Einstellung zu jeglicher Autorität in Fragen der Moral und der Religion.

In dem ersten Kapitel des autobiographischen Romans *The Longest Journey* (1907) spiegeln sich die erkenntnistheoretischen Diskussionen, die durch G.E. Moore zu Beginn des 20. Jahrhunderts in Cambridge ausgelöst wurden. Wenn Stewart Ansell, einer der Freunde des Protagonisten Rickie, die These vertritt, daß eine Kuh existiere[6], auch wenn niemand sie wahrnimmt, und wenn Tilliard an der Berkeleyschen These "esse est percipi" festhält und die Existenz dieses Tieres von dem Akt der Wahrnehmung abhängig macht, dann verarbeitet Forster damit Ideen, die Moore in seinen philosophischen Schriften vorgetragen hatte. Die Position, die Moore in dem Essay "The Refutation of Idealism" (1903) einnimmt, charakterisiert John O. Nelson wie folgt: "Moore maintained that material things can be directly apprehended and therefore can be known to exist with as much certainty as one's own acts of consciousness"[7]. Moore hat diese Position immer wieder durchdacht und dabei auch der Berkeleyschen These eine gewisse Sympathie entgegengebracht, aber es kommt hier nicht darauf an, den Romanautor auf eine bestimmte philosophische Lehre festzulegen, zumal Forster bestritt, die *Principia Ethica* (1903) je gelesen zu haben. Es soll lediglich festgehalten werden, daß er durch Moore zu Reflexionen über das Problem der Wahrnehmung und der Erkenntnis der Realität und der Wahrheit angeregt wurde und daß er diese Denkanstöße in dem Roman *The Longest Journey* erzählerisch umsetzte. Wie Moore geht auch Forster mit vorsichtiger Skepsis den Fragen nach dem Wesen der Wirklichkeit und Wahrheit nach und läßt seine Reflexionen in die Gespräche der Romanfiguren ebenso einfließen wie in die Kommentare des Erzählers.

---

5 Johnstone, *The Bloomsbury Group*, 30.
6 E.M. Forster, *The Longest Journey*, London (1907): Arnold 1984, 3ff. Im Folgenden zitiert als *TLJ*.
7 John O. Nelson, "Moore, George Edward", in: Paul Edwards (ed.), *The Encyclopedia of Philosophy*, New York/London ([1]1967), repr. 1972, Bd. V, 379.

Dabei bleibt zu beachten, daß Forsters künstlerische Weltanschauung, sein liberalistischer Individualismus wie sein Humanismus auf einer agnostischen Basis ruhten. Wie viele Viktorianer löste auch er sich von den christlichen Überzeugungen seiner frühen Jugend und bekannte sich zu den agnostischen Ideen, die vor allem von Leslie Stephen vertreten wurden. Dennoch bewahrte sich Forster gleichzeitig einen Sinn für alles Religiöse und Irrationale, so daß sich in seinen Romanen – mit unterschiedlicher Gewichtung – eine eigentümliche Balance zwischen Rationalismus und Irrationalismus abzeichnet.

2

Der Roman *The Longest Journey* läßt sich James Joyces *A Portrait of the Artist as a Young Man* und D.H. Lawrences *Sons and Lovers* zur Seite stellen. Jeder dieser Autoren verarbeitete autobiographisches Material und suchte damit seine eigene Situation im Rahmen des gesellschaftlichen Lebens, das seine Jugend bestimmte, zu begreifen und zu deuten. Bei jedem dieser Autoren sind zugleich die Unterschiede zwischen dem autobiographischen Ich und dem fiktiven Ebenbild zu erkennen. Am deutlichsten zeigt sich dies bei Forster in der Gestaltung des Romanschlusses: Rickie Elliot scheitert, der Autor dagegen findet eine Basis für sein Leben als Schriftsteller. Dazu kommt, daß Forster in *The Longest Journey* die Probleme eines Homosexuellen, mit denen er sich in seinem Privatleben auseinanderzusetzen hatte, nicht direkt ansprach (nur wenige Passagen spielen darauf an) und in einem zweiten erzählerischen autobiographischen Versuch, *Maurice*, in den Mittelpunkt rückte. Diesen Roman wagte er zu seinen Lebzeiten nicht zu veröffentlichen; erst 1971, d.h. ein Jahr nach seinem Tod, konnte das Werk erscheinen, nachdem sich die Rezeptionsbedingungen grundlegend geändert hatten.

The Longest Journey läßt sich – ähnlich wie Virginia Woolfs *Jacob's Room* (1922) – als Erziehungsroman beschreiben, der sich in zunehmendem Maße in einen Desillusionsroman wandelt. Im ersten Teil wird von Rickies Studienzeit in Cambridge berichtet, im zweiten von den Erfahrungen, die er als Lehrer in Sawston sammelt. Der dritte Teil handelt von der letzten Phase in Rickies Leben: er stirbt, als er seinem Halbbruder Stephen Wonham das Leben rettet.

Die moralischen Konflikte, in die Rickie oft gegen seinen Willen hineingezogen wird, verleihen diesem Roman zugleich den Charakter einer Moralität. Rickies Lebensweg ist ein "Pilgrim's Progress" moderner Art. Hervorzuheben ist vor allem, daß dieser Moralität der herkömmliche religiöse Rahmen fehlt. An die Stelle christlicher Glaubensinhalte sind Anspielungen auf die griechische Mythologie getreten. Für Forster war dabei die Erdgöttin Demeter von besonderer Bedeutung; bei einem Vergleich Demeters mit den übrigen griechischen Göttern kommt er zu folgendem Resultat:

> The others continue, perchance, their existence, but are forgotten, because the time came when they could not be loved. But to her, all over the world rise prayers of idolatry from suffering men as well as suffering women, for she has transcended sex. And Poets [...] have sung [...] of the hundred-flowered Narcissus and the rape of Persephone, and the wanderings of the Goddess, and her gift to us of corn and tears; so that generations of critics [...] have censured the poets for reviving the effete mythology of Greece, and urged them to themes of living interest which shall touch the heart of today.[8]

Wenn Forster Demeter in seinen Roman einführt, so ist nicht zu übersehen, daß sie als mythologische Metapher für einen Naturbegriff eingesetzt wird, der sich von Charles Darwin, Samuel Butler, Henri Bergson und George Bernard Shaw herleiten läßt. Natur ist bei Forster primär ein biologisches Phänomen; in ihr bekundet sich eine Kraft – "life-force" oder "*élan vital*" in Forsters Zeit genannt – die die Entwicklung des Menschengeschlechtes vorantreibt und stärker ist als alle gesellschaftlichen, also kulturellen Konventionen.

Dementsprechend gilt die Sympathie des Erzählers in *The Longest Journey* den Charakteren, die sich dem Rhythmus der Natur anvertrauen und in ihrem geistigen Habitus eine merkliche Offenheit für alles Natürliche zeigen, während sein Verdikt diejenigen trifft, die für "Sawston" stehen, für eine Unterdrückung des Triebhaften, aber auch aller Regungen einer spontanen Herzlichkeit, in der sich natürliches Empfinden bekundet.

Für den Bereich des Guten steht in diesem Roman Cambridge, für den Bereich des Heuchlerisch-Bösen Sawston. Freilich ist festzuhalten, daß sich Forster mit diesem Schema, das in zahlreichen Situationen durchschimmert, nicht zufrieden gibt. Der realistische

---

8 Zitiert nach Lionel Trilling, *E.M. Forster: A Study*, London ([1]1944), new and revised edition 1967, 33.

Blick für die Erfahrungswirklichkeit veranlaßt den Romancier immer wieder, der Komplexität der menschlichen Natur und der Situationen, in die der Protagonist gestellt wird, nachzugehen.

Sehr deutlich läßt sich diese Komplexität an dem Portrait des Herbert Pembroke ablesen, der die Schule zu Sawston leitet und der als Inbegriff ihrer Erziehungsziele verstanden werden darf. Zunächst wird Herbert mit Attributen charakterisiert, die ihn in die Nachbarschaft des Gentleman rücken, wie er von Cardinal Newman im 19. Jahrhundert in der Schrift *The Idea of a University Education* (1852, 1859) beschrieben wurde:

> The man was kind and unselfish; more than that, he was truly charitable, and it was a real pleasure to him to give pleasure to others. [...] He was, moreover, diligent and conscientious: his heart was in his work, and his adherence to the Church of England no mere matter of form. He was capable of affection: he was usually courteous and tolerant. (*TLJ*, 165)

Dennoch entdeckt der Erzähler an diesem Charakter auch bedenkliche Züge: "his whole life was coloured by a contempt of the intellect" (*TLJ*, 165). Herbert fehlt die intellektuelle Kultur, die Rickie sich als Student zu eigen machte, jene Fähigkeit, in selbstloser Weise Freundschaften zu pflegen und sich den Neigungen des Ästheten hinzugeben. Es ist die Haltung des interesselosen Wohlgefallens, eine Lebensweise, die Rickie in Cambridge kennenlernte und bewunderte. Herbert dagegen läßt sich primär durch zielgerichtete Interessen leiten, er vertritt im Grunde eine utilitaristisch-pragmatische Lebenseinstellung, die ihre Wurzeln in der viktorianischen Zeit hat und mit der sich Dickens bereits in *Hard Times* (1854) auseinandersetzte. Er ordnet seine erzieherischen Bemühungen dem Anspruch einer konservativen Elite unter, die von den *Public Schools* junge Menschen erwartet, die – wie es im Roman einmal heißt – "patriotic, athletic, learned, and religious" (*TLJ*, 157) sind und die Macht des *British Empire* zu mehren vermögen.

Das humanistische Ideal der Toleranz und der Güte, das Dozenten und Tutoren in Cambridge im Umgang mit den Studenten pflegen, beschreibt der Erzähler demgegenüber wie folgt:

> They taught the perky boy that he was not everything, and the limp boy that he might be something. They even welcomed those boys who were neither limp nor perky, but odd – those boys who had never been at a public school at all, and such do not find a welcome every-

where. And they did everything with ease – one might almost say with nonchalance – so that the boys noticed nothing, and received education, often for the first time in their lives. (*TLJ*, 58)

Rickies Lebensweg ist dadurch charakterisiert, daß er zunächst in Cambridge heimisch werden möchte, daß er aber bereits in dieser Phase seiner Entwicklung Konflikte durchleben muß, die zwischen Cambridge und Sawston innerhalb seines privaten Lebensbereiches entstehen. Sein Freund Stewart Ansell versucht, ihn an den Lebensstil zu binden, der in Cambridge vorherrscht. Ansell verachtet die Menschen, die ohne innere Überzeugung arbeiten, die nur an das Geldverdienen, an den materiellen Erfolg denken und ihren Mitmenschen ohne Sympathie und Liebe begegnen. Er vertraut auf "the holiness of the heart's imagination" (*TLJ*, 209); emotionale und imaginative Kräfte bestimmen sein Handeln. Dazu kommt sein klarer Sinn für die Realität; er durchschaut Agnes, als sie Rickie besucht, und er weigert sich, sie zu begrüßen, weil sie für ihn keine Realität besitzt: "She was not really there" (*TLJ*, 17). Agnes ist für ihn, wie er später Rickie gegenüber feststellt, "the subjective product of a diseased imagination, and which, to our destruction, we invest with the semblance of reality" (*TLJ*, 17).

Geht man den Aussagen über die Imagination in diesem Roman nach, so läßt sich deutlich eine Ambivalenz in der Bewertung dieses Vermögens erkennen. Es gibt einerseits eine subjektive Imagination, die, bestimmt durch emotionale Regungen, die Wirklichkeit verzeichnet und entstellt. William Wordsworth setzte dafür den Begriff "fancy" ein[9]; andererseits gibt es eine Imagination, die dem Menschen Einsicht in das Wesen der Dinge verleiht, wiederum mit Wordsworth gesprochen: "We see into the life of things"[10]. Rickies angekränkelte Imagination läßt ihn beispielsweise die Liebesszene zwischen Agnes und Gerald Dawes, die er zufällig beobachtet, in einem falschen Licht sehen. Er erblickt in Agnes eine Art transzendentes Wesen, und er täuscht sich damit über die Härte hinweg, die sie im Umgang mit anderen Menschen mehrfach zeigt und deren Opfer er schließlich selber wird.

---

9 William Wordsworth, "Preface to Lyrical Ballads, 1800", in: James Butler and Karen Green (eds.), *"Lyrical Ballads", and Other Poems, 1797–1800*, Ithaca, N.Y./London 1992, 751.
10 Ebd., 117.

Während seiner Studienzeit sucht er oft Zuflucht in einer Mulde bei Madingley, einem Ort in der Nähe von Cambridge. Diese Mulde ist für ihn ein Ort der Abgeschiedenheit und Geborgenheit: "a kind of church", "his holy place" (*TLJ*, 18). Diese Stelle verkörpert für ihn das mütterliche Prinzip, und wenn Rickie Agnes in diese Mulde mithineinnimmt, läßt sich daran seine Täuschung ablesen, denn er gibt sich der Illusion hin, daß er bei dieser Frau mütterliche Geborgenheit finden könne.

Die Hinwendung zu Agnes bedingt die innere Lösung von seinem Freundeskreis in Cambridge. Er begibt sich damit auf einen Weg, den Shelley als "the dreariest and the longest journey" charakterisiert. Rickie selbst reflektiert über die folgenden Verse aus Shelleys *Epipsychidion* (1821):

> I never was attached to that great sect,
> Whose doctrine is, that each one should select
> Out of the crowd a mistress or a friend,
> And all the rest, though fair and wise, commend
> To cold oblivion, though it is in the code
> Of modern morals, and the beaten road
> Which those poor slaves with weary footsteps tread,
> Who travel to their home among the dead
> By the broad highway of the world, and so
> With one chained friend, perhaps a jealous foe,
> The dreariest and the longest journey go.
>
> (vgl. *TLJ*, 126–127)[11]

Zunächst stimmte Rickie diesen Versen zu; er wertete die freundschaftlichen Beziehungen höher als die Bindung an einen einzigen Menschen, die Shelley mit pejorativen Wendungen wie "one sad friend" oder "a jealous foe" charakterisiert. Der lange Desillusionsprozeß, den Rickie durch seine Hinwendung zu Agnes Pembroke, ihren Bruder Herbert und damit zu Sawston durchläuft, bestätigt die Gültigkeit der Shelleyschen Maxime.

Agnes' wahrer Charakter kommt bereits bei ihrem ersten Auftritt im Roman zum Vorschein. Voller Enttäuschung darüber, daß Rickie vergaß, sie und ihren Bruder am Bahnhof abzuholen, tadelt

---

11 Thomas Hutchinson (ed.), *The Complete Poetical Works of Percy Bysshe Shelley*, London/New York/Toronto (1905) ²1943, repr. 1968, 415. Forster zitiert Shelley neben veränderter Interpunktion mit zwei Wortabweichungen: Statt "crowd" (Z. 3) liest er "world" und statt "chained" "sad" (Z. 10).

sie ihn in Anwesenheit seiner Freunde in verletzender Weise. Rickie verdrängt diese Begegnung, sieht in ihr den Inbegriff irdischer Schönheit und zugleich eine Verkörperung des Guten. Er folgt mit dieser Einschätzung gedanklichen Bahnen, die G.E. Moore in seiner Philosophie und Keats in seiner Dichtung vorgezeichnet hatten. Während jedoch Keats an der Gültigkeit der Idee der *Grecian Urn*: "'Beauty is truth, truth beauty'"[12] festhält, erweisen sich die romantisch-idealistischen Vorstellungen, die Rickie in seiner Imagination an Agnes festmacht, als Illusionen.

In gleicher Weise täuscht er sich (zunächst) auch in Stephen Wonham, von dem er durch Mrs. Failing (in den Cadbury Rings) erfährt, daß es sich bei ihm um seinen Halbbruder handelt. Er nimmt an, daß Stephen ein unehelicher Sohn seines Vaters ist, – später erst erfährt er, daß sie eine gemeinsame Mutter haben – und ordnet ihn in die Reihe der negativen Vorstellungen ein, die er mit seinem Vater verbindet. Stephen ist für ihn nichts anderes als eine Frucht der Sünde: "Stephen was the fruit of sin; therefore he was sinful" (*TLJ*, 139). Rickie folgt damit dem Urteil von Agnes, über die der Erzähler in gleichem Zusammenhang feststellt: "She could not feel that Stephen had full human rights. He was illicit, abnormal, worse than a man diseased" (*TLJ*, 139).

Stephen, der sich in den Feldern Wiltshires zu Hause fühlt, repräsentiert die ungezügelte Naturkraft. In ihm ist der Geist Demeters lebendig, zugleich ist er ein dionysischer Charakter, der sich gerne dem Rausch hingibt, im Gegensatz zu Ansell, der das apollinische Prinzip vertritt. Agnes drängt sich zwischen die beiden Brüder Rickie und Stephen und verhindert, daß es zu einer tieferen Beziehung zwischen ihnen kommt. Mit ihr dominiert der Machtanspruch Sawstons über die Macht der natürlichen Kräfte, die Berechnung über die spontane Sympathie. Es zeigt sich, daß Cambridge *und* Wiltshire, die den Bereich der Kultur und der Natur symbolisieren, als Gegenwelten zu Sawston konzipiert sind. Mit dem Gang nach Sawston – Rickie heiratet Agnes und unterrichtet an Herberts Schule – liefert er sich einer Lebensform aus, die alle kreativen Energien in ihm zu ersticken droht.

---

12 John Keats, *Complete Poems*, ed. Jack Stillinger, Cambridge, Mass./London [1978] 1982, 283 ("Ode on a Grecian Urn").

Rickie erfährt an sich – wie Wilfred Stone es formulierte – "his slow destruction by marriage and middle-class conventions"[13]. Um die zunehmende Desillusionierung Rickies zu markieren, bedient sich der Erzähler der Genitivmetaphern, die zugleich Aufschlüsse über seine Wirklichkeitsauffassung geben; so bemerkt er einmal kommentierend über Rickie: "he prayed to be delivered from the shadow of unreality that had begun to darken the world" (*TLJ*, 152). Gegen Ende des 19. Kapitels benutzt er das Bild der Wolke und stellt fest: "he returned to it all; and all that changed was the cloud of unreality" (*TLJ*, 176). "Reality" ist der Inbegriff eines Lebens, in dem Wahrheit, Ehrlichkeit und Natürlichkeit das Zusammenleben der Menschen bestimmen; "reality" steht für einen Lebensstil, den Rickie in Cambridge schätzen lernte. Sawston ist dagegen für ihn der Ort der Lüge und der Unwirklichkeit; so kann man über Agnes (aus Rickies Perspektive gesehen) lesen: "She, like the world she had created for him, was unreal" (*TLJ*, 188), und in einem der Dialoge mit Agnes stellt Rickie fest: "the lie we acted has ruined our lives" (*TLJ*, 191).

Die Begegnung der beiden Brüder – insbesondere das Zusammentreffen, das im dritten Teil des Romans, "Wiltshire" betitelt, beschrieben wird – könnte für Rickie eine Regeneration, eine Wiedergeburt aus dem Geiste seiner Mutter, vermittelt durch den Halbbruder Stephen, bedeuten. Rickies Verhältnis zu Stephen läßt jedoch erkennen, daß er weniger dem *common sense* als seiner Imagination folgt, die ihn dazu treibt, sowohl das Bild seiner Mutter als auch seine Vorstellung von Stephen zu idealisieren, Stephen wird für ihn zu einem "symbol for the vanished past" (*TLJ*, 255). Stephen hat zwar in der Sicht des Erzählers heroisch-mythische Züge, aber auch große Schwächen, die im Alltagslebens überaus deutlich zutage treten. So erscheint seine Trunkenheit einerseits als ein Symbol seiner dionysischen Veranlagung; sie ist aber zugleich in einem ganz vordergründig-realistischen Sinn die Ursache für Rickies Tod. Denn als Rickie seinen Halbbruder betrunken auf dem Bahngeleise findet, rettet er ihn, verliert aber dabei selbst das Leben. Das Ende Rickies gibt seinem Leben zwar Sinn, aber Forster betont mit dem Stil und dem Ton der Darstellung (vgl. *TLJ*, 282) die Macht und Dominanz des Alltäglichen, die Rickie ständig zu spüren bekam. Sein Tod

---

13 Wilfred Stone, *The Cave and the Mountain: A Study of E.M. Forster*, Stanford, Cal./London 1966, 203.

wirkt wie die letzte notwendige logische Konsequenz des Desillusionierungsprozesses, den der Protagonist durchlief.

Stephen und seine Tochter, die den Namen von Stephens und Rickies Mutter erhält, verkörpern demgegenüber das Lebensprinzip, den *élan vital*, der das Fortdauern einer Familie und letztlich der gesamten Menschheit garantiert.

> He was alive and had created life. By whose authority? Though he could not phrase it, he believed that he guided the future of our race, and that, century after century, his thoughts and his passions would triumph in England. The dead who had evoked him, the unborn whom he would evoke – he governed the paths between them. By whose authority? (*TLJ*, 289)

Ähnlich wie bei Virginia Woolf in *Between the Acts* (1932) bleibt auch am Ende von Forsters Roman die Frage, wie das Geschehen zu deuten sei, unbeantwortet. Der Sinn des Lebens ist auch in *The Longest Journey* das Leben selber. Während Rickie und – in abgewandelter Weise – Agnes die moderne Tragödie des graduellen Zerbrechens der Persönlichkeit an sich erfahren, gleicht das gesamte Geschehen von Stephen aus gesehen eher einer Parabel. Der letzte Eindruck, den der Leser gewinnt, ist der des Vaters Stephen, der sich über seine Tochter beugt – ein Schluß, den Richard Martin treffend so kommentiert:

> At the end of *The Longest Journey* love and affection remain triumphant. But they are a love and an affection which do not exist as theories or as ideals but as a present reality won by experience, by the experience of other human beings. Thus, the novel is a reaffirmation of Forster's humanism, a restating of the belief in the individual's ability to find a form of truth through affection and personal relations.[14]

3

In den beiden Romanen *Where Angels Fear to Tread* (1905) und *A Room with a View* (1908) bildet Italien den Kontrast zu Sawston und der englischen Mittelklasse. Formgeschichtlich schließt sich Forster mit diesen Werken an den satirischen Gesellschaftsroman

---

14 Martin, *The Love that Failed*, 104.

an; er verknüpft realistische Darstellungstechniken mit Formelementen aus der Romanzentradition. Prosaisch Wahrscheinliches und poetisch Unwahrscheinliches gehen eine singuläre Verbindung ein. Die Gesetze der Plausibilität und der psychologischen Glaubwürdigkeit in der Handlungsführung und der Figurengestaltung werden mehrfach durchbrochen. Bei der Darstellung einer spannungsreichen Geschichte lehnt er sich an das Melodrama an: Das Motiv des Todes wird hier wie in seinen anderen Romanen mehrfach eingesetzt, um Konflikte äußerlich zu Ende zu führen. Und bei der Entfaltung spannungsreicher Situationen dienen ihm die Mittel der Komödie dazu, die Handlung mit spielerischer Leichtigkeit auf das gewünschte Ziel hinzuführen. Durch die Koordination von Komödie und Melodrama versteht es Forster, den Leser zur Reflexion über Grundfragen der menschlichen Existenz anzuregen, die in den scheinbar trivialen Begebenheiten enthalten sind.

England, insbesondere Sawston, ist auch in *Where Angels Fear to Tread*, das Land des engstirnigen Moralismus und des Snobismus. Für den kritisch gesinnten Philip ist Sawston ein permanenter Gegenstand des Spottes und der Satire: "Philip laughs at everything – the Book Club, the Debating Society, the Progressive Whist, the bazaars"[15]. Italien dagegen repräsentiert eine Lebensform, in der sich Sinnlichkeit und Leidenschaft frei entfalten können. Das Italien-Erlebnis der Engländer führt jedoch dazu, daß Monteriano nicht einseitig nur als eine utopische Idylle erscheint; in Italien offenbart sich für sie die Komplexität des Lebens. Die Begriffe "Beauty, evil, charm, vulgarity, mystery" (*WAFT*, 89) charakterisieren die Spannweite der italienischen Lebensweise; aus der Kombination von faszinierenden und vulgären Elementen erklären sich die Konflikte, die sich zwischen Engländern und Italienern ergeben.

Lilia, die Schwiegertochter der Herritons und Witwe, wendet sich auf einer Italienreise Gino zu, dem Sohn eines Zahnarztes, dessen Vitalität und Leidenschaft sie zutiefst anrühren. Ihre innere Entwicklung läßt sich als ein fortschreitender Emanzipationsprozeß bezeichnen, der zugleich mit einer Abkehr vom Tod und einer Hinwendung zum Leben gleichgesetzt werden kann, äußerlich vom Erzähler durch die Jahreszeiten-Symbolik von Winter und Frühling markiert.

---

15 E.M. Forster, *Where Angels Fear to Tread*, London (1905): Arnold 1975, 9. Im Folgenden zitiert als *WAFT*.

Gino ist als ein komplexer Charakter konzipiert: er ist offenherzig, aber auch brutal; großzügig, aber auch rachsüchtig. Er lebt mehr aus dem Instinkt und der Möglichkeit eines wortlosen Verstehens (vgl. *WAFT*, 39). Gino hat die Vitalität, die den Engländern fehlt; aber in seiner Mentalität sind auch deutliche Grenzen und Schwächen zu erkennen; dies gilt insbesondere für sein Verhalten gegenüber Lilia, die er vor allem wegen ihres Geldes heiratet und der gegenüber er es mit der ehelichen Treue nicht sehr genau nimmt. Im Konflikt zwischen Gino und Lilia werden die unterschiedlichen Verhaltensweisen sichtbar, die das Zusammenleben der Engländer und der Italiener prägen:

> No one realized that more than personalities were engaged; that the struggle was national; that generations of ancestors, good, bad or indifferent, forbade the Latin man to be chivalrous to the northern woman, the northern woman to forgive the Latin man. (*WAFT*, 50–51)

Gino steht ohne kritischen Vorbehalt in der patriarchalischen Tradition, die das Leben in Monteriano und Italien insgesamt bestimmt. Die Unterdrückung der Frau, die Lilia in der Ehe mit ihm erlebt, hat in England keine vergleichbare Entsprechung. Aber es ist auch nicht zu übersehen, daß England in der Phase der gesellschaftlichen Entwicklung, die Forster darstellt, an Substanz, Energie und Kreativität in dem Maße eingebüßt hat, wie die Formen, die das Zusammenleben regeln, weitgehend zu leeren Konventionen geworden sind. Sie unterdrücken alle natürlich-instinkthaften Regungen oder reizen diejenigen, die den Status der Gesellschaft durchschauen, deren Leerlauf zu ironisieren (in ähnlicher Weise, wie dies in Oscar Wildes Komödien geschieht).

Die Haupttriebfeder in dem Konflikt zwischen Engländern und Italienern ist in *Where Angels Fear to Tread* Mrs. Herriton. Sie will verhindern, daß ihre verwitwete Schwiegertochter Lilia eine neue Ehe eingeht. In ihrem Denken und Handeln ist Mrs. Herriton der Inbegriff der Normen und Konventionen, die das Leben der viktorianischen Gesellschaft bestimmen. Sie versucht, das Schicksal anderer Menschen im Sinne dieser Normen in ähnlicher Weise zu steuern wie Frauengestalten in Jane Austens Romanen. Ein solcher Vergleich läßt allerdings auch die Unterschiede in der Sicht der englischen Gesellschaft, wie sie bei Jane Austen zu Beginn des 19. Jahrhunderts und bei E.M. Forster zu Beginn des 20. Jahrhunderts anzutreffen ist, zutage treten. Treffend hat John Colmer dies wie folgt charakterisiert:

> Where in Jane Austen the wise forces of society protect the innocent from unwise marriages and bless their prudential unions, in Forster the conventional forces of society send out rescue parties to bring young lovers to their senses and to enforce false values.[16]

Es ist bezeichnend, daß Mrs. Herriton England nicht verläßt; ein Instrument ihrer Familienpolitik ist ihre Tochter Harriet, die der Mutter in der Verteidigung der englischen Normen und Konventionen in nichts nachsteht, in ihrem Verhalten aber viel härter, unbeugsamer und konsequenter ist. Eine symbolische Bedeutung für ihre Lebensfeindlichkeit kann man in der Tatsache sehen, daß der Sohn Ginos durch den von ihr mitverursachten Unfall das Leben verliert:

> The overturning of her carriage is the overturning of narrow Sawston morality, and her subsequent nervous collapse is the collapse of Sawston complacency when confronted by too sudden and too brilliant an exposure to reality.[17]

Philip und Miss Abbott werden zwar mit in Mrs. Herritons Pläne einbezogen; beide entziehen sich jedoch letztlich den Wünschen Mrs. Herritons und finden dadurch einen Weg zur Selbstentfaltung und Selbstverwirklichung, der freilich insofern Grenzen gesetzt sind, als beide nach England zurückkehren und jeder für sich den Weg in eine ungewisse Zukunft antreten muß. Ein *happy ending* im Sinne von Jane Austen hätte dem modernen Lebensgefühl, das Forster durch diese Charaktere artikuliert, widersprochen.

Philips anfängliche Kritik an Sawston wird von ihm selbst auf die Formel gebracht: "I hated the idleness, the stupidity, the respectability, the petty unselfishness" (*WAFT*, 60). Er ist zwar ein Kritiker des Milieus, aus dem er stammt, aber es fehlt ihm die ungebrochene Energie Ginos. "Er erscheint als ein identitäts- und vitalitätsloser Intellektueller mit gebrochenem Rückgrat".[18] Philip scheitert dement-

---

16 John Colmer: "Marriage and Personal Relations in Forster's Fiction", in: Judith Scherer Herz / Robert K. Martin (eds.) *E.M. Forster: Centenary Revaluations*, London 1982, 117.
17 Frederick Crews, E.M. Forster: *The Perils of Humanism*, Princeton, N.J. (¹1962) 1967, 78.
18 Meinhard Winkgens, "Die Funktionalisierung des Italienbildes in den Romanen *Where Angels Fear to Tread* von E.M. Forster und *The Lost Girl* von

sprechend bei beiden Missionen, die er im Auftrag seiner Mutter in Italien auszuführen versucht: Bei der ersten Mission muß er feststellen, daß Lilia bereits mit Gino verheiratet ist, als er in Monteriano eintrifft. Die zweite Mission – nach Lilias Tod – ist ein Fehlschlag, weil die unglückliche Verkettung äußerer Umstände den Tod des Kindes zur Folge hat, das Harriet nach England entführen wollte.

Gino könnte die natürliche Ergänzung zu Philip sein – auch hier schwingt in der Beschreibung der beiden Männer etwas von der homosexuellen Neigung des Autors mit, vergleichbar der Darstellung von Rickie und Stephen in *The Longest Journey*. Gino hat die Spontaneität, die Philip, bei dem die Reflexion stets die physische Reaktion beherrscht, sich versagt. Bei der Auseinandersetzung, die zwischen ihnen zustande kommt, als Gino erfährt, daß sein Kind ums Leben kam, läßt er seinen brutalen Regungen freien Lauf und quält den bereits verletzten Philip mit Absicht; aber die gleiche Szene zeugt auch von seiner Bereitschaft zu der Versöhnung, die durch das Auftreten von Caroline Abbott bewirkt wird. Während Philip, empört über Gino, Miss Abbott auffordert, seinen Gegner zu töten, erinnert sie daran, daß es jetzt an der Zeit ist, auf Rache zu verzichten. Für Philip hat Caroline in dieser Situation – mehr denn je – die Züge einer Gottheit: "All through the day Miss Abbott had seemed to Philip like a goddess, and more than ever did she seem now" (*WAFT*, 138). Die Szene, in der Caroline Gino wie ein Kind in die Arme schließt, erinnert an eine bildhafte Darstellung der Madonna mit dem Kind, wenngleich spürbar wird, daß Forster auch in einer sehr behutsamen Weise eine Liebesszene suggeriert:

> Her hands were folded round the sufferer, stroking him lightly, for even a goddess can do no more than that. And it seemed fitting, too, that she should bend her head and touch his forehead with her lips. (*WAFT*, 139)

Diese Szene zeigt, welchen Wandel Caroline Abbott durch ihren Aufenthalt in Italien und insbesondere die Erfahrungen durchlebt, die ihr durch Gino zuteil werden. Zunächst erscheint sie als eine sehr pflichtbewußte junge Dame. Bei ihrem ersten Italien-Besuch wird jedoch deutlich, daß ihre Sympathien auf Seiten Lilias sind,

---

D.H. Lawrence", *Arcadia* 21:1 (1986), 49, und weiterhin die umfangreiche Untersuchung von Annegreth Horatschek, *Alterität und Stereotyp. Die Funktion des Fremden in den 'International Novels' von E. M Forster und D.H. Lawrence*, Tübingen 1998.

und bei ihrem zweiten Besuch ergreift sie eindeutig für Gino Partei. Als sie ihn (im 7. Kapitel) allein aufsucht, ist sie zunächst davon überzeugt, daß es nur ihr gelingen kann, ihn zu bewegen, das Kind nach England zu geben, weil sie ihn – der entschlossen ist, aus finanziellen Gründen wieder zu heiraten – in seinem Verhalten versteht. Als sie jedoch das schlafende Kind sieht, tritt in ihr ein Wandel ein. ("[...] she had only thought of it as a word. The real thing, lying asleep on a dirty rug, disconcerted her. It did not stand for a principle any longer" (*WAFT*, 103). Sie begreift, daß "Kind" mehr ist als ein Wort, daß ein Kind ein eigenständiges Wesen ist – kein Ding, das man im Sinne der Sawstonschen Mentalität nach Gutdünken behandeln kann (vgl. *WAFT*, 103–104).

Und gleichzeitig gewinnt Caroline auch ein neues Verhältnis zu Gino, der sein Kind liebevoll behandelt. "This cruel, vicious fellow knew of strange refinements. The horrible truth, that wicked people are capable of love, stood naked before her, and her moral being was abashed" (*WAFT*, 109). Noch glaubt sie zu wissen, was ihre Pflicht ist, aber ihr moralischer Sinn ("sense of virtue" [*WAFT*, 109]) gerät angesichts dieser rührenden Szene, in der Gino beweist, daß er nicht nur grausam und grob, sondern auch liebevoll und zart sein kann, in eine Krise. Schließlich stellt sich in Miss Abbott die Gewißheit ein, daß sie Gino dieses Kind nicht abhandeln und abkaufen kann, wie von Mrs. Herriton gewünscht. Caroline versteht: "The man was majestic; he was a part of Nature; in no ordinary love scene could he ever be so great" (*WAFT*, 111).

Im letzten Kapitel des Romans scheint sich das Leben in seine Normalität zurückzubewegen; der Tod des Kindes stellt sich als ein momentaner Einbruch fremder Mächte in die italienische und die englische Welt dar, durch den die Eigenart der beiden Kulturen und der Lebensstil der einzelnen Charaktere deutlich zutage tritt. Am stärksten wirkt sich diese Rückkehr zur Normalität bei Harriet aus, über die der Erzähler ausdrücklich anmerkt:

> [...] Harriet, after a sharp paroxysm of illness and remorse, was quickly returning to her normal life. She had been "thoroughly upset", as she phrased it, but she soon ceased to realize that anything was wrong beyond the death of a poor little child. (*WAFT*, 143)

Die absichtlich parallel gefügten Feststellungen von Philip und Miss Abbott: "'London and work'" (*WAFT*, 142) und "'Sawston and work'" (*WAFT*, 143) verstärken diese Tendenz zur Normalität noch. Dennoch ist der Schluß voller Melancholie. Philip ist angesprochen von Carolines gütig-vornehmer Art und würde sie gerne heiraten: "He had reached love by the spiritual path: her thoughts and her goodness and her nobility had moved him first, and now her whole body and all its gestures had become transfigured by them" (*WAFT*, 141). Miss Abbott gesteht jedoch freimütig, daß sie in Gino verliebt ist und daß dies mehr ist als "a passing fancy" (*WAFT*, 146), wiewohl sie weiß, daß er sich bereits für eine andere Frau in Italien entschieden hat.

So steht am Ende von Carolines und Philips Reise nach Italien ein doppelter Verzicht. Beide sind an der Wirklichkeit, die sich ihnen in Italien erschloß, gescheitert. Dennoch kehren beide "verwandelt" – Forster gebraucht gerne das Wort "transfigured" (vgl. *WAFT*, 141 und 147) – nach England zurück. Sie bekennen sich beide zu einer Freundschaft, die sie auf die Dauer verbinden soll; so stellt Caroline fest: "'You're my friend forever, Mr. Herriton, I think'" (*WAFT*, 147). In diesem Schluß spiegelt sich wiederum die Einstellung, die sich Forster in Cambridge unter dem Einfluß der Philosophie G.E. Moores zu eigen gemacht hatte. Freundschaft ist für ihn einer der höchsten Werte. Das Italienerlebnis hat in Philip und Caroline diese Haltung durch die Erfahrung einer fremden Mentalität und den Tod eines Kindes allmählich reifen lassen: "Personal relations" treten an die Stelle der gesellschaftlichen Konventionen, auch wenn sie beide nach London und Sawston (und zu ihrer alltäglichen Arbeit in diesem Lebensbereich) zurückkehren.

4

Von allen Romanen E.M. Forsters steht *A Room with a View* (1908) der Gattung der Komödie am nächsten. Hier ist der Konflikt zwischen ungebrochener Natürlichkeit und gesellschaftlicher Erstarrung in einprägsamen Situationen überzeugend ausgearbeitet. Das Natürliche ist dabei mit der instinktiv-spontanen Selbstentfaltung des Individuums gleichzusetzen. Ideengeschichtlich läßt sich Forsters Position von der Philosophie und Ästhetik Henri Bergsons her verdeutlichen, dessen Essay *Le Rire* im Jahre 1900 und dessen grundlegendes Werk *L'évolution créatrice* 1907 erschienen. Zwischen den beiden genannten Werken Bergsons besteht ein enger Zusammenhang: Die zentrale Kategorie von *L'évolution créatrice* ist der Begriff *élan vital*, der ursprüngliche Lebensimpuls. Komik steht im Dienste dieser Kraft, insofern sie alle Kräfte, die dem *élan vital* entgegenstehen, der Lächerlichkeit preisgibt. Komik deckt als Wort-, Situations- oder Charakterkomik alle Starrheiten im Denken, Sprechen und Handeln der Menschen auf und läßt den Zuschauer eines Dramas oder Leser eines Romans erkennen, in welchem Maße er selber unter bestimmten Voraussetzungen denselben Mechanismen und Automatismen unterworfen sein kann wie die Figuren in einem Kunstwerk. Die Komödie ist ein Plädoyer für die freie Entfaltung des Einzelnen, für die Freisetzung aller ursprünglichen Lebenskräfte.

Wenn Forster den Hauptrepräsentanten einer Lebensphilosophie in seinem Roman Emerson nennt, so weckt er damit Erinnerungen an Ralph Waldo Emerson, der sich im 19. Jahrhundert in seinem Essay "Nature" (erste Fassung 1836; zweite Fassung 1844) in gleicher Weise für die Freiheit des Individuums und die von Konventionen ungestörte Selbstentfaltung eingesetzt hatte; Forster verwertete dazu Ideen, die er von Coleridge, aber auch von Schleiermacher und Schelling übernommen hatte. Am stärksten tritt die Lehre des Mr. Emerson gegen Ende des Romans *A Room with a View* zutage. Hier macht er sich zum Anwalt der Jugend, hier hält er ein eloquentes Plädoyer für die spontane Entfaltung aller erotisch-sexuellen Kräfte:

> I only wish poets would say this, too: that love is of the body; not the body, but of the body. Ah! the misery that would be saved if we confessed that! Ah for a little directness to liberate the soul! Your soul, dear Lucy! I hate the word now, because of all the cant with which superstition has wrapped it round. But we have souls. I cannot say how they came nor whither they go, but we have them, and I see you ruining yours. I cannot bear it. It is again the darkness creeping in; it is hell.[19]

In Mr. Emersons Worten spiegelt sich ein Verhältnis zum Körper, das im Gegensatz zu allen Überzeugungen steht, die der Puritanismus vom 17. Jahrhundert an in der englischen Gesellschaft geprägt hatte. Mr. Emerson plädiert für eine von den Normen der Mittelklasse abweichende Auffassung: der Mensch kann erst dann zur inneren Freiheit, zu einer Freiheit der Seele gelangen, wenn die

---

19 E.M. Forster, *A Room with a View*, London (1908): Arnold 1977, 202. Im Folgenden zitiert als *RV*.

freie Entfaltung des Körpers garantiert ist. Er wendet sich gegen das heuchlerische Gerede über die Macht der Instinkte, womit die Gesellschaft selbst sich vergiftet hat. Das italienische Milieu – Florenz und die Toskana –, aber auch das englische Milieu in Südengland, in dem Lucy Honeychurch aufgewachsen ist und lebt, ermöglichen eine Lebensweise im Sinne Mr. Emersons. Die Orts- und Landschaftsnamen wie *Summer Street*, *Windy Corner* und *The Sacred Lake* verdeutlichen in einer Direktheit, die an Bunyans *Pilgrim's Progress* erinnert, welche Bedeutung den Schauplätzen vom Autor zugewiesen wird. *A Room with a View* unterscheidet sich in der Verwendung des italienischen Milieus insofern von *Where Angels Fear to Tread*, als nur der erste Teil in die Toskana verlegt ist, während die englische Szenerie den Hintergrund des zweiten Teils bildet. Dazu kommt, daß sich die Haupthandlung ausschließlich zwischen Engländern und Engländerinnen abspielt und Italiener nur in Nebenrollen auftreten.

Im Zentrum von *A Room with a View* steht Lucy Honeychurch, ein liebenswürdiges junges Mädchen, das von ihrer Kusine Charlotte Bartlett begleitet wird, die zugleich die Funktion einer "Anstandsdame" hat. Sie begegnen in Florenz Mr. Emerson und dessen Sohn George. Als die Damen darüber klagen, daß ihnen das versprochene Zimmer mit Blick auf den Arno nicht gegeben wurde, bietet ihnen Mr. Emerson, der diese Unterhaltung zufällig mit anhört, die Zimmer an, die für ihn und seinen Sohn reserviert wurden. Die beiden Frauen haben zunächst nur "a room with a view" im rein gegenständlichen Sinne – der Blick auf die Wahrheit, die volle Realität des Lebens muß ihnen erst noch durch die Erfahrung geöffnet werden. Diese Aufgabe fällt George und seinem Vater zu:

> More than any of the other characters, the two Emersons oppose the conventionalism that threatens Lucy. Reality for them lies not so much in society as in nature and in the mysterious universe beyond our vision, in what Forster often calls the unseen. Together they help give the novel a metaphysical dimension.[20]

Der gesamte Handlungsaufbau verrät die sichere Hand eines Erzählers, der bereits zwei Romane veröffentlicht hatte, als er dieses ganz am Anfang seiner Schriftstellerkarriere geplante Werk zu Ende führte. Forster verknüpft die Episoden im Stile eines Komödiendich-

---

20 J. Martin, *E. M. Forster: The Endless Journey*, Cambridge 1976, 91.

ters, d.h. er bemüht mehrfach den Zufall, die alltäglichen Begebenheiten, um neue Figurenkonstellationen zustande zu bringen und spannungsreiche Situationen zu schaffen. So schildert er beispielsweise, wie Lucy kurz nach ihrer Ankunft in Florenz eines Abends ohne Begleitung durch die Straßen schlendert und dabei Zeugin eines Mordes wird: zwei Italiener streiten sich um Geld, und die Auseinandersetzung nimmt schließlich so heftige Formen an, daß einer den anderen tötet. Lucy erträgt diese Wirklichkeit nicht und wird ohnmächtig. George Emerson ist jedoch in ihrer Nähe – einer der typischen Forsterschen Zufälle –, kümmert sich um sie und bringt ihr auch die Photographien zurück, die sie in der turbulenten Szene verloren hat. Als sie kurz danach am Arnoufer stehen, läßt er die Photographien in den Fluß fallen – eine symbolische Geste, die unterschiedlich gedeutet werden kann. Möglicherweise soll damit gezeigt werden, daß Lucy sich mit diesen Bildern gleichsam nur eine Kopie des tatsächlichen Lebens besorgte und am Abbild ihr (ästhetisches) Vergnügen haben wollte. Das Blut, das an diesen Bildern klebt, macht eine solche Einstellung unmöglich. Da George aber instinktiv ihre Gedanken von dem Mord zur Liebe[21] hinlenken möchte, übergibt er die Zeugnisse eines Mordes dem Strom, der alle Dokumente der Schuld aufnehmen und dem Vergessen überantworten kann.

Die Fahrt nach Fiesole, an der beide in den folgenden Tagen teilnehmen, gibt dem Erzähler die Möglichkeit, das gesellschaftliche Milieu, das Lucys Leben zunächst beeinflußt und bestimmt, zu charakterisieren. Mit Lucy und Charlotte fahren zwei Geistliche: Mr. Beebe, sehr gebildet, höflich, aber dem weiblichen Geschlecht gegenüber immer sehr kühl und reserviert, und Reverend Cuthbert Eager, ein Snob, der sich im Kreise vornehmer Engländer, die sich in Florenz aufhalten, am wohlsten fühlt. Beide sind Kontrastfiguren zu Mr. Emerson und dessen Sohn George, der zunächst eine pessimistisch-versponnene Einstellung zum Leben zeigt, sich dann aber entsprechend der Philosophie seines Vaters frei und ungezwungen gibt. Wiederum sind es äußere Umstände, die dazu führen, daß Lucy und George einander allein gegenüberstehen. Als Lucy

---

21 A. Horatschek hat gezeigt, daß in der Begegnung am Arno eine eigentümliche Verschlingung von Todes- und Liebesthematik bis in subtile Einzelheiten und Anspielungen hinein festzustellen ist; vgl. A. Horatschek, *Alterität und Stereotyp*, 142–148.

den italienischen Fahrer nach den "buoni uomini" fragt und damit die beiden Geistlichen meint, denen sie sich anschließen möchte, führt er sie an eine Stelle mit herrlichem Blick auf das Arno-Tal, wo sie George trifft, der nicht zögert, seinem Empfinden spontanen Ausdruck zu verleihen:

> For a moment he contemplated her, as one who had fallen out of heaven. He saw radiant joy in her face, he saw flowers beat against her dress in blue waves. The bushes above them closed. He stepped quickly forward and kissed her. (*RV*, 68)

Im gleichen Augenblick erscheint Miss Bartlett und macht den Reiz dieser Liebesszene zunichte. Obwohl sich Lucy von George angesprochen fühlt, läßt sie sich von Miss Bartlett einschüchtern und folgt deren Vorschlag, sofort zu Freunden der Familie Honeychurch nach Rom abzureisen: Damit triumphiert die Hypokrisie über die ersten Regungen einer ursprünglichen Leidenschaft.

In Rom trifft Lucy Cecil Vyse, der nach dem Urteil der englischen Gesellschaft der angemessene Partner für sie wäre. Das Charakterportrait, das der Erzähler im 8. Kapitel zu Beginn des zweiten Teils des Romans entwirft, läßt den Schluß zu, daß der Name Vyse eine verdeckte Anspielung auf die Gestalt des Vice in den mittelalterlichen Moralitäten ist, des Hauptlasters, das mit einem gewissen Vergnügen die Menschen in die Irre, in der Terminologie der mittelalterlichen Moraltheologie gesprochen: in die Sünde führt. Forster gibt dieser Figur zugleich moderne Züge und verwendet innerhalb des Charakterportraits dementsprechend die Adjektive "medieval" und "modern":

> Well educated, well endowed, and not deficient physically, he remained in the grip of a certain devil whom the modern world knows as self-consciousness, and whom the medieval, with dimmer vision, worshipped as asceticism. (*RV*, 86–87)

Cecil ist egozentrisch, ein einzelgängerischer Junggeselle, der sich von der sinnlich-physischen Seite des Lebens distanziert (worauf der Erzähler mit dem Begriff "asceticism" aufmerksam macht). Seine Vornehmheit und Kultiviertheit sind Zeichen eines perfektionierten Lebensstils, dem jedoch die innere Wärme, die Anteilnahme am Leben anderer Menschen fehlt. Dementsprechend gerät die Liebesszene zwischen ihm und Lucy zu einem komischen Auftritt (vgl. *RV*, 108).

Aus der erneuten Begegnung mit George in England ergibt sich ein Konflikt, in dem in vielfältiger Variation gesellschaftliche Normen präsentiert werden und in ebenso differenzierter Form die Regungen der menschlichen Natur. Forster geht den Entwicklungen und Schwankungen des Gefühls in einer subtilen Weise nach, die erneut an die Darstellungstechnik in Jane Austens Romanen erinnert. Allerdings ist nicht zu übersehen, daß sich der Horizont in den Wechselbeziehungen zwischen den beiden Geschlechtern insofern erweitert hat, als Jane Austen sich in einem psychologisch-moralischen Feld bewegt, dessen Grenzen durch Begriffe wie "sense" und "sensibility", "pride" und "prejudice" markiert sind. Bereits bei Meredith, dessen Roman *The Egoist* (1879) ebenfalls als ein Vorbild für E.M. Forsters Werk gilt, werden die Grenzen, die für Jane Austen noch Gültigkeit hatten, durchbrochen, und Forster setzt diese Entwicklungslinie fort.

Zu Beginn des 16. Kapitels stellt der Erzähler in Hinblick auf Lucy genau fest, in welcher Situation sie sich jetzt befindet und welche Maßstäbe bei ihren Handlungen und Entscheidungen maßgebend sind:

> There she prepared for action. Love felt and returned, love which our bodies exact and our hearts have transfigured, love which is the most real thing that we shall ever meet, reappeared now as the world's enemy, and she must stifle it. (*RV*, 161)

Die kommentierenden Bemerkungen des Erzählers beweisen, daß Lucy jetzt versucht, ihre wahren Empfindungen zu unterdrücken – und dies mit Hilfe von Prätentionen: "The contest lay not between love and duty. Perhaps there never is such a contest. It lay between the real and the pretended, and Lucy's first aim was to defeat herself" (*RV*, 161). Ein solcher Vorsatz führt mit innerer Notwendigkeit zu einer maskenhaften Existenz, zu Täuschungen, zu einem Leben voller Heuchelei.

Georges Kritik, in der die Grundüberzeugungen von Forsters Individualismus und Liberalismus in konzentrierter Form zum Ausdruck kommen, bewirkt insofern einen Wandel in Lucy, als sie ihrer Einsicht in die Wahrheit folgt und ihre Verlobung auflöst: "The scales fell from Lucy's eyes. How had she stood Cecil for a moment? He was absolutely intolerable, and the same evening she broke her engagement off" (*RV*, 168). Lucy wehrt sich vor allem dagegen, durch Cecil gezwungen zu werden, gleich ihm eine ästhetische Existenz zu führen: "you wrap yourself up in art and books and music, and would try to wrap up me" (*RV*, 172).

Forster läßt jedoch bei allem Glück, das George und Lucy schließlich finden – sie treten erneut eine Reise nach Florenz an, um dort ihre Flitterwochen zu verleben – deutlich werden, daß er den Leser nicht mit einem *happy ending* über die Gegebenheiten der geschichtlichen und gesellschaftlichen Wirklichkeiten hinwegtäuschen will. Lucy kann nicht umhin, sich von ihrer Familie zu distanzieren, weil sie einen Mann heiratet, der seiner gesellschaftlichen Herkunft nach niedriger eingestuft wird als die Familie, aus der sie stammt.

Den Spannungen und Konflikten, die die englische Gesellschaft vor dem Ersten Weltkrieg bestimmten, wandte sich Forster in eindringlicher Weise in seinem nächsten Roman, *Howards End* (1910), zu, in dem zugleich gezeigt wird, welche Lebensmöglichkeiten in der englischen Mittelklasse gegeben waren, um die Erstarrung, um "Sawston" zu überwinden.

5

Zwischen 1880 und 1910 fand in England ein tiefgreifender Wandel statt: England, bisher die führende Industriemacht, wurde in dieser Zeit die beherrschende Finanzmacht. Die Auswirkungen dieses Wandels hat Noël G. Annan wie folgt beschrieben:

> [...] the restraints of religion and thrift and accepted class distinctions started to crumble and English society to rock under the flood of money. The class war, not merely between labour and owners, but between all social strata of the middle and upper classes began in earnest. [...] A new bitterness entered politics, a new rancour in foreign relations and a materialism of wealthy snobbery and aggressive philistinism arose far exceeding anything hitherto seen in England.[22]

Die Macht des Geldes löste die bisherige Schichtung der englischen Gesellschaft in stärkerem Maße auf als alle Wandlungen, die sich im geistigen, religiösen und politischen Leben bereits im 19. Jahrhundert beobachten ließen. Es kann daher nicht überraschen, daß

---

22 Noel G. Annan, "The Intellectual Aristocracy" in: *Studies in Social History, A Tribute to G.M. Trevelyan*, ed. J.H. Plumb, London, New York, Toronto 1955, pp. 241–287, hier 252–253.

um die Jahrhundertwende und im ersten Jahrzehnt des 20. Jahrhunderts eine Reihe von politologischen und soziologischen Werken erschienen, die sich mit diesen grundsätzlichen Veränderungen und den neuen gesellschaftlichen Problemen befaßten. Dazu zählen Charles Booth, *Life and Labour of the People of London* (1889), Seebohm Rowntree, *Poverty: A Study of Town Life* (1901), L.C.C. Money, *Riches and Poverty* (1905), Will Reason, *Poverty* (1909), Sidney and Beatrice Webb, *Minority Report of the Poor Law Commission* (1909); C.F.G. Masterman, *The Condition of England* (1909).[23] In Anlehnung an diesen letzten Buchtitel spricht die Literaturwissenschaft von "The Condition of England Novel", wenn thematische Gemeinsamkeiten beispielsweise von H.G. Wells' *Tono Bungay* (1909) und Forsters *Howards End* (1910) hervorgehoben werden sollen.

Die Wechselbeziehungen zwischen den Familien Wilcox und Schlegel dokumentieren in *Howards End* (1910) eine Spannung, die dem Bürgertum von seinen Anfängen her inhärent war und die bis ins 20. Jahrhundert nachgewiesen werden kann. Die Familie Wilcox repräsentiert das Besitzbürgertum, die Familie Schlegel das Bildungsbürgertum. Im Besitzbürgertum spiegelt sich die Mentalität der kühnen Entdecker, Eroberer und Unternehmer, die in unablässiger Aktivität darauf bedacht sind, ihren Reichtum zu mehren, ihre wirtschaftliche Macht zu sichern und mit Hilfe des politischen Einflusses, den reiche Kaufleute auszuüben vermögen, auch in Zukunft die beherrschende Position im wirtschaftlichen Leben zu behaupten.

Kennzeichnend für die bürgerliche Mentalität ist die rationalistische Grundeinstellung: die Vernunft berechnet die Chancen von Gewinn und Verlust und sinnt über Innovationen nach, die eine "Gewinnmaximierung" versprechen. Die Vernunft blieb über die Jahrhunderte hinweg ein Instrument, das dazu benutzt wurde, die Macht- und Einflußsphäre der Bürger gegen andere gesellschaftliche, politische wie religiöse Mächte abzusichern. Auch wenn das Bürgertum vom späten Mittelalter her mit Adel, Staat und Kirche mancherlei Kompromisse einging, legte die kritische Vernunft der Bürger die Grundlagen für eine eigene städtische Kultur, die ein entschieden weltliches, humanistisches Gepräge hatte. Bürgerliche Mentalität fand in der Aufklärung ihren reinsten Ausdruck; dabei

---

23 John Colmer, *E.M. Forster: The Personal Voice*, London, Boston 1975, 87.

richtete sich die Kritik auch gegen die eigene Klasse, insbesondere gegen alle Erstarrungen des gesellschaftlichen Lebens, die sich einstellen, wenn eine Klasse mehr an der Erhaltung der Macht als an kühnen Neuerungen interessiert ist. Bürgerliche Schriftsteller waren stets auch bereit, ein kritisch-satirisches Bild der Verformungen im Leben der eigenen Klasse zu zeichnen.

Die Einbeziehung von Kunst, Literatur, Musik und Malerei in das bürgerliche Leben war einerseits ein Versuch, in der Rivalität mit dem Adel zu bestehen, ja ihn wenn möglich – mit Hilfe der wirtschaftlichen Ressourcen, die bei der Förderung der Künste eingesetzt wurden – zu übertreffen. Die künstlerische Kreativität war jedoch zugleich ein Zeichen für die Bereitschaft, das Leben von der Übermacht des ökonomischen Kalküls freizuhalten und allen Verarmungen entgegenzuwirken, denen das geistige Leben im steten Kampf um die wirtschaftliche Macht ausgesetzt sein kann.

Wenn Forster für die Vertreter des Bildungsbügertums den Namen Schlegel wählte, stellte er damit eine ausdrückliche Verbindung zum deutschen Bildungsbürgertum her; der Name unterstreicht die Beziehung zur romantischen Tradition, und auch die Vornamen der beiden Schwestern sind vor dem Hintergrund der deutschen Literatur gedeutet worden: Margaret und Helen wurden mit den beiden zentralen Frauengestalten in Goethes *Faust*, Gretchen und Helena, in Verbindung gebracht.[24] Forster hat einen solchen Zusammenhang abgestritten, wobei es offenbleiben muß, ob er aus politischen Gründen leugnete, wofür sich sein künstlerischer Instinkt entschieden hatte. Wenn ein Zusammenhang bestehen sollte, bleibt er im wesentlichen auf die Anklänge der Namen begrenzt. Wahrscheinlicher ist, daß er bei der Konzeption dieser Frauengestalten an die Schwestern Virginia und Vanessa Stephen dachte, die er im Bloomsbury-Kreis näher kennenlernte und deren charakterliche Eigentümlichkeiten ihn bei der Zeichnung dieser Figuren bestimmten konnten. Für diese These spricht auch die Tatsache, daß er den Schwestern Schlegel einen Bruder namens Tibby zur Seite stellte, der an den früh verstorbenen Bruder Thoby der Schwestern Virginia und Vanessa denken läßt.

Die Familie Schlegel – an ihrer Spitze der Vater Ernst, der aus Opposition gegen Bismarcks imperialistische Politik Deutschland

---

24 Lionel Trilling, *E.M. Forster: A Study,* London ([1]1944), new and revised edition 1967, 116.

verließ – stellt in England nicht nur wegen ihrer Herkunft eine "Gegenwelt" zum britischen Bürgertum dar; sie bekennen sich auch in deutlichem Kontrast zu den Vertretern der Familie Wilcox (mit Ausnahme von Mrs. Wilcox) zu einem alternativen Lebensstil: bei ihnen liegt der Akzent auf dem "inner life", während die Familie Wilcox sich weitgehend im "outer life" erschöpft, das durch die leitmotivisch wiederholte Wendung "telegram and anger" gekennzeichnet wird. Die beiden Familien stellen zwei unterschiedliche gesellschaftliche Wirklichkeiten dar.

In Henry Wilcox' Ideen zum wirtschaftlichen und gesellschaftlichen Leben sind Anregungen verarbeitet, die aus Adam Smith, Thomas Malthus und David Ricardo stammen und die durch Denkmotive aus dem Sozialdarwinismus angereichert wurden. Henry benutzt dieses Ideenkonglomerat, um sein auf Ausbeutung ausgerichtetes Unternehmertum abzusichern. In seinem Beruf bekennt er sich zur *Laissez-Faire*-Politik des Liberalismus; das expansive Streben der Wirtschaft treibt ihn zu ständig neuen Unternehmungen. Sein Respekt gilt der Maschine und der Industrie; deutlich wahrt er in diesem Bereich Distanz zu allen Untergebenen. Bei allen skeptisch-kritischen Äußerungen über Henry Wilcox entdeckt Margaret dennoch auch einen positiven Aspekt an seiner Lebensführung:

> She could not despise it, as Helen and Tibby affected to do. It fostered such virtues as neatness, decision and obedience, virtues of the second rank, no doubt, but they have formed our civilization.[25]

Margarets Feststellung "they have formed our civilization" ist eine ausdrückliche Anerkennung: das Besitzbürgertum, insbesondere der Stand der Unternehmer, erarbeitet und sichert die Grundlagen der Zivilisation, die ihrerseits wiederum die Voraussetzung für die Entfaltung der Kultur des Bildungsbürgertums ist, die sich in den kreativen Leistungen von Literatur und Kunst dokumentiert.

Auf diesen Zusammenhang verweisen auch die Angaben über den Landsitz Howards End, die Forster in den Roman eingearbeitet hat. Howards End gehört zum Erbe der Familie, aus der Ruth stammt; ihre Vorfahren waren "yeomen", Freisassen. Um diesen Besitz zu erhalten, setzt Henry Wilcox die finanziellen Mittel ein,

---

25 E.M. Forster, *Howards End*, London (1910): Arnold 1973, 101. Im Folgenden zitiert als *HE*.

die er durch seine Arbeit, sein Gewinnstreben, verdient hat. Freilich fällt auf, daß bei den Renovierungen und Umgestaltungen gelegentlich die Grenzen des guten (architektonischen) Geschmacks überschritten werden; erst mit Margarets Einzug auf Howards End ist jenes Ziel bis zu einem gewissen Grad erreicht, auf das Forster mit dem Motto des Romans "Only connect" hinweist. Forster sah in der Integration der getrennten Welten des Bürgertums eine Aufgabe, die durch das Bürgertum selbst geleistet werden sollte und von einer Frau wie Margaret Schlegel, "the enlightened middle-class liberal intellectual"[26] am ehesten bewältigt werden könnte.

Bei der Kommunikation, die zwischen dem Besitzbürgertum und dem Bildungsbürgertum im Sinne Forsters zustande kommen sollte, wird der Forderung des rechten Maßes eine zentrale Rolle zugewiesen. Forster sieht im Gegensatz zu Virginia Woolf in "proportion" (*HE*, 70) nicht eine – wie in *Mrs. Dalloway* – negativ bewertete Norm des kalkulierenden Pragmatikers, sondern das Ideal, auf das die Lebensführung des (klassisch-humanistisch orientierten) Bildungsbürgertums ausgerichtet ist. Besitzbürgertum ist stets durch unvernünftiges Begehren gefährdet; wenn eine Verständigung zwischen Besitz- und Bildungsbürgertum gelingen soll, bedarf es des maßvollen Denkens, das dem Ideal der ausgewogenen Entfaltung aller Seelenkräfte verpflichtet ist. Die Begegnungen zwischen den Mitgliedern der Familien Schlegel und Wilcox zeigen, daß die Lebensführung eines jeden einzelnen durch seine Zugehörigkeit zu einer bestimmten Gruppe innerhalb der bürgerlichen Schicht vorgeprägt ist, daß aber seine persönliche Eigenart in den Entscheidungen faßbar wird, die nicht völlig den vorgegebenen Verhaltensmustern entsprechen.

Helen Schlegel unternimmt den ersten Versuch, eine Verbindung zwischen den beiden Familien und ihren gegensätzlichen Lebensweisen herzustellen, scheitert aber dabei. Sie verliebt sich in Paul und bewundert die Familie, der er angehört. Sie begreift aber auch, daß sie sich in ihren politischen Anschauungen (etwa über die Frau im modernen Leben) und in ihrem Verhältnis zu Kunst und Literatur grundsätzlich von dieser Familie unterscheidet. Sie wäre keinesfalls bereit, ihre bisherige Lebensweise völlig aufzugeben, um in die Familie Wilcox aufgenommen zu werden. So schnell sie sich in Paul

---

26 Alistair M. Duckworth, *"Howards End": E.M. Forster's House of Fiction*, New York 1992, 78.

verliebt, so schnell trennt sie sich von ihm. Helen steht für radikale Entscheidungen und läßt sich dabei von ihren Leidenschaften bestimmen.

Margaret dagegen ist ruhiger, maßvoller, vernünftiger. Sie respektiert die anderen Menschen, zeigt Verständnis für deren jeweilige Eigenarten und versucht, durch "personal relations" der Entfremdung entgegenzutreten, die sich in der Industriegesellschaft in zunehmendem Maße in den zwischenmenschlichen Beziehungen bemerkbar macht. Von allen Mitgliedern der Familie Wilcox entspricht ihr am ehesten Ruth, die Mutter, die im 3. Kapitel eingehender charakterisiert wird:

> She seemed to belong not to the young people and their motor, but to the house, and to the tree that overshadowed it. One knew that she worshipped the past, and that the instinctive wisdom the past can alone bestow had descended upon her – that wisdom to which we give the clumsy name of aristocracy. High-born she might not be. But assuredly she cared about her ancestors, and let them help her. (*HE*, 19)

Mrs. Wilcox bildet zwar den Mittelpunkt ihrer Familie, steht jedoch in vieler Beziehung außerhalb von deren Lebensstil. Sie distanziert sich von den modernen Formen der Zivilisation, die die Industrialisierung und Mechanisierung mit sich brachten. Das Auto ist das Statussymbol der Jugend, die aus reichen Familien stammt. Mrs. Wilcox dagegen fühlt sich in Howards End und der Natur, die diesen Landsitz umgibt, geborgen. Sie verehrt dazu die Vergangenheit und läßt sich von der Weisheit leiten, die aus der Erfahrung ihrer Vorfahren stammt. Der materialistischen Lebensauffassung setzt sie eine entschieden spirituelle Einstellung entgegen. Der Erzähler stuft sie aufgrund ihrer menschlichen Qualitäten so hoch ein, daß er einmal davon spricht, daß um ihre Hände "a quivering halo" (*HE*, 65), ein Heiligenschein, wahrzunehmen sei. Mrs. Wilcox ist eine Art weltliche Heilige, vergleichbar Mrs. Ramsay in Virginia Woolfs Roman *To the Lighthouse*. Wie sie stirbt auch Mrs. Wilcox sehr früh, wirkt aber über ihren Tod hinaus in das Schicksal ihrer Familie und das der Familie Schlegel hinein. Da Margaret in vieler Hinsicht Mrs. Wilcox ähnelt, verbinden sie Sympathie und Freundschaft, so daß sich Mrs. Wilcox entschließt, Margaret zur Erbin von Howards End einzusetzen, was dieser allerdings von Henry Wilcox und dessen Familie verschwiegen wird.

Die Beziehungen, die sich nach dem Tod von Ruth Wilcox zwischen Henry Wilcox und Margaret entwickeln, sind weit komplexer, als es die Beziehungen zwischen den beiden gleichgesinnten Frauen waren. Henry Wilcox verachtet z.b. die Physis in der gleichen Weise wie Cecil Vyse in *A Room with a View*:

> Outwardly he was cheerful, reliable and brave; but within, all had reverted to chaos, ruled, so far as it was ruled at all, by an incomplete ascetism. Whether as boy, husband or widower, he had always the sneaking belief that bodily passion is bad, a belief that is desirable only when held passionately. Religion had confirmed him. The words that were read aloud on Sunday to him and to other respectable men were the words that had once kindled the souls of St Catharine and St Francis into a white-hot hatred of the carnal. He could not be as the saints and love the Infinite with a seraphic ardour, but he could be a little ashamed of loving a wife. "Amabat; amare timebat." And it was here that Margaret hoped to help him. (*HE*, 183)

Aus diesem Erzählerkommentar geht eindeutig hervor, daß Henrys Abneigung gegen alles Physische und Sexuelle durch religiöse Belehrung noch verstärkt wird, daß er aber die radikale Absage an das "Fleisch" (im religiösen Sinne) nicht als die Vorstufe für eine ebenso radikale Hinwendung zu Gott begreifen kann. Die so begründete Bewertung des Physischen läßt ihn sogar in seiner Beziehung zu Margaret unsicher werden, die ihrerseits bemüht ist, eine natürliche Beziehung aufzubauen. Forster gebraucht in Verbindung mit der Hinwendung Margarets zum männlichen Geschlecht eine Diktion, die er zuvor in *Where Angels Fear to Tread* bereits in der Charakterisierung Caroline Abbots verwendet hatte: "salvation" (*HE*, 183; "saved "*WAFT*, 150). Weibliche Liebe, wie sie Margaret zu geben versucht, hat einen rettenden, einen erlösenden Charakter. Wiederum zeigt sich, daß Forster sich gerne einer durch die christliche Tradition vorgegebenen Terminologie bedient, daß er aber diese Terminologie in den säkularen Bereich überträgt.

Über die Aufgabe, die sich Margaret in ihrem Zusammenleben mit Henry Wilcox selbst gestellt hat, führt der Erzähler im einzelnen folgendes aus:

> She would only point out the salvation that was latent in his own soul, and in the soul of every man. Only connect! That was the whole of her sermon. Only connect the prose and the passion, and both will be exalted, and human love will be seen at its highest. Live in frag-

ments no longer. Only connect, and the beast and the monk, robbed of the isolation that is life to either, will die. (*HE*, 183–184)

Margaret setzt eine antithetische Spannung in der menschlichen Existenz voraus, die sie mit den Begriffen "the beast" und "the monk" umschreibt; es sind dies Begriffe, die einerseits den rein physischen Bereich und andererseits die spirituelle Sphäre umschreiben. Die Situation ist nach ihrer Auffassung dadurch charakterisiert, daß das physische und das spirituelle Prinzip nicht zusammenwirken, sondern einander entgegengesetzt sind, wodurch eine Desintegration der menschlichen Existenz bewirkt wird. Auf diese Desintegration werden auch Begriffe wie "prose" und "passion" bezogen. "Prose" steht für den rationalen, "passion" für den irrationalen Bereich.

Das Ziel, das nach Margaret anzustreben ist, wäre die Synthese der widerstreitenden Kräfte im Menschen; auf dieses Ziel weist die Wendung "Only connect!" hin. Der Erzähler bedient sich zwar des Begriffes "sermon", wenn er Margarets weltanschaulichen Thesen nennt, deutet aber zugleich an, daß es Margaret weder um eine religiöse noch um eine philosophische Belehrung geht: "Nor was the message difficult to give. It need not take the form of 'good talking'. By quiet indications the bridge would be built and span their lives with beauty" (*HE*, 184). Margaret sieht sich vor die Aufgabe gestellt, Henry Wilcox in einer indirekt suggerierenden Weise auf den Weg zu bringen, der zu einer Reintegration der Seelenkräfte, des physisch-materiellen und des spirituellen Bereichs führt. Die knappe Feststellung: "But she failed" (*HE*, 184) weist vorausdeutend darauf hin, daß sie ihr Ziel eigentlich nicht erreicht. Die Begründung, die der Erzähler gibt, lautet: "For there was one quality in Henry for which she was never prepared, however much she reminded herself of it: his obtuseness" (*HE*, 184).

Es wäre jedoch irreführend, *Howards End* deshalb als einen reinen Desillusionsroman, einen Roman des tragischen Scheiterns, zu werten. Die einzelnen Phasen, die sich in der persönlichen Entwicklung Margarets abzeichnen, lassen vielmehr erkennen, daß durch die Begegnung der beiden Familien Wilcox und Schlegel die ursprünglich patriarchalische Lebensordnung in eine matriarchalische verwandelt wird, die freilich ebenfalls nur als eine vorübergehende, vorläufige Lösung der Konflikte bezeichnet werden kann, vor die sich die englische Mittelklasse gestellt sieht.

Es entspricht der Erzähltechnik E.M. Forsters und seiner eigentümlichen Weltsicht, daß er die dramatische Situation, die sich in den Beziehungen zwischen den beiden Familien herausgebildet hat, durch äußere Umstände einer Entscheidung zutreiben läßt, bei der die Hauptpersonen in überraschender Weise in eine passive Rolle gedrängt werden. Als Leonard Bast auf dem Landsitz Howards End erscheint, kommt es zu einem Streit mit Charles Wilcox, der ihn mit der flachen Klinge des Schwertes von Ernst Schlegel schlägt, worauf Leonard einen Herzschlag erleidet und stirbt. Charles wird für schuldig befunden und zu drei Jahren Gefängnis wegen Totschlags verurteilt. Henry Wilcox ist daraufhin ein gebrochener Mann, der nun ganz auf die Fürsorge Margarets angewiesen ist, die nach seinem Zusammenbruch aus Mitleid zu ihm zurückkehrt: "They were building up a new life, obscure, yet gilded with tranquillity" (*HE*, 334). Henrys Entscheidung, Margaret Howards End zu vermachen und entsprechend Margarets Wunsch finanzielle Vermögenswerte seinen Kindern zu vererben, hat symbolische Bedeutung: Henry Wilcox bestätigt damit die Entscheidung seiner ersten Frau, die sich bereits für Margaret als Alleinerbin von Howards End entschieden hatte. Wenn andererseits alles Kapital den Kindern aus Henrys erster Ehe zufällt und Margaret auf ihren Wohlstand in den nächsten Jahren allmählich verzichten möchte (vgl. *HE*, 339), dann geht daraus hervor, daß sie eine deutliche Trennungslinie zieht zwischen der kapitalistischen Lebensform, als deren Repräsentanten Henry Wilcox und seine Kinder anzusehen sind, und der spirituellen und intellektualistischen, die sie, Margaret zusammen mit ihrer Schwester Helen, auch in den kommenden Jahren vertreten wird.

Der Schluß des Romans ist von Forster so komplex gestaltet, daß jede Interpretation, die das Ende auf *eine* Formel bringen möchte, irreführend sein muß. Zunächst ist festzuhalten, daß Leonard Basts Versuch, als Vertreter der *lower middle class* Zugang zu den höheren Schichten innerhalb der Mittelklasse zu gewinnen, scheitert. Er erweckt die Sympathie der Schlegels, weil er sich als Autodidakt Bildung anzueignen versucht, die ihn als einen gleichberechtigten Gesprächspartner von Helen und Margaret erscheinen lassen kann. Seine finanzielle Situation verschlechtert sich jedoch, als er einem Rat des Henry Wilcox folgt und seinen bisherigen sicheren Arbeitsplatz aufgibt. Die kurze leidenschaftliche Beziehung zu Helen Schlegel besiegelt seinen Untergang; die Familie Wilcox trifft ihn buchstäblich tödlich. Damit aber ist zugleich Helens Versuch, Leonard auf ihre Weise "salvation" zu geben, gescheitert.

Insofern Margaret mit Helen über Howards End gebietet, dominiert äußerlich die Gegenwelt des Bildungsbürgertums über das Besitzbürgertum. Die Frage, ob diese Lebensgemeinschaft auf Howards End zugleich ein Nukleus für eine erneuerte Gesellschaft sein kann, bleibt offen. Zunächst gilt es festzuhalten, daß Howards End nach Margarets Tod in die Hände von Helens Sohn übergehen wird, d.h. daß wiederum ein Mann im Zentrum dieses Lebensbereiches stehen wird. Äußerlich erfüllt er die Forderung des "Only connect!"; in ihm sind Bildungsbürgertum und die *lower middle class* (die ihrerseits in diesem Falle aus dem bäuerlichen Milieu stammt) eine Verbindung eingegangen, und die Verbindung zwischen Bildungsbürgertum und Besitzbürgertum besteht auch darin, daß der Landsitz das Erbe einer Familie des Besitzbürgertums ist und durch deren Kapital instand gehalten wird. Der Roman macht keinerlei Andeutungen, für welchen Lebensstil Helens Sohn sich einmal entscheiden könnte.

Die letzten Zeilen des Romans bringen eine geradezu euphorische Stimmung zum Ausdruck:

> From the garden came laughter. "Here they are at last!" exclaimed Henry, disengaging himself with a smile. Helen rushed into the gloom, holding Tom by one hand and carrying her baby on the other. There were shouts of infectious joy.
> "The field's cut!" Helen cried excitedly – "The big meadow! We've seen to the very end, and it'll be such a crop of hay as never!" (*HE*, 340)

Mensch und Natur bilden eine harmonische Ordnung, die einen utopischen Charakter hat. Forster entwirft hier eine Gegenwirklichkeit zur Industrielandschaft und zur Industriegesellschaft, deren Spannungen sich im 20. Jahrhundert wenige Jahre nach dem Erscheinen des Romans im Ersten Weltkrieg in einer geradezu apokalyptischen Form entluden.

6

Ehe Forster die erste Reise nach Indien antrat, hatte er sich bereits mit der indischen Lebens- und Denkweise vertraut gemacht. 1906 lernte er Syed Ross Masood kennen, den er als Tutor im Lateinischen unterrichtete, um ihn auf das Studium in Oxford vorzubereiten. Welch tiefgreifender Einfluß von Syed Ross Masood auf Forster ausging, läßt sich an einer Bemerkung ablesen, die sich in *Two Cheers for Democracy* (1951) findet:

> My own debt to him is incalculable. He woke me up out of my suburban and academic life, showed me new horizons and a new civilization, and helped me towards the understanding of a continent.[27]

Masood und Forster unternahmen gemeinsam Reisen in Europa, bevor Masood 1911 nach Indien zurückkehrte. Forster seinerseits folgte dem Freund im Oktober 1912 und dehnte diesen Indien-Aufenthalt bis zum April 1913 aus. Neben Masood ist aus dem Freundeskreis Forsters vor allem Malcolm Darling zu nennen, den er aus seiner Studienzeit am King's College in Cambridge kannte; Darling gehörte seit 1904 dem *Indian Civil Service* an; durch ihn wiederum lernte Forster den Radscha (den späteren Maharadscha) von Dewas Senior, einem kleinen Staat in Zentralindien, kennen.

Forster wurde auf seiner ersten Indien-Reise von zwei Freunden begleitet, mit denen er seit seiner Studienzeit eng verbunden war: Goldsworthy Lowes Dickinson und Robert C. Trevelyan. Mit ihnen unternahm er gemeinsame Studien, um sich Kenntnisse im Bereich der indischen Geschichte und Religion anzueignen, wobei besonders hervorzuheben ist, daß Forster in den Jahren 1910 bis 1924 auch an religiösen Fragen interessiert war[28].

Bereits auf der ersten Reise nach Indien lernte Forster Formen des britischen Chauvinismus kennen, und in Indien traf er Engländer, die längere Zeit dort gelebt und gearbeitet hatten und die – zu seiner Überraschung – alles verachteten, was indisch war. Er dagegen war – wie sein Tagebuch verrät – von der Eleganz und der Spontaneität vieler Inder, die er traf, beeindruckt. Die Wiederbegegnung mit Syed Abu Mirza, den er ebenfalls in England getroffen hatte, dürfte ihn zu der Charakterisierung des fiktiven mohammedanischen Arztes Dr. Aziz inspiriert haben. In ähnlicher Weise lieferten ihm die Begegnungen mit dem Maharadscha von Chhatarpur sowie dem Maharadscha von Dewas Anregungen für die Ge-

---

27 E.M. Forster, *Two Cheers for Democracy*, London (1951): Arnold 1972, 285.
28 Vgl. Helmut Winter, *Zur Indien-Rezeption bei E.M. Forster und Hermann Hesse*, Heidelberg 1976, 70.

stalt des Professor Godbole, der im Roman die Verkörperung hinduistischer Weisheit ist.

Forster begann mit der Arbeit an dem Roman *A Passage to India* bereits im Jahre 1913, aber er vollendete dieses Werk erst 1924 – nach dem Ersten Weltkrieg und nach einem zweiten Indien-Aufenthalt in den Jahren 1921 bis 1922. Während des Ersten Weltkrieges arbeitete er in Alexandrien im Dienst des Roten Kreuzes, doch das Romanprojekt geriet nie ganz in Vergessenheit. Ständig fühlte er sich in Ägypten an Indien erinnert, aber alle Vergleiche dieses Landes mit Indien fielen zu dessen Ungunsten aus.[29]

Von seinem intensiven Studium der Literatur über Indien zwischen dem ersten und zweiten Aufenthalt in diesem Land zeugen die zahlreichen Rezensionen, die er während dieser Zeit über einschlägige Publikationen verfaßte. In diesen Rezensionen sind kleine Aperçus zu finden, die charakteristisch sind für Forsters Einstellung zu diesem Land und insbesondere für das Verhältnis der Europäer zu den Indern. So bemerkt er beispielsweise in einer Rezension, die am 20. Oktober 1920 im *Athenaeum* erschien: "It is the missionary rather than the government official who is in touch with native opinion"[30]. Solche Äußerungen bilden den Schlüssel für das Verständnis zahlreicher Nebenfiguren in *A Passage to India*.

Als Forster 1921 wieder nach Indien kam und die Stelle eines Privatsekretärs beim Maharadscha von Dewas übernahm, sah er, wie sehr sich die politische Lage geändert hatte. Gandhis "non-cooperation movement" zeigte seine Wirkungen. Dazu kam, daß der Ägypten-Aufenthalt bei Forster eine merkliche Desillusionierung ausgelöst hatte. Glaubte er ursprünglich, daß in Ägypten und Indien und anderen Ländern, in denen die Herrschaft in den Händen der Engländer lag, "a brotherhood of different countries" möglich sei, so sah er nun ein, daß es ein "Democratic Empire" nicht geben könne. Das "Amritsar Massacre" vom 13. April 1919, für das General Reginald Dyer verantwortlich war, konnte als Signal für die veränderte politische Situation in Indien nach dem Ersten Weltkrieg verstanden werden. Ausgelöst wurde dieses Ereignis durch einen Überfall auf eine Engländerin. Als General Dyer den Befehl gab, auf die protestierende Menge zu schießen, gab es 379 Tote und

---

29 Vgl. Mary Lago / P.N. Furbank (eds.), *Selected Letters of E.M. Forster: Vol. 1 – 1879–1920*, London 1983, 233.
30 Zitiert nach Winter, *Zur Indien-Rezeption*, 73.

über tausend Verwundete. Es kennzeichnet Forsters Erzählweise in *A Passage to India*, daß er auf Amritsar zwar anspielt, daß er den Namen jedoch nie nennt. Der Maharadscha von Dewas, für den Forster von März bis November 1921 arbeitete, schirmte ihn weitgehend von politischen Konflikten ab; ihre gemeinsamen Interessen lagen im literarischen, philosophischen und religiösen Bereich; aber Forster bemerkte dennoch auch in Dewas Veränderungen, die für die meisten Europäer kaum wahrnehmbar waren.

Erst nach seinem zweiten Indien-Aufenthalt fühlte sich Forster in der Lage, seinen Roman weiterzuführen. Aber er litt darunter, daß sich inzwischen die Verhältnisse in Indien gewandelt hatten, daß er nicht mehr mit der gleichen Einstellung diesen Stoff bearbeiten konnte, mit der er die ersten sechs Kapitel niedergeschrieben hatte. Es bedurfte der Unterstützung und der Ermunterung durch Freunde, wie Leonard und Virginia Woolf, um das Werk zu Ende führen zu können. Hatte er ursprünglich seinen Roman als eine Brücke der Sympathie zwischen Ost und West verstehen wollen, so mußte er nun offen zugeben, daß die Kluft zwischen England und Indien größer geworden war.

Seit dem Erscheinen von *A Passage to India* (1924) gibt es weitverzweigte Diskussionen, ob es sich bei diesem Werk um einen realistischen Roman handele, der eine faktengetreue Wiedergabe der Lebensverhältnisse in Indien zu Beginn des 20. Jahrhunderts sei. Forsters Kritiker kamen aus dem indischen wie aus dem englischen Lager, insbesondere aus dem der Anglo-Inder, die seit Jahrzehnten in Indien gelebt und als Beamte und Militärs dort ihren Dienst getan hatten. Forster gab Ungenauigkeiten zu, die beispielsweise in der Beschreibung der Gepflogenheiten eines anglo-indischen Clubs oder in der Darstellung von Rechtspraktiken zu beobachten sind. Gelegentliche Äußerungen über seine künstlerischen Intentionen deuten darauf hin, daß er dem Roman zwar eine stabile realistische Basis gab, daß er aber realistische und symbolistische Darstellungstechniken miteinander verband, um die Aspekte der englischen wie der indischen Mentalität herauszuheben, wie er sie im Laufe seines Lebens kennengelernt hatte. Immer wieder schärfte er seinen Lesern wie seinen Kritikern ein, daß es nicht *ein* Indien, sondern viele Indien gebe, daß sich die vielfältigen Erscheinungsformen der indischen Mentalität nicht einfach darstellen lassen. Das Buch ist für das Verständnis der Inder ebenso aufschlußreich wie für das Verständnis der Engländer und schließlich des Autors selbst, der bei aller Sympathie für einzelne Menschen und einzelne Völker niemals die kritische Distanz gegenüber seinen Themen aufgegeben hat.

Bei der Charakterisierung der englischen Mentalität zieht Forster eine deutliche Trennungslinie zwischen den Anglo-Indern und den Engländern, die als Besucher ins Land kommen und – wie Adela Quested – wißbegierig einen fremden Kontinent bereisen, um zu erfahren, was Indien "eigentlich" ist.

Als Repräsentant anglo-indischer Lebensweise und Mentalität wird Ronny Heaslop, ein Sohn aus Mrs. Moores erster Ehe und Verlobter Adelas, geschildert, der das Amt eines Stadtrichters innehat. Ronny ist für Forster das typische Produkt der *Public School*-Erziehung, wie er sie selbst durchlaufen hatte und der seine ganze Antipathie, ja sein Haß gilt. Bedient man sich der Unterscheidung zwischen "round" und "flat characters", zwischen den komplexen und den eindimensional typischen Personen – diese Unterscheidung traf Forster selbst in seiner romantheoretischen Schrift *Aspects of the Novel* (1927) –, so ist Ronny der zweiten Gruppe zuzurechnen. Im Dialog mit seiner Mutter verkündet er die Prinzipien, nach denen er lebt und handelt:

> "We're out here to do justice and keep the peace [...]. I am out here to work, mind, to hold this wretched country by force. I'm not a missionary or a Labour Member or a vague sentimental sympathetic literary man. I'm just a servant of the Government."[31]

In diesen Äußerungen zeichnet sich eine emotionale Steigerung in seiner Selbstdarstellung ab. Zunächst rückt er sich in ein idealistisches Licht: Er tritt für Gerechtigkeit und Frieden ein. Dann legt er den Akzent auf das Arbeitsethos und zögert nicht, seine Verachtung für das Land auszudrücken, in dem er lebt und arbeitet: "this wretched country"; Gewalt scheint die einzige Methode zu sein, um Friede und Gerechtigkeit durchzusetzen. Schließlich grenzt er sich von den Missionaren, den Angehörigen der Labour Party und den Literaten ab: Wörter wie "sentimental" und "sympathetic" lassen erkennen, daß die genannten Personengruppen für eine emotionale Anteilnahme am Los der Beherrschten stehen. Eine solche Haltung aber widerspräche seiner pragmatisch-utilitaristischen Grundeinstellung.

---

31 E.M. Forster, *A Passage to India*, London (1924): Arnold 1978, 43–44. Im Folgenden zitiert als *PI*.

Nebenfiguren wie Collector Turton, der Oberarzt Callendar und der Polizeiinspektor Mr. McBryde werden noch schematischer gezeichnet. Ihre unterschiedlichen Äußerungen über die Inder bilden eine Art Skala, die von der Feststellung des Collectors, daß er die Inder nicht hasse, bis zu den Darlegungen Major Callendars reicht, der sich ausmalt, wie er als Chirurg einen leidenden Eingeborenen quälen könnte. Noch drastischer sind die Äußerungen der Frauen, bei denen immer auch die Furcht mitspricht, von einem Inder vergewaltigt zu werden. So stellt Mrs. Callendar ungerührt fest: "'The kindest thing one can do to a native is to let him die'" (*PI*, 22).

Aus der Charakterisierung der Anglo-Inder spricht der Satiriker Forster, der durch die hartherzigen Pragmatiker der herrschenden Schicht alle Forderungen seines humanistisch-liberalistischen Lebensideals verkannt sieht und sich nicht darum bemüht, in den Charakteren, die er verurteilt, Facetten einer komplexen Einstellung zu entdecken, die trotz aller Verzerrung der menschlichen Natur Erwähnung verdient hätten. Es kann nicht überraschen, daß Forster gerade mit der satirischen Darstellung der anglo-indischen Mentalität nicht nur bei englischen Lesern auf Kritik stieß, sondern auch bei indischen Lesern, die auf ein faires Urteil über die Engländer bedacht waren. Es zeigt sich gerade in diesem Zusammenhang, wo die Grenzen des Forsterschen Realismus zu suchen sind. Er blieb bei seiner Grundüberzeugung, daß die englische Erziehung "well-developed bodies, fairly developed minds and undeveloped hearts" hervorbringe. Seine Satire gilt den "undeveloped hearts", seine mitfühlende Darstellung denjenigen Menschen, die allen, insbesondere auch den Angehörigen einer anderen Rasse oder einer anderen Religion mit Sympathie begegnen.

Adela Quested, die zunächst als Frau für Ronny Heaslop bestimmt zu sein scheint, sich später aber von ihm trennt, nimmt insofern eine eigentümliche Stellung zwischen den Anglo-Indern und der eingeborenen Bevölkerung ein, als sie sich mit einer gewissen Neugierde und Unbefangenheit zu den Indern hingezogen fühlt, bei allem menschlichen Interesse aber kühl Distanz wahrt. Indien wird für sie niemals, wie für Mrs. Moore, eine spirituelle Wirklichkeit. Allerdings soll nicht übersehen werden, daß Adela sich im Laufe ihres Indien-Aufenthaltes wandelt, daß sie ihre Erlebnisse auf eine ganz eigene Weise verarbeitet. Sie gewinnt damit das Profil eines komplexen Charakters und unterscheidet sich von den Anglo-

Inderinnen, die in ihrem Verhalten wie in ihrer Sprache auf einen typenhaften Schematismus festgelegt sind.

Mrs. Moore dagegen ist von vornherein als eine mütterliche Figur konzipiert; sie ist eine zutiefst religiöse Natur und begegnet auch den Angehörigen fremder Kulturen mit Liebe und Güte. Bleibt man bei Forsters Figurentypologie, so läßt sich sagen: Mrs. Moore besitzt jenes "fully developed heart", das er bei den Landsleuten vermißt, die durch die *Public Schools* geprägt wurden. Mrs. Moore findet einen Zugang zu dem Moslem Dr. Aziz wie zu dem Hindu-Professor Godbole, durch den sie Einsichten in eine religiöse Welt gewinnt, die ihr zuvor verschlossen blieben. Es bildet sich zwischen dieser Christin, dem Moslem und dem Hindu ein gegenseitiges Verständnis heraus, das von Forster einmal mit der Wendung "the secret understanding of the heart" (*PI*, 14) umschrieben wird.

Mit Liebe, Güte und Toleranz begegnet auch Mr. Fielding, der Direktor des College zu Chandrapoore, den Indern. Mehrfach ist in der Forster-Kritik darauf hingewiesen worden, daß Fielding Ähnlichkeit mit dem Autor hat. Auch Fielding läßt sich von der liberalistischen Tradition her verstehen: Er glaubt (zunächst) daran, daß durch friedliche Erziehung im Stile der westlichen Zivilisation die Lebensverhältnisse in Indien verbessert und damit auch das gegenseitige Verständnis vertieft werden könnten. Auch Fielding begegnet der indischen Wirklichkeit im Geist der europäisch-humanistischen Tradition und bleibt deshalb – wie Forster selber – bei aller Zuwendung zu seinen Mitmenschen, seien es Engländer oder Inder, der vorsichtige, skeptische, kritisch abwägende Beobachter.

Wie stark Fielding stets der europäisch-mittelmeerischen Kultur verpflichtet bleibt, geht aus dem Schluß des zweiten Teils des Romans hervor; dort wird von seiner Rückkehr nach Europa berichtet, und der Erzähler bemerkt über die Reaktionen, über die Gedanken und Gefühle, die in Fielding beim Anblick Venedigs ausgelöst werden, folgendes:

> [...] something more precious than mosaics and marbles was offered to him now: the harmony between the works of man and the earth that upholds them, the civilization that has escaped muddle, the spirit in a reasonable form, with flesh and blood subsisting. (*PI*, 270)

Europa bedeutet für ihn Form und Harmonie; es ist für ihn der Ausdruck einer diesseitsorientierten und vernunftbezogenen Welt- und Lebensauffassung.

Dr. Aziz, der Arzt, und Professor Godbole sind als Kontrastfiguren zu den Engländern und Anglo-Indern konzipiert. Dr. Aziz ist ein Moslem, Professor Godbole ein Hindu; sie repräsentieren damit zwei Grundformen des religiösen, aber auch des gesellschaftlichen und geistigen Lebens in Indien. Und jeder zeigt durch seine besondere Art und Weise, den Engländern zu begegnen, welche Hindernisse zu überwinden wären, wollten Angehörige verschiedener Rassen und verschiedenen Glaubens im Umgang miteinander "personal relations" im Sinne Forsters entwickeln.

Wiewohl sich Mr. Fielding im Gegensatz zu Mrs. Moore eine skeptisch-kritische Einstellung allem Leben gegenüber zu eigen gemacht hat und sich im mediterranen Milieu zu Hause fühlt, kommt dennoch eine enge Freundschaft zwischen ihm und Aziz zustande. Fielding gibt ihm zu verstehen, daß er entsprechend seiner Devise: "good will plus culture and intelligence" (*PI*, 56) darum bemüht ist, zur Verständigung zwischen Menschen verschiedener Hautfarbe beizutragen. Freilich muß Forster aufgrund eigener Lebenserfahrung und seiner genauen Kenntnis Indiens einräumen, daß angesichts der großen Spannungen zwischen Völkern, Rassen und Religionen, die im 20. Jahrhundert immer stärker fühlbar werden, seine liberalistische Grundeinstellung gefährdet ist. Mit anderen Worten: Forster hat mit Fielding nicht nur ein Selbstportrait geliefert, sondern auch in subtiler Weise ein Stück Selbstkritik in den Roman eingebaut.

Professor Godbole, ein Hindu-Mystiker, unterscheidet sich sowohl von den Moslems wie von den Europäern. Während die Europäer auf die Prinzipien der Aktivität und der Rationalität vertrauen, führt er ein Leben der Kontemplation und wirkt (und bewirkt) oft mehr durch seine Abwesenheit als durch seine Präsenz. Er wird als ein unergründlich-rätselhafter Mensch beschrieben. Er ist höflich im Umgang mit allen Menschen, aber oft genug entzieht er sich der Konversation, selbst dann, wenn er über Gegenstände seines Glaubens sprechen könnte oder sollte. Als er gebeten wird, über die Marabar Caves zu berichten und Europäern zu erklären, was es mit diesen oft besuchten Höhlen auf sich hat, antwortet er nur in Negationen. (Vgl. *PI*, 68)

Godbole ist davon überzeugt, daß er durch die mystische Kontemplation Zugang zum göttlichen Sein gewinnen könne; er weist aber immer wieder darauf hin, daß die Nähe zum Absoluten sich nicht erzwingen läßt. Ihm bleibt nur die Bitte, Gott möge kommen; als Beispiel dafür dient ihm das an Shri Krishna gerichtete Lied eines Milchmädchens, das Godbole bei Mr. Fielding vorträgt und das mit der Feststellung endet: "'He refuses to come'" (*PI*, 72). Für Godbole ergibt sich daraus keine Glaubenskrise oder gar ein nihilistischer Skeptizismus, denn für ihn weist die Absenz Gottes stets auf seine (mögliche) Präsenz hin, nicht auf Nicht-Existenz. Entsprechend seiner hinduistischen Glaubensüberzeugungen ist dieser Gott eine Einheit des schöpferischen, des erhaltenden und des zerstörerischen Prinzips, d.h. eine Einheit von Brahma, Vishnu und Shiva. Diese Einheit wird durch die Silbe "om" (= AUM) symbolisiert, über die der Hindu meditiert, wenn er Gott nahekommen will. Das göttliche Sein umfaßt demnach das Gute wie das Böse; für Godbole sind dies nur Namen eines letztlich unteilbaren Seins. Wichtig ist: Er kennt keinen persönlichen Gott, sondern er sieht in ihm ein spirituelles Prinzip, an dem alles, was existiert, teilhat – ein Mensch ebenso wie eine Wespe oder ein Stein. Das Erlebnis, das Mrs. Moore in den Marabar Caves zuteil wird, läßt den Unterschied zwischen der hinduistischen und der christlichen Sicht der Realität deutlich werden, wobei stets zu bedenken bleibt, daß diese Unterscheidung von E.M. Forster getroffen wird, daß in seiner Darstellung von Mrs. Moores christlicher Lebensauffassung seine persönliche Sicht des Christentums stets mitschwingt.

Der Besuch der Marabar Caves, den Mrs. Moore zusammen mit Adela Quested und Dr. Aziz unternimmt, ist die zentrale Begebenheit des Romans. Paradoxerweise könnte man sagen: Nichts ereignet sich, aber das Erlebnis des Nichts, der Leere, löst in ihr wie in Adela Reaktionen aus, die für ihr beider Schicksal von Bedeutung sind. Als Mrs. Moore begreift, daß für sie die Marabar Caves nur ein Ort der Panik, des Schreckens und der Verzweiflung sind, daß sie dort keinen Höhepunkt in ihrem spirituellen Streben nach Gott erleben wird, daß es in diesen Höhlen keine "illuminatio" und keine "visio Dei" geben wird; als sie auch den Kontakt zu Adela und Dr. Aziz verliert, wird sie beinahe ohnmächtig. Furcht und Schrecken werden vor allem durch ein unheimliches Echo ausgelöst, auf das Professor Godbole sie nicht vorbereitet hatte. Den Klang dieses Echos gibt der Erzähler durch die Lautfolgen "boum", "bou-oum" und "ou-boum" (vgl. *PI*, 138) wieder. Als Mrs. Moore anschließend über dieses Erlebnis reflektiert, begreift sie, daß durch das unheimliche Echo, für sie Ausdruck von Leere und Sinnlosigkeit, die Basis zerstört wird, auf der bisher ihr gesamtes Weltbild und insbesondere ihre Wertwelt ruhten.

> [...] the echo began in some indescribable way to undermine her hold on life. Coming at a moment when she chanced to be fatigued, it had managed to murmur: "Pathos, piety, courage – they exist, but are identical, and so is filth. Everything exists, nothing has value." If one had spoken vileness in that place, or quoted lofty poetry, the comment would have been the same – "ou-boum". (*PI*, 140)

Sie erfährt zwar das in sich ruhende Sein der Dinge, aber nichts hat besonderen Wert, und es gibt demgemäß auch keine Hierarchie der Werte. Damit wird für Mrs. Moore jede christliche Überzeugung erschüttert (vgl. *PI*, 141).

Die Worte der Bibel, vom alttestamentlichen "Es werde Licht" bis zu dem neutestamentlichen "Es ist vollbracht", verlieren für sie ihre Bedeutung, versinken in das gleiche monotone und für sie sinnlose Echo: "boum". Ihre absolute Fassungslosigkeit vermag der Erzähler nur durch eine Gebärde zu verdeutlichen: "She sat motionless with horror" (*PI*, 141).

Aus der hinduistischen Perspektive, die Professor Godbole im Gespräch mit Fielding ausformuliert, ließe sich Mrs. Moores Erlebnis sehr wohl deuten. In der Sicht dieser Religion erlebt sie zum einen die Ganzheit des Seins und zum anderen die Abwesenheit Gottes, auf dessen dreifache Einheit das Echo "boum" hinweist, denn in der Lautfolge "oum" steckt das mystische "AUM" oder "Om". Für Mrs. Moore ist das "oum" ein Klang ohne Bedeutung und das "boum" nur der onomatopoetische Versuch, den Klang zu präzisieren; "boum" wirkt wie die absurde Replik auf "oum". In Mrs. Moore spiegelt sich die europäische Tradition insofern, als sie in dieser Situation eher einem existentialistischen Philosophen – etwa Albert Camus – gleicht, für den alles Geschehen in einer sinnleeren Welt absurd ist. Und wie in einem absurden Drama wird hier Sprache ("boum") benutzt, um die Sinnleere zu verdecken, zu überspielen. Es sei hier nur am Rande vermerkt, daß mit dem Erlebnis in den Marabar Caves auch der gesamte okzidentale Humanismus in Frage gestellt wird.

Nach ihrer Rückkehr von den Marabar Caves löst sich Mrs. Moore in zunehmendem Maße vom Alltagsleben; alle Versuche, einander näherzukommen, einander zu verstehen, erscheinen ihr fragwürdig. Sie kümmert sich schließlich in keiner Weise mehr um ihre Verpflichtungen und entscheidet sich für die Rückkehr nach England. Kurz nachdem das Schiff Bombay verlassen hat, stirbt sie. Wenn auch die tote Mrs. Moore dem Ozean übergeben wird, lebt sie in der Erinnerung insbesondere der indischen Bevölkerung weiter; die Inder verehren sie wie eine Göttin ("a Hindu goddess", *PI*, 214), verkehren allerdings ihren Ausspruch "God is love" in "God si love" (*PI*, 276) – für Forster ein Beispiel, wie in Indien ständig "mystery" und "muddle" miteinander vermischt werden, wie aber das eine im anderen mitenthalten ist. Der Sprechchor, in dem Mrs. Moore als "Esmiss Esmoor" (*PI*, 214) gefeiert wird, übt demgemäß eine tiefe Wirkung auf Adela Quested aus und bewirkt, daß sie in dem Prozeß, den sie selbst angestrengt hat, die Wahrheit sagt. Das hinduistische Modell, das Godbole seiner Deutung des göttlichen Seins zugrunde legt, läßt sich auch auf Mrs. Moore übertragen: Auch wenn sie physisch abwesend ist, bleibt sie spirituell präsent.

Adela Quested – der Familienname weist sie als eine Sucherin, "a quester" aus – unterscheidet sich insofern von Mrs. Moore, als der Besuch der Marabar Caves ausschließlich für ihre Zukunft als Frau, nicht wie bei Mrs. Moore für ihre Beziehung zum Metaphysischen von Belang ist. Beim Gang durch die Höhlen ist Adela mit der Frage beschäftigt, ob es richtig sei, Ronny Heaslop zu heiraten, wenn sie ihn nicht liebt. Es ist psychologisch naheliegend und verständlich, daß sie Dr. Aziz fragt, ob er seinerseits verheiratet sei und ob er Kinder habe; aber die Frage, ob er mehr als eine Frau habe, muß ihn, einen aufgeklärten Moslem, verletzen. Um seine Verwirrung zu überwinden, geht er für einen Augenblick in eine andere Höhle. Als er zurückkehrt, ist Adela verschwunden, und als er die Höhlen verläßt, wird er alsbald verhaftet: sie beschuldigt ihn, ihr in den Marabar Caves zu nahe getreten zu sein.

Diese Nachricht, die sich wie ein Lauffeuer verbreitet, führt dazu, daß die verdeckten Spannungen zwischen den Anglo-Indern und den Indern an Schärfe gewinnen; die Anglo-Inder sehen sich in ihren Antipathien und Befürchtungen bestätigt, alle sind davon überzeugt, daß Aziz schuldig ist. Die Inder reagieren in blinder Wut und voller Aggressionen, als sie sehen, wie entwürdigend man sie zu behandeln versucht. Godbole verläßt die Gegend; Mrs. Moore, die von der Unschuld des Dr. Aziz überzeugt ist, reist ab. Fielding, der in gleicher Weise für Dr. Aziz eintritt, verliert die Sympathien seiner Landsleute, ohne bei den Indern Unterstützung zu finden. Bei der erzählerischen Darstellung dieser eigentümlichen Situation zeigt sich, mit welcher Subtilität Forster es versteht, gesellschaftliche Spannungen und Stimmungsschwankungen zu erfassen; in einer Reihe von Episoden zeichnet er das minutiöse Netzwerk der Wechselbeziehungen zwischen Anglo-Indern und Indern nach; die Bereitschaft, einander offen, fair und gerecht zu begegnen, geht in einer Entwicklung verloren, die nur als Massenhysterie bezeichnet werden kann.

Eine unerwartete Wendung tritt in dem Augenblick ein, in dem bei Adela während der Gerichtsverhandlung, in einer Art visionärer Wahrnehmung, die Erinnerung an Mrs. Moore so stark wird, daß sie nun klar erkennt, in welchem Maße sie sich täuschte. Sie zieht die Anklage zurück und bekennt sich zur Wahrheit: "Dr. Aziz never followed me into the cave" (*PI*, 218). Damit ist der Prozeß zwar gegenstandslos geworden, aber die Kluft zwischen Anglo-Indern und Indern hat sich vergrößert: "Victory on this side, defeat on that" (*PI*, 219); die Inder verstehen sich als die Sieger, die Anglo-Inder als die Verlierer. Adela und Fielding erscheinen bei ihren Landsleuten als die Verräter, die die politische Macht des Empire geschwächt, das gesellschaftliche Ansehen der Engländer gemindert haben.

Würde der Roman mit dem XXXII. Kapitel enden, in dem der Abschied der Engländer von Indien beschrieben wird, dann müßte man *A Passage to India* als einen Desillusionsroman bezeichnen. Nichts hat sich in den Marabar Caves ereignet; aber Mrs. Moore ist alsbald nach diesem Erlebnis gestorben; Adelas Verlobung mit Ronny wird gelöst, Fielding kehrt nach Europa zurück, denn auch seine Freundschaft mit Dr. Aziz – das Urbild der "personal relations" im Sinne Forsters – ist gescheitert. Das christliche Fundament in Mrs. Moores Leben hat sich als ebenso fragwürdig erwiesen wie der liberalistische Individualismus Fieldings.

Dennoch fügte Forster den beiden Hauptteilen des Romans – "Mosque" – "Caves" – einen dritten Teil hinzu, dem er den Titel "Temple" gab und in dessen Zentrum das Fest zur Feier der Geburt Krishnas steht. Ebbatson und Neale zitieren in diesem Zusammenhang aus einem Interview, das Forster 1952 gegeben hat: "he explained the presence of the 'Temple' section in a *Passage to India* as 'architecturally necessary'"[32]. Es entsprach seinem Sinn für die architektonische Form, wenn er den ersten Teil "Mosque" auf einen dritten Teil "Temple" (und umgekehrt) bezog und den mittleren Teil "Caves" als Kontrast zu Teil I wie zu Teil III betrachtete. Gelegentlich sind Deutungen vorgelegt worden, die von einem hegelia-

---

32 R. Ebbatson / C. Neale, *E.M. Forster: "A Passage to India"*, London 1986, 75.

nischen Denkschema ausgehen. Der mohammedanischen These in Teil I wird die radikale Antithese in Teil II entgegengesetzt, wo die Problematik von Mrs. Moores christlicher Lebensauffassung zum Ausdruck kommt. Teil III, "Temple", wäre die Synthese, in der die beiden vorausgegangenen Erlebniswelten und Deutungsmöglichkeiten der Wirklichkeit im hegelianischen Sinn "aufgehoben" sind. Aber diese Interpretation würde dem Roman ein allzu rationalistisches Schema aufzwingen, das seiner thematischen Grundintention widerspräche.

Die Darstellung des Krishna-Festes verfolgt gerade die umgekehrte Richtung: Das gesamte Fest, das von Professor Godbole – jetzt Erziehungsminister – geleitet wird, steht im Zeichen eines äußerlichen Durcheinanders, im Zeichen des indischen "muddle" (vgl. *PI*, 275). Bei diesem Fest steht das Wort "God si Love" (*PI*, 276) im Mittelpunkt. Godbole fühlt sich an Mrs. Moore erinnert, Vorstellungen der universalen Liebe werden in ihm lebendig; es ist dies die Liebe, die mit der Geburt Shri Krishnas gefeiert wird (vgl. *PI*, 278).

Bei diesem Fest kommt es zu einer Wiederbegegnung von Dr. Aziz und Mr. Fielding, der mit den Kindern aus Mrs. Moores zweiter Ehe, mit Ralph und Stella, nach Indien zurückgekehrt ist. Mißverständnisse werden aufgeklärt, unter denen Aziz gelitten hatte. Fielding hat nicht Adela Quested geheiratet (wie Aziz lange Zeit annahm), sondern Stella, die in ihrer Mentalität ebenso wie ihr Bruder Ralph an Mrs. Moore erinnert. Als sie mit zwei Booten ins Meer hinausfahren, Fielding mit Stella und Aziz mit Ralph, stoßen sie zusammen und stürzen ins Wasser. Symbolisch läßt sich dieser Vorgang als die sakrale Weihe ihrer Versöhnung verstehen.

Aber ein derartiger Schluß wäre der Komplexität der gesellschaftlichen und geschichtlichen Situation, auf die sich dieser ebenso komplexe Roman bezieht, nicht angemessen. Zunächst spielt Forster im letzten Kapitel zwar auf die gelungene Versöhnung an und bemerkt dazu:

> This reconciliation was a success, anyhow. After the funny shipwreck there had been no more nonsense or bitterness, and they went back laughingly to the old relationship as if nothing had happened. (*PI*, 307)

Der Satz "as if nothing had happened" nimmt leitmotivisch nicht nur das unmittelbar vorausgehende, sondern auch das frühere

Geschehen in den Höhlen auf, wobei das einleitende "as if" eine nicht zu übersehende Qualifikation der Aussage enthält: Die Feststellung, "als ob nichts geschehen wäre", deutet darauf hin, daß alles, was geschah, präsent bleibt – bei aller äußeren Versöhnung. Als Fielding und Aziz später nach Mau zurückkehren, diskutieren sie über die Zukunft Indiens. In leidenschaftlicher Aufwallung ruft Aziz dabei aus: "'Down with the English anyhow. That's certain. Clear out, you fellows, double quick, I say. We may hate one another, but we hate you most'" (*PI*, 312). Erst wenn Indien sich von den imperialistischen Herrschern befreit hat, können zwei Menschen wie er und Fielding Freunde sein. Als Fielding dennoch in der gegebenen Situation den Versuch macht, sich in Güte Dr. Aziz zuzuwenden, werden sie von den Pferden in verschiedene Richtungen davongetragen. Am Schluß verkünden Hunderte von Stimmen: "No, not yet," and the sky said: "No, not there" (*PI*, 312). Weder Ort noch Zeit sind dazu angetan, die "personal relations" zustande kommen zu lassen, die Fielding (und mit ihm Forster) anstrebten. Die Versöhnung – auch im Geiste einer universalen Liebe – bleibt eine Utopie. Forsters Blick geht illusionslos auf die geschichtliche Situation; die späteren Entwicklungen in Indien sollten beweisen, daß er die Situation richtig einschätzte.

Insgesamt zeigt sich, daß Indien im Hinblick auf die Engländer – bildlich gesprochen – die Funktion eines Katalysators hat. Fielding wird durch Indien zu einer selbstkritischen Einsicht in die Grenzen seines Weltbildes gezwungen. Zugleich aber öffnet Indien auch den Blick für eine Wirklichkeit, die mit den Mitteln des europäischen Rationalismus und Empirismus nicht zu fassen ist. Was von dem okzidentalen Standort aus gesehen ein allgemeines Durcheinander, eine chaotische Fülle zu sein scheint, birgt vom indisch-hinduistischen Standort aus das Geheimnis des göttlichen Seins in sich. Die Begegnung mit dieser Wirklichkeit *kann* – wie an Mrs. Moore abzulesen ist – spirituelle Energien freisetzen, so daß sich Christentum und Hinduismus, Okzident und Orient innerlich näherkommen.

Die besondere künstlerische Leistung Forsters liegt in *A Passage to India* darin, daß er aufgrund seiner Lebenserfahrung die Komplexität des Lebens in Indien wie ein Seismograph registrierte und dabei den Blick seiner Leser für die Situation in den 20er Jahren, aber auch für die Entwicklung in den folgenden Jahrzehnten zu schärfen vermochte.

7

A Passage to India war der letzte Roman, der zu Forsters Lebzeiten publiziert wurde. Der Roman *Maurice* erschien erst 1971, ein Jahr nach seinem Tod. Er hatte diesen Roman 1913-14 geschrieben, 1919, 1932 und 1959-60 überarbeitet; wegen der sexuellen Thematik, insbesondere wegen der positiven Bewertung der Homosexualität zögerte Forster jedoch, dieses Werk der Öffentlichkeit zu übergeben.

Angeregt wurde dieser Roman durch einen Besuch E.M. Forsters bei Edward Carpenter, der im damaligen England als entschiedener Verfechter individueller Freiheitsrechte galt, sich für Homosexuelle ebenso wie für Feministinnen einsetzte und seine Ideen beispielsweise in *Homogenic Love* (1894) propagierte. Wenn es Carpenter und seinen Anhängern auch nicht gelang, mit ihren Ideen auf die Gesetzgebung Einfluß auszuüben, trugen sie dennoch zu einem allmählichen Wandel in der Beurteilung der Homosexualität im 20. Jahrhundert bei. "In July 1967 the Sexual Offenses Act legalized homosexual practices, in private, between consenting adults in England and Wales".[33] Damit war die Voraussetzung für die Veröffentlichung von Forsters Buch geschaffen, ohne daß ein Skandal zu befürchten gewesen wäre.

Maurice könnte ein "Anti-Bildungsroman" genannt werden: während sich im traditionellen Bildungsroman eine charakterliche Entwicklung des Protagonisten vollzieht, die zu einer Einbindung des Individuums in die Gesellschaft führt, ereignet sich in Forsters Buch das Umgekehrte: Maurice entdeckt zwar Schritt für Schritt sein wahres Selbst, findet schließlich aber nur einen nicht näher bestimmten Ort in England (er wird lediglich "greenwood" genannt), wo im Zusammenleben mit Alec diese Selbstentfaltung möglich wird. Maurice' homosexuelle Gemeinschaft mit Alec Scudder führt zu einer Art Utopie, deren Grenzen dadurch deutlich markiert werden, daß sie auf das Zusammenleben zweier Menschen begrenzt bleibt.

Forsters Roman ähnelt insofern einer Allegorie, als die Personen, denen Maurice begegnet, an die Personifikationen wie z.B. in Bunyans *Pilgrim's Progress* erinnern, die nur die Funktion haben, bestimmte Situationen oder Phasen in der Entwicklung des Protago-

---

33 David Childs, *Britain since 1945: A Political History*, London ²1986, 214.

nisten zu markieren. Bei Maurice sind es ein Lehrer (Mr. Ducie) und ein Arzt (Dr. Barry), ein Hypnotiseur und ein Pfarrer (Dr. Borenius); diese Personen lassen die Fragwürdigkeit der Methoden erkennen, mit deren Hilfe ein Individuum geformt werden soll. Der Name des Lehrers (Mr. Ducie) weist darauf hin, daß er ein 'Führer' sein sollte. Er versucht, Maurice in einfache Sachverhalte des Sexuallebens mit Hilfe schematischer Darstellungen einzuführen, die er mit einem Stock in den Sand malt. Aus Angst, sich zu kompromittieren, eilt er zurück, um die Schemata zu verwischen, ironischerweise aber haben die Wellen, die auf den Strand auslaufen, dies bereits besorgt. Auf ähnliche Art erweisen sich der Rat des Arztes, des Pfarrers und die Methode der Hypnose als nutzlos.

Forster spricht aus eigener Erfahrung, wenn er am Beispiel von Maurice die Intensität homosexuellen Verlangens demonstriert. Der Roman hat demgemäß auch die Züge einer Autobiographie, aber es gibt immer auch Details – bis hin in die Charakterisierung von Maurice' äußerer Erscheinung –, die beweisen, daß Forster autobiographische Fakten und Erfahrungen erzählerisch umsetzte, so daß sich für denjenigen, der die Biographie Forsters kennt und sie als begleitende Lektüre zu *Maurice* benutzt, ein faszinierendes Wechselspiel zwischen Faktizität und Fiktionalität ergibt.

Am Anfang von Maurice' Entwicklung stehen zwei Träume, die die Grundspannnung zum Ausdruck bringen, in der er sich als Homosexueller befindet. Im ersten Traum sieht er einen nackten Jungen (den Gärtnerjungen), im zweiten Traum erblickt er ein Gesicht, dessen Schönheit und Zärtlichkeit ihn beeindruckt. Die beiden Träume weisen auf die beiden Hauptfiguren hin, denen er in seinem späteren Leben begegnen wird: Alec Scudder, bei dem das Physische, die körperliche Vitalität dominiert, und Clive Durham, der als Repräsentant einer spirituellen Lebensform anzusehen ist; ihm begegnet Maurice, als er in Cambridge studiert. Wie für Forster selbst und wie für Ricky (in *The Longest Jorney*) steht Cambridge auch für Maurice als das Ideal eines Lebensraumes, der dem Leben junger Menschen weder geistig noch physisch Grenzen setzt.

Clive Durham, der der englischen *upper class* entstammt, hat sich dem griechischen Ideal einer platonischen Liebe verschrieben, wie sie Platon durch Sokrates im *Phädrus* definieren ließ. Es geht primär um eine intensive spirituelle Begegnung mit einem gleichgesinnten Partner, um einen Verzicht auf die physische Leidenschaft, die die Sublimierung des spirituellen Strebens behindern würde.

Vorbild für Clive Durham war H.O. Meredith, wohl der engste Freund Forsters zu Beginn des 20. Jahrhunderts; das Vorbild für die freundschaftliche Beziehung zwischen Maurice und Clive war der Kreis, der sich die *Midnight Society* oder auch *The Apostles* nannte und dem u.a. Thoby Stephen und Leonard Woolf angehörten und dessen Diskussionen inspiriert wurden durch die Philosophie von G.E. Moore. Unter den Kommilitonen, die Clive und Maurice in Cambridge kennenlernen, findet sich auch der homosexuelle Risely, der in seiner zynischen Art an Oscar Wilde und Lytton Strachey erinnert. Zu ihm bildet Clive insofern einen Kontrast, als er in seiner frühen Jugend eine tief religiöse Natur war und sich wegen seiner homosexuellen Veranlagung zunächst als Mensch verstand, der zur Verdamnis verurteilt sei: "His sincere mind, with its keen sense of right and wrong, had brought him the belief that he was damned instead" (*M*, 67). Sein Studium der Werke Platons, insbesondere des *Phaedrus*, bewirkte in ihm einen Wandel: Er wurde zum Agnostiker, wandte sich von der asketischen Lebensführung ab und entwickelt sich zu einem Menschen, der Maurice Hall mit der gleichen Liebe begegnet, wie sie ihm entgegengebracht wird.

Obgleich diese homosexuelle Freundschaft über drei Jahre hinweg besteht, kommt es nicht zu einer physischen Vereinigung; in der Zurückhaltung Clives deutet sich bereits seine spätere Entwicklung an: die Heterosexualität dominiert über seine jugendliche Homosexualität; er heiratet, verwaltet den Familienbesitz zu Penge und strebt schließlich eine politische Laufbahn an. Er wird – wie Glen Cavaliero in seiner Forster-Monographie hervorgehoben hat – zu einem Repräsentanten Sawstons.

> He is muddled, and for all his idealism and fine country house (which, significantly is in a state of slow decay) he belongs to the world of Sawston. The denial of the flesh is a denial of the spirit also.[34]

Es liegt eine abgründige Paradoxie in der Tatsache, daß Maurice auf dem Landsitz von Clive Durham die Möglichkeit für ein alternatives Leben entdeckt, das in deutlichem Kontrast zu 'Sawston' steht: Er begegnet dort dem Wildhüter Alec Scudder, der im Gegensatz zu dem Studenten Clive Durham die physische Seite der Homosexualität darstellt. Ein besonderes Gepräge gewinnen die homosexuellen Beziehungen zwischen Maurice und Alec dadurch, daß

---

34 Glen Cavaliero, *A Reading of E. M. Forster*, London 1979, 135.

sie verschiedenen gesellschaftlichen Klassen angehören: Maurice stammt aus der "middle class", nach seiner Relegation von der Universität arbeitet er als Börsenmakler. Alec dagegen ist Wildhüter. Die Vorliebe für Partner aus der unteren Gesellschaftsschicht gab es bei Forster selbst – er unterhielt jahrelang eine enge Beziehung zu einem ägyptischen Busschaffner –, und auch bei anderen Homosexuellen aus der oberen Gesellschaftsschicht war die Bevorzugung dieser Partner charakteristisch. Der Klassenunterschied ist für Maurice einerseits faszinierend – Alec verkörpert für ihn eine ungebrochene Vitalität – andrerseits ist dieser Unterschied beunruhigend, weil in Maurice der Verdacht entsteht, Alec wolle ihn erpressen.

Im letzten Dialog mit Clive gesteht Maurice seine Liebe zu Alec und betont dabei zugleich, daß ihm diese Beziehung mehr bedeutet als die platonische Freundschaft, die beide in Cambridge verband:

'I have shared with Alec', he said after deep thought.
'Shared what?'
'All I have. Which included my body.'[35]

Mit dem Augenblick des Abschieds von Clive beginnt für Maurice ein neues Leben mit Alec, über das im Roman keinerlei Einzelheiten genannt werden. Die alternative Lebensform, für die Maurice sich entscheidet, ist so verschieden von dem Lebensstil, dem sich Clive unterworfen hat, daß es konsequenterweise unmöglich erscheint, mit den Mitteln des realistischen Romans (der für eine Beschreibung von Sawston bestens geeignet ist), eine Aussage über eine Utopie zu machen, die auf einer homosexuellen Freundschaft basiert. In einem Entwurf sprach Forster davon, daß Maurice und Alec ihr Leben als Holzfäller fristeten, aber eine solche Version wurde in der letzten Fassung getilgt. Im vorletzten Abschnitt des Romans stellt der Erzähler bei der Beschreibung des Abschieds von Maurice und Clive fest:

They were his last words, because Maurice had disappeared thereabouts, leaving no trace of his presence except a little pile of the petals of the evening primrose, which mourned from the ground like an expiring fire. To the end of his life Clive was not sure of the exact moment of departure, and with the approach of old age he grew uncertain whether the moment had yet occurred. (M, 230)

---

35 E.M. Forster, *Maurice*, London: Arnold 1971, 228. Im Folgenden zitiert als *M*.

Nicht nur an dieser Stelle, sondern durch den gesamten Roman hindurch benutzt Forster eine poetische Diktion (vgl. "a little pile of the petals of the evening primrose") oder Umschreibungen, wenn er von den homosexuellen Beziehungen zweier Menschen spricht. Er vermeidet jeglichen Rückgriff auf eine vulgäre, drastisch-direkte Diktion. Im Gegensatz zu D.H. Lawrence, der in *Lady Chatterley's Lover* vor den "four-letter words" nicht zurückschreckte, bleibt Forster auf der Stilebene des poetischen Realismus, der auch für seine übrigen Romane maßgebend ist. Von der Diktion her sind Forsters und Lawrences Wildhüter deutlich voneinander unterschieden. Forster hat nur im Bereich der Thematik die viktorianischen Maßstäbe durchstoßen; D.H. Lawrence dagegen provozierte Leser, Kritiker und Zensoren – ähnlich wie James Joyce – sowohl durch die Thematik wie durch eine der Thematik entsprechende Diktion.

E.M. Forsters ästhetischer Sinn, der erkennen läßt, wie nahe er dem Bloomsbury-Kreis stand, veranlaßte ihn auch, den Anti-Bildungsroman *Maurice* in subtiler Weise zu strukturieren. In seiner romantheoretischen Schrift *Aspects of the Novel* (1927), die aus Vorlesungen hervorging, die er in Cambridge hielt, vergleicht er an einer Stelle die Gattung des Romans mit einer Symphonie. Das beste Beispiel, das er allerdings verschweigt, wäre sein eigener Roman *Maurice*, denn das Vorbild für dieses Werk war Tschaikowskys 6. Symphonie, die *Pathétique*, die bei Forster im 6. und 32. Kapitel erwähnt wird. Die vier Sätze der Symphonie sind wie folgt gegliedert:

1. Satz: Adagio – Allegro non troppo;
2. Satz: Allegro con grazia;
3. Satz: Allegro molto vivace;
4. Satz: Adagio lamentoso.

Diese Sätze lassen sich mit der Entwicklung und der eigentümlichen Gestimmtheit des Maurice in Verbindung bringen: Der erste Teil des Romans, der von der Jugend des Protagonisten und dem Beginn seiner Liebe zu Clive Durham berichtet, entspricht dem *Adagio* und dem *Allegro non troppo*. Die glückliche Zeit, die Maurice und Clive miteinander verbringen (vgl. Teil II des Romans), ließe sich dem *Allegro con grazia* zuordnen, während die Krise und die Trennung (Gegenstand hauptsächlich von Teil III) dem 4. Satz der Symphonie, dem *Adagio lamentoso*, gleichkommt, d.h. Forster hat die Sätze 3 und 4 der Symphonie miteinander vertauscht. Dieser Eingriff in die Vorlage ist nicht einem willkürlichen Spieltrieb entsprungen, sondern er signalisiert die unterschiedliche weltanschauliche Sicht, die den beiden Werken zugrunde liegt. Den biographischen Hintergrund des symphonischen Werkes bildet Tschaikowskys unglückliche homosexuelle Beziehung zu seinem Neffen. Das *Adagio lamentoso* ist gleichsam der vorweggenommene Kommentar zu einem Geschehen, das sich kurz nach der Erstaufführung der 6. Symphonie im Jahre 1893 ereignete: Tschaikowsky beging Selbstmord. Forster dagegen konzipierte von Anfang an einen Roman mit einem *happy ending*; bei ihm dominiert sowohl in der fiktionalen Welt des Romans wie in der biographischen Realität des Autors das Leben über den Tod. Dafür ist Tschaikowskys 3. Satz: *Allegro molto vivace* die angemessene Entsprechung.[36]

Die Verarbeitung von Tschaikowskys 6. Symphonie ist ein Beweis für Forsters künstlerische Eigenständigkeit: er setzt auf die alternative Lebensform, für die er in seiner persönlichen Lebensführung wie in seinem Roman plädierte, einen positiven Akzent. Dies gilt auch für die *Short Stories*, die entstanden, als er keinen Roman mehr verfaßte und die die homosexuelle Thematik behandeln; sie finden sich in dem ebenfalls posthum (1972) veröffentlichten Band *The Life to Come*. Der Roman *Maurice* zeigt, daß Forster in der Lage war, einen (für die damalige Zeit) intrikaten Stoff in künstlerisch souveräner Weise zu gestalten, so daß sich auf seine Verfahrensweise das Diktum von Cleanth Brooks übertragen läßt: "form is meaning".[37]

---

36 Vgl. Dieter Zeh, "No other of my books has started off in this way: E.M. Forsters *Maurice*", in: Winfried Herget, Klaus Peter Jochum und Ingeborg Weber (Hgg.), *Theorie und Praxis im Erzählen des 19. und 20. Jahrhunderts*, Tübingen 1986, 162–163.
37 Cleanth Brooks, "The Formalist Critics" in: Willi Erzgräber (Hg.), *Moderne englische und amerikanische Literaturkritik*, Darmstadt 1970, 107.

D.H. LAWRENCE (1885–1930)
Die Wirklichkeit des 'Blutes'

1

Am 17. Januar 1913 schrieb D.H. Lawrence an Ernest Collings: "My great religion is a belief in the blood, the flesh, as being wiser than the intellect. We can go wrong in our minds. But what our blood feels and believes and says, is always true."[1] Und in einem letzten Prosawerk, *Apocalypse* (1931), erklärte er:

> Whatever the unborn and the dead may know, they cannot know the beauty, the marvel of being alive in the flesh. The dead may look after the afterwards. But the magnificent here and now of life in the flesh is ours, and ours alone, and ours only for a time. We ought to dance with rapture that we should be alive and in the flesh, and part of the living, incarnate cosmos.[2]

Lawrence ist ein Erzähler und Dichter, der entschieden dem Diesseits, dem Hier und Jetzt zugewandt ist, der die Totalität des Menschenmöglichen unverstellt durch religiöse, philosophische oder (natur-)wissenschaftliche Lehren erfahren und künstlerisch verarbeiten möchte. Haben andere moderne Autoren wie etwa Dylan Thomas das vorgeburtliche Sein imaginativ zu erschließen versucht, haben Dichter seit dem Mittelalter sich immer wieder der visionären Sicht eines transzendenten Zustandes hingegeben, wie er sich dem Menschen nach dem Tode möglicherweise erst voll erschließen wird, so verzichtet Lawrence auf diese doppelte Perspektivenverlängerung in den pränatalen und postmortalen Zustand hinein. Er will den Menschen nur in seinem zeitlichen Sein erfassen, wobei er zwar immer wieder von der Polarität zwischen "spirit" und "flesh" spricht, sich aber für "das Fleisch" entscheidet, wenn er das Ur-

---

1 *The Letters of D. H. Lawrence, Vol. I: September 1901 – May 1913*, ed. James T. Boulton, Cambridge: Cambridge UP 1979, 503. Im Folgenden zitiert als *L*.
2 D. H. Lawrence, *Apocalypse and the Writings on Revelation*, ed. Mara Kalnins, Cambridge: Cambridge UP 1980, 149.

prinzip seiner künstlerischen Weltanschauung benennen soll. Als Synonym für "flesh" gebraucht er in zahlreichen Äußerungen auch das Wort "blood", und wie die zitierte Briefstelle aus dem Jahre 1913 beweist, hat für ihn die dichterische Weltsicht den Rang einer religiösen Überzeugung. Das Vorwort zu *Sons and Lovers*, das Lawrence im selben Jahr an Edward Garnett schickte und das niemals veröffentlicht wurde, läßt den Zusammenhang zwischen seiner Lebensauffassung und Grundüberzeugungen des Christentums, die er in seiner Jugend durch die kongregationalistische Glaubenslehre gewonnen hatte, deutlich hervortreten. Dort stellt er zu Beginn fest: "John, the beloved disciple, says, 'The Word was made Flesh'. But why should he turn things round? [...] 'The Flesh was made Word.'"[3] Das Fleisch, das Unbewußte und Sprachlose, ist für Lawrence das Primäre. Der Mann erfährt und erkennt das Fleisch in der Begegnung und durch die sexuelle Vereinigung mit der Frau. Durch die Liebe zur Frau erlangt er jenen Grad der Erfüllung, der es ihm ermöglicht, schöpferisch zu sein, die Erfahrung in ein Kunstwerk, in Sprache umzusetzen.

Es ist deutlich, daß Lawrence von einem eigenen Liebesbegriff ausgeht: Es geht ihm um die physische, nicht um die spirituelle Liebe, um *sexus*, nicht um *caritas*. Der Mensch lebt im Fleisch und durch das Fleisch, und wenn es nach Lawrence einen Gott gibt, dann ist er im Fleisch lebendig. Es ist nicht zu übersehen, daß Lawrence einer vorchristlichen Auffassung vom Menschen zuneigt, wiewohl er immer wieder bestritten hat, er plädiere unkritisch für die Rückkehr zu einer Art Naturreligion. Aber er sieht mit vielen seiner Zeitgenossen (etwa mit Yeats) deutliche Zeichen dafür, daß das Christentum seine geschichtliche Mission erfüllt habe, daß es nun gelte, eine neue Sicht der Wirklichkeit, eine neue Einstellung auch zum weiblichen Geschlecht freizusetzen. Wenn er bei diesen weltanschaulichen Bemühungen anerkennende Worte für den Katholizismus findet, dann geschieht dies deshalb, weil er in der katholischen Tradition einen Sinn für heidnisches Bewußtsein angelegt und die Bereitschaft ausgeprägt sieht, Elemente der heidnischen Wirklichkeitsauffassung zu erhalten und in den christlichen Glauben zu integrieren. Diese Elemente gilt es nach Lawrence wiederum

---

3   D.H. *Lawrence: Sons and Lovers. A Casebook*, ed. G. Salgādo, London (1969), repr. 1990, 30. – Vgl. weiterhin Graham Hough, *The Dark Sun: A Study of D.H. Lawrence*, New York 1956, 55ff.

zu beleben und – über das Christentum hinausgehend – ein neues Bild vom Menschen zu entwickeln, wonach der Sinn des Lebens das Leben selbst ist und dieser Sinn nur über die Begegnung der Geschlechter, im Fleisch, im Blut zu entdecken ist.

Lawrences Aussagen über die christliche Auffassung von Liebe und Sexualität bezeugen, daß er nicht nur in einem protestantischen Milieu, sondern in einer Umwelt groß wurde, die von einer engen puritanischen Sexualmoral geprägt war. Sein Protest gegen ein solchermaßen verengtes Christentum ist mehr als nur der Protest eines Künstlers, der sich im Sinne des Ästhetizismus in einem "épater le bourgeois" gefällt. Lawrence nutzt die überkommenen Termini und Rhythmen religiöser Prosa nicht nur, um seiner Sprache ein poetisches Gepräge zu geben; aus vielen seiner Äußerungen spricht eine Energie, die sich nicht mehr in traditionellen Formen des religiösen Lebens zu bewegen vermag, weil sie in ihnen nur Hemmnisse, repressive Widerstände sieht, die ihre volle Selbstentfaltung zu unterbinden drohen. Er will deshalb in seinen Romanen und Kurzgeschichten einen neuen Menschen schaffen, eine neue Wirklichkeit des menschlichen Lebens erstehen lassen, auf die die Menschen sich hinentwickeln sollen. Es ist nicht zu verkennen, daß dieser Kunst ein didaktischer Zug eigen ist. Die Tatsache, daß Lawrence selbst vorübergehend Lehrer war, ist sicherlich kein Erklärungsgrund für die Stilart, die er als Schriftsteller entwickelte. Weit wichtiger ist die Tatsache, daß er im Sinne der Romantheorie von Georg Lukács – die genau in der Zeit entstand, in der Lawrence seine ersten erzählerischen Werke verfaßte, und erstmals 1916 veröffentlicht wurde – ernst machte mit der dort geäußerten These, daß der Roman "Ausdruck der transzendentalen Obdachlosigkeit"[4] sei. Lawrence stellt Menschen in ihrer Orientierungslosigkeit dar, zeigt aber auch, wie sich in ihnen die Stimme des "Blutes" regt. Er versteht seine Werke als Experimentierfelder, in denen die Aktionen und Reaktionen der Menschen in einer Wirklichkeit gezeigt werden, die primär von sexuellen Kraftfeldern bestimmt ist. Daß sich Lawrence dabei nicht nur auf die Privatsphäre beschränkte, sondern auch den öffentlichen, politisch-sozialen Bereich, Gesell-

---

4   Georg Lukács, *Die Theorie des Romans: Ein geschichtsphilosophischer Versuch über die Formen der großen Epik*, Neuwied/Berlin-Spandau ²1963, 35. Zuerst erschienen in "Zeitschrift für Aesthetik und Allgemeine Kunstwissenschaft", hg. von Max Dessoir 1916, in Buchform: Berlin ¹1920.

schaft und Geschichte unter dieser Perspektive sah, wird bei der Analyse seiner Werke, insbesondere bei der Deutung von *Women in Love* (1921) und *The Plumed Serpent* (1926), im einzelnen zu belegen sein.

Die Nähe seiner dichterischen Weltsicht zum Vitalismus wird deutlich, wenn man neben den Begriffen "blood" und "flesh" auch die Verwendung des Begriffes "life" verfolgt.[5] Lawrence weiß um die religiöse Verwendung des Wortes "life" und seinen Bedeutungsgehalt: es besagt, daß nur aus dem Glauben, aus der Hoffnung und der christlichen Liebe das wahre Leben entspringen könne, das sich im Diesseits zu bewähren habe, ehe es im Jenseits die wahre Erfüllung finden könne. In dem Maße, wie er sich von den religiösen Vorstellungen seiner frühen Kindheit löste, wandte sich Lawrence dem Agnostizismus zu, der die christlich-transzendente Komponente des Lebensbegriffes tilgte und ihn das Leben als ein innerweltliches Mysterium verstehen ließ, das nur in wenigen Augenblicken erlebt und erfahren wird. Obwohl es in Bildern vielfältig dargestellt und ausgelegt werden kann, ist es letztlich nie systematisch zu erfassen. "Life" ist für ihn die Kraft, die ständig nach neuen Entfaltungsmöglichkeiten sucht, alle Verhärtungen und Verkrustungen durchbrechen möchte und neues Leben zeugen will. Sie teilt sich, wirkt in den Geschlechtern, strebt in ihnen wiederum nach Vereinigung und läßt auch diese nicht zur Dauer werden, weil sie sich damit aufhöbe. Alte heraklitische Vorstellungen sind in dieser Weltsicht lebendig – alles fließt, und im Fluß der menschlichen Geschicke ist der Krieg, der Widerstreit, der "Vater aller Dinge". Aber so wenig wie Lawrence in seiner Liebesethik nach paganen Ursprüngen zurückstrebt, so wenig läßt sich sein Weltbild insgesamt auf Heraklit festlegen. Die Beziehungen zur zeitgenössischen vitalistischen Philosophie und Lebensauffassung sind nicht zu übersehen. Der Begriff "Leben" ist in der Philosophie wie in der Literatur in den beiden ersten Jahrzehnten – wie bereits bei Virginia Woolf gezeigt wurde – das Absolutum, dem alle Werte untergeordnet sind. Und wenn bei ihr "life", "spirit", "truth", "reality" als Synonyme gebraucht werden, so ist bei Lawrence eine ähnlich unscharfe Verwendung von "life", "blood" und "flesh" zu beobachten.

---

5 Vgl. zum Folgenden Graham Hough, *The Dark Sun: A Study of D.H. Lawrence*, New York 1956, 222ff.

Die vitalistische Grundeinstellung verbindet Lawrence mit den deutschen Expressionisten[6], von denen er während seines Deutschlandaufenthaltes im Verwandten- und Bekanntenkreis Frieda von Richthofens erfuhr; sie rückt ihn aber auch in die Nähe von Virginia Woolf und James Joyce, was in der englischen Kritik meist nicht zur Kenntnis genommen wird. Der Vitalismus dieser Autoren hat ohne Zweifel religiöse Gründe: Woolf war von Anfang an Agnostikerin, Lawrence entwickelte sich zu dieser Position hin, und auch Joyce schuf mit seiner Lösung aus der irisch-katholischen Tradition die Voraussetzungen für eine "Lebensphilosophie" eigener Art.

Bei aller Gemeinsamkeit in der Sicht der Realität unterscheiden sich die drei Romanciers durch die Handhabung der Erzähltechniken. Joyce hatte stets geradezu eine Passion für die Architektur seiner Werke und spielte mit der Sprache bald traditionell komödiantisch, bald experimentierend, bis er sich schließlich ganz dem Experiment verschrieb. Woolf wurde durch die Bekanntschaft mit dem französischen Symbolismus und die Theorien der nachimpressionistischen Maler zutiefst beeinflußt, strebte bei stählernen Strukturen nach einer Textur, die so zart und subtil wie ein Schmetterlingsflügel gestaltet sein sollte. Eine derartige Einstellung zur Form des Romans wird man bei Lawrence vergebens suchen, wiewohl in der Textur seiner *Short Stories* wie seiner Romane ein ausgeprägter Sinn fürs Malerische, für intensive Farbwirkung zu erkennen ist. In der Anlage seiner Werke verzichtet er auf die strenge Architektur; sie sind locker gebaut, haben keinerlei artifizielles Gepräge, weil er sich bemühte, dem Lebensstrom zu folgen, sein Tempo, sein Gefälle wie seine Staus, seine Wirbel und leichten Bewegungen nachzuzeichnen. Eine solche Einstellung zum "Lebensprozeß" läßt sich nicht mit Hilfe architektonischer oder malerischer Vorbilder in künstlerische Gestalt umsetzen: Lawrence vertraut sich ganz der Eigendynamik seines Entwurfs an und bemüht sich, die sprachliche *Energeia* rhythmisch auf die beobachtbaren Muster bei der Begegnung mehrerer Menschen, vorzugsweise von ein oder zwei Paaren, abzustimmen. Jede Person verbreitet um sich – weit stärker als etwa Jacob Flanders in Woolfs *Jacob's Room* – ein Kraftfeld, und wenn

---

6 Vgl. in diesem Zusammenhang Hans Ulrich Seeber, "*D.H. Lawrence und der deutsche Expressionismus*: Bemerkungen zu ›The Rainbow‹ (1915) und ›Women in Love‹ (1920)", in: *Sprachkunst. Beiträge zur Literaturwissenschaft*, XIII/1982, 151–172.

ein Bezugsbereich für Lawrence naheliegend war, dann die Elektrizitätslehre mit ihren Begriffen und Bildern: Die beiden Geschlechter sind einander polar zugeordnet, es entstehen Spannungen, die sich entladen und wieder neu aufladen. Es ist verständlich, daß sich die herkömmliche Form des Romans mit ihrer inhaltlich-thematisch durchdachten Kapitelgliederung nicht ohne weiteres an die Vorstellung anpassen ließ, die er von der Entwicklung eines Menschen und seiner besonderen Art, seelisch auf die Umwelt zu reagieren, hatte. Lawrence richtet sich beim Erzählen nicht nach einem wohldurchdachten Handlungsschema, einem sorgfältig konstruierten *plot*, wie man ihn im 19. Jahrhundert etwa bei Thomas Hardy nachweisen kann. Dies hieße dem darzustellenden Lebensstrom ein mechanisches Muster aufprägen. Er ist vielmehr darum bemüht, die überlieferten Techniken wie Bericht, Kommentar, Szene und Bild so aufeinander zu beziehen, daß der Leser den Eindruck hat, "Erzählfluß" und "Lebensstrom" seien in perfekter Harmonie aufeinander abgestimmt:

> Lawrence geht allmählich von Konkretem zu Abstraktem über, von lebendiger szenischer Darstellung zu Bericht, von Bericht zu Kommentar, von Kommentar zu allgemeinen Reflexionen. Er läßt die Welle des Erzählens in einem Diminuendo auslaufen, und in einem gleichermaßen langsam anschwellenden Crescendo wächst die nächste Welle an.

Johannes Gottwald, dem wir diese Beobachtung verdanken, hat in seiner Untersuchung der Erzähltechnik Lawrences zugleich gezeigt, auf welche Weise es Lawrence gelingt, abrupte Wechsel zu meiden:

> [...] er führt gern mindestens ein Element seines Erzählens weiter. Wenn die Personen wechseln, bleibt der Ort der gleiche, wechselt der Ort, bleiben dieselben Personen im Blickfeld, wechselt beides, behält er das Thema bei.[7]

2

Wie Conrad, Joyce und Woolf verließ sich auch Lawrence in seinen Anfängen weitgehend auf autobiographisches Material, das er mit Hilfe literarischer Vorbilder aus der Tradition des englischen Ro-

---

7 Johannes Gottwald, *Die Erzählformen der Romane von Aldous Huxley und David Herbert Lawrence*, Diss. München 1964, 35–36.

mans verarbeitete. Die vorwiegend biographisch orientierte Lawrence-Forschung hat gezeigt, daß der Erzähler des Romans *The White Peacock*, Cyril Beardsall, dem Autor ähnelt, der für diese literarische Gestalt den Familiennamen seiner Mutter verwandte. Lettie, eine der zentralen Frauengestalten, erinnert an seine Schwester, Emily an seine Jugendfreundin Jessie Chambers und George Saxton, der Bruder Emilys, an Jessies Bruder. In den Erinnerungen an Lawrence, die Jessie Chambers unter dem Titel *D.H. Lawrence. A Personal Record* veröffentlichte, findet sich auch ein Hinweis auf die literarischen Vorlagen, die Lawrence benutzte: "'The usual plan is to take two couples and develop their relationships,' he said. 'Most of George Eliot's are on that plan'"[8]. Im Zentrum des einen Handlungsstranges steht bei Lawrence Lettie, eine kapriziöse Frau, die von dem aus bäuerlicher Familie stammenden George Saxton, aber auch von dem reichen, gewandt-eleganten Sohn eines Grubenbesitzers, Leslie Tempest, umworben wird. Der zweite Handlungsstrang rückt Cyril und Emily in den Vordergrund und schildert, wie Emily sich von Cyril abwendet, als sie sieht, wie stark seine Mutterbindung ist.

Insbesondere der erste Handlungsstrang zeigt, daß Lawrence neben George Eliot auch Thomas Hardy (*The Woodlanders*) als Vorbild verwendete: George Saxton läßt sich mit Giles Winterborne vergleichen, Lettie erinnert an Grace Melbury, Leslie an Dr. Fitzpiers. Wie bei Hardy herrscht auch bei Lawrence in der Darstellung der zwischenmenschlichen Beziehungen das Thema des Scheiterns vor: Der etwas schwerfällige George Saxton bleibt zu passiv, wagt es nicht, sein angeborenes Wesen zu entfalten und verspielt damit Lettie gegenüber alle Chancen; er heiratet später Meg of the Ram, bleibt aber letztlich der vom Leben Enttäuschte, der sich dem Alkohol hingibt und verkommt.

In ähnlicher Weise scheitert auch Lettie, die sich zwar mit dem Sohn des Bergwerkbesitzers verbindet, aber in dem veräußerlichten gesellschaftlichen Lebensstil, den sie damit übernimmt, ihr wahres Wesen nicht zur Geltung kommen lassen kann. George und Lettie handeln wider die Natur und müssen dafür büßen. Im Ansatz sind in diesen Gestalten die Charaktere aus den großen Romanen von Lawrence zu erkennen, aber es wäre falsch, diesen ersten Versuch

---

8   Jessie Chambers, *D.H. Lawrence: A Personal Record*, London ([1]1935), 1965, 103. – Zum Folgenden vgl. auch Graham Hough, *The Dark Sun*, 23–35.

allzu stark auf die sich erst herausbildende Lebensphilosophie von Lawrence festzulegen. Der besondere Reiz dieses Romans liegt vielmehr darin, daß die meisten Figuren psychologisch aus ihrer eigenen Mitte heraus verstanden und dargestellt werden und weder ein viktorianisch-moralistischer noch ein vitalistischer Akzent gesetzt wird.

Die Gestalt, die den Lehren des späteren Lawrence am nächsten kommt, ist der Wildhüter Annable, dessen Maxime lautet: "Be a good animal".[9] Er ist nicht mit Rousseaus "edlem Wilden" zu verwechseln, der die Phantasie der englischen Romantiker so tief beeindruckte. Annable war mit einer Dame aus vornehmem Geschlecht verheiratet, die sich aber einem präraffaelitischen Dichter zuwandte. Annable hatte zuvor Cambridge besucht und den Status eines "gentleman" in der Gesellschaft eingenommen. Er ist der Mensch der Zivilisation, der ihrer überdrüssig geworden ist, an ihr nur korrupte und dekadente Züge erkennt und sich deshalb einem Leben in der Natur verschreibt. Er überläßt sich seinen Instinkten, verzichtet auf die weitere Entwicklung seiner intellektuellen Fähigkeiten, richtet sich aber dadurch zugrunde, daß er seinen physischen Kräften und der Natur blindlings vertraut. Als er – entgegen eigenen Warnungen andern gegenüber – einen Pfad durch den Steinbruch benutzt, findet er den Tod. Er geht auf diese Weise ganz in den Bereich der Natur ein, ohne freilich damit eine Lösung für die Frage gefunden zu haben, die Lawrence in den nachfolgenden Werken so intensiv beschäftigte, nämlich wie es möglich sei, sich der Natur anzuvertrauen, in ihr zu regenerieren und damit die Voraussetzung für eine *regeneratio* des gesamten gesellschaftlichen Lebens zu schaffen.

Die Beschreibung der Frühlingsatmosphäre, die der Beisetzung des Wildhüters alle Trauer nimmt und sie zu einer Feier der Natur werden läßt, bildet einen Höhepunkt in der Naturdarstellung des frühen Lawrence; nur wenige Zeilen brauchen aus diesem Kapitel zitiert zu werden, um einen Eindruck seiner Prosakunst in der Anfangsphase zu vermitteln:

> It was a magnificent morning in early spring when I watched among the trees to see the procession come down the hillside. The upper air

---

9 D.H. Lawrence, *The White Peacock*, ed. Andrew Robertson, Cambridge: Cambridge UP 1983, im Folgenden zitiert als *WP*; vgl. "I was a good animal before everything." (*WP*, 151)

> was woven with the music of the larks, and my whole world thrilled with the conception of summer. The young pale windflowers had arisen by the woodgate, and under the hazels, where perchance the hot sun pushed his way, new little suns dawned, and blazed with real light. There was a certain thrill and quickening everywhere, as a woman must feel when she has conceived. A sallow tree in a favoured spot looked like a pale gold cloud of summer dawn; nearer, it had poised a golden, fairy busby on every twig, and was voiced with a hum of bees, like any sacred golden bush, uttering its gladness in the thrilling murmur of bees, and in warm scent. Birds called and flashed on every hand; they made off exultant with streaming strands of grass, or wisps of fleece, plunging into the dark spaces of the wood, and out again into the blue. (WP, 155)

Auffällig ist, daß in dieser Beschreibung die gesamte Natur in Bewegung ist, daß sich die Lebenskraft allen Naturerscheinungen mitzuteilen scheint und in allen Bereichen die Erinnerung an den Ursprung lebendig ist: "There was a certain thrill and quickening everywhere, as a woman must feel when she has conceived". Zugleich spiegelt sich in der Natur eine letzte Vollendung des Lebens, für die Lawrence die Adjektive "golden" und "sacred" einsetzt. Wenngleich sie als eine Art religiöses Mysterium gesehen wird, bleibt diese Sicht ohne Rückbindung an die christliche Tradition, die die Natur als Ausdruck göttlicher Schöpferkraft sieht und preist. Für Lawrence ist sie nicht Ausdruck göttlichen Willens, sondern einer sich ständig erneuernden Lebenskraft, die – wie der Kontext, in den die zitierte Stelle einzuordnen ist, beweist – den Tod miteinschließt. Die Natur stimmt in die Klage der Menschen über den Tod des Annable ein und kündet zugleich von der ständigen Erneuerung aus eigenen Kräften. In den folgenden Romanen hat Lawrence diese Sicht der Wirklichkeit vertieft und in vielstimmiger Weise entfaltet.

3

Sons and Lovers (1913) ist der erste der großen Romane von Lawrence, in dem es ihm gelang, seine dichterische Weltsicht in einer den Leser überzeugenden Weise zum Ausdruck zu bringen. Man könnte auch diesem Werk den Titel *A Portrait of the Artist as a Young Man* geben, denn wie Joyce beschreibt auch Lawrence in diesem stark autobiographischen Roman die Entwicklung eines künstlerisch begabten jungen Menschen: dem Schriftsteller Stephen Dedalus entspricht bei Lawrence der malerisch begabte Paul Morel. Allerdings ist die Darstellung der künstlerischen Interessen bei Lawrence nur von untergeordneter Bedeutung. Im Vordergrund stehen bei der Beschreibung der *vita* des Paul Morel sein Verhältnis zu den Eltern, Walter und Gertrude Morel, und seine Beziehung zu Miriam Leivers und Clara Dawes. Ein weiterer Unterschied zwischen Joyce und Lawrence besteht darin, daß Joyce das dichterische Ebenbild mit größter Distanz betrachtet; er schildert eine Phase seiner Entwicklung, über die er innerlich bereits hinausgewachsen war, als er seinen Roman begann. Lawrence dagegen bekannte von sich selbst: "I can only write what I feel pretty strong about". Lawrence schreibt dann am besten, wenn er sich über komplexe Zustände äußert, die er selbst noch nicht ganz zu durchschauen vermag. Er taucht, bildlich gesprochen, in den Strom des persönlichen Erlebens ein und läßt sich als Erzähler davon tragen. Auf diese Weise gewinnen seine besten Romane den Charakter authentischer Berichte über persönliche Erfahrungen und Erlebnisse; andererseits erklärt sich aus diesem Hang zur intensiven Identifikation mit den Erlebnisvorgängen der weitgehende Mangel an Autor-Ironie. Der Leser gewinnt, zumal in *Sons and Lovers*, den Eindruck, daß der Autor sich erst mit der Niederschrift allmählich Klarheit über seinen Gegenstand verschaffte und daß er den Leser an diesem Prozeß des Eintauchens in die Erlebnisse und des graduellen Wiederauftauchens teilnehmen lassen wollte. Die Angaben über die Arbeitsweise von Lawrence bestätigen diesen Eindruck.

Wir wissen, daß er mit dem Werk, dem er zunächst den Titel *Paul Morel* geben wollte, im Herbst 1910 begann. Er war über seine Pläne mit Jessie Chambers, seiner Jugendfreundin, die im Roman als Miriam erscheint, ständig im Gespräch. Mit der zweiten Fassung war er im Frühjahr und Sommer 1911 beschäftigt, und als diese zu melodramatisch geriet, kam er auf die Idee, stärker auf die Erlebnisse auszuweichen, die Jessie mit ihm geteilt hatte. Sie schlug vor, die fiktionalen Elemente weitgehend zu beseitigen und dem Werk den Charakter eines autobiographischen Berichtes zu geben. Die dritte Version stieß bei Jessie jedoch deshalb auf Kritik, weil Lawrence nach ihrer Auffassung die Mutter, die im Dezember 1910 verstorben war, zu stark idealisierte und er sie, d.h. Miriam, zu einseitig aus der Sicht der Mutter charakterisierte. Im September 1912 begann Lawrence mit der vierten, jetzt vorliegenden Version des Werkes. Inzwischen hatte er sich mit Frieda von Richthofen, damals Frieda Weekley, angefreundet und war durch sie auf die Grundlehren von Sigmund Freud hingewiesen worden. Wie tiefgreifend der Einfluß der wissenschaftlichen Theorien Freuds auf diesen Roman gewesen ist, wird immer umstritten bleiben, zumal der "Einfluß" eines Psychoanalytikers auf einen Romancier in unterschiedlicher Weise rezipiert und verarbeitet wird und gerade bei Lawrence nicht immer entschieden werden kann, was er in dichterischer Intuition bereits erfaßt hatte, ehe er überhaupt von psychoanalytischen Theorien hörte. Soviel steht fest: Frieda Lawrence brachte von Deutschland her (gewisse) Kenntnisse der freudianischen Psychoanalyse mit, ohne aber darüber ein kompetentes Urteil abgeben zu können. In ihrer autobiographischen Schrift *"Not I but the Wind..."* bemerkt sie in aufschlußreicher Weise: "I had just met a remarkable disciple of Freud and was full of undigested theories".[10] Aus dem Roman kann weiter geschlossen werden, daß Freuds Lehre über den Ödipuskomplex Lawrence helfen konnte, die Probleme zu klären, in die er durch das besonders innige Verhältnis zu seiner Mutter geraten war. Die Begegnung mit Frieda von Richthofen lieferte ihm das wissenschaftliche Instrumentarium, um das weiter zu präzisieren, was er aus eigenem Erleben schon kannte und in den Roman als autobiographische Substanz eingeflossen war, bevor er Frieda kennenlernte. Und ständig bleibt zu bedenken, daß Lawrence eigenes Erleben und psychoanalytische Lehren, die er oft nur gesprächsweise aufgenommen hatte, in ein erzählerisches Werk umsetzte, das mehr ist und auch mehr sein will, als nur Demonstrationsobjekt einer Lehre. Es sei in diesem Zusammenhang darauf hingewiesen, daß Daniel A. Weiss in seiner psychoanalytischen Studie *Oedipus in Nottingham: D.H. Lawrence* zu dem Resultat gelangte, daß Lawrence mit *Sons and Lovers* bei aller intensiven Beschäftigung mit Freud und insbesondere dem Ödipuskomplex eine Komödie über dieses Thema geliefert habe.[11]

Bei der Deutung dieses Romans empfiehlt es sich, das Prinzip, das Lawrence aufstellte, wonach man immer der Erzählung selbst, niemals dem Erzähler trauen solle, mit einiger kritischer Behutsamkeit anzuwenden und zu fragen, welche Aufschlüsse über die Cha-

---

10 Frieda Lawrence, *"Not I but the Wind ..."*, London 1983, 1.
11 Daniel A. Weiss, *Oedipus in Nottingham: D. H. Lawrence*, Seattle 1962, 65: "Sons and Lovers is a comedy of the Oedipus complex."

raktere zu gewinnen sind, wenn man sowohl ihre Handlungen und direkten Äußerungen als auch die Erzählerkommentare berücksichtigt und bedenkt, daß auch dabei eine Strategie am Werke sein kann und der Erzähler sich aus Gründen der Sympathielenkung auf die Seite des einen oder des anderen Charakters schlägt.

Von allen Figuren, die Paul Morels Entwicklung beeinflussen und seinen Charakter prägen, übt Mrs. Morel den stärksten Einfluß aus. Gewiß kann man zur Erklärung einiger Besonderheiten dieser Frauengestalt literarische Vorbilder heranziehen, etwa Königin Gertrude in Shakespeares *Hamlet* oder Mrs. Yeobright in Thomas Hardys *The Return of the Native*. Und es ist nicht von der Hand zu weisen, daß Lawrence diesen Vorbildern einiges in der Beschreibung der Mutter-Sohn-Beziehung verdankt. Aber es ist immer auch auf das autobiographische Substrat hinzuweisen, das Lawrence in einem Brief an Rachel Annand Taylor wie folgt zusammenfaßte:

> My mother was a clever, ironical delicately moulded woman, of good, old burgher descent. She married below her. My father was dark, ruddy, with a fine laugh. He is a coal miner. He was one of the sanguine temperament, warm and hearty, but unstable: he lacked principle, as my mother would have said. He deceived her and lied to her. She despised him – he drank. (*L* I, 190)

Aufschlußreich ist, daß nicht nur ein psychologischer Kontrast zwischen den Eltern, ein temperamentsbedingter Unterschied in ihrer Einstellung zum alltäglichen Leben gesehen, sondern auch der gesellschaftliche und bildungsmäßige Unterschied hervorgehoben wird. Der soziologische Gesichtspunkt wird bei der Porträtierung von Mrs. Morel besonders stark betont: Ihr Großvater war Fabrikant von Seidenspitzen, machte jedoch mit seiner Firma bankrott; ihr Vater lebte zwar in Armut, behielt aber seinen unbeugsamen Bürgerstolz, und wenngleich Gertrude Morel einen Bergmann heiratete, hoffte sie durch ihn wiederum zu einigem Ansehen zu gelangen, weil sie glaubte, daß er einiges Vermögen besitze. Als sie sieht, daß Walter Morel nicht mehr als seine Arbeitskraft hat, mit der er sich bei seinem Arbeitgeber verdungen hat, und keinerlei Anstrengung macht, über diesen Status hinauszugelangen, wendet sie sich von ihm ab. Das Kapitel "The Early Married Life of the Morels" läßt erkennen, daß Gertrude sich gerade wegen ihrer puritanisch strengen Erziehung vom kraftvoll sinnlichen Walter Morel angesprochen fühlte:

> She was a puritan, like her father, high-minded, and really stern. Therefore the dusky, golden softness of this man's sensuous flame of life, that flowed from off his flesh like the flame from a candle, not baffled and gripped into incandescence by thought and spirit as her life was, seemed to her something wonderful, beyond her.[12]

Der Vater erscheint an dieser Stelle als die Quelle aller physischen Lebenskraft, die sich unbeeinflußt von den puritanischen Prinzipien, die das Denken und Handeln der Mutter bestimmen, zu entfalten vermag. Zunächst fühlt sich Gertrude von der in ihren Augen ungebrochenen Natürlichkeit Walter Morels angezogen; in ihren alltäglichen Auseinandersetzungen über die Kinder, über seine zügellose Art, sich dem Trunk hinzugeben und die Familie darben zu lassen, kommt die puritanische Denkweise der Mutter immer wieder zum Vorschein, wonach dem Einzelnen die Verantwortung für sich und seine Familie auferlegt ist und die Erklärung für Armut und Not nicht primär in den wirtschaftlichen oder den gemeingesellschaftlichen Bedingungen des Lebens zu suchen ist, sondern in der moralischen Einstellung des Einzelnen:

> She still had her high moral sense, inherited from generations of Puritans. It was now a religious instinct, and she was almost a fanatic with him, because she loved him, or had loved him. If he sinned, she tortured him. If he drank, and lied, was often a poltroon, sometimes a knave, she wielded the lash unmercifully.
>
> The pity was, she was too much his opposite. She could not be content with the little he might be, she would have him the much that he ought to be. So, in seeking to make him nobler than he could be, she destroyed him. (*SL*, 16)

Sie glaubt, das Recht und die Pflicht zu haben, Walter Morel wie ein Zuchtmeister behandeln zu dürfen: Sie möchte ihn zunächst mit alttestamentarischer Strenge zu einem besseren Leben hinführen, und als er sich auf seine Weise, bald brutal, bald vulgär, diesem Erziehungsanspruch widersetzt, verstößt sie ihn aus ihrem inneren Lebenskreis, so daß er schließlich zugrunde geht.

Daß Paul Morel die Situation seiner Eltern richtig zu beurteilen versteht, geht aus einem Gespräch mit Miriam hervor, in dem es heißt:

---

12 D. H. Lawrence, *Sons and Lovers*, ed. Helen Baron and Carl Baron, Cambridge: Cambridge UP 1992, 18. Im Folgenden zitiert als *SL*.

> "Yes, but my mother, I believe, got *real* joy and satisfaction out of my father at first. I believe she had a passion for him. That's why she stayed with him. After all, they were bound to each other."
> "Yes," said Miriam.
> "That's what one *must have*, I think," he continued; "the real, real flame of feeling through another person, once, only once, if it only lasts three months. See, my mother looks as if she'd *had* everything that was necessary for her living and developing." (SL, 361–362).

Geht man vom Widerstreit zwischen dem sensualistisch-vitalistischen und dem moralistisch-puritanischen Prinzip aus, so möchte man annehmen, daß Paul Morel sich auf die Seite des Vaters schlagen würde. Die Bindung an die Mutter ist in ihm jedoch stärker, zumal sie ihre Söhne, zunächst William und dann Paul, an sich zu fesseln versteht: Die Liebe, die Zuneigung, zu der sie fähig ist, gilt ausschließlich ihren Kindern, als sie Walter Morel innerlich verstoßen hat; in ihnen sieht sie die Möglichkeit zum gesellschaftlichen Aufstieg angelegt. Paul ist für die sinnlich-physischen Wirkungen, die von seiner Mutter ausgehen, so empfänglich, daß beide einem Liebespaar gleichen, wenn sie nach Nottingham fahren oder durch die Straßen der Stadt gehen:

> He was sensible all the time of having her opposite him. Suddenly their eyes met, and she smiled to him, a rare, intimate smile, beautiful with brightness and love. Then each looked out of the window. [...] The sixteen slow miles of railway journey passed. The mother and son walked down Station Street, feeling the excitement of lovers having an adventure together. (SL, 117–118)

Wenn Paul einmal den Wunsch äußert, "Lord, let my father die" (SL, 85), so beweist diese Stelle neben vielen anderen, wie stark die ödipale Grundsituation vom Erzähler in der Ausarbeitung der seelischen Beziehungen des Protagonisten zu seinen Eltern zum Ausdruck gebracht wird. Bedenkt man andererseits, daß Paul Morel – zusammen mit seiner Schwester – seiner Mutter, als sie im Sterben liegt, eine Überdosis Morphium verabreicht, um ihr Ende zu beschleunigen, so geht aus dieser Tatsache deutlich hervor, daß er entschlossen ist, sich aus den Bindungen an die Mutter zu befreien. In dieser Bereitschaft zu einem Akt der Selbstbefreiung bildet Paul Morel die Kontrastfigur zu seinem Vater. An seinem Verhältnis zu Miriam Leivers und Clara Dawes läßt sich ablesen, wie tiefgreifend die Mutterbindung ihn in seinem Verhältnis zum weiblichen Geschlecht beeinflußt.

Ähnlich wie Paul ist auch Miriam das Produkt der Erziehung durch die Mutter: Noch entschiedener als Mrs. Morel wird Mrs. Leivers durch ihren Glauben in ihrem Lebensstil bestimmt. Selbst Paul kann sich der intensiven religiösen Wirkung, die von Mrs. Leivers ausgeht, nicht entziehen: "Paul fell under Mrs Leivers's spell. Everything had a religious and intensified meaning when he was with her. His soul, hurt, highly developed, sought her as if for nourishment" (*SL*, 178–179). Durch ihre Erziehung lebt Miriam – obwohl sie auf einem Bauernhof aufwächst – ganz in der intellektuellen, spirituellen Sphäre; der unmittelbare Kontakt zur empirischen Realität scheint ganz verloren zu sein: "And she was cut off from ordinary life, by her religious intensity, which made the world for her either a nunnery garden, or a Paradise where sin and knowledge were not, or else an ugly, cruel thing" (*SL*, 179). Paul ist zwar fasziniert von Miriam, zumal sie ihn in seinen künstlerischen Bemühungen noch in höherem Maße zu fördern versteht als seine Mutter (vgl. *SL*, 190); aber er setzt sich andererseits gegen Miriams Bemühungen zur Wehr, eine spirituelle Gemeinschaft, "a soul union", zu bilden: "'You make me so spiritual!' he lamented. 'And I don't want to be spiritual'" (*SL*, 226). In solchen Äußerungen spiegelt sich der Widerspruch der ihm angeborenen Natur, die ebensosehr nach physischer Befriedigung strebt wie nach intellektueller Erfüllung. Paul macht sich die Argumente seiner Mutter zu eigen, die in Miriam eine ernsthafte Rivalin sieht. In ihren Augen wirkt Miriam auf ihn wie ein Vampir: "'She is one of those who will want to suck a man's soul out till he has none of his own left'" (*SL*, 196).

Es liegt eine tiefe Ironie darin, daß die Szene, in der Paul mit Miriam schließlich die Erfüllung seiner sexuellen Wünsche findet, zugleich den Abschluß ihrer Jugendfreundschaft bedeutet. Miriam begreift ihrerseits physische Liebe nicht als einen spontanen Akt der totalen Hingabe an den geliebten Menschen, sondern als ein Opfer, zu dem sie sich selbst mit religiösen Argumenten überreden muß. So heißt es zunächst an einer Stelle, an der in erlebter Rede die Gedanken Miriams wiedergegeben werden:

> There was something divine in it. Then she would submit, religiously, to the sacrifice. He should have her. And at the thought her whole body clenched itself involuntarily, hard, as if against something. But Life forced her through this gate of suffering, too, and she would submit. (*SL*, 328).

Die gleiche Diktion und Terminologie, die für die Beschreibung eines Opferrituals angemessen ist, benutzt auch der Erzähler für die Liebesszene:

> Her big brown eyes were watching him, still and resigned and loving; she lay as if she had given herself up to sacrifice: there was her body for him; but the look at the back of her eyes, like a creature awaiting immolation, arrested him, and all his blood fell back. [...]. (*SL*, 333)

Wenn Miriam sich in der Liebesszene als ein Opfer versteht, so deshalb, weil sie Paul die possessive Einstellung im physischen Bereich zuschreibt, die für sie im psychischen Bereich kennzeichnend ist. Diese Konstellation macht eine Verbindung mit Paul auch dann unmöglich, als Mrs. Morel gestorben ist und Paul sich frei von aller Kritik seitens seiner Mutter fühlt.

Ist Miriam nach dem Klischee der Jungfrau gezeichnet, so erinnert Clara Dawes an das der Hure. Clara, eine Frauenrechtlerin, versucht die sozialpolitischen Ideen der Generation in die Tat umzusetzen, die in George Bernard Shaw einen ihrer Sprecher sah. Sie ist die *New Woman*, die sich vorübergehend von ihrem Mann Baxter Dawes abwendet, um freizügiger zu leben. Bereits die ersten Begegnungen zwischen Paul und Clara zeigen, wie stark er von ihrer physischen Erscheinung angesprochen ist. So heißt es bei der Beschreibung eines Spaziergangs:

> The blood flamed up in him. He stood showing his teeth. She drooped sulkily. The lane was dark, quite lonely. He suddenly caught her in his arms, stretched forward, and put his mouth on her face in a kiss of rage. She turned frantically to avoid him. He held her fast. Hard and relentless his mouth came for her. Her breasts hurt against the wall of his chest. Helpless, she went loose in his arms, and he kissed her, and kissed her. (*SL*, 371–372)

Bei Clara findet Paul jene intensive Hingabe an die physische Liebe, die er bei Miriam vermißte. Liebe hat für Paul und Clara den Charakter eines ganz ursprünglichen Erlebnisses. Sie glauben in ihrer sexuellen Hingabe eine Initiation in das Mysterium des Lebens zu erfahren: "It was for each of them an initiation and a satisfaction. To know their own nothingness, to know the tremendous living flood which carried them always, gave them rest within themselves" (*SL*, 398). Sie fühlen sich als Teile eines Lebensstromes, dem sie sich ohne Widerstreben anvertrauen. Sie glauben wenigstens für Augenblicke, in innerer Harmonie mit dem Lebensrhythmus zu sein, der

Pflanzen, Tiere und Menschen durchdringt und in ihrem Dasein bestimmt. Allerdings stellt sich trotz des Gefühls, physische Erfüllung gefunden zu haben, Ungenügen ein. Erfüllung währt nur einen Augenblick, während Claras Sehnsucht, ihr bewußtes Streben auf ein dauerhaftes Glück abzielt: "They had *known* – but she could not keep the moment, she wanted it again, she wanted something permanent" (*SL*, 398). Die Tatsache, daß Clara Dawes verheiratet ist und nach einiger Zeit – auf Zureden Pauls – zu Baxter Dawes zurückkehrt, ist nur ein äußeres Symbol für die Tatsache, daß in der rein physischen Liebe, in dem bloßen Eintauchen in den Lebensstrom keine Erfüllung zu finden ist. Paul hat zwar in seiner Liebe zu Clara seine 'Feuertaufe', "the baptism of fire in passion" (*SL*, 399), erlebt. Aber er hat zugleich das Gefühl, daß sie als Personen einander fernbleiben: "But it was not Clara. It was something that happened because of her, but it was not her. They were scarcely any nearer each other. It was as if they had been blind agents of a great force" (*SL*, 399). Mit dem Eintauchen in den Lebensstrom werden die Liebenden zu Agenten einer großen, anonymen Macht.

Damit aber zeichnet sich sowohl in der Naturauffassung wie im Menschenbild von Lawrence eine grundlegende Dialektik ab, die auch die folgenden Romane bestimmt. Natur wird einerseits im biologischen Sinn als die Urkraft verstanden, aus der alles Leben hervorgeht und die alle Verkrustungen und Erstarrungen durchbricht, denen sich das Dasein der Menschen ausgesetzt sieht. Andererseits scheint sie gleichsam mechanisch zu funktionieren und in blinder Gleichgültigkeit über das Schicksal des Einzelmenschen hinwegzugehen. Es bleibt die Frage, ob und in welcher Weise es gelingen kann, aus den Kräften des Lebensstromes zu leben und gleichzeitig unverwechselbares persönliches Dasein angesichts aller gesellschaftlichen und geschichtlichen Widerstände zu entfalten.

Es bleibt zu klären, wie der Schluß des Romans *Sons and Lovers* vor dem Hintergrund dieser Thematik zu deuten ist: Einige Interpreten haben sich auf eine Äußerung des Autors berufen, die sich außerhalb des Romans – in einem Brief an Edward Garnett (19. November 1912) – findet, wo Lawrence feststellt: "He is left in the end naked of everything, with the drift towards death" (*L* I, 477). Der Wortlaut des Romans spricht unseres Erachtens gegen diese Autoren-Interpretation. Dem Sog des Todes steht ein eindeutiger Wille zur Selbstbehauptung entgegen. Obwohl Paul immer wieder an die tote Mutter denkt und sich nach ihr sehnt, schließt der Roman mit folgendem Abschnitt:

> But no, he would not give in. Turning sharply, he walked towards the city's gold phosphorescence. His fists were shut, his mouth set fast. He would not take that direction, to the darkness, to follow her. He walked towards the faintly humming, glowing town, quickly. (*SL*, 464)

Paul Morel folgt nicht der Mutter, er schlägt den Weg in die Stadt ein, die nicht nur für den Bereich des Lebens, sondern auch für die menschliche Gesellschaft steht. Das heißt: der Roman endet mit dem unbeugsamen Willen des Einzelnen, sich von allen bisherigen Bindungen, auch von der an die Mutter, zu lösen und über seine Zukunft ungehindert von allen äußeren Umständen, die sein Leben bisher beeinflußten, selbst zu bestimmen.

Die folgenden Romane, insbesondere *Women in Love*, nehmen Themen aus *Sons and Lovers* wieder auf und bringen sie voll zur Entfaltung. Im Hinblick auf den mit dem Romanschluß erreichten Standort ließe sich sagen, daß Lawrence sich hier zu einem extremen Individualismus bekennt – eine Einstellung, die mehr ist als bloße Fiktion: In ihr spiegelt sich die Entscheidung, die Lawrence selbst vollzog, als er sich von seiner Heimat und dem gesellschaftlichen Milieu löste, in dem er aufgewachsen war, und mit Frieda von Richthofen lange Wanderungen antrat, auf denen er die Fülle der Erfahrungen in sich aufnahm, über die ein Epiker gebieten muß, wenn Welthaltigkeit seine Werke auszeichnen soll.

4

Die beiden Romane *The Rainbow* (1915) und *Women in Love* (1921)[13] wurden zunächst als eine Einheit, als ein großes episches Werk konzipiert, das den Titel "The Sisters" trug. Bei der Arbeit an diesem Projekt entschloß sich Lawrence jedoch, den Stoff auf zwei Romane aufzuteilen und im ersten Roman die Geschichte einer Familie über drei Generationen hinweg darzustellen, während im zweiten Roman die Konflikte der beiden Schwestern Ursula und

---

13 Zur Deutung der Thematik dieser beiden Romane vgl. insbesondere Scott Sanders, *D.H. Lawrence: The World of the Five Major Novels*, New York 1974.

Gudrun Brangwen in den Mittelpunkt gerückt sind. Geht man von der Romantypologie aus, die Edwin Muir in *The Structure of the Novel*[14] entwickelte, so läßt sich *The Rainbow* als eine Familienchronik bezeichnen, und es können Verbindungslinien zu Bennetts *Clayhanger*, Galsworthys *Forsyte Saga* oder zu Thomas Manns *Buddenbrooks* gezogen werden. *Women in Love* dagegen wäre als "dramatic novel" zu bezeichnen und Emily Brontës *Wuthering Heights*, Thomas Hardys *The Return of the Native* oder Goethes *Wahlverwandtschaften* zur Seite zu stellen.

Die Sonderstellung der beiden Romane von D.H. Lawrence innerhalb dieser gattungstypologischen und gattungsgeschichtlichen Entwicklungsreihen ergibt sich durch seine eigentümliche Weltsicht. Während Bennett und Galsworthy den Akzent auf die Darstellung der "surface reality", d.h. die sozialen, politischen und historischen Umstände legen, die das Leben einzelner Menschen und ganzer Familien bedingen, rückt Lawrence immer wieder "the inner reality", d.h. den irrationalen Bereich, der sich den Menschen über den Instinkt, das Gefühl, die Sexualität erschließt, in den Mittelpunkt seiner Darstellung. Da Lawrence bei jedem der Hauptcharaktere nach den Beziehungen zum anderen Geschlecht fragt, da er für die Darstellung und Beurteilung der Beziehungen der Geschlechter ständig das Modell der Polarität zugrunde legt, ergeben sich zahlreiche Wiederholungen in seinen Werken, die in der Szenengestaltung ebensogut nachweisbar sind wie in den kleinsten syntaktischen Einheiten. Es finden sich jedoch in *The Rainbow* zugleich zahlreiche Variationen des Grundmodells, mit dem er die Entwicklung einer Familie vom 19. bis ins 20. Jahrhundert darstellt.

Die einleitende Beschreibung der Lebensweise der Brangwens, die als Bauern über mehrere Generationen hinweg auf der Marsh Farm lebten, zeigt, daß Lawrence zwar an die realistische Erzähltradition des 19. Jahrhunderts anknüpft, seine Darstellung aber mythisch überhöht:

> They felt the rush of the sap in spring, they knew the wave which cannot halt, but every year throws forward the seed to begetting, and falling back, leaves the young-born on the earth. They knew the intercourse between heaven and earth, sunshine drawn into the breast and bowels, the rain sucked up in the daytime, nakedness that comes under the wind in autumn, showing the birds' nests no longer worth

---

14 Edwin Muir, *The Structure of the Novel*, London (1928) ²1967.

hiding. Their life and interrelations were such; feeling the pulse and body of the soil, that opened to their furrow for the grain, and became smooth and supple after their ploughing, and clung to their feet with a weight that pulled like desire, lying hard and unresponsive when the crops were to be shorn away. The young corn waved and was silken, and the lustre slid along the limbs of the men who saw it. They took the udder of the cows, the cows yielded milk and pulse against the hands of the men, the pulse of the blood of the teats of the cows beat into the pulse of the hands of the men.[15]

Die Lebenskraft, "life-force", durchdringt den gesamten Kosmos, die Tiere ebenso wie die Menschen. Bilder aus der Sexualsphäre, Wörter wie "begetting", "intercourse", "nakedness" oder "desire" werden über den menschlichen Bereich auf die gesamte Natur, auf das Verhältnis von Himmel und Erde ausgedehnt, und Lawrence läßt dazu mythische Vorstellungen von einer Hochzeit des Himmels mit der Erde anklingen. In diesen übergreifenden Zusammenhang, der durch das Wirken einer stets neues Leben zeugenden Kraft hergestellt wird, ist das Leben der Brangwens eingebettet.

Dennoch gibt es auch in dieser scheinbar so harmonischen Welt Spannungen, die durch die Frauen der Brangwens erzeugt werden:

The women were different. On them too was the drowse of blood-intimacy, calves sucking and hens running together in droves, and young geese palpitating in the hand whilst food was pushed down their throttle. But the women looked out from the heated, blind intercourse of farm-life, to the spoken world beyond. They were aware of the lips and the mind of the world speaking and giving utterance, they heard the sound in the distance, and they strained to listen. (R, 10)

Die Frauen sind zwar auch in den von der Lebenskraft vorgezeichneten Rhythmus einbezogen; sie verfallen der Vitalsphäre jedoch nicht blindlings, sondern schauen über den Horizont des ländlich-biologischen Lebens hinaus. Die Sphäre jenseits dieses Bereichs wird durch das Wort, durch die geistige Energie bestimmt, die aller menschlichen Kultur zugrunde liegt.

Dieser Konflikt verstärkt sich, als die polnische Arztwitwe Lydia Lensky, aus einem vornehmen Geschlecht stammend, in den Lebenskreis des Bauern Tom Brangwen eintritt. In der Begegnung Toms und Lydias zeichnet sich allein aufgrund ihrer unterschied-

---

15 D.H. Lawrence, *The Rainbow*, ed. Mark Kinkead-Weekes, Cambridge: Cambridge UP 1989, 9–10. Im Folgenden zitiert als *R*.

lichen Herkunft ein Konflikt ab, wie ihn Thomas Hardy in seinen Wessex-Romanen mehrfach gestaltete und wie ihn Lawrence, Sohn eines Bergarbeiters, selbst durchzustehen und zu verarbeiten hatte, als er Frieda von Richthofen kennenlernte, eine deutsche Gräfin aus schlesischem Geschlecht, die sich von ihrer Familie löste, um ihn heiraten zu können.

Der Konflikt, der sich zwischen Tom und Lydia zunächst abspielt, läßt sich durch die englischen Begriffe "separateness" und "otherness" umschreiben. Die beiden Partner sind und bleiben unterschiedliche und in ihre Individualität eingeschlossene menschliche Wesen. Die Getrenntheit und Andersartigkeit der beiden Partner, die sich zueinander hingezogen fühlen, wird bei Tom und Lydia dadurch noch betont, daß sie in ihrer Wesensart von verschiedenen politischen und sozialen Traditionen geprägt wurden und daß weiterhin Instinkt und Intellekt bei beiden unterschiedlich entfaltet sind. Während Tom dem Instinkt folgt, während er sich seinen Sinnen überläßt und keine willentliche Veränderung seines bisherigen Lebensstils anstrebt, hat Lydia durch ihre erste Ehe an dem gesellschaftlichen Leben teilgenommen, von dem die Brangwens in ihrer ländlichen Umgebung bisher ausgeschlossen waren. Sie weckt in Tom ein neues Selbstbewußtsein, das Verlangen, die "terra incognita", die sich hinter Lydia verbirgt, zu entdecken, wobei er sich freilich nur um das Verständnis ihrer Person, nicht aber um seine Bewährung außerhalb der ländlichen Welt bemüht. Lydia findet ihrerseits in Tom die sinnlich-physische Erfüllung, die ihr in der ersten Ehe mit Paul Lensky versagt blieb, der sie nur als Teil seines Besitzes betrachtete. Wenngleich Tom und Lydia sich im kreativen Prozeß der Entdeckung und vollen Entfaltung ihrer Persönlichkeit fördern, bleibt die polare Spannung zwischen ihnen bestehen; in den ersten Jahren ihrer Ehe, insbesondere während Lydias Schwangerschaft, bewirkt dies eine Entfremdung, die dazu führt, daß Tom sich mit besonderer Liebe und Hingabe seiner Stieftochter Anna zuwendet und es zu einer flüchtigen Begegnung mit der Geliebten seines Bruders kommt. Erst nach zweijähriger Ehe finden sie zueinander; und erst als Tom darauf verzichtet, Lydia als "terra incognita" zu erobern, als er ihre Andersartigkeit und auch Fremdheit in ihrer Eigengesetzlichkeit anerkennt, bildet sich eine dauerhafte Harmonie in ihren seelischen Beziehungen heraus – eine Harmonie, in die auch das Kind Anna miteinbezogen wird. Diese Harmonie ist jedoch mit dem Verzicht auf die Teilhabe an der *vita activa* der Gesellschaft verbunden. Tom, Lydia und ihre Kinder bilden eine kleine Republik für sich:

> There, on the farm with her, he lived through a mystery of life and death and creation, strange, profound ecstasies and incommunicable satisfactions, of which the rest of the world knew nothing; which made the pair of them apart and respected in the English village, for they were also well-to-do. (R, 97)

Die Grenze, die dem Zusammenleben zwischen Tom und Lydia gesetzt ist, versuchen die folgenden Generationen, repräsentiert durch Anna Lensky und Will Brangwen und schließlich durch Ursula, zu überschreiten. Sie nehmen die Herausforderungen der Gesellschaft und des Industriezeitalters an, setzen dabei allerdings die Möglichkeit einer erfüllten partnerschaftlichen Beziehung, wie sie Tom und Lydia zuteil wurde, aufs Spiel.

Die zweite Generation der Brangwens, vertreten durch Anna und ihren Vetter Will, unterscheidet sich von der ersten dadurch, daß in ihrer ersten Begegnung das gegenseitige Vertrauen das Gefühl der Fremdheit überwiegt: Sie stehen einander nahe, weil Will ein Vetter Annas ist; sie bleiben einander fremd, weil Anna aus der ersten Ehe Lydias stammt.

Um das an den Augenblick gebundene Gefühl des Einswerdens zu umschreiben, das Will und Anna nach ihrer Hochzeit erfüllt, greift Lawrence auf das alte Symbol des Rades zurück, legt es jedoch – wie viele andere übernommene Symbole – in ganz eigener Weise aus. In Kap. VI des Romans finden sich die beiden folgenden Abschnitte:

> Inside the room was a great steadiness, a core of living eternity. Only far outside, at the rim, went on the noise and the distraction. Here at the centre the great wheel was motionless, centred upon itself. Here was a poised, unflawed stillness that was beyond time, because it remained the same, inexhaustible, unchanging, unexhausted.
> As they lay close together, complete and beyond the touch of time or change, it was as if they were at the very centre of all the slow wheeling of space and the rapid agitation of life, deep, deep inside them all, at the centre where there is utter radiance, and eternal being, and the silence absorbed in praise: the steady core of all movements, the unawakened sleep of all wakefulness. They found themselves there, and they lay still, in each other's arms; for their moment they were at the heart of eternity, whilst time roared far off, forever far off, towards the rim. (R, 135)

Obgleich auch T.S. Eliot das Bild des Rades verwendet, um die Stille und Stasis der Ewigkeit in der Radmitte gegen den Wandel alles Zeitlichen, des Geschehens auf der Peripherie des Rades abzuheben, und obwohl Lawrence seinerseits auf die religiöse Bildersprache zurückgreift und eine Wendung wie "at the heart of eternity" gebraucht, unterscheiden sich die beiden Autoren grundsätzlich: Bei Eliot erfährt der Protagonist der *Four Quartets* den zeitlichen Augenblick in der Meditation, in der kontemplativen Versenkung; der Begriff "eternity" hat einen eindeutig theologischen Anklang. Bei Lawrence ist die Erfahrung des zeitlosen Augenblicks an die geschlechtliche Vereinigung geknüpft; eine Wendung wie "eternal being" ist zwar ebenfalls mit einer theologischen Konnotation verbunden, wird jedoch auf die irrationale Lebenskraft (nicht auf Gott) bezogen, die bei Lawrence Urprinzip alles Seins ist.

Trotz dieses Erlebnisses kommt es auch zwischen Will und Anna zu mannigfachen Spannungen. Obwohl sie durch Will sexuelle Erfüllung erfährt, wendet sie sich mehrfach in aggressiver Weise gegen ihn; zum einen, weil er sich weigert, ihren Willen, ein selbständiges individuelles Leben zu führen, anzuerkennen; zum andern, weil er ihr für ihre Selbstentfaltung nicht mehr bietet als körperliche Liebe.

Die Spannungen kommen deutlich zum Ausbruch, als sie gemeinsam die Kathedrale von Lincoln besuchen. Hier erlebt Will, der durch seinen handwerklichen Beruf bereits eine Affinität zum sakralen Bauwerk spürt, einen ekstatischen Augenblick in dem Sinn, wie ihn Eliot in den *Four Quartets* beschreibt. Seine Sehnsucht nach dem Absoluten, sein Verlangen nach der Verschmelzung mit dem zeitlos dauernden Sein gewinnt hier seinen unmittelbaren Ausdruck:

> And there was no time nor life nor death, but only this, this timeless consummation, where the thrust from earth met the thrust from earth and the arch was locked on the keystone of ecstasy. This was all, this was everything. Till he came to himself in the world below. Then again he gathered himself together, in transit, every jet of him strained and leaped, leaped clear in to the darkness above, to the fecundity and the unique mystery, to the touch, the clasp, the consummation, the climax of eternity, the apex of the arch. (*R*, 188)

Die Begriffs- und Bildersprache (vgl. "consummation", "ecstasy", "fecundity", "touch", "clasp") verrät, daß die Beschreibung des ekstatischen Moments in Analogie zu den sexuellen Erlebnissen

Wills erfolgt; nachdem er sich so dem Absoluten hingibt, überträgt er sein Liebesverlangen auf die rein spirituelle Ebene und entzieht sich damit Anna; zugleich verzichtet er auf die Entfaltung seiner Individualität – unabhängig von allen religiösen Bindungen. Gerade dies ist der Grund für Annas Kritik an Will. Für sie hat der religiöse Bereich keine Bedeutung mehr: "The altar was barren, its lights gone out. God burned no more in that bush. It was dead matter lying there" (*R*, 188–189). Und während sich für Will der Kirchenraum zum Unendlichen öffnet, hat Anna das Gefühl, daß der gleiche Raum sie einschließt, sie ihrer Freiheit beraubt:

> But yet – yet she remembered that the open sky was no blue vault, no dark dome hung with many twinkling lamps, but a space where stars were wheeling in freedom, with freedom above them always higher. [...] She claimed the right to freedom above her, higher than the roof. She had always a sense of being roofed in. (*R*, 188–189)

Anna mißtraut einer Ekstase, die vor einem (für sie bedeutungslosen) Altar zustande kommt und strebt nach einer Freiheit, die sie glaubt nur in der Natur finden zu können: "She wanted to get out of this fixed, leaping, forward-travelling movement, to rise from it as a bird rises with wet, limp feet from the sea" (*R*, 189). Aus dem Willenskampf zwischen Will und Anna geht die Frau als Siegerin hervor; Anna bringt in einem relativ kleinen Zeitraum zehn Kinder zur Welt und geht in einem Leben für die Familie auf. Die Beziehung zwischen Will und Anna steht in dieser Phase ihres Zusammenlebens ganz im Zeichen einer mit Lust genossenen Sinnlichkeit, nicht aber der physischen und spirituellen Harmonie, die das Verhältnis von Tom und Lydia charakterisierte. Will wendet sich schließlich wiederum der Holzschnitzerei zu, mit der er sich befaßt hatte, als er sich in Anna verliebte. Seine Tätigkeit bringt ihm zwar äußerlich gesellschaftliche Anerkennung (er ist als Lehrer für Holzschnitzerei tätig), aber seinen künstlerischen Bemühungen fehlt die Originalität.

Ursula, die Vertreterin der dritten Generation der Brangwens, ist von allen Frauengestalten in diesem Roman diejenige, die sich am stärksten dem Ideal der *New Woman* angenähert hat und in freier Selbstbestimmung auf ihre individuelle Entfaltung und Vollendung zustrebt. Obwohl sie von ihrem Vater her eine starke Beziehung zum Christentum hat, verliert der Glaube für sie bald seine verpflichtende Kraft: "The week-day world had triumphed over the

Sunday world. The Sunday world was not real, or at least, not actual. And one lived by action" (R, 263). Mit dem Zerbrechen der christlichen Normen ergibt sich für sie die Frage nach der rechten Selbstbestimmung:

> How to act, that was the question? Whither to go, how to become oneself? One was not oneself, one was merely a half-stated question. How to become oneself, how to know the question and the answer of oneself, when one was merely an unfixed something-nothing, blowing about like the winds of heaven, undefined, unstated. (R, 264)

In der Begegnung Ursulas mit Anton Skrebensky wiederholt sich in variierter Form die Ausgangsszene des Romans: Trat dort die Polin Lydia in den Lebenskreis des Tom Brangwen, so ist es hier ein Offizier, der ebenfalls polnischer Herkunft ist. Ursula ist vom Verlangen aller Brangwen-Frauen erfüllt, über den bekannten Lebenskreis in ein unbekanntes "beyond" zu streben und dabei alle physischen und psychischen Kräfte so zu entfalten, daß das eingeprägte Selbst zum Ausdruck kommt. Skrebensky verkörpert die alte europäisch-aristokratische Tradition und unterstellt sein Leben dem soldatischen Berufsethos der Pflicht, des Gehorsams, des Dienstes für das Volk, dem er entstammt. Fred Brangwens Hochzeit und der Tanz nach dem Abendessen führt sie zusammen. Als Partner beim Tanz scheinen sie eine Zwei-Einheit zu bilden ("they became one movement, one dual movement", R, 295); sehr bald wird jedoch durch den Erzählbericht deutlich, daß jeder dieser Partner danach strebt, den anderen zu erobern, ihn zu beherrschen und ihn im Streben nach sexueller Erfüllung nur als ein Mittel zum Zweck zu betrachten. Ihre Beziehung scheitert jedoch nicht nur an dieser instrumentell-possessiven Denkweise, die besonders bei Ursula stark ausgeprägt ist. Für Ursula erschöpft sich das Leben Skrebenskys in der Befolgung der vorgegebenen gesellschaftlichen Normen.

Nachdem er sich entschlossen hat, am Burenkrieg teilzunehmen, wendet sich Ursula der Lehrerin Winifred Inger zu, von der es im Roman einmal heißt: "She was proud and free as a man, yet exquisite as a woman" (R, 312). Die eigentümliche Androgynität im äußeren Auftreten und Verhalten Winifred Ingers fasziniert Ursula so, daß für einige Zeit eine lesbische Freundschaft zustande kommt, die jedoch sehr bald in Abneigung umschlägt. Die Kommentare über Winifreds Ehe mit Tom Brangwen, einem Onkel Ursulas, nutzt Lawrence dazu, einige kulturkritische Bemerkungen über die Auswirkungen der Industrialisierung anzubringen und damit schon die Thematik vorzubereiten, die er mit Gerald Crich (in *Women in Love*) in den Mittelpunkt rückt. Tom ist als Besitzer eines Kohlebergwerks ganz dem mechanistisch-utilitaristischen Denken verfallen:

> His real mistress was the machine, and the real mistress of Winifred was the machine. She too, Winifred, worshipped the impure abstraction, the mechanisms of matter. There, there, in the machine, in service of the machine, was she free from the clog and degradation of human feeling. There, in the monstrous mechanism that held all matter, living or dead, in its service, did she achieve her consummation and her perfect unison, her immortality.
> Hatred sprang up in Ursula's heart. If she could she would smash the machine. (*R*, 325)

Das gleiche mechanistische System, das Onkel Toms Arbeit in der Grube zugrunde liegt, lernt Ursula auch als Lehrerin in der Schule und später als Biologiestudentin an der Universität kennen. In dem Versuch, Schüler persönlich anzusprechen, in ihrer Persönlichkeitsentfaltung zu fördern, scheitert Ursula. Das pädagogische System der Brinsley Street School verlangt den harten und gefühllosen Lehrer. In ähnlicher Weise wird an der Universität Wissen nur nach seinem Marktwert beurteilt:

> The professors were not priests initiated into the deep mysteries of life and knowledge. After all, they were only middlemen handling wares they had become so accustomed to that they were oblivious of them. (*R*, 402–403).

Nur das Studium der Botanik vermittelt ihr das Gefühl, mit einem Bereich in Berührung zu kommen, der jenseits der pragmatisch-rationalistischen Denkweise liegt: "there the mystery still glimmered" (*R*, 404).

Die Rückkehr Skrebenskys aus Südafrika gibt Ursula wiederum die Möglichkeit, mit diesem Mann eine partnerschaftliche Beziehung zu entwickeln; sie scheitern jedoch erneut. Sie begreift, daß er sich ihr ohne Vorbehalt unterwirft, daß er ihrem Selbst, wenn auch kein gleichartiges, aber dennoch ein eigenständiges Selbst entgegensetzen könnte, das sie in ihrer eigenen Entwicklung fördern würde.

The Rainbow hat einen offenen Schluß; die weitere Entwicklung Ursulas, insbesondere ihr Verhältnis zu Birkin, wird in *Women in Love* geschildert. Auf die Situation, in der sie sich am Ende von *The*

Rainbow befindet, verweisen zwei Natursymbole: die Pferde und der Regenbogen. Die Pferde symbolisieren – wie Cornelia Nixon dargelegt hat – eine irrationale göttliche Macht, die "life-force" aus Lawrences Sicht:

> The horses seem to come, then, as embodiments of a savage, irrational divinity which Ursula will need to recognize in her own being before she is fulfilled; as such it is appropriate that they should also symbolically imitate labor pains. Lawrence's pantheistic God is primarily characterized as the source of life, and the representation of this divinity appropriately incorporates powerful animals and the idea of birth, since these are among the most spectacular manifestations of the life force.[16]

Der Regenbogen als Zeichen der Verheißung verweist auf die persönliche Erfüllung, die ihr durch Birkin zuteil werden soll.

Überblickt man den gesamten Roman und analysiert die Tonlage des Erzählens, so kann man zwei Formen der Rhetorik bei Lawrence unterscheiden: a) die imaginative und b) die expositorische Darbietungsweise. In den frühen Kapiteln, die von Tom und Lydia handeln, aber auch in jenen, wo Ursulas Kindheit dargestellt wird, gehen die imaginative Erfassung von Charakteren und Situationen und die Auslegung des Dargestellten nahtlos ineinander über. Wenn Lawrence zur Kritik am Industriezeitalter ansetzt, dominiert die (gesellschaftskritische) Reflexion und mit ihr eine expositorische Rhetorik: Das *Darlegen* von Sachverhalten ist in diesen Abschnitten wichtiger als die *Darstellung* von Charakteren und bestimmten Situationen. Die Gefahr besteht dabei, daß Lawrence in einer allzu angespannten Tonlage spricht, daß sich seine Stimme, wie bei einem Redner, "überschlägt". Diese Desintegration von Darstellen und Deuten ist allerdings nicht nur eine Schwäche des Autors D.H. Lawrence: Sie steckt – gehen wir von Lukács' *Theorie des Romans* aus – von Anfang an in dieser Gattung, die auf die Erfassung von Erfahrung, auf die Darstellung eines offenen Gesellschaftszustandes hin angelegt ist und nicht ein geschlossenes Weltbild zu vermitteln vermag. Eine Überbrückung der Differenz zwischen der gegenwärtigen, erfahrbaren Gesellschaft und einer zukünftigen Gesellschaft, die die Konflikte der gegenwärtigen gelöst hat, ist nur in einem utopischen Modell denkbar. Auf diese Verbindung zwischen

---

16 Cornelia Nixon, "To Procreate Oneself: Ursula's Horses in *The Rainbow*", *ELH* 49, 1 (1982), 131.

Roman und utopischem Entwurf aber zielt der Roman *Women in Love*.

5

Auch der Roman *Women in Love*[17] läßt sich in Einzelheiten wie in seiner Gesamtanlage von der Biographie des Autors her deuten: In den Jahren, in denen der Roman entstand (er wurde 1916 abgeschlossen, jedoch erst 1920 veröffentlicht), lebte Lawrence zwar in England, aber außerhalb des gesellschaftlichen Milieus, dem er entstammte. Er war mit Lady Ottoline Morrell und Lady Cynthia Asquith, einer Schwiegertochter des Premierministers, mit John Middleton Murry, dem Herausgeber des *Athenaeum*, und Katherine Mansfield, mit David Garnett und Bertrand Russell befreundet, und über Maynard Keynes gewann er auch Zugang zum Bloomsbury-Kreis. Er hoffte zunächst, eine revolutionäre Partei, eine utopisch-kommunistische Gemeinde gründen zu können, sei es in Florida oder in Neu-Mexiko oder auch in England. Sein Ziel war, dem Einzelnen angesichts der Zwänge des Industriezeitalters wiederum die Freiheit geben zu können, sich in seiner Eigengesetzlichkeit voll zu entfalten. Lawrence dachte dabei weniger an die "breite Masse" als vielmehr an Menschen seiner Art, an schöpferische Einzelgänger, die unter der spätbürgerlichen Ära litten. Auf eine Wandlung der Gesellschaft, die aus der Revolution der Proletarier hervorgehen könnte, setzte er keine Hoffnung, obwohl er selbst aus der Arbeiterklasse stammte. Eine briefliche Äußerung aus dem Jahre 1915 spricht in dieser Beziehung eine deutliche Sprache: "The idea of giving power to the hands of the working class is *wrong*" (*L* II, 365). Es bedarf zunächst – nach Lawrence – eines Sinneswandels gerade der begabtesten Mitglieder einer Gesellschaft, ehe sich der Lebensstil der breiten Masse (unter dem Einfluß dieser Vorbilder) ändern kann.

---

17 Zur Interpretation dieses Romans vgl. Willi Erzgräber, "Formen des Bewußtseins im technologischen Zeitalter: Zu D.H. Lawrences Roman *Women in Love*", in: Konrad Groß, Kurt Müller und Meinhard Winkgens (Hgg.), *Das Natur/Kultur-Paradigma in der englischsprachigen Erzählliteratur des 19. und 20. Jahrhunderts*, Tübingen 1994, 94–112.

Der Erste Weltkrieg brachte für ihn jedoch den Bruch mit dem Freundeskreis, mit Bertrand Russell, Middleton Murry und Lady Ottoline Morrell, auf die er seine Hoffnungen gesetzt hatte. Er mußte erkennen, daß gerade die "intelligentsia" dem Sog der desintegrativen Tendenzen des Zeitalters nicht zu widerstehen vermochte. Privates und öffentliches Leben erzeugten in ihm eine pessimistische Stimmung, die sich im Roman niederschlägt. Obwohl die Anzahl der Personen, von denen der Roman berichtet, verhältnismäßig gering ist, erfüllt *Women in Love* die Forderung, die an die Gattung des Romans von ihren Anfängen gestellt wurde, nämlich eine möglichst umfassende Vorstellung von den Lebensverhältnissen zu geben, die das Schicksal einer oder mehrerer Personen bestimmen. Dieser Zug zur Erfassung der Totalität eines Zeitalters findet in *Women in Love* – ähnlich wie in Thomas Manns *Zauberberg*, mit dem der Roman gelegentlich verglichen wurde – nicht so sehr in einer Fülle konkreter Begebenheiten seinen Ausdruck, als in der Tendenz, die Personen zu Repräsentanten ihres Zeitalters werden zu lassen, so daß am Schicksal des Einzelnen die Beschaffenheit einer ganzen Gesellschaft abgelesen werden kann. Die Krise des europäischen Spätbürgertums spiegelt sich im Schicksal der beiden Schwestern Gudrun und Ursula, den ihnen zugeordneten männlichen Partnern Gerald Crich und Rupert Birkin, in symbolischer Weise, wobei Gudrun und Gerald die destruktiven Tendenzen des Zeitalters illustrieren, Rupert und Ursula dagegen die Tendenz zum Aufbruch in ein neues Zeitalter, in eine mit utopischen Zügen ausgestattete Lebensform.

Der Verzicht auf eine realistisch-psychologische Konkretisierung der Lebensverhältnisse, auf die Subsumierung der Geschehnisse unter das Prinzip der naturwissenschaftlichen Kausalität, führt dazu, daß die Personen und Ereignisse in ihrer Schematisierung in die Nähe einer Moralität rücken, wo es darum geht, in typenhafter Vereinfachung Grundkonflikte eines Zeitalters auf ihre wesentlichen Bestandteile zu reduzieren. Zugleich rückt Lawrences Roman in die Nachbarschaft des "Ideenromans" ("novel of ideas"), wie ihn der mit Lawrence befreundete Aldous Huxley bevorzugte. Der Gefahr, daß der Roman zu einem rein kontrapunktischen Kalkül wird, in dem in immer neuen Variationen überraschende Antithesen und Parallelen zwischen den in einem Zeitalter denkbaren intellektuellen, politischen und religiösen Einstellungen konstruiert werden, ist Lawrence jedoch nicht erlegen. Davor bewahrte ihn sein kulturkritischer Vitalismus, mit dem er sich zum Ziel gesetzt hatte, die verkrusteten Einstellungen zum Leben, zu den Fragen des Zeitalters zu sprengen. Lawrences Schaffen steht im Grunde unter einem paradoxen Gesetz: Er verteidigt einen irrationalen Vitalismus, eine Freisetzung der Triebe, das Physische insgesamt, weil er davon überzeugt ist, daß nur dann, wenn der "dunkle Lebensstrom" ungehindert fließen kann, einzelne, aber auch die Gesellschaft sich ständig regenerieren können; er ist jedoch zugleich ein Künstler, der über sein Zeitalter ebenso reflektiert wie über die Personen, die er in einem Roman darstellt. Zugespitzt ließe sich von einem "rationalen Irrationalismus" bei Lawrence sprechen: In immer neuen Schüben verleiht er dem Lebensstrom, der ihn als Künstler durchpulst, in seinen Romanen Ausdruck; gleichzeitig läßt er den Leser erkennen, daß die Figuren und Situationen mit künstlerischer Überlegung geordnet und aufeinander bezogen wurden. Personen und Situationen sind auf die Thematik "Leben-Tod" abgestimmt, wobei sich diese beiden Themen insofern durchdringen, als dem Tod-im-Leben (der destruktiven Gestalten) das Leben-im-Tod, der Wille zur Regeneration der utopisch-konstruktiven Figuren, entgegengesetzt ist. Auch die Beziehungen der Hauptfiguren zu Nebenfiguren werden auf diese Thematik abgestimmt: So löst sich Gerald von Minette, bevor er sich Gudrun zuwendet, in der gleichen Weise, wie Rupert sich von Hermione abkehrt. In jedem Falle spüren die männlichen Charaktere in den Frauen, denen sie sich zunächst zugewandt haben, ein lebensfeindliches, ihre Vitalität bedrohendes Prinzip; in der Parallele liegt aber zugleich ein Kontrast beschlossen: Birkin ist derjenige, der mit der Abkehr von Hermione den dunklen Lebensstrom in sich freisetzen kann, während Gerald Crich von der gleichen Kälte gezeichnet ist – bei aller Sinnlichkeit, die auch seine Beziehung zu Gudrun charakterisiert – wie die von ihm gemiedene und verlassene Minette.

Gerald, der Grubenbesitzer, ist im Roman der Inbegriff des modernen Kapitalismus[18]; er studierte in Deutschland Bergbau und übertrug die Methoden kapitalistischer Unternehmensführung, die er dort theoretisch kennengelernt hatte, auf das Management des Bergwerks, das er von seinem Vater übernahm. Thomas Crich, der

---

18 Zur Deutung von Gerald Crich im Zusammenhang mit dem industriellen System vgl. die Abhandlung von Hans Ulrich Seeber, "D.H. Lawrence und der deutsche Expressionismus", 166ff.

Typus des Unternehmers des 19. Jahrhunderts, versuchte eine Synthese aus den pragmatischen Forderungen eines Industriebetriebes und der christlichen Lehre vom rechten Umgang mit dem Nächsten zu finden. Er fühlte sich mit den Arbeitern, die bei ihm beschäftigt waren, im Sinne seines Glaubens verbunden, ja, er stufte sie in ihrer Armut gemäß der biblischen Lehre vom Besitz höher ein als sich selbst. Die praktische Folge dieser christlich geprägten ökonomischen Anschauungen war, daß sich die Ärmsten der Arbeiter zu ihm hingezogen fühlten und er sie benutzte, um seine im Grunde heuchlerische Philanthropie zu praktizieren. Die Fragwürdigkeit seines Verhaltens läßt sich am Verhältnis zu seiner Frau ablesen, die an seiner problematischen Lebensführung zerbricht.

Sein Sohn Gerald dagegen schafft eine neue Ordnung, die Ausdruck seiner technischen Intelligenz, seiner souveränen Beherrschung der Prinzipien des modernen Managements ist. Das Bergwerk ebenso wie die Menschen, die darin arbeiten, werden durch eine kühl kalkulierende, instrumentelle Vernunft gesteuert. Die Fragwürdigkeit dieser ökonomischen und betrieblichen Ordnung wird durch eine kommentierende Passage im 17. Kapitel des Romans verdeutlicht:

> There was a new world, a new order, strict, terrible, inhuman, but satisfying in its very destructiveness. The men were satisfied to belong to the great and wonderful machine, even whilst it destroyed them. It was what they wanted, it was the highest that man had produced, the most wonderful and superhuman. They were exalted by belonging to this great and superhuman system which was beyond feeling or reason, something really godlike. Their hearts died within them, but their souls were satisfied. It was what they wanted. Otherwise Gerald could never have done what he did. He was just ahead of them in giving them what they wanted, this participation in a great and perfect system that subjected life to pure mathematical principles. This was a sort of freedom, the sort they really wanted. It was the first great step in undoing, the first great phase of chaos, the substitution of the mechanical principle for the organic, the destruction of the organic purpose, the organic unity, and the subordination of every organic unit to the great mechanical purpose. It was pure organic disintegration and pure mechanical organisation. This is the first and finest state of chaos.[19]

---

19 D.H. Lawrence, *Women in Love*, ed. David Farmer, Lindeth Vasey and John Worthen, Cambridge: Cambridge UP 1987, 231. Im Folgenden zitiert als *WL*.

Aus diesem Kommentar spricht Lawrences Kritik am modernen Industriezeitalter, aber noch mehr an den Arbeitern, die sich mit dem System identifizieren, das sie vernichtet. Die neue Ordnung ist für Lawrence ein perfektes, aber unmenschliches System. Es ist für ihn unmenschlich, weil das mechanische Prinzip über das organische dominiert. Das organische Denken ist am Leben, dem dunklen Strom des Blutes, der Vitalität orientiert; das mechanische kennt nur die Perfektion der mathematischen Berechnung. Lawrence ironisiert mit diesem Kommentar das Fortschrittsdenken des 19. Jahrhunderts, das die ideologische Grundlage für das moderne Maschinenzeitalter bildete; und er ironisiert vor allem die Blindheit derjenigen, die in einem modernen Industriebetrieb, wie ihn Gerald Crich konzipierte, arbeiten und die dort herrschende Ordnung als übermenschlich, geradezu göttlich, bewundern. Die tägliche Arbeit in diesem Bergwerk ist für Lawrence ein Beispiel für den "Tod-im-Leben". Die perfekte, durchrationalisierte Produktionsstätte ist für Lawrence ein Ort der Zerstörung und des Chaos. Mit der Rationalisierung des Arbeitsvorgangs haben sich alle menschlichen Beziehungen zwischen Gerald und seinen Arbeitern aufgelöst. Obwohl jeder, Gerald ebenso wie der einzelne Arbeiter, um den Wert des anderen weiß, obwohl jeder die Qualitäten des anderen im Arbeitsprozeß schätzt, bleiben sie sich als Menschen fremd und begegnen einander mit Gleichgültigkeit: "as men, personalities, they were just accidents, sporadic little unimportant phenomena. – And tacitly, the men agreed to this. For Gerald agreed to it in himself" (*WL*, 231). Lawrence porträtierte mit Gerald Crich den Typus des modernen Übermenschen, der nach einer Perfektion der Technik, auch der Technik der Menschenbeherrschung strebt, dessen Wille und dessen Vernunft jedoch alle Möglichkeiten vernichten, tiefere, irrationale Schichten im Menschen zur Geltung kommen zu lassen. Lawrence setzt damit unter modernen Vorzeichen eine Kritik am Rationalismus fort, die bereits zu Beginn der englischen Romantik in den Werken William Blakes nachzuweisen ist.

Wie stark in Crich das destruktive Element ausgeprägt ist, zeigen seine privaten Beziehungen: Er ist bei einem Unfall am Tod seines Bruders schuldig und trägt gleichsam von frühester Jugend an das Kainsmal auf der Stirn. Während einer Party findet später Geralds Schwester zusammen mit einem jungen Arzt bei einer Kahnfahrt auf dem See den Tod. Auch wenn hierbei nicht von einer persönlichen Schuld Geralds gesprochen werden kann, steht er im

Zentrum destruktiver Kräfte. Er findet an den destruktiven Wirkungen, die von Minette ausgehen, sein Gefallen und reizt Gudrun immer wieder, ihn zu quälen.

Eine Episode, die sich im 9. Kapitel des Romans findet, hat im Hinblick auf Geralds Wesen und sein Verhältnis zu allem Lebendigen symbolische Bedeutung. Als Gerald mit seinem Pferd an eine geschlossene Bahnschranke kommt, der Zug sich nähert und das Tier erschrocken fliehen möchte, zwingt er als Reiter das Tier, sich dem Schrecken einer heranbrausenden Lokomotive zu stellen und behandelt es dabei mit äußerster Grausamkeit. Er empfindet geradezu eine diabolische Freude, als es ihm gelingt, die natürlichen Lebensregungen des Tieres mit kaltem Willen, mit eisiger Macht zu bezwingen. Ursula, die auch in diesem Roman von Lawrence als eine sympathische Frau geschildert wird, ist über Geralds Verhalten empört und beschimpft ihn wütend, weil er durch die Vergewaltigung der organisch-vitalen Kräfte seinen Herrschaftswillen absolut setzt. Gudrun dagegen gerät angesichts der brutalen Macht, die Gerald kraft seiner Willensstärke auszuüben versteht, in Ekstase. Sie sieht in Gerald den kongenialen Partner, mit dem zusammenzuleben sie auch ohne förmliche Eheschließung bereit ist. Beide glauben, ihre persönliche Eigenart ungehindert von allen gesellschaftlichen Konventionen und Rücksichtnahmen entfalten zu können. Dabei wird deutlich, daß sie dem Partner gegenüber ähnliche Verhaltensweisen zeigen, ohne einander zu ergänzen. Bei beiden ist zwar die Bereitschaft zu erkennen, sich dem anderen ganz hinzugeben; diese Bereitschaft wird jedoch immer dadurch in Frage gestellt und aufgehoben, daß in ihnen der Wille, über den Partner zu herrschen, niemals erlischt.

So kommt es zu einem permanenten Kampf der Geschlechter, der dazu führt, daß sie auseinanderstreben, daß Gerald in Birkin, dem Freund Ursulas, und Gudrun in Loerke, dem Künstler, der sich den Anforderungen der Industriearchitektur verschreibt, glaubt, eine Ergänzung finden zu können. Während eines Streites versucht Gerald Gudrun zu erdrosseln; er läßt jedoch von ihr ab und sucht in der Schnee- und Eislandschaft der österreichischen Alpen den Tod. In dieser Landschaft sind die symbolischen Einzelheiten, die in den Auftritten Geralds durch den Roman hindurch zu beobachten sind, zur intensivsten Entfaltung gebracht. Die Schönheit der Schneelandschaft ist ein Symbol der inhumanen Reinheit, aber auch der Sterilität und Destruktivität der Lebensform, die er als Industriemagnat zu verwirklichen versuchte. Und wie in seinem beruflichen Alltag der Wille zur Perfektion in Destruktivität umschlägt, so gipfelt auch sein Wille, im privaten Bereich über einen anderen Menschen absolut herrschen und verfügen zu können, im Willen zur Vernichtung, der in Selbstvernichtung endet. Wenngleich Lawrence nicht direkt auf den Ersten Weltkrieg eingeht, um den Zerstörungstrieb in der modernen Gesellschaft vor realem geschichtlichen Geschehen erläutern zu können, so ist sein Roman doch durchdrungen von einer Einstellung zu Leben und Tod, die die junge Generation prägte, die zunächst mit Enthusiasmus in den Krieg zog, dann aber in den Materialschlachten eine grauenvolle Zerstörung fand. Lawrence führt von der Analyse ökonomischer Fakten nicht weiter zu politologischen und historischen Analysen im Roman, sondern versetzt sich in die Psyche einzelner Menschen, deren Verhalten repräsentativ für menschliches Verhalten innerhalb einer Geschichtsepoche ist. Als Erzähler bleibt er bei seinem individualistischen Ansatz, dringt jedoch so tief in die Regungen seiner Figuren ein, daß er deren historische Bedingtheit und Bedeutung zugleich miterfaßt.

Ähnlich destruktive Tendenzen wie bei Gerald lassen sich auch bei Hermione Roddice beobachten, mit der Birkin zunächst befreundet war, von der er sich jedoch löste, als er Ursula begegnete. Hermione ist eine intellektuelle Aristokratin, die von Lawrence mit größter Wahrscheinlichkeit nach dem Vorbild von Lady Ottoline Morrell gezeichnet wurde. Sie möchte in ihrem Lebensstil den Typus der *New Woman* verkörpern, der emanzipierten Frau im Sinne Bernard Shaws: Sie hätte die Möglichkeit, ihre geistigen, seelischen und physischen Anlagen voll zu entfalten und sich zu einer Persönlichkeit in der Weise zu entwickeln, daß in ihr alle physischen und psychischen Dispositionen zu einer Einheit integriert sind. Es fehlt ihr jedoch der unmittelbare Zugang zum Physisch-Sinnlichen; sie lebt zu reflektiert, kann sich von dem Willen, über das andere Geschlecht zu herrschen, ebensowenig lösen wie Gerald, so daß sie den Reiz des Abenteuers nur sucht, um in ihrem Bewußtsein die eigene Sinnlichkeit auszukosten. In diesem Sinne wirft ihr Birkin vor:

> "You are merely making words," he said; "knowledge means everything to you. Even your animalism, you want it in your head. You don't want to *be* an animal, you want to observe your own animal functions, to get a mental thrill out of them. It is all purely secondary – and more decadent than the most hide-bound intellectualism. What is it but the worst and last form of intellectualism, this love of yours

> for passion and the animal instincts? Passion and the instincts – you want them hard enough, but through your head, in your consciousness. It all takes place in your head, under that skull of yours. – Only you won't be conscious of what *actually* is: you want the lie that will match the rest of your furniture." (WL, 41)

Birkin, der zunächst mit Hermione befreundet war, wendet sich von ihr ab, weil er eines Lebens überdrüssig ist, das sich in mechanischer, gesellschaftlicher Routine erschöpft, das die Selbstentfremdung des Menschen als eine unabänderliche Gegebenheit betrachtet und darauf verzichtet, den Zustand individueller wie gesellschaftlicher Desintegration zu überwinden. Von Ursula ist er fasziniert, weil sie sich als echte *New Woman* nicht an die gesellschaftlichen Konventionen, an die Hülle, die den Kern der Realität umschließt, verliert. Er spürt in ihr jedoch eine Bedrohung seiner eigenen Individualität, eine Bedrohung, die er dem Herrschaftsanspruch des Weiblichen zuschreibt. Seine Geste – er wirft (bei Willey Water) Steine auf das Spiegelbild des Mondes – hat in diesem Zusammenhang symbolische Bedeutung. Der Mond ist in mythologischer Tradition ein Inbild des Weiblichen, von dem er zwar fasziniert ist, dem er sich jedoch nicht unterwerfen möchte. In seinen Reflexionen über das weibliche Geschlecht wird Hermione zu einer Mater Dolorosa, "claiming, with horrible, insidious arrogance and female tyranny, her own again, claiming back the man she had borne in suffering" (WL, 200); Ursula hingegen gleicht der Magna Mater, die mit gleichem Anspruch auftritt: "It filled him with almost insane fury, this calm assumption of the Magna Mater, that all was hers, because she had borne it. Man was hers, because she had borne him "(WL, 200). Diesen Vorstellungen setzt Birkin seine Auffassung vom wechselseitigen Verhältnis der beiden Geschlechter entgegen:

> He wanted so much to be free, not under the compulsion of any need for unification, or tortured by unsatisfied desire. Desire and aspiration should find their object without all this torture, as now, in a world of plenty of water, simple thirst is inconsiderable, satisfied almost unconsciously. And he wanted to be with Ursula as free as with himself, single and clear and cool, yet balanced, polarised with her. The merging, the clutching, the mingling of love was become madly abhorrent to him. (WL, 199–200)

Birkin versteht Liebe nicht als Begierde, nicht als animalische Regung, die in dem Verlangen, den Partner zu besitzen, ihre Erfüllung sucht; Birkin möchte dem physischen Verlangen zwar den ihm gebührenden Raum zubilligen, seine Freiheit als Individuum, sein personales Eigensein aber nicht einbüßen. Die Adjektive "single and clear and cool" deuten darauf hin, daß er in der Liebesbeziehung das apollinische Prinzip dem dionysischen überordnet. Nur auf diese Weise glaubt Birkin sich als Einzelner behaupten und entfalten und zugleich die geliebte Person – Ursula – durch seine Liebe in ihrer Personwerdung fördern zu können. Mit der Feststellung: "The man is pure man, the woman pure woman, they are perfectly polarised" (*WL*, 201) weist Lawrence auf den eigentümlichen Wandel hin, den er sich von dem einzelnen Menschen erhofft: durch die Liebe, durch die sexuelle Begegnung wird der Einzelne gereinigt: der Mann wird zum "reinen Mann", die Frau zur "reinen Frau". Liebe bewirkt nicht die Verschmelzung und damit (nach Lawrence) die Auflösung eines oder zweier Menschen, sondern ruft die Steigerung ihres Seins hervor. Jeder wahrt seine Individualität und mit ihr seine Freiheit, die jedoch nicht als eine schrankenlose Willkürfreiheit verstanden wird, sondern als eine, die den ständigen Bezug zum Partner wahrt, durch den die beschriebene Seinssteigerung erzielt wurde. Um dieses Bezugsverhältnis zu umschreiben, gebraucht Lawrence in ständig neuer Abwandlung die Vorstellung der polaren Spannung. So stellt er beispielsweise fest:

> There is only the pure duality of *polarisation*, each one free from any contamination of the other. In each, the individual is primal, sex is subordinate, but perfectly *polarised*. Each has a single, separate being, with its own laws. The man has his pure freedom, the woman hers. Each acknowledges the perfection of the *polarised* sex-circuit. Each admits the different nature in the other. (*WL*, 201; Hervorhebungen W.E.)

Diese Äußerungen beweisen, wie stark die Tradition des Individualismus bei Lawrence noch ausgeprägt ist; in seiner Sprache formuliert er eine Liebesauffassung, die Chaucer, zu Beginn einer Bewegung, die in einem individualistischen Liberalismus kulminierte, auf die Formel brachte:

> Love is a thyng as any spirit free.
> Wommen, of kynde, desiren libertee,
> And nat to been constreyned as a thral;
> And so doon men, if I sooth seyen shal.[20]

---

20 "The Franklin's Tale", in: *The Riverside Chaucer*, ed. Larry D. Benson, based on *The Works of Geoffrey Chaucer*, ed. F.N. Robinson, Oxford (1933), ³1988, 179, Z. 767–770.

Die von Lawrence in weitläufigen Kommentaren beschriebene Liebesauffassung Birkins ist dadurch charakterisiert, daß er sie als eine "natürliche" Liebe betrachtet, die er in Opposition zu der Liebe bringt, die sich den herkömmlichen (bürgerlichen) Konventionen unterstellt. Es ist nicht zu verkennen, daß Birkins Liebesauffassung ein stark utopischer Zug eigen ist. Besonders deutlich tritt dies in der Schlußphase des Romans hervor, in der Ursula ihre ursprüngliche Einstellung zu Birkin überwunden hat und sie als eine ihm ebenbürtige, gleichgesinnte Partnerin erscheint, die den Schritt von der Frau, die sich nach der Erfüllung ihres physischen Verlangens sehnt, zu einer "pure woman" vollzogen hat. Birkin glaubt – freilich nicht ohne Jahresrente von £ 400 – sich mit Ursula von der Gesellschaft lösen, auf jeglichen Beruf verzichten zu können, um mit ihr den Weg "from the world's somewheres into our own nowhere" (WL, 315) anzutreten. Daß freilich der Weg in ein utopisches Reich Birkin im Zusammenleben mit Ursula nicht die Erfüllung bringen würde, die er sich als Einzelner erhofft, wird deutlich, als Gerald im Alpenschnee den Tod findet. Die Freundschaft mit Gerald war für Birkin – wie er in einem Dialog mit Ursula ausführt – ebenso bedeutsam und notwendig wie seine Liebe zu Ursula. Erst die doppelte Polarität zwischen verschiedengeschlechtlichen *und* gleichgeschlechtlichen Partnern, könnte dem Einzelnen die höchste Steigerung seines individuellen Seins bringen:

> "Why aren't I enough?" she said. "You are enough for me. I don't want anybody else but you. Why isn't it the same with you?"
> "Having you, I can live all my life without anybody else, any other sheer intimacy. But to make it complete, really happy, I wanted eternal union with a man too: another kind of love," he said.
> "I don't believe it," she said. "It's an obstinacy, a theory, a perversity." (WL, 481)

Der Roman *Women in Love* hat im doppelten Sinn einen offenen Schluß: Ursula zweifelt an der Gültigkeit der Liebesauffassung, die Birkin in dem zitierten Gespräch, das nach Geralds Tod stattfindet, zum Ausdruck bringt. Und der Leser muß zweifeln, ob und in welcher Weise Birkin und Ursula die utopischen Ideen verwirklichen können, die Birkin konzipierte. Mit *Women in Love* stellt sich notwendigerweise die Frage, ob die Ideen von Lawrence nur auf den Privatbereich beschränkt bleiben und damit von begrenzter Bedeutung sind oder ob sie von übergreifend gesellschaftlichem Belang sein können.

6

Obwohl die Idee der Gleichwertigkeit und -rangigkeit der beiden Geschlechter der Darstellung der inneren Beziehungen von Birkin und Ursula zugrunde liegt und Lawrence eine solche Lebensform als den Nukleus für eine sich regenerierende Gesellschaft betrachtet, ist direkten Äußerungen (außerhalb der Romane) über politische Fragen des Zeitalters zu entnehmen, daß er eine ausgesprochene Abneigung gegen das demokratische Prinzip besaß. Dagegen ist ihm deutliche Sympathie für eine aristokratisch-hierarchische Gesellschaftsordnung anzumerken, deren Zentrum die Idee eines natürlichen Herrschertums bildet, von dem alle Autorität ausgeht und dem die Beherrschten Gehorsam schulden. Diese Thematik rückt in den Romanen, die auf *Women in Love* folgen, in *Aaron's Rod* (1922), in *Kangaroo* (1923) und in *The Plumed Serpent* (1926) in zunehmendem Maße in den Mittelpunkt seines erzählerischen Interesses.

Im episodisch strukturierten Roman *Aaron's Rod*, der mit der Darstellung der Beziehung des Flötenspielers Aaron zu dem (für Lawrence sprechenden) Schriftsteller Rawdon Lilly die Thematik der "Blutsbrüderschaft" von Gerald Crich und Rupert Birkin weiterentwickelt, klingt das Thema der Macht erst gegen Schluß an. Lilly unterscheidet in einem Dialog mit Aaron zwischen dem Liebestrieb und dem Machttrieb und führt dazu folgendes aus:

> "[...] I told you there were two urges – two great life-urges, didn't I. – There may be more. But it comes on me so strongly, now, that there are two: love, and power. And we've been trying to work ourselves, at least as individuals, from the love-urge exclusively, hating the power-urge, and repressing it. And now I find we've got to accept the very thing we've hated.
> "[...] It is a vast dark source of life and strength in us now, waiting either to issue into true action, or to burst into cataclysm. Power – the power-urge. The will-to-power – but not in Nietzsche's sense. Not intellectual power. Not mental power. Not conscious will-power. Not even wisdom. But dark, living, fructifying power. Do you know what I mean?"[21]

---

21 D.H. Lawrence, *Aaron's Rod*, ed. Mara Kalnins, Cambridge: Cambridge UP 1988, 297. Im Folgenden zitiert als *AR*.

Mit der christlichen Ära hat sich nach den Anschauungen, die Lawrence in dieser Phase seiner künstlerischen Entwicklung vertrat, der Liebestrieb erschöpft; es beginnt nun eine Ära, die durch den Machttrieb gekennzeichnet ist, den Lilly im Gespräch mit Aaron vom "Willen zur Macht" im Sinne Nietzsches zu trennen versucht: Er eliminiert alle Intellektualität, alles Bewußtsein von diesem Trieb und charakterisiert ihn mit den Adjektiven "dark, living, fructifying"; der Machttrieb ist für Lilly (und Lawrence) der Ausdruck des "dunklen Lebensstromes"; Machtstreben ist für ihn eine der vitalen Regungen des Menschen. Daraus ergeben sich auch für das Verhältnis von Mann und Frau überraschende Folgerungen; Lilly vertritt beispielsweise die Auffassung: "The woman must now submit – but deeply, deeply, and richly! No subservience. None of that. No slavery. A deep, unfathomable free submission" (*AR*, 298). Wiederum grenzt Lawrence durch den Kommentator Lilly den Gehorsam, den er von der Frau fordert, gegenüber traditionellen Vorstellungen sklavischer Unterwerfung ab und spricht von einer "freien Unterwerfung"; er meint damit die Bereitschaft, die er von beiden Geschlechtern erwartet, sich dem Machttrieb zu unterstellen – so wie sich beide bisher dem Liebestrieb überließen.

In *Kangaroo*, einem Roman, in dem Lawrence Eindrücke verarbeitete, die er während eines Aufenthaltes in Australien sammelte, wird die Thematik "Macht – Liebe" weitergeführt. Der Schriftsteller Richard Lovat Somers, der in diesem Roman die Anschauungen des Autors artikuliert, lernt dort Benjamin Cooley, den Führer einer halbfaschistischen Organisation kennen, die sich aus ehemaligen Soldaten rekrutiert und "The Diggers" genannt wird; der Name für ihren Anführer Ben Cooley, seines Zeichens ein jüdischer Rechtsanwalt, ist "Kangaroo". In Australien ist äußerlich die demokratische Lebensordnung bis zur letzten Verfeinerung entfaltet – was bei Somers und seiner Frau Harriet auf Kritik stößt; für sie bedeutet absolute Gleichheit absolute Monotonie. Allen demokratischen und sozialistischen Ideen widerspricht Kangaroo, der im Einklang mit christlichen Grundvorstellungen eine Religion der Liebe verkündet:

> "*Is* there any other inspirational force than the force of love?" continued Kangaroo. "There is no other. Love makes the trees flower and shed their seed, love makes the animals mate and birds put on their best feathers, and sing their best songs. And all that man has ever created on the face of the earth, or ever will create: if you will allow

me the use of the word create, with regard to man's highest productive activities –".²²

Kangaroo versucht in seiner Weltsicht die von Lilly (in *Aaron's Rod*) unterschiedenen Triebe Liebe und Macht zu einer Synthese zusammenzufassen, ohne sich ausdrücklich auf die christliche Offenbarung festzulegen, wiewohl die Anklänge deutlich sind und er in den politischen Auseinandersetzungen schließlich mit dem Gestus eines Heilands stirbt.

Somers ist zwar von Kangaroo angesprochen, lehnt es jedoch ab, sich zu ihm zu bekennen, weil die Lebensauffassung, die Kangaroo vertritt, zu stark mit traditionellen (christlichen) Vorstellungen durchsetzt ist. Wie Lilly sich von Nietzsches Anschauungen über den Willen zur Macht distanziert und sich einem Machttrieb zuwendet, der nur annähernd mit dem Bild des dunklen Lebensstromes zu umschreiben ist, so rückt auch Somers von den allzu vertrauten, herkömmlichen Ideen göttlicher Macht und Liebe ab und wendet sich einem dunklen, verborgenen Gott zu, der ebenfalls mächtig und lebensspendend (heilbringend) ist. Äußerlich lassen sich auch von ihm Verbindungslinien zur christlichen Tradition ziehen, und es ist Lawrence nicht gelungen, die neue Gottesvorstellung von der alten in begrifflicher Schärfe abzuheben. Ein entscheidender Unterschied läßt sich jedoch nicht übersehen: Somers bezieht sich auf einen Gott, der aus der Tiefe vitalistischer Kräfte, nicht aber aus dem Logos, aus dem Pneuma auf den Menschen, auf die Menschheitsgeschichte einwirkt.

Mit *The Plumed Serpent* erreichte Lawrence den Höhepunkt in seiner Behandlung politischer Themen. Auch wenn das Werk zu heftiger Kritik herausforderte, muß zugestanden werden, daß er es in *The Plumed Serpent* vermochte, seiner Weltsicht einen dichterisch wirkungsvollen Ausdruck zu verleihen. Zwar gibt es auch in *Aaron's Rod* und *Kangaroo* Passagen und Kapitel, die von seiner Fähigkeit zeugen, Landschaften in einer malerisch-visionären Gestalt im Roman lebendig werden zu lassen; aber in *The Plumed Serpent* sind die Landschaftsbeschreibungen, die Darstellung des exotischen Milieus und der eigentümlichen politischen und religiösen Atmosphäre in Mexiko sowie die Schilderung der Sitten und

---

22 D.H. Lawrence, *Kangaroo*, ed. Bruce Steele, Cambridge: Cambridge UP 1994, 133. – Zur Interpretation dieses Romans vgl. Graham Hough, *The Dark Sun*, 103–117.

Gebräuche der Eingeborenen mit der Haupthandlung des Romans eine künstlerische Einheit geworden.

Lawrence hielt sich von September 1922 bis September 1925 (mit Ausnahme eines kurzen Englandbesuches im Winter 1923/24) wechselweise in Neu-Mexiko und Mexiko auf und versenkte sich in die Natur, die Landschaft ebenso wie in die Mentalität der Mexikaner. Die Eindrücke und Beobachtungen, die er dabei sammelte, bildeten den Grundstock für die Darstellung eines Volkes, das sich – gemäß seiner dichterischen Weltsicht – für die dunklen Kräfte, den Lebensstrom offengehalten hat, der den ganzen Kosmos durchpulst und in Pflanzen und Tieren zu spüren ist. In dem Mexiko, das er darstellt, ist – und er konnte sich dabei auf Auseinandersetzungen des Staates mit der Kirche in den 20er Jahren berufen – das Christentum an die Grenzen seiner Wirksamkeit gelangt. Eine neue Phase im Leben dieses Volkes beginnt, in der der heidnische Glaube der Azteken wieder lebendig wird, da weder das Christentum noch die politisch-wirtschaftlichen Ideen und Ordnungsvorstellungen der Europäer und Nordamerikaner der Mentalität des mexikanischen Volkes angemessen zu sein scheinen.

In der mexikanischen Religion, die Lawrence beschreibt und für die im Roman Don Ramón Carrasco, spanischer Herkunft, und der General Cipriano Viedma fechten, sind streng genommen heidnische und christliche Elemente miteinander vermischt; dazu kommen Ideen, die Lawrence aus der Literatur des 19. Jahrhunderts abgeleitet hatte. Neben Nietzsche war es vor allem Carlyle, der in seinen Schriften, z.B. in *On Heroes, Hero-Worship, and the Heroic in History* (1841), eine theokratische Staats- und Gesellschaftsordnung im Anschluß an Cromwell und den englischen Puritanismus entworfen hatte, die Lawrence zutiefst beeindruckte. Weiterhin bestimmten ihn ethnologische wie psychoanalytische Studien – die Beschäftigung mit Leo Frobenius und C.G. Jung – in seiner Sicht der mexikanischen Kultur und bestärkten ihn in der Überzeugung, mit seinen erzählerischen Werken in Einklang mit der Wissenschaft seiner Zeit zu stehen, wobei solche Erfahrungen für ihn nur von peripherer Bedeutung waren. Lawrence vertraute während seiner gesamten schriftstellerischen Laufbahn mehr seinem dichterischen Genie, seinen Visionen, als den Lehren seiner Zeitgenossen. Daß er dabei auch manche Irrwege in Kauf nahm, beweist nahezu jedes seiner Werke, in denen die visionären Passagen immer wieder von expositorischen Dialogen und Kommentaren unterbrochen werden, die nicht in der gleichen Weise wie die erzählerisch gestalteten Passagen durchgearbeitet und -geformt sind.

Die Handlung von *The Plumed Serpent* dient dazu, die Problematik des Mexiko-Erlebnisses aus europäischer Sicht zu verdeutlichen. Kate, eine verwitwete Irin, die ehedem mit einem irischen Freiheitskämpfer verheiratet war, wendet sich ähnlich wie Lawrence von der westlichen Kultur ab und überläßt sich der Faszination, die von der mexikanischen ausgeht, deren Exotik sie bewundert, deren Grausamkeit sie jedoch zugleich – etwa beim Stierkampf in Mexiko City – wahrnimmt. In Mexiko City und später in Sayula begegnet sie Don Ramón und Cipriano, die dem alten und neuen Gott Quetzalcoatl (= "the Plumed Serpent") den Weg bereiten wollen. Ramón sieht in sich selbst eine Inkarnation dieses Gottes, der die Menschen wieder zu den Ursprüngen des Lebens zurückzuführen vermag.

Konflikte entstehen dadurch, daß die bisherige christliche und die neue heidnische Religion immer wieder aufeinandertreffen. So hält beispielsweise Doña Carlota, Don Ramóns Frau, an den alten christlichen Traditionen fest und leistet Widerstand gegen die politische und religiöse Bewegung, als deren Oberhaupt ihr Mann auftritt. Sie widersetzt sich ihm zunächst, als er die Kirche von Sayula dem neuen Gott weiht, bricht dann aber tot zusammen. Ihr Tod symbolisiert das Ende des Christentums in Mexiko. Auch die Diskussion, die Ramón und Cipriano mit dem Bischof von Mexiko City führen, verdeutlicht den Konflikt, den die christliche Tradition mit Ramóns Vorstellung einer wahrhaft universalen Menschheitsreligion (in seinem Sinne) auszufechten hat.

Kate wird in die religiöse Bewegung insofern hineingezogen, als Cipriano als Gott Huitzilopochtli inthronisiert und sie – unter dem Namen Malintzi – seine Braut wird und damit ebenfalls den Rang einer Gottheit einnehmen soll. Dagegen setzt sich ihr europäisches Bewußtsein zunächst zur Wehr. Sie möchte Kate Forrester bleiben, als die sie geboren wurde, und versucht, sich von der Faszination zu lösen, die Mexiko sowie Ramón, Cipriano und deren religiöse Bewegung auf sie ausüben. Sie läßt sich jedoch in die von Cipriano gewünschte Rolle hineindrängen und bleibt schließlich in Mexiko, wenngleich sie nie ganz in der mexikanischen Lebens- und Gesellschaftsordnung heimisch werden kann. Über Kates Beziehung zu Cipriano führt der Erzähler im 26. Kapitel folgendes aus:

> There was hardly anything to say to him. And there was no personal intimacy. He kept his privacy round him like a cloak, and left her immune within her own privacy. He was a stranger to her, she to him. He accepted the fact absolutely, as if nothing else were possible. She, sometimes, felt it strange. She had so craved for intimacy, *insisted* on intimacy.
> Now she found herself accepting him finally and forever as the stranger in whose presence she lived. It was his impersonal presence which enveloped her. She lived in his aura, and he, she knew, lived in hers, with nothing said, and no personal or spiritual intimacy whatever. A mindless communion of the blood.[23]

Es bleibt zwischen Cipriano und Kate eine unüberwindliche Fremdheit. Jeder lebt zwar in der Aura des anderen, aber diese Aura gleicht einer unpersönlichen Hülle. Die Hoffnung, die in *The Rainbow* und *Women in Love* mit den Liebesbegegnungen verknüpft wurde, daß nämlich durch den Partner oder die Partnerin die Integrität der Person gewonnen werden könne, daß jeder den anderen in seiner Personwerdung fördern und damit der Wissens- und Bewußtseinshorizont erweitert werden könne, ist hier völlig geschwunden. Zwischen Kate und Cipriano gibt es "no personal or spiritual intimacy whatever". Die Wirklichkeit des Blutes, der dunkle Strom nimmt die beiden Liebenden in sich auf und stiftet auch die Gemeinsamkeit zwischen allen Menschen, die in Mexiko zusammenleben, aber es bleibt letztlich "a mindless communion of the blood". Die heidnische Religion führt die Menschen nicht über die geistlose Blutsbrüderschaft hinaus; die Individuen werden nicht zu Personen ausgeformt, sondern bleiben isoliert, denn zur Gemeinschaft des Blutes tritt keine "spiritual intimacy". Die Synthese von Individuum und Gemeinschaft, die aus einem Wechselspiel kreativer Kräfte entspringt und die Lawrence in seinen Werken – in seinen Romanen wie in seinen Essays – immer wieder umschreibt, kommt auch am Ende von *The Plumed Serpent* nicht zustande. Lawrence sieht den Menschen auch in diesem Werk, auch in einer heidnisch-religiösen Umwelt, als *animal naturale* und nicht primär als *animal sociale*.[24]

---

23 D.H. Lawrence, *The Plumed Serpent (Quetzalcoatl)*, ed. L.D. Clark, Cambridge: Cambridge UP 1987, 423.
24 Vgl. Scott Sanders, *D.H. Lawrence: The World of the Five Major Novels*, New York 1974, 171.

7

Im Vergleich zu *The Plumed Serpent* ist D.H. Lawrences letztes Werk, *Lady Chatterley's Lover*, als eine Reduktionsstufe des Romans zu bezeichnen. D.H. Lawrence verzichtete auf die erzählerische Erfassung eines differenzierten gesellschaftlichen Gefüges mit all seinen geschichtlich bekannten Spannungen. Als Modell eines solchen Romans kann George Eliots *Middlemarch* (1871/72) angesehen werden; D.H. Lawrence war diesem Romantypus mit *The Rainbow* (1915) auf seine Weise nahegekommen. Lady Chatterley gleicht einem Rückzug ins Private; im Kernbereich des Romans werden die vorwiegend sexuellen Beziehungen zwischen Lady Chatterley, der Gattin des Industriellen Sir Clifford Chatterley, und dessen Wildhüter Mellors dargestellt. Diese Liebesgeschichte hat Züge einer pastoralen Romanze; da Lawrence in diesen Roman zugleich didaktische Elemente eingearbeitet hat, die sich in satirischer Absicht auf die Industriegesellschaft, in eulogistischer Absicht auf die Liebesauffassung von Mellors und Constance beziehen, ist von englischsprachigen Kritikern auch der Begriff "fable" verwandt worden. Einerlei welche Gattungsbezeichnung man bevorzugt, die diagrammatischen Züge dieses Romans sind nicht zu übersehen.[25]

Der Rückzug vom realistischen Roman zur Fabel läßt sich an den drei Fassungen beobachten, die überliefert sind und erst seit den 70er Jahren insgesamt in Penguin-Ausgaben vorliegen. Es handelt sich um:

1. *The First Lady Chatterley* (begonnen im Oktober 1926, abgeschlossen Ende November 1926; zuerst veröffentlicht 1944, Penguin Books: 1973).

2. *John Thomas and Lady Jane* (möglicherweise schon im Dezember 1926 begonnen, bereits im Februar 1926 fertiggestellt; Erstveröffentlichung 1972; Penguin Books 1973). (Der Titel ist zu erklären aus der Tatsache, daß die beiden Eigennamen metaphorische Bezeichnungen für das männliche und das weibliche Geschlechtsorgan sind).

---

25 Michael Squires, *The Creation of Lady Chatterley's Lover*, Baltimore/London 1983, 17 u. 37.

3. *Lady Chatterley's Lover* (begonnen Ende November 1927; möglicherweise schon im Dezember 1927 abgeschlossen. Im März 1928 entschied sich D.H. Lawrence für den Privatdruck in Florenz; am 28. Juni 1928 erhielt er das erste Exemplar. 1960 wurde nach einem vom Penguin-Verlag angestrengten Prozeß das Druck- und Publikationsverbot für diesen Roman in England aufgehoben. Penguin Books: 1973)

Die Verhältnisse in England, das D.H. Lawrence im Jahre 1926 zum letzten Mal besuchte, dürften ihn tief beeindruckt haben. Der Generalstreik dieses Jahres und die schlechte Lage insbesondere der Bergarbeiter in seiner Heimat mußten auf ihn wie eine Bestätigung der negativen Sicht der modernen Industriegesellschaft wirken, die er zuvor bereits mehrfach, besonders in *Women in Love* mit Gerald Critch zum Ausdruck gebracht hatte.

Für die erste Version des letzten Romans ist es kennzeichnend, daß die gesellschaftlichen Unterschiede, die zwischen dem Protagonisten Parkin und Lady Chatterley bestehen, sehr stark betont werden. Es entspricht der gesellschaftlichen Atmosphäre dieses Werkes, daß Parkin am Ende Sekretär der Kommunistischen Liga wird. In der zweiten Version wird die Bedeutung des Klassenunterschieds zwischen den Liebenden stark verringert. Das geht soweit, daß Lady Chatterley am Ende feststellt: "there was no longer anything as class" (*JTLJ*, 293)[26]. Michael Squires hat diese Fassung als "the most lyrical and detailed of the versions"[27] bezeichnet. Die Sympathie des Autors gehört hier dem Einzelnen, dem warmherzigen Mann, in dem die vitalen Kräfte noch nicht ausgelöscht sind. Ein Zeichen dieser elementaren Vitalität ist auch die Sprache des Protagonisten, in der obszöne Ausdrücke weit häufiger vorkommen als in der ersten Version. Insbesondere läßt sich feststellen, daß der Protagonist – anders als in der ersten Fassung – dieses Vokabular nicht dazu benutzt, um die Frau, die er liebt, die aber aus einer höheren Gesellschaftsschicht stammt, zu provozieren. Er will damit vielmehr den Erlebnisbereich, in den er die Geliebte einbeziehen möchte, in einer ursprünglichen, unverstellten, dem Dialekt entsprechenden Weise bezeichnen. Und deutlich unterscheidet sich die zweite Version auch durch die Fassung des Schlusses von der ersten:

---

26 John Worthen, *D.H. Lawrence and the Idea of the Novel*, London 1979, 173.
27 Michael Squires, *The Creation of Lady Chatterley's Lover*, 4.

Parkin möchte auf einer Farm arbeiten und dort mit Conny zusammenleben. Mit Hilfe dieses Milieus wird der erste Schluß, der einem sozialkritischen Werk angemessen ist, ins Romanzenhafte umgeformt.

In der dritten Version erscheint der Liebhaber unter dem Namen Mellors; er stammt zwar aus der unteren Schicht, diente jedoch in der Armee und erreichte den Rang eines Offiziers. Er verfügt über ein gewisses Maß an Bildung und kann sich dementsprechend auch im Standard English wie in seinem Heimatdialekt (Derbyshire) ausdrücken. Als Außenseiter, der in der Hütte eines Wildhüters lebt und in dieser Funktion auch für Sir Clifford arbeitet, bevorzugt er den Dialekt. Seinem Äußeren nach könnte Mellors der Aristokratie angehören: er ist gleichsam Aristokrat von Natur aus und bildet damit für Lady Chatterley außerhalb des gesellschaftlichen Kontextes, in den sie einzuordnen sind, einen gleichberechtigten Partner. In dem Maße, in dem Lady Chatterley sich von dem Lebensstil zu lösen vermag, der den gesellschaftlichen Umgang auf dem Herrensitz Wragby Hall bestimmt, schafft sie die Voraussetzungen für eine Begegnung mit Mellors, durch die sie sich erst als Frau in einer Weise selbst entdeckt, wie sie dies zuvor niemals vermochte.

Clifford ist der Inbegriff der lebensfeindlichen Kräfte und Mächte. Er wurde während des Krieges verwundet – er konnte nur kurze Flitterwochen mit Connie verleben –, kehrte als halb gelähmter, impotenter Mann aus dem Krieg zurück, ist an seinen Rollstuhl gebunden und spielt die ihm verbliebenen geistigen Kräfte gegen seine physischen Schwächen aus. Er ist im Sinne von D.H. Lawrence ein "mental lifer". Er betätigt sich zunächst als Schriftsteller, der analytische Kurzgeschichten schreibt und versammelt um sich einen Kreis Intellektueller, die an die Intellektuellen erinnern, die Huxley (mit dem Lawrence befreundet war) in seinen frühen Romanen portraitierte. Wenn Clifford sich über Literatur äußert, erwähnt er mit Vorliebe Racine und Proust, die ihn wegen ihres formalen Könnens faszinieren.

Nach einiger Zeit wechselt Clifford zum Bergbau über und sucht seine Erfüllung in der Beherrschung von Menschen und Materie. Er arbeitet im Stile des modernen Managers, der die Untergebenen manipuliert, ausbeutet und bei dem sich zwischenmenschliche Beziehungen im ökonomischen Kalkül auflösen. So wäre er auch bereit, aus Nützlichkeitserwägungen von Connie einen Erben zu akzeptieren und würde es ohne Eifersucht hinnehmen, wenn sie sich vorübergehend einem Mann zuwenden würde, der den Wünschen und Vorstellungen Cliffords entspräche. Wenn er mit Connie darüber spricht, daß sie ihm einen Erben gebären und daß ein anderer Mann dieses Kind zeugen sollte, ist dies alles für ihn nur "this sex thing" (*LCL*, 44)[28]. Seine Sprache verrät, daß er sich nicht in die Gefühlswelt von Menschen wie Connie zu versetzen vermag. Seine Sprache wirkt leblos, es fehlt ihr die emotionale Spannkraft; auch ist sie ein Spiegel seiner Impotenz.

In seinen Beziehungen zu Connie gebärdet sich Clifford wie ein Herrscher; er zeigt im privaten Bereich denselben Habitus wie bei seinen beruflichen Aktivitäten. Je mehr sich Connie von ihm abwendet, um so mehr sucht er bei Mrs. Bolton Hilfe, Schutz und Mitgefühl. Mrs. Bolton, die ihren Mann bereits verloren hat und die in ihrer Sympathie für ihre Mitmenschen, insbesondere für die Leidenden, an die Industriebevölkerung erinnert, in der sie ursprünglich lebte, wird für Clifford zur Mutter, und er wird zum Kind (vgl. *LCL*, 290–291).[29]

Wenn Clifford die Verkörperung des Mechanischen und der Sterilität ist, so repräsentiert Mellors dagegen das Organische; er lebt im Wald, ist den Pflanzen und Tieren nahe, verspürt den Rhythmus des sich ständig regenerierenden Lebens und vertraut ganz seiner eigenen Vitalität und Intuition. Allerdings darf er nicht einseitig als 'Naturmensch' gedeutet werden; schon seine Sprache (Dialekt und Standard English) zeigt, daß er ein eigentümlich gemischter Charakter ist und auch sein Verhalten anderen Menschen gegenüber ist von einer eigentümlichen Ambivalenz. Die vitalen Regungen steigern seine Willenskraft, und auch er hat die Züge, die herkömmlicherweise einem Mann zugeschrieben werden: insbesondere den Willen zu herrschen. Clifford spiegelt den Willen zur Macht, losgelöst von der sexuellen Basis; bei Mellors ist dieser Wille eingebunden in sein sexuelles Verlangen. Aber D.H. Lawrence verknüpft damit ein zweites Prinzip: "tenderness"; ursprünglich sollte dieser Begriff sogar als Romantitel verwendet werden. "Tenderness" ist bei Mellors der Ausdruck seiner liebenden Hinwendung zu Connie. Und es überrascht nicht, daß Mellors ebenso häufig den

---

28 H.M. Daleski, *The Forked Flame: A Study of D.H. Lawrence*, London 1965, 273.
29 D.H. Lawrence, *Lady Chatterley's Lover – A Propos of "Lady Chatterley's Lover"*, ed. Michael Squires, Cambridge: Cambridge UP 1993, hier und im Folgenden zitiert als *LCL*.

Begriff "touch" gebraucht, der die Zartheit des physischen Bezugs bedeutet. "Touch" and "tenderness" sind der Ausdruck eines Liebesverlangens, das mehr ist als nur der Wille, den anderen zu besitzen; es steckt in den beiden Begriffen auch ein Element der Achtung vor dem anderen, dem geliebten Menschen, vor seiner Eigenart und Eigengesetzlichkeit. Die Harmonie, die sich aus einer solchen Einstellung der Liebenden zueinander ergibt, umschreibt er in seinem Kommentar zum Roman *A Propos of "Lady Chatterley's Lover"* auf folgende Weise:

> [...] is there not, throughout it all, some unseen, unknown interplay of balance, harmony, completion, like some soundless symphony which moves with a rhythm from phase to phase, so different, so very different in the various movements, and yet one symphony, made out of the soundless singing of two strange and incompatible lives, a man's and a woman's? (*A Propos*, 324)

Im gleichen Zusammenhang verknüpft Lawrence die Vorstellung vom Zusammenklang zweier Leben mit seiner Vorstellung vom Blut als der Grundwirklichkeit, auf der alles Leben, auch das Leben eines Mannes und einer Frau ruht:

> Marriage is no marriage that is not a correspondence of blood. For the blood is the substance of the soul, and of the deepest consciousness. It is by blood that we are: and it is by the heart and the liver that we live and move and have our being. (*A Propos*, 324)

Und kurz danach fügt er hinzu:

> [...] they are two rivers that encircle the whole of life, and in marriage the circle is complete, and in sex the two rivers touch and renew one another, without ever commingling or confusing. We know it. The phallus is a column of blood, that fills the valley of blood of a woman. The great river of male blood touches to its depth the great river of female blood, yet neither breaks its bounds. It is the deepest of all communions, as all the religions, *in practice*, know. (*A Propos*, 324–325)

In der Darstellung der Liebesbeziehung zwischen Mellors und Connie lassen sich – nach Michael Squires – deutlich drei Phasen unterscheiden: 'Negation' – 'Regeneration' – 'Resolution and Escape'. Den künstlerischen Höhepunkt bildet die zweite Phase, die Regeneration; die erste geht der allmählichen Lösung Connies von ihrem bisherigen Leben auf Wragby Hall nach, und die letzte Phase schildert ihre Trennung von Clifford.

Durch ihre Begegnung mit deutschen Studenten in Dresden und ihre Affaire mit Michaelis aus dem Freundeskreis Cliffords hat Lady Chatterley zwar sexuelle Erfahrungen gewonnen; diese Erlebnisse bleiben jedoch im Bereich eines verspielten Sexus. Das phallische Bewußtsein, wie es D.H. Lawrence in *A Propos of "Lady Chatterley's Lover"* beschrieb, blieb ihr zunächst fremd: "... as a matter of fact, nearly all modern sex is a pure matter of nerves, cold and bloodless" (*A Propos*, 326). Das phallische Prinzip dagegen ist für Lawrence mit der göttlichen Vitalität identisch und steht in engster Beziehung zum kosmischen Geschehen (vgl. *A Propos*, 328).

Die erste Begegnung von Mellors und Connie ist gekennzeichnet durch Scheu und Respekt:

> He made her feel shy. She bent her head to him shyly, and he changed his hat to his left hand, and made her a slight bow, like a gentleman; but he said nothing at all. (*LCL*, 46)

Bei der zweiten Begegnung beobachtet sie ihn – unbemerkt – wie er seinen nackten Oberkörper wäscht. Für Connie hat diese Begegnung den Charakter eines visionären Erlebnisses; im Gegensatz zu der Vision, die den Mystiker mit dem absoluten Sein in Berührung bringt und ihn glauben läßt, jenseits seiner physischen Existenz zu sein, führt das visionäre Erlebnis, das Connie zuteil wird, ins Zentrum ihres Körpers; "it had hit her in the middle of her body" (*LCL*, 66).

Die sexuellen Begegnungen erreichen in dem Augenblick eine Klimax, in dem Connie sich ganz dem Rhythmus des Erlebnisses hingibt, wobei zwischen diesem Rhythmus und dem Rhythmus des kosmischen Geschehens eine Harmonie besteht. Dies läßt sich deutlich an der Meeres- und Wassermetaphorik ablesen, die D.H. Lawrence einsetzt, als er – im XII. Kapitel – Connies Empfindungen nachzeichnet:

> And it seemed she was like the sea, nothing but dark waves rising and heaving, heaving with a great swell, so that slowly her whole darkness was in motion, and she was ocean rolling its dark, dumb mass. Oh, and far down inside her the deeps parted and rolled asunder, in long, far-travelling billows, and ever, at the quick of her, the depths parted and rolled asunder, from the centre of soft plunging, as the plunger went deeper and deeper, touching lower, and she was deeper and deeper and deeper disclosed, and heavier the billows of her rolled away to some shore, uncovering her, and closer and closer plunged

the palpable unknown, and further and further rolled the waves of herself away from herself, leaving her, till suddenly, in a soft, shuddering convulsion, the quick of all her plasm was touched, she knew herself touched, the consummation was upon her, and she was gone. She was gone, she was not, and she was born: a woman. (*LCL*, 174)

Erst mit diesem Erlebnis hat Connie das Gefühl, in vollem Sinn Frau geworden zu sein. Nach der Darstellung dieses Liebeserlebnisses im XII. Kapitel tritt ein merklicher Stimmungsumschwung ein; Mellors denkt über seine Frau und die Scheidung nach, die er anstrebt, und es stellen sich Augenblicke der Verzweiflung ein (vgl. *LCL*, 206).

Bevor Connie mit ihrer Schwester nach London und über Paris nach Italien reist, kommt es zu einer Begegnung mit Mellors, in der er sie zu analem Geschlechtsverkehr zwingt, wodurch sie sich zur Sklavin , "a physical slave" (*LCL*, 247), herabgewürdigt fühlt. Hier scheint alles Zartgefühl ("tenderness") geschwunden zu sein: es dominiert Mellors Wille, über die Frau zu herrschen, über ihren Körper zu verfügen und sie zu einem Moment der Erfahrung von Schamlosigkeit hinzuführen. Für Connie nimmt Mellors in dieser Situation diabolische Züge an: "And what a reckless devil the man was! really like a devil! One had to be strong to bear him" (*LCL*, 247). Dennoch zeigt sich, daß Connie auch in dieser Situation ein neues Selbstverständnis gewinnt: sie glaubt, mit diesem Erlebnis ins Zentrum ihrer weiblichen Natur vorgedrungen zu sein (vgl. *LCL*, 247).

Die folgenden Kapitel verlagern den Akzent auf die Weiterentwicklung des *plot*; sie berichten von Mellors und dessen Frau, die in Wragby auftaucht und einen Skandal auslöst, von Clifford, der voller Zorn auf die Nachricht reagiert, daß Connie tatsächlich ein Kind erwartet (erst später erfährt er, wer der Vater ist), von der Rückkehr Connies, von der er sich scheiden lassen möchte und von ihrem endgültigen Abschied. Hier ist die erzählerische Wiedergabe von Ereignissen und Handlungszusammenhängen wichtiger als die Darstellung von (Liebes)Erlebnissen. Das Werk büßt merklich an erzählerischem Schwung ein. Dies gilt auch für den Brief von Mellors an Connie, mit dem der Roman endet und in dem er von seinen Plänen für ihre gemeinsame Zukunft spricht. In die apokalyptische Sicht der englischen Gesellschaft, des Lebensstils der älteren wie der jüngeren Generation, mischen sich seine Vorstellungen von einem Leben mit Connie, die die Züge einer pastoralen Utopie tragen.

Es wird berichtet, daß *Lady Chatterley's Lover* in den 60er Jahren in der englischsprachigen Welt nach der Bibel auf dem zweiten Platz der Bestseller-Liste stand. Sicherlich spielte dabei die Neugierde der Leser auf ein Buch mit, das bis 1960 in England verboten war. Aber die gesellschaftliche und literarische Entwicklung in der zweiten Hälfte des 20. Jahrhunderts beweist, daß Lawrence mit diesem Buch ein kulturgeschichtliches Wegzeichen setzte und einen Schlüssel für das Verständnis der Umschichtungen von Werten und Maßstäben lieferte, die mit der Entstehung der "permissive society" stattgefunden und das gesellschaftliche Leben in Großbritannien bis zum Ende des 20. Jahrhunderts bestimmt haben.

ALDOUS HUXLEY (1894–1963)

Satire und Didaxis in der Darstellung der gesellschaftlichen Wirklichkeit

1

In der Geschichte der englischen Erzählkunst war D.H. Lawrence der erste Romancier, der einer Arbeiterfamilie entstammte. Aldous Huxley dagegen, der Lawrence in dessen letzten Lebensjahren freundschaftlich verbunden war und der auch die Briefe des Freundes nach dessen Tode edierte, kam väterlicher- wie mütterlicherseits aus Familien, die der intellektuellen Aristokratie des viktorianischen Zeitalters angehörten. Sein Vater, Leonard Huxley, war Herausgeber des *Cornhill Magazine*, sein Großvater, Thomas Henry Huxley, machte sich als Naturwissenschaftler und Schüler Charles Darwins einen Namen. Sein Urgroßvater mütterlicherseits war Dr. Thomas Arnold, Headmaster von Rugby; sein Großvater Thomas Arnold war zum katholischen Glauben übergetreten und lehrte englische Literatur an der Universität Dublin. Matthew Arnold, der sowohl als Dichter wie als Kulturkritiker hervortrat, war sein Großonkel; die Romanschriftstellerin Mrs. Humphrey Ward seine Tante.

Das naturwissenschaftliche und das geisteswissenschaftliche Erbe in der Familientradition der Huxleys dokumentierte sich auch im Bildungsgang Aldous Huxleys. Nachdem er die Public School in Eton besucht hatte, plante er zunächst, sich dem Medizinstudium zuzuwenden. Eine Augenkrankheit, die ihn fast erblinden ließ, machte dieses Vorhaben zunichte und veranlaßte ihn, am Balliol College in Oxford englische Literatur zu studieren und sich nach einer kurzen Tätigkeit als Lehrer schriftstellerischen Arbeiten zuzuwenden. Seit 1919 war er durch die Vermittlung von John Middleton Murry Mitarbeiter der Zeitschrift *Athenaeum*; gleichzeitig verfaßte er Gedichte, Kurzgeschichten und Essays. Von Anfang an erwies sich Huxley als ein *poeta doctus*, als ein Schriftsteller, der über eine stupende Gelehrsamkeit verfügte und zu dessen Reisegepäck stets die *Encyclopedia Britannica* gezählt haben soll.

An den Essays, die er während seiner gesamten schriftstellerischen Entwicklung verfaßte, läßt sich seine ständige kritische Auseinandersetzung mit den Grundproblemen des gegenwärtigen Zeitalters ablesen; zugleich sind sie Kommentare, die die intellektuelle Verfassung erhellen, in der Huxley seine Romane schrieb. Zeugen die frühen Essay-Bände und Reisebücher (*On the Margin*, 1923; *Along the Road*, 1925; *Jesting Pilate*, 1926) von seiner philosophischen Skepsis, seiner Offenheit für die Ideenwelt Vilfredo Paretos und gleichzeitig seines Freundes D.H. Lawrence (*Proper Studies*, 1927; *Do What You Will*, 1929) sowie von seiner Kritik an der christlichen Religion, aber auch am viktorianischen Fortschrittsglauben, so rücken seit den 30er Jahren pazifistische, religiöse, insbesondere mystische Ideen in den Vordergrund (*Beyond the Mexique Bay*, 1934; *The Perennial Philosophy*, 1945; *Science, Liberty, and Peace*, 1946). Schließlich reflektierte Huxley unablässig über den Stellenwert, der den literarischen Werken der Vergangenheit wie der Gegenwart zuzumessen ist (*Music at Night*, 1931; *The Olive Tree*, 1936; *Ends and Means*, 1937).[1] Er wendet sich gegen die Gattung der Tragödie, weil sie die Wirklichkeit verzerrt, und bekräftigt mehrfach seine Sympathie für die komische Literatur, insbesondere für Chaucer und Fielding, die seiner Auffassung nach der Wahrheit im erzählerischen Werk näher kommen: sie sind offen für die Vielfalt der Realität, sind sich der geschichtlichen Bedingtheit einer jeden Sicht der Realität bewußt und besitzen in der Ironie ein Instrument, das ihnen gestattet, Wert und Grenzen einer jeden Erfahrung und einer jeden Erscheinung angemessen zu erfassen. Huxley reflektiert bei seiner Auseinandersetzung mit der Literatur auch über deren erzieherischen Wert, kritisiert dabei allerdings auch die didaktischen Ziele, die viele seiner Zeitgenossen, seien sie nun Lehrer oder Schriftsteller, verfolgen. Das Erziehungssystem der 20er und der 30er Jahre war nach Huxleys Meinung noch zu stark in den militaristischen Anschauungen des viktorianischen Zeitalters befangen, so daß er sich aufgerufen fühlte, in seinen Essays wie in seinen Romanen für das Ideal der Gewaltlosigkeit, für eine pazifistisch-mystische Einstellung zur Wirklichkeit

---

1 Zu Huxleys Essays vgl. C.S. Ferns, *Aldous Huxley: Novelist*, London 1980, 25–52.

einzutreten und in *The Perennial Philosophy* die Summe östlicher und westlicher religiöser Weisheit seinen Lesern vorzustellen. Wenngleich Huxley auch über die Möglichkeiten der internationalen Kontrolle technokratischer Macht nachdachte und den Einfluß der Naturwissenschaften auf das gesamte gesellschaftliche Leben mit diagnostischer und prognostischer Schärfe zu analysieren vermochte, blieb er letztlich dem Individualismus des 19. Jahrhunderts verpflichtet. Er appelliert in seinen Essays immer an die moralische Kraft des Einzelnen, an seine Fähigkeit, sich von der Bindung an eine von der Technik und der Industrie bestimmten Gesellschaft zu lösen und sich von einer modernen *vita activa* einer ebenso modernen *vita contemplativa* zuzuwenden. Und auch in seinen Romanen rückt er in seiner mittleren und späteren Phase mit den Eremiten und Mystikern Einzelne in den Gesichtskreis der Leser, die zwar eine idealisierte Gegenwelt verkörpern, bei denen er jedoch nicht zu zeigen vermag, wie aus der Zelle des kontemplativen Einzelgängers eine Bewegung hervorgehen könnte, die die moderne Gesellschaft in weiten Bereichen umformt und neugestaltet.

Für den Erzähler Huxley, stellte sich bei seiner Neigung zur kulturkritischen Betrachtung der modernen Gesellschaft von Anfang an die Frage, wie die didaktisch-philosophische Veranlagung, der er stets freien Lauf ließ, mit dem Talent zum Erzählen, zur epischen Darstellung der zeitgenössischen Gesellschaft verbunden werden könnte. Ein Zusammenwirken erzählerischer und didaktischer Intentionen läßt sich bereits in der Romanliteratur des 18. Jahrhunderts, etwa bei Henry Fielding, beobachten, der jedem seiner Bücher des *Tom Jones* einen Essay voranstellte, aber auch innerhalb der einzelnen Kapitel moralphilosophischer Reflexion Raum bot. Huxley unterscheidet sich als Romancier von Fielding durch das Übergewicht an Reflexion. Es war nicht nur das gesellschaftliche Leben der 20er und 30er Jahre, das ihn ständig dazu herausforderte, seine Kritik an zeitgenössischen Ideen zu artikulieren. Auch die Tatsache, daß er aus der *upper middle class* stammte und sich dort heimisch fühlte, trug dazu bei, daß er dem Ideenroman zuneigte. Er schilderte mit Vorliebe das Milieu von Künstlern, Wissenschaftlern und Intellektuellen, in dem ständig in mehr oder weniger geistreicher Weise alle Themen diskutiert wurden, die eine skeptische Nachkriegsgeneration bewegten, der alle überlieferten Normen fragwürdig erschienen.

Huxley bildet nicht wie D.H. Lawrence den Lebensstrom nach, der die Menschen, auch die Intellektuellen mit sich reißt, sondern er arbeitet die Fülle möglicher geistiger Positionen heraus, die die Moderne hervorgebracht hat. Er spielt diese geistigen Einstellungen in pointiertem Kontrast gegeneinander aus, sieht verblüffende Parallelen, überrascht den Leser durch blitzgescheite Einfälle und witzige Aperçus, so daß sich eine ironische Konversation zwischen dem Erzähler und seinen Figuren sowie dem Autor und seinen Lesern ergibt, wie dies in vielen Werken des 18. Jahrhunderts von Swift bis zu Fielding und Sterne der Fall ist.

Es ist kein Zufall, daß sich Huxley insbesondere für seine frühen Romane die Erzählweise von Thomas Love Peacock (1785–1866) zum Vorbild wählte, der sich als Zeitgenosse der Romantiker mit Romanen wie *Headlong Hall* (1816) und *Nightmare Abbey* (1818) einen Namen gemacht hatte und auch später noch mit *Crotchet Castle* (1831) oder *Gryll Grange* (1861) seine Leser zu amüsieren wußte. Das Modell des Peacockschen Romans ist dadurch gekennzeichnet, daß er eine Gruppe von exzentrischen Charakteren zusammenführt, die auf einem Landsitz in entspannter, festlicher Atmosphäre in geistreichem Gespräch Fragen ihres Zeitalters erörtern. Die Romane enthalten kaum Handlung (meist werden die Liebespaare am Ende mit leichter Hand zusammengeführt) und deshalb auch keine Dialoge, die auf Entscheidungen abzielen, oder Charaktere, die mit existentiellem Ernst um ihr Selbstverständnis ringen. Peacock schildert "flat characters" (im Sinne E.M. Forsters), die voller Launen sind und seltsame Ideen zum besten geben. Es sind Amateure im ursprünglichen Sinn des Wortes, Liebhaber der Kunst und der Wissenschaft oder auch der Philosophie, Liebhaber der Malerei oder der Dichtung, deren Schwächen und Einseitigkeiten nicht zu verkennen sind, die selbst aber blind sind für die Grenzen ihrer Einstellung zum Leben. Peacock sah seine Aufgabe darin, mit *common sense* und einer epikureisch-optimistischen Lebenseinstellung den Schwächen seiner Zeitgenossen, insbesondere der Romantiker, auf den Leib zu rücken. Er blieb auch bei seinen satirischen Attacken letztlich ein Humorist; Huxley dagegen steht dem satirischen Genre viel näher. An die Stelle des Peacockschen Lebensvertrauens sind in seinen frühen Werken Skepsis und Pessimismus getreten.

Eines der Themen, das Huxley mehrfach beschäftigte, findet bereits bei Peacock seinen Niederschlag: die Frage nach dem Rang und Wert der Wissenschaften in der Lebensgestaltung der Menschen. Im 19. Kapitel des Romans *Gryll Grange* findet sich folgende Äußerung:

> Science is an edged tool, with which men play like children [...]. If you look at the results which science has brought in its train, you will find them to consist almost wholly in elements of mischief. [...] I almost think it is the ultimate destiny of science to exterminate the human race.[2]

Was bei Peacock noch in locker verspielter Weise geäußert wird, ist bei Huxley bereits zu einem bedrückenden Alptraum geworden, unter dem nicht nur er, sondern die ganze Generation litt, die den Ersten Weltkrieg und die Nachkriegsjahre miterlebte. Infolgedessen stellten sich bei ihm die Probleme, die Peacock manchmal in geradezu philisterhafter Weise traktiert, viel schärfer, viel radikaler dar. Huxley besaß allein auf Grund seiner enzyklopädischen Belesenheit einen besseren Überblick über die Hauptfragen, die sein Zeitalter beschäftigten; zugleich war er von der "Waste Land"-Atmosphäre der Nachkriegsjahre geprägt: Angesichts des geistigen und moralischen Chaos dieser Zeit wandte sich gerade die Intelligenz, die noch über Mittel verfügen konnte, um sich dem Müßiggang zu ergeben, einem zynischen Hedonismus, oft auch einem barocken Sensualismus zu. In einer solchen Atmosphäre gewinnen auch die Dialoge zwischen den einzelnen Charakteren, selbst wenn sie nicht den Rang philosophischer Diskurse haben, eine Schärfe, die der Leser bei Peacock vergeblich suchen wird. Treffen dort die Idiosynkrasien bizarrer Charaktere aufeinander, so spielt Huxley bewußt "attitudes", Haltungen, gegeneinander aus, in denen sich die Auseinandersetzungen des Zeitalters spiegeln. Huxleys bissige Kritik an der Einstellung seiner Zeitgenossen zum Leben ließ ihn zum Satiriker werden, der allerdings von der Verzweiflung und dem Zynismus, den er an seinen Zeitgenossen kritisierte, selbst nicht ganz frei war. So trägt auch seine Satire moderne Züge.[3] Er verurteilt Einseitigkeiten und die Blindheit seiner Zeitgenossen in Anlehnung an Swifts und Popes satirische Technik. Aber sein Vertrauen auf die kreative Macht der Vernunft ist geschwächt, weil er gleichzeitig

---

2   Thomas L. Peacock, *Gryll Grange*, in: *The Works of Thomas L. Peacock*, ed. H.F.B. Brettsmith and C.E. Jones, Vol. 5, London/New York 1924, 186–187.

3   Vgl. hierzu auch Kurt Greinacher, *Die frühen satirischen Romane Aldous Huxleys*, Frankfurt a.M. etc. 1986.

Zeuge der Auswüchse einer technokratisch-instrumentellen Vernunft werden mußte.

2

Von allen seinen Romanen steht *Crome Yellow* (1921) der Peacock-Tradition am nächsten. Crome ist ein Landsitz, wo sich eine Gruppe von Personen trifft, die unterschiedlichen Temperaments sind und Fragen erörtern, die die Intellektuellen zu Beginn der 20er Jahre dieses Jahrhunderts beschäftigten. Das Vorbild für Crome war der Landsitz Garsington, der Philip Morrell und Lady Ottoline Morrell gehörte, wo Huxley einen Kreis von Malern und Dichtern, Schriftstellern und Philosophen kennenlernte. Dort traf er H.G. Wells und Bertrand Russell, Katherine Mansfield und John Middleton Murry, T.S. Eliot und Clive Bell, Roger Fry und Virginia Woolf sowie die Sitwells. Biographische Forschung hat für diesen Roman wie für *Antic Hay* und *Those Barren Leaves* die historischen Vorbilder ermittelt, nach denen einige der Hauptcharaktere gezeichnet sind. Mr. Scogan gilt als ein Porträt von Bertrand Russell, Gombauld entspricht dem Maler Mark Gertler, Mr. Barbecue-Smith dem Romancier Arnold Bennett, Ivor Lombard dem Lebemann Evan Morgan; Jenny Mullion wurde nach dem Vorbild von Dorothy Brett, und Mary Bracegirdle nach Dora Carrington porträtiert. Denis Stone, mit dessen Ankunft in Crome Yellow der Roman beginnt und mit dessen Abreise ein äußerer Abschluß gefunden wird, trägt in mancherlei Beziehung die Züge des jungen Aldous Huxley, wenngleich nicht zu verkennen ist, daß sich der Autor – ähnlich wie James Joyce von seinem Jugendbildnis – mit einer gewissen Ironie von seinem jüngeren Ich distanziert.

Crome Yellow läßt sich kaum als realistischer, psychologisch durchkomponierter Roman bezeichnen. Die Handlung, in deren Mittelpunkt Denis Stone steht, ist locker gefügt. Seine Beziehung zu Anne Wimbush, der romantischen, aber auch gefühllosen Verführerin, die seine Symphatien weckt, aber nicht in der erhofften Weise erwidert, führt zu einem überraschenden Ende: Als er Anne in den Armen des Malers Gombauld sieht, ist er enttäuscht und möchte sich das Leben nehmen. Er wird jedoch durch Mary Bracegirdle von diesem Vorhaben abgebracht und kommt auf die Idee, ein kleines Täuschungsmanöver zu inszenieren, das ihm die Abreise ermöglicht:

Er schickt ein an sich selbst gerichtetes Telegramm. Dieser Romanschluß zeigt, daß Huxley bereits von Anfang an mit tragischen wie komischen Situationen und Erzählkonventionen zu arbeiten verstand und über sie in spielerischer Manier verfügte.

Das Zusammentreffen der Mitglieder der Familie Wimbush und ihrer Gäste bei den Mahlzeiten, bei Spaziergängen und geselligen Veranstaltungen gibt Huxley die Möglichkeit, die einzelnen Charaktere – sei es durch Beschreibung ihrer äußeren Erscheinung, sei es durch Wiedergabe von Gesprächen – in ein satirisches Licht zu rücken. Als Beispiel für eine solche Personencharakterisierung seien die Sätze zitiert, mit denen aus der Sicht von Denis Stone, aber auch aus der des Erzählers, der seinem Protagonisten gleichsam über die Schulter schaut, Mr. Scogan eingeführt wird:

> Next to Mary a small gaunt man was sitting, rigid and erect in his chair. In appearance Mr. Scogan was like one of those extinct birdlizards of the Tertiary. His nose was beaked, his dark eye had the shining quickness of a robin's. But there was nothing soft or gracious or feathery about him. The skin of his wrinkled brown face had a dry and scaly look; his hands were the hands of a crocodile. His movements were marked by the lizard's disconcertingly abrupt clockwork speed; his speech was thin, fluty, and dry. Henry Wimbush's schoolfellow and exact contemporary, Mr. Scogan looked far older and, at the same time, far more youthfully alive than did that gentle aristocrat with the face like a grey bowler.[4]

Entsprechend einer Konvention, die sich in satirischer Literatur bis in die Antike zurückverfolgen läßt, bedient sich Huxley der Tiervergleiche, um die äußere Erscheinung dieses Charakters zu beschreiben. Aber der Vergleich mit den Vogel-Eidechsen und den Krokodilen wirkt fremdartig-bedrückend und verwandelt Mr. Scogan in eine groteske Figur. Dazu paßt auch die Angabe über seine Bewegungsweise: "His movements were marked by the lizard's disconcertingly abrupt clockwork speed". Das Animalische wirkt um so bedrohlicher, als es zugleich an mechanische Vorgänge ("clockwork speed") denken läßt. Andererseits klingt der Vergleich mit dem Rotkehlchen ("his dark eye had the shining quickness of a robin's") eher anheimelnd-sympathisch, und auch die Angabe, daß Mr. Scogan im Vergleich zu Henry Wimbush geradezu von jugendlicher

---

4 Aldous Huxley, *Crome Yellow*, London: Chatto & Windus (1921) 1958, 14–15. Im Folgenden zitiert als CY.

Lebendigkeit ist, hellt das Porträt dieses Mannes auf: Scogan erscheint demnach als ein gemischter Charakter, nicht so sehr als ein Typus, der von vornherein auf einen bestimmten Wesenszug festgelegt ist; auf diese Weise erzeugt der Erzähler eine Spannung, die durch die weiteren Auftritte Scogans noch gesteigert wird.

Die einführende Charakterisierung des Malers Gombauld, die Huxley unmittelbar auf diejenige des Mr. Scogan folgen läßt, erzeugt nicht nur einen amüsanten Kontrast, sondern deutet auch auf Normen hin, die in Huxleys Satire enthalten sind:

> Mr. Scogan might look like an extinct saurian, but Gombauld was altogether and essentially human. In the old-fashioned natural histories of the 'thirties he might have figured in a steel engraving as a type of Homo Sapiens – an honour which at that time commonly fell to Lord Byron. Indeed, with more hair and less collar, Gombauld would have been completely Byronic – more than Byronic, even, for Gombauld was of Provençal descent, a black-haired young corsair of thirty, with flashing teeth and luminous large dark eyes. Denis looked at him enviously. He was jealous of his talent: if only he wrote verse as well as Gombauld painted pictures! Still more, at the moment, he envied Gombauld his looks, his vitality, his easy confidence of manner. Was it surprising that Anne should like him? Like him?- it might even be something worse, Denis reflected bitterly, as he walked at Priscilla's side down the long grass terrace. (CY, 15)

Dominiert bei Scogan der Eindruck des Animalischen, so bei Gombauld der des Künstlerischen. Er erinnert auch an Lord Byron, wird von Denis wegen seiner künstlerischen Fähigkeiten, aber auch wegen seiner Vitalität bewundert, die nicht im Gegensatz zu den Formen zivilisierten Umgangs mit anderen Menschen steht, sondern mit ihr harmonisiert. Gombauld kann als "a type of Homo Sapiens" bezeichnet werden, weil bei ihm die spezifisch menschlichen Merkmale, das geistig-kreative, das kreatürliche und das gesellschaftlich-zivilisierte Prinzip in einer für Denis bemerkenswerten und faszinierenden Weise ausgeprägt sind.

Wenngleich Gombauld zunächst auf den Eindruck festgelegt ist, den Denis von ihm gewinnt, der in dem Maler sofort den Rivalen erkennt, kann nicht übersehen werden, daß Huxley mit diesem Charakter und mit der gesamten Porträt-Galerie, die er im 3. Kapitel von *Crome Yellow* entwirft, auch einiges über die Normen, die Ziel- und Wertvorstellungen verrät, die seinen frühen Satiren zugrunde liegen. Hinter seinen satirischen Attacken steht die Vorstellung von einem natürlichen Verhalten, das zugleich vernünftig und zivilisiert ist, und einem vernünftigen Verhalten, das zugleich natürlich genannt werden kann, weil es die im Menschen angelegten Fähigkeiten, Neigungen und Talente nicht erstickt. Natürlich und vernünftig handelt derjenige, der offen ist für die Wirklichkeit, wie sie sich menschlicher Beobachtung und Erfahrung erschließt; und das heißt zugleich, vernünftig ist derjenige, der sich nicht von der Realität abwendet und an Träume, Illusionen oder fixe Ideen verliert. Von diesen miteinander gekoppelten Normen des Natürlichen wie des Maßvoll-Vernünftigen her läßt sich der Grad der Satire ermitteln, die in den Personenporträts und auch in den verschiedenen Situationen zu beobachten ist.

Priscilla Wimbush – möglicherweise soll "Wim" einen Anklang an "whim" wecken – und Mr. Barbecue-Smith weichen von der Norm des Natürlichen und des Vernünftigen ab, insofern sie sich einer Pseudo-Religiosität zuwenden. Mr. Barbecue-Smith gefällt sich in der Rolle eines Propheten, der seine okkulten Weisheiten, insbesondere seine Lehre von der Inspiration, in einer Reihe von Bestsellern verkündet hat. Eines seiner Bücher trägt den Titel *Pipe-Lines to the Infinite*. Der Titel des Buches impliziert bereits den satirischen Angriff Huxleys auf die Weltsicht, die Barbecue-Smith zu propagieren versucht. Seiner Auffassung nach bestehen enge Beziehungen zwischen dem Unbewußten und dem Universum, und es komme nur darauf an, sie ins Bewußtsein überzuleiten. Bildhaft umschreibt Barbecue-Smith diesen Vorgang wie folgt: "I canalize it. I bring it down through pipes to work the turbines of my conscious mind" (CY, 40). Und Denis fügt dieser Bemerkung mit einiger Ironie hinzu: "Like Niagara" (CY, 40). In dieser bildhaften Umschreibung wird die Beziehung des Menschen zum irrationalen Bereich einem technischen Vorgang gleichgesetzt und damit verfälscht.

Priscilla Wimbush ist von solchen Lehren, von denen sich der Satiriker Huxley ironisch distanziert, angesprochen, so daß sie ihnen ebensoviel Glauben schenkt wie den Horoskopen, die sie studiert. An die Stelle des Glaubens sind bei ihr eine Pseudo-Spiritualität und eine Pseudo-Mystik getreten. Huxley greift damit Strömungen auf, die in der englischsprachigen Literatur in unterschiedlicher Ausprägung seit dem ausgehenden Jahrhundert auch in der Lyrik (etwa bei W.B. Yeats, der von Mme. Blavatsky beeinflußt war) zu beobachten sind. Mary Bracegirdle erscheint demgegenüber als eine moderne emanzipierte Frau, die Freud und Havelock Ellis gelesen hat, sich in den Theorien der modernen Malerei ebensogut auskennt wie in der Psychoanalyse. Wenngleich ihr Intellekt in einer zeitgenössischen Theorien entsprechenden Weise entwickelt zu sein scheint, wenngleich sie sich von allen gesellschaftlichen Zwängen freigemacht hat, wird sie ein Opfer des Lebemannes Ivor Lombard: Die Erfahrung vermittelt ihr erst Einsichten in ihre eigene wahre Natur, von der sie trotz aller Aufgeschlossenheit für moderne wissenschaftliche und künstlerische Theorien eine falsche Vorstellung hatte.

In ähnlicher Weise täuscht sich Anne Wimbush über sich selbst und ihre Umgebung. Sie hat sich einer hedonistischen Lebensphilosophie verschrieben und glaubt in aller Nüchternheit konstatieren zu können: "I've always taken things as they come [...]. It seems so obvious. One enjoys the pleasant things, avoids the nasty ones. There's nothing more to be said" (CY, 25). Sie wegen einer solchen Äußerung zur Vertreterin des *common sense* in *Crome Yellow* zu machen, heißt, sie einseitig beurteilen; trotz aller kühlen, kritischen Distanz zu ihrer Umgebung und zu ihren eigenen Erfahrungen und Empfindungen irrt sie sich in ihrem Urteil über Denis Stone und verliert ihn.

Denis Stone seinerseits täuscht sich in Anne und der gesellschaftlichen Umgebung, in der sie sich beide in *Crome Yellow* bewegen, weil er sich einer romantisch-ästhetizistischen Lebensauffassung verschrieben hat. Er überläßt sich den Impressionen und den Reflexionen, die in ihm durch die Umgebung evoziert werden; er registriert die feinsten Gefühlsschwankungen, bleibt aber zu sehr mit sich selbst befaßt, so daß er das Gefühl hat, ständig den rechten Augenblick zum Handeln zu versäumen. Denis Stone ist ein Vertreter der Prufrock-Generation, ein Zauderer wie der Protagonist in Eliots "Lovesong of J. Alfred Prufrock", der sich immer wieder die Frage "Do I dare?"[5] vorsprechen muß. Die Konzentration auf das eigene Ich geht bei Denis Stone so weit, daß er sich am liebsten allem gesellschaftlichen Umgang, aller Konversation entziehen möchte: "Denis did not want to talk, could not have talked. His soul was a tenuous, tremulous, pale membrane. He would keep its sensibility intact and virgin as long as he could" (CY, 188).

---

5 T.S. Eliot, "The Love Song of J. Alfred Prufrock", in: T.S. Eliot, *The Complete Poems and Plays*, ed. Valerie Eliot, London/Boston, (1969), 1990, 14.

Die satirische Kritik, die Huxley an einzelnen Personen übt, läßt sich nicht nur an ihrem Verhältnis zur unmittelbaren Gegenwart ablesen, sondern auch an ihrer Einstellung zur Geschichte. Dieser Aspekt, das Verhältnis zur Geschichte, rückt besonders bei Denis Stone, dem Pfarrer Mr. Bodiham, Henry Wimbush und Mr. Scogan in den Vordergrund. Es ist verständlich, daß der introvertierte Zauderer Denis Stone in der Ode, die sich mit geschichtsphilosophischen Themen befaßt, die Frage, inwieweit geschichtliche Verhältnisse auf die Dauer zum Besseren umgestaltet werden können, in den Mittelpunkt rückt und dabei insbesondere über die Russische Revolution reflektiert. Das pessimistische Fazit, zu dem Denis gelangt, entspricht seiner Mentalität – Geschichte scheint nicht mehr als ein absurdes Schauspiel zu sein: "You do not know / How to be free" (CY, 194).

Im Gegensatz zu Denis Stone verficht Mr. Bodiham eine providentiell-apokalyptische Sicht der Geschichte: Er sieht einen unmittelbaren Zusammenhang zwischen den zeitgenössischen Ereignissen und den Prophezeiungen in der Geheimen Offenbarung des Johannes: Armageddon, die universale Katastrophe, wird durch die drei bösen Geister zustande gebracht, die seiner Auslegung nach als *Infidelity*, *Popery* und *False Morality* (CY, 57) zu deuten sind. *Infidelity* wurde durch die deutsche Theologie und Religionskritik hervorgebracht; *Popery* spiegelt sich nach seiner eigenwilligen Geschichtsdeutung in der Konstellation der großen Mächte während des Ersten Weltkrieges: Österreich und Deutschland (angeblich von einer römisch-katholischen Minderheit beherrscht) bilden die päpstlichen Mächte; die Gegner charakterisiert Mr. Bodiham in einer ebenso eigensinnigen Vereinfachung geschichtlicher Verhältnisse als anti-päpstlich. Schließlich wird *False Morality* ebenfalls Deutschland zugeordnet. Obwohl Mr. Bodiham seinen Traktat während des Ersten Weltkrieges verfaßte, haben seine Ausführungen entsprechend seiner Selbstauslegung auch angesichts der politischen Spannungen und kriegerischen Ereignisse in der gesamten Welt in den 20er Jahren noch Gültigkeit. In der Universalgeschichte wie im Alltag seiner Gemeinde, die sich ihm widersetzt, findet nach Mr. Bodiham die "wickedness" der Menschen, ihre sündhaft-verruchte Natur, ständig neuen Ausdruck. Da ein derartiges Menschenbild der Vorstellung von der (möglichen) Vernünftigkeit und Natürlichkeit widerspricht, bedenkt Huxley die Lehre dieses Theologen mit der Ironie des Satirikers.

Henry Wimbush dagegen vertritt eine historistisch-chronikalische Geschichtskonzeption.[6] Er sammelt Dokumente, studiert die Fakten und präsentiert seinen Gästen drei Episoden aus der Geschichte der Familie Wimbush-Lapith. Huxley ironisiert zwar die Tendenz des Henry Wimbush, sich von der Gegenwart zu lösen und an die Vergangenheit zu verlieren, als eine der vielen Fehlhaltungen seiner Zeitgenossen. Die einzelnen Episoden sind jedoch thematisch so durchgestaltet, daß sie zugleich den Normenkonflikt zwischen Vernunft und Natur, zwischen Spiritualität und Körperlichkeit transparent werden lassen. Wenn von Sir Ferdinando in der ersten Episode berichtet wird, daß er die Toiletten in Crome in den obersten Räumen der drei Türme unterbringen ließ, so wollte er damit verhindern, daß die Menschen bei der Verrichtung ihrer Notdurft unter der physischen Erniedrigung leiden, zu der sie die Natur – hier "base and brutish" (CY, 70) genannt – zwingt. Sir Ferdinando plaziert daher die Toiletten nicht nur an einen Ort, wo der Mensch sich "nearest to heaven" (CY, 70) befindet, sondern er stattet diesen Raum auch mit Büchern wie der *Consolatio* des Boethius oder dem *Enchiridion* des Erasmus aus, um auf diese Weise an "the nobility of the human soul" (CY, 70) zu erinnern. Die zweite Episode berichtet von dem Versuch des Sir Hercules Lapith, ein Gemeinwesen aufzubauen, das seinem Sinn für Schönheit, Kultur und Vereinfachung menschlicher Lebensart entspricht. Aber dieser Versuch scheitert, da Sir Hercules Zwergengestalt hat (dies ist eine Anspielung auf die Liliputaner Swifts), während sein Sohn zu normaler menschlicher Größe heranwächst und das Reich des Vaters zerstört. Die Vernunftordnung des Vaters und die Naturordnung des Sohnes stehen sich unversöhnlich gegenüber. Die Natur erweist sich als stärker denn die Vernunft und läßt das "unnatürliche" Gebilde des Gemeinwesens des Sir Hercules untergehen. In gleicher Weise triumphiert auch in der dritten Episode die Natur, das Körperliche, über die vorgegebene Spiritualität der Lapith-Töchter. Sie glauben, sich von den Erfordernissen der Natur, des Essens, lösen zu können, fallen ihnen aber schließlich dennoch zum Opfer. Alle Episoden illustrieren in variierter Form den gleichen Grundkonflikt, wobei

---

6 Vgl. in diesem Zusammenhang Robert S. Baker, *The Dark Historic Page: Social Satire and Historicism in the Novels of Aldous Huxley 1921–1939*, Madison, Wisc., 1982, 31–54.

die zweite und die dritte Episode jeweils mit dem Sieg des Natürlichen über das Vernünftige enden.

Henry Wimbush wendet sich der Geschichte zu, um der Gegenwart entfliehen zu können. Dementsprechend ist auch sein Bild von der Zukunft beschaffen: Er hofft auf die fortschreitende Perfektion der Technik und auf einen Zustand in der Zivilisation der Menschheit, der es ihm erlauben wird, in vollkommener Einsamkeit zu leben, "to live in a dignified seclusion, surrounded by the delicate attentions of silent and graceful machines, and entirely secure from any human intrusion" (CY, 204).

Auch die Lebens- und Geschichtsphilosophie Mr. Scogans läßt sich aus der Antithese zwischen Geist und Natur deuten. Crome Yellow ist für ihn nicht ein Ort der pastoralen Geborgenheit, sondern ein Kunstwerk und als solches der Ausdruck des menschlichen Widerstandes gegen die Natur: "The great thing about Crome [...] is the fact that it's so unmistakably and aggressively a work of art. It makes no compromise with nature, but affronts it and rebels against it" (CY, 68).

Geschichte ist für ihn der Schauplatz moralischer Entscheidungen, insbesondere der Auseinandersetzung zwischen dem irrationalen Trieb zur Macht und dem Versuch der Vernunft, dieser Regung der menschlichen Natur zu begegnen. Sueton und Gibbon bestärken ihn in der Auffassung, daß in jedem Menschen ein Cäsar stecke. Der Grundkonflikt der Menschheitsgeschichte wird für ihn am Beginn der Neuzeit durch Erasmus von Rotterdam und Luther verdeutlicht:

> There was Erasmus, a man of reason if ever there was one. People listened to him at first – a new virtuoso performing on that elegant and resourceful instrument, the intellect [...]. And then Luther appears, violent, passionate, a madman insanely convinced about matters in which there can be no conviction. He shouted, and men rushed to follow him. Erasmus was no longer listened to; he was reviled for his reasonableness. (CY, 161–62)

Der Konflikt zwischen Erasmus und Luther verdeutlicht die Niederlage der Vernunft angesichts der freigesetzten leidenschaftlichen Triebe der Natur.

Vor dem Hintergrund dieser Geschichtsauffassung entwirft Mr. Scogan das Modell eines utopischen Staates, "the Rational State" (CY, 163), der wie der platonische Staat hierarchisch gegliedert ist:

An der Spitze stehen die "Directing Intelligences" (CY, 164), ihre Befehle werden durch die "Men of Faith" (CY, 164) in die Tat umgesetzt und an die Masse der Regierten, an "the Herd" (CY, 164), weitergegeben. Für einen Menschen wie Denis Stone wäre freilich in einem solchen Staat kein Platz: "No, I can see no place for you; only the lethal chamber" (CY, 167). Ideen, die Huxley später in *Brave New World* weiter ausarbeitete, sind hier im Ansatz schon vorhanden – auch der Gedanke der künstlichen Erzeugung von Menschen:

> An impersonal generation will take the place of Nature's hideous system. In vast state incubators, rows upon rows of gravid bottles will supply the world with the population it requires. The family system will disappear; society, sapped at its very base, will have to find new foundations [...]. (CY, 31)

Der Multiplizität der Themen, die in *Crome Yellow* gegeneinander ausgespielt werden, entspricht die Heterogenität der Formensprache: Dialoge und Monologfragmente, Essays und Traktate, Berichte und Kommentare, historische Reminiszenzen und Anspielungen auf lateinische Autoren oder Zitate aus der französischen Literatur sind miteinander vermischt. Die Perspektive wechselt ebenso häufig wie die Stilhöhe und die Diktion, in der bestimmte Beobachtungen oder Einsichten festgehalten werden. *Crome Yellow* ist in dieser Formenmischung ein Musterbeispiel für eine Menippeische Satire, für die nach Northrop Frye die lockere erzählerische Form, die Darstellung geistiger Haltungen und weniger die differenzierte Charakterisierung von Personen und "the free play of intellectual fancy and the kind of humorous observation that produces caricature"[7] kennzeichnend sind.

Mit *Crome Yellow* hatte Huxley bereits die Grundlage für sein gesamtes weiteres Schaffen als Romancier gelegt: Themen, Techniken und insbesondere die Figurentypologie, die sich aus der kultur- und sozialkritischen Auseinandersetzung mit seinem Zeitalter ergab, lassen sich durch die folgenden Romane hindurch in immer neuen Variationen verfolgen.

---

7 Northrop Frye, "Fourth Essay. Rhetorical Criticism: Theory of Genres", in: Ders., *Anatomy of Criticism*, Princeton, N.J., 1957, 310.

3

An Denis Stone erinnern in den beiden folgenden Romanen *Antic Hay*[8] und *Those Barren Leaves*[9] Gumbril jun. und Francis Chelifer. Alle leiden an ihrer Introvertiertheit, sind im Grunde unfähig, sich in einer Welt, der es an verbindlichen Normen fehlt, in einer vernünftigen Weise zu bewegen. Der Komplexität der Realität gehen sie entweder aus dem Wege oder wählen wie Gumbril eine Maske, um sich selbst Mut zum Handeln zuzusprechen. Es ist nicht zu verkennen, daß der Autor diesen Figuren mit einer gewissen Sympathie begegnet. So schreibt George Woodcock über Chelifer:

> [...] there are significant resemblances between him and Huxley. Chelifer's task as editor is of the same sub-literary character as Huxley's when he was editing *House and Garden*. His father closely resembles Leonard Huxley, and the family goes on the same kind of vigorous Alpine excursions as Aldous Huxley remembered from his own childhood. Chelifer, like Huxley, works during the war in the offices of the Air Board. He even writes a number of poems which Huxley later published as his own ...[10]

Keith May sieht ebenfalls Übereinstimmungen zwischen dem Autor und seinem literarischen Selbstportrait, aber er weist auch auf die parodistische Selbstkritik hin, die Huxley mit dieser Figur verbunden hat.[11] Auch wenn Denis Stone, Gumbril jun. und Francis Chelifer nicht in allen Einzelheiten als Autorenporträts gedeutet werden können, steht der Autor in dieser Phase seiner geistigen und künstlerischen Entwicklung den genannten Figuren insofern nahe, als er ebenfalls mit einer gewissen Distanz und Passivität die Vorgänge in seiner Umgebung registrierte, sich über sie zugleich, oft mit einem Anflug von Zynismus, mokierte, ohne sich explizit auf eine bestimmte Norm bei seiner Gesellschaftskritik festzulegen.

In ähnlicher Weise lassen sich Affinitäten zwischen den Rationalisten und Zynikern Mr. Scogan (*CY*) und Mr. Cardan (*BL*), zwischen den Gastgeberinnen Priscilla Wimbush (*CY*) und Mrs.

---

8   Aldous Huxley, *Antic Hay*, London: Chatto & Windus (1923) 1949. Im Folgenden zitiert als *AH*.
9   Aldous Huxley, *Those Barren Leaves*, London: Chatto & Windus (1925) 1950. Im Folgenden zitiert als *BL*.
10 George Woodcock, *Dawn and the Darkest Hour: A Study of Aldous Huxley*, London 1972, 122–123.
11 Keith May, *Aldous Huxley*, London 1972, 71 u. 73.

Aldwinkle (*BL*), Mary Bracegirdle (*CY*) und Irene Aldwinkle (*BL*) oder zwischen Anne Wimbush (*CY*) und Myra Viveash (*AH*) feststellen, die beide dem Typus der *femme fatale* ähneln. Unterschiede ergeben sich zwischen diesen Figuren vor allem dadurch, daß sie in verschiedene Milieus eingeordnet werden. Mit *Antic Hay* bewegte sich Huxley aus der ländlich-friedlichen Atmosphäre, die *Crome Yellow* kennzeichnet, nach London, in die moderne Großstadt, deren Hektik, Nervosität, Frivolität und Hysterie er zu erfassen versuchte. Obwohl sich die Ereignisse im wesentlichen auf diesem Schauplatz abspielen, erweckt der Roman den Eindruck, daß die Personen ständig in Bewegung sind, innerhalb der Stadt von einem Platz zum anderen, von der Wohnung in eine Konzerthalle, einen Ausstellungsraum, eine Bar, einen Club, ein Restaurant oder ein Künstleratelier getrieben werden und nicht freiwillige Akteure im gesellschaftlichen Leben sind, sondern durch die Stadt, durch die Gesellschaft in einen Rhythmus und in ein bestimmtes Rollenverhalten hineingezwungen werden.

Those Barren Leaves (1925) verlegte Huxley in die italienische Landschaft, in den Palazzo Cybo Malaspina, den er nach dem Vorbild des Schlosses der Sitwells in Montegufoni zeichnete und wo er – ganz im Sinne Peacocks – "a houseful of oddities"[12] zusammenbrachte. Vor dem italienischen Hintergrund charakterisiert er die Probleme der englischen Gesellschaft, ohne damit zu den Anfängen seiner Romankunst zurückzukehren. Für beide Romane läßt sich eine deutliche Erweiterung der Perspektive (im räumlichen wie im geistigen Sinn) beobachten: Werden die Probleme der zeitgenössischen Gesellschaft in *Crome Yellow* noch mit leichter Hand, im Stil der "milden" Satire behandelt, so gewinnt die Darstellung in *Antic Hay* an Schärfe und Bitterkeit. Huxley konnte im Milieu der modernen Großstadt die Tendenz zur Desintegration des gesamten gesellschaftlichen Gefüges, zum anarchischen, nihilistischen Hedonismus, zum Zynismus und zur Vereinsamung des Menschen viel schärfer herausarbeiten als vor einem ländlich-beschaulichen Hintergrund. Die Verlagerung des Schauplatzes nach Italien, die er in *Those Barren Leaves* vornahm, bedeutet insofern eine Erweiterung der Perspektive, als mit dem italienischen Milieu bestimmte historische Traditionen wachgerufen werden konnten, die den satirischen

---

12 *Letters of Aldous Huxley*, ed. Grover Smith, London: Chatto & Windus 1969, 202.

Effekt der Darstellung noch verstärken. Die Gastgeberin versetzt sich in ihrer Phantasie in Zeiten, in denen der Palast, den sie jetzt bewohnt, Schauplatz von Symposien war, an denen Thomas von Aquin, Dante und Boccaccio, Pico della Mirandola, Michelangelo und Galilei teilnahmen. Sie möchte diese Tradition in der Gegenwart wieder lebendig werden lassen, umgibt sich jedoch mit Gästen, deren Schwächen um so deutlicher zum Ausdruck kommen, wenn man sie mit den illustren Gestalten vergleicht, die Mrs. Aldwinkle in ihrer Phantasie aufleben läßt. Die Satire trifft sie, insofern sie sich über ihre Umgebung, aber auch über sich selbst täuscht. Nimmt man schließlich die Angaben hinzu, die Huxley über die Büsten der Malaspina einfließen läßt, die in dem Palast aufgestellt sind, so wird deutlich, daß er auch das Geschichtsbild von Mrs. Aldwinkle ironisch-satirisch als eine Illusion entlarvt: "And as marquess succeeded marquess and prince, prince, an expression of ever profounder imbecility made itself apparent on the faces of the Ancestors" (*BL*, 23).

Die Büsten lassen den Betrachter einen Blick in die historischen Realitäten tun, über die Mrs. Aldwinkle einen Schleier poetischer Illusionen zu werfen versucht. Die Erweiterung der Perspektive läßt sich auch durch zwei symbolisch verwendete Gebäude verdeutlichen: In *Antic Hay* richtet sich der Blick einiger der Personen auf die St. Paul's Cathedral: Sie wird zum Inbegriff der Gegenwelt, die dem Labyrinth einer modernen Nekropolis, eines Gemeinwesens, das vom Tode gezeichnet ist, entgegengesetzt wird. Gegen Schluß des Romans *Those Barren Leaves* tritt die Gruppe, die zunächst im Palast Cybo Malaspina versammelt ist, eine Reise nach Rom an; die Mentalität der einzelnen Personen läßt sich deutlich an dem Urteil ablesen, das sie über die Peterskirche in Rom fällen. Weitet sich inhaltlich der Blick vom Nationalgeschichtlichen zum Universalgeschichtlichen, so sind auch formal die Gespräche und die äußeren Vorgänge in *Antic Hay* und *Those Barren Leaves* sorgfältiger durchkomponiert als in *Crome Yellow*. Dienten in *Crome Yellow* die Dialoge dazu, verschiedene geistige Einstellungen im Konversationston zu Wort kommen zu lassen und nebeneinander zu stellen, so sind die Dialogteile in *Those Barren Leaves* stärker aufeinander bezogen, und es werden im Stile eines Symposiums bestimmte Anschauungen diskutiert – auch wenn die Dialoge nicht den Rang philosophischer Gespräche haben, wie sie Mrs. Aldwinkle in ihren illusionären Erwartungen gerne in ihrem Palast veranstalten möchte. Dazu kommt, daß die Themen Alter, Tod und Liebe mit größerem Ernst und Gewicht erörtert werden, als dies im ersten Roman der Fall ist: Es deutet sich hier bereits ein Umkippen aus der Satire in die Didaxis an, die sich in den späteren Werken Huxleys noch deutlicher nachweisen läßt. Auch die äußeren Vorgänge, die Darstellung der Beziehungen, die zwischen den einzelnen Personen zustandekommen, gewinnen in *Antic Hay* und *Those Barren Leaves* einen anderen Charakter.

Der Titel des Romans *Antic Hay* (1923), der aus Christopher Marlowes *Edward II* entnommen wurde, enthält bereits einen indirekten Hinweis auf die eigentümliche Sicht der Geschehnisse, die diesem Roman zugrunde liegt. Die Stelle, auf die Huxley anspielt, lautet: "My men, like satyrs grazing on the lawns,/Shall with their goat-feet dance an antic hay"[13] (I 1 59–60). Die Menschen werden mit Satyrn, lüsternen Natur- und Fruchtbarkeitsdämonen, verglichen, halb Tier (häufig in Bocksgestalt), halb Mensch, deren ausgelassenes Treiben stets erotische Bedeutung hat. Auf die Darstellung der Nachkriegsgesellschaft der 20er Jahre bezogen bedeutet dies: Sie ergeben sich dem sinnlichen Genuß, überlassen sich den animalischen Regungen ihrer Natur, ohne nach einem tieferen Sinn ihres Daseins als Menschen zu fragen. Ihr Leben wird vom sexuellen Trieb, nicht aber vom Verlangen nach einem ideellen, moralischen oder gar religiösen Sinn bestimmt.

So wendet sich Gumbril, nachdem er seine Tätigkeit als Lehrer aufgegeben hat und in London mit Hosen, in die er Luftkissen einarbeiten läßt, Geld zu verdienen versucht, zunächst Rosie Shearwater zu, die – ihres Mannes überdrüssig – nur auf sexuelle Abenteuer ausgeht. Dann glaubt er, sich mit Emily Stanley dem erotischen Reigen entziehen zu können. Aber es zeigt sich alsbald, daß er der verführerischen Mrs. Myra Viveash nicht zu widerstehen vermag, die den Mittelpunkt des sinnlos-absurden Treibens der Londoner Gesellschaft bildet. Mary Viveash ist es nicht möglich, sich über den Tod ihres ersten Geliebten Tony Lamb hinwegzusetzen, der im Ersten Weltkrieg fiel, und so genießt sie als eine Art *femme fatale* in hedonistischer Weise das freizügige Leben der Nachkriegsjahre. Sie läßt sich von Männern wie dem reichen Bruin Opps, Lypiatt, Shearwater und schließlich auch Gumbril umwerben, versteht es sie zu

---

13 Christopher Marlowe, *Edward II*; zu "hay " vgl. *Shorter Oxford English Dictionary*, sub *hay, hey* sb[4]: "A country dance having a serpentine movement".

verlocken und zu verführen, ohne zu einem von ihnen eine tiefere Beziehung einzugehen. George Woodcock hat sie mit Circe verglichen:

> Incapable any more of love, Myra half unwillingly attracts men to her, and makes them – while they are under her Circean spell – less than themselves, giving her favours, taking her lovers away, and with negligent hand whipping them into their circus acts to amuse her.[14]

Die Männer, die in ihrem Umkreis leben, teilen mit ihr die Modekrankheit des *ennui*; Myra selber ist sich bewußt, daß sie im Grund eine Nihilistin ist:

> Nil, omnipresent nil, world-soul, spiritual informer of all matter./.../ Nil this Gumbril whose arm is round one's waist, whose feet step in and out one's own. Nothing at all. (*AH*, 167)

Auch in *Those Barren Leaves* läßt sich in den Wechselbeziehungen der Personen ein ähnlicher Narrenreigen verfolgen wie in *Antic Hay*: Lilian Aldwinkle möchte mit Francis Chelifer, der sich zugleich als Schriftsteller wie als Herausgeber einer Zeitschrift für Kaninchenzüchter betätigt, einen Mann gewinnen, den sie als Liebhaber wie als Dichter zugleich bewundert. Mary Thriplow, eine zweitklassige Romanschriftstellerin, die sich im gesellschaftlichen Rollenspiel gefällt, stellt Calamy nach, der sich vom Hedonisten zum Mystiker entwickelt. Cardan, ein weiterer Hedonist und Materialist, der sich dem naturwissenschaftlichen Weltbild des 19. Jahrhunderts verschrieben hat, wendet sich der schwachsinnigen Grace Elver zu, durch die er glaubt, zu Besitz und Wohlstand zu gelangen; er sieht sich jedoch in seinen Erwartungen getäuscht, als Grace Elver unerwartet an einer Fischvergiftung stirbt. Lord Hovenden schließlich, ein aristokratischer Leichtfuß, der am liebsten schnelle Autos fährt, verfolgt Irene Aldwinkle, die wie Mary Bracegirdle Freud und Havelock Ellis studiert hat.[15]

Das Fazit dieses Narrenreigens, den Huxley in den beiden auf *Crome Yellow* folgenden Romanen darstellt, wird am Ende von

---

14 George Woodcock, *Dawn and the Darkest Hour*, 100.
15 Daß Hovedon und Irene als Liebespaar unter allen Charakteren dieses Romans einen besonderen Platz einnehmen, hat G. Woodcock hervorgehoben: "It is one of the very few occassions when Huxley allows a romantic love relationship to develop without mocking or destroying it; perhaps he does it to demonstrate the falseness of the other sexual relationships". (G. Woodcock, *Dawn and the Darkest Hour*, 127.)

Antic Hay durch eine Szene symbolisch zum Ausdruck gebracht, in der Shearwater auf einem feststehenden Fahrrad sitzt und eifrig in die Pedale tritt, um einen physiologischen Versuch durchzuführen. In seiner Phantasie meint er, der Wirklichkeit, dem Londoner Alltag entfliehen zu können. Als er glaubt, Dover hinter sich gelassen zu haben und den Kanal zu überqueren, taucht am Beobachtungsfenster in seinem Labor ein Gesicht auf – das Gesicht von Myra Viveash. Mit dieser Szene illustriert Huxley die Absurdität von Shearwaters Existenz: Er möchte der Wirklichkeit entfliehen, und er bleibt doch an sie gebunden; er ist ständig in Bewegung, aber sein Rad ist montiert. So liefert er sich einer sinnlosen Kreisbewegung aus.

Die gleiche Spannung zwischen Wirklichkeit und Illusion, die bei dem Naturwissenschaftler Shearwater zu beobachten ist, läßt sich auch bei Casimir Lypiatt nachweisen, der sich als Maler, Musiker und Dichter einen Namen zu machen versucht. Er bleibt in der Pose des neuromantischen Dichters stecken. Wenn er sein künstlerisches Credo vorträgt, wirkt dies wie eine unfreiwillige Parodie auf Shelleys "Ode to the West Wind": "'The wind, the great wind that's in me.' He struck his forehead. 'The wind of life, the wild west wind. I feel it inside me, blowing, blowing'" (*AH*, 76). Er vertraut in pathetischer Weise auf eine künstlerische Inspiration, die ihn jedoch nicht zu großen Leistungen kommen läßt. Lypiatt wird von Huxley zugleich als Vertreter eines modernen Vitalismus gesehen, der – durchaus im positiven Sinn – als Korrektiv zu einer erstarrten Rationalität fungiert.[16] So bekennt Lypiatt einmal:

> "Life," he said, "life – that's the great, essential thing. You've got to get life into your art, otherwise it's nothing. And life only comes out of life, out of passion and feeling; it can't come out of theories." (*AH*, 78)

Lypiatt bleibt insgesamt eine gebrochene, eine tragikomische Gestalt: Er widersetzt sich einem Lebensstil, wie ihn Mercaptan vertritt, dem er vorwirft:

> "You disgust me – you and your odious little sham eighteenth-century civilization; your piddling little poetry; your art for art's sake instead of for God's sake; your nauseating little copulations without love or

---

16 Möglicherweise wollte Huxley mit der Wendung "The wind, the great wind that's in me", auf die Biographie von Frieda von Richthofen *Not I, But the Wind* (1934) hinweisen und damit zugleich auch auf den von Lawrence vertretenen Vitalismus.

passion; your hoggish materialism; your bestial indifference to all that's unhappy and your yelping hatred of all that's great." (*AH*, 48)

Aber seine theoretischen Forderungen und seine künstlerischen Leistungen entsprechen einander nicht: Die Forderung der Größe bleibt nur Programm; in Wirklichkeit wird er ein Opfer alltäglicher Trivialitäten und Unzulänglichkeiten.

Entwürfe von "Gegenwelten" zum Londoner Alltag – zur modernen Großstadt, die ein wirres Labyrinth von Wegen darstellt, die alle in die Leere, ins Nichts, in den Tod zu führen scheinen – finden sich in den Kapiteln, die von Gumbril sen. und Gumbril jun. handeln: Obwohl Gumbril jun. sich gerne den Versuchungen der Großstadt ausliefert, begreift er, daß die Maske des *Complete Man*, die er für sich erfunden hat, um das Leben wie ein zweiter Rabelais auskosten zu können, seine wahre Natur, seine milde Melancholie, die ihn zu einer distanziert-kontemplativen Schau veranlaßt, verdeckt. Sein wahres Wesen wird – wenigstens für kurze Zeit – durch die Begegnung mit Emily freigesetzt: Der Spaziergang mit Emily in Kew Gardens bringt ihn zu einer Meditation über die Zersplitterung der modernen Existenz, über die Desintegration seiner Persönlichkeit. Aber er glaubt auch Augenblicke zu erfahren, in denen die Fragmente seiner Persönlichkeit einer Reintegration zustreben:

> Lying awake at night, sometimes – not restlessly, but serenely, waiting for sleep – the quiet re-establishes itself, piece by piece; all the broken bits, all the fragments of it we've been so busily dispersing all day long. (*AH*, 146–147)

Diese Erfahrung wiederholt sich, als sie gemeinsam ein Mozart-Konzert hören und dann die Nacht miteinander verbringen. Streben Rosie und Myra in ihren Abenteuern nach dem sexuellen Genuß, so überlassen sich Gumbril und Emily der erotischen Verzauberung, ohne einander zu begehren: "He knew her, his fingers, he felt, could build her up, a warm and curving statue in the darkness. He did not desire her; to desire would have been to break the enchantment" (*AH*, 156). Dieses Erlebnis bleibt für Gumbril eine Art Epiphanie, ein singulärer Augenblick, über den er sich alsbald hinwegsetzt, weil er den Versuchungen und Verlockungen Myras nicht zu widerstehen vermag, die ihm zufällig begegnet, als er zu Emily aufs Land reisen will: Die großstädtische Nekropolis zerstört die ersehnte pastorale Idylle.

Größeres Gewicht als diese Liebesepisode, die wenigstens kurz ein Gegenbild zum Lebensstil der großstädtischen Gesellschaft aufleuchten läßt, besitzen die Kapitel, die von Gumbril sen. berichten. Im Anschluß an die Pläne von Sir Christopher Wren, nach denen der große Architekt London nach dem Brand des Jahres 1666 wiederaufbauen wollte, hat Gumbril ein Modell eines neuen London gebaut. Dominieren nach seinem Urteil im modernen London "ugliness and inconvenience" (*AH*, 136), so sind die Prinzipien, nach denen er London umgestalten würde "beauty, order and grandeur" (*AH*, 135). Es sind dies die Prinzipien einer klassizistischen Architektur, die – wie Gumbrils gesamte Ausführungen – an die Darlegungen über Amaurotum erinnern, die sich im zweiten Buch von Thomas Mores *Utopia* finden. Es ist daher nicht überraschend, wenn Gumbril jun. seinen Vater fragt: "The capital of Utopia, or what?" (*AH*, 135). Mit den Ausführungen von Gumbril sen. liefert Huxley die Normen, die der utopischen Gegenwelt zum modernen London und seinem hektisch-morbiden Treiben zugrunde liegen: Neben "beauty, order and grandeur" (*AH*, 135) nennt er bei der Charakterisierung der Architektur und ihres besonderen Platzes innerhalb der Künste "experience and thought" (*AH*, 134). Die utopische Stadt, die Gumbril sen. vorschwebt, ist ein Ausdruck der schöpferischen Vernunft des Menschen, die sich – wie er selbst – für die Natur offen gehalten hat. Diese Offenheit des alten Gumbril für das Natürliche verdeutlicht Huxley durch eine kurze Passage zu Beginn des zweiten Kapitels, in der er schildert, wie Gumbril sen. abends an seinem Fenster sitzt, die Stare beobachtet, die in die Platanen vor seinem Londoner Haus zurückfliegen und in deren Gezwitscher er glaubt, eine direkte und spontane Kommunikation zu erkennen, die den Menschen verwehrt ist. Gumbril sen. unterscheidet sich insofern von den "Naturmystikern", als er nach einem Gemeinwesen, einer Stadt, strebt, in der seine Ideale der Vernunft, der Natürlichkeit, der Schönheit und der Ordnung Wirklichkeit geworden sind. Seine Vision bleibt deshalb Utopie, weil er sich den Bedingungen des Lebens in einer Großstadt nicht selbstherrlich entziehen kann: Er sieht sich gezwungen, das von ihm angefertigte Modell Londons zu verkaufen, um einem Freund, der durch seinen Sohn in finanzielle Schwierigkeiten gerät, zu helfen. Die Vision von Gumbril sen. ist damit nicht entwertet, sondern als Utopie gekennzeichnet, als ein idealer Entwurf, der sich im "Waste Land" der Moderne nicht in seiner ursprünglichen Gestalt verwirklichen läßt, dennoch als Orientierungsmöglichkeit für das menschliche Handeln und als Norm für kulturkritische Urteile seinen Wert behält.

In *Those Barren Leaves* ging Huxley in der Skizzierung einer Gegenwelt einen Schritt weiter: Am Ende des Romans wird berichtet, daß Calamy sich ins Gebirge zurückzieht und dort wie ein Einsiedler lebt; der lehrhafte Dialog mit den kritischen Rationalisten Cardan und Chelifer trägt dazu bei, die Gegenwelt, in der er sich heimisch zu machen versucht, zu charakterisieren.

Wiewohl Calamy für eine Distanzierung vom Körperlichen plädiert, fordert er keine Askese: "[...] the natural and moderate satisfaction of the sexual instincts is a matter quite indifferent to morality" (*BL*, 378). Er plädiert also für eine maßvolle und natürliche Einstellung zum Körper. Priorität hat jedoch stets die Seele, die sich die Freiheit zur kontemplativen Versenkung wahren muß. Bei der Beschreibung der Zielvorstellung seiner kontemplativen und meditativen Lebensform schiebt Calamy (mit leichter Ironie) sowohl christliche wie Platonische Vorstellungen beiseite:

> "Salvation's not in the next world; it's in this. One doesn't behave well here for the sake of a harp and wings after one is dead – or even for the sake of contemplating throughout eternity the good, the true and the beautiful. If one desires salvation, it's salvation here and now." (*BL*, 366)

Calamy vertritt eine innerweltliche Mystik, die in der kontemplativen Schau zur wahren, dauernden Wirklichkeit unter der Oberflächenrealität vordringen möchte. Diese doppelte Wirklichkeit umschreibt Calamy wie folgt:

> "You can't help behaving *as if* things really were as they seem to be. At the same time, there *is* a reality which is totally different and which a change in our physical environment, a removal of our bodily limitations, would enable us to get nearer to. Perhaps by thinking hard enough ..." (*BL*, 368)

Calamy rückt mit seinem Kommentar zur doppelten Wirklichkeit – wie die Einführung des Begriffes "maya" in den darauffolgenden Sätzen beweist – in die Nähe der buddhistischen Wirklichkeitsauffassung: Die Oberflächenwirklichkeit ist der Schein, die Illusion – dahinter verbirgt sich das wahre Sein, das sich nur in einem Augenblick der Erleuchtung offenbart: "'Behind it you catch a glimpse of reality'" (*BL*, 368).

Mit Calamy und dem abschließenden Kapitel von *Those Barren Leaves* schlug Huxley eine geistige Entwicklungsrichtung ein, die bis zu seinem letzten Roman, *Island* (1962), für ihn bestimmend blieb. Bemerkenswert ist, daß er in *Those Barren Leaves* mit der Meditation, der mystischen Kontemplation einen Weg aufzuweisen versuchte, der aus dem pluralistischen "Waste Land", dem absurden Kreislauf, dem sich Hedonisten, Nihilisten, Wissenschaftler und Dichter unterwarfen, hinausführen sollte. Dieser Weg wird jedoch immer bloß von Einzelnen, nicht von Gruppen Gleichgesinnter, beschritten. Huxley blieb damit – im Gegensatz zu den zeitgenössischen Sozialreformern und zu den meisten politischen Parteien – dem Individualismus und Liberalismus verhaftet, geistige Richtungen, die ihn von seinen Anfängen geprägt hatten und die er nun auf eine neue Ebene zu übertragen versuchte. Mit diesem Versuch verlor die Satire in seinen Werken an Kraft, die Didaxis, die lehrhafte Rede, gewann an Bedeutung.

4

Point Counter Point (1928) ist die "Summe" der Frühphase Huxleys als Romancier genannt worden. Die Spannweite seiner Themen reicht vom Hedonismus bis zum Vitalismus, vom christlichen Spiritualismus bis zum marxistischen Materialismus, vom Satanismus bis zum Faschismus. Damit lieferte Huxley im Sinne epischer Tradition zugleich ein Bild seines Zeitalters; ein Bild, das Anspruch auf Totalität erheben kann.

Der Titel des Romans weist darauf hin, daß die verschiedenen geistigen Standorte in Anlehnung an die musikalische Technik "kontrapunktisch" korrespondieren, wobei der Zusammenhang zwischen Dichtung und Musik nur als eine Analogie, nicht als eine exakte Parallele zu verstehen ist. Huxley übernahm zugleich Anregungen von André Gides Roman *Les Faux-Monnayeurs* (1925);[17] es ist jedoch nicht zu übersehen, daß bei Huxley der Diskussionsstil im Dialog der Personen weit stärker ausgeprägt ist. Der Romancier Philip Quarles, den Huxley in seinem Roman gleichsam als Statt-

---

17 Vgl. hierzu Gerd Rohmann, *Aldous Huxley und die französische Literatur*, Marburg 1968, 124–147.

halter und Kommentator eigener Ideen fungieren läßt, bemerkt zur kontrapunktischen Kompositionsweise in seinem Tagebuch folgendes:

> All you need is a sufficiency of characters and parallel, contrapuntal plots. While Jones is murdering a wife, Smith is wheeling the perambulator in the park. You alternate the themes. More interesting, the modulations and variations are also more difficult. A novelist modulates by reduplicating situations and characters. He shows several people falling in love, or dying, or praying in different ways – dissimilars solving the same problem. Or, *vice versa*, similar people confronted with dissimilar problems. In this way you can modulate through all the aspects of your theme, you can write variations in any number of different moods.[18]

Es bedarf also einer gewissen Anzahl von Charakteren und Handlungssträngen, einer Vielzahl von Situationen und Themen. Zwei Hauptmethoden bieten sich bei der Bearbeitung des Materials an: 1. Das Problem – etwa die Liebesthematik – bleibt das gleiche, wird aber durch unterschiedliche Situationen und Personenkonstellationen abgewandelt, oder 2. unterschiedliche Problemstellungen werden auf gleichartige Personen bezogen, so daß sich eine reiche Skala in der Präsentation der Charaktere, ihrer Stimmungen und ihrer Überzeugungen ergibt.

Insgesamt zeigt sich auch bei *Point Counter Point*, daß Huxley der differenzierten Ausgestaltung einiger Hauptcharaktere und der kausalen Verflechtung der Handlungsstränge weniger Beachtung schenkt als der Entfaltung bestimmter Ideen und der Darstellung geistig-seelischer Einstellungen zur Wirklichkeit. In dieser Beziehung ist noch in *Point Counter Point* das Peacocksche Romanmodell maßgebend. Während Huxley in seinen ersten drei Romanen die Themen in einer recht lockeren Weise miteinander verknüpft und sich die Erzählweise an den Konversationsstil der Personen anschließt, verwendet er in *Point Counter Point* in der Anordnung der Gespräche und Figuren wohlüberlegte Konstruktionsschemata: Der intellektualistische Charakter seiner Kunst wird damit deutlich faßbar – und dies in einem Roman, der gerade von der Thematik

---

18 Aldous Huxley, *Point Counter Point*, London: Chatto & Windus (1928) 1954, 408. Im Folgenden zitiert als *PCP*. – Zur Interpretation dieses Romans vgl. auch Kurt Otten, "Aldous Huxley: *Point Counter Point*", in: H. Oppel, *Der moderne englische Roman*, Berlin (1965), ²1971, 201–221.

her die Gefahren einer überzüchteten Intellektualität immer wieder deutlich werden läßt.

Die strenge Kompositionsweise ist ein Zeichen dafür, daß Huxley nicht darauf ausging, das empirische Chaos der Ereignisse und Meinungen über die Ereignisse in einer Form – etwa dem Fragment – wiederzugeben, die dem Gegenstand entsprochen hätte. Er wahrt insofern einen traditionellen ästhetischen Anspruch, als er der Multiplizität der Geschehnisse und der geistigen Haltungen eine Form auferlegt, die den Eindruck der künstlerischen Geschlossenheit zu erwecken vermag. Das Verhältnis von Materie und Form läßt sich auch so bestimmen: Während der Roman inhaltlich von der Desintegration der einzelnen Personen und der gesamten Gesellschaft in den 20er Jahren spricht, enthüllt sich dem Leser in der Fülle der Ereignisse eine Form, die auf die Integration der Einzelteile zu einer kompositorischen Ganzheit und Einheit abzielt. Es ist deshalb kein Zufall, daß Huxley im 2. Kapitel des Romans ein Konzert im Hause von Lord und Lady Tantamount beschreibt, bei dem Bachs Suite in h-Moll gespielt wird, und daß im letzten Kapitel der "heilige Dankgesang eines Genesenen an die Gottheit" (*PCP*, 591) (von einer Schallplatte) erklingt – kurz bevor Spandrell ermordet wird.

Huxley hat von der Musik her nicht nur die Anregung für die besondere Form des Werkes gewonnen, sondern durch diese beiden Episoden auch angedeutet, welchen Stellenwert er der Musik zuweist: Sie ist die Trägerin einer utopischen Vollkommenheit; sie ist die Gegenwelt zur satirisch gesehenen Realität. Auf diese Gegenwelt verweist Huxley zum einen durch die beiden Konzerte und die beiden Komponisten: Bach und Beethoven, zum anderen durch die Übertragung der Bachschen Kompositionsweise – soweit das mit sprachlichen und erzählerischen Mitteln möglich ist – auf den Roman. Er führt jedoch zusätzlich Mark Rampion ein, der in den geistigen Auseinandersetzungen die Norm vertritt, die D.H. Lawrence als Sozialkritiker in den 20er Jahren in seinen Essays und Romanen entwickelt hatte, wobei offenkundig ist, daß die Idee der Einheit und harmonischen Geschlossenheit Huxley und Lawrence miteinander verbindet, der Ansatzpunkt der beiden Autoren jedoch unterschiedlich war: D.H. Lawrence legte den Hauptakzent auf die Physis, die Lebenskraft, und betrachtete sie als den bewegenden Grund für alle anderen Kräfte des Menschen, einschließlich seines Intellekts. Huxley ging vom Intellekt aus, sah bereits in den ersten Romanen in der Natur, im "Leben", den ergänzenden Gegenpol zum Geist und öffnete sich gegen Ende der 20er Jahre in zunehmendem Maße den von Lawrence vertretenen Ideen. Huxley bekannte sich insbesondere in dem Essayband *Do What You Will* (1929) zu dem Prinzip des "life-worshipping", zu der Überzeugung, "that the purpose of living is to live"[19].

Bei der Charakterisierung von Mark Rampion knüpfte Huxley an Details aus der Biographie seines Freundes D.H. Lawrence an: Er stammt aus dem Kohlerevier, mußte sich von einer engen Mutterbindung befreien, schloß eine Ehe mit einer Aristokratin, die im Roman als Mary Rampion erscheint. In den Gesprächen vertritt Rampion – wie D.H. Lawrence – eine kritische Gegenposition zum Christentum, dem er eine Überbetonung des Spirituellen und eine Geringschätzung des Physischen vorwirft. Er wendet sich gegen den Rationalismus der modernen Naturwissenschaft, gegen die Mentalität und den Lebensstil, den die moderne Industrialisierung mit sich bringt, gegen die Verkümmerung und Verstümmelung der menschlichen Natur in der Moderne. In dem Ziel des "Complete Man", das Mark Rampion anstrebt – Gumbril hatte bereits ähnliche Vorstellungen, freilich in grotesker Verzerrung, entwickelt –, stecken Erinnerungen an das griechische Menschheitsideal, insbesondere aber auch Erinnerungen an Blake, der in seiner Versdichtung *The Four Zoas* (1795–1804) von der Desintegration des Menschen, vom Widerstreit der vier Kräfte, des Gefühls, des Verstandes, des Instinkts und der Imagination gesprochen hatte. Gleich Blake fordert auch der im Sinne von D.H. Lawrence sprechende Mark Rampion eine Reintegration, eine Neugeburt des Menschen.

Vor dem Hintergrund der Ideen des Mark Rampion, der freilich nur Ideenträger bleibt und niemals handelnd seine Lehre gleichsam zu "beweisen" hat, lassen sich die übrigen Charaktere des Romans deuten und der Grad der satirischen Verurteilung ablesen, den Huxley in die einzelnen Charakterporträts eingearbeitet hat.

Als Antithese zu Mark Rampion tritt in *Point Counter Point* Lucy Tantamount auf, in der Züge von Myra Viveash wiederkehren. Sie hat sich aus allen moralischen Bindungen gelöst und genießt ihre amourösen Abenteuer mit kalter Berechnung. Da sie innerlich mehr und mehr abstumpft, sucht sie ständig nach neuen, gröberen Reizen, um ihre Sinnlichkeit anzustacheln, so daß sie schließlich

---

19 Aldous Huxley, *Do What You Will*, London: Chatto & Windus (1929) 1956, 276.

auch einen gewissen Sadismus entwickelt. In der Hektik des Zeitalters verwirft sie alle herkömmlichen Rollenerwartungen, die an eine Frau der *upper class* gestellt wurden: Mit Raffinesse ergreift sie die Initiative, wenn es um ihre Ziele geht.

Bei der Charakterisierung der Generationen fällt auf, daß insbesondere die älteren Männer (oft in einem heuchlerischen Doppelspiel) einem schrankenlosen Hedonismus und Sensualismus zugetan sind. Dies gilt für Sidney Quarles ebenso wie für John Bidlake. Sidney Quarles wendet sich der Schriftstellerei zu, nachdem er als "gentleman politician" ohne Erfolg blieb; aber auch sein Buch über die Demokratie bleibt unvollendet. Freimütiger dagegen bekennt sich John Bidlake zu seinem Sensualismus; er wird "a great laugher, a great worker, a great eater, drinker and taker of virginities" (*PCP*, 27) genannt, der sich schließlich der Illusion hingibt, Krankheit und Tod ignorieren zu können.

Während die Mütter der älteren Generation sich einer religiösen Lebensführung verschreiben – Rachel Quarles bekennt sich zu einer christlichen Haltung, Janet Bidlake dagegen zu buddhistischen Vorstellungen –, schlägt in der nächsten Generation das Erbe der Väter durch: Walter Bidlake verläßt Marjorie Carling, die ein Kind von ihm erwartet, und verfällt den Verlockungen Lucy Tantamounts; Elinor Quarles wendet sich von Philip Quarles, dem Schriftsteller, ab, der sich einem ästhetischen Solipsismus verschreibt und psychisch wie emotional verkümmert, so daß der Faschistenführer Everard Webley hoffen kann, Elinor als Geliebte für sich zu gewinnen.

Scharfe satirische Attacken richtet Huxley insbesondere gegen jene Charaktere, die sinnliche Begierde zu verbergen suchen. Dies gilt für Burlap, einen doppelschichtigen Charakter, der Sinnlichkeit und Spiritualität in einer höchst problematischen Weise miteinander verbinden will (er wurde nach dem Vorbild von John Middleton Murry gezeichnet). Einerseits neigt Burlap zu einer franziskanischen Frömmigkeitshaltung und verfaßt ein Buch mit dem Titel *St. Francis and the Modern Psyche*; andererseits aber ist er in seinem geschäftlichen Gehabe weder von dem franziskanischen Armutsideal berührt, noch hat er sich um eine innere Freiheit von allen Regungen sinnlicher Begierde bemüht. Er versteht es vielmehr, mit Raffinesse seine Sekretärin zu verführen, der Huxley wohl mit Absicht den Namen Beatrice gegeben hat: Sie erinnert zwar dem Namen nach an Dantes Jugendgeliebte; vom Ethos mittelalterlicher Liebe und Frauenverehrung ist in Burlaps Haltung zu seiner Geliebten aber nichts mehr übrig geblieben. Huxley bedient sich mit Absicht einer mittelalterlichen Norm, um das heuchlerische Spiel des Burlap, das er mit franziskanischen Vorstellungen treibt, um so schärfer entlarven zu können.

Am eindringlichsten ist von allen Gestalten dieses Romans Spandrell gezeichnet, in den Charakterzüge Baudelaires, aber auch des Marquis de Sade und Dostojewskis Raskolnikow eingegangen sind. Spandrell kann einerseits als ein psychoanalytischer Modellfall des Sado-Masochismus bezeichnet werden. Die zweite Ehe der Mutter hat in ihm eine Krise ausgelöst, vergleichbar der Krise des Hamlet, so daß Spandrell in der Erinnerung in seiner Mutter zugleich die Züge einer Jungfrau und einer Hure sieht. In sadistischer Manier verführt Spandrell unschuldige Mädchen, genießt die Leiden, die Gewissensqualen, liefert sich dem Bösen aus, um Gott aus seiner Verborgenheit hervorzulocken und ihn zu einer Offenbarung seines Seins zu zwingen. Wie bei keinem anderen seiner Charaktere ist es Huxley bei Spandrell gelungen, die inneren Zusammenhänge zwischen psychischen, sexuellen und religiösen Beweggründen im Verhalten eines Charakters so überzeugend darzustellen, wenngleich nicht zu übersehen ist, daß er die Anregungen, die er von Baudelaire übernahm, aus der katholisch-romanischen Sensibilität in die puritanisch-angelsächsische Mentalität übersetzte.

Spandrell versucht schließlich durch die Ermordung des Faschistenführers Webley, die er zusammen mit dem Kommunisten Illidge durchführt, Gott zur Offenbarung zu zwingen. Auch dieser Versuch scheitert; es bleibt schließlich nur die Musik: Beethovens "Heiliger Dankgesang" wird für ihn zur Offenbarung des Absoluten, die er sich durch den kaltblütig geplanten und begangenen Mord erhofft hatte.

In Rampions Kritik an Spandrells Äußerungen über Beethoven spiegelt sich die innere Spannung des Satirikers Huxley, die er auch in diesem Roman nicht überwunden hat. Während Spandrell zu Beethovens Musik bemerkt: "'To me it's the beatific vision, it's heaven'" (*PCP*, 596), stellt Rampion fest:

> "You're quite right. It *is* heaven, it *is* the life of the soul. It's the most perfect spiritual abstraction from reality I've ever known. But why should he have wanted to make that abstraction? Why couldn't he be content to be a man and not an abstract soul? Why, why?" (*PCP*, 597)

In diesem Dialog liegen zwei Prinzipien miteinander im Widerstreit: a) das Prinzip der Spiritualität, das die wahre und absolute Realität in der Transzendenz sucht, und b) das Prinzip der konkreten Natürlichkeit, die die Realität, "the real, human, natural reality" (*PCP*, 597), im Hier und Jetzt ausgedrückt sieht. Obwohl Spandrell im unmittelbaren Anschluß an diesen Dialog von Webleys Anhängern ermordet wird und Mark Rampion weiterlebt, bleibt die Frage, ob Huxley durch diese äußeren Ereignisse den Triumph Rampions und die Niederlage Spandrells zum Ausdruck bringen wollte. Nimmt man den gesamten Kontext der Schlußkapitel, so dominiert dort das Erlebnis der Dekadenz und des Todes, und Rampion bleibt ein einsamer Verkünder seines Vitalismus.

Mit der Einführung von Webley, der an den britischen Faschistenführer Mosley erinnert, und von Illidge, der mit seinem Kommunismus zugleich ein überholtes naturwissenschaftliches Weltbild verteidigt und sich gegen neue Erkenntnisse in den Naturwissenschaften abschirmt, spielt Huxley auf die Veränderung an, die sich Ende der 20er Jahre bereits in der englischen Gesellschaft abzeichnete: Eliots "*Waste Land*" wurde durch die Landschaft Audens ersetzt. In seinem Roman *Brave New World* fand Huxley eine neue Form, auf Veränderungen in der westlichen Industriegesellschaft zu reagieren – deren fortgeschrittenste Entwicklung lernte er in Amerika und insbesondere in der Beschäftigung mit den Ideen Henry Fords kennen.

5

Mit dem Roman *Brave New World* (1932) knüpfte Huxley an den Typus der szientifischen Utopie an, wie er zu Beginn des 20. Jahrhunderts in paradigmatischer Weise von H.G. Wells, etwa mit *A Modern Utopia* (1905), entwickelt worden war.[20] Gliederte Wells die Bevölkerung seiner Utopie in 1. "the Poetic" (die Schöpferischen), 2. "the Kinetic" (die Tätigen), 3. "the Dull" (die Stumpfen) und 4. "the Base" (die Niedrigen), so unterscheidet Huxley je nach Begabung und gesellschaftlicher Funktion in dem von ihm

---

20 Vgl. zum Folgenden auch Willi Erzgräber, "Aldous Huxley: *Brave New World* (1932)" in: Hartmut Heuermann / Bernd-Peter Lange (Hgg.), *Die Utopie in der angloamerikanischen Literatur*, Düsseldorf 1984, 196–218.

geschilderten Zukunftsstaat fünf Klassen: die Alphas, die Betas, die Gammas, die Deltas, die Epsilons, wobei innerhalb einer jeden Klasse noch eine Feingliederung in "Plus" und "Minus" vorgenommen wird. Seinen zehn Weltkontrolleuren, in deren Händen alle Macht und alle Verantwortung für die Aufrechterhaltung des bestehenden Zustandes vereinigt sind, entsprechen bei Wells die Samurai, die er in Analogie zu den Mitgliedern der Fabian Society charakterisierte.

Abgesehen davon, daß Wells eine kinetische, Huxley eine statische Utopie beschreibt, hat sich zwischen 1905 und 1932 insofern ein grundsätzlicher Wandel vollzogen, als Wells mit optimistischem Vertrauen von den Naturwissenschaften und den Möglichkeiten des technischen Fortschritts sprach, während Huxley einem tiefen Mißtrauen in seiner Beschreibung der naturwissenschaftlichen Utopie stattgegeben hat. Das Ausmaß der Manipulation des "Menschenmaterials", das sich bei der künstlichen Erzeugung der Menschen wie bei der Zuweisung ihrer gesellschaftlichen Funktionen bemerkbar macht, ist erschreckend. Der Staat, die Weltkontrolleure haben ein System aufgebaut, das dem Einzelnen die Möglichkeit der freien Entscheidung über sein persönliches Schicksal prinzipiell nimmt. Er darf keine Ehe schließen und keine Familie gründen; Sexualleben ist ihm zwar erlaubt, aber nur zum Abbau überschüssiger Energien. Das "Menschenmaterial", das "benötigt" wird, beschafft der Staat. Die obersten Ziele, auf die das gesamte Leben in der Neuen Welt angelegt ist, werden bereits zu Beginn des Romans genannt; sie lauten: "Community, Identity, Stability"[21]. "Community" bezeichnet eine durch naturwissenschaftliche und psychologische Mittel hergestellte "Gemeinschaft" von Bürgern. Ihre "Identität" ergibt sich aus der künstlich erzeugten und gesteuerten Übereinstimmung mit den Normen des Staates; "identity" meint nicht die personale Identität, die durch die Auseinandersetzung mit anderen Menschen gewonnen wird. Das Hauptziel des Zukunftsstaates ist die Stabilität: Das gesamte gesellschaftliche System, vor allem die Aufgliederung in fünf Klassen oder Kasten soll unverändert erhalten bleiben; jeglicher Versuch, diese hierarchische Struktur der Gesellschaft und die oligarchische Herrschaftsform ändern zu wollen, wäre suspekt. Die staatlich verordnete Promiskuität, die Verabrei-

---

21 Aldous Huxley, *Brave New World*, London: Chatto & Windus (1932) 1977, 1. Im Folgenden zitiert als *BNW*.

chung von Soma-Tabletten und Verhütungsmitteln, der Schwangerschaftsersatz, die synthetische Musik und die Fühlfilme ("feelies"), die sportlichen Vergnügen, der Tanz und schließlich auch die Solidaritätsfeiern – all dies sind Mittel, die der Staat entwickelt hat, um bei den Erwachsenen die Stabilität zu festigen, auf die sie von Geburt her und durch die sorgfältig geplante Erziehung schon angelegt sind.

Geht man von den Zielsetzungen der Französischen Revolution aus, so stellt sich der Zukunftsstaat mit seinen Zielen als eine Perversion der geistigen und politischen Antriebskräfte dieser geschichtlichen Bewegung dar. An die Stelle der Freiheit sind staatlich gelenkte Reaktionsweisen der einzelnen Klassen getreten; das Prinzip der Gleichheit ist einerseits mit dem Kastensystem aufgegeben, wird aber andererseits zusammen mit dem Prinzip der Brüderlichkeit dadurch parodiert, daß es möglich ist, bis zu 96 gleichartige Lebewesen zu erzeugen, die zu gleichartigen Arbeitsprozessen bedenkenlos eingesetzt werden können. Jegliches Gefühl von brüderlicher Solidarität im Zusammenleben der Menschen, das im persönlichen Entscheidungsspielraum des Einzelnen seinen Ursprung haben und Ausdruck seiner Verantwortungsbereitschaft sein sollte, ist jedoch ausgelöscht.

Die Aufgabe, die geistigen Grundlagen der Neuen Welt zu erläutern, fällt dem Weltkontrolleur zu. Das Streitgespräch, das Mustapha Mond mit John the Savage führt und in dem er das Verhältnis der Neuen Welt zu Kunst, Wissenschaft und Religion aufzeigt (Kap. 16 u. 17), stellt in der Entfaltung der weltanschaulichen Prämissen, auf denen die in diesem Roman geschilderte Utopie aufgebaut ist, den Höhepunkt dar. Charakteristisch für die Einstellung der Neuen Welt zur Kunst ist die Tatsache, daß nur der Weltkontrolleur Shakespeare lesen darf, ansonsten sind seine Werke verboten. Nach den Darlegungen Mustapha Monds würde eine Aufführung von *Romeo and Juliet* oder *Othello* auf Unverständnis stoßen, da sich inzwischen die Grundformen des gesellschaftlichen Zusammenlebens und damit die gesellschaftlichen Normen völlig verändert haben. Die künstlich erzeugten Menschen kennen weder Vater noch Mutter, weder Frau noch Geliebte. Konflikte, wie sie Shakespeare darstellt, setzen aber zumindest die Kenntnis der Gesellschaftskultur voraus, die in der Neuen Welt bewußt abgeschafft wurde. Würde man aber ein Wissen um diese alte Kultur tradieren, würde man gestatten, daß sich die Menschen den sinnlichen Reizen aussetzen, die in Shakespeares Sprache vermittelt werden, dann bestünde die Gefahr, daß das emotionale Gleichgewicht, das man in der Neuen Welt erzeugt hat, gestört oder gar zerstört würde. Daher sind "Fühlfilme" und die "Duftorgel" an die Stelle von Kunst getreten.

Aus dem entschiedenen Willen, Stabilität in der Gesellschaft zu wahren, erklärt sich auch die Einstellung der Neuen Welt zur Wissenschaft. Insofern Biologie, Psychologie und Soziologie die Grundlagen lieferten, auf die das gesamte gesellschaftliche System aufgebaut ist, und die Wissenschaften ferner dazu beitragen, vorübergehende Mißstände zu beseitigen, ist Forschung erlaubt. Der Staat setzt der Wissenschaft jedoch vielfach Grenzen oder verbietet gar die Forschung, wenn befürchtet werden muß, daß die einmal erlangte Stabilität gefährdet wird . Das Streben nach Wahrheit wird von Mustapha Mond nicht als Element kreativer Selbstentfaltung und kreativen Zusammenwirkens selbständiger Individuen innerhalb eines gesellschaftlichen Verbandes betrachtet, sondern schlechthin als Bedrohung des Systems.

Ausgetilgt wurde in der Neuen Welt gleichzeitig auch die Erinnerung an die humanistischen Bildungsideale "truth and beauty", an deren Stelle die pragmatischen Ziele "comfort and happiness" (*BNW*, 187) getreten sind. Sah eine humanistisch-idealistische Bildungslehre in der Beschäftigung mit künstlerischen Werken und in der wissenschaftlich-kritischen Schulung des Intellekts eine notwendige Voraussetzung für die Entfaltung der kreativen Möglichkeiten des Menschen, aus der wiederum die größtmögliche Förderung des Gemeinwesens erfolgen sollte, so werden die Menschen der Neuen Welt um die Möglichkeit gebracht, ein volles Menschsein zu entwickeln: Ihr Glück erschöpft sich in der Übereinstimmung mit den vorgegebenen Normen. Wer diesen Normen widerspricht, erleidet ein Schicksal, das dem von Bernard Marx und Helmholtz Watson entspricht. Beide sind Angehörige der Alpha-Klasse, die sich den Gesetzen der Neuen Welt nicht unterwerfen wollen; sie werden in die Verbannung, auf Inseln geschickt, wo sie mit all denjenigen zusammenleben müssen, die sich im Widerspruch zu den Normen der Neuen Welt befinden und sich zu einem uneingeschränkten Individualismus bekennen. Daß ein solcher Widerspruch überhaupt möglich ist, beweist, daß das angeblich vollkommene System seine Schwachstellen hat. Die eigenwillige Intelligenz des Bernard Marx wird auf einen technischen Fehler bei seiner künstlichen Erzeugung zurückgeführt: es gelangte zuviel Alkohol in sein Blut.

Da die Neue Welt sich als reines Menschenwerk betrachtet und Herrschende wie Beherrschte in einen nahezu perfekt funktionierenden "Staatsapparat" eingeordnet sind, vermag der Weltkontrolleur dem Argument der Theologen nicht zuzustimmen, daß die Menschen Gottes Eigentum seien und das Geschöpf sich nicht über den Schöpfer erheben dürfe, da es sich nicht selbst geschaffen habe. Mustapha Mond bekennt sich zwar mit einem gewissen skeptischen Vorbehalt zu der Überzeugung, daß es Gott gebe: "'No, I think there quite probably is one'" (*BNW*, 192), aber er betrachtet die christliche Religion, Religion überhaupt, als überholt. Er fordert stattdessen ein Christentum ohne Tränen; genau dies aber wird durch die Soma-Tabletten geliefert. Hatten die Utopier bei Thomas Morus noch die Überzeugung, daß der menschlichen Seele im Jenseits gute Taten entgolten, Vergehen aber bestraft werden, und ist auch John im Anschluß an eine Stelle aus Shakespeares *King Lear* (V, 3, 170–173) der Überzeugung, daß es einen Gott gibt, der straft und belohnt, so widerlegt der Weltkontrolleur diese Auffassung mit folgenden Worten: "'The gods are just. No doubt. But their code of law is dictated, in the last resort, by the people who organize society; Providence takes its cue from men'" (*BNW*, 193). Vorsehung und Vorherbestimmung werden nicht mehr theozentrisch, sondern anthropozentrisch begründet. Das Schicksal eines Menschen entscheidet sich im "Social Predestination Room". Die Einwände, die John the Savage gegen die "utopischen" Anschauungen von Mustapha Mond vorbringt, sind in vieler Beziehung einleuchtend: Er beklagt, daß die künstlich erzeugten Menschen um das wahre Menschentum gebracht werden. Ähnliche Ideen vertrat auch Huxley selbst in kulturkritischen Essays der 20er und 30er Jahre. Es ist jedoch nicht zu übersehen, daß Huxley auch Vorbehalte gegenüber John hat. Der Schluß des Dialogs (im 17. Kapitel) läßt die ambivalente Einstellung des Autors zu John the Savage deutlich werden. Wenn John fordert: "'I want God, I want poetry, [...] I want freedom, I want goodness. I want sin'" (*BNW*, 197), so ist aus dem gesamten Roman zu schließen, daß Huxley solchen Forderungen mit Sympathie begegnet; aus ihnen spricht das Verlangen eines Menschen nach voller Selbstentfaltung. Wenn der Weltkontrolleur aber ironisch hinzufügt:

> "Not to mention the right to grow old and ugly and impotent; the right to have syphilis and cancer; the right to have too little to eat; the right to be lousy; the right to live in constant apprehension of what may happen to-morrow; the right to catch typhoid; the right to be tortured by unspeakable pains of every kind" (*BNW*, 197),

dann steht Huxley auch hinter diesen Worten, denn sie kritisieren den gewollten Rückfall in einen primitiven Zustand, aus dem sich die Menschheit glaubte mit Hilfe ihrer Zivilisation herausgearbeitet zu haben.

Während die Satire des 18. Jahrhunderts – etwa die Satire bei Alexander Pope – bei aller subtilen Präsentation des Gegenstandes die Norm erkennen läßt, die den Urteilen des Autors zugrunde liegt, kann man bei Huxleys *Brave New World* nicht von einer einzigen unverrückbaren Norm sprechen, von der aus das Verdikt des Autor-Erzählers über einzelne Gestalten eindeutig zu ermitteln wäre. Suggeriert John in bestimmten Situationen (etwa im 12. Kapitel, wo er aus *Romeo and Juliet* vorliest) Shakespeare als Norm, so erscheinen die Vertreter der Neuen Welt, die über Shakespeare lachen, als die eigentlichen Opfer der Satire. Wenn andererseits der Weltkontrolleur vom Standpunkt der modernen (aufgeklärten) Vernunft den Primitivismus des Indianerreservats ironisiert, rückt mit einem solchen Urteil John, der von dort kommt, in eine unterlegene Position. Stehen sich schließlich Mustapha Mond und Helmholtz Watson gegenüber, so ist die instrumentelle Vernunft des Weltkontrolleurs der kreativen Vernunft des Nonkonformisten unterlegen, es sei denn der Leser ordnet in seinem eigenen Wertesystem die instrumentelle Vernunft höher als die kreative ein.

Das ständige Umkippen der Urteilsmöglichkeiten innerhalb des Romans ist ein Beweis dafür, daß das Prinzip der Ironie das gesamte Werk durchdringt. Ironie kann dabei in doppelter Weise gesehen werden: a) als Ausdruck einer spielerischen Beherrschung aller Ausdrucksmittel; b) als Zeichen eines ungelösten weltanschaulichen Dilemmas. Der Roman zeigt, daß Huxley in der ironischen Kontrastierung unterschiedlicher Welten und Normen die ganze Skala komischer Darstellungsmöglichkeiten nutzt. Farcenhafte Züge hat die Szene, in der der Direktor des "Hatchery and Conditioning Centre" als Johns Vater entlarvt wird. Tragikomisch wirkt der Liebesdialog zwischen John und Lenina im 13. Kapitel. John und Lenina gestehen zwar einander ihre Liebe, aber es gelingt keinem der beiden, die gedanklichen und sprachlichen Voraussetzungen des

Dialogpartners zu erfassen. John bleibt an die Ausdrucksmittel gebunden, die Shakespeare vorformte; und mit der Sprache übernimmt er wenigstens im Ansatz auch die Denkweise Shakespearescher Figuren. Lenina dagegen handelt bei ihrem direkten offenen Werben um die Liebe Johns entsprechend den Konventionen einer Gesellschaft, in der Promiskuität Pflicht ist. Insofern John und Lenina ihre Liebe selbst zunichte machen, haftet ihrem Scheitern ein tragisches Element an; die besondere Komik ergibt sich aus der Blindheit der beiden agierenden Charaktere, die in ihren sprachlichen und moralischen Normen so gefangen sind, daß ihnen das Verständnis für die Verhaltensweise des Partners fehlt. Absurde Komik löst der Versuch Johns aus, den Deltas eine Vorstellung von Freiheit zu vermitteln, wobei er ein Sinnverständnis der Realität voraussetzt, das ihnen verwehrt ist. Makabre Komik ist schließlich in der Szene enthalten, in der Lindas Tod berichtet wird: Während John betroffen ist vom Tod der Mutter, erhalten die Kinder, die in der Moribundenklinik spielen, um sich an den Anblick von Sterbenden zu gewöhnen, ihre Schokoladenration.

Daß Huxleys spielerische Ironie in diesem Roman zugleich ein Zeichen ungelöster thematischer Spannungen und ein Beweis dafür ist, daß er keine eindeutige Lösung des Konfliktes zu bieten vermochte, die über den Suizid Johns und das Weiterbestehen der Neuen Welt hinausführen könnte, geht nicht nur aus dem Text des 1932 veröffentlichten Werkes hervor, sondern auch aus späteren Autorenkommentaren, wobei nicht verkannt werden soll, daß solche Kommentare nicht immer die ursprüngliche Intention des Werkes treffen, sondern Steuerungsmechanismen für die vom Autor gewünschte Rezeption sein können.

Huxleys Anti-Utopie *Brave New World* ist auf mannigfache Kritik gestoßen. So hat beispielsweise Theodor Adorno in seinem Essay "Aldous Huxley und die Utopie" den Vorwurf erhoben, daß Huxley die Zusammenhänge zwischen dem Individualismus, für den er eintritt, und dem Totalitarismus, den er in der Konstruktion der 'Brave New World' verurteilt, nicht wahrnehme. "Unreflektierter Individualismus behauptet sich, als wäre nicht das Grauen, auf das der Roman hinstarrt, selber die Ausgeburt der individualistischen Gesellschaft"[22]. Er wirft Huxley weiterhin vor, "das reaktionäre

---

22 T.W. Adorno. "Aldous Huxley und die Utopie", in: *Prismen; Kulturkritik und Gesellschaft*, Berlin/Frankfurt a.M. 1955, 112–143, hier 140.

Fazit des Romans" laufe darauf hinaus, daß man sich zu entscheiden habe "zwischen der Barabarei des Glücks und Kultur als dem objektiv höheren Zustand, der Unglück in sich einbegreift"[23]. Huxley muß von solchen Kritiken Kenntnis genommen haben, denn in seinem Vorwort aus dem Jahr 1946 versetzt er der akademischen Kritik, die sich negativ über ihn äußerte, einen Seitenhieb und bemerkt in diesem Zusammenhang: "I have been told by an eminent academic critic that I am a sad symptom of the failure of an intellectual class in time of crisis. The implication being, I suppose, that the professor and his colleagues are hilarious symptoms of success"[24]. Und es sollte bei einer Kritik an *Brave New World* bedacht werden, daß Huxley in seinem Roman – einerlei, wie er ihn selbst 1946 sah und beurteilte – in John the Savage und den Nonkomformisten die Spur des Verlangens nach individueller Freiheit und nach einem utopischen Gemeinwesen, das sich darauf gründet, nachgezeichnet hat, auch wenn er den Entfaltungsmöglichkeiten kaum Chancen einräumte. Die Möglichkeit, daß die verbannten Alphas auf einer Insel einen besseren Staat gründen könnten, beurteilte er damals überaus skeptisch.

6

In den Romanen, die nach *Brave New World* entstanden, ist zu beobachten, daß Huxley in zunehmendem Maße über die Möglichkeiten reflektierte, den gegenwärtigen Gesellschaftszustand zu überwinden, und daß demgegenüber sein Bemühen, ein differenziertes Bild von der zeitgenössischen Gesellschaft zu entwickeln, wie er es in *Point Counter Point* und den frühen Romanen versucht hatte, zurücktrat. Die Personendarstellung wurde damit schematischer, die Satire bissiger und bitterer; die Tendenz, Personen einzuführen, die eine Lehre zu vermitteln hatten oder an denen sich die Auswirkungen einer Lehre ablesen ließ, verstärkte sich.

In *Eyeless in Gaza* (1936) skizzierte Huxley noch einmal das Leben der englischen Gesellschaft – doch er geht nun nicht mehr in der gleichen spielerischen Souveränität mit Personen und Situatio-

---

23 Ebd., 135.
24 Aldous Huxley, *Brave New World and Brave New World Revisited*, With a Foreword by the Author, New York 1965, 97.

nen um wie in seinen Anfängen, sondern läßt seinen kulturphilosophischen Ernst vorherrschen und bekundet seine Betroffenheit über den Lebensstil seiner Zeitgenossen.

In der Porträtgalerie dieses Romans treten hervor: Brian Foxe, als Student ein Anhänger der Fabian Society, der Selbstmord begeht, als er glauben muß, daß er von Joan, seiner Verlobten, und Anthony Beavis, seinem Freund, betrogen wird; Mark Staithes, der sich zu einem revolutionären Marxismus bekennt, an einer Revolution in Mexiko teilnimmt und nach der Amputation eines Beines ein körperlich wie seelisch gebrochener Mann ist; Beppo Bowles, ein Anhänger des Wildeschen Ästhetizismus, der unter seinen sexuellen Frustrationen leidet; Ekki Giesebrecht, ein aus Deutschland geflüchteter Kommunist, großzügig im persönlichen Umgang, Anhänger allerdings einer politischen Überzeugung, die sich für Gewalt und Grausamkeit bei der Bekämpfung der Gegner ausspricht, der schließlich von den Nazis entführt und in einer ihrer Folterkammern umgebracht wird; Mary Amberley, die erste Geliebte von Anthony Beavis, später die Mätresse des Aristokraten Gerry Watchett, wird zur Morphinistin und muß schließlich in Armut und Elend ihr Dasein fristen.

Dem Protagonisten Anthony Beavis sind alle Charaktere des Romans zugeordnet; sein Leben, seine innere Entwicklung machen die eigentliche Thematik dieses Werkes aus. Den zeitlichen Ausgangspunkt für die Darstellung der Vita des Anthony Beavis bildet der 30. August 1933, ein Tag, an dem er Photographien in wahlloser Reihenfolge betrachtet, die ihn an Abschnitte seines frühen Lebens erinnern.[25] Die Zeiträume, die dabei in unchronologischer Reihenfolge lebendig werden, umfassen die Jahre 1902–1904, 1912–1914, 1926–1928, d.h. die frühe Jugend, die Studentenzeit in Oxford, das frühe Mannesalter. Die Erinnerungen, die in dem Protagonisten durch die alten Photographien geweckt werden, beziehen sich zwar auf bedeutsame Erlebnisse wie z.B. den frühen Tod seiner Mutter und die Schuld, die er mit Foxes Selbstmord[26]

---

25 Vgl. Aldous Huxley, *Eyeless in Gaza*, London: Chatto & Windus (1936) 1955, 1: "The snapshots had become almost as dim as memories".
26 Huxley erinnert damit auch an den Selbstmord seines Bruders Trevenen. Vgl. dazu Sybille Bedford, *Aldous Huxley: A Biography*, vol. 1: 1894–1939, 47 sowie G. Woodcock, *Dawn and the Darkest Hour*, 47: "Later, in creating the character of Brian Foxe, Aldous perceived and portrayed the vein of Quixotic weakness that had driven Trevenen to his death".

auf sich lud; aber weder im Augenblick des Erlebens noch danach ist Anthony Beavis bereit, sich mit diesen Erlebnissen auseinanderzusetzen, sie zu verarbeiten und die moralischen Implikationen zu erfassen, die in ihnen enthalten waren. Der Prozeß der Auseinandersetzung beginnt erst im Jahre 1933, und er wird durch einen absurden Zufall eingeleitet: Während Anthony und Helen einander auf dem Dach einer italienischen Villa lieben, fällt plötzlich ein Hund aus einem Flugzeug auf dieses Dach herab, so daß beide mit Blut befleckt werden. Dieses für Anthony Beavis schockartige Erlebnis veranlaßt ihn nach kurzer Zeit, sich von seinem bisherigen Lebensstil zu lösen und einer Expedition anzuschließen, die Revolutionäre in Mexiko unterstützen möchte. Nachdem Anthony erneut erfahren hat, daß er im Grunde ein moralisch schwacher Charakter ist, setzt nach der Begegnung mit Joseph Miller, der einen vegetarischen Buddhismus vertritt und nach dem Vorbild von Gerald Heard, Verfasser des Buches *The Third Morality* (1937), gezeichnet wurde, ein innerer Wandel ein. Anthony Beavis wird zum überzeugten Pazifisten und findet damit auch eine neue Form der *vita activa*, über die er in seinem Tagebuch, das über die Jahre 1934–1935 genauere Auskunft gibt, ausführlich berichtet. Anthony erreicht – im Gegensatz zu Helen, die sich nach Huxley blind an die Realität verliert – eine Phase, in der er sich aus seiner eigenen Blindheit löst, auf die auch der Titel des Romans, das aus Miltons *Samson Agonistes* entnommene Motto: "Eyeless in Gaza at the Mill with Slaves" hinweist. Anthony gelangt nun allmählich in einen Zustand der inneren Erleuchtung, über den er einmal bemerkt: "For now there is only the darkness expanding and deepening, deepening into light; there is only this final peace, this consciousness of being no more separate, this illumination ..."[27]. Vor diesem Hintergrund gewinnen auch die vielfältigen Erinnerungsbruchstücke einen inneren Zusammenhang.[28] Die Form der erzählerischen Präsentation imitiert die Thematik: Der Weg des Anthony Beavis führt wie der

---

27 Aldous Huxley, *Eyeless in Gaza*, London 1955, 620.
28 Vgl. in diesem Zusammenhang Theo Schumacher, *Aldous Huxley*, Reinbek bei Hamburg 1987, 72: "Die Quintessenz seiner neuen Philosophie ist das Postulat einer spirituellen Wirklichkeit, die der Welt der Erscheinungen zugrundeliegt; der Glaube, daß diese Wirklichkeit von jedem, der sich darum bemüht, erlebt werden kann; die Überzeugung, daß gesellschaftliche Veränderungen sich dadurch bewerkstelligen lassen, daß man die Individuen ändert, aus denen die Gesellschaft besteht."

Weg, den der Leser zurücklegt, von der "multiplicity" der Erfahrung zur "unity" der letzten Sinndeutung.

Die personale Grundkonstellation von *Eyeless in Gaza* kehrt auch in den beiden folgenden Romanen, *After Many a Summer Dies the Swan* (1939) und *Time Must Have a Stop* (1944) wieder. In *After Many a Summer Dies the Swan* richtet sich die Satire insbesondere gegen Amerika, gegen die architektonischen Geschmacklosigkeiten von Los Angeles wie die alltäglichen Lebensgewohnheiten, gegen die Kaugummis und gegen die Kosmetika für Verstorbene. Dazu kommen satirische Einzelporträts wie das des Millionärs Jo Stoyte, der sich von einem ehemaligen Showgirl, der naiv-raffinierten Virginia Maunciple täuschen läßt. Sie genießt es, von dem romantischen Pete Boone umschwärmt und von dem zynischen Dr. Obispo verführt zu werden; sie gibt sich einem ausschweifenden Leben hin, stellt aber zugleich in ihrem Boudoir eine Marienstatue auf, um der Vergebung ihrer Sünden gewiß zu sein. Erinnerungen an Swifts *Gulliver's Travels* werden wachgerufen, wenn davon berichtet wird, daß Dr. Obispo Mittel erforscht, die zur Verlängerung des menschlichen Lebens führen können (Huxley übernahm hier Anregungen vom Auftritt der Langlebigen in *Gulliver's Travels*, Buch III). Dr. Obispo muß schließlich feststellen, daß seine Experimente von dem Earl of Gonister bereits vorweggenommen wurden, dem es gelang, über sein 97. Lebensjahr hinaus weiterzuexistieren, der sich aber im Laufe der Zeit in ein affenähnliches Wesen verwandelte.

In *Time Must Have a Stop* werden englische und italienische Schauplätze lebendig, die an die frühen Romane Huxleys erinnern; dazu greift er die Themen des Hedonismus und des Spiritismus in modifizierter Form wieder auf, wobei sich die Satire gegen all jene richtet, die sich an die vordergründig-physische Wirklichkeit und an falsche Vorstellungen von der Transzendenz verlieren.

Als Gegenspieler gegen die von Huxley verspotteten Charaktere tritt in *After Many a Summer Dies the Swan* Mr. Propter auf, der sich von der modernen Gesellschaft abwendet, weil seiner Meinung nach Industrialismus und Kapitalismus in ihr eine diktatorische Herrschaft ausüben. Er hat die Züge eines puritanischen Predigers, der eifrig darauf bedacht ist, seine Mitmenschen von der Gültigkeit seiner Anschauungen zu überzeugen; er glaubt, daß die Dezentralisierung aller Macht und Autorität und eine Steigerung der meditativen Kräfte im Einzelnen eine Gemeinschaft Gleichgesinnter hervorbringen werde, die ihrerseits den Nukleus für eine neue Gesellschaft bilden könnten. C.S. Ferns hat in einer positiven Würdigung dieses Romans – die sich von den meisten vorausgehenden Interpretationen deutlich abgrenzt – über Mr. Propter folgendes ausgeführt:

> He is a saintly figure, trying to convince a usually sceptical audience of the reality of a spiritual dimension which alone can make sense of the illusions and insanities of the everyday world.[29]

Mit Mr. Propter stellte sich Huxley erzählerisch ein nahezu unlösbares Problem: Die vollendete Persönlichkeit läßt sich in realistischer Weise nicht überzeugend darstellen; es bleibt in solchen Fällen immer nur der Ausweg in die allegorische Personifikation – und als Allegorie des Guten ist Mr. Propter bei allen realistischen Einzelattributen auch zu bezeichnen.

In *Time Must Have a Stop* sah sich Huxley mit der Gestalt des Bruno Rontini dem gleichen erzählerischen Problem gegenübergestellt. Rontini vermittelt Sebastian Barnack eine weltanschauliche Lehre, in der neuplatonisch-christliche und brahmanisch-buddhistische Elemente miteinander verschmolzen sind. Wenn Rontini nicht penetrant lehrhaft ist, so ist dies darin begründet, daß er sich mit Sebastian in eine komplexe Handlung verwickelt sieht, so daß er nicht nur als Weisheitslehrer und eine Art säkularisierter Heiliger in diesem Roman fungiert. Es bleibt aber auch hier die Frage, ob die Lehre von der mystischen Weltabgeschiedenheit mehr als nur einen kleinen Kreis von Menschen innerlich zu einer völligen Sinneswandlung bewegen kann. Gerade die letzten Romane dieses Autors lassen den Leser erkennen, wie groß die Kluft ist zwischen der in der modernen Industriegesellschaft allgemein akzeptierten Lebensweise und der von den Weisheitslehrern gepriesenen pazifistisch-meditativen Einstellung zur Wirklichkeit.

Im Hinblick auf Huxleys Wirklichkeitsauffassung und -darstellung erhält dieser Roman dadurch ein besonderes Gepräge, daß in mehreren Kapiteln die Bewußtseinsvorgänge des sterbenden Eustace Barnack erfaßt werden, der sein Leben als Genießer verbracht hat. Lothar Fietz hat in detaillierter Weise gezeigt, daß Huxley das *Tibetanische Totenbuch* als Vorlage benutzte:

---

29 C.S. Ferns, *Aldous Huxley: Novelist*, 155.

> [...] so wird der spezifische Verlauf des Sterbens der Eustace-Barnack-Gestalt und die Funktion der Sterbensdarstellung im Rahmen der Struktur von *Time Must Have a Stop* erst völlig durchsichtig auf dem Hintergrund buddhistischer Reinkarnationsvorstellungen im allgemeinen und der in *The Tibetan Book of the Dead or The After-Death Experience on the Bardo Plane* dargestellten besonderen Anschauungen der Mahayana-Schule des Buddhismus.[30]

Und weiterhin legt Fietz dar, daß Huxley "Entpersönlichung und Entzeitlichung" sowie die folgende "Repersonalisierung und Verzeitlichung des Bewußtseins bei der Reinkarnation"[31] als einen dynamischen Vorgang, als eine Metamorphose deutet, die das Bewußtsein durchläuft.

Vergleicht man Huxleys Roman *Ape and Essence* (1948) und sein letztes erzählerisches Werk *Island* (1962) miteinander, so zeigt sich, in welchem Maße die satirische und die utopische Tendenz gegen Ende seines Schaffens auseinanderstrebten. *Ape and Essence* (der Titel lehnt sich an eine Stelle in Shakespeares *Measure for Measure*, II, 2, 117–122 an) beschreibt in Form eines Drehbuches, das durch einen Zufall in die Hände des Autor-Erzählers geriet – es fiel von einem Lastwagen, der Müll in die Verbrennungsanlage transportierte –, wie im Jahre 2108, d.h. nach der Atomkatastrophe des Dritten Weltkrieges das Leben auf der Erde, insbesondere in Kalifornien aussieht. Gleich Orwells *Nineteen Eighty-Four* zeigt auch dieses Buch eine Schreckensvision, die vor einer verhängnisvollen Fehlentwicklung warnen möchte. Huxley erweist sich erneut als Satiriker, der Tiermetaphern nicht nur in Anlehnung an alte Gattungskonventionen benutzt; er fürchtet das tatsächliche Absinken der Menschheit auf die animalische Stufe. Spricht er in *After Many a Summer Dies the Swan* nur von einem Menschen, der sich Langlebigkeit wünschte und sich dabei zum affenähnlichen Wesen entwickelte, so schildert er in *Ape and Essence* einen animalischen Zustand, auf den – mit Ausnahme der Neuseeländer, die den Atomkrieg unversehrt überstanden haben – nahezu die ganze Menschheit herabgesunken ist. Im Zentrum der Beschreibung der zukünftigen Welt steht die Darstellung des Belialkultes: Am Belialstag dürfen sich die pavianähnlichen Wesen, zu denen die Menschen nun geworden sind, in einem orgiastischen Treiben ihrem sexuellen Ver-

---

30 Lothar Fietz, *Menschenbild und Romanstruktur in Aldous Huxleys Ideenromanen*, Tübingen 1969, 142–143.
31 Ebd., 155.

langen hingeben; ansonsten müssen sie das ganze Jahr über Enthaltsamkeit üben.

Das Liebespaar, das Huxley in den Mittelpunkt des Romans *Ape and Essence* gerückt hat, Dr. Poole (aus Neuseeland) und Loola, widersetzt sich den Gepflogenheiten, die in der vertierten Menschheit herrschen und ebnet damit den Weg zur erneuten Höherentwicklung der Menschheit. Dr. Poole und Loola entdecken dabei alte Konventionen, in denen die Liebe der beiden Geschlechter ehedem ihren Ausdruck fand. Dr. Poole findet – ebenfalls durch einen Zufall – Shelleys *Epipsychidion*, eine Dichtung, die seiner Liebesauffassung unmittelbar Ausdruck verleiht: "We shall become the same, we shall be one/ Spirit within two frames, oh! wherefore two?"[32] Dr. Poole und Loola sind die einzigen, in denen sich ein Gleichmaß von Physis und Psyche herstellt. Das Ideal einer Harmonie von Körper und Geist, von Natur und Vernunft, das sich in Huxleys frühen Satiren abzeichnet, liegt auch hier zugrunde. Es ist bemerkenswert, daß Huxley diesen Zukunftsroman nicht mit einer pessimistisch-nihilistischen Prognose ausklingen läßt, sondern zu erkennen gibt, daß in ihm, dem Autor, das Potential an Hoffnung nicht erschöpft war.

7

Aufgrund dieser inneren Einstellung vermochte es Huxley, in seinem letzten Werk den Satiren die Utopie *Island* (1962) folgen zu lassen. Er entwickelte in diesem Roman Gedanken weiter, denen er bereits 1946 (in einem erst in diesem Jahr verfaßten Vorwort zu *Brave New World*) Ausdruck verliehen hatte. Dort skizzierte er in Grundzügen, wie die gesellschaftliche Ordnung aussehen würde, die als utopische Gegenwelt zur Neuen Welt seiner Auffassung nach denkbar wäre:

> In this community economics would be decentralist and Henry-Georgian, politics Kropotkinesque and co-operative. Science and technology would be used as though, like the Sabbath, they had been made for man, not (as at present and still more so in the Brave New World) as though man were to be adapted and enslaved to them. Religion would be conscious and intelligent pursuit of man's Final End, the unitive knowledge of the immanent Tao or Logos, the transcendent Godhead or

---

32 Aldous Huxley, *Ape and Essence* (1948), London: Chatto & Windus 1951, 147.

Brahman. And the prevailing philosophy of life would be a kind of Higher Utilitarianism in which the Greatest Happiness principle would be secondary to the Final End principle [...]". (*BNW*, ix)

Huxley knüpft an sozialistisches Gedankengut – an Henry Georges Buch *Progress and Poverty* – an, wonach die Enteignung des Grundbesitzes als ein geeignetes Mittel zur Abschaffung der Armut angesehen wird. Er verbindet damit Vorstellungen von Peter Kropotkin, eines der einflußreichsten Vertreter des (russischen) anarchistischen Kommunismus, dessen Ziel "ein System sich selbst organisierender, die Trennung von Stadt und Land aufhebender, durch freie Kooperation miteinander verbundener Kommunen"[33] war. Huxley betrachtet aber, im Gegensatz zu Sozialisten und Anarchisten, die Bindung der ökonomisch-sozialen Ordnung an eine übergreifende, religiöse Ordnung als die unabdingbare Voraussetzung einer solchen Utopie.

Damit legte er bereits die Grundlagen für *Island*, ein Buch, in dem er mit den Mitteln der imaginativen und expositorischen Prosa einen Staat beschreibt, der von einem schottischen Naturwissenschaftler und Atheisten namens Dr. Andrew MacPhail und dem Radscha von Pala (angeblich eine Insel vor Sumatra) begründet wurde. Europäische Naturwissenschaft und buddhistische Religion werden in diesem Werk zu einer eigenwilligen Synthese miteinander verschmolzen; und es wird in dieser Utopie eine Lebenseinstellung beschrieben, die auf Selbsterkenntnis, Selbsterziehung und Selbstbefreiung beruht, deren höchste Werte Liebe und Mitleid sind und die sich eine Bejahung des Lebens, nicht aber eine asketische Überwindung aller Lebensregungen zum Ziel gesetzt hat.

Die Bewohner Palas haben alle Gebiete des gesellschaftlichen Lebens so gestaltet, daß die Ideale, nach denen sich ihr Denken und Handeln richtet, ungehindert verwirklicht werden können. Die Palanesen haben zwar gewisse Errungenschaften der westlichen Technik beibehalten, sie haben beispielsweise Elektrizität, aber sie hüten sich vor extremer Ausbeutung der Natur; wenn sie einen vernünftigen Gebrauch der Bodenschätze anstreben, folgen sie ökologischen Prinzipien. Sie verhindern weiterhin einen Bevölkerungsüberschuß, indem sie Maithuna, eine Art Joga-Technik zur

---

[33] Achim von Borries, "Kommentare: Peter Kropotkin (1842–1921)", in: Achim von Borries und Ingeborg Brandies (Hgg.), *Anarchismus: Theorie, Kritik, Utopie*, Frankfurt 1970, 408.

Kontrolle und Steuerung ihres Sexuallebens, anwenden; überdies sind in Pala Verhütungsmittel überall frei erhältlich. Die Familienstruktur hat sich grundsätzlich geändert: "Familie" bedeutet in Pala einen lockeren Verband von etwa 15 bis 25 Paaren, die sich die Verantwortung für das Leben der Gruppe teilen. Es steht jedem Mitglied dieser Gruppe frei, sich einem anderen Familienverband anzuschließen. Biologische Zugehörigkeiten (der Kinder zu den Eltern) werden als zufällig betrachtet und sind nicht grundlegend für das Zusammenleben der Menschen in der Gruppe. Die Erziehung der Kinder zielt nicht auf eine hochgezüchtete Intellektualität ab, sondern auf eine kontemplativ-intuitive Einstellung zur Natur, zum physischen wie zum psychischen Leben. Ist in zahlreichen Satiren Huxleys eine distanziert-kritische Haltung zum Körper und zur Sexualität zu beobachten, so zeichnet sich in diesem utopischen Buch eine völlige Umkehr ab: Die Natur wird ebenso bejaht wie die Sexualität – vorausgesetzt, die Grenzen, die die Vernunft markiert, werden beachtet. Schließlich lehnt Huxley – mit den Palanesen – jegliche Form organisierter Religion ab: Er plädiert für eine meditative Versenkung, die das Ziel verfolgt, das immanent Göttliche freizusetzen und von diesem Erlebnis her die Einheit der Person wiederzufinden. *Island* ist eine Utopie, weil dieser Roman von der Überzeugung getragen wird, daß dieser Lebensstil von der *gesamten* Bevölkerung der Insel geteilt werde.

Bemerkenswert ist, daß Huxley mit Pala keinen idealen *Zukunfts*staat beschreiben wollte. Pala gehört wie das Utopia des Thomas Morus der jeweiligen Gegenwart an: beide sind "Raumutopien". Den gegenwärtigen Verhältnissen sucht Huxley dadurch Rechnung zu tragen, daß er die utopische Insel von Staaten mit einem diktatorischen Regime umgeben sein läßt. Am Ende des Buches steht nicht die Ausbreitung des utopischen Staates, sondern eine Vernichtung durch militärische Gewalt. Dennoch bleibt Huxley Utopist. In den letzten Zeilen des Romans *Island* findet sich der Satz: "Disregarded in the darkness, the fact of enlightenment remained". Und das letzte Wort des Romans lautet: "Attention"[34]; es ist dies eine der zentralen Forderungen, die der utopische Staat an den Menschen richtet; aus der Aufmerksamkeit, mit der der Mensch allem Leben begegnet, entspringt die Achtung für den anderen, die Liebe und das Mitleid.

---

34 Aldous Huxley, *Island*, London: Chatto & Windus 1962, 286.

So faszinierend auch das letzte Buch von Huxley in einigen Passagen sein mag, insbesondere wenn man es vor dem Hintergrund der utopischen Tradition betrachtet – die Synthese zwischen europäischer Wissenschaft und orientalischer Religion, zu der er sich letztlich bekennt, muß für den europäischen Leser ebenso fragwürdig bleiben wie der Versuch, den er in *Brave New World* unternahm, wo er Shakespeares Humanismus als eine Art Gewissensnorm für die Zeitgenossen des 20. Jahrhunderts benutzte, dabei aber die Auseinandersetzung mit der Problematik dieses Humanismus aussparte, der aus dem spannungsreichen Widerspiel von mittelalterlichen und neuzeitlichen Ideen hervorging.

Trotz solcher inhaltlicher Einwände und trotz der Kritik, die an Huxleys Formkunst, an der Reduzierung der *Darstellung* und an der Überbetonung der *Deutung* der erzählerischen Vorgänge geübt werden muß, ist nicht zu übersehen, daß er mit seiner satirisch-didaktischen Sicht der Wirklichkeit in der ersten Hälfte des 20. Jahrhunderts Probleme ins Bewußtsein seiner Leser hob, die die Leser der zweiten Hälfte dieses Jahrhunderts in einer bedrängenden und bedrückenden Weise in ihrem alltäglichen Leben beschäftigen – im privaten wie im politischen Bereich.

Zwei Beispiele seien abschließend genannt:

1. Im Jahre 1978 gelang es dem englischen Frauenarzt Dr. Patrick Steptoe, ein "Retortenbaby" herzustellen. Er entnahm dem Körper von Mrs. Lesley Brown ein Ei, befruchtete es in einer Retorte und pflanzte es wieder in ihren Körper ein, wo das befruchtete Ei sich entwickelte. Die Reaktion der Öffentlichkeit, insbesondere auch der katholischen Kirche, zeigt, daß die Erzeugung eines "Retortenbabys" als ein tiefgreifender Wandel im Zusammenleben der Menschen empfunden wird und an die ethischen Fundamente des gesellschaftlichen Lebens rührt. So erklärte Kardinal Höffner, der damalige Vorsitzende der Deutschen Bischofskonferenz: "Heute ist die Würde des Menschen durch chemische, medikamentöse und chirurgische Manipulationen in erschreckender Weise bedroht", und er bezog sich bei dieser Erklärung ausdrücklich auch auf Huxleys Darstellung und Bewertung der künstlichen Erzeugung eines Menschen.[35] Inzwischen gehört das Akronym "IVF" = "In-vitro-Fertili-

---

35 Vgl. Willi Erzgräber, *Utopie und Anti-Utopie: Utopie und Anti-Utopie in der englischen Literatur*, München [¹1980], 2. unveränderte Aufl. 1985, 163f.

sation" = "Befruchtung im Reagenzglas" zu den allgemein benutzten Termini.

2. Am 23. Februar 1997 wurde berichtet, daß Dolly, "ein sechs Monate altes Schaf aus einer Zelle geklont worden war, die man dem Eutergewebe eines erwachsenen Schafes entnommen hatte"[36]. Der Gedanke, daß es gelingen könnte, auch Menschen zu "klonen", d.h. eine oder mehrere Zellen einem Organismus zu entnehmen und einen neuen Organismus zu schaffen, der dem Original nahezu oder völlig gleich ist, wirkte auf die Zeitgenossen wie ein Schock. Wie tief die Öffentlichkeit von der Nachricht vom 23. Februar 1997 betroffen war, geht aus der Reaktion führender Politiker hervor: "Das Europäische Parlament beschloß einstimmig ein Verbot des Klonierens von Menschen, weil es 'unethisch' und 'moralisch abstoßend' sei, weil es 'gegen die Menschenwürde gerichtet ist und eine schwere Verletzung der menschlichen Grundrechte darstellt, die unter keinen Umständen zu rechtfertigen oder akzeptabel ist'".[37] Das Klonen entspricht dem von Huxley beschriebenen Bokanovsky-Verfahren. Das Buch von Lee M. Silver, das sich mit dem Problem des Klonens befaßt, trägt im englischen Original den Titel *Remaking Eden: Cloning and Beyond in a Brave New World*. Dieser Titel beweist, daß Huxley mit seiner Anti-Utopie *Brave New World* eine Fiktion lieferte, die bei der Deutung der Fakten der gesellschaftlichen Wirklichkeit im ausgehenden 20. Jahrhundert an Aktualität nichts eingebüßt hat.

Schließlich sei hervorgehoben, daß Huxley mit *Island*, dem ersten ökologischen Roman dieses Jahrhunderts, einen tiefgreifenden Einfluß auf die politische und gesellschaftliche Entwicklung des 20. Jahrhunderts ausübte: "The central ideas of *Island* have become key notions of Greenpeace, green parties, and definitely since the nuclear catastrophe of Chernobyl in 1986 – not to mention the peaceful German revolution of 1989 – they have become guidelines of global politics and society."[38]

---

36 Lee M. Silver, *Das geklonte Paradies*, München 1998, 125.
37 Ebd., 135. – Vgl. weiterhin ebd., 345 und das Schwerpunktdossier der NZZ "Gentechnologie", Zürich 1997.
38 Gerd Rohmann, "*Island*: Huxley's Ecological Utopia", in: *Now More Than Ever: Proceedings of the Aldous Huxley Centenary Symposium, Münster 1994*, ed. Bernfried Nugel, Frankfurt a.M./Berlin/New York etc. 1995, 175–184, hier 182.

EVELYN WAUGH (1903–1966)

Der Mensch in der Wirklichkeit des gesellschaftlichen Zerfalls und des absurden Zufalls

1

Der satirische Roman ist der realistischen Darstellungsweise verpflichtet und löst sich dennoch immer wieder vom Prinzip der mimetischen Wiedergabe von Realität. Bei dem Versuch, die Laster und Schwächen eines Zeitalters zu erfassen, bedient sich der Satiriker der realistischen und der naturalistischen Techniken, um die Gebrechen der Gesellschaft in aller Schärfe anzuprangern. Oft werden die Laster überdeutlich dargestellt, und der Kontext des gesellschaftlichen Lebens, der sie verständlich erscheinen lassen könnte, wird ausgeblendet. Zugleich nimmt sich der Satiriker die Freiheit, Bestandteile der gesamten Wirklichkeit, die der realistische Romancier zu einem "epischen" Gemälde vereinigt, in einer für den Leser provozierenden Weise zu neuen ästhetischen Konfigurationen zusammenzufügen, um die satirische Intention zu um so schärferer Wirkung kommen zu lassen. Die ursprüngliche Bedeutung des Begriffes "satire" = "medley" weist darauf hin, daß der Satiriker in der Regel nicht zögert, die unterschiedlichsten Themen und Ausdrucksformen *einem* bestimmten Ziel unterzuordnen, nämlich einen gesellschaftlichen Mißstand wenigstens fiktiv zu vernichten, indem er ihn der Lächerlichkeit preisgibt.

Wirklichkeit erscheint also in der Satire in einem Zerrspiegel, der deshalb so häufig im Betrachter ästhetisches Vergnügen auslöst, weil der Leser dazu neigt, in diesem Spiegel nur die anderen zu sehen, zumal wenn zwischen der Entstehung des Werkes und dem Zeitpunkt der Lektüre eine größere zeitliche Distanz liegt. Satire ist einerseits zeitgebunden und enthüllt ihre ursprüngliche Absicht auch nur, wenn der Leser es versteht, zeitgeschichtliche Kontexte zu rekonstruieren und mitzudenken. Darüber hinaus gibt es aber auch die Möglichkeit, daß in einem satirischen Werk eine deutliche Vorstellung vom gesellschaftlichen Leben einer Epoche – wenigstens in Abbreviaturen – entworfen wird, auf die der Leser werkimmanent die satirischen Attacken eines Autors beziehen kann. Wenn beispielsweise William Langland in seinem theologisch-satirischen Epos *Piers Plowman* einen gefräßigen Theologen schildert, dann wird sich nie ermitteln lassen, ob er einen bestimmten Zeitgenossen im Auge hatte; wüßten wir den Namen des Theologen, den er mit seiner satirischen Invektive treffen wollte, wüßten wir etwas von den Lebensgewohnheiten dieses Mannes, dann könnten wir die spezifische satirische Bedeutung des Porträts nachvollziehen. Obgleich uns in dem zitierten Beispiel die zeitgenössische Bedeutungsebene verschlossen bleibt, wirkt die satirische Attacke dennoch, weil Langland zum einen in seinem Epos ein Bild der englischen Gesellschaft des 14. Jahrhunderts entwirft und dabei dem Leser eine Vorstellung vom Ausmaß der Mißstände auch im Leben des Klerus vermittelt und weil er zum anderen die Normen, nach denen er als Satiriker seine Zeitgenossen be- und verurteilt, lebendig werden läßt.

Evelyn Waugh setzt im 20. Jahrhundert die schon im späten Mittelalter in England nachweisbare konservativ-religiöse Satire fort. In seinen Anfängen billigte er zwar den modernen intellektuellen Haltungen – vom Atheismus bis zum Skeptizismus – einen breiten Raum zu, aber nach den neusten Forschungen ist seine religiöse Sicht mit in den frühen Werken enthalten: "From the start of his career Waugh devoted his fiction to exploring – and giving a historical account of – the cultural circumstances that led him to Rome".[1] 1930 konvertierte er zum römisch-katholischen Glauben und gab in einer Zeit, in der zahlreiche englische Intellektuelle und Literaten sich der politischen Linken zuwandten, zu erkennen, daß er sich zumindest in seinem privaten Bereich zu einer entschieden konservativen Weltsicht bekannte. Aus dieser Einstellung erklärt sich auch seine besondere Sympathie für den Adel, dessen Landsitze und Schlösser – von Hetton Abbey in *A Handful of Dust* bis zu Brideshead in *Brideshead Revisited* – für ihn den Inbegriff einer vernünftigen Lebensordnung darstellen, die sich über die Jahrhunderte hin bewährte.

---

1 Douglas Lane Patey, *The Life of Evelyn Waugh, A Critical Biography*, Oxford/Cambridge, Mass., 1998, 55.

Allerdings sieht Waugh auch den Zerfall dieser Lebensordnung im 20. Jahrhundert: der Titel seines ersten Werkes, *Decline and Fall*, das 1928, zwei Jahre vor seiner Konversion veröffentlicht wurde, erinnert an das monumentale Werk von Edward Gibbon *The History of the Decline and Fall of the Roman Empire*, das zwischen 1776 und 1788 entstand und in einer großartigen Vision – an der Historiker inzwischen mancherlei Kritik geübt und Revisionen vorgenommen haben – den Zerfall des Imperium Romanum schilderte. Waugh spricht zwar nicht von *The Decline and Fall of the British Empire*, aber er sieht die Spuren der Dekadenz in der britischen Gesellschaft, insbesondere in der Aristokratie des Blutes, der seine Sympathie gilt, und er sieht das Aufkommen der Geld-Aristokratie, deren Mentalität und Lebensstil symptomatisch für die Moderne ist, für den Lebensstil, auf den in modifizierter Form auch die Angehörigen der niederen Klassen hinstreben oder hinstreben möchten. Mit Wehmut beobachtet Waugh den Zerfall der gesellschaftlichen Ordnung, die deutlich die Züge einer romantisch-ländlichen, aristokratisch-mittelalterlichen Utopie trägt. Krasser Egoismus, schrankenlose Genußsucht, moralische Indifferenz, List und Betrug bestimmen das gesellschaftliche Leben der Gegenwart, die er schildert. Wie für Eliot lebt auch für ihn die Gesellschaft der 20er und 30er Jahre des 20. Jahrhunderts in einem "Waste Land"; die Menschen dieser Zeit gleichen dem ironisch-melancholischen J. Alfred Prufrock oder den "Hollow Men".

So entschieden Waughs persönliche Anschauungen im politischen und religiösen Bereich von 1930 an waren, so sehr kaschiert er sie in der ersten Phase seines künstlerischen Schaffens, die bis in den Zweiten Weltkrieg, bis zum Erscheinen von *Brideshead Revisited* (1945) reicht. Er schreibt aus einer kühlen Distanz, porträtiert sein Zeitalter, ohne ständig explizite Kommentare einfließen zu lassen. Nur gelegentliche Seitenhiebe und vor allem nostalgische Passagen lassen erkennen, wo die Sympathien des Autors liegen. In seiner geradezu klassizistisch geschliffenen Diktion klingt das Vorbild Jonathan Swift an. Die Tatsache, daß Paul Pennyfeather, der Protagonist von *Decline and Fall* in Oxford Theologie studiert und nach mancherlei Abenteuern zu dieser Universität und zum gleichen Studienfach zurückkehrt, kann als ein verdeckter Hinweis auf die geistige Einstellung des Autors gedeutet werden. Selbst wenn Waugh sich zunächst nicht offen zur aristokratischen Tradition und zu einem vom Katholizismus geprägten Weltbild bekennt, ist bereits in seinem ersten satirischen Roman zu erkennen, daß er zu jenen Satirikern gehört, für die die ideale Norm in der Vergangenheit liegt und bei denen die vehementen Ausbrüche dadurch verursacht werden, daß die Erfahrung der Gegenwart, das Erlebnis des gesellschaftlichen Zerfalls, der Korruption und der Perversion ständig an dem gedachten, im Bewußtsein stets präsenten Bild einer idealen Vergangenheit gemessen wird. Daß die Vergangenheit dabei oft imaginativ umgeformt wird, steht bei Waugh ebenso außer Frage wie bei Swift. Entscheidend ist in diesem Zusammenhang zunächst, daß sich Waugh grundsätzlich von den "progressiven" Satirikern der Moderne unterscheidet, deren Gesellschaftsideal in einer näheren oder ferneren Zukunft liegt und bei denen Satire die Funktion hat, das Gegenwärtige zu entlarven, den Prozeß der Selbstauflösung der überlieferten Kultur zu beschleunigen und das Gebäude einer Gesellschaftsordnung mit den literarischen Mitteln des Satirikers zum Einsturz zu bringen, um auf diese Weise den Weg für die Verwirklichung einer idealen Ordnung frei zu machen, die nicht länger Utopie bleiben, sondern Wirklichkeit werden soll.

Wenn Waugh seine weltanschaulichen Normen zunächst kaschierte, dann hatte dies Konsequenzen für die Erzählhaltung und die gesamte Darbietungsweise, die für seine frühen Romane charakteristisch sind. Er erzählt mit ironischer Distanz von einer Welt, die nicht nur durch den gesellschaftlichen Verfall, sondern auch durch den absurden Zufall gekennzeichnet ist.[2] Zerfall bedeutet, daß eine ehedem vorhandene und akzeptierte Ordnung sich auflöst, weil man nicht mehr an ihre Gültigkeit glaubt; Zufall bedeutet, daß man in der ganzen Welt auf den ersten Blick keine höhere, keine andere Ordnung wahrzunehmen vermag, die an die Stelle der alten Ordnung treten könnte. Zufall ist also in den Romanen Waughs nicht als ein vom Erzähler gern benutztes, bequemes Konstruktionsmittel zu verstehen, durch das Ereignisketten zusammengeschlossen und Personen gleich Marionetten auf bestimmte Ziele hin bewegt werden. Der Zufall kennzeichnet die Bedingungen, unter denen der Mensch in den Romanen Waughs seinen Gang in die Welt und durch die Welt antritt. Im Zufall kündigt sich für Waugh das Chaos an, das im Zweiten Weltkrieg zum Ausbruch kommen sollte. Wenn Waugh in *Brideshead Revisited* und in der Romantrilogie *Sword of*

---

2 Vgl. hierzu die umfassende Monographie von Yvon Tosser, *Le sens de l'absurde dans l'œuvre d'Evelyn Waugh*, Paris/Lille 1977.

Honour, die in den 50er und 60er Jahren entstand, deutlich explizite religiöse Kommentare einfügte, dann dürfte dies darin begründet sein, daß er jetzt eine Verbindung zwischen dem chaotischen Schlachtfeld alltäglicher Erfahrung und der Zitadelle des Glaubens herzustellen vermochte, in der er sich zuvor nur als distanzierter Beobachter der Vorgänge, die zum Ausbruch des Zweiten Weltkrieges führten, aufgehalten hatte. Der Stil der frühen Werke, die satirisch-komödiantische, groteske, phantastische und manchmal auch extravagante Präsentaion des absurden "Waste Land", war nur möglich, weil die Angriffe durch eine verborgene spirituelle Energie gespeist wurden. In einer ästhetisch geradezu verspielten Weise führt Waugh die Möglichkeiten und Zufälle des modernen gesellschaftlichen Lebens vor. Seine frühen Werke sind "satirische Romanzen" genannt worden, weil sich in ihnen die Leichtigkeit der Darstellung mit Invektiven gegen den vorgetäuschten schönen Schein des modernen Lebens verbindet. Ich neige dazu, die frühen Romane Waughs "absurde Fortuna-Komödien" zu nennen. Die Wechselfälle des Lebens, von denen Waugh erzählt, werden in *Decline and Fall* von Professor Silenus mit Hilfe des Bildes einer großen runden Scheibe – dem Rad der Fortuna vergleichbar – erläutert. Auf der Peripherie der Scheibe sitzen die "dynamischen Weltmenschen", die sich in allen Wechselfällen mit List zu behaupten wissen; er selbst strebt einer statischen Lebensform zu und möchte im Zentrum der sich drehenden Scheibe, in "the still point of the turning world" (T.S. Eliot) verharren. Dazu gibt es nach Professor Silenus die Gruppe der Zuschauer, die sich an diesem Wechselspiel ergötzt.

Silenus' Darlegungen lassen an die Ausführungen der Philosophie in der *Consolatio Philosophiae* des Boethius denken, wo die Peripherie des Rades die Schicksalsordnung, die Wechselfälle der Fortuna verdeutlicht und wo derjenige als klug gilt, der – auch wenn er mit seiner physischen Existenz dem zeitlichen Wandel unterworfen ist – bildlich gesprochen den Anker seines Geistes im Zentrum des absoluten Seins, in dem unbewegten Beweger festzumachen sucht. Eine Zuschauerposition gibt es bei Boethius nicht. Klassifiziert man – in Anlehnung an Boethius – diejenigen Werke, die vom Sturz eines Menschen aus Glück und Wohlstand in großes Unglück handeln, als "Fortuna-Tragödien", so liegt es nahe, die Romane Waughs, in denen bei der Darstellung der Wechselfälle des modernen Lebens die komisch-satirische Stilart dominiert, als

"Fortuna-Komödien" zu bezeichnen, zumal Waugh nicht vom jähen Sturz hochgestellter Persönlichkeiten (d.h. klassischer Protagonisten) berichtet, sondern von den Trivialitäten, in denen das Leben der *upper class* und der *upper middle class* zerrinnt. Da der Zufälligkeit und Sinnlosigkeit der Geschehnisse kein deutlich artikulierter Sinn entgegengesetzt wird, tritt die Absurdität des Geschehens umso deutlicher zutage. Eine Erinnerung an das Sinnbedürfnis wird im Leser jedoch durch den Stil, die klassische Ordnung der Sprache evoziert, die gleichsam kontrapunktisch gegen die dargestellte Sinnlosigkeit ausgespielt wird.

Für den Leser der frühen Romane Waughs ergibt sich daraus eine doppelte Art und Weise zu reagieren: (a) Er vertraut sich – wie er dies normalerweise tut – dem Text an; dann erschöpft sich das ästhetische Vergnügen in der Freude am spielerischen Vermögen des Autors, eine Wirklichkeit, in der die Fortuna willkürlich mit den Menschen spielt, darzustellen; (b) der Leser kann, sofern er mit Waugh religiös-konservative Maßstäbe teilt, – wie der Autor – aus der Geborgenheit des Glaubens mit ruhigem Blick den Irrungen und Wirrungen der Menschen zuschauen; die Romane illustrieren dann das Diktum des Predigers Salomo: "Vanitas vanitatum vanitas". Eine solche Übereinstimmung zwischen der konservativen Position des Lesers und der gleichgearteten Einstellung des Autors wird jedoch in den frühen Romanen nicht durch bestimmte erzählerische Strategien bewirkt; tritt sie ein, dann ist sie purer Zufall.

Wenn es in den frühen Romanen selbst Figuren gibt, die als Gegenkräfte zu der absurden Kontingenz des alltäglichen Geschehens verstanden werden können, dann sind es die Repräsentanten der "life-force" (wie etwa Captain Edgar Grimes in *Decline and Fall*), jener unverwüstlichen Lebenskraft, die sich auch im absurden Wirrwarr der Zufälligkeiten immer wieder zu Wort meldet. Aus den Repräsentanten der "life-force" spricht die Überzeugung (oder auch Hoffnung), daß das absurde Geschehen nicht auf eine Auflösung und Vernichtung der menschlichen Existenz hinstrebt, sondern die Möglichkeit einer Regeneration in sich birgt. In diesem vitalistischen Credo, das in den komischen Passagen der Romane Evelyn Waughs immer wieder auftaucht, spiegelt sich eine optimistische Einstellung, die in der komischen Literatur durch die Jahrhunderte hindurch verfolgt werden kann – es sei hier nur an Chaucers Pandarus und Shakespeares Falstaff erinnert –, eine Einstellung, die Henri Bergson für das 20. Jahrhundert in seinem Buch *Le rire* in eine

Theorie des Komischen umsetzte: danach liegt der Sinn des Lebens im Leben selbst und das Leben verfügt über genügend Energien, um sich selbst zu erneuern.

Es ist kein Zufall, daß bei Autoren wie Shaw, Huxley oder Waugh, die sich mit ihren literarischen Werken gegen alle Formen der gesellschaftlichen Erstarrung im Industriezeitalter zur Wehr setzen, auch Formen des Komischen nachzuweisen sind, die sich mit Bergson als Protest des *élan vital* gegen eine Verhärtung des individuellen wie des gesellschaftlichen Lebens auslegen lassen. Solche Spuren eines Optimismus sind bei Waugh jedoch nicht nur Ausdruck eines zentralen ästhetischen und religiösen Credos; sie gelangen auch mit den Konventionen der komischen Literatur in sein Werk und werden in ihrer Entfaltung durch Überzeugungen des Autors gedeckt, die außerhalb des optimistischen Vitalismus der Komödie anzusiedeln sind.

Vom Weltbild her lassen sich die Grundzüge der Personengestaltung und das Handlungsschema, das den frühen Romanen Waughs zugrunde liegt, erklären. Die Protagonisten sind (in der Regel) passive Naturen, die von den Wechselfällen des Lebens getrieben werden, mit wenig Erfahrung in ungewohnte Situationen geraten und in ihrer Naivität allen *common sense* aufbieten müssen, um sich zu behaupten. Ist die Welt dem Bereich der *experience* gleichzusetzen, wo Korruption, Zerfall der Sitten, Geld- und Besitzgier, Hinterlist und Täuschung regieren, so gleicht der Anfangsbereich oft einem irdischen Paradies, selbst wenn dieser nur in der Einbildung der Protagonisten existieren sollte; die Ausgangssituation der Romanhandlung wäre mit dem Augenblick des "Falls" identisch, in dem *innocence* und *experience*, die ursprüngliche Naivität des Helden und der Beginn abenteuerlicher Prüfungen, einander überschneiden. Die Frage, die als Spannungsmoment den Roman durchzieht, lautet: Wird der Held an der Wirklichkeit des gesellschaftlichen Zerfalls und der absurden Zufälle scheitern, oder wird es ihm auf ebenso abenteuerliche Weise gelingen, zu jenem irdischen Paradies zurückzukehren, aus dem er ohne eigene Schuld herausgerissen wurde?

2

Der Name des Protagonisten von *Decline and Fall* (1928), Paul Pennyfeather, läßt bereits sein Schicksal erahnen: In den Augen der Welt ist er nicht viel mehr wert als ein Penny; die wetterwendische Fortuna treibt ihn durchs Leben wie der Wind eine Feder; sein Vorname Paul erinnert an Paulus; aber die Wiedergeburt, die er erlebt, setzt nur einen vorgetäuschten Tod, keine tiefgreifende Sinneswandlung voraus. "Mundus vult decipi"; da die Welt getäuscht sein will, stellt er sich am Ende der im Roman geschilderten Lebensphase auf dieses Gesetz, auf diese Gegebenheit ein, stirbt einen Schein-Tod und erwacht zu einer neuen Schein-Existenz. Die Erinnerung an das religiöse Modell, das dem Roman zugrunde liegt, wird zwar dadurch geweckt und gestärkt, daß Paul Pennyfeather in Oxford Theologie studiert, aber der leichte Ton, in dem seine Geschichte erzählt wird, läßt im Roman keine tiefdringenden Reflexionen, keine tragischen Verwicklungen erwarten. Die Geschichte erinnert vielmehr an die Beispiele des pikaresken Genre, wenngleich es dem Helden an der gewitzten Kühnheit und Einfallsgabe eines *picaro* fehlt.

Pauls Schwierigkeiten ergeben sich dadurch, daß er in das wilde und ausgelassene Treiben des Bollinger Club in Oxford gerät, daß man ihn verdächtigt, er habe durch seine Kleidung (seine Krawatte) die Zugehörigkeit zum Club vortäuschen wollen, worauf man ein Exempel an ihm statuiert; er wird entkleidet und deshalb wegen "ungeziemlichen Verhaltens" von der Universität relegiert. Als Lehrer an einer Privatschule in Llanabba Castle, wo er einige gescheiterte Existenzen wie Captain Grimes oder den Geistlichen Prendergast als Kollegen hat, lernt er Mrs. Margot Beste-Chetwynde kennen, die Mutter eines seiner Schüler, die durch ihr extravagantes Auftreten Männer zu beeindrucken versteht und mit der sich Paul Pennyfeather verlobt. Als sie heiraten wollen, wird Paul verhaftet; es stellt sich heraus, daß Margot in Südamerika einige Bordelle unterhält – nur auf diese Weise konnte sie als Dame von Welt leben –, daß sie aber in Schwierigkeiten geriet, als ihr Menschenhandel in Marseille entdeckt wurde. Die Schuld wird Paul Pennyfeather zugeschoben, der auch bereit ist, für diese vermeintliche Schuld zu büßen, so daß er einer siebenjährigen Zwangsarbeit entgegensieht. Paul gelingt es jedoch – ähnlich wie Captain Grimes, den er im gleichen Milieu wiedertrifft – aus dem Gefängnis zu entkommen; er geht für einige Zeit nach Korfu, und als Dr. Fagan ihm einen Totenschein unterschreibt, kann er inkognito nach Oxford zurückkehren und seine Studien wiederaufnehmen.

Alle ethischen Werte, alle hohen Ideale haben sich in Pauls Erleben als leer und wertlos erwiesen. Er wird ständig das Opfer von Ungerechtigkeiten, und wenn ihm schließlich mit seiner Wiedergeburt eine gewisse Gerechtigkeit widerfährt, so ist dies eine "poetische", die Gerechtigkeit der Komödie, die sich für das Leben und gegen den Tod entscheidet, nicht aber eine geltende Gerechtigkeit, die vom Einzelnen mit den Mitteln, die die Gesellschaft dem zu Unrecht Leidenden in die Hand gibt, erstritten werden kann. In der Welt täuschen alle, die für Wahrheit und Gerechtigkeit eintreten sollten – der Direktor der Schule ebenso wie der Direktor des Gefängnisses oder der Pfarrer, der predigt, ohne von dieser Wahrheit überzeugt zu sein. Es bleibt offen, ob Paul der Ordnung, die durch Religion und Kirche gesetzt ist, auf Grund seiner Lebenserfahrung neue Geltung zu schaffen vermag. Bei seinem Gang durch die Welt erweist er sich als so gefühllos und oberflächlich wie die Welt selbst. Paul ist das dem gesellschaftlichen Lebensstil entsprechende Opfer. Gleich Jacob Flanders in Virginia Woolfs Roman *Jacob's Room* führt auch Paul Pennyfeather eine schattenhafte Existenz, aber er geht – anders als Jacob – an dieser Welt nicht zugrunde. Er ist nicht der Sündenbock, der für die Gesellschaft tatsächlich sterben muß, sondern der Sündenbock, der nur dem Schein nach stirbt, auf daß die Welt des gesellschaftlichen Scheins aufrecht erhalten wird. Wie man dem Scheine nach stirbt, hat Captain Grimes – ehe Paul ein gleiches Schicksal widerfährt – bereits im Gefängnis vorgeführt. Wenn Paul sich zur gleichen List entschließt, wiederholt er damit nur, was ein anderer, der der Inbegriff des amoralischen Lebens ist, bereits praktiziert hat. Mit seinem Scheintod entscheidet sich Paul für das Leben, mit seiner Rückkehr nach Oxford für ein Leben, das mehr ist als nur eine amoralische Selbstentfaltung im vitalistischen Sinn.[3] Wie aber der Wille zum Überleben, der die permanente Täuschung der Umgebung voraussetzt – Paul wird seine wahre Identität immer verleugnen müssen –, auf die Dauer mit der theologischen Profession verbunden werden kann, bleibt offen.

Die Tatsache, daß Paul am Ende des Romans nach Oxford zurückkehrt, gibt – unabhängig von der angedeuteten Problematik –

---

3 Vgl. Douglas Lane Patey, *The Life of Evelyn Waugh*, 71ff.

dem Roman selbst eine formale Rundung und Abgeschlossenheit. Wie bei einem klassisch-geschlossenen Kunstwerk greifen Anfang und Ende ineinander. Aber dieser Anspruch auf formale Geschlossenheit täuscht eine Ordnung, eine Harmonie vor, die es inhaltlich in diesem Roman und auch in seinem Schlußkapitel nicht gibt. Form und Inhalt liegen im Widerstreit: Durch die vorgetäuschte Identität hat Paul auch mit seiner neuen Lebensform Anteil am Maskenspiel der Gesellschaft. Er vermag sich dem Sog des gesellschaftlichen Lebens, das auf Trug und Täuschung basiert, nicht völlig zu entziehen. Auch seine vorgetäuschte Wiedergeburt ist ein Ausdruck der chaotisch-absurden Verhältnisse, die in dem dargestellten "Waste Land" herrschen. Die Rückkehr nach Oxford ist – von dieser Warte aus gesehen – nichts anderes als eine Wiederholung der Ausgangssituation – freilich unter anderen Vorzeichen. Paul erschleicht sich gleichsam den Zugang zu dem Paradies, aus dem er herausgerissen wurde, durch Betrug. Lediglich an einer Stelle wird dieser Betrug einmal durchbrochen: im Epilog, der eine Begegnung zwischen Paul Pennyfeather und Peter, seinem früheren Schüler und dem Sohn Margots, schildert. Hier werden dem Leser – wie in einem traditionellen Roman – Informationen über das Schicksal einiger Hauptpersonen geliefert; so z.B., daß Margot nun Viscountess Metroland ist. Eine tiefere Bedeutung hat diese Begegnung jedoch nicht: sie hebt vielmehr noch einmal die ironische Spannung zwischen wahrer und vorgetäuschter Existenz, zwischen Sein und Schein, dem Leser ins Bewußtsein.

3

In Evelyn Waughs zweitem Roman, *Vile Bodies* (1930), kehren einige Themen wieder, die er schon in seinem ersten Werk behandelt hatte, und dieser Zusammenhang wird dadurch noch unterstrichen, daß auch einige der Personen, die in *Decline and Fall* auftreten, in diesem Roman wiedererscheinen wie z.B. Margot Metroland, Miles Malpractice, Peter Pastmaster, Alastair Digby-Vane-Trumpington, Lady Circumference. Der Leser hat das Gefühl, "alte Bekannte" zu treffen, und Waugh weckt auf diese Weise den Eindruck, daß es sich um tatsächliche Zeitgenossen handelt, die ein Leben unabhängig von seinen Romanen führen. Die Romane sind gleichsam nur Annäherungsversuche an die Wirklichkeit.

Die Gäste, die Lady Anchorage zu einem Empfang in Anchorage House gebeten hat, repräsentieren die alte Generation, die Tradition, von der sich die Jungen, "the Bright Young People"[4], absetzen. Die alte Generation wird mit den Adjektiven "pious and honourable" (*VB*, 126) charakterisiert, Adjektive, die im auktorialen wie im personalen Sinn verstanden werden müssen, denn aus ihnen spricht nicht nur ein Urteil des auktorialen Erzählers, sondern auch die Selbstdeutung der Personen, so daß die Wertung durch den Erzähler einem Zitat gleichkommt. Diese doppelte Perspektive wird auch in den folgenden Zeilen, die die summarische Charakterisierung der Gäste enthält, in variabler Form zur Geltung gebracht:

> ... their women-folk well gowned in rich and durable stuffs, their men-folk ablaze with orders; people who had represented their country in foreign places and sent their sons to die for her in battle, people of decent and temperate life, uncultured, unaffected, unembarrassed, unassuming, unambitious people, of independent judgment and marked eccentricities, kind people who cared for animals and the deserving poor, brave and rather unreasonable people, that fine phalanx of the passing order, approaching, as one day at the Last Trump they hoped to meet their Maker, with decorous and frank cordiality to shake Lady Anchorage by the hand [...]. (*VB*, 126–127)

Als Kontrast dazu ist die Stelle anzusehen, an der aus der Perspektive des Protagonisten die Parties beschrieben werden, die die "Bright Young People" veranstalten oder besuchen:

> (... Masked parties, Savage parties, Victorian parties, Greek parties, Wild West parties, Russian parties, Circus parties, parties where one had to dress as somebody else, almost naked parties in St John's Wood, parties in flats and studios and houses and ships and hotels and night clubs, in windmills and swimming baths, tea parties at school where one ate muffins and meringues and tinned crab, parties at Oxford where one drank brown sherry and smoked Turkish cigarettes, dull dances in London and comic dances in Scotland and disgusting dances in Paris – all that succession and repetition of massed humanity. ... Those vile bodies ...). (*VB*, 123)

Herrschen bei den Empfängen der alten Generation ehrwürdiges Zeremoniell und "geheiligte" Konvention, so ist das Leben der jungen Generation völlig informell. Weiß jeder Teilnehmer der

---

4 Evelyn Waugh, *Vile Bodies*, London: Chapman & Hall (1930), [2]1965, 16. Im Folgenden zitiert als *VB*.

Empfänge die Gäste ihrer Person, ihrer Herkunft, ihrem Rang und Stand nach genau einzustufen, so bestimmt die Maskerade den Umgang der Party-Gäste miteinander: "one had to dress as somebody else". Die Langeweile ist das Lebensgefühl, das das Leben der "Bright Young People" prägt. Sie setzen sich keine Ziele, sondern wollen nur Tag für Tag ihr Leben genießen. So ist die Party auch kein Fest, das – wie der Empfang in Anchorage House – für viele den jährlichen Höhepunkt im gesellschaftlichen Leben darstellt und in sich in gesteigerter Form den Willen zur kulturellen Leistung bekundet; die Parties werden veranstaltet, um der Sinnleere des individuellen wie gesellschaftlichen Lebens zu entgehen; Partygespräche sind keine Kommunikation, sondern Laute und Wörter, die das Schweigen überbrücken müssen, das in den Schweigenden ernsthafte Reflexion über ihr eigenes Leben auslösen könnte. Die Tänze haben wie die Parties selbst den monotonen Charakter von Kreisbewegungen und absurden Wiederholungen. Diese Wiederholung des Gleichen suchen die Party-Gäste dadurch erträglich zu gestalten, daß sie – wie aus der zitierten Beschreibung deutlich hervorgeht – zu jeder Party in neuer Maskerade erscheinen, daß sie täglich eine neue Lebensweise simulieren, die nicht die ihre ist. So wird durch die Masken eine exotische Vielfalt vorgetäuscht, um die Eintönigkeit des hedonistischen Lebens zu verdecken. Die Wirklichkeit löst sich damit in ein absolut gesetztes phantastisches Spiel mit Masken und Kostümen auf. Die Spannung zwischen der spielerischen Wirklichkeit und dem "Ernst des Lebens" ist vor allem auch deshalb geschwunden, weil die Party-Gäste sich zusammenfinden, um sich an ihre Phantasiewelt zu verlieren, um sich in ihrer personalen Existenz aufzugeben und personale Beziehungen zu einem anderen Menschen zu vermeiden oder aufzuheben, indem ein ständiger Partnertausch gesucht und zur "Spielregel" gemacht wird.

Das Autorennen, bei dem Agatha Runcible als Ersatzfahrerin betrunken einspringt und bei dem sie nach anfänglichen Erfolgen aus der Bahn geschleudert wird und schließlich ihren schweren Verletzungen erliegt, darf neben den Parties als ein zweites Symbol für die Existenzweise der "Bright Young Things" angesehen werden: Es dominiert eine kreisförmige Bewegung, durch die das Geschehen ziellosen, absurden Vorgängen vergleichbar wird, die Fahrer riskieren ihr Leben zum eigenen Zeitvertreib und zur Unterhaltung der anderen, und wenn jemand wie Agatha Runcible tatsächlich sein Leben verliert, findet niemand ein Wort für das Opfer:

Weder die Zeugen des Schicksals von Agatha Runcible noch der Autorerzähler, der die Dinge in eigener Regie kommentieren könnte, äußern ein Wort über dieses Geschick. Sie registrieren es stumm und bleiben stumme Zeugen, weil sie – selbst im Sog der Sinnleere stehend – nicht fähig sind, den Tod eines Menschen in einen sinnvollen Zusammenhang allgemeinmenschlichen Geschehens einzuordnen. Es gibt für sie weder religiös-philosophische, noch moralische Kategorien und auch keinerlei Konventionen, mit denen sie diese Situation bewältigen könnten. Und wenn sie aus dem monologischen Kommentar ausbrechen, mit dem sie im Alltag triviale Vorgänge begleiten, führen sie allenfalls Dialoge über den Verlust des Sinnes, über den Mangel von Denkmustern, die ihnen helfen könnten, über ihre primitive Reflexionsebene hinauszugelangen.

Verfolgt man die Ausführungen Waughs über Religion und Politik, die in diesen Roman eingearbeitet und der älteren Generation zugeordnet sind, so wird deutlich: Mr. Outrage, der wegen des permanenten Wechsels im poltitischen Leben ironischerweise "last week's Prime Minister" (*VB*, 13) genannt wird und dem Lord Metroland, ein Kapitalist, und Father Rothschild, ein einflußreicher Jesuit, zur Seite stehen, hat wenig Glück, weil die "Bright Young People" bis zu No. 10 Downing Street vorgedrungen sind. Seine Affäre mit der Gattin des japanischen Botschafters beweist, daß er insgeheim dem Lebensstil huldigt, dem die "Bright Young People" sich in aller Öffentlichkeit verschrieben haben. Auch die religiösen Kräfte vermögen kaum etwas am Leben der modernen Gesellschaft zu ändern. Father Rothschild durchschaut zwar das Treiben der alten wie der jungen Generation und beklagt die radikale Instabilität in der ganzen Weltordnung (*VB*, 133), aber auch er zeigt keine Wege auf, die aus der Misere der Moderne herausführen könnten. Wenn Mrs. Melrose Ape, eine amerikanische Wanderpredigerin mit ihren Helferinnen, ihren "angels" (*VB*, 12), Abhilfe zu schaffen versucht, scheitert sie im Kreise der englischen Gesellschaft kläglich. Bei ihrem Bericht über ihre abenteuerlichen Erlebnisse während des Krieges, gleicht sie am Ende des Romans eher einer modernen *picara* denn einer erfolgreichen Wanderpredigerin.

Der Krieg ist die logische Folge der politischen, religiösen und moralischen Dekadenz, die der Roman zunächst beschreibt; in ihm findet der chaotische Widerstreit der Kräfte, der den Alltag des Einzelnen wie der Gesellschaft bestimmt, seinen prägnantesten Ausdruck: die Selbstentfaltung mündet in Selbstvernichtung – ähnlich wie bei Agatha Runcible oder Simon Balcairn, der sich für den Gasofen entschied, um seinem Leben ein Ende zu setzen. Es ist auffällig, daß im Roman nicht gesagt wird, gegen wen Krieg geführt wird und aus welchen Gründen dieser Krieg ausgebrochen ist bzw. welche Ziele die Regierung mit diesem Krieg verfolgt. Waugh hat diese Verschleierungstaktik mit der Absicht gewählt, um dem Leser bewußt zu machen, daß das gesamte Leben in der Moderne durch einen starken Zug zur Anonymität gekennzeichnet ist. Die Kriegsgründe zu kennen, hieße für den Einzelnen wenigstens die Möglichkeit zu haben, sich persönlich mit dem politischen Geschehen auseinanderzusetzen. Die Machthaber zu kennen, die das Schicksal einer ganzen Generation und ganzer Völker bestimmen, hieße über diese Personen moralisch und politisch urteilen, sich für oder gegen sie entscheiden zu können. Die Entwicklung der modernen Gesellschaften im Industriezeitalter hat dazu beigetragen, daß das Spielfeld der wirtschaftlichen und politischen Interessen immer komplexer und bei Evelyn Waugh für den Einzelnen letztlich undurchschaubar geworden ist, so daß er sich nur noch als Opfer in einer für ihn absurden Wirklichkeit sehen kann.

In dieser Rolle des Spielballs anonymer Mächte ähnelt der Protagonist des Romans *Vile Bodies*, Adam Fenwick-Symes, dem Helden des ersten Romans von Evelyn Waugh. Allerdings ist nicht zu übersehen, daß er insofern eine leicht veränderte Position zur modernen Gesellschaft einnimmt, als er kraft seiner Herkunft – er ist Professorensohn – schon in der Gesellschaft steht, an der er zu leiden hat. Die absurde Begebenheit, die ihn in eine Ausnahmesituation versetzt, erfolgt bei seiner Rückreise von Frankreich nach England: der britische Zoll konfisziert (und verbrennt) Adams Autobiographie, die er während seines Frankreichaufenthaltes schrieb, um die finanziellen Mittel aufzubringen, die er für eine Ehe mit Nina Blount benötigt. Wenn es bei allen sinnlosen Ereignissen in Adams Leben ein inneres Ziel gibt, das er immer wieder anstrebt, so ist es der Besitz von Geld. In einer Welt, die von unerklärlichen Zufällen regiert wird, erscheint es geradezu natürlich und selbstverständlich, daß er alsbald beim Spiel 1000 Pfund gewinnt und daß der Major, dem er sein Geld anvertraut hat, nun mit diesem Geld auch einen großen Gewinn macht. Es entspricht aber auch der Naivität Adams – dessen "Unschuld" und Unerfahrenheit wohl symbolisch durch den Namen Adam ausgedrückt werden sollen –, daß er den Namen des Majors nicht kennt und der Mann samt seinem Gewinn verschwindet. Und wiederum ist es nicht überraschend, daß er auf dem Kriegsschauplatz auftaucht und Adam das Geld aushändigt; freilich sind die 35.000 Pfund, die Adam jetzt erhält, als Inflationsgeld kaum noch etwas wert.

Mit dem Streben nach Geld hat Waugh ein Motiv ins Zentrum der abenteuerlichen Vita seines Protagonisten gerückt, das, ausgesprochen oder unausgesprochen, das Leben der modernen Gesellschaft bestimmt. Die Kurve von Gewinn und Verlust mündet in die Bewegung ein, die dem Leben dieser Gesellschaft insgesamt zugrunde liegt; der momentane Gewinn (an Glück und Lust) verrinnt im Chaos des Krieges. Wie stark nicht nur die allgemein-gesellschaftliche Entwicklung von dem Willen zu gewinnen und zu besitzen beeinflußt wird, sondern auch das Schicksal einzelner Menschen, geht auch aus der Tatsache hervor, daß Adam bereit ist, in einer finanziellen Notlage seine Braut Nina an Ginger Littlejohn zu verkaufen – ein Handel, den auch Nina mit einem kurzen Kommentar akzeptiert. Die emanzipierte Frau willigt ein, die Rolle der verkauften Braut zu spielen – und sieht auf den Gewinn, den sie dabei erzielt. Die Freiheit der Frau, über sich zu verfügen, und die Absicht anderer, sie zu einem Handelsobjekt zu machen, fallen in dem geschilderten Vorgang zusammen. Ein solches Geschehen könnte in einem Roman Anlaß zu tiefgründigen politologischen oder sozialkritischen, religiösen oder philosophischen Reflexionen geben. Waugh verzichtet auf solche Möglichkeiten und sieht in dem Vorgang nur eine Episode in einer grotesken Komödie, die sich gelegentlich zur dionysischen Ausgelassenheit und Raserei steigern kann, dabei aber immer wieder die Sinnleere des modernen Lebens zum Vorschein bringt.

4

In *Black Mischief* (1932) und *Scoop* (1938) verarbeitete Waugh Eindrücke und Erfahrungen, die er in Abessinien sammelte, wo er sich 1930 als Korrespondent der *Times* und 1935–36 als Korrespondent der *Daily Mail* aufhielt. Sein Reisebericht *Waugh in Abyssinia* (1936) läßt erkennen, wieviel Sympathien er für die italienische Politik aufbrachte. Daß es ihm in seinem Roman *Scoop* nicht um eine eindringliche Darstellung der politischen Verhältnisse zu tun war, geht aus dem Untertitel des Romans, "*A Novel about Journalists*", hervor.

Waugh schrieb mit *Scoop* eine farcenhafte Satire, die sich des Romanmodells bediente, das er am Anfang seiner Karriere als Romancier in *Decline and Fall* erprobt hatte. Er beschreibt einen "naiven" Helden, den Landedelmann William Boot, der für die Kolumne *Lush Places* schreibt und versetzt diesen Protagonisten, der sich auf dem alten, schon recht zerfallenen Familiensitz Boot Magna Hall geborgen fühlt, in eine Situation, die er nicht erwartet oder gewollt hat und der er sich zunächst nicht gewachsen fühlt. Er wird von dem Besitzer des Zeitungskonzerns "Megalopolitan Newspaper Corporation" und der Zeitung *Beast* nach London gebeten und von dort nach Afrika geschickt. Dabei wird er das Opfer des bedauerlichen Irrtums eines Redakteurs, der John Courteney Boot als Auslandskorrespondent mit der Berichterstattung über Abessinien beauftragen sollte. Nahm Paul Pennyfeather nach seiner "Wiedergeburt" eine Maske an, um in Oxford als sein eigener Vetter weiterexistieren zu können, so wird William Boot in eine Rolle hineingedrängt, die er in pikaresker Manier spielt, ohne dabei seine wahre Identität aufzugeben. Die Rolle bringt vielmehr seine charakterlichen Besonderheiten erst voll zur Entfaltung, und es gelingt ihm, sich in dem Labyrinth des modernen Lebens zurechtzufinden und schließlich nach Boot Magna Hall zurückzukehren.

Zum Labyrinth wird für ihn die moderne Realität in dem Augenblick, in dem er sich mit der journalistischen Umsetzung tatsächlicher Geschehnisse und Verhältnisse konfrontiert sieht. Solange er für *Lush Places* schrieb, konnte er entsprechend seiner Beobachtung, seiner Erfahrung und seinem journalistisch-schriftstellerischen Geschmack berichten. Als Sonderkorrespondent in Abessinien sieht er sich zunächst einer Wirklichkeit ausgeliefert, die für ihn mysteriös und undurchdringlich ist; dazu erhält er vor seiner Abfahrt in London Anweisungen von dem verantwortlichen Herausgeber, wie er als Journalist seine Sympathien zu steuern und seine Worte zu wählen habe:

> "You see they are all negroes. And the fascists won't be called black because of their racial pride, so they are called White after the White Russians. And the Bolshevists *want* to be called black because of *their* racial pride. So when you *say* black you mean red, and when you *mean* red you say white and when the party who call themselves

blacks say traitors they mean what *we* call blacks, but what *we* mean when *we* say traitors I really couldn't tell you."[5]

Trotz der komplexen politischen Lage und der babylonischen Sprachverwirrung, der sich William Boot durch seinen Auftrag ausgeliefert sieht, hat er in seiner Unerfahrenheit genügend *common sense* und als Held eines pikaresken Romans auch genügend Fortune, um sich in Abessinien behaupten und schließlich sogar die sensationelle Meldung (= "scoop") an seine Redaktion in London kabeln zu können. Als Doctor Benito die fremdem Journalisten ins Landesinnere, in die faschistische Stadt Laku schickt, um desto besser in der Hauptstadt Ishmaelias einen kommunistischen Staatsstreich durchführen zu können, weigert sich William Boot und bleibt in Jacksonburg zurück. Von Kätchen, der Partnerin eines deutschen Geologen, in die er sich verliebt hat, erfährt er, daß Mr. Jackson, der Präsident des Staates Ishmaelia, von Doctor Benito gefangen gehalten wird. Diese Nachricht gibt er nach London durch und ist damit ein berühmter und gefeierter Journalist. Zu den farcen- bzw. komödienhaften Zufällen, die William Boot helfen, gehört auch der Umstand, daß er mit dem britischen Vizekonsul Bannister einen Schulfreund trifft, der ihm die Hintergründe des Konfliktes zwischen Faschisten und Kommunisten erläutert: in Wirklichkeit ist ein wirtschaftlicher Machtkampf um die Goldvorräte des Landes entbrannt. Selbst auf den Trick eines *deus ex machina* verzichtet Waugh in diesem Roman nicht: Im rechten Augenblick landet per Fallschirm ein gewisser Mr. Baldwin in Ishmaelia und leitet mit seiner Ankunft die Gegenrevolution ein.

Entsprechend dem Romanschema, das Waugh mit *Decline and Fall* erprobt hatte, kehrt auch William Boot wohlbehalten in seine Heimat zurück. Dabei ist Waugh darauf bedacht, auch diese Rückkehr als ein farcenhaftes Spiel zu inszenieren. William Boot entzieht sich allen Ehrungen, die Lord Copper für ihn in London vorgesehen hat, und bittet Uncle Theodore am Festbanquett teilzunehmen. Wenn William Boot sich am Schluß des Romans ganz im Sinne der Vorstellungen seines alten Kindermädchens, Nannie Bloggs, verhält, dann wird auf diese Weise deutlich, daß der naive Protagonist alle Erkenntnisse, die er in Ishmaelia hätte gewinnen können, sich nicht zu eigen gemacht, daß er den Schritt zur Eigenständigkeit nicht

---

5   Evelyn Waugh, *Scoop*, London: Chapman & Hall (1938), [2]1964, 54–55.

vollzogen hat. Seine Rückkehr ist eine Flucht in den Schoß mütterlicher Geborgenheit. Der Schluß bestätigt den Eindruck, den der Leser durch den ganzen Roman hindurch hat: Hier wird die moderne Erfahrungswirklichkeit der Farce zuliebe vereinfacht und damit auch verfälscht.

Künstlerisch höher einzustufen ist der bereits 1932 publizierte Afrika-Roman *Black Mischief*, der allein schon dadurch größere Komplexität gewinnt, daß zwei Hauptfiguren miteinander koordiniert sind und dazu die politischen und gesellschaftlichen Verhältnisse in Europa wie im schwarzen Erdteil schärfer erfaßt und satirisch-kritisch durchleuchtet werden, wobei Waugh freilich auch in diesem Roman nicht ganz auf die Farce verzichtet.

Schauplatz des Geschehens ist Azania, eine Insel, die der ostafrikanischen Küste vorgelagert ist. Der Herrscher dieses Landes ist Seth, der sich zu Beginn des Romans durch eine Proklamation wie folgt äußert:

> 'We, Seth, Emperor of Azania, Chief of the Chiefs of Sakuyu, Lord of Wanda and Tyrant of the Seas, Bachelor of the Arts of Oxford University, being in this the twenty-fourth year of our life, summoned by the wisdom of Almighty God and the unanimous voice of our people to the throne of our ancestors, do hereby proclaim'...[6]

Seinem Großvater war es gelungen, die Eingeborenenstämme zu einigen; er hatte sich zum Kaiser ausrufen lassen und mit dem Bau einer Eisenbahn, die die Hafenstadt mit der Hauptstadt verbindet, moderne Zivilisation ins Land eingeführt. Ihm folgte seine Tochter, nach deren Tod Prinz Seyid, der Onkel Seths, Anspruch auf den Thron erhob. Nur der Erfahrung und dem Können des Generals Connolly war es zu danken, daß Seth sich gegen seinen Onkel durchsetzen konnte, der schließlich einem Kannibalenstamm zum Opfer fiel. Seth studierte in Oxford und kehrte in seine Heimat zurück, um die westliche Zivilisation, so wie er sie in England kennengelernt hatte, seinem Land zugänglich zu machen. Er will die Todesstrafe abschaffen, er möchte die Kindersterblichkeit bekämpfen und im Erziehungswesen die Montessori-Methode einführen; Esperanto soll Pflichtfach werden, und die alte Eingeborenensprache soll verschwinden. Mit seinen Reformen, die zum großen Teil

---

6 Evelyn Waugh, *Black Mischief*, London: Chapman & Hall (1932), 1952, 9. Im Folgenden zitiert als *BM*.

auf Halbwissen und einer naiven Bewunderung der westlichen Zivilisation beruhen, hat er einigen Erfolg. Manche Maßnahme wird jedoch von den Eingeborenen falsch verstanden, so daß sich dem Satiriker einige Chancen bieten, die komische Diskrepanz zwischen dem von Seth Geplanten und der Umdeutung hervortreten zu lassen. Als Seth neue Lederstiefel für die Wachen einführt, zögern die Soldaten nicht, die neue Ausrüstung zu verspeisen. Mittel zur Empfängnisverhütung werden als magische Mittel zur Steigerung der Fruchtbarkeit und der Männlichkeit verstanden. Plakate, die die Vorteile der Geburtenkontrolle und die Nachteile des Kinderreichtums verdeutlichen sollen, werden von den Eingeborenen nicht begriffen:

> ... rich man no good: he only one son. [...] poor man: not much to eat: but his wife she very good, work hard in field: man he good too: eleven children: one very mad, very holy. And in the middle: Emperor's juju. Make you like that good man with eleven children. (*BM*, 145)

Seth trägt deutlich die Züge eines naiven Protagonisten, aber im Gegensatz zu William Boot wirkt diese Naivität viel überzeugender; der Versuch, Azania an westlicher Zivilisation teilhaben zu lassen, macht aus Seth zugleich eine Gestalt, an der sich eine Problematik der neueren Geschichte Afrikas in paradigmatischer Weise aufzeigen läßt. Seths Fehlschlag – der Widerstand kommt aus kirchlichen Kreisen – zwingt ihn landeinwärts zu fliehen, und am Ende wird er getötet. Er gleicht dem Tragödienhelden, der für die Fortuna-Tragödie charakteristisch ist: Aus Glück und Reichtum wird er jäh ins Unglück gestürzt; aber Waugh hat ihn zugleich über dieses einfache künstlerische Niveau hinausgehoben; Seth hat auch die Fähigkeit, über seine besondere Situation zu reflektieren: er leidet an der Einsamkeit, in die er sich selbst hineinmanövriert hat: er hat sich zwar aus der kulturellen Tradition der Eingeborenen gelöst, es ist ihm jedoch nie gelungen, gänzlich in der europäischen Kultur heimisch zu werden. Und als er Elemente der europäischen Kultur ins afrikanische Milieu übernehmen möchte, wächst die Entfremdung von dem Volk, an dessen Spitze er steht. Die satirische Fortuna-Komödie des naiven Protagonisten wandelt sich in eine satirische Tragikomödie.

Das komödiantische Element wird in diesem Roman vor allem durch Basil Seal zum Tragen gebracht, den Seth während seines

Studiums in Oxford kennenlernt und als Inbegriff westlicher Zivilisation in seinem Land zum "Minister of Modernization" ernennt. Basil verkörpert in mancherlei Hinsicht den schlauen *picaro*, der sich mit Raffinesse zu behaupten weiß und stets neue Mittel findet, um sich aus der Schlinge zu ziehen und seine Gegner zu überlisten. Er ist geistreich und grob zugleich, kann sich in sechs Sprachen ausdrücken und ist amourösen Abenteuern nicht abgeneigt. Im Gegensatz zu den herkömmlichen Helden pikaresker Romane stammt er aus guter Familie: Sein Vater war 25 Jahre lang "Chief Conservative Whip", so daß er sich einer guten Erziehung erfreuen durfte. Freilich bewies er schon als Student, daß er, an den Maßstäben der guten Erziehung gemessen, aus der Art geschlagen ist.

Bedenkt man, daß Seth für alle Gaunereien des *picaro* Basil blind ist und in ihm das erstrebenswerte Vorbild europäischer Gesittung erblickt, so wird deutlich, daß Waugh seine satirischen Attacken gleichzeitig in zwei verschiedene Richtungen führt. Mit dem blinden Vertrauen auf Basil macht sich Seth lächerlich; er nimmt für bare Münze, was raffinierter Falschmünzerei gleichkommt, und fällt damit vorgetäuschtem Schein zum Opfer. Zugleich richtet sich die satirische Kritik gegen die Korruptheit der europäischen Zivilisation, deren Schwächen um so deutlicher werden, als sie mit außereuropäischen Zivilisationen verglichen oder im außereuropäischen Raum verzerrt und vergröbert nachgeahmt wird. Waugh stellt schließlich auch verblüffende Parallelen zwischen den Europäern und den Eingeborenen im afrikanischen Raum her: Dem Chaos in Azania entspricht – wie Hena Maes-Jelinek gezeigt hat[7] – die chaotische Unordnung im gesellschaftlichen Leben Londons, die primitiven Verhaltensweisen der äußerlich hochzivilisierten Europäer finden ihre Entsprechung in dem Gebaren der Eingeborenen, die von den Europäern hochmütig die "Primitiven" genannt werden. Zur Zivilisationskritik, die Waugh in diesem Roman an den Europäern übt, gehört auch seine Darstellung des Vertreters der britischen Regierung, Sir Samson Courteney, der wenig Verantwortungsgefühl zeigt und am liebsten mit einer Gummischlange im Bad spielt. Seine Tochter ist das Opfer europäischer Sorglosigkeit und afrikanischer Grausamkeit: Sie wird von Kannibalen überfallen und danach dem ahnungslosen Basil Seal zur Speise vorgesetzt. Waughs

---

[7] Vgl. Hena Maes-Jelinek, *Criticism of Society in the English Novel between the Wars*, Paris 1970, 419.

Satire nimmt hier makabre Züge an; die gesamte Episode ist – in doppelsinniger Weise – ein Beispiel für seinen "schwarzen Humor".

Es entspricht der Tradition des Schelmenromans, daß Basil Seal alle politischen Wechselfälle in Azania übersteht und dabei nichts von seiner Natur einbüßt. Sobald das Land ein Protektorat des Völkerbundes wird und die äußere Ruhe wiederhergestellt ist, kehrt er in seine Heimat zurück. In dem Roman *Put Out More Flags* (1942) ließ Waugh ihn erneut auftreten und mit neuen Schelmereien die Unzulänglichkeiten der politischen und militärischen Administration entlarven, die aus seiner Sicht für England während des Zweiten Weltkrieges kennzeichnend waren.

Neben Basil Seal sollte der Armenier Mr. Youkoumian erwähnt werden, der in *Black Mischief* zu denjenigen gehört, die mit List und Klugheit überleben. Er gleicht Captain Grimes, der Verkörperung des *élan vital* in *Decline and Fall*:

> He flourishes under the protectorate as he had throughout Seth's troubled reign. We learn that he has bought up what remains of Seth's railroad and does a thriving business supplying the English colony with tinned foods. He is an amoral and indestructible force, of the sort, as Waugh argued in *Remote People*, *Waugh in Abyssinia*, and *Robbery Under Law*, that alone determines the relations between nations.[8]

Solange das komische Genre bei Waugh dominiert, solange gibt es in seinen Werken Vertreter eines amoralischen Vitalismus. Es zeugt von Waughs intellektueller Ehrlichkeit, daß er auch dieses Prinzip in seinen Romanen immer wieder kritisch überprüfte.

5

Mit *A Handful of Dust* (1934) erreicht Evelyn Waugh den Höhepunkt seines künstlerischen Schaffens in seiner frühen Phase; manche Kritiker bewerten dieses Werk so hoch, daß sie es als seine beste erzählerische Leistung überhaupt bezeichnen, obgleich es an Publikumswirkung von *Brideshead Revisited* (1945) übertroffen wurde. Der Protagonist Tony Last läßt sich in die Gruppe der pikaresken Helden einordnen, die Waugh von Paul Pennyfeather an charakteri-

---

8 James F. Carens, *The Satiric Art of Evelyn Waugh*, Seattle/London 1966, 141.

sierte: Er gehört zu den vom Autor mit sehr viel Sympathie bedachten guten und unerfahrenen Charakteren, die in ihrer Naivität blind sind für die Hintergründigkeit des modernen Lebens. Tony Last unterscheidet sich jedoch von Paul Pennyfeather und William Boot, insofern er letztlich am Leben scheitert und dieses Scheitern durch den Autor vorbereitet wird: Waugh läßt den Leser viel stärker in die Psyche des Helden eindringen, sieht ihn nicht nur als einen Spielball der Fortuna, sondern als ein Opfer des Fatum, das das Mitleid des Lesers verdient.

Tony Last, adliger Herkunft, erscheint zunächst als ein typischer Gentleman, der seiner Stellung in der Gesellschaft in vorbildlicher Weise gerecht zu werden versucht. Er sorgt für all diejenigen, die ihm in irgendeiner Weise unterstellt oder von ihm abhängig sind. Er denkt an das Dorf, die Verwandten, die Kirche, wenngleich er keine religiöse Natur ist. Der Besuch des Gottesdienstes gehört für ihn zu den gesellschaftlichen Pflichten. Mit besonderer Liebe hängt er am Familienbesitz Hetton Abbey, einem neugotischen Bauwerk, das erst in der zweiten Hälfte des 19. Jahrhunderts errichtet wurde. Eine lange katalogartige Aufzählung der architektonischen Besonderheiten, die Tony Last zum Teil noch zu verbessern gedenkt, schließt mit der Feststellung: "all these things with which he had grown up were a source of constant delight and exultation to Tony: things of tender memory and proud possession".[9] Wenngleich er sich bewußt ist, daß Hetton Abbey kein besonders bequemer Wohnsitz ist und den Ansprüchen moderner Wohnkultur nicht entspricht – allein die negativen Urteile seiner Frau Brenda lassen ihn auf die Mängel von Hetton Abbey aufmerksam werden –, hält er an dem inneren Bild, an der fiktiven Wirklichkeit fest, die er auf seine Art mit Hetton Abbey verbindet. Wenn beispielsweise jedes Schlafzimmer einen Namen trägt, der Malorys *Le Morte d'Arthur* entnommen ist – die Reihe der Namen reicht von Yseult und Elaine bis zu Tristram und Galahad –, spricht daraus eine Wertschätzung der mittelalterlichen Tradition, wie sie im Bereich der viktorianischen Literatur in Tennysons *Idylls of the King* ihren Ausdruck fand. Nimmt man alle Einzelheiten zusammen, die über Tony Lasts künstlerischen Sinn für Architektur, seine Lebensführung, seine Einstellung zur adlig-ritterlichen Tradition und zu Moral und Reli-

---

9   Evelyn Waugh, *A Handful of Dust*, London: Chapman & Hall (1934), 1950, 9. Im Folgenden zitiert als *HD*.

gion Aufschluß geben, so erscheint er als ein Repräsentant des viktorianischen Zeitalters – ein Anachronismus, insofern er im 20. Jahrhundert die Normen und Konventionen des 19. Jahrhunderts aufrecht zu erhalten versucht, ohne eine ernsthafte Überprüfung der traditionellen Werte im Lichte der modernen Wirklichkeit anzustreben. In dieser Haltung liegt ein Stück Hochmut, den das Leben auf eine für Tony Last bittere Weise zu Fall bringt. Der Konflikt ist in seiner Verbindung mit Brenda angelegt, die nach einigen Ehejahren mit Tony Last des Lebens in Hetton Abbey überdrüssig ist, immer häufiger nach London fährt, sich dort eine kleine Stadtwohnung einrichtet und ein Verhältnis zu John Beaver beginnt, der im Leben ein Versager ist, sie aber geschickt auszunutzen weiß.

Der erste Teil des Romans kann als die Geschichte einer Ehekrise, einer allmählichen Entfremdung der Ehepartner begriffen werden, an die Tony Last zunächst nicht glauben kann, weil die Ehe für ihn ein essentieller Teil jener viktorianisch-konservativen Lebensauffassung ist, an der er ebenso festhalten möchte wie an der Wertschätzung, die er für den Familiensitz Hetton Abbey hegt. Erst als ihr Sohn John durch einen Jagdunfall ums Leben kommt, erst als Tony Last begreift, daß er keinen Erben mehr hat, dem er seinen Besitz übertragen kann, erst als er sieht, daß er in direkter Linie der letzte der Familie ist – wie sein Name symbolisch zum Ausdruck bringt –, erkennt er, daß sich die Ordnung im Bereich der Familie, an der er ungebrochen festzuhalten versucht, aufgelöst hat. Es zeugt von seiner noblen Gesinnung, daß er bereit ist, mit einer Bardame, mit der er sich in einem Hotel in Brighton trifft, einen Ehebruch vorzutäuschen, um Brenda eine für sie günstige Scheidung zu ermöglichen. Ihr Ansinnen jedoch, er solle Hetton Abbey veräußern, um die finanziellen Forderungen, die sie an ihn stellt, erfüllen zu können – die Vorstellung, daß er Hetton Abbey verkaufen soll, um Brenda die Ehe mit John Beaver zu ermöglichen, stimmen ihn um: Tony zieht sein Angebot zurück und tritt eine Reise nach Brasilien an.

Die Darstellung des Londoner Milieus, in dem sich John Beaver und Brenda bewegen, stimmt mit der Sicht der englischen Gesellschaft und des großstädtischen Lebens überein, die Evelyn Waugh von *Decline and Fall* an in seinen Romanen bot. Die exotische Jenny Abdul-Akbar, die mit einem Farbigen verheiratet war und sich wegen der Abstammung ihres Ehemannes "Prinzessin" nennen läßt, oder Tony Lasts Schwager Reggie St. Cloud, der durch seine unnatürliche Eßlust und seine Beleibtheit auffällt, sich als Archäologe ausgibt, ohne ernsthafte wissenschaftliche Arbeit zu leisten und Erfolge vorzuweisen, – dies sind nur zwei Beispiele aus der exzentrisch-kuriosen Porträtgalerie der "Hollow Men", die das "Waste Land" der Londoner Vergnügungsviertel bevölkern.

Tony Last läßt sich durch Dr. Messinger zu einer (schlecht vorbereiteten) Entdeckungsreise in den brasilianischen Urwald überreden; dabei ergibt sich, ähnlich wie im Roman *Black Mischief*, eine verblüffende Parallele zwischen London und dem anscheinend so fremden Milieu: Aus dem Dschungel des Großstadtlebens begibt sich Tony Last in einen Dschungel, der ihm die Misere seines Lebens, das Ausmaß seiner Selbsttäuschung in vertärktem Maße zum Bewußtsein bringt. Anfangs hält Tony an seinen romantischen abenteuerlichen Träumen fest: Er sehnt sich nach einer Stadt, die zugleich die Züge eines irdischen Paradieses im Sinne der Viktorianer und von Hetton Abbey trägt:

> His mind was occupied with the City, the Shining, the Many Watered, the Bright Feathered, the Aromatic Jam. He had a clear picture of it in his mind. It was Gothic in character, all vanes and pinnacles, gargoyles, battlements, groining and tracery, pavilions and terraces, a transfigured Hetton, pennons and banners floating on the sweet breeze, everything luminous and translucent; a coral citadel crowning a green hill top sown with daisies, among groves and streams; a tapestry landscape filled with heraldic and fabulous animals and symmetrical, disproportionate blossom. (*HD*, 172–173)

Die Expedition scheitert jedoch: Die eingeborenen Träger fliehen, als Dr. Messinger sie mit Spielzeugmäusen unterhalten und faszinieren will; Dr. Messinger selbst ertrinkt, und Tony Last irrt in seinen Fieberträumen allein durch den Urwald, bis ihn Mr. Todd, der Sohn eines weißen Missionars und einer Indianerin rettet. Mr. Todd zwingt Tony Last, ihm beständig aus Dickens' Werken vorzulesen und seine Fragen zu beantworten; für Tony Last wird dieses Vorlesen zu einer absurden Beschäftigung; gleich Sisyphus sieht er sich gezwungen, eine Arbeit zu verrichten, die nie an ein Ende gelangen wird: Vorlesen wird auf diese Weise zu einer permanenten Wiederholung des Gleichen – ähnlich den Dialogspielen der beiden Landstreicher in Becketts *Waiting for Godot*. Zugleich steckt in der Tatsache, daß Tony Last aus Dickens' Werken vorlesen muß, auch eine abgründige Ironie: denn mit Dickens' Romanen werden nochmals die viktorianischen Überzeugungen lebendig, an denen sich Tony in seinem Leben bisher zu orientieren versuchte. In dieser Situation – angesichts eines unausweichlichen Endes, auf das Mr. Todd kraft seines Namens verweist – bleiben die viktorianischen Wertvorstellungen ohne Bedeutung, Worte, die ohne Wirkung verhallen. Und als Tony gerettet werden könnte, betäubt ihn Mr. Todd und schickt die drei Engländer, die ihn finden wollten, mit der Nachricht nach Hause, daß Tony Last gestorben sei. Mr. Todd erzwingt zwar eine äußere Gemeinschaft mit Tony, stößt ihn aber in eine ausweglose Einsamkeit, über die sich Waugh als Autor ausschweigt.

Da Tony an den Illusionen scheitert, die er sich vom Leben machte, ist er bis zu einem gewissen Grade eine tragische Figur; da seine letzte Lebensphase aber nur ein leidendes Hinnehmen seines Schicksals ist, fehlt ihm ein wesentliches Element, das herkömmlicherweise den Tragödienhelden kennzeichnet: das Scheitern im Handeln und das Bewußtsein, *handelnd* schuldig geworden zu sein. Tony Last gleicht daher eher den Protagonisten absurder Dramen, die an dem Versuch, in der Sinnleere auszuharren und irgendeinen Sinn finden zu können, zugrunde gehen. Nimmt man das Schicksal des Protagonisten und die Darstellung der Londoner Gesellschaft zusammen, dann ließe sich der Roman *A Handful of Dust* wie folgt charakterisieren: eine absurde Tragödie im Rahmen einer satirischen Gesellschaftskomödie. Der Zug zur Gesellschaftskomödie wird durch den Schluß der Brenda-Handlung unterstrichen. Sobald sie die Nachricht erhält, Tony sei auf seiner Reise gestorben, sobald sie sich von John Beaver, der mit seiner Mutter, einer Innenarchitektin, eine Geschäftsreise nach Amerika antritt, ebenfalls verlassen sieht, schließt Brenda – guter Komödientradition entsprechend – eine Ehe mit Jock Grant-Menzies, mit dem Tony Last einst befreundet war.

Evelyn Waugh hat den Lesern, die den Tod des Tony Last für zu schwerwiegend in einer Gesellschaftssatire erachteten, später einen zweiten Schluß angeboten: Tony Last kehrt von seiner Expedition zurück, wird von Brenda, die nun wieder mit ihm in Hetton Abbey zusammenleben will, erwartet, und sie ist bereit, zum Zeichen ihres Sinneswandels ihre Londoner Stadtwohnung aufzugeben. Nun ist es Tony Last, der für sich diese Fluchtmöglichkeit behalten möchte. Diese ironische Umkehr der Ausgangssituation paßt zwar zur Gesellschaftssatire, verwischt jedoch die Konturen des tragischen

Schicksals, das in Tony Lasts Charakter und Lebensweg angelegt ist. Ein solcher Schluß mag Leser zufriedenstellen, die um jeden Preis ein *happy ending* auch bei einer satirischen Komödie erwarten; er bringt jedoch den Roman um die künstlerische Wirkung der ursprünglichen Fassung.

6

Anders verhält es sich mit den beiden Versionen des Romans *Brideshead Revisited*, dessen zweite Fassung (1960) der ursprünglichen Fassung aus dem Jahr 1945 vorzuziehen ist. Allzu sentimentale und vage, aber auch manche aufdringlich theologische Passagen wurden gestrichen oder überarbeitet und dabei im Ton gedämpft. Vor allem wurde die Gliederung des Romans geändert: Ursprünglich waren in den Rahmen, den Prolog und Epilog, zwei Bücher eingelagert, wobei das erste Buch nahezu den doppelten Umfang des zweiten hatte. Diese Unausgewogenheit hat Waugh bei der Überarbeitung des Romans behoben. Buch I: "Et in Arcadia Ego" umfaßt jetzt 5 Kapitel, Buch II: "Brideshead Deserted" 3 Kapitel, Buch III: "A Twitch upon the Thread" wiederum 5 Kapitel wie Buch I; alle Bücher berichten über vergangene Ereignisse – von den Studienjahren in Oxford in den Jahren 1923/24 bis zum Abschied von Schloß Brideshead im Jahre 1939. Die Rahmenhandlung ist in den Monat März des Jahres 1943 datiert.

Einen Sinn für klassizistische Ordnung verrieten auch die vorausgehenden Romane Waughs: Dort war allerdings die ästhetische Ordnung nur der formale Gegenpol zu dem dargestellten Chaos des modernen "Waste Land". In *Brideshead Revisited* erhält die ästhetische Ordnung eine zusätzliche Funktion; sie läßt die religiöse Ordnung transparent werden, die trotz aller chaotischen Erfahrung im persönlich-familiären Bereich und in den Wirren des Krieges immer wieder erfahren werden kann.

Im Zentrum des Romans steht Captain Charles Ryder, ein Infanterieoffizier, der im Frühjahr 1943 aus einer öden Gegend nahe Glasgow nach Brideshead verlegt wird und in dem Erinnerungen, die er mit diesem Schloß und mit der Familie Flyte verbindet, lebendig werden. Der Untertitel des Romans: "The Sacred and Profane Memories of Captain Charles Ryder" weist darauf hin, daß der Protagonist in einer ganz persönlichen Weise berichtet: Waugh entschied sich bei diesem Roman für die Ich-Form und einen sehr intimen Ton; er nahm dabei freilich auch mancherlei erzähltechnische Probleme in Kauf, die mit der Ich-Form verbunden sind. So bedarf es von Zeit zu Zeit der Informanten, die, indem sie den Protagonisten über die Schicksale einzelner Personen unterrichten, an die Stelle des allwissenden Erzählers im auktorialen Roman treten. Schwieriger ist die Einrichtung der zeitlichen Perspektive und der Unterscheidung zwischen dem erlebenden und dem erzählenden Ich – zwei Rollen, die der Kritiker William J. Cook mit den Wendungen "the 'then I'" und "the 'now I'"[10] charakterisiert hat. Wenngleich der Leser die Hauptphasen in der Entwicklung des Charles Ryder von dessen Studientagen bis zur Soldatenzeit und dabei auch die sich wandelnde Einstellung des Protagonisten mitverfolgen kann – die von der enthusiastischen Bewunderung Bridesheads über eine ironisch-kritische Distanz zu den Skurrilitäten seiner Bewohner bis zu einer tiefen Rührung in der Todesstunde des Lord Marchmain führt –, lagert sich dennoch der geistig-seelische Habitus des gegenwärtigen Erzählers über die Mentalität des jungen Charles. Der Untertitel des Romans läßt zudem eine Spannung zwischen dem profanen und dem geistlichen Bereich erwarten, und dieser Konflikt wird auch insofern dargestellt, als Charles aus einer anglikanischen Familie stammt, dem religiösen Leben zunächst mit einer gewissen Gleichgültigkeit gegenübersteht, dann aber mit den Flytes zugleich den Alltag einer katholischen Familie kennenlernt, die in ihrem Denken und Handeln keine geschlossene religiöse Einheit darstellt, sondern in sich verschiedene Einstellungen zu der durch den gleichen Glauben geprägten Religiosität erkennen läßt. So äußert Sebastian Flyte, Charles Ryders engster Freund in der Oxforder Studienzeit einmal:

> "So you see we're a mixed family religiously. Brideshead and Cordelia are both fervent Catholics; he's miserable, she's bird-happy; Julia and I are half-heathen; I am happy, I rather think Julia isn't; mummy is popularly believed to be a saint and papa is excommunicated – and I wouldn't know which of them was happy".[11]

---

10 William J. Cook, Jr., *Masks, Modes, and Morals: The Art of Evelyn Waugh*, Rutherford, Madison, 1971, 199.
11 Evelyn Waugh, *Brideshead Revisited*, London: Chapman & Hall (1945); London: Methuen 1991, 102. Im Folgenden zitiert als *BR*.

Die Wandlung des sterbenden Lord Marchmain beeindruckt und beschäftigt Ryder derart, daß zumindest die Möglichkeit einer Konversion nicht ausgeschlossen ist, worauf einige knappe Bemerkungen hinzudeuten scheinen. Für die erzählerische Darbietung vergangener Erlebnisse ist die Frage, ob Charles Ryder wirklich konvertierte (wie der Autor Evelyn Waugh), von untergeordneter Bedeutung. Wichtig ist, daß sich in diesem Roman stärker als in jedem der vorausgehenden ein Spannungsfeld zwischen einer modernen Welt und gesellschaftlichen Wirklichkeit abzeichnet, in der sich die Zeichen des Zerfalls mehren und die schließlich in einen zweiten Weltkrieg hineintreibt, und einer auf langer geschichtlicher Überlieferung beruhenden Welt, deren Grundpfeiler der katholische Glaube und die aristokratische Lebensform sind. Es ist kein Zufall, daß einige Familienmitglieder während des Zweiten Weltkrieges im Vorderen Orient Kriegsdienst leisten – Julia und Celia als Krankenschwestern, Lord Brideshead, ihr Bruder, als Soldat – denn in dem Zusammenwirken von Christentum und Aristokratie, das Charles Ryder in der Familie der Flytes bewundert, liegt eine Erinnerung an den Mythos vom mittelalterlichen Kreuzritter, an eine *vita activa*, die aus den Quellen des christlichen Glaubens gespeist wurde.

Waughs frühe Satiren haben in *Brideshead Revisited* ihre deutlichen Spuren hinterlassen, zugleich hat er aus seiner persönlichen Erfahrung eine Gegenwelt zur dekadenten und korrupten gesellschaftlichen Wirklichkeit der Moderne entworfen, wobei sich seine erzählerische Aufgabe noch dadurch komplizierte, daß er nicht in eine einfache Schwarz-Weiß-Technik verfiel und Gläubige mit Ungläubigen konfrontierte, sondern die katholische Familie, zu der sich der Nicht-Katholik Ryder hingezogen fühlt, an der modernen Dekadenz in vielfältiger Weise teilhaben ließ.

Mit der Grundspannung zwischen dekadenter Sinnlichkeit und Todesverfallenheit einerseits und katholischer Gläubigkeit andererseits nimmt der Roman ein barockes Thema auf, was äußerlich auch durch die detaillierte Beschreibung des Milieus unterstrichen wird, das mit seinen manieristischen Elementen ebenfalls deutliche Züge der Übersteigerung und des Zerfalls trägt. Auf die barocke Thematik macht in diesem Roman bereits die Überschrift von Buch I aufmerksam: "Et in Arcadia Ego", ein Motto, das als erster der Maler Guercino (1591–1666) gebraucht haben soll, der auf einem Gemälde einen Totenschädel mitten in eine pastorale Landschaft plazierte und damit auf das Zusammenspiel von heiterer Sinnlichkeit, irdischem Glück und Vergänglichkeit und Tod hinweisen wollte. An dieses Motiv erinnert in Buch I der Totenschädel, der dieselbe Inschrift trägt und den Ryder in seinem Studierzimmer in eine Rosenschale plaziert hat.

Das sommerliche Oxford des Jahres 1923, der exzentrisch veranlagte Sebastian Flyte und der Charme, der Brideshead auszeichnet, symbolisieren in der Moderne eine Welt idyllischer Schönheit und barocker Fülle. Charles Ryder entwickelt sich unter dem Einfluß Sebastians zu einem Hedonisten, der in studentischer und zugleich aristokratischer Manier das Leben in vollen Zügen genießt, die barocke Architektur mit ihrem dekorativen Reichtum und ihren pathetisch-theatralischen Effekten für sich entdeckt und sich sowohl von John Ruskin als auch von Roger Fry, die er zunächst als Vorbilder bewunderte, abwendet, weil sie ihm nun zu puritanisch erscheinen. In dieser Phase lernt Charles Ryder auch Lord Marchmain kennen, der sich von seiner Familie und seiner Religion lossagte, nach Venedig übersiedelte und dort mit Cara, seiner Mätresse, zusammenlebt: Er hat gleichsam die religiösen Fesseln, durch die seine sinnliche Natur früher gezügelt wurde, gesprengt und den Paganismus in sich freigesetzt. Damit aber ist nur ein Konflikt berührt, der in der Familie Flyte und der katholisch-barocken Welt angelegt ist. Sebastian nennt sich ebenso wie seine Schwester Julia "half-heathen" (*BR*, 102); sie sind in der katholischen Tradition aufgewachsen, wahren jedoch zunächst eine gewisse Distanz zu ihr, um in unterschiedlicher Weise ihren natürlichen Neigungen Raum geben zu können. Der Roman erhält dadurch strukturell ein besonderes Gepräge, daß anfänglich Sebastian im Vordergrund steht, bis von der Mitte des II. Buches an Julia an seine Stelle tritt.

Sebastian ist ein extravaganter Poseur und Dandy, der wegen seiner Schönheit und seines aristokratisch-exzentrischen Verhaltens bereits in seiner Studentenzeit eine Berühmtheit ist. In seiner charmanten Art versteht er jeden zu bezaubern, der ihm begegnet, ob es ein Kommilitone oder ein Friseur ist. Charles Ryder bewundert Sebastians äußere Erscheinung ebensosehr wie seinen hedonistischen Lebensstil. Zu den Kuriositäten, mit denen sich Sebastian ständig umgibt – ein Elefantenfuß dient ihm als Papierkorb –, gehört auch der Teddybär Aloysius, der ihn während seiner

Studienjahre in Oxford ständig begleitet.[12] Dieser Teddybär ist für Sebastian mehr als ein Spielzeug; in seiner Phantasie nimmt Aloysius die Züge eines Lebewesens, eines anderen Menschen an, von dem er sich in seinen Alltagsproblemen ständig zur Rechenschaft gezogen fühlt und dessen angeblichen Wunsch er gegen die Wünsche seiner Freunde ausspielt. Sebastian hat – das geht aus den Gesprächen, die er mit Aloysius führt, hervor – die Stufe der Kindheit nie überwunden: Er ist heiter, verspielt, sorglos, unbekümmert, eigenwillig wie ein Kind in einer Welt von Erwachsenen, die es bewundern, beschützen und zur Seite stehen. Diese kindliche Art zu leben, spiegelt sich auch in Sebastians Bindung an Mrs. Hawkins, seine Nanny, die ihm weit mehr bedeutet als seine eigene Mutter, Lady Marchmain, die er wegen ihres herrischen Auftretens haßt und deren dogmatische Strenge in religiösen Fragen ihn stört. Sebastian hat ein emotional-ästhetisches Verhältnis zur katholischen Religion, er bewundert die Schönheit des christlichen Mythos, unterwirft sich in seiner Lebensführung aber in keiner Weise einem christlich-moralischen Rigorismus. Gleich Oscar Wilde genießt er das Leben, er liebt physische Genüsse wie schwere türkische Zigaretten oder erlesene Weine; wenn er einen Ausflug unternimmt, gehören Erdbeeren und Wein zu seiner Verpflegung. In Eton stand ihm unter allen Freunden der hochintelligente, homosexuell veranlagte Anthony Blanche am nächsten; in Oxford bildet die Freundschaft mit Charles Ryder zu dieser frühen Freundschaft einen merklichen Kontrast. Nach seinem Scheitern in Oxford verläßt Sebastian England und lebt in den Mittelmeerländern, wo er sich für einige Zeit einem ehemaligen deutschen Fremdenlegionär namens Kurt anschließt, dem er in geradezu sklavischer Abhängigkeit ergeben ist. Sebastian wird bereits in seiner Studienzeit in Oxford zum Alkoholiker – wie es Cara, Lord Marchmains Mätresse, vorausgesagt hatte – und treibt haltlos im Leben dahin. Sein weiteres Schicksal läßt Charles Ryder in seiner Rückschau am Ende des Romans im Ungewissen.

Sebastians gesamte Entwicklung ist für Charles nur solange von Bedeutung, wie ihm der Charme des aristokratischen Freundes eine verzauberte Wirklichkeit zu erschließen vermag. Durch Sebastian

---

12 Vgl. dazu Kurt Schlüter, *Kuriose Welt im modernen englischen Roman, dargestellt an ausgewählten Werken von Evelyn Waugh und Angus Wilson*, Berlin 1969, 85.

holt Charles gleichsam seine eigene Kindheit nach, um die er durch seine Eltern, insbesondere seinen Vater, betrogen wurde. Sebastian vermittelt ihm zugleich einen Zugang zu barocker Kunst und fördert ihn in seiner Entwicklung als Maler, wobei sich Charles freilich der Gefahr aussetzt, sein Talent in falsche Bahnen zu lenken. Zwar entdeckt er in Brideshead seine künstlerischen Fähigkeiten und gestaltet einzelne Räume des Schlosses aus; die Flytes verleiten ihn aber auch dazu, sich als Architekturmaler zu betätigen und Landsitze und Stadthäuser des Adels zu malen, die zum Verkauf oder Abriß bestimmt sind. Charles verschwendet auf diese Weise seine Fähigkeiten an eine fragwürdige Aufgabe: Er stellt eine Wirklichkeit dar, die längst schon dem Untergang preisgegeben ist. Schönheit und Vergänglichkeit durchdringen einander in der Kunstpraxis des Charles Ryder wie in der Lebenspraxis des Sebastian Flyte, der sich dem alkoholischen Rausch ausliefert, um sich im Genuß zu verzehren.

Wie Sebastian so übt auch seine Schwester Julia bereits als junges Mädchen durch ihre Schönheit und ihre witzig-geistreiche Art auf ihre Umgebung eine faszinierende Wirkung aus. Während Sebastian immer wieder eine lässige Passivität zur Schau trägt, gibt sich Julia als die moderne junge Frau, die mit einer gewissen Härte aufzutreten versteht. Sie liebt es zu schockieren, manchmal sogar Unwahrheiten zu erfinden, um ihre Umgebung zu erschrecken. Als der auf seine Karriere bedachte Kanadier Rex Mottram um sie wirbt, nimmt sie es in Kauf, daß er eine Mätresse, Brenda Champion, hat, und als sich herausstellt, daß er – trotz Konversion – sie nicht nach katholischem Ritus heiraten kann, weil er zuvor bereits verheiratet war und die erste Ehe geschieden wurde, ist sie bereit, sich in einer protestantischen Kirche, in der Savoy Chapel, trauen zu lassen.

Charles Ryder ist zwar bereits bei seinen ersten Besuchen in Brideshead von Julia angetan, aber seine Zuneigung gilt zunächst nur Sebastian, mit dem er das arkadische Glück allein teilen möchte. Charles geht später mit Celia, der Schwester seines Oxforder Kommilitonen Boy Mulcaster, eine konventionelle Ehe ein, die der unglücklichen Ehe Julias mit Rex Mottram vergleichbar ist. Erst in den 30er Jahren, als sie sich auf einem Ozeandampfer bei der Rückreise von den Vereinigten Staaten wiederbegegnen, finden sie – obwohl beide noch durch eine Ehe gebunden sind – zueinander. Buch III des Romans schildert das Schicksal dieser Liebesbeziehung, die das Gegenbild, aber in vieler Beziehung auch die direkte Entsprechung zur Freundschaft zwischen Charles und Sebastian darstellt. Dieser Teil gipfelt in der Schilderung des Liebesglücks, das Charles und Julia im Sommer 1938 miteinander genießen und das in ihnen die Bereitschaft reifen läßt, ihre Scheidung vom bisherigen Ehepartner anzustreben. Mit der Rückkehr von Lord Marchmain scheint der Wunsch Charles Ryders, auf die Dauer nach Brideshead zurückkehren zu können, in Erfüllung zu gehen, denn Julias Vater denkt daran, das Haus Julia und Charles zu vermachen. Die innere Wandlung Lord Marchmains in der Todesstunde bewirkt jedoch auch bei Julia einen Sinneswandel: Sie fühlt sich in die Pflicht genommen und unterstellt ihr Leben ganz den Geboten ihres Glaubens. Mit ihrem Verzicht auf eine Scheidung ist Charles Ryder in vielfacher Hinsicht gescheitert: Sein Studium ist abgebrochen, mit seiner künstlerischen Entwicklung kann er nicht zufrieden sein; seine Freundschaft zu Sebastian endete ebenso mit einer Enttäuschung wie seine Liebe zu Julia, seine Ehe scheiterte und auch als Offizier sieht er sich in den Jahren des Krieges mit der Beförderung übergangen. Nach diesen Fakten zu urteilen müßte man den Roman als einen "Desillusionsroman" bezeichnen und ihn damit einem Typus zurechnen, wie er bereits im 19. Jahrhundert etwa in Flauberts *L'éducation sentimentale* entwickelt wurde. Zu einem Desillusionsroman paßt die innere Entwicklung Julias ebenso wie das Schicksal Sebastians, der schließlich als Unterportier in einem nordafrikanischen Kloster Dienst tut. Das Schicksal der Familie Flyte insgesamt fügt sich weitgehend in das Modell des Desillusionsromans ein, und auch die zahllosen Einzelporträts, die insbesondere aus der Perspektive des kritischen, manchmal auch zynischen Beobachters Charles Ryder gezeichnet werden, passen zu diesem Romantypus.

In satirischem Licht erscheint sein Vater, dessen kurios-kauziges Benehmen vor allem auf den plötzlichen Tod seiner Frau zurückzuführen sein dürfte. Satirisch gesehen werden auch Mr. Samgrass, ein Oxforder Historiker, der sich gerne mit den Gescheiterten in der Geschichte befaßt und schon in seiner äußeren Erscheinung ein komischer Charakter ist, und Lord Brideshead, der eigentliche Herr und Erbe des Schlosses, der in Stonyhurst, einer katholischen Schule, erzogen wurde, ursprünglich Priester werden wollte, eine Zeitlang auch an eine Karriere in Politik oder Militär dachte, sich aber letztlich dem Nichtstun auslieferte und nun mit Leidenschaft

Streichholzschachteln sammelt. Der Verachtung ausgeliefert ist schließlich die Schiffsgesellschaft, die Charles Ryder auf dem Ozeandampfer beobachten kann, ebenso wie Leutnant Hooper, der für Captain Charles Ryder zum Inbegriff eines ungebildeten, plebejischen Offiziers wird, dem jeglicher Sinn für die aristokratische Tradition im Offizierskorps abgeht.

Es ist nicht zu übersehen, daß einige der satirischen Urteile des Charles Ryder von einer gewissen Eitelkeit und Arroganz zeugen, so daß der Leser sich nicht immer mit dem Protagonisten identifizieren kann. Offensichtlich war sich Waugh gewisser Einseitigkeiten in seiner Charakterisierung bewußt; dies mag einer der Gründe sein, weshalb er Anthony Blanche zu einer Art kritischem Korrektiv für Charles Ryder werden ließ. Blanche gleicht zwar in seiner ästhetizistischen Lebensweise Sebastian Flyte. Aber er ist ein scharfsinniger Kritiker in künstlerischen wie in allgemein-menschlichen Fragen. Als Student rezitiert er durch ein Megaphon Eliots *Waste Land* vom Balkon des Christ Church College und bringt damit auch seine eigene Sicht der modernen Gesellschaft zum Ausdruck. Selbst ein Poseur, durchschaut er die Pose des Sebastian Flyte, und versucht, Charles vor den Gefahren zu schützen, die im Charme Sebastians und des Schlosses Brideshead liegen. Es ist Blanche, der in Charles den Künstler entdeckt, er ist aber auch sein unerbittlichster Kritiker, besonders als Charles sich als Architekturmaler um den künstlerischen Erfolg bringt, der ihm der Begabung nach beschieden wäre.

Trotz alledem wäre es einseitig, wollte man *Brideshead Revisited* nur als einen Desillusionsroman bezeichnen. Der Satz: "'You're looking unusually cheerful today'" (*BR*, 381), der den letzten Eindruck wiedergibt, den Ryder auf seine Umgebung macht, widerspricht einer solchen Klassifizierung. Diese Heiterkeit kann – wie Heinz Kosok[13] gezeigt hat – auf die Erinnerungen bezogen werden, die in Ryder lebendig wurden, als er im Krieg nach Brideshead zurückkehrte. Sie kann sich aber auch von seiner religiösen Einstellung her erklären: unmittelbar zuvor spricht er beim Besuch der Kapelle, in der das Ewige Licht wieder brennt, "a prayer, an ancient, newly-learned form of words" (*BR*, 380). Waugh wollte mit einer solchen Wendung und der Gestimmtheit Charles Ryders

---

13 Heinz Kosok, "Evelyn Waugh: *Brideshead Revisited*", in: Horst Oppel (Hg.), *Der Moderne Englische Roman: Interpretationen*, Berlin (1965), ²1971, 302–329.

offenbar andeuten, daß sich in aller chaotischen Erfahrung des Charles Ryder, trotz aller Zufälle, die er im Frieden im privaten Bereich und im Krieg im öffentlich-historischen Bereich beobachten konnte, doch ein Sinnmuster abzeichnet, das in der Religion seinen Ursprung hat. Den Roman deshalb einen "Konversionsroman" zu nennen, hieße zu weit gehen. Festzuhalten bleibt jedoch, daß Waugh alte satirische, gesellschaftskritische Themen, die er in seinen ersten Werken behandelte, bis zu dem Punkt weitergetrieben hat, wo eine Norm in einer von absurden Zufällen regierten Wirklichkeit sichtbar wird. Neigen die Protagonisten der vorangehenden Romane dazu, an der Absurdität zu verzweifeln, so klingt hier umgekehrt der Satz an: "Credo, quia absurdum est"; wenn Waugh erst 1945 zu einem solchen Romanentwurf gelangte, so dürfte dies im Erlebnis des Zweiten Weltkrieges begründet sein: Die reale Destruktion des Krieges übte offenbar einen größeren Schock aus als die in ästhetischer Distanz und in friedlicher Zeit beobachtete Dekadenz des Adels. In der Erfahrungshaltigkeit dieses Romans dürfte die Wirkung begründet sein, die – bei aller thematischen und formalen Unausgeglichenheit der ersten Fassung von *Brideshead Revisited* – auf die Leser und die Kritiker ausging.

7

In den Jahren nach dem Zweiten Weltkrieg traten in den erzählerischen Werken Evelyn Waughs vier Themenkreise merklich in den Vordergrund: 1. Autobiographie, 2. der Tod, 3. Religion, 4. Geschichte. *The Ordeal of Gilbert Pinfold* (1957) ist von allen seinen Romanen derjenige, in dem der fiktive Bericht am stärksten an die autobiographischen Fakten herangerückt ist; *A Little Learning* (1964) ist ein rein autobiographisches Werk. Von seiner Auseinandersetzung mit der Todesthematik zeugt die Satire *The Loved One* (1949), die das Leben der amerikanischen Gesellschaft und insbesondere die absurden Gepflogenheiten beim Begräbnis von Menschen und Tieren in Südkalifornien zum Gegenstand hat. Waughs theologische Interessen spiegeln sich in der Biographie *The Life of the Right Reverend Ronald Knox, Fellow of Trinity College, Oxford, and Protonotary Apostolic to his Holiness Pope Pius XII* (1959). Religionsgeschichtliche Fragen berührte Waugh mit dem Roman *Helena* (1950), in dem er das Schicksal der Mutter Konstantins des Großen und die Kreuzauffindung im Stil einer Heiligenlegende berichtet. Eine Synthese aller genannten Themen lieferte Waugh mit der Trilogie *Sword of Honour* (1965), in der er die zunächst einzeln publizierten Romane *Men at Arms* (1952), *Officers and Gentlemen* (1955) und *Unconditional Surrender* (1961) zu einer Einheit zusammenfaßte und damit ein monumentales Werk vorlegte, das mehrfach von Kritikern als der beste Kriegsroman aus der Feder eines englischen Romanciers bezeichnet wurde.

In *Sword of Honour* findet die dichterische Weltsicht Evelyn Waughs, seiner Darstellung einer im Zerfall begriffenen und – wie es scheint – dem absurden Zufall unterworfenen Wirklichkeit ihren umfassendsten und künstlerisch überzeugendsten Ausdruck; die komisch-satirische Wirkung dieses Romans wird dadurch noch erhöht, daß er die religiöse Gegenposition zur modernen Wirklichkeit in souveräner Weise in die Darstellung miteinbezieht: Guy Crouchback, der Protagonist des Romans, vertritt den Katholizismus, zu dem sich der Autor seit seiner Konversion bekannte; der Romanheld ist jedoch mehr als lediglich ein Sprachrohr des Autors: Er ist eine eigenständige Gestalt, die sich mit ihren Idealen und ihren Illusionen in der modernen Wirklichkeit (während des Zweiten Weltkrieges) entwickelt und als ein gewandelter Mensch aus diesen Erfahrungen hervorgeht.

Waugh griff auch in dieser Trilogie auf eigene Erlebnisse zurück. 1939 gelang es ihm, sich der Marine-Infanterie, den Royal Marines, anzuschließen: 1940 nahm er an der Expedition nach Dakar teil, die sich gegen die Vichy-Franzosen richtete und zum Scheitern verurteilt war. 1941 wurde er Zeuge der englischen Niederlage auf Kreta, und im Sommer 1944 hielt er sich in Jugoslawien auf, wo er den Auftrag hatte, Kontakt zu den Tito-Partisanen herzustellen. Nicht nur die Hauptereignisse in der militärischen Karriere des Autors finden sich (mit erzählerischer Ausschmückung) im Roman gespiegelt; Biographen Waughs versichern, daß auch die Hauptpersonen dieses Werkes ihre historisch-authentischen Vorbilder haben. Dennoch ist die Trilogie kein dokumentarisch-faktischer Bericht. Waugh hat die Kriegsereignisse nach ästhetischen Mustern stilisiert, die er von Anfang an als Romancier erprobt hatte: Guy Crouchback wird Opfer absurder Ereignisse, und er trifft Personen, die als komisch-groteske Parodien auf das Soldatentum, den Offiziersstand oder die englische Aristokratie aufzufassen sind, wenn man sich als Leser mit den Normen identifiziert, die Guy oder auch der vom

Protagonisten so sehr verehrte Vater, Gervase Crouchback, verkörpern. Wie sehr Waugh an seinem Werk gearbeitet, wie stark er auch Details bedacht hat, geht aus der revidierten Fassung der drei Romane hervor, die er mit der einbändigen Trilogie *Sword of Honour* vorlegte. Um die Vorstellungskraft des Lesers nicht zu überfordern, hat er einzelne Begebenheiten gestrichen und auf bestimmte Charaktere verzichtet. In der vorliegenden Analyse wird auf die ursprüngliche Fassung der drei Romane zurückgegriffen, denn sie geben eine Vorstellung von der epischen Fülle der Geschehnisse, vom Personenreichtum und der Einfallsgabe des Erzählers Waugh, der im übrigen an der Grundkonzeption der Einzelteile der Trilogie auch in der überarbeiteten Fassung nichts änderte.

Folgt man zahlreichen Anspielungen auf die Tradition des europäischen Epos – allein der Name einer der zentralen Frauengestalten: Virginia Troy läßt bereits aufhorchen –, so erkennt man, daß Waugh mit seiner Trilogie ein Gegenstück zum antiken Epos lieferte. Schrieb Joyce mit seinem *Ulysses* im weiteren Sinn eine Parodie der *Odyssee*, so steckt in Waughs Trilogie *Sword of Honour* eine Parodie der Homerischen *Ilias*. Das Ethos des Protagonisten wäre dem eines antiken Heros angemessen. Guy Crouchback entstammt einer alten englischen Adelsfamilie, die über die Jahrhunderte hinweg an ihrem katholischen Glauben festgehalten hatte. Als der Zweite Weltkrieg ausbricht, fühlt er sich in doppelter Weise verpflichtet, als Offizier an den militärischen Unternehmungen der Alliierten teilzunehmen: Die aristokratische Ehrauffassung gebietet ihm, sein Vaterland gegen die Feinde zu verteidigen; sein christlicher Glaube läßt ihn in den Feinden – den Faschisten und Kommunisten – die Verkörperung des Bösen sehen, das die europäisch-abendländische Zivilisation in ihrem Bestand bedroht. Daher gelobt er am Grab eines englischen Kreuzritters, am Schwert des Roger of Waybroke, sein Leben einem modernen Kreuzzug zu widmen.

Als Guy Crouchback sich den *Halberdiers*, einem traditionsreichen Regiment anschließt, muß er jedoch erkennen, wie groß die Distanz zwischen seinen Idealen, seinen Vorstellungen von einem christlichen Gentleman und modernen Kreuzritter, und der Realität des militärischen Alltags im Zweiten Weltkrieg und der Gesinnung der meisten Offiziere ist. Im Vergleich zu ihnen erscheint Guy als ein weltfremder Idealist, der sich in den Vorstellungen verfangen hat, die er während seiner Adoleszenz aus Ritterromanen und Heldengeschichten gewonnen, als ein Don Quixote, der literarische

Illusionen für Wirklichkeit hält und dazu bestimmt zu sein scheint, mit seinen Idealen kläglich zu scheitern. Ist das Ethos des epischen Helden bei Homer oder in mittelalterlichen Ritterromanen mit dem des Standes der Krieger und Aristokraten, dem er angehört, kongruent, so klaffen in dieser modernen Romantrilogie das Wesen des Protagonisten und die gesellschaftliche Wirklichkeit, in der er lebt und von der er sich tragen und bestimmen lassen möchte, weit auseinander. Epische Größe könnte Guy Crouchback nur dann erlangen, wenn seine private Wertordnung und die öffentlich akzeptierte noch identisch wären. Daß seine Wertordnung weithin in den privaten Bereich abgedrängt worden ist, geht daraus hervor, daß in England sonst nur noch Guys Vater die ritterlichen und religiösen Wertvorstellungen teilt und zu verwirklichen bemüht ist. Guy unternimmt den hoffnungslosen Versuch, eine vom Untergang gezeichnete Tradition mit neuem Leben zu erfüllen und einem Ethos öffentliche Geltung zu verleihen, das sich nur in der Abgeschiedenheit privaten Lebens noch behaupten kann. Guy wird auf diese Weise zu einem typischen "Anti-Helden"; die Erfahrung des Zweiten Weltkrieges bewirkt seine Desillusionierung: Wo er charakterliche Integrität erwartet, sieht er in zunehmendem Maße Verrat und Heuchelei, Intrigen und Denunziation sowie sinnlosen militärisch-administrativen Leerlauf. Nicht die altruistische Opferbereitschaft bestimmt das Denken und Handeln der "Officers and Gentlemen", sondern der egoistische Wille zu überleben und Freunde wie Feinde gleich einem abgefeimten *picaro* zu überlisten. Vor dem Hintergrund eines korrupten Offizierskorps, in dessen Mentalität sich die Dekadenz der modernen Gesellschaft insgesamt spiegelt, auf die Waugh vom Beginn seiner schriftstellerischen Karriere an satirische Pfeile abgeschossen hatte, nimmt sich der hochgesinnte Guy Crouchback wie ein weltfremder Tor aus. Bei aller Sympathie, die Waugh für seinen Protagonisten empfindet, deutet der Autor-Erzähler auch auf ironische Weise die Grenzen an, die bei Guy Crouchback unübersehbar sind.

Die Isolation, in der er sich in der modernen Welt von Anfang an befindet, wird durch eine Reihe von Details verdeutlicht. Guy ist schon allein dadurch isoliert, daß er einer katholischen Familie innerhalb der englischen Aristokratie angehört, auf deren Dienste das Königshaus seit der Reformation weitgehend verzichtete. Wenngleich der Vater die alte aristokratische Tradition und den alten Glauben ungebrochen verkörpert und sein Sohn Guy dieses Erbe unversehrt zu erhalten versucht, ist die Familie doch von einem bestimmten Zerfall gezeichnet: Einer seiner Brüder fiel im Ersten Weltkrieg, ein zweiter wurde wahnsinnig. Guy lebte nach seiner Eheschließung mit seiner Frau Virginia einige Jahre in Kenia als Farmer; sie hielt dieses Leben jedoch nicht aus, es kam zu einer Zivilscheidung, und Guy zog sich acht Jahre lang in eine Villa in Italien (die seinem Großvater gehörte) zurück. Da er aus der Ehe mit Virginia keine Kinder hat und die Kirche ihm eine zweite Ehe nicht gestattet, muß er sich ähnlich wie Tony Last, der Protagonist von *A Handful of Dust*, als letzten Sproß seiner Familie betrachten. Dieses Wissen, der letzte in einer langen Tradition zu sein, hat auf Guy eine geradezu traumatische Wirkung: Gelegentlich wird er von der Vorstellung geplagt, am Ende der Welt für den letzten Papst die letzte Messe zu zelebrieren. Damit dringt in Waughs Roman eine Vorstellung ein, die in abgewandelter Form in Joseph Conrads Roman *Lord Jim* wie in Becketts *Endgame* anzutreffen ist: Die Erfahrung der Absurdität der Welt wird bis an deren potentielles Ende weitergedacht. Selbst als Guy im katholischen Italien lebt, findet er keinen rechten Kontakt zu den Gläubigen, die in seiner nächsten Nähe leben; er gilt nicht als ein *simpatico*; die Zugehörigkeit zum gleichen Glauben stiftet keine zwischenmenschlichen Beziehungen im Alltag. In seiner Isolation verfällt er der *acedia*, der Schwermut, die nach traditioneller katholischer Moraltheologie als eine der sieben Todsünden zu betrachten ist.

Vor diesem Hintergrund, ist Guys Bereitschaft, Kriegsdienst zu leisten und sich dem *Royal Corps of Halberdiers* anzuschließen, als ein Versuch zu verstehen, die Einsamkeit, unter der er leidet, zu überwinden. Er wird jedoch zum Spielball meist anonymer Mächte; seine Kriegserlebnisse bewirken eine Desillusionierung. Er durchschaut schließlich die anderen ebenso wie sich selbst. Da er aber an der Realität nicht verzweifelt, da er es versteht, die katholisch-aristokratische Tradition, der sich seine Vorfahren stets verpflichtet fühlten, in die moderne Welt zu integrieren, nimmt die Trilogie zugleich die Züge eines Erziehungsromans an. Die einzelnen Teile der Trilogie stellen Phasen in der Entwicklung des Helden vor dem Hintergrund einer chaotischen Wirklichkeit dar.

Der Roman *Men at Arms* schildert, wie Guy Crouchback sowohl in seinem Privatleben als auch in seiner militärischen Laufbahn einer Reihe von Enttäuschungen ausgesetzt ist, wie er bei dem Versuch, die Familientradition im biologischen wie im militärischen

Sinn fortzusetzen, scheitert. So läßt er sich durch Mr. Goodall dazu bestimmen, mit seiner früheren Frau Virginia, die nach kirchlichem Recht nicht von ihm geschieden ist, am St. Valentine's Day ein Rendezvous zu verabreden, in der geheimen Hoffnung, von dieser Frau doch noch einen Nachkommen und Erben zu haben. Virginia durchschaut diesen Plan und wendet sich verbittert von Guy ab – ein Vorgang, der nicht der dramatischen Ironie entbehrt, denn zu einem späteren Zeitpunkt zeigt sich Virginia durchaus bereit, mit Guy wenigstens nominell zusammenzuleben, um für das Kind, das sie von einem anderen Mann erwartet, einen Vater zu haben.

In seiner militärischen Laufbahn wird Guy in die Dakar-Expedition verwickelt. Er läßt sich von Oberst Ritchie-Hook für ein Stoßtruppunternehmen gewinnen, das von höchster militärischer Stelle nicht geplant ist und das Ritchie-Hook auf eigene Faust anordnet. Dieser Vorstoß auf die westafrikanische Küste endet kläglich mit einem Fiasko; künftig gilt Guy wegen des von ihm nicht zu verantwortenden Unternehmens als der Offizier, der sein Ansehen unbedacht aufs Spiel setzte. Schließlich wird Guy schuldig durch seine Hilfsbereitschaft. In guter Absicht schenkt er seinem im Lazarett liegenden Freund Apthorpe eine Flasche Whisky; als Apthorpe unbeherrscht zuviel Whisky trinkt, verursacht er dadurch selbst seinen Tod. Wie Gene D. Phillips gezeigt hat, ist diesem Vorgang eine symbolische Bedeutung zuzuweisen. Mit Apthorpe stirbt der jugendlich-abenteuerliche romantische Geist des Protagonisten:

> Waugh eliminated Apthorpe at the novel's end because he realized that Apthorpe belonged to Guy's belated adolescence and would not fit into the increasingly serious atmosphere of the latter volumes.[14]

Der zweite Teil der Trilogie, *Officers and Gentlemen*, nimmt im ersten Buch: "Happy Warriors" zunächst eine Problematik auf, die Waugh bereits in dem Roman *Scoop: A Novel about Journalists* (1938) behandelt hatte: die Stilisierung (und oft auch Verfälschung) der Realität durch einen gewissenlosen Journalismus. Während Guy seine Ehre – ohne seine Schuld – durch die Dakar-Expedition befleckt sieht, wird Trimmer zu einem nationalen Heros hochstilisiert, obgleich er sich bei der Operation "Popgun" recht unehrenhaft benimmt: Er verfehlt sein Ziel – eine unbedeutende Kanalinsel –

---

14 Gene D. Phillips, *Evelyn Waugh's Officers, Gentlemen, and Rogues: The Fact behind His Fiction*, Chicago 1975, 118.

gerät aufs Festland, tritt voller Angst den Rückzug an, als er seinen Irrtum erkennt, während seine Kameraden wenigstens eine Eisenbahnlinie sprengen. Trimmers Verhalten wird jedoch vom gerissenen und gewissenlosen Ian Kilbannock ins Gegenteil umstilisiert. Trimmers vermeintliche Heldentat ist eine der vielen absurden Farcen, die in Waughs Sicht den Zweiten Weltkrieg ausmachen und die Guys idealistische Vorstellung vom ehrenhaften Kampf für eine gerechte Sache untergraben.

Eine Steigerung erfährt dieser Desillusionierungsprozeß durch Guys Erlebnisse auf Kreta, die im zweiten Buch: "In the Picture" berichtet werden. Major "Fido" Hound zeigt in der Stunde höchster Gefahr keinerlei Sinn für seine Pflicht als Offizier; er läßt auch jegliches Gespür für menschliche Würde vermissen. Er nähert sich der Stufe des Animalischen, auf die sein Familienname hinweist, und als er desertiert, wird er von Ludovic, einem weiteren Deserteur in den Tod geschickt, weil Ludovic wenigstens diesen Zeugen seiner eigenen Schande loszuwerden trachtet. Wie Major Hound und Ludovic desertiert schließlich auch Ivor Claire, der von Guy Crouchback lange als Inbegriff eines englischen Gentleman bewundert wurde und in dem er einen seiner wenigen Freunde sah:

> As for Guy, he had recognized from the first a certain remote kinship with this most dissimilar man, a common aloofness, differently manifested – a common melancholy sense of humour; each in his way saw life *sub specie aeternitatis;* thus with numberless reservations they became friends, as had Guy and Apthorpe.[15]

An anderer Stelle wird die hohe Meinung, die Guy von seinem Freund hat, in folgende Worte gefaßt: "Ivor Claire, Guy thought, was the fine flower of them all. He was quintessential England, the man Hitler had not taken into account, Guy thought" (*OG*, 147). In der Härte der kriegerischen Auseinandersetzungen gerät Ivors Ehrbegriff ins Wanken, er desertiert und wird später nach Indien versetzt. Guys freundschaftliche Zuneigung zu ihm verflüchtigt sich, sobald er erkennt, daß er im Grunde einem illusionären Bild, das er sich von Ivor gemacht hat, zum Opfer gefallen ist.

Mit dem Vertrauen auf die Gültigkeit des Offiziersethos und das Ethos eines Gentleman zerbricht in Guy in dieser Phase seiner Ent-

---

15 Evelyn Waugh, *Officers and Gentleman*, London: Chapman & Hall 1955, 110. Im Folgenden zitiert als *OG*.

wicklung auch die Überzeugung, daß der Zweite Weltkrieg gegen die Mächte des Bösen geführt wird, wie sie vom nationalsozialistischen Deutschland und dem kommunistischen Rußland in seiner Sicht verkörpert werden. In dem Augenblick, in dem der Krieg zwischen Deutschland und Rußland ausbricht und die Sowjets zu den Alliierten stoßen, ist für Guy Crouchback die Überzeugung, in einem gerechten Krieg gegen die widergöttlichen Mächte auf der Seite der Gerechtigkeit zu stehen, zunichte. Erneut spürt er die Vereinsamung, unter der er in seinem italienischen Exil litt, und er begreift zugleich, daß das soldatische Ethos, seine Vorstellungen von Ehre und Gerechtigkeit, für sein weiteres Leben keine ausreichende Basis mehr sein können:

> ... Guy himself in the process of the two novels, especially in *Officers and Gentlemen*, gradually comes to an awareness that quite destroys all his early fond illusions about justice and honor, about all other noble medieval notions.[16]

Hätte er nicht eine intensive Beziehung zur religiösen Tradition, zu seinem katholischen Glauben, den er im Sinne der alten Familientradition praktiziert, dann würde er sich in der Situation des tragisch Scheiternden befinden.

Im dritten Teil der Trilogie, *Unconditional Surrender*, schildert Waugh die Komplexität, in die Guy Crouchback gerät, als sich mitten im Krieg die politische Lage verändert. Das Schwert, das der englische König den Einwohnern von Stalingrad schenkt und das zuvor in der Westminster Abbey ausgestellt ist, bildet den sichtbaren Kontrast zum Schwert von Roger of Waybroke, an dem Guy gelobt hat, im Sinne eines modernen Kreuzritters gegen die widergöttlichen Mächte zu Felde zu ziehen: War Roger of Waybrokes Schwert für ihn "a sword of honour", so ließe sich das Schwert, das der englische König verschenkt, nach Guys Meinung als "a sword of dishonour" bezeichnen. Das Ethos, das für das Mittelalter, für den Ritterstand insbesondere, Gültigkeit hatte, ist aus der Sicht von Guy Crouchback im Zweiten Weltkrieg endgültig zusammengebrochen; das Geschenk des englischen Königs bestätigt diesen Zusammenbruch in einer öffentlich-symbolischen Weise.

Noch schärfer treten die Konflikte hervor, in die Guy durch seine distanziert-kritische Haltung gegenüber dem Kommunismus

---

16 William J. Cook, *Masks, Modes, and Morals*, 283.

gerät, als er den Auftrag erhält, in Jugoslawien als Verbindungsoffizier zu den Partisanen Titos tätig zu sein. Während die Partisanen gegenüber den aus dem Konzentrationslager geretteten Juden eine deutlich antisemitische Haltung an den Tag legen, setzt sich Guy für den Schutz und die Sicherheit dieser Juden ein. Allerdings gerät er durch diese selbstlose Haltung, die Ausdruck seiner religiösen Gesinnung ist, in eine neue innere Krise: Guy erfährt, daß Mme Kanyi, die als Wortführerin der Juden auftritt, von den Partisanen verdächtigt wird, seine Mätresse gewesen zu sein. Ihr Mann wird der Sabotage beschuldigt, in ihrem Zimmer will man amerikanische konterrevolutionäre Propagandaschriften gefunden haben; beide werden schließlich von einem Volksgerichtshof verurteilt: "'[...] They were tried by a Peoples' Court. You may be sure justice was done'"[17]. Der Begriff "justice" hat damit für Guy Crouchback ebenso seine ursprüngliche Bedeutung verloren wie der Begriff "honour". Was für Guy zunächst bleibt, ist das Bewußtsein, sich dem Gefälle der Schuld nicht entziehen zu können, in das alle in dieser Zeit hineingerissen werden, ob sie nun feige ihre Ehre und ihren Sinn für Gerechtigkeit preisgeben oder aber wie Guy auf eine eigene, ganz persönliche Weise anderen Menschen zu helfen versuchen. Der Tod Mme Kanyis bildet zugleich einen Kontrast und eine Parallele zu der Szene, in der im ersten Teil der Trilogie von Apthorpes Tod berichtet wird. Dort waren die äußeren Umstände geradezu trivial-farcenhaft; hier sind sie melodramatisch-tragisch zu nennen. In beiden Fällen muß Guy jedoch die gleiche Erfahrung machen: Er will anderen Menschen aus Mitleid und Nächstenliebe helfen – und bewirkt ihren Tod.

Es ist eine der Ironien des Romans, daß Mme Kanyi, deren Schicksal zeigt, in welcher Weise Guy schuldlos-schuldig ist, in ihrem letzten Gespräch mit ihm auf das Problem der Schuld zu sprechen kommt.

> "Is there any place that is free from evil? It is too simple to say that only the Nazis wanted war. These communists wanted it too. It was the only way in which they could come to power. Many of my people wanted it, to be revenged on the Germans, to hasten the creation of the national state. It seems to me there was a will to war, a death wish, everywhere. Even good men thought their private honour would

---

17 Evelyn Waugh, *Unconditional Surrender*, London: Chapman & Hall 1961, 305. Im Folgenden zitiert als *US*.

> be satisfied by war. They could assert their manhood by killing and being killed. They would accept hardships in recompense for having been selfish and lazy. Danger justified privilege. I knew Italians – not very many perhaps – who felt this. Were there none in England?"
> "God forgive me," said Guy. "I was one of them". (*US*, 300)

Mit dieser Einsicht in eigene Schuld verwandelt sich die ursprüngliche Weltsicht des Guy Crouchback, die von der Antithese »gut – böse«, »gerecht – ungerecht« ausging und die Komplexität des Moralischen auf unzulässige Weise vereinfachte. Nicht der Kampf für die gerechte Sache steht jetzt im Vordergrund, sondern das Mitleid mit anderen Menschen und die Bereitschaft, für sie Verantwortung zu übernehmen. So ist es zu erklären, daß Guy das eheliche Zusammenleben mit Virginia wieder aufnimmt, daß er das Kind, das sie erwartet und dessen Vater Trimmer ist, als seinen Erben annimmt und mit dem Vornamen Gervase auch formell in die Familientradition einreiht. So ist es schließlich verständlich, daß er nach Virginias Tod – sie kommt bei einem Luftangriff ums Leben – Domenica heiratet, mit ihr ein Landgut bewirtschaftet und für die Zukunft seines Erben sorgt. In der ursprünglichen Fassung des Romans *Unconditional Surrender* hatten Guy und Domenica auch eigene Kinder. In der 1964 publizierten Gesamtausgabe der Trilogie ist diese Besonderheit in ihr Gegenteil verkehrt. Offenbar war die erste Fassung nach Waughs Urteil einem allzu oberflächlichen *happy ending* angenähert; die spätere Fassung entspricht dem radikalen Ernst, der für Guys Hinwendung zum Diesseits und zu den Mitmenschen in all ihrer Gebrochenheit und Begrenztheit charakteristisch ist. Guy hat das Ende des Erziehungsprozesses in einer absurden Wirklichkeit erreicht, als er bereit ist – in den Worten von Gene D. Phillips – "unselfish charity and generosity"[18] zu praktizieren.

Wenn Waugh gleichzeitig berichten läßt, daß Major Ludovic die italienische Villa kaufte, in der Guy bis zum Ausbruch des Krieges lebte, und wenn weiterhin davon die Rede ist, daß er dort ein Buch, *The Death Wish*, schreibt, so sind diese Einzelheiten von symbolischer Bedeutung: Ludovic ist nun an der Stelle angelangt, die Guy nach der Trennung von Virginia erreicht hatte; würde der Protagonist selbst zur italienischen Villa seines Großvaters zurückkehren, hätte sein Lebensweg einen absurden Kreis durchlaufen. Guy aber

---

18 Gene D. Phillips, *Evelyn Waugh's Officers*, 137.

bricht aus der Absurdität aus: Die Kraft seines moralischen Willens, der aus einer ungebrochenen Glaubensüberzeugung gespeist wird, ermöglicht es ihm, in aller Selbstlosigkeit Nächstenliebe zu üben. Wenngleich der Wille zum Tode symptomatisch für eine europäische Gesellschaft ist, deren moralischer Zerfall im Krieg evident wurde, so ist Waugh nicht davon überzeugt, daß alle Kraft zur Regeneration in der Menschheit erloschen ist und nur noch die Möglichkeit bleibt, das "Endspiel" mit Anstand zu bestehen. So bitter seine Satire auch sein mag, gleich Huxley sieht auch er Kräfte, die zu einer *regeneratio* führen können. Im Gegensatz zu diesem vertraut er allerdings auf die christliche Tradition, während Huxley seinen Blick auf die östlichen Religionen, den Buddhismus, richtet.

GEORGE ORWELL (1903–1950)

Der gescheiterte Ausbruch aus der Wirklichkeit

1

Mit der politischen Fabel *Animal Farm* (1945) und dem antiutopischen, satirischen Roman *Nineteen Eighty-Four* (1949) erzielte George Orwell seine größten literarischen Erfolge. In diesen Werken kamen seine besondere schriftstellerische Begabung und seine politisch kritische Einstellung zur Moderne am besten zur Entfaltung. Die Voraussetzung für diese erzählerischen Leistungen hatte er mit den Romanen, den autobiographischen Schriften ("documentaries") und den Essays geschaffen, die seit den 30er Jahren entstanden.

Aus seinen Romanen geht deutlich hervor, wie stark Orwell sich auf seine persönlichen Erfahrungen und Erinnerungen verließ, wie er seine Erlebnisse als Polizeioffizier in Burma, als Tramp in Paris und London und als Erntearbeiter bei der Hopfenernte in Kent, aber auch Erinnerungen an seine Familie und seine Vorfahren in seine erzählerischen Versuche einbezog. Gleichzeitig ist nicht zu verkennen, in welchem Maße er von Vorbildern aus der englischen und französichen Literatur geprägt wurde; an Zola und George Moore schulte er sich, als er sich in die naturalistischen Konventionen des Erzählens einarbeitete; Swift und Defoe, Dickens und Hardy, Wells und Bennett, aber auch James Joyce haben ihre Spuren in seinen Romanen hinterlassen. Wenngleich sich das Zwiegespräch eines Erzählers mit Vorbildern aus der Vergangenheit und Gegenwart immer wieder beobachten läßt – Hardy führt in *Jude the Obscure* einen Dialog mit Dickens' *Great Expectations*, in D.H. Lawrences *The White Peacock* sind Anklänge an Hardys Romane zu vernehmen –, kann nicht übersehen werden, daß die Impulse, die Orwell aufnahm, stärker sind als seine kreativen Antworten. Die Tatsache, daß Orwell in seinen Romanen – von *Burmese Days* bis zu *Nineteen Eighty-Four* – die Wirklichkeit aus der Optik der jeweiligen Hauptfigur darstellt, ist aufschlußreich. Es gelang ihm offenbar nie, einen Hauptcharakter so zu schildern, daß er ein völlig eigenständiges Leben gewinnt – unabhängig von anderen Personen und dem gesellschaftlichen Milieu, in dem er sich bewegt. In dem Hauptcharakter ist nicht nur die Substanz der Lebenserfahrung des Autors, sondern auch die Reflexion über diese Substanz lebendig, so daß in der Orwell-Kritik wiederholt die Frage auftauchen konnte, ob und bis zu welchem Grade kommentierende Passagen dem Hauptcharakter oder aber dem Autor direkt zuzuordnen sind.

2

Der Roman *Burmese Days* (1934) schildert das Schicksal John Florys, dem die Rolle des Außenseiters von Geburt an zugewiesen wurde: seine linke Gesichtshälfte ist durch ein Muttermal gekennzeichnet, so daß er schon früh den Spott seiner Mitschüler erdulden mußte, die ihn "monkey-bum" nannten. Und es gelingt ihm auch später nicht, als er in Burma als Holzhändler tätig ist, sich voll in eine gesellschaftliche Gruppe zu integrieren. Es ist in der Forschung gelegentlich davon gesprochen worden, daß Flory im Sinne des kalvinistischen Denkens zu diesem Schicksal prädestiniert wurde und daß er dementsprechend auch nicht seinem Verhängnis aus eigener Kraft zu entgehen vermag.

Das gesellschaftliche Zentrum in der kleinen Stadt Kyauktada im oberen Teil Burmas, in dem Flory lebt, ist der Europäische Club, über dessen Bedeutung der Erzähler folgendes berichtet:

> In any town in India the European Club is the spiritual citadel, the real seat of the British power, the Nirvana for which native officials and millionaires pine in vain. It was doubly so in this case, for it was the proud boast of Kyauktada Club that, almost alone of clubs in Burma, it had never admitted an Oriental to membership. (*BD*, 14)[1]

Eine Lockerung in der britischen Kolonialpolitik ermöglicht jedoch seit 1923, daß jeweils ein burmesischer Beamter in den Club aufgenommen werden kann. Dies schafft eine Rivalität zwischen dem Arzt Dr. Veraswami, mit dem John Flory befreundet ist , und U Po Kyin, dem höchsten und einflußreichsten der farbigen Verwaltungsbeamten, der mit List und Schlauheit seine Herrschaft ausübt. Ihm

---

[1] George Orwell, *Burmese Days* (1934), London: Secker & Warburg 1996, 14. Im Folgenden zitiert als *BD*.

gelingt es am Ende auch, durch eine Intrige Dr. Veraswami auszuschalten und in den Europäischen Club aufgenommen zu werden. U Po Kyins charakteristiche Eigenart und sein Verhältnis zur Macht lassen die These zu, daß er eine Art Vorstudie zu O'Brien in *Nineteen Eighty-Four* ist, dem Winston Smith zum Opfer fällt.

Streng genommen sollte man bei John Flory von einer Doppelrolle sprechen: er hat als Weißer Anteil an der Ausbeutung der Eingeborenen; er ist aber zugleich von der Heuchelei, der Lüge, der Korruption, der Gewalt und dem Sadismus im Verhalten der meisten Europäer angeekelt. Er versucht, auf eine ganz eigene Weise Wertvorstellungen aufrechtzuerhalten, die der europäischen Zivilisation entstammen:

> He is a man of some intelligence and sensitivity; and the story tells of his foredoomed endeavour to maintain civilized and human standards in the face of his fellow Englishmen, in whom life in Burma elicits at the very best a bungling philistinism and at the worst a pathological cruelty.[2]

John Florys Sonderstellung im Kreise der Europäer zeigt sich in seiner kritischen Haltung zum imperialistischen System, von dem er ein Teil ist, in seinem Interesse für die kulturellen Traditionen der Eingeborenen und in seiner Bereitschaft, mit dem Farbigen Dr. Veraswami Freundschaft zu schließen, der sich in einer Weise zur englischen Tradition bekennt wie kein anderer der Eingeborenen. Es liegt eine tiefe Ironie in der Tatsache, daß Dr. Veraswami sich geradezu verpflichtet fühlt, John Flory an die Bedeutung der englischen Kultur für Indien zu erinnern:

> Why iss it that always you are abusing the pukka sahibs, ass you call them? They are the salt of the earth. Consider the great things they have done – consider the great administrators who have made British India what it iss. Consider Clive, Warren Hastings, Dalhousie, Curzon. They were such men – I quote your immortal Shakespeare – ass, take them for all in all, we shall not look upon their like again! (*BD*, 36)

Flory hofft, durch die Ehe mit einer Europäerin, die seine Grundüberzeugungen teilt, die Isolation, unter der er in Burma leidet, überwinden zu können. Seine Versuche schlagen jedoch fehl: Als er

---

2 Keith Aldritt, *The Making of George Orwell: An Essay in Literary History*, London 1969, 21.

eine Reise nach Europa antritt, wird er aus geschäftlichen Gründen zurückgerufen. Dann glaubt er, in Elizabeth Lackersteen der mittellosen Waisen und Nichte eines Holzhändlers in Burma, der richtigen Frau begegnet zu sein. Er rettet sie vor einem Wasserbüffel und beeindruckt sie später durch sein Verhalten während einer Leopardenjagd. Aber er sieht zu spät, daß Elizabeth den Idealen der Imperialisten anhängt, die sie während ihrer kurzen Internatszeit näher kennenlernte.

> There is a short period in everyone's life when his character is fixed for ever; with Elizabeth, it was those two terms during which she rubbed shoulders with the rich. Thereafter her whole code of living was summed up in one belief, and that a simple one. It was that the Good ('lovely' was her name for it) is synonymous with the expensive, the elegant, the aristocratic; and the Bad ('beastly') is the cheap, the low, the shabby, the laborious. (*BD*, 92)

Als der Offizier Verrall in Kyauktada auftaucht, glaubt Elizabeth, den idealen Partner gefunden zu haben, und Flory begreift sofort, daß er mit diesem Rivalen nicht konkurrieren kann. Verrall diente zuvor bei der Kavallerie in Indien, verbindet in seinem Auftreten männliche Stärke mit soldatischer Disziplin, die antiintellektuelle Haltung mit der Arroganz und Impertinenz, die die weiße Rasse bei den Eingeborenen verhaßt macht. Er verschwindet jedoch bald wieder, so daß sich Flory erneut Hoffnung auf Elizabeth macht – zumal er bei den Weißen dadurch neues Ansehen gewinnt, daß ein Aufstand der Farbigen mit seiner Hilfe schnell niedergeschlagen werden kann. Erneut gibt er sich seinem Traum von einem zukünftigen Glück mit Elizabeth hin:

> When they were married, when they were married! What fun they would have together in this alien yet kindly land! He saw Elizabeth in his camp, greeting him as he came home tired from work and Ko S'la hurried from the tent with a bottle of beer; he saw her walking in the forest with him, watching the hornbills in the peepul trees and picking nameless flowers, and in the marshy grazing-grounds, tramping through the cold-weather mist after snipe and teal. He saw his home as she would remake it. He saw his drawing-room, sluttish and batchelor-like no longer, with new furniture from Rangoon, and a bowl of pink balsams like rosebuds on the table, and books and watercolours and a black piano. Above all the piano! His mind lingered upon the piano-symbol, perhaps because he was unmusical, of civilised and settled life. He was delivered for ever from the sub-life of

> the past decade – the debaucheries, the lies, the pain of exile and solitude, the dealings with whores and moneylenders and pukka sahibs. (*BD*, 283–284)

Dieser Traum wird jedoch jäh durch Ma Hla May zerstört, eine eingeborene Prostituierte, die er von den Eltern gekauft, dann aber verjagt hatte, als er Elizabeth kennenlernte. Ma Hla May verlangte Schweigegeld von ihm und rächt sich nun an ihm durch ein von U Po Kyin böswillig inszeniertes Auftreten in der Kirche vor der versammelten Gemeinde. Elizabeth Lackersteen hat nicht die Kraft, sich über alle gesellschaftlichen Konventionen hinwegzusetzen und sich zu John Flory zu bekennen, als dieser von allen Europäern verachtet wird.

In einer moralisch dekadenten Umwelt bleibt Flory einzig der Selbstmord als Ausweg. Aus seiner Sicht ist dieser Tod nicht nur als eine Anklage gegen die Gesellschaft zu verstehen, an der er zugrunde geht, sondern auch als ein Urteil, das er an sich selbst vollzieht. Er fühlt sich vor allem deshalb schuldig, weil er seine gesellschaftliche Stellung als Weißer ausnutzte, um burmesische Frauen, insbesondere Ma Hla May, als Lustobjekte auszubeuten. Im Augenblick des Todes schwindet das Muttermal an John Florys Wange, das von Orwell auch als ein Schuldmal gedeutet wird:

> With death, the birthmark had faded immediately, so that it was no more than a faint grey stain. (*BD*, 294)

Das Muttermal ist nicht nur ein Zeichen für Florys Außenseiterstellung und sein persönliches Schuldgefühl, sondern der Ausdruck der inneren Schwäche und des moralischen Zerfalls einer ganzen Generation und einer ganzen Kultur. John Flory ähnelt in dieser Beziehung den Protagonisten der frühen Lyrik Eliots – etwa J. Alfred Prufrock –, und das burmesische Milieu, in dem John Flory verdirbt, ist Orwells Version des modernen "Waste Land".

Mit *Burmese Days* setzte Orwell die Reihe der Indien-Romane fort, von denen Kiplings *Kim* und Forsters *A Passage to India* die bedeutendsten und einflußreichsten in der ersten Hälfte des 20. Jahrhunderts waren. Über Orwells Verhältnis zu Forster bemerkt Jeffrey Meyers in *A Reader's Guide to George Orwell* (1975):

> *Burmese Days* was strongly influenced by *A Passage to India*, which was published in 1924 when Orwell was serving in Burma. Both

novels concern an Englishman's friendship with an Indian doctor, and a girl who goes out to the colonies, gets engaged and then breaks it off. Both use the Club scenes to reveal a cross-section of colonial society, and both measure the personality and value of the characters by their racial attitudes.[3]

Meyers sieht zugleich die kritische Distanz zum Imperialismus, die sich bei beiden Autoren deutlich dokumentiert. Der Hauptunterschied besteht in der Auswertung der negativen Befunde; eine optimistisch-utopische Sicht, wie sie sich bei Fielding auch noch im Schlußkapitel von *A Passage to India* abzeichnet, fehlt bei Orwell. Dieser Unterschied dürfte im sozialen Status und der Biographie der beiden Autoren begründet sein: Forster beurteilt Indien aus der Sicht eines Privatsekretärs eines Maharadschas; Orwell ging von den Erfahrungen aus, die er als Polizeibeamter in Burma sammelte; sein Lebensalltag und sein Erfahrungshorizont wurden durch den Imperialismus tiefer und eindringlicher geprägt als bei Forster. Dazu kommt, daß Orwells Roman später entstand als derjenige Forsters: die tiefe Krise in den Beziehungen zwischen England und Indien (bzw. Burma), die im Zweiten Weltkrieg und unmittelbar danach kulminierte, wird bei Orwell schon deutlich faßbar. Sein Roman *Burmese Days* bildet eine Art Verbindungsglied zwischen Forsters *A Passage to India* und Paul Scotts Roman *The Jewel in the Crown* (1966).

3

Wenn Orwell in seinem zweiten Roman *A Clergyman's Daughter* (1935) eine Frau ins Zentrum des Geschehens rückt, wirkt dies wie ein Versuch, die allzu starke Identifikation des Autors mit dem Romanhelden, die in *Burmese Days* zu beobachten ist, zu vermeiden. Daß dennoch sehr viele Einzelheiten aus Orwells persönlicher Erfahrung in diesen Roman eingingen, beweisen die Kapitel über die Hopfenernte und über das Leben der Tramps in London. Das Schicksal Dorothy Hares in der modernen Welt hat insofern paradigmatischen Charakter, als am Beispiel dieser Biographie die Zwänge, denen der Einzelne, insbesondere eine Frau, in der zeitgenössischen Gesellschaft ausgesetzt ist, abgelesen werden können.

---

3   Jeffrey Meyers, *A Reader's Guide to George Orwell*, London 1975, 68–69.

Erklären sich die Zwänge, von denen Orwell in *Burmese Days* berichtet, aus dem Mit- und Gegeneinander der Rassen, so sind sie in *A Clergyman's Daughter* durch den Aufbau der englischen Gesellschaft bedingt.

Im Pfarrhaus des Reverend Hare ist an die Stelle des religiösen Prinzips der "charity" ein rein ökonomisches Denken getreten: Der Pfarrer ist mehr an seinen Aktien als an dem Schicksal seiner Gemeinde interessiert. Dorothy wird von ihrem Vater in steter Abhängigkeit gehalten; sie leistet ihre Arbeit wie eine Dienstmagd, hat für den Haushalt wie für die Gemeinde zu sorgen und leidet an der Armut wie an der Ausbeutung, der sie ständig ausgesetzt ist. Erinnerungen an Szenen zwischen ihren Eltern, die auf sie eine schockartige Wirkung ausübten, an Bilder, auf denen Satyre Mädchen nachstellen, und die Versuche des Mr. Warburton, der sich als "Dorflebemann" aufspielt und Dorothy verführen möchte, bedingen ihre frigide Art.

Ähnlich wie John Flory sieht auch Dorothy in der Natur eine Möglichkeit, sich diesen gesellschaftlichen Zwängen zu entziehen. So heißt es beispielsweise im ersten Kapitel des Romans:

> Her heart swelled with sudden joy. It was that mystical joy in the beauty of the earth and the very nature of things that she recognised, perhaps mistakenly, as the love of God. As she knelt there in the heat, the sweet odour and the drowsy hum of insects, it seemed to her that she could momentarily hear the mighty anthem of praise that the earth and all created things send up everlastingly to their maker. All vegetation, leaves, flowers, grass, shining, vibrating, crying out in their joy. Larks also chanting, choirs of larks, invisible, dripping music from the sky. All the riches of summer, the warmth of the earth, the song of birds, the fume of cows, the droning of countless bees, mingling and ascending like the smoke of ever-burning altars.[4]

Diese Naturbeschreibung erinnert an romantische Lyrik, gelegentlich auch an Passagen, wie sie in Thomas Hardys Romanen anzutreffen sind. Aber für Dorothy Hare bleibt die pantheistische Hinwendung zur Natur nur ein vorübergehendes, an den Augenblick gebundenes Erlebnis. Die Zwänge, die sie im gesellschaftlichen Leben bestimmen, sind für sie so stark, daß sie ihr Gedächtnis verliert und sich unvermittelt einem abenteuerlichen Leben in Kent

---

4 George Orwell, *A Clergyman's Daughter* (1935), London: Secker & Warburg 1996, 56. Im Folgenden zitiert als *CD*.

und London ausgesetzt sieht. Der Vater weigert sich aus gesellschaftlichen Gründen, sie ins Elternhaus zurückzuholen. Dorothys Erlebnisse werden in der erzählerischen Darbietung in lockerer episodischer Weise aneinandergereiht, so daß man die Struktur des Mittelteils des Romans auch als pikaresk bezeichnen könnte. Dorothy Hare fehlen jedoch alle Züge einer pikaresken Heldin. Es fehlen ihr vor allem die Verschlagenheit und der Witz, um sich im Leben mit der Raffinesse einer Moll Flanders behaupten zu können. Dorothy triumphiert nicht über die äußeren Verhältnisse, sondern überlebt nur mit Mühe die mißliche Lage, in die sie ohne Verschulden geraten ist. Sie ist Opfer der Umstände, wiewohl ihr das Schicksal einer Tess of the D'Urbervilles erspart bleibt. Die äußeren Umstände werden vom Autor aber so geschickt manipuliert, daß Dorothy Hare durch das Milieu der Tramps und der Prostituierten hindurchzuwandern vermag, ohne – im Sinne der viktorianischen Moral – ihre "Reinheit" zu verlieren. In dem Milieu, das Dorothy in Kent und London kennenlernt, zeichnen sich überraschenderweise die gleichen Abhängigkeitsverhältnisse ab wie im Pfarrhaus und der Gemeinde ihres Vaters. Auch bei der Hopfenernte muß Dorothy bis zur Erschöpfung arbeiten und dazu noch häusliche Pflichten übernehmen wie bei ihrem Vater; und auch in diesem Milieu gibt es einen Mann (Nobby), der sie für sich gewinnen möchte, jedoch von ihr zurückgewiesen wird. Die Erfahrungen, die Dorothy schließlich in einer Privatschule, der "Ringwood House Academy for Girls" sammelt, lassen die repressive Ordnung innerhalb der englischen Gesellschaft noch deutlicher hervortreten als ihre ursprünglichen Erlebnisse in der dörflichen Gemeinde, in der sie groß wurde. Mrs. Creevy, die Leiterin der Schule, handelt nach dem Grundsatz: "It's the fees I'm after, not *developing the children's minds* [...] The fees come first, and everything else comes afterwards" (*CD*, 235). Verfolgt Mrs. Creevy mit ihrer Schule ein materialistisches Ziel, so sind die Eltern von einem rein utilitaristischen Denken erfüllt: Nach ihren Vorstellungen soll nur gelehrt werden, was "praktisch" und im Alltag "nützlich" ist.

Bei der Darstellung der Erlebnisse in London auf dem Trafalgar Square und in der Ringwood Academy bedient sich Orwell zweier literarischer Vorbilder: James Joyce und D.H. Lawrence. In der Szene auf dem Trafalgar Square (*CD*, 151–184) verwenden die Sprecher in abgestufter Form das Cockney, wobei sich deutlich individuelle Besonderheiten, Ideolekte, unterscheiden lassen, dazu auch Dialogketten, die unterbrochen und wieder aufgenommen werden. Die raffinierte Wiedergabe dieser Gespräche, die in der Circe-Szene des *Ulysses* ihr Vorbild hat und die realistische und traumhafte Elemente miteinander vermischt, spiegelt sich auch in der Verwendung des Rhyming Slang und der Hymnen, Psalmen und blasphemischen Gebete, die Tallboys, einem ehemaligen Priester in den Mund gelegt sind. Es entsteht – wie Roger Fowler[5] gezeigt hat – eine "Polyphonie", die eine doppelte Funktion hat: Zum einen wird die menschliche Nähe zum Ausdruck gebracht, die für das Zusammenleben der Tramps kennzeichnend ist, zum anderen wird die Entfremdung Dorothys unterstrichen, für die vieles in den Dialogen unverstanden bleiben muß.

Die Szene in der Ringwood Academy wurde durch D.H. Lawrences Schilderungen der schulischen Erfahrungen Ursula Brangwens im Schlußteil von *The Rainbow* angeregt. In beiden Romanen wird gezeigt, wie der spontane Einfallsreichtum der Lehrerin, ihr Bemühen um einen lebendigen Unterricht und einen persönlichen Kontakt zu den Schülern vom utilitaristischen Denken der Schulleitung im Kern erstickt werden; beide müssen sich einem seelenlosen Mechanismus unterwerfen. Für Orwell wie für Lawrence konnte Dickens, insbesondere mit den Schulszenen in *Hard Times*, entsprechende Anregungen liefern.

Wenn Dorothy nach diesen Erfahrungen wieder in ihr Elternhaus zurückkehrt, ist dies dennoch keine Rückkehr zu den Anfängen. Bei dem Ausbruch aus der Wirklichkeit, in der sie ursprünglich lebte, hat sie ihren kindlichen Glauben verloren. Sie stellt sich nun (unter Verzicht auf eine Ehe mit Mr. Warburton, der sie in die Heimat zurückholt) dem Alltag in einer für viele moderne Romanhelden charakteristischen desillusionierten Haltung:

> There was, she saw clearly, no possible substitute for faith; no pagan acceptance of life as sufficient to itself, no pantheistic cheer-up stuff, no pseudoreligion of "progress" with visions of glittering Utopias and ant-heaps of steel and concrete. It is all or nothing. Either life on earth is a preparation for something greater and more lasting, or it is meaningless, dark and dreadful. (*CD*, 293)

---

5 Roger Fowler, *The Language of George Orwell*, London 1995, 109–118.

Hier faßt Orwell, auch wenn die Passage Dorothy zugeschrieben wird ("she saw clearly"), in geradezu systematischer Weise Hauptaspekte der Moderne zusammen:

1. Verlust des christlichen Glaubens.

2. Eine mögliche Hinwendung zu einem neuen Paganismus, wie er in der englischen Literatur des 19. Jahrhunderts bei Swinburne zu beobachten ist, wird abgelehnt.

3. Abgelehnt wird auch der Pantheismus, wie er in der Passage zum Ausdruck kommt, die von der Naturverehrung der jungen Dorothy spricht.

4. Abgelehnt wird schließlich ein Utopismus, wie er zu Beginn des 20. Jahrhunderts von H.G. Wells (etwa mit *A Modern Utopia*) vertreten wird.

5. Daraus ergibt sich eine pessimistische Weltsicht: Das Leben ist sinnlos, "meaningless, dark and dreadful" (*CD*, 293). Diese Sicht der Wirklichkeit läßt sich in ständigen Variationen von Joseph Conrad bis zu Samuel Beckett nachweisen; die Autoren unterscheiden sich dadurch voneinander, daß die Charaktere, die sie in den Mittelpunkt ihrer Romane stellen, auf eine je eigene Weise auf diesen Befund reagieren. Joyce, Virginia Woolf und D.H. Lawrence nehmen mit ihren Hauptcharakteren innerhalb des modernen Romans insofern eine Sonderstellung ein, als sie am Leben, "life", als dem nicht auszulöschenden Urprinzip aller Wirklichkeit festhalten. Orwell hat an dieser vitalistischen Sicht insofern noch Anteil, als er insbesondere in seinen Essays dem *common man* einen unmittelbaren Zugang zu der sich stets erneuernden Lebenskraft zubilligt. Diese in *Nineteen Eighty-Four* von Winston Smith vertretene Überzeugung wird jedoch gegen Ende des Romans als eine seiner Illusionen entlarvt.

4

Auch in dem Roman *Keep the Aspidistra Flying* (1936) lassen sich autobiographische Elemente nachweisen, und es läßt sich zeigen, wie Orwell in der zeitgenössischen Literatur Modelle und Anregungen fand, mit deren Hilfe er seinen Stoff verarbeiten konnte. Orwell stammte wie Gordon Comstock aus einer schottischen Familie, und über sein Verhältnis zu seiner Familientradition führt Valerie Meyers folgendes aus:

> The attack on Gordon's name and all things 'Scotch' reflects Orwell's dislike of his family's pride in their Scottish name and ancestry. [...] Comstock's father, who carried with him 'an atmosphere of failure, worry and boredom' (rather like Gordon himself), is based on Orwell's elderly, retired father, who had to maintain his family on a Colonial Service pension.[6]

Gordons reicher Freund und Herausgeber der Zeitschrift *Antichrist* wurde nach dem Vorbild von Sir Richard Rees, einem der Freunde Orwells, gezeichnet, der zusammen mit John Middleton Murry die Zeitschrift *Adelphi* edierte, in der Orwell Essays und Gedichte publizieren konnte (vgl. Valerie Meyers, 1991, 74). Das Modell für die Geliebte und spätere Frau Gordon Comstocks war Eileen O'Shaughnessy, die Orwell 1936 heiratete.

Für die Darstellung der Entwicklung des Protagonisten, der versucht, sich als Schriftsteller einen Namen zu machen und von den Einkünften aus seinen Publikationen zu leben, diente Joyces Stephen Dedalus, insbesondere dessen Charakterisierung in *A Portrait of the Artist as a Young Man* als Vorbild. Wie Stephen seine Konflikte mit seinen Freunden, insbesondere mit Lynch, erörtert, sucht Gordon die Auseinandersetzung mit Ravelston, einem hilfreichen Freund, den Orwell mit einer gewissen Ironie gezeichnet hat: er ist der wohlhabende linke Kritiker der Mittelklasse, mit dem Gordon über Kapitalismus und Sozialismus diskutiert. Bei der Darstellung der geistigen Welt, in der Gordon sich heimisch gemacht hat, verfährt Orwell insofern ähnlich wie Joyce, als auch er die Autoren nennt, die Gordon kennt, auf die er anspielt oder die er gelegentlich zitiert: die Liste reicht von Keats und Marvell, Chaucer und Blake bis zu Villon und Baudelaire. Nicht zu übersehen ist, daß Joyces Protagonist die Autoren, mit denen er umgeht, intensiver verarbeitet als Gordon; Stephen ist der theologisch gebildete Student, Gordon der interessierte Buchhändler, der gleichzeitig schriftstellerisch tätig ist. Wie Stephen ist auch Gordon mit einem Gedicht beschäftigt, dessen Entstehung im Roman verfolgt wird: Stephen schreibt eine Villanelle, in der er seine erotischen und sexuellen

---

6 Valerie Meyers, *George Orwell*, London 1991, 77.

Empfindungen zum Ausdruck bringt, und er wählt dafür im Stile der Anhänger des *l'art pour l'art* eine höchst artifizielle, selten gebrauchte Kunstform. Gordon dagegen bedient sich einer einfachen metrischen Form: er schreibt Vierzeiler mit vier Hebungen pro Vers, wobei jeweils die zweite und die vierte Zeile miteinander durch Endreim verbunden sind. Die Strophen 5 bis 9 beweisen, daß Orwells Protagonist primär mit dem Thema Geld (und nicht – wie Stephen – mit dem Thema Liebe) befaßt ist:

> For if in careless summer days
> In groves of Ashtaroth we whored,
> Repentant now, when winds blow cold,
> We kneel before our rightful lord;
>
> The lord of all, the money-god,
> Who rules us blood and hand and brain,
> Who gives the roof that stops the wind,
> And, giving, takes away again;
>
> Who spies with jealous, watchful care,
> Our thoughts, our dreams, our secret ways,
> Who picks our words and cuts our clothes,
> And maps the pattern of our days;
>
> Who chills our anger, curbs our hope,
> And buys our lives and pays with toys,
> Who claims as tribute broken faith,
> Accepted insults, muted joys;
>
> Who binds with chains the poet's wit,
> The navvy's strength, the soldier's pride,
> And lays the sleek, estranging shield
> Between the lover and his bride.[7]

Das Gedicht faßt in konzentrierter Form die Motive in der Darstellung des Geldes und seines Einflusses auf die gesamte Gesellschaft sowie seiner (fast) schicksalhaften Bedeutung für das Leben des Einzelnen zusammen. Die erzählerischen Knotenpunkte, in denen Reflexionen des Protagonisten und des Erzählers ineinander übergehen, heben in einer allzu großen Häufigkeit und Ausführlichkeit die Macht des Geldes hervor. Als Beispiel sei eine Stelle aus dem IV. Kapitel zitiert:

---

[7] George Orwell, *Keep the Aspidistra Flying* (1936), London: Secker & Warburg 1996, 167–168. Im Folgenden zitiert als *KAF*.

> Money, money, all is money! Because he had no money the Dorings snubbed him, because he had no money the *Primrose* had turned down his poem, because he had no money Rosemary wouldn't sleep with him. Social failure, artistic failure, sexual failure – they are all the same. And lack of money is at the bottom of them all. (*KAF*, 85)

Aufschlußreich ist das Gesamturteil, zu dem Orwell gegen Schluß seines Romans – von seiner Grundthese bezüglich der Macht des Geldes ausgehend – über die englische *lower middle class* gelangt. Auf den letzten Seiten findet sich folgender Kommentar:

> The lower-middle-class people in there, behind their lace curtains, with their children and their scraps of furniture and their aspidistras – they lived by the money-code, sure enough, and yet they contrived to keep their decency. The money-code as they interpreted it was not merely cynical and hoggish. They had their standards, their inviolable points of honour. They 'kept themselves respectable' – kept the aspidistra flying. Besides, they were *alive*. They were bound up in the bundle of life. (*KAF*, 267–268)

Aus dieser kommentierenden Bemerkung geht hervor: 1. Die *lower middle class* hat sich dem Lebensstil der gesamten Mittelklasse, des Bürgertums angepaßt: "they lived by the money-code". Orwell spricht gelegentlich auch (in ironisch-satirischer Absicht) vom Geld-Gott ("the money-god") und seinen Priestern. 2. Die *lower middle class* versucht trotz alledem, eine intakte Moral zu wahren. Für sie gibt es eine elementare Vorstellung von Ehre ("inviolable points of honour") und Anstand ("decency"). Es lassen sich zahlreiche Passagen in Orwells Gesamtwerk finden, wo er in ähnlichen Wendungen von der Arbeiterklasse spricht, deren einfache Sprache und ebenso einfache Moral er gegen den intrikaten, oft unverständlichen Jargon der Intellektuellen und deren moralische Schwäche und Dekadenz ausspielt.

Die Handlung des Romans wird dadurch in Bewegung gesetzt, daß der Protagonist Gordon Comstock die Reklamefirma, für die er anfangs arbeitete, verläßt und sich eine neue Tätigkeit in einer Buchhandlung sucht. Gordon entschließt sich zu diesem Schritt, da er angewidert ist von der geschäftsmäßigen Manipulation der Menschen durch die Sprache der Werbung:

> Roland Butta grins at you, seemingly optimistic, with a flash of false teeth. But what is behind the grin? Desolation, emptiness, prophecies of doom. For can you not see, if you know how to look, that behind

> that slick self-satisfaction, that tittering fat-bellied triviality, there is nothing but a frightful emptiness, a secret despair? The great death-wish of the modern world. (*KAF*, 16)

Die Charakterisierung des Big Brother und des Mißbrauchs der Sprache zu politisch-propagandistischen Zwecken in *Nineteen Eighty-Four* wird durch eine solche Bemerkung über die Sprache der Werbung bereits vorbereitet. Gordon gelangt in seinem Tätigkeitsbereich zu Einsichten in die Leere, die Verzweiflung moderner Menschen, wie sie auch Dorothy Hare (in *A Clergyman's Daughter*) in der Großstadt London gewinnt.

Gordons Beziehungen zu seiner Geliebten Rosemary sind ein Beweis dafür, wie durch Geld auch die privaten, die intimsten Beziehungen der Menschen korrumpiert werden können. Am deutlichsten kommt die zersetzende Macht des Geldes in der breit angelegten Liebesszene im VII. und VIII. Kapitel zum Ausdruck. Zwanzig Meilen außerhalb von London scheinen alle wirtschaftlichen Sorgen vergessen zu sein:

> He pressed her back upon the grass. It was quite different now. The warmth of the sun seemed to have got into their bones. 'Take your clothes off, there's a dear,' he whispered. She did it readily enough. She had no shame before him. Besides, it was so warm and the place was so solitary that it did not matter how many clothes you took off. They spread her clothes out and made a sort of bed for her to lie on. Naked, she lay back, her hands behind her head, her eyes shut, smiling slightly, as though she had considered everything and were at peace in her mind. For a long time he knelt and gazed at her body. Its beauty startled him. She looked much younger naked than with her clothes on. Her face, thrown back, with eyes shut, looked almost childish. (*KAF*, 155–156)

Aber selbst in dieser Situation meldet sich der Gedanke an das Geld, an die materielle Grundlage ihres Lebensalltags: Gordon hört den Klang der Münzen in seiner Tasche und versucht diese Mahnung zu überhören. Rosemary, pragmatisch, vernünftig, scheut vor einer körperlichen Vereinigung zurück, weil sie fürchtet, Verantwortung für ein Kind übernehmen zu müssen. Damit werden alle romantischen Illusionen Gordons zerstört.

> His disappointment had turned to anger. There you are, you see! Money again! Even in the most secret action of your life you don't escape it; you've still got to spoil everything with filthy cold-blooded

> precautions for money's sake. Money, money, always money! Even in the bridal bed, the finger of the money-god intruding! [...] 'Even at a moment like this it's got the power to stand over us and bully us. Even when we're alone and miles from anywhere, with not a soul to see us.' (*KAF*, 157)

Die Krise in ihren privaten Beziehungen, die dadurch ausgelöst wird, daß Gordon als der Ärmere sich Rosemary gegenüber ständig unterlegen fühlt, kann auch dann nicht überwunden werden, als er (durch einen amerikanischen Verlag, der eines seiner Gedichte zur Publikation annimmt) plötzlich zu Geld kommt. Seine Unfähigkeit und seine Abneigung, über Geld zu verfügen, stürzen ihn in eine solche Verwirrung, daß er schließlich nach einem ausgelassenen Gelage (das dem Circe-Kapitel im *Ulysses* nachgebildet ist) ins Gefängnis kommt und sich danach gezwungen sieht, beruflich auf einer noch niedrigeren Ebene sein Dasein zu fristen: Er arbeitet jetzt als Angestellter in einer Slum-Leihbücherei für "Sex", "Crime", "Wild West" (vgl. *KAF*, 225). Es dominiert in Gordon jetzt der Wunsch, ganz in die gesellschaftliche Unterwelt einzugehen:

> UNDER GROUND, under ground! Down in the safe soft womb of earth, where there is no getting of jobs or losing of jobs, no relatives or friends to plague you, no hope, fear, ambition, honour, duty – no *duns* of any kind. That was where he wished to be. [...] He liked to think about the lost people, the underground people, tramps, beggars, criminals, prostitutes. It is a good world that they inhabit, down there in their frowzy kips and spikes. He liked to think that beneath the world of money there is that great sluttish underworld where failure and success have no meaning; a sort of kingdom of ghosts where all are equal. (*KAF*, 227)[8]

Erst als Rosemary Gordon eröffnet, daß sie ein Kind von ihm erwartet, ist er nach einigem Zögern bereit, in die Werbeagentur "New Albion" zurückzukehren, in der er zuvor beschäftigt war. Hier wird der arme Poet, der seinen geplanten Gedichtzyklus *London Pleasures* in den Abzugskanal wirft, zu einem erfolgreichen Werbetexter. Damit ist auch Gordon Comstocks Ausbruch aus der Alltagswirklichkeit (der *lower middle class*) gescheitert. So stark die

---

[8] Vgl. George Orwell, *The Road to Wigan Pier* (1937), London: Secker & Warburg 1996, 139–142: "These were 'the lowest of the low', and these were the people with whom I wanted to get in contact ..."

Satire auf die Lebensgewohnheiten der kapitalistischen Gesellschaft gelegentlich in den Passagen ist, in denen Gordons Versuch, sich innerlich von diesem Lebensstil zu lösen, beschrieben wird, wäre es dennoch falsch, den Roman als eine Verurteilung der *lower middle class* zu betrachten (dagegen spricht allein schon das Urteil über die Gesellschaftsschicht, das in anderem Zusammenhang bereits zitiert wurde; vgl. *KAF*, 85).

Orwell weist mit Gordon Comstock die problematischen Bedingungen auf, denen die *lower middle class* in den 30er Jahren dieses Jahrhunderts ausgesetzt war. Daß sich der Protagonist am Ende der dargestellten Entwicklung ganz der *lower middle class* und deren Lebensstil angepaßt hat, wird äußerlich durch die Aspidistra symbolisiert, eine Zimmerpflanze, die traditionellerweise die Wohnungen der *lower middle class* schmückt und die plötzlich für Gordon eine neue Bedeutung annimmt: "The aspidistra is the tree of life, he thought suddenly" (*KAF*, 268). Die Tatsache, daß er eine Familie gründet, darf als ein symbolischer Hinweis darauf gesehen werden, daß er selber an der Vitalität teilhat, die für die *lower middle class* charakteristisch ist: "They were bound up in the bundle of life. They begot children [...]" (*KAF*, 268). Und der Forderung der "decency" entspricht Gordon dadurch, daß er mit der Rückkehr zu seinem ursprünglichen Beruf bekundet, daß er bereit ist, Verantwortung für seine Frau und sein (noch ungeborenes) Kind zu tragen. Gordon Comstock erweist sich letztlich wie viele Gestalten in der englischen Literatur – und manche Autoren seit Oscar Wilde – als ein "angepaßter Rebell", wobei sich sein Rebellentum als eine innere Auflehnung und nicht als ein äußerer, aktiver, politischer Protest gegen das bestehende System darstellt.

Mit Gordon Comstock hat Orwell zur Kritik an der Gesellschaftsordnung angesetzt, wie er sie in den 30er Jahren in England vorfand. Diese Kritik steigerte sich in *Coming Up for Air* und erreichte ihren Höhepunkt in *Nineteen Eighty-Four*.

5

Coming Up For Air (1939) ist der einzige Roman, bei dem sich Orwell eines Ich-Erzählers bedient, der sich zu Beginn in einer für ihn charakteristischen Sprache vorstellt:

> A chap like me is incapable of looking like a gentleman. Even if you saw me at two hundred yards' distance you'd know immediately – not, perhaps that I was in the insurance business, but that I was some kind of tout or salesman.[9]

George Bowling grenzt sich von der *upper class* und *upper middle class* ab; er ist Versicherungsvertreter, und er hebt bei seiner Charakterisierung die typischen Züge hervor: "The clothes I was wearing were practically the uniform of the tribe" (CUA, 10). Bowling wohnt mit seiner Frau und zwei Kindern in der Ellesmere Road in einer kleinen Vorstadt von London, wo sie ein bescheidenes Leben führen müssen, und er betrachtet sich und seine Umgebung stets mit einer leichten Ironie.

George Bowling wird in vieler Beziehung als Typ charakterisiert, als die Summe soziologischer Kriterien, aber er hat doch eigene persönliche Züge: So sagt er einerseits von sich: "Economically and socially I'm about at the average level of Ellesmere Road" (*CUA*, 10) und später fügt er hinzu: "I'm fat, but I'm thin inside. Has it ever struck you that there's a thin man inside every fat man, just as they say there's a statue inside every block of stone?" (*CUA*, 20). Eine solches Eingeständnis läßt sich dahingehend auslegen, daß er humorvoll ist wie der dicke Sancho Panza und doch auch dünnhäutig, empfindsam, mit durchaus persönlichen Idealen wie Don Quichote. George Bowling denkt an ein friedliches Leben und leidet unter den Grausamkeiten des modernen Lebens, insbesondere des Ersten Weltkrieges, und den bedrückenden Verhältnissen der Nachkriegsjahre.

Roger Fowler charakterisiert die ironische Selbstdarstellung des George Bowling als "brilliant comic achievement, full of wit and vitality" – George Bowling kritisiert die Gegenwart, sehnt sich nach der Vergangenheit und fürchtet die Zukunft.[10]

Die Lässigkeit in der Selbstdarstellung, aber auch die entspannten Berichte über Eindrücke und Erlebnisse erinnern an den Stil mündlicher Erzählweise: Bowling bevorzugt eine parataktische Syntax, gebraucht gelegentlich Ellipsen und ungrammatische Übergänge, und in seiner Diktion verbinden sich kolloquiale und vulgäre Elemente. Seine Vergleiche sind oft überaus drastisch.

---

9 George Orwell, *Coming Up For Air* (1939), London: Secker & Warburg 1996, 10. Im Folgenden zitiert als *CUA*.
10 Vgl. Roger Fowler, *The Language of George Orwell*, 148.

Bowling setzt bei der Darbietung seiner Erlebnisse und seiner vielfältigen Reflexionen über das Erlebte einen lebensklugen Zuhörer- oder Leserkreis mit einem gemeinsamen Wissen oder Vorstellungen voraus, an die er anknüpfen kann. Wendungen wie "you know" oder "Do you know" bilden die Gesprächsbrücken, wenn er neue Sachverhalte erläutern möchte:

> Do you know the road I live in – Ellesmere Road, West Bletchley? Even if you don't, you know fifty others exactly like it.
> You know how these streets fester all over the inner-outer suburbs. Always the same. (*CUA*, 9)

Die Demonstrativa "that" und "those" dienen ebenfalls als sprachliche Mittel, um auf eine gemeinsame Erfahrungsbasis und vertraute Anschauungsweisen hinzudeuten.[11] George Bowling erinnert in seiner Erzählweise an den Stil, den Leopold Bloom in seinen inneren Monologen und der erlebten Rede, gelegentlich auch in den Dialogen benutzt. Orwell selbst hat darauf aufmerksam gemacht, wie stark er von James Joyces *Ulysses* beeindruckt war:

> [*Ulysses*] sums up better than any book I know the fearful despair that is almost normal in modern times.[12]

Allerdings ist hervorzuheben, daß Orwell zugleich Anregungen verarbeitete, die ihm die Lektüre von H.G. Wells, insbesondere dessen *The History of Mr Polly*, vermittelt hatte. So verweist Valerie Meyers u.a. auf diese Parallele: "As a basis for his character, Orwell borrowed the Wellsian device of using a mediocre protagonist to comment on social ills."[13]

Die Struktur des Romans ist einfach und deutlich auf die Thematik abgestimmt. Orwell führt zunächst – in Part I – in das gegenwärtige Leben des George Bowling ein. Die Monotonie seines privaten Lebens wie des beruflichen und gesellschaftlichen Lebens lassen in ihm Erinnerungen an seine Jugend wachwerden, die er in dem Marktstädtchen Lower Binfield verbrachte. – Part II schildert die Welt seiner Jugend, und es ist nicht zu übersehen, daß Orwell diese Erinnerungen weitgehend nach dem Modell der Idylle stilisiert, ohne dabei die realistische Basis dieses Lebens in einem Städtchen im Themsetal zu eliminieren. Den Kontrast zu Lower Binfield

---

11 Roger Fowler, *The Language of George Orwell*, 154–155.
12 Zit. nach Jeffrey Meyers, *A Reader's Guide to George Orwell*, 110.
13 Vgl. Valerie Meyers, *George Orwell*, Part Two, ch. 8, 90.

bildet die Atmosphäre in dem Londoner Vorort West Bletchley. Innerhalb des II. Teiles spricht der Ich-Erzähler auch von dem Wandel in der Familie in den 20er Jahren, und er erwähnt, daß er während des Ersten Weltkrieges verwundet wurde. Zu den Veränderungen in George Bowlings Leben in den Nachkriegsjahren gehört auch seine Heirat mit Hilda Vincent, die aus einer anglo-indischen Familie stammt und bald für ihn ohne jegliche Faszination ist.

Part III führt wiederum in die Gegenwart, in die 30er Jahre zurück, und die politische Thematik rückt in den Vordergrund: Faschismus in England ist – nicht nur in diesem Roman – eines der Themen, das Orwell ständig beschäftigte. In diese Zeit fällt auch der kurze Besuch in Lower Binfield, der für George zu einer erschütternden Enttäuschung wird. – Part IV setzt die Darstellung der gesellschaftlichen Verhältnisse, aber auch des gewandelten Milieus fort. Der Roman endet mit der Rückkehr des Protagonisten zu seiner Familie.

Seine bereits verstorbenen Eltern repräsentieren für ihn die gute alte (viktorianische) Zeit, die er wiederzuentdecken versucht. Charakteristisch für diese Vergangenheit ist, daß sie dem Menschen offenbar ein Gefühl der Sicherheit vermittelte, weil es im Alltagsleben Kontinuität gab, weil die Vorgänge im privaten wie im öffentlichen Leben eine unmittelbar erfaßbare Kohärenz besaßen. Mit dem Ersten Weltkrieg wurde nach George Bowlings Auffassung dieses Kohärenzgefühl zerstört. Der Mensch verstand sich als Opfer übergreifender Geschehnisabläufe, die er nicht zu durchschauen, geschweige denn zu steuern vermochte. Im Krieg fühlte er sich als Rädchen einer Kriegsmaschinerie; nach dem Krieg, in den 20er und 30er Jahren, sind es die ökonomischen Vorgänge, die den Einzelnen zum Opfer anonymer Mächte werden lassen: "We're all bought, and what's more we're bought with our own money" (*CUA*, 13). George Bowling versucht – ähnlich wie die Protagonisten der vorausgehenden Romane – aus der großstädtischen Geschäfts- und Industriewelt, an der er durch seinen Beruf Anteil hat, auszubrechen. Sein Weg führt ihn nach Lower Binfield, seine Heimat, die sich in seiner Erinnerung zum paradiesischen Idyll verklärte. Der Besuch wird für ihn zu einer großen Desillusionierung. Er muß erkennen, daß die dörfliche Idylle, die in der Rückschau lebendig blieb, in Wirklichkeit der Industrialisierung zum Opfer gefallen ist.

Die beiden Hauptsymbole, deren Orwell sich bei der Beschreibung Binfields bedient, sind das Fischen und die Bombe (die versehentlich von einem britischen Flugzeug über diesem Ort abgeworfen wurde). Ist der Fisch ein altes, in der christlichen Vorstellungswelt bis heute lebendiges Symbol des Lebens, so betrachtet George Bowling seine Lieblingsbeschäftigung des Fischens als den Inbegriff eines Daseins, das sich allen Zwängen der modernen Gesellschaft zu entziehen vermag. Die Verwandlung eines Fischteiches in eine Mülldeponie faßt die gesamte Entwicklung der modernen Gesellschaft in einer für ihn – wie für den Leser – instruktiven Weise zusammen: An die Stelle von Wasser und Leben sind Staub und Asche, Trümmer und Schrott getreten. Die Bombe, die noch vor Ausbruch des Zweiten Weltkrieges auf Binfield fiel, symbolisiert die Zerstörungskräfte, die von der Industrialisierung ausgehen: Das Ziel der Technik, die Vervollkommnung der menschlichen Zivilisation, schlägt ins Gegenteil um; sie vernichtet, was sie selbst hervorgebracht hat. Zugleich nimmt die Detonation der Bombe zukünftiges Geschehen, die Zerstörungen während des Zweiten Weltkrieges, vorweg.

Mit den Erfahrungen, die George Bowling in Lower Binfield machen muß, wird zugleich das Zeiterlebnis des Helden definiert: Er ist eingebunden in die Gegenwart der Industriewelt; er ist geradezu der Gefangene des gegenwärtigen Augenblicks. Das Ausbrechen in die vorindustrielle idyllische Welt eines ländlichen Lower Binfield, die er mit der Reise von London nach Oxfordshire erreichen wollte, ist zum Scheitern verurteilt: Er muß erkennen, daß auch dort die Gegenwart die Vergangenheit vernichtet hat. So bleibt ihm nach der desillusionierenden Einsicht in den Wandel, von dem die gesamte englische Gesellschaft erfaßt wurde, nur der Weg zurück nach London, d.h. die Rückkehr in die Gegenwart, die bisher sein Leben bestimmte.

In der Bildersprache des Romans stellt sich die Situation George Bowlings, aus der er sich nicht zu lösen vermag, wie folgt dar: "Coming up for air! But there isn't any air. The dustbin that we're in reaches up to the stratosphere" (*CUA*, 230). Das Bild der Mülltonne, in der George Bowling zu sitzen glaubt, nimmt das Bühnenbild aus Becketts *Endgame* vorweg, wo sich die Eltern Hamms – bewegungsunfähig geworden – in Mülltonnen aufhalten müssen.

Obgleich in den gesellschaftskritischen Passagen von *Coming Up for Air* zahlreiche Anklänge an die vorausgehenden Romane festzustellen sind, müssen dennoch folgende Unterschiede festgehalten werden:

1. Orwell hat hier die Betroffenheit des Protagonisten durch die zeitgenössischen Verhältnisse stärker herausgearbeitet als zuvor; formal kommt dies dadurch zum Ausdruck, daß er aus der Er-Form in die Ich-Form überwechselte. Auf diese Weise wird zugleich der Leser stärker in das Erleben miteinbezogen als in den frühen Romanen.

2. Das Zeitbewußtsein des Helden wird differenzierter erfaßt. Gegenwart und Vergangenheit durchdringen einander zunächst, bis das illusionäre Element der Erinnerungsbilder freigelegt wird; zugleich werden Vorausdeutungen auf die Zukunft eingebaut. Da die Erinnerungen an den Ersten Weltkrieg, die auf die nahe Zukunft gerichteten Vorausdeutungen den Zweiten Weltkrieg umkreisen, transzendiert das Zeiterlebnis des George Bowling ständig den privaten Horizont: In seinen persönlichen Reflexionen über die Zeit ist stets auch die geschichtliche Dimension präsent. Seit den Erfahrungen im Spanischen Bürgerkrieg, seit der verstärkten Hinwendung Orwells zum politischen Zeitgeschehen ändert sich auch seine Erzählweise merklich. Wiewohl er von Anfang an zeitgeschichtliches Geschehen mit in seine Romane einfließen ließ, gewinnt das Bewußtsein, daß im 20. Jahrhundert die Politisierung aller Bereiche merkliche Fortschritte gemacht hat, bei Orwell an Bedeutung. Aufschlußreich ist in diesem Zusammenhang eine Bemerkung, die sich in seinem Essay "Why I Write" (aus dem Jahr 1947) findet: "Every line of serious work that I have written since 1936 has been written, directly or indirectly, *against* totalitarianism and *for* democratic Socialism, as I understand it".[14]

6

Die autobiographischen Schriften, die in den 30er Jahren gleichzeitig mit den Romanen entstanden, lassen erkennen, wie Orwell in zunehmendem Maße um ein Selbstverständis vor dem Hintergrund soziologischer und politologischer Analysen bemüht war.

---

14 George Orwell, *The Works,* Vol. Ten: *An Age Like This*, ed. Sonia Orwell and Ian Angus, London: Secker & Warburg 1996, 5, a reprint of *The Collected Essays, Journalism and Letters of George Orwell*, Vol. I, London 1968.

In *Down and Out in Paris and London* (1933) beschreibt er Erlebnisse von Sommer und Herbst 1929 in diesen beiden Weltstädten, wo er den Versuch machte, sich von den Traditionen zu lösen, in denen er aufgewachsen war und die ihn dazu bestimmt hatten, als Polizeioffizier in Burma Dienst zu tun. Er lebte zunächst als Tellerwäscher in Paris, sodann als Tramp in London, erfuhr Hunger, Armut, Not und Elend am eigenen Leib. Noch läßt Orwell in einem harten, nüchternen Stil die Fakten für sich selbst sprechen, noch verzichtet er auf einen direkten politischen Kommentar, aber die innere Richtung seines Denkens ist unverkennbar: Er zielt auf die hierarchische Gesellschaftsordnung mit all ihren Ungerechtigkeiten insbesondere in England ab, unter denen die Angehörigen der unteren und untersten Gesellschaftsschichten zu leiden haben, und er deckt die Diskrepanz zwischen einer fragwürdigen moralischen Wirklichkeit und der Scheinwelt der bürgerlichen Konventionen auf, die die Wahrheit, nämlich Korruption und Heuchelei, verbergen sollen.

Seine Erlebnisse als Tramp bestärkten ihn in seinen Sympathien für die Linken, deren Überzeugungen er sich in zunehmendem Maße zu eigen machte, ohne sich einem radikalen Marxismus zu verschreiben. Er bekannte sich vielmehr zu einem undoktrinären, moralischen Sozialismus, zur Idee einer klassenlosen Gesellschaft, zur ungefähren Gleichheit der Einkommen, zur Überführung der Produktionsmittel in Gemeineigentum und zu einem revolutionären Wandel im Erziehungswesen – wahrte bei alledem jedoch auch Ideen des Individualismus des 19. Jahrhunderts in der Art, in der dies auch die Mitglieder der Fabian Society im ausgehenden 19. Jahrhundert getan hatten.

Wie eigenständig Orwell im Lager der Linken blieb, beweist sein Buch *The Road to Wigan Pier* (1937), in dem er im Auftrag des Left Book Club die Lage der Arbeiter in Nordengland darstellte. Sein Ziel war es, die Lebens- und Arbeitsbedingungen der Bergarbeiter möglichst genau zu schildern, die Art und Weise, wie sie ihr Geld ausgeben, ihre Freizeit verbringen oder als Arbeitslose ihr Leben fristen, dokumentarisch exakt zu erfassen. Immer wieder bricht Orwells Sympathie mit dem *common man* durch, dessen einfache Sittlichkeit und einfache Sprache ihn beeindrucken und dessen Sinn für Anstand und Gerechtigkeit er bewundert. Zugleich muß er eingestehen, daß er sich niemals ganz von den gesellschaftlichen Normen und Maßstäben lösen konnte, die ihm in Eton anerzogen worden waren. So erklärt er einmal in *The Road to Wigan Pier*:

> However much you like them, however interesting you find their conversation, there is always that accursed itch of class-difference, like the pea under the princess's mattress. It is not a question of dislike or distaste, only of *difference*, but it is enough to make real intimacy impossible.[15]

Andererseits setzt er sich auch in scharfen Worten mit den englischen Linksintellektuellen seiner Zeit auseinander, deren Jargon niemand aus der Arbeiterklasse versteht und die für die einfachen Gegebenheiten des politischen, gesellschaftlichen und wirtschaftlichen Lebens blind sind. Es ist verständlich, daß Victor Gollancz, von dem Orwell den Auftrag für *The Road to Wigan Pier* erhalten hatte, sich nur mit Teilen des Buches anfreunden konnte und ihm eine Vorrede voranstellte, in der er für den Left Book Club deutlich markierte, wo er von Orwell abwich.

Orwell war bereits im Dezember 1936 nach Barcelona gegangen und hatte sich der P.O.U.M., einer trotzkistischen Splittergruppe im Kampf gegen Franco angeschlossen. Hier, in der kriegerischen Ernstsituation, fand Orwell – wie er in *Homage to Catalonia* darlegt – unter den Kämpfenden das sozialistische Ideal verwirklicht:

> The essential point of the system was social equality between officers and men. Everyone from general to private drew the same pay, ate the same food, wore the same clothes, and mingled on terms of complete equality. [...] In theory at any rate each militia was a democracy and not a hierarchy. It was understood that orders had to be obeyed, but it was also understood that when you gave an order you gave it as comrade to comrade, not as superior to inferior.[16]

Zugleich konnte er sich davon überzeugen, wie Konflikte innerhalb der Linken ausbrachen, wie die Kommunisten entgegen den idealen Zielsetzungen des Sozialismus handelten, wie die Kriegsberichterstattung nachweislich Unwahrheiten verbreitete und sagte, was den Erwartungen der Partei, nicht aber dem tatsächlichen Geschehen entsprach.[17] Am tiefsten war er von dem willkürlichen Umgang

---

15 George Orwell, *The Road to Wigan Pier*, 145.
16 George Orwell, *Homage to Catalonia*, London: Secker & Warburg (1938) 1996, 26. Im Folgenden zitiert als *HC*.
17 Vgl. Richard Rees, *George Orwell*, Carbondale, Ill., 1962, 60: "No doubt his experiences in Barcelona in 1937 contributed importantly to the preoccupation about the falsification of history which he developed so elaborately in *1984*", sowie George Orwell, *Homage to Catalonia*, Appendix I, 206ff.

mit Menschen betroffen; nicht die Taten des Einzelnen entscheiden über sein Schicksal, sondern seine Meinungen, oder noch schlimmer: die Meinung, die sich die Partei oder die Polizei von ihm gebildet hatte:

> It did not matter what I had done or not done. This was not a round-up of criminals; it was merely a reign of terror. I was not guilty of any definite act, but I was guilty of 'Trotskyism'. The fact that I had served in the POUM militia was quite enough to get me into prison. It was no use hanging on to the English notion that you are safe so long as you keep the law. Practically the law was what the police chose to make it. (*HC*, 165.)

Die Erlebnisse in Spanien lösten in ihm eine Krise aus, die, wie bei vielen linksgerichteten Intellektuellen Englands und Europas, durch den Stalin-Hitler-Pakt noch verstärkt wurde und ihn veranlaßte, sich mit den politischen Gefahren, die seiner Auffassung nach der gesamten Menschheit drohten, nicht nur in Essays, sondern auch in seinen erzählerischen Werken auseinanderzusetzen. Aus dieser Auseinandersetzung gingen *Animal Farm* (1945) und *Nineteen Eighty-Four* (1949) hervor.

7

In *Animal Farm* (1945) versuchte George Orwell zum erstenmal in seiner schriftstellerischen Entwicklung, den künstlerischen und den politischen Zweck miteinander zu verbinden. Seine Intention war es, eine Satire auf den Zusammenbruch der idealen Zielsetzungen zu schreiben, die sich nach seiner Auffassung bei jeder Revolution, und im 20. Jahrhundert insbesondere bei der Russischen Revolution, beobachten lassen. Er verwandte dazu nicht die Form des Romans (auch wenn *Animal Farm* in literaturwissenschaftlichen Studien immer wieder als Roman bezeichnet wird), sondern die Form der Fabel. Im Rahmen dieser Darstellung, die der Entwicklung des Romans im 20. Jahrhundert gewidmet ist, verdient dieses Werk insofern Beachtung, als sich an ihm ablesen läßt, worin die Schwierigkeiten bestanden, mit denen sich Orwell grundsätzlich in seiner Spätphase als Erzähler auseinanderzusetzen hatte. Um die Entwicklung Rußlands von etwa 1917 bis zum Zweiten Weltkrieg im Roman darzustellen, hätte es umfassender Kenntnisse, detaillierter Darstellungen und eines souveränen Überblicks über das Leben in dem Land bedurft – über diese Voraussetzungen verfügte Orwell nicht, und er hätte sie sich auch nicht erarbeiten können. Sein Ziel war nicht *primär* künstlerischer, sondern moralisch-didaktischer Natur. Das erzählerische Werk sollte nicht mit der Geduld eines Tolstoi in den breiten Strom der Geschichte Rußlands hineinführen, sondern er benutzte einige Fakten und Informationen über die Russische Revolution, um an diesem Modell eine politische Lektion zu entwickeln.

Das Ausweichen vor der Aufgabe des Epikers schlägt sich auch in der Wahl der Fabel als Gattung nieder. Die Fabel bewegt sich – darin der Allegorie verwandt – auf zwei Ebenen: Sie schildert Vorgänge im Tierreich mit deutlichen Bezügen zu Verhältnissen und Vorgängen in der menschlichen Gesellschaft. Sie läßt aber immer der Phantasie so viel Spielraum, daß sie bestimmte Vorgänge und Ereignisse nur auf das Tierreich, auf die fiktive Ausformung des Lebens der Tiere festlegen und in diesen Bahnen sich beim Aufnehmen der Geschichte weiterbewegen kann, ohne notwendigerweise jede Einzelheit auf ihre Übertragbarkeit (auf menschliche Verhältnisse) zu befragen. Orwell erstellt also keinen exakten Parallelismus zwischen Tierreich und Menschenwelt, sondern er suggeriert diesen Zusammenhang. Die Konventionen der Fabel zwingen ihn daher auch nicht zu einer historischen Authentizität im einzelnen, sondern öffnen ihm den Raum für eine satirische Charakterisierung menschlicher Verhältnisse unter typischen Gesichtspunkten.

An die geschichtlichen Verhältnisse führt er seine Erzählung heran, wenn er Major mit Zügen ausstattet, die Leser und Kritiker an Marx erinnern können; wenn Napoleon und Snowball als literarische Entsprechungen zu Stalin und Trotzki geschildert werden und die Darstellung der Säuberungsaktion auf der Animal Farm in bedrückender Weise Erinnerung an Berichte über die stalinistischen Säuberungsaktionen weckt. In ähnlicher Weise ist Frederick vielleicht mit Deutschland, Pilkington mit den Alliierten und das abschließende Kartenspiel der Schweine und der Menschen mit der Konferenz von Teheran gleichzusetzen, wobei solche Parallelen oft nur vermutet werden können.

Wichtiger waren für Orwell die Beschreibungen von Sachverhalten und Ereignissen, die sich in ein "typisches" Bild einer Revolution einordnen ließen. Dazu gehören beispielsweise die sieben Gebote, die (angeblich) das unveränderliche Gesetz der Animal Farm ausmachen. Diese Gebote lauten:

1. *Whatever goes upon two legs is an enemy.*
2. *Whatever goes upon four legs, or has wings, is a friend.*
3. *No animal shall wear clothes.*
4. *No animal shall sleep in a bed.*
5. *No animal shall drink alcohol.*
6. *No animal shall kill any other animal.*
7. *All animals are equal.*[18]

Die erzählerische Raffinesse Orwells besteht darin, daß er durch die Beschreibung kleiner alltäglicher Vorgänge, die aufgrund von Erfahrungen des 20. Jahrhunderts plausibel klingen, zeigt, wie dieses Grundgesetz modifiziert oder unterlaufen wird. So wird das fünfte Gebot nach einer "Siegesfeier", bei der Napoleon sich betrinkt, leicht erweitert: "No animal shall drink alcohol *to excess*" (*AF*, 73); zuvor war das vierte Gebot bereits geändert worden in: "No animal shall sleep in a bed *with sheets*" (*AF*, 45). Der Höhepunkt dieser Entwicklung ist erreicht, als Clover und Benjamin, ein Pferd und ein Esel, schließlich feststellen, daß auf der Rückseite der Scheune nur noch das siebte Gebot erscheint, das folgende Form angenommen hat: "ALL ANIMALS ARE EQUAL – BUT SOME ANIMALS ARE MORE EQUAL THAN OTHERS" (*AF*, 90). Damit ist das ursprüngliche Ideal der Gleichheit in sein Gegenteil verkehrt; diese Entwicklung war nur dadurch möglich, daß Napoleon im Gegensatz zu den ursprünglichen Zielsetzungen der Animal Farm das Gebot der Gleichheit mit brutaler Gewalt durchbrach, seinen Rivalen Snowball ausschaltete (durch die Hunde, die ihm zu Diensten stehen, hat verjagen lassen), und daß er es verstand, mit den Schweinen, die das Lesen lernen und sich schließlich auch gegen die Vorschriften des ersten und des zweiten Gebotes einen aufrechten Gang angewöhnten, seine Herrschaft abzusichern. Sie verstehen mit der Sprache so geschickt umzugehen, daß sie für die übrigen Tiere keine Orientierungshilfe mehr darstellt, und am Schluß vermag niemand mehr zu unterscheiden "who is who", d.h., wer Mensch und wer Tier ist. Benjamin, der zynische Esel, scheint recht zu behalten, wenn er seine Beobachtungen und Erfahrungen dahingehend zusammenfaßt, daß Hunger, Mühsal und Enttäuschung das unabänderliche Lebensgesetz seien. Die Revolution hat – so muß das Fazit dieser Fabel lauten – zwar neue Ideale gebracht; die Mäch-

---

18 George Orwell, *Animal Farm*, London: Secker & Warburg (1945) 1996, 15. Im Folgenden zitiert als *AF*.

tigen aber haben die Ideale verraten, die Schwachen getäuscht; das Los der breiten Masse ist das gleiche geblieben; nur die Schicht der Herrschenden ist eine andere geworden. Die Fabel wie die Satire entwerfen einseitige Bilder der Realität: Sie wählen Aspekte der Erfahrungsrealität aus, überzeichnen und übertreiben sie in der künstlerischen Wiedergabe, um durch die Übertreibung die Menschen aufzuschrecken, um sie durch die Schrecken zu belehren, und – wenn möglich – sie durch die indirekte künstlerische Belehrung aufzurufen, die Realität anders zu gestalten, als sie vom Künstler in seiner Erzählung entworfen wurde.

8

Von dieser Intention ist auch George Orwells letztes Werk, der antiutopische, satirische Roman *Nineteen Eighty-Four* (1949) geprägt.[19] Mit dem traditionellen Roman teilt dieses Werk den Versuch, eine umfassende Vorstellung vom Zustand der Welt zu vermitteln. An herkömmliche englische Romane erinnert es, insofern es vom Schicksal eines Helden erzählt, der gleich Tom Jones einen Familiennamen trägt, der ihn als Everyman (des 20. Jahrhunderts) erscheinen läßt. Der Vorname Winston mußte beim Erscheinen dieses Buches zumindest die englischsprachigen Leser an Winston Churchill erinnern. Auf diese Weise schuf Orwell eine innere Verbindung, die von der rein fiktiven zur historischen Realität führt.

Romanhaft kann schließlich auch die Liebesgeschichte zwischen Winston Smith und seiner Arbeitskollegin Julia genannt werden. An triviales Schrifttum und an die Romane, die Orwell selbst in den 30er Jahren dieses Jahrhunderts schrieb, läßt die Darstellung der heimlichen Liebesbegegnungen zwischen diesen beiden Personen denken. Sie sehnen sich nach einem kleinbürgerlichen Glück, sei es auf dem Lande, sei es in einem gemieteten Raum in der Großstadt, deren niederdrückende Atmosphäre an Conrads *The Secret Agent* erinnert. In zahlreichen Einzelheiten knüpfte Orwell an Beobachtungen und Erfahrungen an, die er und viele seiner Leser in den letzten

---

19 Vgl. hierzu die ausführliche Interpretation von Willi Erzgräber, *Utopie und Anti-Utopie in der englischen Literatur*, München (1980), 2. unveränderte Aufl. 1985, 170–200, sowie William Steinhoff, *George Orwell and the Origins of 1984*, Ann Arbor, Mich., 1975.

Kriegs- und in den Nachkriegsjahren im Londoner Alltag sammeln konnten.[20] Die Lebensmittel sind von schlechter Qualität und niemals in genügender Menge vorhanden, die Umwelt ist häßlich und trägt überall, an den Häusern wie in den Wohnungen, die Spuren des Verfalls. Wie Vignetten werden immer wieder kürzere Passagen in die Handlung eingelagert, um die Schäbigkeit des Milieus, in dem der Roman spielt, hervortreten zu lassen. Die Wohnung von Mrs. Parsons, der Nachbarin von Winston Smith, ist ebenso desolat wie die Küche im Untergeschoß eines Hauses, wo er einmal eine Prostituierte aufsucht. Häuser und manchmal ganze Wohnviertel sind infolge der Kriegsereignisse zerstört; Kinder spielen auf Trümmergrundstücken, derweilen die Erwachsenen 60 Stunden in der Woche arbeiten müssen, für ihre Kleider Bezugscheine benötigen, und Tabak ebenso rationiert ist wie schlechte Schokolade.

Der Titel des Romans deutet jedoch darauf hin, daß Orwell mehr beabsichtigte, als in leicht verfremdeter Weise einen Nachkriegsroman zu schreiben. Er verlegte das Geschehen des Romans in eine Zukunft, die vom Publikationsdatum (1949) an gerechnet nur 35 Jahre von der Gegenwart entfernt war. Mit der Beschreibung eines zukünftigen Weltzustandes knüpfte er äußerlich an die Tradition des utopischen Romans an, wenngleich dort der Abstand zwischen Gegenwart und Zukunft ungleich größer ist: So verlegte beispielsweise William Morris den Zukunftsstaat, den er in *News from Nowhere* (1891) beschrieb, ins 21. Jahrhundert. An die utopische Tradition schließt sich Orwell auch insofern an, als er einen perfekten, in sich geschlossenen, durchorganisierten Staat beschreibt, der zugleich als ein 'idealtypisches' Modell des Totalitarismus zu verstehen ist, mit dem sich Orwell politologisch-kritisch und satirisch auseinandersetzte. In dieses Modell gingen Erfahrungen ein, die Orwell in Spanien sammeln konnte; zugleich verarbeitete er Beobachtungen und Berichte, die sich auf den italienischen Faschismus, den deutschen Nationalsozialismus und den sowjetischen Kommunismus bezogen. Schließlich ließ er in dieses Modell seine Kritik am englischen Sozialismus einfließen, den er im Roman Ingsoc nennt und in dem er Tendenzen angelegt sah, die möglicherweise zur Ausbildung eines totalitären Systems auch in England führen könnten.

---

20 Vgl. hierzu auch Bernd-Peter Lange, *George Orwell: »1984«*, München 1982, "Reflexe der Wirklichkeit", 39ff.

Der totalitäre Staat, den Orwell in *Nineteen Eighty-Four* entwirft und in didaktischer Rede, aber stets im satirischen Unterton kommentiert, ist so gegliedert, daß die politische Macht in den Händen einer intellektuellen Elite liegt, die nicht mehr als 2% der Gesamtbevölkerung ausmacht. Die Gesamtzahl der Beherrschten, der "proles", beträgt 85% der Gesamtbevölkerung. Die "proles" folgen in ihrem Leben ganz ihren Instinkten; während die Parteimitglieder einer strengen puritanischen Sexualmoral unterworfen sind, dürfen die "proles" sich ausleben, ja der Staat liefert noch billige Pornoliteratur, um die Sexualität der "proles" anzuregen. Obgleich sie bis zur physischen Erschöpfung arbeiten müssen und rücksichtslos ausgebeutet werden, verkörpern sie die Quelle unerschöpflicher Vitalität, so daß Winston Smith einmal beim Anblick einer Arbeiterfrau feststellt: "If there was hope, it lay in the proles! [...] The future belonged to the proles [...] The proles were immortal [...]".[21] Da ihnen jedoch ein ausgeprägtes politisches Bewußtsein fehlt und es in diesem totalitären Staat auch keine Möglichkeit gibt, bei den "proles" ein differenziertes Selbstbewußtsein heranzubilden, das seinerseits wiederum eine revolutionäre Änderung der bestehenden Verhältnisse bewirken könnte, bleiben sie in der sklavischen Abhängigkeit der Ausgebeuteten.

Die dritte Gruppe in diesem totalitären Staat bildet die "Outer Party", die 13% der Bevölkerung ausmacht. Sie umfaßt die Funktionäre und Staatsdiener, die zwar einen bestimmten Intelligenzgrad aufweisen müssen, aber zu unterwürfigem Gehorsam bei der Ausführung der Direktiven, die ausschließlich von der "Inner Party" kommen, verpflichtet sind.

Die Grundideen der totalitaristischen Staatsphilosophie, auf der sich dieses System des oligarchischen Kollektivismus aufbaut, werden im dritten Teil des Buches von O'Brien, einem Angehörigen der "Inner Party", im Dialog mit Winston Smith, der einer Gehirnwäsche unterzogen wird, erläutert:

> The Party seeks power entirely for its own sake. We are not interested in the good of others; we are interested solely in power. Not wealth or luxury or long life or happiness: only power, pure power. (*NEF*, 275)

---

21 George Orwell, *Nineteen Eighty-Four*, London: Secker & Warburg (1949), 1996, 229. Im Folgenden zitiert als *NEF*.

Im Gegensatz zu allen Utopisten, die die staatliche Macht nur als Mittel zur Erlangung eines höheren Zwecks, des paradiesischen Glücks im Hier und Jetzt betrachten, setzt O'Brien die Macht absolut. Er grenzt den Totalitarismus insofern vom Kommunismus und Faschismus ab, als er ihnen bis zu einem gewissen Grad utopische Ziele zugesteht, wenngleich er überzeugt ist, daß Kommunisten wie Nationalsozialisten im Grund auch nur die Macht um ihrer selbst willen begehrten, sich aber letztlich über ihre Motive und Ziele nicht im klaren waren. Der Totalitarismus bei Orwell will die Macht um der Macht willen und bekennt sich illusionslos zu diesem Ziel. Es kennzeichnet die Sprache, die Orwell in diesem Roman gebraucht und die er in unterschiedlicher Abstufung den Personen in den Mund legt, daß O'Brien ein Bild für seine Theorie einsetzt, das weit wirkungsvoller ist als alle theoretischen Darstellungen. Zu Winston gewandt, stellt er fest: "If you want a picture of the future, imagine a boot stamping on a human face – for ever" (*NEF*, 280).

Orwells Roman ist formal dadurch charakterisiert, daß er mit Hilfe der expositorischen Prosa (in Lehrgesprächen, Auszügen aus einem Buch, Reflexionen des Helden) den gesamten Weltzustand erfaßt und an Hand von Einzelbeschreibungen und am Beispiel von Julias und Winstons Schicksal verdeutlicht, wie sich das weltumspannende "System" auf das Schicksal einzelner Menschen auswirken kann.

Die Welt, in der Winston und Julia leben, ist in drei Einflußbereiche: Ozeanien, Eurasien, Ostasien, aufgeteilt, die sich in einem permanenten Kriegszustand befinden, wobei die Koalitionen zwischen den kriegführenden Mächten willkürlich wechseln können, was weder bei den Parteimitgliedern noch bei den "proles" besondere Beachtung findet. Der Krieg verhindert, daß die Menschen im Inneren des Landes an eine Revolte denken, und er löst alle wirtschaftlichen Probleme: Er verbraucht die ganze überschüssige Produktion und läßt die Armen nicht zu Wohlstand kommen, der sie dazu verleiten könnte, gegen ihre politische Lage aufzubegehren.

Orwell versteht es, mit dem Zugriff eines politisch geschulten Erzählers ein umfassendes Bild von den Herrschaftspraktiken zu entwerfen, mit denen die "Inner Party" den Status quo aufrecht erhält. Dabei ist sein Blick insbesondere auch auf die Mittel gerichtet, mit denen der Staat das Denken und Sprechen seiner Bürger ständig kontrolliert:

Für die Parteimitglieder hat der Staat einen besonderen Denkstil, "*doublethink*", entwickelt, der darin besteht, daß das Parteimitglied jederzeit zwei einander widersprechende Anschauungen oder Meinungen präsent hat und bewußt als richtig akzeptieren kann. "Doublethink" setzt die Vernichtung einer moralischen Haltung voraus, die alle sprachlichen Äußerungen auf Kategorien wie "richtig" oder "falsch", "wahr" oder "unwahr" festlegt und die Übereinstimmung der sprachlichen Äußerungen mit den gemeinten Sachverhalten kritisch überprüft. Erst wenn eine Lücke zwischen Bewußtsein und Sein klafft, wird das Bewußtsein nach willkürlichen Zielsetzungen manipulierbar.

Da die herkömmliche Sprache, das Englische, nicht nur ein Kommunikationsmittel für den Alltag ist, sondern gleichzeitig eine geschichtlich gewordene Weltsicht mit differenzierten moralischen und religiösen Kategorien einschließt, ist es verständlich, daß sich ein totalitärer Staat, wie der in *Nineteen Eighty-Four* beschriebene, von dieser Sprache zu lösen versucht, um seinen Bürgern überhaupt nicht mehr die Möglichkeit zu bieten, anders zu denken als vom Staat vorgeschrieben wird. Der Staat verordnet nicht nur das Bewußtsein, sondern auch die Sprache, um dieses Bewußtsein auszudrücken.

Orwell hat zur Verdeutlichung seiner kritisch-satirischen Absichten seinem Roman einen Traktat "The Principles of Newspeak"[22] beigefügt, in dem von einem zukünftigen, nicht näher datierten Zeitpunkt aus die sprachliche Entwicklung zwischen 1960 und 2050 charakterisiert wird. Er nahm damit einen Bruch der Illusion in Kauf, der deutlich beweist, daß es ihm weniger darauf ankam, eine völlig in sich geschlossene Zukunftswelt darzustellen, als vielmehr bestimmte Tendenzen im politischen Leben herauszuarbeiten und vor deren Weiterentwicklung zu warnen. Die ästhetischen Forderungen (des "realistischen" Romans) werden von Orwell unter die politisch-kritischen Intentionen subsumiert, weil es ihm nicht nur darum geht, den Leser zu unterhalten, sondern ihn in seinem politischen Bewußtsein zu treffen.

Um die Bevölkerung sprachlich manipulieren zu können, wurde nach den Darlegungen in "The Principles of Newspeak" der gesamte Wortschatz der neuen Sprache in drei Klassen eingeteilt: Das

---

22 Vgl. die eingehende Darstellung von Roger Fowler, "Newspeak and the Language of the Party", in ders., *The Language of George Orwell*, 211ff.

"A vocabulary" umfaßt die unentbehrlichen Ausdrücke des Alltagswortschatzes, die sich auf das Essen, Schlafen oder Arbeiten beziehen. Das "C vocabulary" ist der Fachwortschatz, den kaum jemand außerhalb des jeweiligen Fachgebietes versteht. Besondere Aufmerksamkeit schenkt der Staat dem "B vocabulary", dem politischen Wortschatz, der durchweg aus Komposita besteht, die absichtlich geschaffen, "konstruiert" wurden. Die Bezeichnungen für die einzelnen Ministerien sind Musterbeispiele des B-Wortschatzes. Das Propagandaministerium, "Ministry of Truth", wird allgemein "Minitrue" genannt. Das Wirtschaftsministerium heißt "Miniplenty", das Kriegsministerium "Minipax", das Innenministerium "Miniluv". Die erfundenen Abkürzungen sind vom Autor aus satirisch gemeint: eine Bezeichnung wie "Minipax" deutet darauf hin, daß das angebliche Friedensministerium nur ein Minimum an Frieden will; es trägt vielmehr dazu bei, daß der Kriegszustand zwischen den Superstaaten nie beendet werden wird.

Die Beispiele für die Vereinfachung der Sprache, die Orwell im Appendix über das Newspeak zitiert, sind zum Teil erfunden; zum Teil gibt es aber auch Parallelen in dem von C.K. Ogden in den 20er Jahren geschaffenen und empfohlenen Basic English.[23] Bei Ogden heißt es beispielsweise: "Basic English makes no distinction between *shall* and *will*, and the insensitiveness of most speakers of Standard English on this point ensures that on almost all occasions the substitution will go undetected ... The distinction between ... *should* and *would* can also be neglected".[24] Dem entspricht bei Orwell die Bemerkung "... the *shall, should* tenses had been dropped, all their uses being covered by *will* and *would*" (NEF, 316). Wie Howard Fink in "Newspeak: the Epitome of Parody Technique in Nineteen Eighty-Four" nachgewiesen hat, stand Orwell – ähnlich wie vor ihm Wells und Churchill – den Vorschlägen zur Vereinfachung des Englischen, die Ogden und andere vortrugen, in den Jahren 1941–43 durchaus mit Sympathie gegenüber. Danach rückte er jedoch von diesen Tendenzen ab, wie sein Essay "Politics and the English Language" deutlich beweist. Möglicherweise geht Orwells Kritik an der politisch manipulierten und simplifizierten Sprache

---

23 Vgl. dazu Roger Fowler, *The Language of George Orwell*, 220–221.
24 C.K. Ogden, *The System of Basic English*, New York 1930, 57. Zitiert nach Howard Fink, *Newspeak: The Epitome of Parody Techniques in Nineteen Eighty-Four*, Critical Survey 5 (1971), 160.

nicht nur auf eigene Beobachtungen zurück, sondern auch auf eine intensive Beschäftigung mit F.A. Hayeks Buch *The Road to Serfdom* (1944), das Orwell am 9. April 1944 im Observer besprach.[25]

Zu den Neubildungen des Newspeak gehört auch das Kompositum "Oldthink", das den Bereich umfaßt, der von "objectivity" bis "rationalism" reicht. Indem man neue Wörter an die Stelle alter Wörter treten läßt, versucht man mit den überlieferten Bezeichnungen auch die überlieferten Vorstellungen und Ideale zu verdrängen. Da das neue Wort meist ein ganzes Sinngebiet der überlieferten Sprache zu ersetzen hat, ist die Gewähr gegeben, daß auch die subtilen Bedeutungsnuancen, die die bisherige Sprache mit einem reich gegliederten Wortschatz ausdrücken konnte, in Vergessenheit geraten. Wenn schließlich die Vorstellungen von Freiheit und Gleichheit mit "crimethink" umschrieben werden, dann spiegelt sich darin die generelle Umwertung traditioneller Werte, die sich im Newspeak vollzieht. Besonders deutlich ist der Zynismus der Mächtigen und Herrschenden, ihre linguistische Grausamkeit, in den euphemistischen Redewendungen nachzuweisen; ein Zwangsarbeitslager heißt in ihrer Diktion nicht mehr "forcedlabour camp", sondern "joycamp".

Das Ziel der Machthaber ist es, die Sprache so umzuformen, daß der herkömmliche Zusammenhang zwischen der außermenschlichen Realität, dem individuellen Bewußtsein und dem sprachlichen Ausdrucksvermögen aufgelöst wird. Eine eigenständige Orientierung an der Wirklichkeit und eine individuelle, kritische und gar sprachschöpferische Verarbeitung der vom Einzelnen aufgenommenen Erfahrung sollen unterbunden werden. Die fruchtbare Spannung von Erfahrung und individueller Sinngebung wird im Interesse der Partei und des Staates aufgehoben. Das für alle Menschen verbindliche Sinnzentrum ist die Partei; sie liefert die nötigen sprachlichen Mittel und denkerischen Schemata, nach denen der Einzelne automatisch verfahren muß.

Wenngleich das Ziel, Newspeak als die in allen Bereichen gültige Sprache durchzusetzen nach der Meinung der Machthaber erst um die Mitte des 21. Jahrhunderts erreicht sein wird, gibt es Bereiche, in denen sich bereits im gegenwärtigen Zustand (d.h. im Jahre 1984) Tendenzen erkennen lassen, die auf den zukünftigen Zustand

---

25 Vgl. Howard Fink, *Newspeak*, 155ff. – Vgl. auch W. Erzgräber, *Utopie und Anti-Utopie*, 180f.

hinführen. So werden nur die Leitartikel der *Times* (ein satirischer Seitenhieb des Sozialisten Orwell auf ein konservatives Blatt) und die ministerielle Arbeitsanweisungen in Newspeak verfaßt. Winston Smith erhält beispielsweise folgenden Auftrag:

> times 3.12.83 reporting bb dayorder doubleplusungood refs unpersons rewrite fullwise upsub antefiling. (*NEF*, 46)

In Standard English übertragen bedeutet dies:

> The reporting of Big Brother's Order for the Day in the *Times* of December 3rd 1983 is extremely unsatisfactory and makes references to non-existent persons. Re-write it in full and submit your draft to higher authority before filing. (*NEF*, 47)

Das Ministry of Truth, für das Winston arbeitet, hat die Aufgabe, Zeitungen und Zeitschriften ständig entsprechend den Direktiven der Partei so zu korrigieren, daß sich die Berichte über bestimmte Ereignisse und Personen stets im Einklang mit der jeweiligen Politik der Partei befinden. Winston entdeckt dabei, daß der genannte Bericht ein Mitglied der Inner Party namens Withers erwähnte, der inzwischen aus nicht erkennbaren Gründen zur 'Unperson' erklärt wurde. Was mit Withers tatsächlich geschehen ist, vermag niemand zu sagen: er könnte irgendwo leben, könnte aber auch 'liquidiert' worden sein. Es gehört zur Taktik der Partei, daß bestimmte Personen für nicht-existent erklärt werden, wenn ihre Existenz aus parteipolitischen Gründen unerwünscht ist. Winston Smith löst die ihm gestellte Aufgabe dadurch, daß er eine Person, den Genossen Oglivy, erfindet, ihn ein vorbildliches Leben führen und einen – im Sinne der Partei – heldenhaften Tod sterben läßt. Winston verfälscht damit die geschichtliche Wirklichkeit; sein Verfahren – auch "re-writing history" genannt – wird jederzeit gebilligt, weil sein fiktiver Bericht den politischen Zielsetzungen und Erwartungen der Herrschenden entspricht.

Das subtilste Mittel, dessen sich die Machthaber von Ozeanien bedienen, um politisches Bewußtsein zu manipulieren und insbesondere die Intellektuellen der "Outer Party" in Schach zu halten, ist Goldsteins Buch "The Theory and Practice of Oligarchical Collectivism". Die rückhaltlose Offenheit, mit der in Goldsteins Buch die Herrschaftspraktiken des Staates beschrieben werden, läßt verständlich werden, daß Winston zunächst davon überzeugt ist, es mit einem authentischen Werk eines Regimegegners zu tun zu haben. In

Wirklichkeit handelt es sich um ein Buch, das die "Inner Party" anfertigen ließ, um potentielle Gegner zu entlarven. Das Schicksal Winstons beweist, daß sie sich ein probates Mittel ausdachten.

Der Name Goldstein erinnert mit Absicht an Leo Dawidowitsch Bronstein, der ab 1902 Trotzki hieß und der sich in seinem Buch *The Revolution Betrayed* (1932) kritisch mit der Entwicklung Rußlands in der stalinistischen Ära auseinandersetzte. Die Feststellung: "he (i.e. Goldstein) was crying hysterically that the revolution had been betrayed" (*NEF*, 14) ist ein deutlicher Hinweis, daß ein Zusammenhang zwischen Goldstein und Bronstein-Trotzki gesehen werden darf. Trotz dieser und anderer Anklänge scheint für die Passagen aus Goldsteins Buch nicht primär *The Revolution Betrayed*, sondern *The Managerial Revolution* (1941) von James Burnham als Quelle und inhaltliches Vorbild in Frage zu kommen, der zunächst ein Anhänger Trotzkis war und mit dessen Ideen sich Orwell in seinen Essays mehrfach auseinandersetzte.

Das von Orwell in aller Differenziertheit beschriebene Herrschaftssystem ist weiterhin dadurch gekennzeichnet, daß auch die Möglichkeiten der modernen Technik genutzt werden, um die Bürger unter Kontrolle zu halten. Durch den sogenannten "telescreen" (= Televisor) ist es möglich, die Menschen ständig visuell zu überwachen und auditiv zu beeinflussen. Der Staat kann mit Hilfe des "telescreen", den der Einzelne nie abschalten kann, ständig Anweisungen zum Verhalten geben und überprüfen, ob sie erfüllt werden.

Wenn die sprachlichen und modernen technischen Mittel der subtilen Steuerung versagen, greift der Staat auch zu dem "altmodischen" Mittel der Folter, um die Menschen in bestimmte Verhaltens- und Denkweisen hineinzuzwingen: Die Verwendung aller Herrschaftsinstrumente läßt erkennen, daß der Staat seine Aufmerksamkeit auf die weltanschaulichen und politischen Überzeugungen der Menschen, weniger auf die tatsächlichen Delikte richtet. Es geht vor allem darum, durch die "Thought Police", die Geheimpolizei, die potentiellen oder tatsächlichen "Rebellen" oder "Abweichler" aufzuspüren und sie des "Thoughtcrime", des Gedankens an den Widerstand und der Hoffnung auf eine andere, bessere, wahrhaft utopische Welt zu überführen.

Winston Smith ist ein exemplarisches Beispiel für ein solches Rebellentum und das Schicksal, das dem widerfährt, der gegen ein totalitäres System aufbegehrt. Gleich Winston Churchill, der während des Zweiten Weltkrieges über alle Parteigrenzen hinweg zum Inbegriff eines unbeugsamen Widerstandes gegen den faschistischen Totalitarismus wurde, bekennt auch Winston Smith sich zum "ownlife", einem individualistischen Lebensstil, der im Kontrast steht zu der von der Partei verordneten Lebensweise. Wiederholt zeigt Orwell, wie Winston das Leben eines Einzelgängers führt. Seine Ehe ist gescheitert, zu seinen Kolleginnen und Kollegen wahrt er eine merkliche Distanz, für die Arbeiter, die "proles", empfindet er zwar Sympathie, steht ihnen aber letztlich im Alltagsleben fern. Er ist gerne zu Hause, überläßt sich seinen Gedanken und Träumen und führt – was offiziell verboten ist – ein Tagebuch, in dem er auch seine Haßgefühle festhält; er weiß, daß er sich damit der Gefahr ausliefert, durch den Staat vernichtet zu werden. Seine Träume beweisen, daß er von der Sehnsucht nach einer utopischen Wirklichkeit und insbesondere einer erotisch-sexuellen Partnerschaft erfüllt ist, die ihm in der Ehe versagt blieb. Die Begegnung mit Julia weckt in ihm die Hoffnung, daß der Golden-Country-Dream Wirklichkeit werden könnte, aber die Liebe schafft für sie eine "heile" Welt nur im Physischen, und auch dies nur für eine begrenzte Zeit. Winston erkennt sehr bald, daß ihm eine Partnerschaft in seiner intellektuellen Revolte gegen den totalitären Staat versagt blieb: Julia ist für ihn nur "a rebel from the waist downwards" (*NEF*, 163). Von Beginn an ahnen sie ihr Schicksal voraus; der Satz: "We are the dead" (*NEF*, 142) zieht sich leitmotivisch durch alle Szenen, die von Winston und Julia handeln, und so kann es nicht überraschen, daß sie sich nach ihrer Verhaftung im Ministry of Love gegenseitig verraten.

Überblickt man die Entwicklung Winstons vom Ende des Romans her, so erscheint jeder Schritt als notwendig, logisch und plausibel: O'Brien herrscht absolut über ihn gleich einem Gott, der jedes Schicksal im voraus festlegt und die Menschen gleich Marionetten an seinen Fäden führt.[26] O'Briens Intelligenz, die wohl mit Absicht mit der Kultur des 18. Jahrhunderts, der Kultur der Aufklärung, in Verbindung gebracht wird, verdeutlicht die Dialektik einer Vernunft, die sich bei aller Kultiviertheit nach außen zum Instrument eines schrankenlosen Machtwillens degradiert hat und

---

26 Vgl. hierzu auch Erika Gottlieb, *The Orwell Conundrum: A Cry of Despair or Faith in the Spirit of Man?*, Ottawa 1992, Kap. 9 "The Demonic World of Oceania: The Mystical Adulation of the 'Sacred Leader'", 155–170.

den kritischen Widerspruch eines Einzelgängers wie Winston nicht ertragen kann. Deshalb setzt O'Brien – im dritten Teil des Romans – alle physischen und psychischen Machtmittel ein, um aufkeimenden Widerspruch eines einzelnen auszutilgen. Schrittweise verliert Winston jeglichen Orientierungssinn, bis er sich schließlich dem absoluten Machtanspruch des Staates willenlos unterwirft. Die List der instrumentellen Vernunft erreicht es schließlich, daß er sich selbst zum bloßen Instrument degradiert. Am Ende des Romans herrscht der totalitäre Staat unangefochten. Weder die physisch-sexuelle Revolte Julias noch die psychisch-intellektuelle Winstons haben eine Chance gegen das totalitäre Regime. Die Kraft des Einzelnen reicht nicht aus, um einen Umsturz des Bestehenden bewirken zu können. Ein Ausbrechen aus dieser Welt aber ist in gleicher Weise zum Scheitern verurteilt wie eine Rebellion (vgl. "In reality there was no escape", *NEF*, 159). Ähnlich wie in Huxleys *Brave New World* ist das Humanum nur im scheiternden Helden und in Ansätzen allenfalls in den politisch machtlosen "proles" zu fassen.

Das Scheitern des Winston Smith läßt ihn zu einem Repräsentanten des "tragic humanism" werden, den Erika Gottlieb wie folgt definiert hat:

> [...] it is an affirmation of the vitality, the stamina, and the decency of the down trodden, of the "crystal spirit" of heroic struggle for equality and freedom — a struggle in defence of the individual's private loyalties, the love and trust among human beings, and the heritage of the greatest documents of human consciousness.[27]

Winston Smith ist jedoch nicht ein Held im Sinne der klassischen Tragödie zu nennen, der im Scheitern zugleich eine große Erkenntnis gewinnt.[28] Die Romanhandlung macht eine solche Lösung unmöglich, denn sein individuelles Bewußtsein wird völlig ausgelöscht. Winston bleibt deshalb letztlich ein Charakter mit tragischen Zügen, der aber vom Autor in eine Satire eingeordnet wird, die sich gegen den Totalitarismus richtet. Das übergreifende Wissen, das in der Tragödie dem Helden mit seinem Untergang zuteil wird, ist in *Nineteen Eighty-Four* das Ziel, auf das sich der Leser hinbewegen sollte.

---

27 E. Gottlieb, *The Orwell Conundrum*, 256.
28 Vgl. ebd., 272.

In der Rezeptionsgeschichte dieses Romans zeichnet sich seit den 80er Jahren dieses Jahrhunderts ein merklicher Wandel ab. Zunächst (um 1984) fragten sich zahlreiche kritische Leser, in welchem Verhältnis die fiktive Wirklichkeit, die Orwell entworfen hatte, zur realen politisch-gesellschaftlichen Wirklichkeit stehe, vor allem inwieweit in den westlichen Staaten Tendenzen festzustellen seien, die zu einem "Orwell-Staat" hinführen. Als Beispiel dafür kann das Spiegel-Buch *Der Orwell-Staat 1984, Vision und Wirklichkeit*, hg. von Werner Meyer-Larsen, Hamburg 1983 gelten, in dem Themen wie "Das elektronische Schleppnetz: Technische Bausteine zur Total-Kontrolle des Volkes", "«Aktion Paddy»: Die Möglichkeiten der Video-Fahndung" oder "Der Fall Hanau: Der Überwachungsbedarf des Atomstaates" behandelt wurden, letztlich um aufzuzeigen, "daß sich hinter dem heiteren Gesicht einer perfekten Industriekultur Gefahren verbergen, die weit über Orwells Schreckensbilder hinausgehen" (Bucheinband, Rückseite).

Mit dem Zusammenbruch des kommunistischen Regimes in Rußland und in den Staaten des Ostens nach 1989 trat insofern eine Veränderung in der Reaktion vieler Leser auf Orwells Buch ein, als für sie das Interesse geringer wurde, da "der direkte Gegner abhanden gekommen" war (Stefan Howald, *George Orwell*, Reinbek bei Hamburg 1997, 138.) Dennoch hat *Nineteen Eighty-Four* nicht an Bedeutung verloren, wie die folgende Bemerkung von Stefan Howald beweist: "Der konservative englische Ex-Premierminister John Major schwärmte in den neunziger Jahren mit Orwell nostalgisch von einem ländlichen England, während seine Regierung zur gleichen Zeit weitgehende Videoüberwachungen und elektronische Ketten für Sträflinge einführte" (ebd., 138).

Nimmt der Leser zur Lektüre von *Nineteen Eighty-Four* Orwells eigene Kommentare und seine politischen Essays hinzu, um zu erfahren, ob es zu dieser bedrückenden Zukunftsvision eine Alternative gibt, dann erkennt er, daß *Nineteen Eighty-Four* als Teil einer politischen Schocktherapie zu verstehen ist, die sich Orwell, ein Einzelgänger unter den englischen Sozialisten, ausdachte. Sein Roman markiert Gefahren in der gesellschaftlichen und politischen Wirklichkeit des 20. Jahrhunderts und ist ein Warnzeichen für politisches Handeln auch nach dem Jahre 1984. Orwell wollte angesichts des sich ausbreitenden Totalitarismus mit diesem Roman kein bestimmtes Aktionsprogramm vermitteln, aber er wollte an das politische und moralische Verantwortungsbewußtsein seiner Leser appellieren. In diesem ganz besonderen Sinn ist auch *Nineteen Eighty-Four* einer der wichtigsten "Bewußtseinsromane" des 20. Jahrhunderts.

GRAHAM GREENE (1904–1991)

Die Wirklichkeit der Gewalt, des Verbrechens und der Sünde

1

In den Nachkriegsjahren wurde Graham Greene in Deutschland vor allem durch den Film *The Third Man* bekannt. An diesem Film wie an der gleichnamigen Romanversion, die im Jahre 1950 erschien, lassen sich Hauptelemente seiner Darstellungsweise ablesen: Graham Greene liebt die spannende, unterhaltsame Geschichte, und er selbst hat die thematisch nicht allzu gewichtigen seiner Romane "entertainments" genannt. Zu seinen Vorbildern gehörten vom Beginn seines Schaffens an die Werke seines Großonkels Robert Louis Stevenson, weiterhin die Romane von Henry Rider Haggard (*King Solomon's Mines*, 1886) und Marjorie Bowen (*The Vyper of Milan*, 1906), von Joseph Conrad und von Henry James. Bei jedem dieser Autoren konnte Graham Greene studieren, wie eine spannende Handlung aufgebaut und melodramatische Konflikte gelöst werden können. Dabei begriff Graham Greene sehr früh, daß es nicht nur auf das handwerkliche Können des Romanciers ankommt, – entscheidend ist die kluge, scharfsinnige Durchdringung des gesamten Stoffes: Conrad und James waren hierfür unübertreffliche Vorbilder.

The Third Man zeigt, daß Graham Greene es zugleich verstand, die Abgründe des Menschen in seiner alltäglichen Existenz zu entdecken. T.S. Eliots "Waste Land", aber auch ein Roman wie *The Secret Agent* von Joseph Conrad schärften seinen Blick für das Milieu von Verkommenheit, in dem sich das Leben vieler Menschen, insbesondere in den modernen Großstädten, abspielt. In *The Third Man* liefert das Wien der Nachkriegsjahre das Milieu: Zerstörte oder zerfallene alte Häuser, schmutzige Fassaden und schäbige Wohnungen bilden den Schauplatz, an dem die Handlung spielt. Die Menschen sind meist schlecht gekleidet, einige bemühen sich um Eleganz des Auftretens oder der Kleidung und können dennoch die Spuren der Schäbigkeit nicht ganz verdecken. Gauner, Schieber und Schwarzmarkthändler bestimmen den Alltag. Harry Lime, eine der Hauptpersonen des Films (und des Romans, der erst nach dem Film erschien), handelt mit Penicillin, das er – aus Gewinnsucht – mit Wasser verdünnt, wodurch er gewissenlos den Tod erkrankter Kinder in Kauf nimmt.

Liebe, Güte und Wärme scheinen aus dem gesellschaftlichen Leben geschwunden zu sein. Um in den ärmlichen Verhältnissen der Großstadt überleben zu können, die von den vier Siegermächten beherrscht und regiert wird, muß der Einzelne sich auf einen Kampf aller gegen alle einlassen; jeder ist, im Sinne von Thomas Hobbes, des anderen Wolf. Harry Lime ist sogar bereit, einen tödlichen Unfall vorzutäuschen, um sich der Verfolgung entziehen zu können. Die Frage, die Graham Greene ständig beschäftigte und die er auf einzelne Figuren in seinen Romanen übertrug, war, ob es bei aller Abgründigkeit der menschlichen Natur Möglichkeiten gebe, dem Bösen Einhalt zu gebieten, der Gewalt Widerstand zu leisten und Verbrechen zu rächen.

Vor diese Frage sieht sich der Engländer Martins gestellt, der Harry Lime in Wien treffen möchte, zunächst vom (angeblichen) Tod des Freundes hört, dann sein Verbrechen aufklären will, bis er Harry Lime wiedertrifft. Der Konflikt, der sich bei dieser Wiederbegegnung für Martins ergibt, hat bei Graham Greene einen paradigmatischen Charakter: soll Martins den Freund decken, obwohl er weiß, daß dieser kaltblütig den Tod zahlreicher Kinder bewirkt, oder soll er für eine Gerechtigkeit im Zusammenleben der Menschen eintreten, die auch vor der Verfolgung, Entlarvung und Bestrafung eines Freundes nicht halt macht. Martins entscheidet sich für den zweiten Weg, lockt Harry aus dem russischen in den britischen Sektor, nimmt schließlich die Verfolgung des Flüchtenden durch die Kanalisation auf und erschießt ihn.

Der Konflikt zwischen Loyalität und Illoyalität ist – wie die neuere Forschung gezeigt hat[1] – ein Thema, das Greene bereits in frühester Zeit persönlich erlebte: er ging in Berkhamsted in die *Public School*, in der sein Vater Direktor war; ständig stand er vor der Frage, ob er sich auf die Seite seiner Mitschüler stellen dürfe

---

1 Vgl. Uwe Böker, *Loyale Illoyalität: Politische Elemente im Werk Graham Greenes*, München 1982.

oder seinem Vater gegenüber zur Treue verpflichtet sei. Greene entschied sich schließlich für die Flucht – für die Flucht aus dem Elternhaus und aus der Schule[2], und er begann damit einen Lebensweg, der durch größte Eigenwilligkeit gekennzeichnet ist. Er hat sich als Künstler zum Ziel gesetzt, für sich die Wirklichkeit zu entdecken und kompromißlos seine Beobachtungen und Einsichten darzustellen.

Greene ist ein unerbittlicher Beobachter der Dinge wie der Menschen. Niemals hat er auf die nüchterne Betrachtung und Wiedergabe seiner Erfahrungen verzichtet, um sich gänzlich phantastischen Einfällen hinzugeben. Wie D.H. Lawrence oder Evelyn Waugh hat er ständig die Welt bereist und seit den 30er Jahren die Brennpunkte des politischen Geschehens von Mexiko bis Vietnam aufgesucht, um die Schicksale einzelner Menschen in diesen Konfliktsituationen zu studieren. Seine Erzählweise verrät, daß er über Menschen und Situationen gründlich reflektiert hat, daß es ihm aber niemals darauf ankam, mit Hilfe von Kommentatoren Konflikte zu verdeutlichen oder gar den Roman als ein Modell zu verstehen, anhand dessen der Leser belehrt werden könne. Greene ist vor allem darum bemüht, durch Bericht und Dialog einen bestimmten Ausschnitt des Lebens lebendig werden und den Leser Situationen erleben zu lassen, die in den meisten Fällen am Schluß des Romans paradox erscheinen. So sind seine Leser zur selbständigen Reflexion über das dargestellte Stück Leben und die Entscheidungen der Menschen herausgefordert.

2

The Man Within, der erste Roman, den Graham Greene 1929 veröffentlichte, läßt noch deutlich die autobiographische Grundlage erkennen: Der Held Andrews leidet unter dem Vorbild seines Vaters, der freilich Anführer einer Schmugglerbande (im Sussex des frühen 19. Jahrhunderts) war, nicht Headmaster einer *Public School* wie Graham Greenes Vater. Aber der Loyalitätskonflikt ist auch in Andrews vorhanden: soll er sich für seinen Vater und die Schmuggler entscheiden, oder aber diesem Leben widerstehen und seinem Gewissen folgen? Auf diese innere Stimme weist Greene mit

---

2 Vgl. ebd., 34–35.

dem Motto des Romans hin, das den Schriften Sir Thomas Brownes entnommen ist: "There's another man within me that's angry with me"[3]. Nach dem Tod seines Vaters ist Carlyon, der neue Anführer der Schmuggler, sein Vormund, in dem Andrews romantische Züge entdeckt, so daß Carlyon bei aller Härte für Andrews eine gewisse Faszination besitzt. Da Andrews aber wiederholt von den Schmugglern zu seinem Nachteil mit dem Vater verglichen und wegen seiner Schwächen verspottet wird, beschließt er, sie zu verraten. Aus Angst vor Carlyons Rache flieht Andrews und findet in einer Hütte bei der jungen Elizabeth Schutz. Er bewundert ihre Schönheit, ihre Reinheit, ihre Jugend sowie ihren Mut und läßt sich von ihr dazu bewegen, vor Gericht als Kronzeuge aufzutreten. Wie problematisch Andrews' Handlungsweise ist, zeigt sich vor allem darin, daß der letzte Anstoß für seine Haltung vor Gericht von Lucy, der Mätresse des Kronanwaltes, ausgeht, mit der er als "Lohn" für sein Verhalten eine Liebesnacht verbringt. Problematisch bleibt auch seine Einstellung zu Elizabeth; er geht zwar zu ihr zurück, um sie zu schützen, verläßt sie aber vorübergehend, um die Polizei zu verständigen. Als er zurückkommt, hat sich Elizabeth selbst getötet – aus Furcht, von den Schmugglern vergewaltigt zu werden. In dieser Situation gewinnt Andrews angesichts der toten Elizabeth die Kraft, sich von dem unehrenhaften Leben zu lösen, zu dem ihn der Vater hatte erziehen wollen. Er bekennt sich – in einer melodramatisch effektvollen Szene – selbst schuldig: "'I killed her,' Andrews said. 'You'll find my name on the knife'" (*MW*, 229). Damit glaubt er zugleich, den Geist seines Vaters, von dem er sich ständig verfolgt fühlte, überwunden zu haben (vgl. *MW*, 230).

In dem Augenblick aber, in dem er sich gänzlich der inneren kritischen Stimme unterstellt, reift in ihm der Entschluß zum Selbstmord; in melodramatischer Manier tötet er sich mit dem Messer, das seinen Namen trägt, das er Elizabeth überlassen hatte, um sich zu verteidigen, und das er den Polizeibeamten als vermeintliches Beweisstück in die Hände spielte, als er sich als Elizabeths Mörder ausgab (vgl. *MW*, 230).

A.A. DeVitis hat über den Schluß von *The Man Within* bemerkt: "Andrews's suicide at the novel's end becomes paradoxically his

---

3 Graham Greene, *The Man Within*, London: Heinemann ([1]1929), Heinemann & The Bodley Head 1976. Im Folgenden zitiert als *MW*. Zur Interpretation dieses Romans vgl. Böker, *Loyale Illoyalität*, 59–61.

triumph over the division in his character"[4], und Uwe Böker urteilt über die frühen Romane Greenes grundsätzlich: "sie sind primär Dramatisierungen von Greenes inneren Konflikten"[5]. Zugleich verweist er auf eine selbstkritische Äußerung des Autors, wonach den frühen Romanen – neben *The Man Within* wären *The Name of Action* (1930) und *Rumour at Nightfall* (1931) zu nennen – "a semblance of life" fehlt[6].

Die weitere Entwicklung Graham Greenes ist dadurch charakterisiert, daß er die Thematik des Erstlings immer wieder aufgriff und die melodramatische Präsentation des Selbstmordes eingehender zu begründen und differenzierter zu behandeln versuchte. Als Beispiele seien Pinkie aus *Brighton Rock* und Major Scobie aus *The Heart of the Matter* genannt. Zugleich erarbeitete sich Graham Greene Techniken, um die Wirklichkeit des modernen Alltags so darzustellen, daß das Handeln der Personen von der dargestellten äußeren Wirklichkeit her als plausibel erscheint: an die Stelle von Eliots "Waste Land" rückte Greene sein "Greeneland". Die beiden Landschaften gleichen sich insofern, als sie die Korruption, die Perversität und die Dekadenz des gesellschaftlichen Lebens zum Ausdruck bringen – und zwar bei Greene so, daß er die innere (moralische) Verfassung der Menschen und die äußere zivilisatorische Wirkung in reziproker Weise spiegelt. Eliot wie Greene sind vom Realismus, insbesondere dem der Großstadtlyrik, wie sie von Baudelaire entwickelt worden war, beeinflußt. Von Eliot und Baudelaire her ist auch Greenes Interesse für das Abgründig-Böse zu verstehen, wobei diese Autoren nur als Indikatoren einer Entwicklung verstanden werden können, die sich in der europäischen Literatur des 19. und des beginnenden 20. Jahrhunderts in mannigfacher Variation nachweisen läßt.

3

Romane wie *It's a Battlefield* (1934) und *A Gun for Sale: An Entertainment* (1936) zeigen, daß Greene, der für kurze Zeit der Independent Labour Party angehörte, zunächst über eine politische und

---

4   A.A. DeVitis, *Graham Greene*, Boston, Mass., (1964), ²1986, 55.
5   Böker, *Loyale Illoyalität*, 55.
6   Vgl. ebd. u. Graham Greene, *A Sort of Life*, London: The Bodley Head 1971, 202.

sozialkritische Interessenrichtung der Erfassung der modernen Wirklichkeit näherzukommen versuchte; seine Prosa ist in dieser Beziehung der Lyrik zur Seite zu stellen, die W.H. Auden in den 30er Jahren verfaßte.

Im Zentrum des Romans *It's a Battlefield* steht die Frage, ob über den Kommunisten Jim Drover die Todesstrafe verhängt werden soll, weil er einen Polizisten ermordete, vor dem er seine Frau schützen wollte, oder ob er zu einer mehrjährigen Gefängnisstrafe 'begnadigt' werden kann. Jim tötete den Polizisten bei Unruhen, die durch eine Versammlung der Kommunistischen Partei ausgelöst wurden.

Am zentralen Motiv des Romans ist bereits abzulesen, daß Greenes Aufmerksamkeit auf die Wechselbeziehungen zwischen den gesellschaftlichen, insbesondere politischen Verhältnissen und dem Schicksal einzelner Menschen gerichtet ist. Wiewohl Greene der Überzeugung ist, daß ein Autor nicht Ideologien propagieren soll, ist zu erkennen, in welche Richtung seine Darstellung der Gesellschaft tendiert. Er sieht, daß die humanistisch-idealistische Tradition des 19. Jahrhunderts im 20. Jahrhundert an Überzeugungskraft verloren und an politischer Bedeutung eingebüßt hat. Der Liberalismus hat sich zum Monopolkapitalismus weiterentwickelt und damit bei Arbeitern wie bei Intellektuellen die Sympathie für den Marxismus, Sozialismus und Kommunismus gestärkt.

Allerdings sieht er auch, daß es in England den Marxisten und Kommunisten an der nötigen Energie fehlt, um die gesellschaftlichen Verhältnisse von Grund auf umzugestalten. An den Charakteren, die dieser politischen Überzeugung in unterschiedlicher Weise anhängen, lassen sich ähnliche Schwächen beobachten wie an den Anarchisten in Joseph Conrads Roman *The Secret Agent*, einem Werk, das Greene als Vorbild diente.[7] Die Ungerechtigkeit des britischen Gesellschaftssystems und der Wirtschaftsordnung treten beispielsweise im Lohnsystem zutage, gegen das sich die Kritik von Caroline Bury richtet, die nach dem Vorbild von Lady Ottoline Morrell gezeichnet wurde. Der Assistant Commissioner, der mit Caroline Bury befreundet ist und der sich kraft seines Amtes immer wieder veranlaßt sieht, über die Frage der Gerechtigkeit in der gegebenen Gesellschaft nachzudenken, muß in seinen Reflexionen

---

7 Vgl. Neil McEwan, *Graham Greene*, London 1988, 33.

feststellen: "the laws were made by property owners in defence of property"[8].

Daraus ergeben sich bestimmte Praktiken in der Rechtsprechung, über die er bemerkt:

> [...] that was why a man who defrauded the State in defence of his private wealth did not even lose the money he had gained; that was why the burglar went to gaol for five years; that was why Drover could not so easily be reprieved – he was a Communist. (*IB*, 180)

Alle Gerechtigkeit scheint unausgewogen zu sein; überspitzt kann man das System, in dem sich der Assistant Commissioner zurechtzufinden und zu behaupten hat, als die Ungerechtigkeit der Gerechtigkeit bezeichnen ("the injustice of man's justice").[9]

Die Korruption des Rechtswesens wird nach dem Urteil des Assistant Commissioner durch Politiker und Geschäftsleute zugleich bewirkt, die das öffentliche Leben so steuern, daß sie dabei ein Maximum an Vorteil und Gewinn erzielen:

> The Assistant Commissioner remembered grimly the medical certificates produced at the director's trial, how the Income Tax authorities had accepted twelve shillings in the pound to save the director from bankruptcy, to save him from a nervous breakdown. When he thought of the heavy sentences passed on men who stole a little jewellery from a rich man's house, the Assistant Commissioner was more than ever thankful that justice was not his business. (*IB*, 180)

Dieser Sachverhalt wird dem Assistant Commissioner deshalb so deutlich bewußt, weil er zuvor im Osten, in den britischen Kolonien tätig war und dort den Einfluß von Politikern und Kaufleuten auf die Rechtsprechung nicht in dieser Form beobachten konnte.

Es mag dies ein vereinfachtes Modell sein; wesentlich ist, daß Greene zunächst am Beispiel der Verhältnisse im Mutterland, insbesondere in London, die Problematik von Recht und Unrecht aufdeckte – eine Problematik, die ihn in seinen späteren Romanen immer wieder beschäftigte, wobei er die Konflikte auf die verschiedensten Schauplätze der Welt verlegte.

---

8 Graham Greene, *It's a Battlefield*, London: Heinemann ([1]1934), Heinemann & The Bodley Head 1970, repr. 1975, 180. Im Folgenden zitiert als *IB*.
9 Vgl. Maria Couto, *Graham Greene: On the Frontier. Politics and Religion in the Novels*, London 1988, 45.

Die abschließenden Reflexionen des Assistant Commissioner deuten darauf hin, daß er mit seiner Arbeit keine inhaltlich überzeugende Begründung, kein absolut gültiges Wertesystem, keine Ideale, nach denen er seine Handlungen und Entscheidungen ausrichten könnte, gefunden hat. So kommt er zu dem Schluß:

> I am a coward, [...] I haven't the courage of my convictions; I am not indispensable to the Yard; it is the Yard which is indispensable to me. [...] If I had faith, he thought wryly; if I had any conviction that I was on the right side; Caroline has that; when she loses it, she has only to change her side. (*IB*, 216–217)

Caroline Bury ist im Vergleich zu ihm wendig genug, sich jeweils einer Gruppe oder einer Partei anzuschließen, mit deren Überzeugung sie sympathisieren kann.

Die englische Gesellschaft ist in einem Prozeß der Desintegration begriffen, der den Einzelnen zwingt, einen eigenen Standort zu finden und sich in der Auseinandersetzung mit anderen wie in einem Krieg aller gegen alle zu behaupten. Auf diesen Sachverhalt weist Greene mit dem Motto des Romans hin, das er A.W. Kinglakes *The Invasion of the Crimea* (1863–87) entnahm:

> In such conditions, each separate gathering of English soldiery went on fighting its own little battle in happy and advantageous ignorance of the general state of the action; nay, even very often in ignorance of the fact that any great conflict was raging. (*IB*, Widmungsblatt)

Es kann nicht überraschen, wenn Mr. Surrogate, ein Salonkommunist, bei dessen Charakterisierung der Kritiker John Middleton Murry (1889–1957) das Vorbild war, einen deutlichen Hinweis auf Thomas Hobbes gibt: "Man is a beast, a lecherous beast. He may mate above him, but presently he finds his proper level. Nasty, brutish, short, that was how Hobbes described a man's life" (*IB*, 139).

Wie fragwürdig die Beziehungen zwischen den Menschen geworden sind, auch zwischen Menschen gleicher politischer Überzeugung, zeigt das Schicksal Jim Drovers; wiewohl er der Kommunistischen Partei angehört, ist sie bereit, ihn als Person im Rahmen übergeordneter Interessen fallen zu lassen. Da umgekehrt der zuständige Minister den öffentlichen Eklat, den Konflikt mit den Kommunisten scheut, wird den Petitionen stattgegeben und das Todesurteil in eine 18jährige Gefängnisstrafe umgewandelt. Aus dem Gespräch des Assistant Commissioner mit dem Gefängnispfarrer geht hervor, daß Jim nach der Einweisung ins Gefängnis versuchte, Selbstmord zu begehen, dabei aber scheiterte: "'But when they were taking him to one of the top cells in Block A, he tried to kill himself. He flung himself over. Of course he was only bruised. The wire net caught him'" (*IB*, 215). Dieser Dialog deutet zugleich darauf hin, daß es fraglich ist, ob Milly, Jims Frau, ihm während der 18jährigen Trennung die Treue halten wird. Die Romanhandlung legt einen solchen Zweifel nahe, denn Milly ließ sich bereits vorher durch Conrad Drover, Jims Bruder, verführen.

Der Handlungsstrang, in dessen Zentrum Conrad steht, ist als ein groteskes Gegenspiel zu den Ereignissen aufzufassen, die mit Jim zu tun haben. Jim und Conrad sind als Kontrastfiguren konzipiert: Jim ist der physisch Stärkere, aber intellektuell geringer Begabte. Conrad, den die Eltern nach einem polnischen Seemann taufen ließen, der vorübergehend bei ihnen wohnte – Greene bekennt sich damit zu seinem Vorbild Joseph Conrad – ist der beruflich Erfolgreichere, aber der gemütsmäßig Schwächere. Um es seinem Bruder als Mörder gleichzutun, kauft sich Conrad eine Pistole. Sein Plan ist, den Assistant Commissioner zu töten und auf diese Weise den Bruder an einem Vertreter des *Establishment* zu rächen. Die äußeren Umstände lassen den Mordplan zur Farce werden: der Verkäufer, der die Unsicherheit Conrads durchschaut, füllt die Pistole mit Platzpatronen, und als Conrad den Assistant Commissioner töten will, gerät auf regennasser Straße ein Auto ins Schleudern, durch das er so schwer verletzt wird, daß er kurz danach stirbt.

Es gehört zu den vielen Paradoxien in Graham Greenes Welt, daß Jim, der Bruder, der sterben möchte, überlebt, während Conrad um den Triumph eines Mordes betrogen und durch widrige Umstände selbst getötet wird. Zugleich zeigt das Leben der beiden Brüder, daß "loyalty" und "betrayal" meist untrennbar miteinander verbunden sind. Conrad betrügt seinen Bruder mit Milly und will sich gleichzeitig als loyaler Bruder erweisen, indem er versucht, den Assistant Commissioner zu ermorden. Aus diesem Beispiel geht auch hervor, daß bei Graham Greene das Leben, der Gang der Ereignisse, immer wieder die Intentionen der Handelnden durchkreuzt. Die Menschen agieren gleichsam in einem sinnleeren Raum, der ihre Unternehmungen zu einem absurden Tun geraten läßt. Dies gilt für Conrads Mordversuch ebenso wie für den Selbstmordversuch Jims.

Auch auf die Darstellung der gesellschaftlichen und politischen Verhältnisse, die sich in dem Roman *A Gun for Sale: An Entertainment* finden, läßt sich Thomas Hobbes' Formel "bellum omnium contra omnes" übertragen. Während einer nächtlichen Bahnfahrt durch Yorkshire stellt Anne, eine der Hauptfiguren, in ihren Reflexionen fest:

> ... *she* couldn't stop a war. Men were fighting beasts, they needed war; in the paper that Saunders had left for her on the opposite seat she could read how the mobilization in four countries was complete, how the ultimatum expired at midnight ...[10]

Danach richtet sich Annes Aufmerksamkeit auf die Landschaft, durch die der Zug fährt; auch dort spiegelt sich das gleiche Gesetz des Krieges und der Vernichtung:

> How they love it, she thought bitterly, as the dusk came up from the dark wounded ground and the glow of furnaces became visible beyond the long black ridge of slag-heaps. This was war too: this chaos through which the train moved slowly, grinding over point after point like a dying creature dragging itself painfully away through No-Man's-Land from the scene of battle. (*GS*, 223)

Diese beiden Bemerkungen sind charakteristisch für den thematischen Horizont, innerhalb dessen sich der Roman bewegt: Greene charakterisiert nicht nur den wirtschaftlichen Machtkampf und dessen Auswirkungen bis ins alltägliche Leben in England, er hält in diesem Roman auch die eigentümliche Stimmungslage fest, die in den Vorkriegsjahren das Leben vieler Menschen in England wie in Europa prägte. Greene selbst hat in seinem Essay "At Home" diese Atmosphäre von seinem Autorenstandpunkt aus beschrieben: "Violence comes to us more easily because it was so long expected – not only by the political sense but by the moral sense. The world we lived in could not have ended any other way. The curious waste lands ... they all demanded violence"[11].

Zeitungen, Rundfunksendungen und Leuchtreklamen in den Städten steigerten die Kriegsangst in einer Gesellschaft, die auf allen Ebenen der Korruption verfallen war und in ihrem Denken und

---

10 Graham Greene, *A Gun for Sale*, London: Heinemann (¹1936), Heinemann & The Bodley Head 1973, repr. 1987, 223. Im Folgenden zitiert als *GS*.
11 Graham Greene, "At Home", zitiert nach Paul O'Prey: *A Reader's Guide to Graham Greene*, London 1988, 44 und 45.

Handeln nur noch vom Eigennutz und der Profitgier bestimmt wurde. Die Passagen, die von diesem gesellschaftlichen Zustand berichten, beweisen, daß der Journalist und Filmkritiker Graham Greene gelernt hatte, auf die geringsten Kleinigkeiten im Alltag zu achten; als Erzähler war er durch die Schule des Reporters gegangen, der reale Vorgänge genauestens zu beobachten und so objektiv wie möglich wiederzugeben hat. Judith Adamson spricht in ihrem Kommentar zu diesem Werk von "a myriad of details"[12], mit denen der Leser konfrontiert werde.

Als Beispiel sei die Passage genannt, in der der Erzähler wiederum Annes Impressionen und Reflexionen festhält:

> The street was full of people; they stretched along the southern pavement, past the theatre entrance, as far as the market. They were watching the electric bulbs above Wallace's the big drapers, spelling out the night's news. She had seen nothing like it since the last election, but this was different, because there were no cheers. They were reading of the troop-movements over Europe, of the precautions against gas raids. Anne was not old enough to remember how the last war began, but she had read of the crowds outside the Palace, the enthusiasm, the queues at the recruiting offices, and that was how she had pictured every war beginning. (*GS*, 62–63)

Die zentrale Gestalt im politischen und wirtschaftlichen Leben ist Sir Marcus, Vorsitzender von Midland Steel, ein Industrieller und Waffenhändler, der nach dem Vorbild von Sir Basil Zaharoff (1849–1936), einem einflußreichen Waffenhändler des Ersten Weltkriegs gezeichnet ist.[13] Sir Marcus läßt (durch Raven) einen nach seiner Meinung zu pazifistisch gesinnten tschechischen Kriegsminister ermorden, um die internationalen Spannungen in einem solchen Maße zu steigern, daß es notwendigerweise zum Krieg kommen muß. Krieg ist für ihn gleichbedeutend mit Geschäft und Profit; Einfluß auf die Politik und die Wirtschaft sind im übrigen nur mit Hilfe persönlicher Beziehungen und großzügiger Bestechungen zu gewinnen. Das Schicksal der Menschen, die von Sir Marcus' skrupellosen Manipulationen betroffen sind, läßt ihn ungerührt. Die knappe Bemerkung "the future was very rosy indeed" (*GS*, 140) bringt die bittere Ironie zum Ausdruck, mit der Graham Greene die

---

12 Judith Adamson, *Graham Greene: The Dangerous Edge; Where Art and Politics Meet*, London 1990, 39.
13 Ebd., 38.

moralische Korruptheit des Sir Marcus und seiner Freunde charakterisiert.

Die kalt berechnende Mentalität einer nur vom Gewinnstreben motivierten Gesellschaft zerstört nahezu alle moralischen und religiösen Fundamente, auf denen zwischenmenschliche Beziehungen ehedem ruhten. Voller Bitterkeit stellt beispielsweise Raven beim Gang durch die weihnachtlichen Straßen fest, wie unredliche Kaufleute insbesondere in diesen Zeiten mit Kitsch Geschäfte machen:

> ... The shops were full of Christmas gifts, all the absurd useless junk which had lain on back shelves all the year was brought out to fill the windows; foxhead brooches, book-rests in the shape of the Cenotaph, woollen cosies for boiled eggs, innumerable games with counters and dice and absurd patent variations on darts or bagatelle .... (*GS*, 105)

Und Raven registriert zugleich, wie die christlichen Tugenden durch das Zweckdenken verfälscht werden:

> Love, Charity, Patience, Humility: he was educated; he knew all about those virtues; he'd seen what they were worth. They twisted everything; even that story in there, it was historical, it had happened, but they twisted it to their own purposes. (*GS*, 106)

Für Raven selber sind die christlichen Wertvorstellungen nicht mehr als Reminiszenzen an seine Jugend (als Waisenkind wurde er in einem Heim erzogen), die jedoch auch für ihn keinerlei Bedeutung mehr haben. Bezeichnend ist der Anfang des Romans, wo lapidar festgestellt wird: "Murder didn't mean much to Raven. It was just a new job. You had to be careful. You had to use your brains" (*GS*, 1). Seine Außenseiterstellung wird zunächst durch sein Äußeres erklärt: Er hat eine Hasenscharte, die in der Kindheit zwar operiert, aber schlecht genäht wurde. Die Narbe wirkt abstoßend, und er begreift früh, weshalb Frauen sich von ihm distanzieren (vgl. *GS*, 1). Dazu kommt, daß die Mißbildung ihn zu einem Angehörigen der unteren Klasse abstempelt. Eine vermögende Familie hätte einen besseren Arzt bezahlen können. Die Informationen über seine Eltern lassen erkennen, daß seine Außenseiterstellung auch gesellschaftlich bedingt ist: der Vater wurde gehängt, die Mutter schnitt sich mit einem Messer die Kehle durch. Seitdem bewegt sich Raven ohne jede menschliche Hilfe und Sympathie in der Gesellschaft: "There was no one outside your brain whom you could trust: not a doctor, not a priest, not a woman" (*GS*, 205).

Die Szene, in der die Ermordung des Ministers geschildert wird, zeigt, mit welcher professionellen Kaltblütigkeit Raven zu Werke geht:

> He snatched the automatic out of the case and shot the Minister twice in the back.
> The Minister fell across the oil stove; the saucepan upset and the two eggs broke on the floor. Raven shot the Minister once more in the head, leaning across the desk to make quite certain driving the bullet hard into the base to the skull, smashing it like a china doll's. (*GS*, 4)

Mit der gleichen Brutalität tötet Raven auch die Sekretärin. Dennoch ist Raven mehr als ein typischer Mörder, der ohne zu zögern einen Auftrag erledigt. Sir Marcus und dessen Agent Mr. Davis (alias Cholmondeley) entlohnen ihn mit gefälschten Geldscheinen, was Raven empört und zur Rache treibt. Er ist damit zweierlei: ein gewissenloser Mörder und ein Rächer, den ein nicht gehaltenes Versprechen Vergeltung üben läßt. Die Polizei versucht danach zum einen, den Besitzer des Falschgeldes aufzuspüren, zum anderen, den Mörder des Ministers zu finden, ohne zu ahnen, daß es sich dabei um dieselbe Person handelt. Es spielt sich daher in diesem Roman eine doppelte Jagd ab: Raven versucht, Sir Marcus und Mr. Davis zu stellen; die Polizei, insbesondere der Detektiv Mather, ist ihm auf der Spur. Als Raven schließlich Sir Marcus und Davis gestellt hat, verfolgt er zwar mit der gleichen Kaltblütigkeit sein Ziel wie bei der Ermordung des Ministers: "He raised his pistol and shot Sir Marcus in the chest" (*GS*, 203–204), und unmittelbar danach tötet er Davis, aber der Vergleich, den der Erzähler hinzufügt – "Raven shot him as if he were shooting the whole world in the person of stout moaning bleeding Mr. Davis" (*GS*, 205) – zeigt, daß Raven hier in letzter Verzweiflung handelt; diese Verzweiflung ist mitbegründet durch die Tatsache, daß der sterbende Mr. Davis ihm mitteilt, daß Anne, die Frau, die er auf seiner Flucht in seine Gewalt brachte und zu der er Zuneigung faßte, die Freundin des Detektivs Mather ist. Dieser Verrat ist für Raven das letzte Glied in einer Kette von Enttäuschungen. Als er glaubt, sich auch an Mathers rächen zu können, wird er von Saunders getroffen.

Es bleibt die Frage, ob Raven eine tragische Figur genannt werden kann. Hervorzuheben sind sein Stolz und seine Kraft, sich widrigen Umständen zu widersetzen. Er ist in seinem unbeugsamen

Willen, sein Rachewerk zu vollziehen, ein Rächertyp, wie ihn bereits die elisabethanische Tragödie kannte. Er sollte nicht nur als brutaler Mörder gesehen werden. Er wahrt sich stets seinen Sinn für Fairness, er rettet Anne vor Cholmondeley, und obwohl er sie in seine Gewalt bringt, entsteht eine Art gegenseitiger Zuneigung. Sie gibt ihm ihr Wort, daß er sich stets auf sie verlassen könne, und er vertraut ihr. Als sie jedoch begreift, daß sie sich entweder für ihn oder für Mather entscheiden muß, verrät sie Raven. Damit ist sein Untergang besiegelt. Wenngleich Raven wie die klassischen Tragödienhelden Opfer seines Stolzes und seiner Blindheit wird und letztlich auch einsieht, weshalb und in welchem Ausmaß er scheitern mußte, wenn er auch in den letzten Augenblicken seines Lebens eine eigenartige Demut ("a curious humility", *GS*, 207) zeigt, bleibt festzuhalten, daß er mit seinem Tod keineswegs eine korrupte Gesellschaft reinigt; die Welt, die aus den Fugen ist, bleibt, wie sie ursprünglich war. Er stirbt als ein Einsamer; sein Tod führt "into a vast desolation" (*GS*, 208).

Die Ordnung, die sich am Ende des Romans behauptet, ist die des bürgerlichen Alltags, in den Anne und Mather am Schluß zurückkehren: "'We're home'" (*GS*, 228). Mit dem Hinweis auf das weihnachtliche London läßt Graham Greene eine religiöse Wirklichkeit zur Geltung kommen, die er in den drei folgenden Romanen in den Mittelpunkt rückt.

4

Den Hintergrund für das Geschehen in *Brighton Rock* (1938) bildet das sorglos-heitere Treiben an einem Bank Holiday, an dem sich die Menschen am Pier von Brighton mit billigen Amusements die Zeit vertreiben, an dem aber auch die Gangster (wie Pinkie) ihren fragwürdigen Geschäften nachgehen. Im Gegensatz zu dem Roman *It's a Battlefield* wird hier die politische Perspektive weitgehend ausgespart. Greene sieht den Einzelnen der Zeit und dem Nichts, der Langeweile und dem Schrecken ausgesetzt. Zu dem Erfahrungsbereich der Gewalt und des Verbrechens bildet die religiöse Sphäre den Kontrast. Ein innerer Zusammenhang zwischen *A Gun for Sale* und *Brighton Rock* wird dadurch hergestellt, daß Raven der Mörder des Bandenchefs Kite ist; Kites Nachfolger ist der 17jährige Pinkie Brown, dessen Schicksal in *Brighton Rock* dargestellt wird.

Die Ermordung von Kite löst eine Reihe von Racheakten aus, die mit Fred Hales "Bestrafung" beginnt, der Kite an eine Gegenbande verriet. Fred macht die Bekanntschaft Ida Arnolds; als sie ihn für einen Augenblick verläßt, wird er ermordet. Der Arzt stellt Herzversagen als Todesursache fest, und die Polizei hat zunächst keinen Grund, ein Verbrechen zu vermuten. Anders jedoch Ida Arnold: sie schöpft Verdacht und beginnt auf eigene Faust, die Verbrecher zu jagen. Ihr Verdacht richtet sich gegen Pinkie: je mehr Indizien sie gegen ihn sammelt, um so mehr wird er von Unrecht zu Unrecht getrieben. Er ermordet Spider, ein Mitglied seiner Bande, dem er nicht mehr trauen kann. Er heiratet die 16jährige Kellnerin Rose, um sie auf diese Weise von ihrer Aussagepflicht zu entbinden. Als er auch das Vertrauen zu Rose verliert, beschließt er, sie in eine Falle zu locken: er will sie zwingen, mit ihm Selbstmord zu begehen. Sie soll sich jedoch zuerst töten, und falls sie einwilligt – so meint er – gäbe es keine Zeugen mehr, und er wäre frei. Die äußeren Umstände verhindern im letzten Augenblick die Ausführung dieses Plans: Pinkie stürzt ins Meer, und Rose wird gerettet. Äußerlich hat damit Ida Arnold ihr Ziel erreicht. Die Gerechtigkeit in ihrem Wortverstand ist wiederhergestellt.

Als Rächer und Mörder hat Pinkie Brown viele Züge mit Raven gemein. Auch er stammt aus einfachen Verhältnissen; er wurde in einer brutalen Welt groß und empfindet Haß und Ekel, wenn er an seine Kindheit zurückdenkt. Er läßt sich von seinen Trieben bestimmen und legt sich eine "Gangstermoral" zu. Kaltblütig und ehrgeizig geht er bei seinen Verbrechen zu Werk; sie sind für ihn eine Art Spiel, das ihn mit Vergnügen erfüllt, und er triumphiert, wenn seine raffinierte Schlauheit siegt.

Im Gegensatz zu Raven ist Pinkie sehr stark von den Vorstellungen des Katholizismus geprägt; ursprünglich war er von der Tradition, in der er seit seiner Kindheit verwurzelt war, so tief beeindruckt, daß er selber Priester werden wollte. Später bekennt er sich nur noch zu dem einen Satan[14]. Er ist überzeugt, daß es die Hölle gibt, daß das Böse eine ständige Präsenz ist, und er weiß auch, daß nach dem kirchlichen Dogma Selbstmord ewige Verdammnis bedeutet. In seinem Verhältnis zur Sexualität gleicht er einem strengen Puritaner. Bis zu einem gewissen Grad geht seine

---

14 Vgl. Graham Greene, *Brighton Rock*, London: Heinemann (^{1}1938), Heinemann & The Bodley Head 1970, repr. 1991, 205. Im Folgenden zitiert als *BR*.

Abscheu vor dem Sexualleben auf für ihn widrige Kindheitserlebnisse zurück: als Junge konnte er, bedingt durch die beengten Wohnverhältnisse, die Eltern beim Sexualakt beobachten. Seitdem ist alles Geschlechtliche für ihn ein Symbol des triebhaften Verhaftetseins in der sündigen Welt. Wenngleich er sich vom Sexualtrieb zu befreien versucht und sinnliche Annehmlichkeiten wie Trinken oder Rauchen ablehnt, ist diese asketische Haltung nicht Ausdruck einer religiösen Lebensführung, sondern Beweis für die Radikalität seines Hasses. Was immer ihn von seinem zwanghaften Vernichtungswillen abbringen könnte, ist für ihn verdächtig und gefährlich.

Pinkie läßt an die augustinische Sicht der Menschheit als eine "massa damnata" denken: alle sind seit der Erbsünde zur ewigen Verdammnis bestimmt; nur wenige werden auserwählt und erlöst. Graham Greene trat zwar bereits 1924 zum römisch-katholischen Glauben über, aber *Brighton Rock* ist der erste Roman, in dem christlich-religiöse Vorstellungen von so großer Bedeutung in der Zeichnung eines Charakters sind. Es ist durchaus möglich, daß Greene dabei auch Anregungen von T.S. Eliot aufnahm, der seinerseits durch T.E. Hulme, Pascal und Baudelaire beeinflußt war. Es sei in diesem Zusammenhang nur auf Eliots Baudelaire-Essay hingewiesen:

> ... Baudelaire has perceived that what distinguishes the relations of man and woman from the copulation of beasts is the knowledge of Good and Evil (of *moral* Good and Evil which are not natural Good and Bad or Puritan Right and Wrong). Having an imperfect, vague romantic conception of Good, he was at least able to understand that the sexual act as evil is more dignified, less boring, than as the natural, 'life-giving', cheery automatism of the modern world.[15]

In Eliots Baudelaire-Aufsatz zeichnen sich zwei Normensysteme ab, die auch in Graham Greenes Roman anzutreffen sind: "Good and Evil" und "Right and Wrong". Repräsentantin des Prinzips "Right or Wrong" in *Brighton Rock* ist Ida Arnold. Ausdruck dieses Prinzips ist ihr "common sense", ein einfaches Gerechtigkeitsempfinden: "Somebody had made Fred unhappy, and somebody was going to be made unhappy in turn" (*BR*, 41–42). Sie orientiert sich an den Vorstellungen von "law and order", die das Leben der bürgerlichen Gesellschaft bestimmen. Sie bezieht sich schließlich auch auf

---

[15] T.S. Eliot, "Baudelaire", in: Ders., *Selected Essays*, London (1932), ³1969, 428–429.

das alttestamentliche Prinzip: "an eye for an eye", aber sie grenzt sich deutlich gegen die christlichen Vorstellungen von Gerechtigkeit und vor allem auch von Rache ab:

> An eye for an eye. If you believed in God, you might leave vengeance to him, but you couldn't trust the One, the universal spirit. Vengeance was Ida's, just as much as reward was Ida's, the soft gluey mouth affixed in axis, the warm handclasp in cinemas, the only reward there was. And vengeance and reward – they both were fun (*BR*, 42).

Ida genießt das Leben, was immer sie auch unternimmt; auch Rache und die daraus sich ergebende Belohnung ist Teil eines Vergnügens. Sie ist keine religiöse Natur, sie glaubt weder an Himmel noch Hölle – allenfalls an Geister (im spiritistischen Sinn, vgl. *BR*, 40). Sie bejaht das Leben, die Sinnlichkeit, die Sexualität ("breasts" ist ein Leitmotiv, das bei der Charakterisierung Idas mehrfach gebraucht wird, vgl. *BR* 3, 4, 15, 18). Sie ist gelegentlich mit einer Erdgottheit verglichen worden.[16] Wenn der Erzähler über sie bemerkt: "There was something dangerous and remorseless in her optimism" (*BR*, 41), so deutet er damit an, daß sie ihre heitere Sinnlichkeit nicht nur auszuleben versucht, sondern daß sie auch für ihren Glauben ans Leben eintritt, ohne dabei irgendwelche moralischen Skrupel zu empfinden. Selbst wenn sie am Ende des Romans ihr Ziel erreicht und die von ihr angestrebte Rache an Pinkie durch den Gang der Ereignisse vollstreckt wird, deutet Graham Greene mehrfach an, daß für ihn Rose und auch Pinkie höher zu werten sind als Ida, denn ihr Leben vollzieht sich innerhalb eines Spannungsfeldes, das durch die beiden Begriffe "good" und "evil" markiert wird.

Auch Rose, die junge Kellnerin, hat allegorische Züge. Sie wirkt in vieler Beziehung wie ein unschuldiges Kind, das in der gleichen religiösen Tradition aufwuchs wie Pinkie, den sie wegen seiner unbeugsamen Männlichkeit liebt und bewundert. Ihr Name bringt sie mit dem Symbol der Rose, das irdische und himmlische Liebe zugleich bedeuten kann, in Verbindung. Dennoch wäre es falsch, sie nur als ein einfältiges, naives Mädchen anzusehen, als die Verkörperung des Guten, das mit Pinkie, der Verkörperung des Bösen, koordiniert wird. Graham Greene zielt bei den meisten seiner

---

16 Roger Sharrock, *Saints, Sinners and Comedians: The Novels of Graham Greene*, Tunbridge Wells 1984, 96.

Charaktere, die einen Zugang zum christlichen Glauben haben oder christlichen Vorstellungen verpflichtet sind, darauf ab, die Paradoxie der menschlichen Existenz offenbar werden zu lassen. So treibt die Liebe zu Pinkie das blutjunge Mädchen Rose dazu, ihn zu heiraten, was nur mit Hilfe eines findigen Rechtsanwaltes möglich ist, der eine standesamtliche Trauung (aufgrund einer Erlaubnis der Eltern) ermöglicht; eine kirchliche Trauung findet nicht statt. Bereits damit tritt Rose aus dem Rahmen einer konventionellen religiösen Lebenspraxis heraus. Ihre Liebe zu Pinkie geht schließlich so weit, daß sie bereit ist, mit ihm durch Selbstmord zu sterben, obwohl sie weiß, daß sie damit nach der Lehre der Kirche eine Todsünde begehen und sich mit Pinkie der ewigen Verdammnis ausliefern würde. Einen anderen Menschen so sehr zu lieben, daß die Liebe über die Furcht vor der Verdammnis siegt – das ist die Paradoxie, die sich als Möglichkeit im Leben von Rose abzeichnet. Das Ausmaß der Liebe, zu der Rose fähig ist, bewirkt auch eine gewisse Wandlung in Pinkie, wenngleich diese nur vorübergehend ist.

Bei der detaillierten Darstellung von Roses psychischer Situation wird deutlich, wie der Wille, zusammen mit Pinkie freiwillig dem Leben ein Ende zu setzen, und die Stimme des Gewissens, in der sich ihre christliche Einstellung artikuliert, im Widerstreit liegen. Rose fühlt sich Pinkie gegenüber zu Liebe und Treue verpflichtet, zur Loyalität bis in die ewige Verdammnis. Die Waffe wegzuwerfen, erscheint ihr als ein großer Verrat; und wenn es in ihr eine Stimme gibt, einen Schutzengel, der sie zum Guten mahnt, dann scheint ihr dies eine paradoxe Verkehrung der wahren Verhältnisse zu sein: Pinkie zu lieben und mit ihm zu sterben, erscheint ihr als das einzig Gute; ihm nicht zu folgen, wäre für sie die eigentliche Sünde; dies freilich widerspricht allen religiösen Maximen, die ihr von Jugend auf vertraut sind (vgl. *BR*, 302–303).

Im Augenblick letzter Entschlossenheit überkommt sie Panik und Angst vor dem Tod; zweimal hört sie eine Stimme rufen: "Pinkie" (vgl. *BR*, 303) und dieser Ruf gleicht einer Stimme, die Rose – ohne daß sie sich dessen bewußt ist – ins Leben zurückruft; sie kann nur in Gesten reagieren: sie öffnet die Wagentür und wirft den Revolver weg.

Die folgenden Ereignisse werden zwar aus der Perspektive von Rose wiedergegeben, aber ihre Verwirrung ist so groß, daß sie nur einige Impressionen registrieren kann:

> Then she couldn't tell what happened: glass – somewhere – broke, he screamed and she saw his face – steam. He screamed and screamed, with his hands up to his eyes; he turned and ran; she saw a police baton at his feet and broken glass. (*BR*, 304)

Aus dem Kontext ist zu erschließen, daß ein Fläschchen mit Vitriol, das er bei sich trägt, zerbrochen ist und er dadurch seiner Sehkraft beraubt wird. Er ergreift die Flucht; Ida, Dallow, ein Mörder, der ehedem auf Pinkies Seite stand, und ein Polizist, der die Lage nicht überschaut, verfolgen ihn, und Pinkie stürzt ins Meer. Aufschlußreich ist der letzte Satz dieses Kapitels: "It was as if he'd been withdrawn suddenly by a hand out of any existence – past or present, whipped away into zero – nothing" (*BR*, 304). Wessen Hand ihn aus diesem Leben nimmt, wird vom Erzähler nicht gesagt, zumal dieses Bild in einem Vergleichssatz steht: "as if he'd been withdrawn". Größeres Gewicht kommt den beiden folgenden Wörtern dieses Satzes zu: "zero – nothing". Interpretiert man im Sinne von Sartres Existentialismus, so ließe sich sagen: Pinkie steht zwischen dem Sein und dem Nichts: Am Ende (dieses Kapitels) triumphiert das Nichts.

In den beiden knappen Schlußkapiteln überlagern sich bei der Deutung Pinkies und seines Todes viele Perspektiven: diejenigen Idas und des Priesters sowie die Blickwinkel von Rose und des Erzählers. Idas Kommentare lauten kurz und bündig: "'It shows […] you only have to hold on'" (*BR*, 304) und "'He's not on my conscience, anyway'" (*BR*, 305). Damit bekennt sie sich erneut zu einer pragmatischen Denkweise, in der es um die einfache Frage: Recht oder Unrecht, und die einfache Konsequenz aus der Antwort auf diese Frage geht: Rache und Gerechtigkeit. Der Priester vertritt zwar den Standpunkt der Kirche, versucht aber auch seinem seelsorgerischen Auftrag gerecht zu werden. Als Repräsentant der Lehre der Kirche kann er Rose zunächst keine Absolution erteilen, da sie in monotoner Weise wiederholt: "'I wish I'd killed myself'" (*BR*, 307). Doch er erzählt Rose von einem Franzosen – gemeint ist Charles Péguy –, der so sehr von der Vorstellung der Verdammnis des Menschengeschlechts erfaßt war, daß er willentlich in Sünde lebte, sich mit seiner Frau nicht in der Kirche trauen ließ und die Sakramente verweigerte. Er starb in Todsünde, wurde jedoch wegen seiner Güte "a holy man" (*BR*, 308) genannt. Der Priester läßt es offen, ob dieser Sünder wegen seiner Güte dennoch der göttlichen Gnade gewiß sein durfte. Er spricht von "the … appalling …

strangeness of the mercy of God" (*BR*, 308) und läßt so in Rose, die ein Kind von Pinkie erwartet, die Hoffnung aufkommen, daß Pinkie, wenn er nicht völlig dem Haß und der Sünde verfallen war, die gleiche Aussicht zugebilligt werden muß wie dem Franzosen, von dem er Rose erzählte.

Wenngleich Rose den Schmerz über Pinkies Tod noch nicht überwunden hat, glaubt sie, den schlimmsten Schrecken überstanden zu haben. Dem setzt der Erzähler in aller Härte den folgenden, abschließenden Satz entgegen: "She walked rapidly in the thin June sunlight towards the worst horror of all" (*BR*, 310). Rose wird erst noch die Abschiedsworte Pinkies hören, die auf einer Schallplatte aufgezeichnet sind: "God damn you, you little bitch, why can't you go back home for ever and let me be?" (*BR*, 220).

Der Schluß des Romans zeigt, daß es Greene nicht darauf ankam, Gewalt, Verbrechen und Sünde in ein traditionelles Gedankenschema einzuordnen, vergleichbar dem Schema spätmittelalterlicher Moralitäten, in denen Gottes *misericordia* letztlich triumphiert – über den Satan, über die Sünde, aber auch über die starre *iustitia*. Greene nimmt vielmehr umgekehrt die religiösen Vorstellungen, Lehren und Überzeugungen auf, um zu zeigen, wie abgründig moderne Menschen sein können, welcher Schrecken in den Erfahrungen des modernen Lebens enthalten sein kann: "the worst horror of all".

5

In dem Roman *The Power and the Glory* (1940) ist der religiöse Vorstellungsbereich noch stärker in den Mittelpunkt gerückt; zugleich aber wird die politische und geschichtliche Situation eines ganzen Landes, nämlich Mexikos, mit erfaßt. Greene hatte dieses Land 1938 kennengelernt und seine Reiseeindrücke in dem Band *The Lawless Roads* (1939) festgehalten. Dieser Band wiederum lieferte ihm Material für den (zunächst nicht geplanten) Roman *The Power and the Glory*, in dem er das Schicksal eines Schnapspriesters darstellt, der in einem Staat, in dem das Christentum offiziell verboten ist, die Tradition der Kirche fortsetzt und insofern auch erfolgreich ist, als nach seiner Hinrichtung ein neuer Priester erscheint, der für das Weiterleben des christlichen Glaubens im mexikanischen Volk sorgen wird.

Greene hatte von einem Schnapspriester erfahren ('he was just what we call a whisky priest'), der in seiner Trunkenheit einen Jungen auf den Namen Brigitta taufen wollte[17]; es ist dies derselbe Name, auf den in *The Power and the Glory* die Tochter des Priesters getauft wurde, die Maria, eine Frau, mit der er zeitweilig zusammenlebte, geboren hat. Auch für Coral, die Tochter eines Capt. Fellows, für den Zahnarzt Mr. Tench, für Mr. Lehr und seine Schwester, und schließlich auch für den Mestizen und den Polizeichef gibt es Vorbilder, von denen Greene in *The Lawless Roads* berichtet. Darüber hinaus tragen beide Bücher dazu bei, im Leser den Konflikt zwischen der katholischen Kirche und dem Kommunismus in einem Staat lebendig werden zu lassen, der eine rein säkulare Lebensordnung durchsetzen will. Das beste Beispiel für das Schicksal eines Priesters, der in Mexiko in unerschrockener Weise für seinen Glauben eintrat, waren Leben und Tod des Jesuitenpaters Miguel Pro, der am 23. November 1927 in Mexiko erschossen wurde und an den Graham Greene im Prolog zu *The Lawless Roads* erinnert.[18] Mexiko ist in *The Power and the Glory* der Inbegriff eines Landes, in dem das widergöttliche Prinzip dominiert, das vor Gewalt und Terror, Verfolgung und Hinrichtung nicht zurückschreckt.

Der Roman *The Power and the Glory* erinnert zum anderen auch an die frühen Detektivromane Graham Greenes, die auf dem Grundmotiv der Verfolgung eines Schuldigen, eines Verbrechers aufbauen, wobei der wesentliche Unterschied darin besteht, daß hier ein Priester der Verfolgte und Gejagte ist. Sein "Vergehen" besteht darin, daß er gegen das Gebot des Staates seine Aufgaben als Priester soweit wie möglich ausübt. Was im weltlichen Sinne als Vergehen erscheint, ist im religiösen Sinne Auftrag und Berufung. Wiederum rührt Greene – wie in *Brighton Rock* – an einen paradoxen Sachverhalt, wenn er die Beziehung zwischen Glaube und Welt darzustellen versucht.

Die Wanderungen durch Mexiko, die der Leser miterlebt, haben Kritiker dazu veranlaßt, auch eine Beziehung zwischen *The Power and the Glory* und der pikaresken Romantradition herzustellen.[19]

---

17 Graham Greene, *The Lawless Roads*, London: Heinemann ([1]1939), Heinemann & The Bodley Head 1978, 141.
18 Vgl. Graham Greene, *The Lawless Roads*, 8ff.
19 R.W.B Lewis, *The Picaresque Saint: Representative Figures in Contemporary Fiction*, London 1960, 249.

Das mag vom Motiv der Wanderschaft her zutreffen, aber der Priester läßt sich wohl nur in einer recht oberflächlichen Weise mit einem *picaro* in Verbindung bringen. Der Priester weiß sich zwar zu behaupten, und er ist geschickt genug, für einige Zeit der Polizei zu entgehen. Vor allem aber lehnt er es im Gegensatz zum *picaro* ab, sich nach langer Wanderschaft in der Welt mit einiger Behaglichkeit und Zufriedenheit einzurichten. Der Priester geht den entgegengesetzten Weg: Er verläßt die Sicherheit und Geborgenheit, die ihm Mr. Lehr und seine Schwester für kurze Zeit auf amerikanischem Boden bieten. Er stellt sich seinen Gegnern und wird wegen seiner Vergehen gegen die staatliche "Ordnung" erschossen.

Gelegentlich wurde auch auf Bunyans *Pilgrim's Progress* (1678/84) hingewiesen[20], und es ist richtig, wenn man das Haus der Lehrs mit dem "Palace Beautiful" vergleicht. Aber wiederum ist auf den Unterschied aufmerksam zu machen, der zwischen Christian, dem Protagonisten von Bunyans Werk, und dem Priester in Greenes Roman besteht. Er hat zwar wie Christian seine menschlichen Schwächen; aber als Priester nimmt er eine Sonderstellung ein. Geht es bei Bunyan um den Weg eines "Everyman" zur "Celestial City", so bewegt sich der Priester insofern in einer Grenzsituation, als er sich seines Auftrags äußerlich oft wenig würdig erweist, ihn aber andererseits niemals vergißt. Auch hier zeigt sich ein Paradoxon: ein korrupter Mensch sorgt dennoch als Priester für die Kontinuität des christlichen Lebens, insbesondere der katholischen Kirche: er liest die Messe und spendet die Sakramente.

Der Roman hat insofern ein eigenes Gepräge, als er zwar die labyrinthischen Wanderungen des Priesters nachzeichnet, zugleich aber eine strenge kompositorische Ordnung aufweist: Er ist in vier Teile gegliedert, wovon die Teile I bis III je vier Kapitel umfassen, während der vierte Teil nur ein Kapitel umfaßt. Es ergibt dies insgesamt dreizehn Kapitel. Bei einem Roman, der in vielen Einzelheiten – von den Aasgeiern bis zum Namen des Verbrechers Calvers, der an den Kalvarienberg erinnert – einen symbolischen Stil aufweist, dürfte kein Zweifel daran bestehen, daß auch die Anzahl der Kapitel auf den traditionellen Symbolwert der Zahl 13 anspielt: die

---

20 Vgl. Karl Heinz Göller, "Graham Greene: *The Power and the Glory*", in: Horst Oppel, *Der moderne englische Roman*, Berlin (1965), ²1971, 245–261 und Kenneth Allot / Miriam Farris, *The Art of Graham Greene*, New York 1963, 185.

Leidensgeschichte des Priesters erinnert an die Leidensgeschichte Christi, der bei dem Abschied von seinen Jüngern wußte, daß einer von ihnen, von insgesamt 13 Personen, die versammelt waren, ihn dem Tod ausliefern würde.

Analysiert man die durchdachte Komposition des Romans, so zeigt sich, daß jede Einzelheit auf die Entwicklung des Priesters bezogen ist, daß jede Begebenheit eine symbolische Funktion in der Leidensgeschichte dieses Mannes hat. Der Priester scheint als alter Mann ohne jegliche Bedeutung in diesem Staat zu sein; und doch repräsentiert er in all seiner physischen Schwäche die Tradition der katholischen Kirche und die Kraft des christlichen Glaubens. Wegen seiner Schwäche scheint er zunächst seinem Schicksal entgehen zu wollen. Aus dem Dialog mit Dr. Tench geht hervor, daß er nach Vera Cruz abreisen möchte. Dann aber läßt er sich von Dr. Tench einladen, und weitaus wichtiger: einem Kind, das eigentlich einen Arzt sucht für die sterbende Mutter, sagt er seinen Beistand zu, obwohl Dr. Tench bemerkt: "'You can do no good'".[21]

Das Buch, das der Priester bei Dr. Tench liegen läßt, trägt den Titel "*La Eterna Mártir*"; es verrät, was der Priester und auch der Erzähler zunächst verschweigen. Der Priester ist bereit, ein Martyrium auf sich zu nehmen und für das Gute in der Welt, so wie er es in seinem Glauben versteht, einzutreten, im Ernstfall auch zu sterben. In der kleinen Episode mit dem Kind, das um Hilfe für die sterbende Mutter bittet, steckt die Problematik der gesamten Existenz des Priesters, der als einziger eine Tradition fortsetzt, die nach dem Willen der Machthaber ausgelöscht werden soll.

Kapitel I,ii charakterisiert den Polizeileutnant und zugleich Padre José – beide sind auf ihre Weise Kontrastfiguren zum Protagonisten. Der Leutnant, ein fanatischer Atheist, möchte nicht nur die christliche Religion austilgen, sondern auch alle Erinnerungen an seine Jugend, in der er ein Mexiko im Widerspruch zum utopischen Staat kennenlernte, wie er ihm vorschwebt. Er entwickelt dabei eine ähnlich asketische Haltung, wie sie bei Pinkie zu beobachten ist: "The lieutenant [...] felt no sympathy at all with the weakness of the flesh" (*PG*, 24).

Padre José ist ein Beispiel für einen Priester, der sich den Anordnungen des Staates unterwirft, auf die Ausübung seines Amtes

---

21 Graham Greene, *The Power and the Glory*, London: Heinemann ([1]1940), Heinemann & The Bodley Head 1971, repr. 1991, 13. Im Folgenden zitiert als *PG*.

verzichtet, verheiratet ist und ein behagliches Leben führt. Er ist zu einer komischen Figur geworden, die von den Kindern verspottet wird: "he was a buffoon" (*PG*, 29), "He was just a fat old impotent man mocked and taunted between the sheets" (*PG*, 29), "he was like an obscene picture" (*PG*, 30). Zwischen diese beiden Charakterportraits sind Teile einer Märtyrer-Geschichte eingeschoben, die eine Mutter ihren Kindern vorliest und in der ein ideales Bild eines Priesters gezeichnet wird, dem weder Padre José noch der Schnapspriester entsprechen. Mit dem Leutnant, Padre José und dem (fiktiven) Märtyrer Juan liefert der Erzähler drei Vergleichsmöglichkeiten, die es dem Leser ermöglichen, die besonderen, einmaligen Züge des Schnapspriesters zu erfassen.

In den drei folgenden Kapiteln werden Kinder eingeführt, um die Wirklichkeit näher zu charakterisieren, in der sich das Schicksal des Protagonisten vollziehen soll. Coral, die Tochter eines Plantagenbesitzers, ist kühn genug, den Priester vor dem Polizeileutnant zu verstecken (*PG* I,iii). Luis dagegen, der Junge, der von der Legende, die seine Mutter vorliest, wenig beeindruckt ist, bewundert den Leutnant und dessen Waffe (*PG* I,iv). In Buch II,i begegnet der Priester seiner eigenen Tochter Brigitta, einem verstockten und ungezogenen Kind, das ihn an seine eigenen Schwächen und Sünden erinnert (vgl. *PG*, 75).

Mit dem Auftreten Brigittas rückt die Darstellung der Sündhaftigkeit des Priesters stärker in den Vordergrund; der Erzähler läßt zugleich deutlich werden, in welchem Ausmaß die gesamte Menschheit von der Erbsünde gezeichnet ist. Das Auftreten des Mestizen vermittelt (in Buch II,i) dem Protagonisten das Gefühl, einem (seinem) Judas begegnet zu sein. Das Trinkgelage (in Buch II,ii), zu dem überraschenderweise auch der Polizeichef erscheint, bringt ihn schließlich ins Gefängnis.

Dieses Kapitel (Buch II,iii) bildet formal wie thematisch das Zentrum des gesamten Romans. Der Priester gerät in der Haft unter Diebe und Mörder, hört von ihren Vergehen und Verbrechen, lebt mit ihnen in Schmutz und Elend und sieht, wie selbst in diesem Milieu die (physische) Liebe nicht ganz erlischt. Das Gefängnis ist ein Spiegelbild der Korruptheit des Menschengeschlechts: "This place was very like the world: overcrowded with lust and crime and unhappy love: it stank to heaven" (*PG*, 149). Und dennoch hat der Priester das Gefühl, daß er in diesem Milieu der Erfahrung Gottes näher ist als je zuvor.

Das erste Kapitel des dritten Teils erweckt den Eindruck, daß er allem Elend entkommen könnte. Der Priester lebt bei Mr. Lehr und dessen Schwester, bei deutschstämmigen Lutheranern, die auf amerikanischem Boden ein ruhiges und geordnetes Leben führen. Vorübergehend läßt sich der Priester von dieser Routine tragen, wobei immer wieder deutlich wird, wie selbst bei der Erledigung geistlicher Pflichten das Geld eine zentrale Rolle spielt.

Als der Mestize auftaucht und ihm die Nachricht bringt, der zu Tode getroffene amerikanische Verbrecher möchte bei ihm beichten, weiß der Priester, daß er damit in eine Falle gelockt wird. Dennoch folgt er dem Mestizen, der ihn schließlich der Polizei ausliefert. Auch die Begegnung mit Calver (in Buch III,ii) impliziert eine letzte Versuchung; der Verbrecher weiß, welches Schicksal dem Priester bevorsteht, und er bietet ihm seine Waffe und schließlich sein Messer an: damit eröffnet sich dem Priester die Möglichkeit, die gleichen Mittel dem Polizeileutnant gegenüber anzuwenden, mit welchen dieser den Priester verfolgt hat. Der Schnapspriester lehnt ab, sich der Mittel der Gewalt zu bedienen und sich zu rächen; gerade in dieser Grenzsituation begreift er, was es heißt, die Nachfolge Christi anzutreten. Die Begegnung mit Calver, dem Mörder und Verbrecher, bildet die Vorstufe zum letzten Leiden, das er auf sich nehmen wird.

In dem Dialog zwischen dem Priester und dem Leutnant in Buch III,iii kulminiert die geistige Auseinandersetzung zwischen diesen beiden Gegnern, die latent durch den ganzen Roman hindurch stattgefunden hat. Die Kritik des Leutnants gilt der Diskrepanz zwischen der Lehre der Kirche und der im Grunde heuchlerischen Lebenspraxis einiger ihrer Mitglieder (vgl. *PG*, 231–232).

Der Leutnant kritisiert die biblisch-christliche Bewertung der Armut, weil er sich das kommunistische Lebensideal zu eigen gemacht hat und sich die Abschaffung der Armut zum Ziel setzt. Für die Forderung, sich von allen irdischen Sorgen zu lösen (die mittelalterliche Literatur sprach von *remocio curarum*), um offen und frei zu sein für ein Leben im Sinne der Lehre Jesu, hat der Leutnant keinen Sinn. Die absolute Ausrichtung auf das Irdische, vor allem auf das Materielle, verstellt ihm den Blick für die Spiritualität. Da der Priester sich dem Staat und dessen Soziallehre widersetzt, bleibt für den Polizeileutnant nur die logische Konsequenz: "'You're a danger, that's why we kill you'" (*PG*, 232). Bemerkenswert ist, daß sich die beiden Dialogpartner ihrer gegenseitigen Hochachtung versichern. Der Priester konstatiert: "'I felt at once that you were a good man when you gave me money at the prison'" (*PG*, 232), und dementsprechend bemerkt der Leutnant: "'I have nothing against you, you understand, as a man'" (*PG*, 232). Wiederum tritt ein paradoxer Sachverhalt zutage: bei aller Hochachtung für den einzelnen Menschen gebietet die Staatsraison, daß der Leutnant den Priester dem Tod ausliefert.

Die Darlegungen über die Armut führen mit innerer Notwendigkeit zu einer Erörterung und Bewertung des Leidens. Der Leutnant stellt zwar fest: "'Suffering is wrong'" (*PG*, 233), dem aber widerspricht der äußere Eindruck, den der Priester von seinem Gesprächspartner gewinnt: "'And you suffer all the time,' the priest commented, watching the sour Indian face behind the candle-flame" (*PG*, 233). Die Sinngebung des Leidens ergibt sich bei dem Priester aus seinem Glauben, für den Polizeileutnant ist der Tod die absolute Grenze, die er weder bei seiner Deutung der gesellschaftlichen Entwicklung noch bei seinem Selbstverständnis überschreiten kann. Der Priester, der sich in dieser Phase des Dialogs seiner menschlichen Grenzen sehr wohl bewußt ist, sieht, welche Möglichkeiten ihm als Priester zu Gebote stehen, anderen Menschen zu helfen: "it doesn't matter so much my being a coward – and all the rest. I can put God into a man's mouth just the same – and I can give him God's pardon" (*PG*, 234). Bei seiner Selbstkritik ist sich der Priester bewußt, in welchem Maße er sich der Sünde des Stolzes schuldig gemacht hat ("pride was at work all the time", *PG*, 235); das Wort "pride" hat in seiner Selbstcharakterisierung eine emphatische Funktion. Das Fazit seiner Darlegungen lautet: Er muß sich den Verdammten zurechnen, und er hat dieses Schicksal auch nach seinem Verständnis der göttlichen Gerechtigkeit verdient. Er hofft weder auf ein Wunder noch hat er Anlaß, der Argumentation des Leutnants zu folgen, der in ihm einen Heiligen oder Märtyrer sieht.

Als Padre José nicht bereit ist, ihm die letzte Beichte abzunehmen (Padre José fühlt sich zwar dazu verpflichtet, wird aber von seiner Frau daran gehindert), legt der Priester vor sich selber ein Schuldbekenntnis ab. Seine große Enttäuschung entspringt aus dem Gefühl, mit leeren Händen vor Gott treten zu müssen. Er betrachtet sich als einen Gescheiterten – als Mensch und als Priester zugleich: "It seemed to him, at that moment, that it would have been quite easy to have been a saint. It would have needed a little self-restraint and a little courage" (*PG*, 253).

Es bleibt die Frage, ob er mit etwas mehr Mut und Selbstbeherrschung tiefere Einsicht in das Wesen Gottes hätte gewinnen können, als ihm auf seinem Weg durch Erniedrigung und Sünde zuteil wurde, und ob er die Wirkungen auf andere Menschen hätte ausüben können, von denen am Schluß des Romans, im vierten Teil, in aller Knappheit noch einmal gesprochen wird. Der legendäre Bericht über den Märtyrer Juan, der in den Schluß eingebaut ist, bietet das idealisierte Bild eines Mannes, der für seinen Glauben in den Tod geht. Im Kontrast zu diesem binnenfiktionalen Modell, das für didaktische Zwecke gedacht ist, steht der Bericht, den der Roman über das Ende des Schnapspriesters liefert; hier wird die Wahrheit über die volle Existenz eines Menschen *und* eines Priesters zum Ausdruck gebracht und auf jegliche idealisierende Stilisierung verzichtet. Daß trotz aller menschlichen Schwächen das Leben des Schnapspriesters nicht sinnlos war, zeigt der letzte Abschnitt des Romans: Es erscheint ein neuer Priester, der die Tradition des christlichen Glaubens und der katholischen Kirche in Mexiko fortsetzt.

6

The Heart of the Matter (1949) knüpft formal wie thematisch an die zwei früheren Romane an, zielt jedoch auf eine ganz eigene Präsentation der religiösen Wirklichkeit ab. Pinkie, dem adoleszenten Anführer einer Verbrecherbande, steht als Protagonist ein reifer Mann, Major Scobie, gegenüber, den seine Kollegen "Scobie the Just" nennen. Sein Ziel ist es, in einem westafrikanischen Staat, in dem das Leben – ähnlich wie in Mexiko – durch Häßlichkeit, Schmutz, Verwesung und Korruption gekennzeichnet ist, als stellvertretender Polizeikommandant für eine gerechte Ordnung im Zusammenleben der Menschen verschiedener Hautfarbe zu sorgen. Graham Greene bezieht sich dabei auf Erfahrungen, die er 1935 in Liberia und 1941 bis 1943 in Sierra Leone gesammelt hatte, wo er im Dienst des *Foreign Office* tätig war.[22]

Als Polizeioffizier nimmt Scobie zwar auch eine Sonderstellung ein. Aber während der Schnapspriester der einzige seines Standes ist, der die geistliche Ordnung fortzusetzen versucht, steht Scobie im

---

22 Vgl. Judith Adamson, *Graham Greene*, 79ff.

Zentrum der weltlichen Ordnung; er könnte mit größerer Berechtigung als der Priester ein moderner Jedermann genannt werden. Trotz einer gewissen Fallhöhe bleibt dabei zu erörtern, ob er im traditionellen Sinne eine tragische Figur zu nennen ist oder ein modernes Beispiel des tragischen Helden repräsentiert.

Als Polizeioffizier zeigt Scobie ein besonderes Verantwortungsgefühl für alle Menschen, die in seinem Umkreis leben; aus diesem Verantwortungsgefühl erklärt sich auch das spontane Mitleid, das er für Menschen empfindet, die er leiden sieht. Besonders deutlich tritt dies in einer Episode im Kapitel 1 des ersten Teils des zweiten Buchs hervor, wo er ein Kind beobachtet, das seine Eltern verloren hat, als der Dampfer, auf dem die Familie reiste, von dem Torpedo eines fremden U-Boots getroffen wurde. Bereits bei der Ankunft der Geretteten erfährt Scobie, daß das 6-jährige Mädchen sterben wird, und an seinen unmittelbaren Reaktionen und den vom Erzähler wiedergegebenen Reflexionen ist zu erkennen, daß menschliches Leid bei ihm zugleich theologische Fragestellungen auslöst. Es bleibt für ihn ein unlösbares Rätsel, weshalb Gott es zuließ, daß das Kind 40 Tage lang in einem offenen Boot über das Meer trieb, wenn er wußte, daß es alsbald sterben würde:

> Not that the child would die – that needed no explanation. Even the pagans realised that the love of God might mean an early death, though the reason they ascribed was different; but that the child should have been allowed to survive the forty days and nights in the open boat – that was the mystery, to reconcile that with the love of God.[23]

Scobie sieht sich dem Kind gegenüber in die Rolle des Vaters gedrängt, nach dem es noch in der Sterbestunde ruft; gerade deshalb begreift er nicht, weshalb der göttliche Vater ein unschuldiges Geschöpf, das er ins Leben gerufen hat, leiden läßt und nicht im menschlichen Sinne liebt.

Am Bett des Kindes spricht Scobie ein Gebet, das für seine Einstellung zu Gott und den Menschen aufschlußreich ist: "'Father,' he prayed, 'give her peace. Take away my peace for ever, but give her peace.' The sweat broke out on his hands. 'Father ...'" (*HM*, 141). Überblickt man das gesamte Romangeschehen, so könnte man

---

23 Graham Greene, *The Heart of the Matter*, London: Heinemann (¹1948), Heinemann & The Bodley Head 1971, repr. 1991, 135. Im Folgenden zitiert als *HM*.

sagen: Offenbar erhört Gott dieses Gebet, denn das folgende Geschehen liest sich wie eine Illustration des Schicksals eines Mannes, der sein Seelenheil aufs Spiel setzt, um für einen anderen Menschen, für ein unschuldig leidendes Kind, Frieden zu erwirken.

Von dieser Episode her lassen sich die Struktur und die Thematik des gesamten Werkes aufschlüsseln. Es ist klar zu erkennen, daß der Roman als "dramatic novel" konzipiert wurde. Greene schildert (in drei Büchern) das Drama eines Mannes, der zwischen zwei Frauen steht, zwischen Louise, der Frau, mit der er verheiratet ist, und Helen Rolt, einer 19-jährigen Witwe, die ebenfalls zu den Geretteten zählt. Der Roman ließe sich auch als ein "domestic drama" verstehen, als ein Familiendrama, das sich zu einer Familientragödie entwickelt, weil der Protagonist für seine privaten Konflikte keine vernünftige Lösung findet und deshalb Selbstmord begeht.

Buch I schildert die Konfliktsituation, die sich zwischen Scobie und Louise herausgebildet hat und die – so scheint es wenigstens – durch ihre Reise nach Südafrika vorübergehend entschärft wird. Buch II beweist jedoch, daß die Konflikte, in die Scobie mit seiner Ehekrise geraten ist, letztlich unlösbar sind. Er verliebt sich in die 19jährige Helen Rolt. Sobald Louise (in Buch III) zurückkehrt, treiben die Dinge der Katastrophe zu. Dabei zeigt sich, daß Scobie in zunehmendem Maße in ein Netz von Abhängigkeiten geraten ist – am deutlichsten ist dies an seinen Beziehungen zu dem Geschäftsmann und Diamantenhändler Yusef abzulesen –, so daß die Tragödie nicht nur als ein "domestic drama" und eine Charaktertragödie zu bezeichnen ist. *The Heart of the Matter* ist zugleich ein Gesellschaftsdrama ("social drama") besonderer Art: die gesellschaftlichen Verhältnisse sind so korrupt, daß jeder Versuch, willentlich Gerechtigkeit durchzusetzen und dabei auch Liebe und Mitleid wirken zu lassen (d.h. eine Versteinerung der Gerechtigkeit zu verhindern), den Handelnden notwendigerweise mit Schuld belastet.

Die tragische Verkettung von Mitleid und Schuld ist bereits im Anfang dieses Romans zu erkennen: Scobie sieht, in welchem Maß seine Frau an der Situation leidet, in die sie durch die Ehe mit ihm geraten ist. Ihre Tochter starb, und Scobie wurde bei der Beförderung übergangen, worunter sie mehr leidet als er selbst. Sie wird zum Gespött der Leute, wird im Club der Weißen nicht in dem Maße geachtet, wie sie es sich wünscht; sie leidet aber auch unter dem Klima und der Armut des Landes, und schließlich spürt sie die Zeichen des Alters. Scobie erfaßt die Situation seiner Frau und leidet mit ihr.

Um Louise eine Reise nach Südafrika zu ermöglichen, bleibt Scobie kein anderer Ausweg, als Geld von Yusef, dem syrischen Kaufmann, zu borgen, der wegen fragwürdiger Geschäftspraktiken bekannt ist. Scobie begibt sich damit in eine moralisch problematische Abhängigkeit von einem Mann, der sich zwar immer wieder als Freund von Scobie ausgibt, dessen Hilfsbereitschaft aber letztlich Scobie zum Nachteil gereicht.

Zum ersten Mal gerät Scobie in eine Situation, in der er durch sein Mitgefühl schuldig wird, als er auf der *Esperança* einen Brief des Kapitäns an dessen in Deutschland lebende Tochter entdeckt, den Scobie an die Zensur weiterleiten müßte. Damit wäre die berufliche Existenz des Kapitäns zunichte gemacht. Es ist bemerkenswert, daß in den Augenblicken, in denen Scobie seinem Mitgefühl, seiner Sympathie und seinem Mitleid für andere Menschen Raum gibt, Bilder und Motive auftauchen, die sich auf ein Kind, insbesondere auf eine Tochter beziehen (vgl. *HM*, 49, 97, 98).

Auch an Helen Rolt entdeckt Scobie kindliche Züge, als er sie zum ersten Mal unter den Schiffbrüchigen sieht: "Her arms as thin as a child's lay outside the blanket, and her fingers clasped a book firmly" (*HM*, 136). Helens Notlage erweckt in Scobie ein tiefes Mitgefühl; er spürt jedoch sehr bald, daß er durch die sexuelle Beziehung zu Helen in ein moralisches Dilemma gerät:

> ... human beings were condemned to consequences. The responsibility as well as the guilt was his – he was not a Bagster: he knew what he was about. He had sworn to preserve Louise's happiness, and now he had accepted another and contradictory responsibility. He felt tired by all the lies he would some time have to tell: he felt the wounds of those victims who had not yet bled. (*HM*, 186–187)

Nirgendwo sonst als in Scobies Verhältnis zu Helen wird deutlicher, daß Mitleid ein integraler Bestandteil seines Charakters ist; da diese Disposition sein Denken und Handeln in so exzessiver Weise bestimmt, wird Mitleid zu einer Krankheit, die ihn zugrunde richtet:

> ... Pity smouldering like decay at his heart. He would never rid himself of it. He knew from experience how passion died away and how love went, but pity always stayed. Nothing ever diminished pity. The conditions of life nurtured it. (*HM*, 205)

Eine der Streitszenen zwischen Scobie und Helen läßt erkennen, daß er sich kraft seines katholischen Glaubens an Louise gebunden fühlt, was Helen wiederum zu erbitterter Kritik an Scobies Verhalten veranlaßt. In ihrer Erregung verabschiedet sie ihn mit den Worten: "Go to hell. Go to hell. Clear out" (*HM*, 208) – eine Verwünschung, die Scobie dazu veranlaßt, seine Liebe in einem an Helen gerichteten Brief wie folgt zu beteuern: "*I love you more than myself, more than my wife, more than God I think*" (*HM*, 209). Geht man von dem theologischen Weltbild des Major Scobie aus, so muß man konstatieren: mit einer solchen Äußerung verrät er, in welchem Maße eine Verschiebung der Seins- und Wertebenen in seinem Bewußtsein eingetreten ist. Er zögert nicht, Zeitliches dem Überzeitlichen, einen Menschen Gott überzuordnen.

Das dritte Buch entwirft im Detail ein Bild von den psychischen, moralischen und religiösen Konflikten, in die Scobie mit der Rückkehr Louises gerät. Er sieht schließlich, daß er nicht beichten kann, daß ihm Father Rank zumindest in seiner momentanen Verfassung die Absolution nicht zu erteilen vermag (vgl. *HM*, 259). Äußere Umstände – vor allem Louises Drängen – führen dazu, daß Scobie ohne Beichte, ohne Absolution zum Abendmahl geht; er ist sich dabei sofort bewußt, daß er damit Gott beleidigt und ein Sakrament entweiht (vgl. *HM*, 262). Scobies innere Qualen werden noch dadurch gesteigert, daß er nicht nur Gott, sondern auch einem Menschen gegenüber in besonderer Weise schuldig wird: er willigt in die Ermordung seines getreuen, fälschlicherweise verdächtigten Dieners Ali ein. In seinen Reflexionen über dieses Geschehen kommt Scobie notwendigerweise zu dem Schluß: "Oh God, [...] I've killed you: you've served me all these years and I've killed you at the end of them" (*HM*, 291). Scobie begreift, daß es ihm nicht gelingen kann, die Menschen, die ihm nahestehen und für die er sich verantwortlich fühlt, glücklich zu machen und seine Liebe zu den Menschen mit der Liebe zu Gott zu verbinden. Damit wächst in ihm die Bereitschaft, seinem Leben ein Ende zu setzen. Scobie rückt damit in die Nachbarschaft der Tragödienhelden, die in ihrer ausweglosen Situation den willentlich herbeigeführten Tod als einzige Lösung ihres Konflikts betrachten.

Scobies Vorbereitungen für seinen Selbstmord zeigen, in welchem Ausmaß er der Lüge verfallen ist. Er studiert zunächst in einer Enzyklopädie die Anzeichen von Angina pectoris, möchte einen natürlichen Tod vortäuschen, macht entsprechende Tagebuchnotizen, nimmt dann aber eine Überdosis Evipantabletten und stirbt in absoluter Vereinsamung. Charakteristisch für Scobie ist, daß er noch kurz vor seinem Tod meint, einen Hilferuf zu hören; er möchte in gewohnter Weise reagieren, aber die Kräfte versagen:

> And automatically at the call of need, at the cry of a victim, Scobie strung himself to act. He dredged his consciousness up from an infinite distance in order to make some reply. He said aloud, 'Dear God, I love ...' but the effort was too great and he did not feel his body when it struck the floor [...]. (*HM*, 313)

Der letzte Satz Scobies ist ein Fragment. Sollte Gott, sollten Menschen, sollte ein Mensch angesprochen werden? In der fragmentarischen Form weist er auf die Unlösbarkeit von Scobies Konflikt hin. Seine Liebe ist so weit gespannt, daß er an diesem Liebesanspruch zerbricht.

Über die innere Verfassung Scobies vor seinem Selbstmord gibt eine Monologpassage Auskunft, in der er ein Streitgespräch mit Gott, d.h. der Stimme, führt, die er in sich vernimmt und die im Sinne seines Glaubens die göttliche Sicht der Dinge zum Ausdruck bringt. Diese Stimme wirft Scobie vor, daß er Gottes Liebe ungerechterweise verschmähe, ihn gleichsam von sich stoße:

> You say you love me, and yet you'll do this to me – rob me of you for ever. I made you with love. I've wept your tears. I've saved you from more than you will ever know; I planted in you this longing for peace only so that one day I could satisfy your longing and watch your happiness. And now you push me away, you put me out of your reach. (*HM*, 305).

Scobies besonderer Status als tragischer Held ist – wie die zitierte Stelle zeigt – darin begründet, daß er sich ständig mit Gott auseinandersetzt und sich gleichsam in einer ständigen Vertrauenskrise befindet. Gott – so die eine innere Stimme Scobies – wirft ihm vor, daß er sich seiner Liebe, seines Vertrauens nicht würdig erweise, wenn er sich das Leben nimmt. Dem entgegnet Scobie: "'No, I don't trust you. I've never trusted you. If you made me, you made this feeling of responsibility that I've always carried about like a sack of bricks'" (*HM*, 305). Greene führt seinen Helden im Grunde an augustinische Fragestellungen heran: Scobie spürt, daß er zur *massa damnata* gehört, obwohl er versucht hat, seine Liebe, sein Mitleid, sein Verantwortungsgefühl zum Besten anderer Menschen wirksam werden zu lassen. Scobie erfährt einen abgründigen Gott, vermag aber nicht, die weiteren theologischen Argumentationen über Erbsünde und Gnade in sich zu aktivieren, die mit zur augustinischen Theodizee hinzugehören. Scobie bleibt an seine menschliche Erfahrung gebunden und läßt erkennen, welche Folgen sich für ihn ergeben, wenn er sich in seinem persönlichen Verlangen nach Selbstentfaltung vor Gott rechtfertigen möchte. Er gerät in seinem Denken in eine Sackgasse: "'You see it's an *impasse*, God, an *impasse*'" (*HM*, 306).

Wenn Kritiker versucht haben, den Tod Scobies als Opfertod und *imitatio Christi* zu interpretieren[24], so wäre einzuwenden, daß Scobie selbst den Tod Christi als Suizid deutet (vgl. *HM*, 220). Aber dabei zeigt sich, daß er einer einseitigen Argumentation verfällt: Er stellt nur die Bereitschaft, sich selbst für andere zu opfern, in den Mittelpunkt seines Vergleichs und seiner Argumentation. Er übersieht dabei, daß Christus als Gottes Sohn im Erlösungswerk die Sünden anderer auf sich nimmt. Scobie dagegen versinkt seinerseits immer tiefer in Sünde und bleibt bei seinem Verlangen zu lieben letztlich der absoluten Einsamkeit ausgeliefert. Damit ist Scobie eine moderne Variante des tragischen Helden.

7

Die Romane *The End of the Affair* (1951) und *A Burnt-Out Case* (1961) beweisen, daß Graham Greene auch in seiner späteren Schaffensphase noch an religiösen Themen interessiert war, daß er zugleich nach neuen Variationen der Themen suchte, die er in den 30er und 40er Jahren schon behandelt hatte. Er erzielte dabei jedoch nicht die gleiche künstlerische Wirkung wie in der Trilogie *Brighton Rock*, *The Power and the Glory* und *The Heart of the Matter*. In der Personenkonstellation erinnert *The End of the Affair* an *The Heart of the Matter*. Sarah Miles steht zwischen ihrem Ehemann Henry und Maurice Bendrix, ihrem Geliebten. Während eines Luftangriffes im Zweiten Weltkrieg wird Bendrix verschüttet, und Sarah gelobt, falls er gerettet wird, auf jegliche Beziehung zu ihm zu verzichten und einen streng religiösen Lebenswandel zu führen. Bendrix, der überlebt, zunächst aber nichts von diesem

---

24 Donat O'Donnell (d.i. Conor Cruise O'Brien), *Maria Cross: Imaginative Patterns in a Group of Modern Catholic Writers*, London 1954, 83ff.

Gelübde weiß, hegt den Verdacht, daß Sarah sich einem anderen Liebhaber zugewandt habe. Als er ihr wieder begegnet, weist sie seinen Versuch ab, sie zu einer erneuten Umkehr zu bewegen. Kurz nach dieser Begegnung stirbt Sarah an einer Lungenentzündung.

Graham Greene zeichnet in diesem Roman nicht nur einen geradlinigen Lebensweg nach, der von der Sünde zu einem "heiligmäßigen" Leben führt. Er überschreitet dabei jedoch die Konventionen des realistischen Romans, wenn er auch von Wunderwirkungen spricht, die nach Sarahs Tod durch sie noch bewirkt werden. Der Roman transzendiert zur Legende. Vor allem fehlen dem Werk die tiefgehenden psychologischen Analysen, die in *The Heart of the Matter* zu finden sind und von der Abgründigkeit eines Menschen berichten, der in seiner Sündhaftigkeit mit Gott streitet. Es ist Wilhelm Hortmann zuzustimmen, der über diesen Roman und Greenes neue Entwicklungsphase bemerkt:

> He has stopped portraying the struggle of the individual soul against sin and doubt, he has given up the attempt to humanize the harsh doctrines of the Church so that the fulfillment of the absolute demands of the Catholic religion might be harmonized with human frailty – instead, he has turned into a Catholic apologist.[25]

In *A Burnt-Out Case* stellt Greene das Schicksal eines Mannes namens Querry dar, der als Architekt und Liebhaber großen Erfolg hatte, aber dann seines Lebens überdrüssig wurde, weil er sich immer nur auf sich selbst konzentrierte. Selbstverwirklichung droht bei ihm in Selbstvernichtung umzuschlagen. Weder Liebe, noch Arbeit, noch der Glaube können ihn aus dem Gefängnis seiner Egozentrik befreien. In seinem Überdruß am Leben, seinem *ennui*, verzichtet er darauf, sein Leben handelnd zu gestalten. Er läßt sich durch Zufälle treiben – bis hin zur Leprastation im Innern Afrikas, bis zu einem Ort, an dem es aus äußeren Gründen nicht mehr möglich ist, diese Reise fortzusetzen.

In diesem Lebensbereich erlebt er allmählich einen Wandel, wozu die Franziskanermönche ebenso beitragen wie der atheistische Arzt Dr. Colin, den er dort kennenlernt. Sie öffnen ihm den Blick für andere Menschen, für eine selbstlose Hinwendung zum Nächsten, und es erwächst in Querry auch wieder seine frühere Kreativi-

---

25 Wilhelm Hortmann, "The Burnt-Out Catholic", *Twentieth Century Literature* 10, 2 (1964), 71.

tät: er ist bereit, ein neues Gebäude für die Leprastation zu entwerfen und dessen Bau zu überwachen. Querry scheint damit ähnlich wie Sarah (in *The End of the Affair*) ein Ziel in seinem Leben gefunden zu haben. Der Sinn seines Namens, Querry, scheint sich zu erfüllen; in Afrika scheint er den verborgenen Sinn seiner Existenz zu entdecken; seine Suche, "quest", kommt offenbar an ihr Ende. Während Sarah sich jedoch in asketischer Haltung weitgehend aus dem Leben löst, kann sich Querry den komplexen Wechselbeziehungen, die zwischen den Menschen in seiner alltäglichen Umgebung bestehen, nicht entziehen. Marie Rycker verwickelt ihn ungewollt dadurch in einen Konflikt, daß sie vorgibt, er sei der Vater des Kindes, das sie erwartet; in Wirklichkeit möchte sie Querry nur als Instrument für ihren Fluchtplan benutzen. Ihre Behauptung hat zur Folge, daß Mr. Rycker Querry in einem Anfall von Eifersucht erschießt. Bemerkenswert ist, daß auch Querrys letzter Satz – vergleichbar der Exklamation, mit der Scobie stirbt – ein Fragment bleibt: "'this is absurd or else …'"[26]. Wenn Querry seine Existenz mit dem Wort "absurd" zu deuten versucht, dann impliziert dies, daß er einen möglichen Sinnzusammenhang voraussetzt, der sich jedoch bei aller moralischen Anstrengung nicht verwirklichen läßt. Auf diesen Sinnzusammenhang weist im Roman Dr. Colin hin, wenn er feststellt:

> Sometimes I think that the search for suffering and the remembrance of suffering are the only means we have to put ourselves in touch with the whole human condition. With suffering we become part of the Christian myth. (*BC*, 141)

Die Äußerung ist um so bemerkenswerter, als sie aus dem Munde eines Ungläubigen kommt. Die rein theologische Deutung – im Sinne der moraltheologischen Lehre von Liebe und Glauben – wird im Roman vom Superior des Ordens vorgetragen. Auch hier bietet Graham Greene am Ende mehrere Deutungen ein- und desselben Geschehens – des Lebens und des Todes eines Menschen – an, ohne eine davon zu favorisieren. Dies entspricht der Absicht, die er im "Congo Journal" so formulierte: "an element of insoluble mystery in his character has to remain."[27]

---

26 Graham Greene, *A Burnt-Out Case*, London: Heinemann ([1]1961), Heinemann & The Bodley Head 1974, 233 Im Folgenden zitiert als *BC*.
27 Graham Greene, "Congo Journal", in: Ders., *In Search of a Character: Two African Journals*, London: The Bodley Head 1961, 57.

8

Biographische und geschichtliche Umstände trugen dazu bei, daß sich Graham Greene nach dem Zweiten Weltkrieg wieder in verstärktem Maße politischen Themen zuwandte; er setzte damit eine Entwicklung fort, die bei ihm schon in den 30er Jahren begonnen hatte. Diese späte Phase sei durch zwei Romane erläutert: *The Quiet American* (1955) und *The Honorary Consul* (1973).

Schauplatz des Romans *The Quiet American* ist Vietnam, ein Land, das Graham Greene durch vier Reisen (Oktober 1951; Dezember 1953; Februar 1954; Frühjahr 1955) kennenlernte und über dessen politische Verhältnisse er als Journalist berichtete. Es war dies die Zeit des Konflikts zwischen den Viet Minh und den Franzosen. Greenes Aufmerksamkeit galt insbesondere den Auseinandersetzungen zwischen der kommunistischen Ideologie und der demokratischen Tradition des Westens, denn bereits im französischen Indochinakrieg (1946–1954) zeichneten sich Ansätze zu Streitigkeiten ab, die auch durch die Genfer Indochina-Konferenz (1954) nicht beigelegt werden konnten und an denen sich in zunehmendem Maße die Amerikaner beteiligten, bis es 1957/58 zum offenen Konflikt zwischen südvietnamesischen Regierungstruppen und den kommunistischen Vietcong in Süd-Vietnam kam. Seit Beginn der 60er Jahre griffen die Vereinigten Staaten in größerem Umfang in die kriegerischen Ereignisse ein, die für sie erst 1975 auf wenig ehrenvolle Weise beendet wurden.

Greenes Äußerungen lassen erkennen, daß seine Sympathie Ho Chi Minh galt, auch wenn er sich niemals von der westlich-demokratischen Tradition zu trennen vermochte[28]. Die Schilderung der Lebensverhältnisse in Vietnam zeigt, wie tief Greene von der Gewalt, der Brutalität und dem Terror und schließlich den Leiden betroffen war, die der Krieg bei der Zivilbevölkerung verursachte. Als Beispiel sei eine Szene aus dem ersten Teil des Romans *The Quiet American* zitiert, in der ein alltägliches Ereignis aus der Perspektive des Ich-Erzählers, eines englischen Journalisten namens Thomas Fowler, und eines französischen Leutnants berichtet wird:

> Two shots were fired to our front, and I thought, 'This is it. Now it comes.' It was all the warning I wanted. I awaited, with a sense of exhilaration, the permanent thing.

---

28 Vgl. Böker, *Loyale Illoyalität*, 148–149.

> But nothing happened. Once again I had 'over-prepared the event'. Only long minutes afterwards one of the sentries entered and reported something to the lieutenant. I caught the phrase, '*Deux civils.*'
>
> The lieutenant said to me, 'We will go and see,' and following the sentry we picked our way along the muddy overgrown path between two fields. Twenty yards beyond the farm buildings, in a narrow ditch, we came on what we sought: a woman and a small boy. They were very clearly dead: a small neat clot of blood on the woman's forehead, and the child might have been sleeping. He was about six years old and he lay like an embryo in the womb with his little bony knees drawn up. '*Malchance,*' the lieutenant said. He bent down and turned the child over. He was wearing a holy medal round his neck, and I said to myself, 'The juju doesn't work.' There was a gnawed piece of loaf under his body. I thought, 'I hate war.'
>
> The lieutenant said, 'Have you seen enough?' speaking savagely, almost as though I had been responsible for these deaths. Perhaps to the soldier the civilian is the man who employs him to kill, who includes the guilt of murder in the pay-envelope and escapes responsibility.[29]

Dem etwa 50jährigen Thomas Fowler wird im Roman ein junger Amerikaner namens Alden Pyle gegenübergestellt; beide repräsentieren unterschiedliche Lebensauffassungen und Einstellungen zur geschichtlich-politischen Realität. Fowler steht für die Alte Welt. Er beobachtet mit einer gewissen Distanz alle Ereignisse und registriert Eindrücke wie kritische Reflexionen über das Beobachtete. Fowler gleicht in seinem kritischen Skeptizismus und seiner journalistischen Betrachtungsweise Graham Greene; die Ich-Form des Romans unterstreicht bis zu einem gewissen Grad diese Nähe und Verwandtschaft von Autor und Erzähler. Hervorzuheben ist jedoch, daß der Erzähler im Gegensatz zum Autor ein Atheist ist, dessen Verhältnis zu Leben und Tod an die atheistische Denkweise der französischen Existentialisten erinnert. Fowler lebt ständig in Grenzsituationen, er weiß, daß er sich auf einer schmalen Gratwanderung zwischen dem Sein und dem Nichts befindet und daß es für ihn keine höhere Macht gibt, der gegenüber er sein Handeln rechtfertigen müßte. Bemerkenswert ist in diesem Zusammenhang der letzte Satz des Romans: "Everything had gone right with me since he had died, but

---

29 Graham Greene, *The Quiet American*, London: Heinemann ([1]1955), Heinemann & The Bodley Head 1973, repr. 1991, 52–53. Im Folgenden zitiert als *QA*.

how I wished there existed someone to whom I could say that I was sorry" (*QA*, 211). Hier ist gleichsam ein Relikt der christlichen Tradition erhalten: Fowler würde sich gerne entschuldigen, würde gerne seine Schuld bekennen. Aber er ist mit sich und seiner Schuld allein.

Fowler kann als ein weiteres Beispiel für die Entwicklung des Individualismus in der Moderne genommen werden. Er hat äußerlich alle Freiheit der Selbstentfaltung, aber er muß auch die Last der Verantwortung für sein Leben und Tun tragen. Es zeigt sich, daß eine völlige Distanz – insbesondere zu einer Welt, die sich im Krieg befindet – nicht möglich ist. Die Umstände zwingen Fowler, sich für eine der widerstreitenden Mächte zu entscheiden. Sein Sinn für Gerechtigkeit treibt ihn dazu, gegen ungerechtes Handeln mit seinen Mitteln, und seien sie noch so bescheiden, vorzugehen. Damit aber gerät er in das Räderwerk der Gewalt, wird schuldig und muß am Ende versuchen, mit seinen Schuldgefühlen zu leben.

Der Amerikaner Alden Pyle ist dem Figurentypus des "innocent abroad" zuzurechnen, wie er etwa bei Henry James schon anzutreffen ist.[30] Er ist ein jungenhafter Abenteurer, stammt aus Boston, hat an der Harvard University studiert und läßt sich durch die Ideen des Journalisten York Harding beeinflussen, der für den Plan einer Dritten Kraft in Vietnam eintrat, die bei den Auseinandersetzungen zwischen Franzosen und Vietnamesen die Position des Westens stärken und zur Abwehr des Kommunismus beitragen sollte. Er nimmt Kontakt zu General Thé auf, beliefert ihn mit Sprengstoff und wird damit an einer Bombenexplosion in Saigon mitschuldig, bei der es unter den Zivilisten zahlreiche Opfer gibt. Dieser Ausgang und der brutale Kriegsalltag rücken die idealistische Gesinnung des Amerikaners in ein fragwürdiges Licht. Er selbst trägt dazu bei, daß die Problematik seines naiven Glaubens an Schlagworte wie Freiheit, Gerechtigkeit, Friede, Demokratie zutage tritt: "An innocent has destroyed innocents"[31]. Fowlers Kritik an Pyle zielt auf die Blindheit und Unerfahrenheit ab, mit der der Amerikaner nicht nur durch die Welt reist, sondern meint, im Glauben an das Gute im Menschen und an die Richtigkeit der demokratischen Lebensordnung in das Leben fremder Völker und Kulturen eingreifen zu können.

---

30 Vgl. *The Ambassadors* (1903).
31 Roger Sharrock, *Saints, Sinners and Comedians*, 213.

Die persönlichen Beziehungen zwischen Fowler und Pyle erhalten dadurch eine besondere Spannung, daß sie beide der gleichen Frau, der Vietnamesin Phuong, zugetan sind. Fowler strebt eine Scheidung von seiner in England lebenden Frau an, die sich aber als Katholikin aus religiösen Gründen diesem Wunsch zunächst widersetzt, so daß Phuong als Mätresse bei dem wesentlich älteren Fowler lebt. Sie fasziniert ihn durch ihre äußere Erscheinung, aber mehr noch durch ihre innere Ruhe und den Frieden, den sie ausstrahlt. Wenn sie ihm eine Opiumpfeife zubereitet, hat diese Geste daher eine symbolische Bedeutung. Fowlers Verhältnis zu dieser Frau ist durch Zartheit und Mitleid, aber auch einen gewissen Egoismus charakterisiert: er begehrt ihre Nähe, um das Gefühl der Einsamkeit verdrängen zu können, das bei ihm durch das permanente Nachdenken über Alter und Tod ausgelöst wird.

Als Pyle dieser Vietnamesin begegnet, ist er auf seine Weise von ihr angesprochen; bei der sprachlichen Kommunikation muß er allerdings seinen Rivalen Fowler als Dolmetscher in Anspruch nehmen. Pyle möchte Phuong in die Vereinigten Staaten mitnehmen und ihr dort eine gesicherte Zukunft bieten. Fowler zeigt sich bereit, auf seine bisherige Mätresse zu verzichten, weil er, der noch Verheiratete, kaum eine Chance sieht, Phuong heiraten zu können und sie überdies für ihn immer etwas Rätselhaftes behalten hat. Es entspricht ihrer Natur und ihrem Umgang mit anderen Menschen, daß sie sich ohne Konflikt von einem Mann abwendet, um sich dem anderen zuzuwenden. Auf diese Weise entsteht ein komplexes Beziehungsgeflecht, das durch zwei Dreiecksverhältnisse gekennzeichnet ist. Zum einen steht Fowler zwischen seiner Frau und der vietnamesischen Geliebten; dies erinnert an die Situation Scobies und dessen Beziehung zu Louise und Helen. Ein zweites und wichtigeres Dreiecksverhältnis ergibt sich dadurch, daß eine Frau (Phuong) zwischen zwei Männern (Fowler und Pyle) steht, deren private Beziehungen untrennbar mit ihren politischen Aktivitäten verknüpft sind. Als beide in einem Wachturm vor Hanoi von Vietcong beschossen werden, ist es Pyle, der den verletzten Fowler rettet. Andererseits kann Fowler die politischen Aktivitäten Pyles nicht billigen; er trägt dazu bei, daß Pyle in einen Hinterhalt gelockt und getötet wird. Man könnte ihm niedrige Motive unterstellen. Doch obwohl Eifersucht nicht ganz auszuschließen ist, dominiert bei Fowler letztlich das Mitleid, das er mit Angehörigen eines zu Unrecht leidenden Volkes empfindet. "It is Fowler's pity and longing for peace which ultimately bring him into conflict with Alden Pyle"³². Fowler sieht in Pyle vor allem einen blinden Idealisten im politisch-militärischen Bereich, der General Thé mit Diolacton-Bomben beliefert.

Es steckt eine bittere Ironie in der Tatsache, daß Fowlers Frau ihn schließlich freigibt, so daß er nach Pyles Tod wiederum mit Phuong zusammenleben kann. Äußerlich wirkt dies wie ein "happy ending"; der Schluß des Romans verrät jedoch, daß Fowler unter dem von ihm mitverschuldeten Tod Pyles leidet. Und er bleibt mit dieser Schuld allein. Damit lebt auch Fowler wie zahlreiche Romanhelden in der modernen englischen Literatur zwischen "love" und "loneliness", d.h. in einer Spannung, die sie nie ganz überwinden können.³³ Es ist dies eine moderne Form des Tragischen, an der sie entweder wie Scobie scheitern oder die sie wie Fowler zu ertragen suchen.

9

In dem 1973 publizierten Roman *The Honorary Consul* läßt Graham Greene einen Romancier namens Jorge Julio Saavedra auftreten, der zur Form des politischen Romans folgendes ausführt:

> "If one is to write a political novel of lasting value it must be free from all the petty details that date it. Assassinations, kidnapping, the torture of prisoners – these things belong to our decade. But I do not want to write merely for the seventies."³⁴

Und kurz danach fügt er hinzu:

> "A poet – the true novelist must always be in his way a poet – a poet deals in absolutes. Shakespeare avoided the politics of his time, the minutiae of politics. He wasn't concerned with Philip of Spain, with pirates like Drake. He used the history of the past to express what I call the abstraction of politics. A novelist today who wants to represent tyranny should not describe the activities of General Stroessner in Paraguay – that is journalism not literature" (*HC*, 68–69).

---

32 J.P. Kulshrestha, *Graham Greene: The Novelist*, London 1977, 151.
33 Vgl. David Daiches, *The Novel and the Modern World*, Chicago/Cambridge, Rev. Ed., 1960, 11.
34 Graham Greene, *The Honorary Consul*, London: The Bodley Head (¹1973), Heinemann & The Bodley Head 1980, 68. Im Folgenden zitiert als *HC*.

Man könnte von einem "faktischen Realismus" sprechen, den Saavedra ablehnt; er bevorzugt dagegen einen Roman, der der Dichtung nahesteht.[35] Eine solche Forderung erhob im Hinblick auf die Gattung des Romans im ausgehenen 19. Jahrhundert bereits Leslie Stephens, als er schrieb: "a novelist is on the border-line between poetry and prose, and novels should be, as it were, prose saturated with poetry"[36]. Virginia Woolf versuchte im Sinne ihres Vaters, einen "poetischen Realismus" zu entwickeln. Ob Saavedra im Stile Virginia Woolfs experimentelle Romane schrieb, bleibt offen, vor allem auch deshalb, weil Saavedra primär von seiner Theorie her als eine Kontrastfigur zu dem Autor Graham Greene konzipiert ist. Greene hätte sich niemals als Schriftsteller verstanden, der das Zeitgeschehen in den Hintergrund drängt und sich nur auf Zeitloses ("absolutes") konzentriert. Gewiß hat auch Greene die politischen Vorgänge der 70er Jahre, die Aktivitäten des General Stroessner, nicht nachgezeichnet. Aber er hat sich darum bemüht, die Auswirkungen dieser Gewaltherrschaft auf einzelne Menschen plausibel darzustellen. Darüber hinaus hat Greene sich nicht gescheut, auf historische Personen wie Richard Nixon, Richard Burton und Elizabeth Taylor hinzuweisen, die in den 70er Jahren in aller Munde waren. Er widerspricht den Forderungen Saavedras insofern, als er niemals auf eine solide empirische Basis für seine epische Kunst verzichtete, die Zeitgeschichte und persönliche Erfahrungen lieferten. Daß Greene sich dabei keinem "photographischen" oder "dokumentarischen Realismus" verschrieb, beweist *The Honorary Consul* auf jeder Seite: Auch in diesem Werk ist Greene menschlichen Grundkonflikten nachgegangen, so daß *The Honorary Consul* ein politischer, aber ebensogut ein Liebesroman genannt werden könnte.

Eine Formanalyse dieses Romans ergibt, daß Greene hier Motive, Themen und Techniken, die er über Jahrzehnte hinweg erprobt hatte, zu einer neuen Synthese verband, die jedoch über die Romane seiner frühen und mittleren Phase hinausführte. Auch hier läßt sich das Schema des Kriminalromans mit den Hauptmotiven der Verfolgung und Bestrafung nachweisen; auch hier wählt Greene einen straffen, fünfteiligen Aufbau, und auch hier sind die Themen Poli-

---

35 Namensgebung wohl in Anlehnung an Miguel de Cervantes Saavedra.
36 Leslie Stephen, "De Foe's Novels", in: Ders., *Hours in a Library*, (1892), repr. New York 1968, 3 Bde., New York/London, Bd. I, 21.

tik, Liebe und Religion aufs engste miteinander verknüpft. Die Eigenständigkeit dieses Spätwerkes wird deutlich, wenn man den Schnapspriester aus *The Power and the Glory* mit dem Ex-Priester León Rivas aus *The Honorary Consul* vergleicht. Während der Schnapspriester auf seine Weise eine Entwicklung durchläuft, die als eine moderne Abwandlung der *imitatio Dei* verstanden werden kann – auch er opfert sich für andere –, vertritt León Rivas den Standpunkt der Befreiungstheologie und hält es für notwendig und von seinem Glauben her auch für gerechtfertigt, wenn er für den Einsatz von Gewaltmitteln plädiert, weil seines Erachtens nur durch Gewalt die Macht des *Establishment* gebrochen und die Situation der Armen grundlegend geändert werden kann.

Die Handlung von *The Honorary Consul* spielt im rein geographischen Sinn in einer Grenzsituation, in einer argentinischen Kleinstadt, die am Paraná gelegen ist, der die Grenze zwischen Argentinien und Paraguay bildet. Die Beziehung zwischen den Hauptcharakteren mutet zunächst recht alltäglich an: eine Frau steht zwischen zwei Männern; hier ist es die zwanzigjährige Clara, ehedem eine Prostituierte, die den sechzigjährigen britischen Honorarkonsul Charley Fortnum heiratete, weiterhin aber intime Beziehungen zu dem über dreißigjährigen Dr. Eduardo Plarr unterhält, von dem sie ein Kind erwartet – ein Sachverhalt, von dem Fortnum erst später erfährt.

Politische Ereignisse führen dazu, daß sich diese alltäglich-private Situation in eine "Grenzsituation" im übertragenen Sinne wandelt: Paraguayische Guerilla-Kämpfer, die von León Rivas angeführt werden, planen, den amerikanischen Botschafter auf der Durchreise zu entführen, um politische Gefangene in Paraguay, Opfer des Stroessner-Regimes, freipressen zu können. Irrtümlicherweise nehmen sie den britischen Honoralkonsul Charley Fortnum, der weder für eine der politischen Parteien noch für die Großmächte von Bedeutung ist, gefangen, und die Situation spitzt sich dadurch noch zu, daß Dr. Plarr, ein Schulfreund des León Rivas, gerufen wird, um dem verletzten Fortnum ärztliche Hilfe zu leisten. Dazu kommt schließlich, daß die argentinische Polizei, angeführt von Oberst Perez, das Versteck entdeckt, in dem sich die Guerilla-Kämpfer mit dem von ihnen entführten Fortnum aufhalten.

Ähnlich wie in *The Power and the Glory* hat Greene auch in *The Honorary Consul* eine längere Dialogpassage eingearbeitet, in der die Hauptcharaktere vor der endgültigen Entscheidung über das

Schicksal des Protagonisten ihre weltanschaulichen Grundüberzeugungen zum Ausdruck bringen. Die Grenzsituation zerstört allen Schein, alle Illusionen und Lügen, mit denen sich Menschen in ihrem Leben zu behaupten versuchten, und bringt Wahrheit hervor. So bemerkt Dr. Eduardo Plarr:

> 'There's not much point in lying about anything, León, in the position we are in now. Dying is a wonderfully effective truth drug, better than pentothal. You priests have always known that. When the priest arrives I always leave a dying man so that he's free to talk. They most of them want to talk, if they have the strength.' (HC, 273–274)

León gesteht in dieser Situation, daß er niemals die Kirche verlassen hat; er spricht von einer Trennung in gegenseitigem Einverständnis, nicht aber von einer Scheidung. Seine Kritik gilt der Kirche, die sich nach seiner Auffassung allzu stark mit den Herrschenden liiert und dabei allzu viel von ihrer religiösen Substanz eingebüßt hat. Die Forderung: "Gebt dem Kaiser, was des Kaisers ist" kann für León heute keine Gültigkeit mehr haben – angesichts der Tatsache, daß der gegenwärtige "Kaiser" Napalmbomben einsetzt (vgl. HC, 275). Und wenn er (León) als Guerilla-Kämpfer, der von der Richtigkeit der Befreiungstheologie überzeugt ist, im Kampf gegen die Herrschenden töten muß, trägt Gott für eine solche Situation ein gewisses Maß an Mitschuld: "'If I kill him it will be God's fault as much as mine'" (HC, 276).

Die Erfahrung des Schrecklichen ließ in León eine eigene Theodizee entstehen, die jenseits aller kirchlichen Dogmen anzusiedeln ist. Er verlegt den Ursprung des Guten wie des Bösen in Gott. So erklärt León im Gespräch mit Dr. Plarr:

> 'I believe in the evil of God, [...] but I believe in His goodness too. He made us in His image – that is the old legend. Eduardo, you know well how many truths in medicine lay in old legends. [...] So I too believe in an old legend which is almost forgotten. He made us in His image – and so our evil is His evil too. How could I love God if He were not like me? Divided like me. Tempted like me.' (HC, 284)

Sein Gottesbild wird im gleichen Gespräch mit einem evolutionären Geschichtsbild verknüpft. Er unterscheidet zwischen einer "Nachtseite" und einer "Tagseite" Gottes und fügt hinzu:

> 'I believe the time will come when the night-side will wither away, like your Communist state, Aquino, and we shall see only the simple daylight of the good God. You believe in evolution, Eduardo, even

though sometimes whole generations of men slip backwards to the beasts. It is a long struggle and a long suffering, evolution, and I believe God is suffering the same evolution that we are, but perhaps with more pain.' (*HC*, 285)

Der Gedanke, daß auch Gott einer Evolution unterworfen ist, kann schon bei Thomas Hardy nachgewiesen werden, dessen Werken auch das Motto entnommen ist, das Greene seinem Roman vorausgeschickt hat. Thomas Hardy sprach von "meliorism", und er war der Überzeugung, daß die menschliche Evolution der göttlichen vorausgehe, daß es die Aufgabe des Künstlers sei, durch seine Werke bildlich gesprochen den schlummernden Gott aufzuwecken, ihn auf den fragwürdigen Zustand der Welt aufmerksam zu machen und ihn dazu zu drängen, Abhilfe zu schaffen.[37] In ähnlicher Weise heißt es bei Graham Greene: "'... the evolution of God depends on our evolution. Every evil act of ours strengthens His night-side, and every good one helps His day-side'" (*HC*, 286). León hofft auf "eine Welt ohne Sünde und Gewalt"[38], aber diese Vorstellung bleibt eine Utopie. In der Grenzsituation, in der sich León mit den anderen Guerillas befindet, zeigt sich, wie stark er bei allem Dissens in dogmatischen Fragen dennoch durch sein Priestertum geprägt bleibt. Obwohl er weiß, daß es seine Aufgabe wäre, Fortnum zu erschießen, kann er sich dazu nicht entschließen: "'I pray all the time I shall not have to kill him'" (*HC*, 286).

Für Dr. Eduardo Plarr sind Gott und Liebe nur leere Worte: "'Isn't it better not to believe in that horror up there sitting in the clouds of heaven than pretend to love him?'" (*HC*, 283). Er sieht im Leben nichts anderes als ein absurdes Schauspiel, das möglicherweise von einem Regisseur gelenkt wird, der sein Vergnügen an solchen Spielen hat: "You would almost think there was a great joker somewhere who likes to give a twist to things. Perhaps the dark side of God has a sense of humour" (*HC*, 297). Der Gang der Ereignisse, in die sich Dr. Plarr hineingezogen sieht, scheint eine solche Deutung zu bestätigen. Er wird zu Fortnum gerufen, den er zum Hahnrei gemacht hat. Obwohl er Clara für sich gewann, ist er letztlich eifersüchtig auf Fortnum, weil dieser Clara wirklich liebt:

---

37 Vgl. Paul Goetsch, *Die Romankonzeption in England 1880–1910*, Heidelberg 1967, 123–125 und Dale Kramer, *Thomas Hardy: The Forms of Tragedy*, Detroit 1975, 42 u.ö.
38 Bernd Lenz, "Graham Greene: *The Honorary Consul*", in: Rainer Lengeler, *Englische Literatur der Gegenwart, 1971–1975*, Düsseldorf 1977, 213.

"I'm jealous because he loves her. That stupid banal word love. It's never meant anything to me. Like the word God" (*HC*, 313). Die absurde Komödie in Plarrs Leben wird dadurch noch gesteigert, daß er zusammen mit León Rivas getötet wird, als er nach Ablauf des Ultimatums dennoch eine Lösung des Konfliktes zu erreichen sucht. In seiner Todesstunde tauscht er mit León Rivas die Rollen und erteilt dem Priester die Absolution, die dieser verdient hätte:

> '*Ego te absolvo*,' Doctor Plarr whispered in a flash of memory. He intended to laugh, to show León he was only joking – they had often joked when they were boys at the unmeaning formulas the priests had taught them to use – but he was too tired and the laugh shrivelled in his throat. (*HC*, 316)

Angesichts der Absurdität des Geschehens erstickt das Lachen des Eduardo Plarr; ein Triumph über die Sinnlosigkeit des Geschehens, dem er zum Opfer fällt, ist ihm verwehrt. Die Grabrede, die Saavedra auf Dr. Plarr hält, stilisiert ihn zu einer tragischen Gestalt und läßt ihn zu einem Opfer des Priesters León Rivas werden: "'You were shot down without mercy by a fanatic priest'"(*HC*, 320). Der kurze Abschnitt, in dem die Beisetzung des Priesters aus der Perspektive von Charley Fortnum berichtet wird, steht in ironischem Gegensatz zur feierlichen Bestattung des Dr. Plarr; der Priester wird ohne Zeremonie in ungeweihter Erde begraben, und Charley Fortnum kann nur über die Rede nachdenken, die er gehalten hätte, wäre dies möglich gewesen: "He would have told them all, 'The Father was a good man. I know he didn't kill Plarr'" (*HC*, 325).

Charley Fortnum, der Sechzigjährige, gewinnt am Schluß des Romans auf besondere Weise die Züge eines Vaters in einer vaterlosen Welt. (Die Klage über den Vater ist geradezu ein Leitmotiv in diesem Roman – von der Klage über den Verlust des Vaters bis zur Klage über den durch seine Autorität ängstigenden Vater.) Charley Fortnum schlägt im Gespräch mit Clara vor, daß das Kind, dessen leiblicher Vater Plarr ist, dessen Vornamen Eduardo erhalten soll, falls es ein Junge ist. Clara bestreitet zwar, Eduardo je geliebt zu haben, aber Fortnum durchschaut diese Lüge und verzeiht ihr:

> Her lie meant nothing to him now at all. It was contradicted too plainly by her tears. In an affair of this kind it was the right thing to lie. He felt a sense of immense relief. (*HC*, 334)

The Honorary Consul nimmt innerhalb der gesamten Entwicklung Graham Greenes insofern einen besonderen Platz ein, als er hier mit großer erzählerischer Zurückhaltung die Gegenwelt der Liebe über die Wirklichkeit von Schuld, Verbrechen und Sünde triumphieren läßt.

10

In einem seiner letzten Werke hat Graham Greene wiederum die Thematik aufgegriffen, die sich von seinen Anfängen her durch sein ganzes Schaffen hindurch verfolgen läßt: es ist dies der Konflikt und die spannungsreichen Wechselbeziehungen zwischen Christentum und Kommunismus.

Die literarische Basis für *Monsignor Quixote* (1981) bildet Cervantes' *Don Quichote* (1605–1615). Monsignor Quixote nennt sich einen Nachfahr der Figur aus Cervantes' weltberühmtem Roman. Damit wird eine eigentümliche Verknüpfung zwischen einer fiktiven Gestalt und einem Charakter geschaffen, den die Mithandelnden im Roman für 'real' halten, so daß es in einem Dialog zu der Bemerkung kommen kann:

> Don Quixote [i.e. der Held bei Cervantes] had no descendants. How could he? He's a fictional character.[39]

Für den Leser ist dies eine der vielen Ironien des Werkes, denn aus der Perspektive des Lesers sind beide Charaktere, Cervantes' Don Quichote und Greenes Don Quixote fiktive Gestalten. Der Protagonist bleibt seinerseits im fiktiven Bezugsrahmen, insofern er sein altes Auto Rosinante nennt, und sein Freund und Begleiter, der ehemalige Bürgermeister von El Toboso, heißt Zancas; dies aber ist der Familienname von Sancho Panza in Cervantes' Roman. Er wird in Greenes Roman von Quixote ebenfalls Sancho genannt und vertritt den kommunistischen Standpunkt. Der gesamte Roman lebt aus den Dialogen, die beide Personen auf der Fahrt nach Salamanca und Madrid miteinander führen. Sie berühren dabei eine breite Skala von (politischen und religiösen) Themen, aber es kommt nie zu einem ernsthaften Streit oder gar Bruch in ihren Auseinanderset-

---

[39] Graham Greene, *Monsignor Quixote*, London: The Bodley Head 1982, 208. Im Folgenden zitiert als *MQ*. – Zu dem Problem "fact and fiction" in diesem Roman vgl. Wolfgang G. Müller, "Graham Greene's Monsignor Quixote: An Intertextual Analysis", in: Peter Erlebach, Thomas Michael Stein (eds.), *Graham Greene in Perspective: A Critical Symposium*, Frankfurt a.M. etc. 1991, 161–174.

zungen. Es gibt vielmehr eine Brücke in ihren Gesprächen, bei denen sie sich innerlich näher kommen; jeder erfährt an sich den Zweifel am eigenen Weltbild.

Diese Thematik läßt erkennen, wie stark Greene von den Ideen des zeitgenössischen spanischen Philosophen Miguel de Unamuno (1864–1936) beeinflußt war, bei dem sein Sancho in Salamanca studierte. Greene verarbeitete vor allem zwei der Bücher Unamunos: *Our Lord Don Quixote* (*Vida de don Quijote y Sancho*, 1905) und *The Tragic Sense of Life* (*Del sentimiento trágico de la vida*, zwölf Essays, 1913).[40] Für Unamuno sind Glaube und Zweifel, die dogmatische Überzeugung und die skeptische Kritik die Hauptantriebskräfte der Geschichte. Dementsprechend geht bei Greene jede der beiden Personen von einer dogmatischen Überzeugung aus: Don Quixote von dem christlich-katholischen Glauben, Sancho vom Dogma der Marxisten und Kommunisten. Jeder aber wird durch die Gespräche mit dem Partner zum Zweifel geführt: Sancho, der Rationalist, zweifelt an der Gültigkeit seiner Ratio; Don Quixote ist – wie Unamuno – davon überzeugt, daß Zweifel und Verzweiflung dem Glauben zugrundeliegen. Als Beispiel für die wechselseitige Beeinflussung sei die folgende Dialogpassage angeführt, in der zunächst Sancho spricht:

> "We quoted Marx and Lenin to another like passwords to prove we could be trusted, and we never spoke of the doubts which came to us on sleepless nights. I was drawn to you because I thought you were a man without doubts. I was drawn to you, I suppose, in a way by envy."
>
> "How wrong you were, Sancho. I am riddled by doubts. I am sure of nothing, not even the existence of God, but doubt is not treachery as you Communists seem to think. Doubt is human. Oh, I want to believe that it is all true – and that want is the only certain thing I feel. I want others to believe too – perhaps some of their belief might rub off on me. I think the baker believes."
>
> "That was the belief I thought you had." (*MQ*, 179)

Der Roman schließt mit einer Reflexion des Sancho, in der er (nach dem Tod des Quixote, der bei einem Unfall ums Leben kommt) den Wandel, der sich in ihm vollzieht, charakterisiert, zugleich aber eine skeptische Frage damit verbindet:

---

40 Patrick Henry, "Cervantes, Unamuno, and Graham Greene's Monsignor Quixote", *Comparative Literature Studies*, 23 (1986), 12–23.

> Why is it that the hate of man – even of a man like Franco – dies with his death, and yet love, the love which he had begun to feel for Father Quixote, seemed now to live and grow in spite of the final separation and the final silence – for how long, he wondered with a kind of fear, was it possible for that love of his to continue? And to what end? (*MQ*, 221)

Greene schreckt davor zurück, diesen Roman und damit sein gesamtes Werk in einer Apotheose enden zu lassen. Er stuft die Liebe über den Haß ein, aber er wagt keine Vermutung, ob diese Liebe andauern wird, noch wagt er eine Aussage über das Ziel, auf das sich diese Liebe, die Sancho durch die Begegnung mit Quixote erfuhr, hinbewegen wird.

Im Schluß des Romans spiegelt sich in visionärer Form die mögliche Versöhnung zwischen den Mächten und Traditionen, mit denen sich Greene ein Leben lang auseinandersetzte:

> After Quixote's death, the mayor is denied his attempt to flee from his partial belief 'in a God' into his 'prefer[ence for] Marx to mystery' [MQ, 220]; we leave him in a state of disturbance which has grown out of his friendship and conversations with Father Quixote. This 'disturbance' affirms Greene's vision of the regenerating possibilities of faith through doubt, reflecting the larger interchange between the interior and political narratives in *Monsignor Quixote* which embodies his hope for a mutual *rapprochement* between Catholicism and Marxism.[41]

---

41 Robert Pendleton, *Graham Greene's Conradian Masterplot: The Arabesques of Influence*, New York 1996, 155. – Greene ließ sich bei diesem Roman auch von Guareschis *Mondo piccolo ›Don Camillo‹* und dem Film *Don Camillo und Peppone* anregen.

Ausblick

In der Geschichte des englischen Romans im 20. Jahrhundert bedeuten die ersten Jahre des Zweiten Weltkriegs eine deutliche Zäsur: Am 13. Januar 1941 starb James Joyce bei einer Operation in Zürich; am 28. März des gleichen Jahres schied Virginia Woolf freiwillig aus dem Leben. In ihrem letzten Brief an Leonard Woolf schrieb sie: "I feel certain I am going mad again. I feel we can't go through another of those terrible times. And I shan't recover this time".[1] Ihre schöpferischen Energien waren verbraucht, und es fehlte ihr jetzt auch die Kraft, der Krankheit Widerstand zu leisten, unter der sie ein Leben lang gelitten hatte.

Nach dem Ende des Zweiten Weltkrieges wandten sich die meisten Autoren deutlich von der experimentellen Erzählweise ab. Zu den populärsten Autoren zählten in den 50er Jahren Romanciers wie John Wain, John Braine, Kingsley Amis und Alan Sillitoe. Die Bezeichnung der "neopikareske Roman" deutet darauf hin, daß sie ihre Vorbilder im 18. Jahrhundert, insbesondere bei Daniel Defoe suchten. So schildert beispielsweise John Braine in *Room at the Top* (1957) den Aufstieg eines jungen Mannes, der aus einer Arbeiterfamilie stammt und seine nach dem Krieg den begabten Kindern aus der Unterschicht gebotenen Bildungschancen nutzt. Er macht Karriere in einer Industriestadt und gewinnt durch Heirat und beruflichen Erfolg Zugang zur *upper middle class*. Die moderne Sicht deutet sich in diesem Roman darin an, daß Joe Lampton, der "Antiheld" selber ein "Zombie" wird, sich äußerlich an die bestehende Gesellschaft anpaßt, aber sein Innerstes damit preisgibt.[2]

Einen zweiten Anknüpfungspunkt bildete für die Romanciers der 50er Jahre der viktorianische Roman. Dies gilt für Angus Wilson ebenso wie für Iris Murdoch. Wie George Eliot verstand es auch Angus Wilson in seinem Roman *The Middle Age of Mrs. Eliot* das Geflecht der englischen Gesellschaft in der Mitte des 20. Jahrhun-

---

1 Quentin Bell, *Virginia Woolf, A Biography*, London (1972), 1990, II, 226.
2 Vgl. Kurt Schlüter, *Die Kunst des Erzählens in John Braines Roman ›Room at the Top‹*, Heidelberg 1965.

derts zu erfassen; *Middlemarch* war derjenige Roman George Eliots, der auf die Autoren der 50er Jahre die stärksten Wirkungen ausübte. Im Vergleich zu den viktorianischen Autoren reduzierte Angus Wilson die moralischen Kommentare und verstärkte gleichzeitig das Element der Ironie.

Ein Wandel zeichnete sich in Wilsons Roman *No Laughing Matter* (1967) ab: Ausdrücklich bekannte er sich in dieser Phase zu Virginia Woolf, und er orientierte sich bei diesem Werk an ihrem kühnsten Experiment *The Waves*.[3] Ähnlich wie Virginia Woolf rückte er bei der Darstellung der Familiengeschichte der Matthews sechs Personen ins Blickfeld, um im Leben einer Familie zugleich den gesellschaftlichen Wandel zu spiegeln, der sich in England vom Ersten Weltkrieg bis in die 60er Jahre hinein ereignete.

Eine Fortsetzung der experimentellen Erzählweise brachten die Romane von Samuel Beckett, von denen die bedeutendsten zuerst in französischer, dann in englischer Sprache erschienen: *Molloy* (frz. 1951, engl. 1955), *Malone meurt* (1951, *Malone Dies*, 1956) und *L'Innominable* (1953, *The Unnamable*, 1958). Beckett unterscheidet sich insofern grundsätzlich von Joyce, als er nicht nur Reduktionsformen der physischen Existenz, sondern auch die Reduktion der Darstellungstechniken und der sprachlichen Möglichkeiten präsentiert. Schließlich löst sich der Realitätsbezug der Sprache völlig auf, so daß letzlich die Sprache nur noch mit sich selber spielt, das Sprechen im Beckettschen Sinne zur reinsten Selbstreferentialität wird. In seinen radikalen Sprachexperimenten wurde Beckett in den 60er und 70er Jahren von Christine Brooke-Rose überboten, von deren Romanen als Beispiele *Out* (1964) und *Thru* (1975) genannt seien. Auch bei ihr werden alle mimetischen Konventionen der herkömmlichen Erzählkunst in Frage gestellt. Auch sie spielt mit allen sprachlichen Elementen, besonders mit der Typographie. Sprache ist bei ihr letztlich ein Demonstrationsobjekt für narrative und linguistische Theorien. Bemerkenswert ist, daß sowohl Beckett als auch Brooke-Rose in engstem Kontakt mit der französischen Literatur und Brooke-Rose insbesondere mit der französischen Linguistik, Sprach- und Wissenschaftstheorie arbeiteten. Die Autoren, die innerhalb des englischen Sprachgebietes expe-

---

3 Vgl. Willi Erzgräber, "Zwischen Viktorianismus und Moderne. – Zu Angus Wilsons Roman *No Laughing Matter*", *Germanisch-Romanische Monatsschrift* 45 (1995), 88–103.

rimentelle Techniken verwandten, trieben ihre Erzählkunst meist nicht in die Extreme, wie sie bei Beckett und Brooke-Rose zu beobachten sind.

Ein Romancier wie John Fowles ist zwar auch von der literarischen Tradition Frankreichs beeinflußt, aber mit einem Roman wie *The French Lieutenant's Woman* (1969) hat er einen bemerkenswert originellen Beitrag zur Weiterentwicklung der englischen Erzählkunst in der zweiten Hälfte des 20. Jahrhunderts geliefert. Er schließt sich an die Autoren an, die sich von der viktorianischen Ära inspirieren ließen, schreibt einen historischen Roman, der in dieser Zeit spielt; er läßt jedoch erkennen, daß die modernen Reflexionen über Geschichte, über die Versprachlichung der geschichtlichen Tradition und das Wesen des Fiktiven und der Fiktionalität in seine Präsentation des Stoffes eingegangen sind. Vom Standpunkt des postmodernen Erzählers ist Geschichte eine Pluralität von Stimmen, Charaktere entwerfen ihre Lebensskripten, und der Erzähler geht einerseits in die Rolle eines Zeitgenossen der viktorianischen Charaktere ein, andererseits reflektiert er über dieses Spiel aus der Perspektive eines Lesers des 20. Jahrhunderts. Es ist nicht überraschend, daß der Autor schließlich drei Romanschlüsse anbietet, über die der Leser des 20. Jahrhunderts jeweils nach seinem Verständnis und seiner Wertung der dargebotenen Geschichte entscheiden kann.

Ähnliche Bahnen wie John Fowles haben auch Autoren wie beispielsweise A.S. Byatt und Graham Swift beschritten.[4] Von diesen Autoren aus gesehen bleibt festzustellen: die besten erzählerischen Leistungen in der englischen Romanliteratur der zweiten Hälfte des 20. Jahrhunderts sind aus der kreativen Verarbeitung der Spannungen hervorgegangen, die sich aus dem Neben- und Miteinander der traditionell realistisch-mimetischen und der modern experimentellen Wirklichkeitsdarstellung ergeben.

Die Wandlungen im Romanschaffen in der zweiten Hälfte des 20. Jahrhunderts hinterließen deutliche Auswirkungen auf die englische Literaturkritik und deren Urteile über die "Klassiker" des Erzählens vor 1950. Die experimentelle Prosa von Virginia Woolf und James Joyce rückte in den Hintergrund; deutlich höher einge-

---

4 Vgl. Petra Deistler, *Tradition und Transformation – der fiktionale Dialog mit dem viktorianischen Zeitalter im (post)modernen historischen Roman in Großbritannien*, (Diss. Masch. Schrift), Freiburg 1998.

stuft wurden D.H. Lawrence und E.M. Forster, weil sie ein breites Bild der englischen Gesellschaft und eine entsprechende Gesellschaftskritik boten und mit ihren Werken eine Tradition fortsetzten, die durch Namen wie Fielding und Jane Austen, Dickens, George Eliot und Thomas Hardy repräsentiert wird.

Der Verfasser der vorliegenden Studie hält an der hohen Bewertung von James Joyce und Virginia Woolf fest, weil in ihren Werken die erzählkünstlerische Gestaltung mit schöpferischer Radikalität derart vorangetrieben wurde, daß ihre Formkunst dem Stand des modernen Bewußtseins entspricht, wie es in den Nachbarkünsten, insbesondere in der Musik und der Malerei, ebenfalls seinen Niederschlag fand. An diesen Autoren läßt sich – nach einer Formulierung von Adorno, die sich auf Joyce und Kafka bezieht – "der Stand der avanciertesten künstlerischen Mittel" ablesen.[5]

Wenn der Verfasser von allen Autoren, die in diesem Band behandelt werden, Joseph Conrad den höchsten Rang zubilligt, so ist dies darin begründet, daß dieser Romancier es – insbesondere in *Nostromo* – verstand, mit den Mitteln der experimentellen Erzählkunst die Komplexität der menschlichen Natur, der Beziehungen des Einzelnen zur Gesellschaft, zur Natur und zum übernatürlichen Bereich in umfassender Weise und mit kritischer Schärfe zu erfassen und die Materie zugleich so zu formen, daß die Darstellung jeden erzählerischen Kommentar letztlich überflüssig macht.

Das Ethos, zu dem sich Conrad als Künstler bekannte und das er auch von einem anderen Künstler verlangte, hat er am prägnantesten in der Vorrede zu *The Nigger of the 'Narcissus'* zum Ausdruck gebracht:

My task which I am trying to achieve is, by the power of the written word to make you hear, to make you feel – it is, before all, to make you *see*. That – and no more, and it is everything. If I succeed, you shall find there according to your deserts: encouragement, consolation, fear, charm – all you demand – and, perhaps, also that glimpse of truth for which you have forgotten to ask. (Joseph Conrad, *The Nigger of the 'Narcissus'*, Preface, x)

---

5 T.W. Adorno, "Versuch, das Endspiel zu verstehen", in: *Noten zur Literatur*, Frankfurt a.M. [7]1998, 281. In diesem Beckett-Essay findet sich folgende Bemerkung: "Beckett trifft sich mit jüngsten Tendenzen der Musik nicht zuletzt darin, daß er, der Westliche, Züge aus Strawinskys radikaler Vergangenheit, die beklemmende Statik der zerfällten Kontinuität, mit avancierten expressiven und konstruktiven Mitteln aus der Schönbergschule amalgamiert". (313)

Auswahlbibliographie

Zum englischen Roman 1900-1950

Abel Chevalley, *Le roman anglais de notre temps*, London 1921.
Ernst Vowinkel, *Der englische Roman der neuesten Zeit und Gegenwart: Stilformen und Entwicklungslinien*, Berlin 1926.
J.W. Beach, *The Twentieth-Century Novel: Studies in Technique*, New York 1932.
J.W. Cunliffe, *English Novelists in the Twentieth Century*, London 1933.
Reinald Hoops, *Der Einfluß der Psychoanalyse auf die englische Literatur*, Heidelberg 1934.
Ernst Vowinkel, *Der englische Roman zwischen den Jahrzehnten 1927–1935*, Berlin 1936.
Ernest A. Baker, *The History of the English Novel*, (1924–1936); vol. IX: *The Day before Yesterday*, (1936), repr. New York 1966; vol. X, *Yesterday*, (1936), repr. New York 1967.
Dorothy M. Hoare, *Some Studies in the Modern Novel*, London 1938.
Irène Simon, *Formes du roman anglais de Dickens à Joyce*, Liège 1949.
D. Daiches, *The Novel and the Modern World*, Chicago 1939, rev. ed. Chicago/London 1960.
William Coleman Frierson, *The English Novel in Transition, 1885–1965*, Norman, Okla., 1942, New York 1965.
Frederick J. Hoffman, *Freudianism and the Literary Mind*, Baton Rouge 1945.
F.R. Leavis, *The Great Tradition: George Eliot – Henry James – Joseph Conrad*, London 1948, ⁴1960.
Arnold Kettle, *An Introduction to the English Novel, vol 2: Henry James to the Present*, New York 1951.
Robert Humphrey, *Stream of Consciousness in the Modern Novel*, Berkeley, Los Angeles 1954, 1959.
J.K. Johnstone, *The Bloomsbury Group: A Study of E.M. Forster, Lytton Strachey, Virginia Woolf, and their Circle*, London 1954.
L. Edel, *The Psychological Novel, 1900–1950*, New York etc. 1955.
Melvin Friedman, *Stream of Consciousness: A Study in Literary Method*, New Haven 1955.
R.A. Scott-James, *Fifty Years of English Literature: 1900–1950*, with a Postscript 1951 to 1955, London ²1956.
Irving Howe, *Politics and the Novel*, New York 1957.
R. Fricker, *Der moderne englische Roman*, Göttingen 1958, 1966.

Frederick R. Karl & Marvin Magalaner, *A Reader's Guide to Great Twentieth-Century English Novels*, New York, London 1959, 1961.

W. Allen, *Tradition and Dream, The English and American Novel from the Twenties to our Time*, London 1959.

Murray Krieger, *The Tragic Vision: Variations on a Theme in Literary Interpretation*, New York 1960.

Mark Schorer (ed.), *Modern British Fiction*, New York 1961.

Shiv K. Kumar, *Bergson and the Stream of Consciousness Novel*, London/Glasgow 1962.

William Larrett, *The English Novel from Thomas Hardy to Graham Greene*, Frankfurt a.M. 1962, 1967.

J. Vinson and D. Kirkpatrick (eds.), *Contemporary Novelists*, London 1962 u.ö.

Ludwig Borinski, *Meister des modernen englischen Romans*, Heidelberg 1963.

Elizabeth Drew, *The Novel: A Modern Guide to Fifteen English Masterpieces*, New York 1963.

James Hall, *The Tragic Comedians: Seven Modern British Novelists*, Bloomington, Ind., 1963.

F.R. Karl, *A Reader's Guide to the Contemporary English Novel*, New York/London 1963, repr. 1964.

J.I.M. Stewart, *Eight Modern Writers*, Oxford 1963.

Paul West, *The Modern Novel*, London 1963, rev. ed. 1967.

H. Oppel (ed.), *Der moderne englische Roman*, Berlin 1965, ²1971.

J. Unterecker (ed.), *Approaches to the Twentieth Century Novel*, New York 1965.

E.C. Bufkin, *The Twentieth-Century Novel in English*: A Checklist, Athens, Ga., 1967.

Anthony Burgess, *The Novel Now: A Student's Guide to Contemporary Fiction*, London 1967.

Paul Goetsch, *Die Romankonzeption in England 1880–1910*, Heidelberg 1967.

Maynard Mack and Ian Gregor (eds.), *Imagined Worlds: Essays on some English Novels and Novelists in Honour of John Butt*, London 1968.

Bernard Bergonzi (ed.), *The Twentieth Century, History of Literature in the English Language*, vol. 7, London 1970.

– *The Situation of the Novel*, London 1970.

H. Maes-Jelinek, *Criticism of Society in the English Novel between the Wars*, Paris 1970.

Terry Eagleton, *Exiles and Émigrés: Studies in Modern Literature*, New York 1970.

Avrom Fleishman, *The English Historical Novel: Walter Scott to Virginia Woolf*, Baltimore 1971.

Raymond Williams, *The English Novel: From Dickens to Lawrence*, London 1971.

Samual Hynes, *The Auden Generation. Literature and Politics in England in the 1930s*, Princeton 1972.

Wolfgang Iser, *Der implizite Leser, Kommunikationsformen des Romans von Bunyan bis Beckett*, München 1972, ³1994.
John Patterson, *The Novel as Faith – The Gospel According to James, Hardy, Conrad, Joyce, Lawrence, and Virginia Woolf*, Boston 1973.
Lucio P. Ruotolo, *Six Existential Heroes: The Politics of Faith*, Cambridge, Mass. 1973.
P.L. Wiley, *The British Novel. Conrad to the Present*, Northbrook, Ill., 1973.
Ulrich Broich, *Gattungen des modernen englischen Romans*, Wiesbaden 1975.
Christopher Gillie, *Movements in English Literature (1900–1940)*, London/ New York 1975.
John Alcorn, *The Nature Novel from Hardy to Lawrence*, New York 1977.
Willi Erzgräber, *Utopie und Anti-Utopie in der englischen Literatur*, München 1980, ²1985.
Margret Crosland, *Beyond the Lighthouse. English Women Novelists in the Twentieth Century*, London 1981.
John Batchelor, *The Edwardian Novelists*, London/New York 1982.
Paul Goetsch (ed.), *Englische Literatur zwischen Viktorianismus und Moderne*, Darmstadt 1983.
G. Woodcock (ed.), *Twentieth Century Fiction*, London 1983.
H.M. Daleski, *The Divided Heroine: A Recurrent Pattern in Six English Novels*, New York 1984.
Martin Green, *The English Novel in the Twentieth Century*, London 1984.
David Dowling, *Bloomsbury Aesthetics and the Novels of Forster and Woolf*, London 1985.
Kurt Otten, *Der englische Roman vom Naturalismus bis zur Bewußtseinskunst*, Berlin 1986.
J.I. Biles (ed.), *British Novelists since 1900*, New York 1987.
Valentine Cunningham, *British Writers of the Thirties*, Oxford 1988.
G. Haefner, *Klassiker des englischen Romans im 20. Jahrhundert, Joseph Conrad, D.H. Lawrence, James Joyce, Virginia Woolf, Samuel Beckett*, Heidelberg 1990.
Kurt Otten, *Der englische Roman: Entwürfe der Gegenwart: Ideenroman und Utopie*, Berlin 1990.
James Gindin, *British Fiction in the 1930s*, London 1992.
Malcolm Bradbury, *The Modern British Novel*, London 1993.
Randall Stevenson, *A Reader's Guide to the Twentieth-Century Novel in Britain*, Lexington 1993.
Werner Körner, *Psychologische Grundlagen, Inhalte und Funktionen der Bewußtseinsdarstellung in Dorothy Richardsons Romanzyklus 'Pilgrimage'*, Köln 1995.
Manfred Jahn, "Der englische Roman in der ersten Hälfte des 20. Jahrhunderts. Eine narratologische Gattungsgeschichte mit Schwerpunkt Modernismus", in: *Eine andere Geschichte der englischen Literatur. Epochen, Gattungen und Teilgebiete im Überblick*, A. Nünning (Hg.), Trier 1996.
Ansgar Nünning, *Der englische Roman des 20. Jahrhunderts*, Stuttgart, Leipzig etc. 1998.

Auswahlbibliographie zu Joseph Conrad

Hauptwerke

Romane

Almayer's Folly, London 1895.
An Outcast of the Islands, London 1896.
The Nigger of the "Narcissus", London 1897.
Lord Jim, Edinburgh/London 1900.
Nostromo, London/New York 1904.
The Secret Agent, London 1907.
Under Western Eyes, London 1911.
Chance, London 1913.
Victory, New York 1915.
The Shadow-Line, London/Toronto 1917.
The Arrow of Gold, New York 1919.
The Rescue, London/Toronto 1920.
The Rover, London 1923.

Short Stories

Tales of Unrest, London 1898.
Youth: A Narrative; and Two Other Stories ['Heart of Darkness' and 'The End of the Tether'], Edinburgh/London 1902.
Typhoon and Other Stories, London 1903.
A Set of Six, London 1908.
'Twixt Land and Sea, London 1912.
Within the Tides, London/Toronto 1915.
Tales of Hearsay, London/New York 1925.

Bibliographien

T.J. Wise, *A Bibliography of the Writings of Joseph Conrad (1895–1921)*, London, (1921), Second edition revised and enlarged, London 1964.

T.G. Ehrsam, *A Bibliography of Joseph Conrad*, Metuchen, N.J., 1969.

B.E. Teets and H. Gerber (eds.), *Joseph Conrad: An Annotated Bibliography of Writings about Him*, De Kalb, Ill., 1971.

B. Teets, *Joseph Conrad, An Annotated Bibliography*, New York/London 1990.

O. Knowles, *An Annotated Critical Bibliography of Joseph Conrad*, Hemel Hempstead/New York 1992.

Ausgaben

The Works of Joseph Conrad, 20 vols., London 1921–1927.

The Works of Joseph Conrad. The Uniform Edition, 22 vols., London and Toronto 1923–1928.

The Collected Edition of the Works of Joseph Conrad, 21 vols., London 1946–1955. (A re-issue of the Uniform Edition of 1923–1928 without the dramas.)

The Cambridge Edition of the Works of Joseph Conrad, ed. S.W. Reid, M.H. Black, B. Harkness, M.C. Michael, Norman Sherry, Cambridge 1990

The Collected Works of Joseph Conrad, 22 vols., London/Tokyo 1995 (a reprint of *The Medallion Edition of the Works of Joseph Conrad in Twenty Volumes*, 1925-1928).

Letters

Conrad's Polish Background: Letters to and from Polish Friends, ed. by Z. Najder, London/New York/Toronto 1964.

Joseph Conrad's Letters to R.B. Cunninghame Graham, ed. C.T. Watts, Cambridge 1969.

The Collected Letters, F.R. Karl and L. Davies (eds.), Cambridge 1983-1996, 5 vols. [series discontinued].

Biographien

G. Jean-Aubry, *The Sea Dreamer: A Definitive Biography of Joseph Conrad*, London/New York 1957, repr. Hamden, Conn., 1967.

J. Baines, *Joseph Conrad: A Critical Biography*, London/New York 1960, repr. 1971.

B.C. Meyer, *Joseph Conrad: A Psychoanalytic Biography*, Princeton, N.J., 1967.

F.R. Karl, *Joseph Conrad: The Three Lives. A Biography*, New York/London 1979.

H.J. Weiand, *Joseph Conrad: Werk und Leben*, Düsseldorf 1979.

R. Tennant, *Joseph Conrad: A Biography*, London/New York 1981.

Z. Najder, *Joseph Conrad, A Chronicle*, Cambridge/London/New York etc. 1983.

W.M. Tarnawski, *Conrad the Man, the Writer, the Pole: An Essay in Psychological Biography*, London 1984.

P. Nicolaisen, *Joseph Conrad mit Selbstzeugnissen und Bilddokumenten dargestellt*, Reinbek bei Hamburg (1988), ²1997.

R. Wiggershaus, *Joseph Conrad: Leben und Werk in Texten und Bildern*, Frankfurt a.M. 1990.

J. Batchelor, *The Life of Joseph Conrad, A Critical Biography*, Oxford/Cambridge, Mass., 1994.

Sekundärliteratur

R. Curle, *Joseph Conrad: A Study*, London/Garden City, N.Y., 1914, repr. 1968.

G. Morf, *The Polish Heritage of Joseph Conrad*, London 1930/New York 1931, repr. 1965.

J. Burckhardt, *Das Erlebnis der Wirklichkeit und seine künstlerische Gestaltung in Joseph Conrads Werk*, Diss. Marburg 1935.

H. Stresau, *Joseph Conrad: Der Tragiker des Westens*, Hannover 1947.

W.F. Wright, *Romance and Tragedy in Joseph Conrad*, Lincoln, Nebr., 1947, repr. New York 1966..

D. Hewitt, *Conrad: A Reassessment*, (Cambridge 1952/Philadelphia 1953), London/Philadelphia ³1975.

T. Moser, *Joseph Conrad: Achievement and Decline*, Cambridge, Mass., 1957, repr. Hamden, C.T., 1966.

A. Guerard, *Conrad the Novelist*, Cambridge, Mass., 1958, 1962, repr. 1979.

F.R. Karl, *A Reader's Guide to Joseph Conrad*, London/New York 1960, ²1969.

R.W. Stallman (ed.), *The Art of Joseph Conrad: A Critical Symposium*, East Lansing, Mich. 1960.

E.K. Hay, *The Political Novels of Joseph Conrad: A Critical Study*, Chicago/London 1963, ²1981.

W. Herget, *Untersuchungen zur Wirklichkeitsdarstellung im Frühwerk Joseph Conrads: Mit Besonderer Berücksichtigung des Romanes "Lord Jim"*, Diss. Frankfurt a.M. 1965.

A. Fleishman, *Conrad's Politics: Community and Anarchy in the Fiction of Joseph Conrad*, Baltimore 1967.

P. Goetsch, *Die Romankonzeption in England, 1880–1910*, Heidelberg 1967.

C. Rosenfield, *Paradise of Snakes: An Archetypal Analysis of Conrad's Political Novels*, Chicago/London 1967.

P. Kirschner, *Conrad: The Psychologist as Artist*, Edinburgh 1968.

J.I. M. Stewart, *Joseph Conrad*, London/New York 1968.

J.E. Saveson, *Joseph Conrad: The Making of a Moralist*, Amsterdam 1972.

N. Sherry (ed.), *Conrad: The Critical Heritage*, London/Boston 1973.

A. Gillon, *Conrad and Shakespeare, and Other Essays*, New York 1976.

G. Morf, *The Polish Shades and Ghosts of Joseph Conrad*, New York 1976.

H.M. Daleski, *Joseph Conrad: The Way of Dispossession*, New York/London 1977.

J. Berthoud, *Joseph Conrad: The Major Phase*, Cambridge 1978.

S. Pinsker, *The Language of Joseph Conrad*, Amsterdam 1978.

J. Hawthorn, *Joseph Conrad: Language and Fictional Self-Consciousness*, London 1979.

F. Schunck, *Joseph Conrad*, (Erträge der Forschung Bd. 112), Darmstadt 1979.

Ian Watt, *Conrad in the Nineteenth Century*, Berkeley and Los Angeles 1979/London 1980.

W.W. Bonney, *Thorns and Arabesques: Contexts for Conrad's Fiction*, Baltimore/London 1980.

W. Senn, *Conrad's Narrative Voice: Stylistic Aspects of His Fiction*, Bern 1980.

J. Darras, *Joseph Conrad and the West: Signs of Empire*, New York, London 1982.

T. Petterson, *Consciousness and Time: A Study in the Philosophy and Narrative Technique of Joseph Conrad*, Abo 1982.

D.R. Schwarz, *Conrad: The Later Fiction*, London 1982.

Cedric Watts, *A Preface to Conrad*, London/New York 1982.

A. Hunter, *Joseph Conrad and the Ethics of Darwinism: The Challenges of Science*, London 1983.
B. Parry, *Conrad and Imperialism: Ideological Boundaries and Visionary Frontiers*, London 1983.
H. Stelzer, *Narzißmus-Problematik und Spiegel-Technik in Joseph Conrads Romanen: Unter Besonderer Berücksichtigung von "Lord Jim", "Victory" und "Under Western Eyes"*, Frankfurt a.M. 1983.
Stephen K. Land, *Conrad and the Paradox of Plot*, London/New York 1984.
D.H. Purdy, *Joseph Conrad's Bible*, Norman, Okla., 1984,
H.J. Schnackertz, *Joseph Conrad: "Lord Jim"*, München 1984.
N. Page, *A Conrad Companion*, London 1985.
G. Kauhl, *Joseph Conrad: The Secret Agent. Text und zeitgeschichtlicher Kontext*, Frankfurt a.M. 1986.
S. Raval, *The Art of Failure: Conrad's Fiction*, Boston/London/Sydney 1986.
P.J. Whiteley, *Knowledge and Experimental Realism in Conrad, Lawrence, and Woolf*, Baton Rouge, La., 1987.
J. Batchelor, *Lord Jim*, London 1988.
Ian Watt, *Joseph Conrad: "Nostromo"*, Cambridge 1988.
A. Winner, *Culture and Irony: Studies in Joseph Conrad's Major Novels*, Charlottesville, Va., 1988.
J. Dobrinsky, *The Artist in Conrad's Fiction: A Psychocritical Study*, Ann Arbor, Mich., 1989.
J. Lothe, *Conrad's Narrative Method*, Oxford 1989.
G. Haefner, *Klassiker des englischen Romans im 20. Jahrhundert: Joseph Conrad, D.H. Lawrence, James Joyce, Virginia Woolf, Samuel Beckett. Begründung der Moderne und Abrechnung mit der Moderne*, Heidelberg 1990.
J. Hawthorn, *Joseph Conrad: Narrative Technique and Ideological Commitment*, London 1990.
Yves Hervouet, *The French Face of Joseph Conrad*, Cambridge 1990.
H. Krenn, *Conrad's Lingard Trilogy: Empire, Race, and Women in the Malay Novels*, New York 1990.
C. Rising, *Darkness at Heart: Fathers and Sons in Conrad*, Westport, Conn., 1990.
M.A. Wollaeger, *Joseph Conrad and the Fictions of Scepticism*, Stanford, Cal., 1990.
R. Ambrosini, *Conrad's Fiction as Critical Discourse*, Cambridge 1991.
O. Bohlmann, *Conrad's Existentialism*, London 1991.
N. DeMarco, *"Liberty" and "Bread": The Problem of Perception in Conrad. A Critical Study of "Under Western Eyes"*, Chieti 1991.
D.R. Smith, *Joseph Conrad's "Under Western Eyes": Beginnings, Revisions, Final Forms. Five Essays*, Hamden, Conn., 1991.
R. Hampson, *Joseph Conrad: Betrayal and Identity*, London 1992.
B. Henricksen, *Nomadic Voices: Conrad and the Subject of Narrative*, Urbana, Ill., Chicago 1992.
W. Krajka, *Isolation and Ethos: A Study of Joseph Conrad*, New York 1992.

M. Ray, *Joseph Conrad*, London 1993.

A. White, *Joseph Conrad and the Adventure Tradition: Constructing and Deconstructing the Imperial Subject*, Cambridge 1993.

J. Griem, *Brüchiges Seemannsgarn; Mündlichkeit und Schriftlichkeit im Werk Joseph Conrads*, Tübingen 1995.

M. Seymour-Smith, *Joseph Conrad*, London 1995.

J.H. Stape (ed.), *The Cambridge Companion to Joseph Conrad*, Cambridge 1996.

Z. Najder, *Conrad in Perspective: Essays on Art and Fidelity*, Cambridge/New York etc. 1997.

Auswahlbibliographie zu James Joyce

Hauptwerke

Romane

A Portrait of the Artist as a Young Man, (New York 1916), ed. Hans Walter Gabler with Walter Hettche, New York/London 1993.

Ulysses, (Paris 1922), *A Critical and Synoptic Edition*, ed. Hans Walter Gabler with Wolfhard Steppe and Claus Melchior and with a new preface by Richard Ellman, New York/London 1986.

Finnegans Wake, (London 1939), 4th rev. ed. 1975.

Stephen Hero. Part of the First Draft of "A Portrait of the Artist as a Young Man", ed. Theodore Spencer, rev. by John J. Slocum and Herbert Cahoon, London 1944, rev. ed. 1956, repr. London 1969.

Short Stories

Dubliners, (London 1914) ed. Hans Walter Gabler with Walter Hettche, New York/London 1993.

Bibliographien

J.J. Slocum and H. Cahoon, *A Bibliography of James Joyce 1882–1941*, New Haven/London 1953, repr. Westport 1971.

R.H. Deming, *A Bibliography of James Joyce Studies*, Kansas City 1964, rev. ed. 1977.

T.J. Rice, *James Joyce. A Guide to Research*, New York 1982.

T.F. Staley, *An Annotated Critical Bibliography of James Joyce*, Brighton 1989.

W. Füger, *James Joyce, Epoche – Werk – Wirkung*, München 1994.

Ausgaben

Letters of James Joyce, vol. I: ed. S. Gilbert, New York 1957, rev. ed. New York 1965; vols. II and III : ed. Richard Ellmann, New York, London 1966.

The Critical Writings, ed. E. Mason and R. Ellmann, New York 1959.

Biographien

S. Joyce, *My Brother's Keeper. James Joyce's Early Years*, London/New York 1958.

R. Ellmann, *James Joyce*, New York ¹1959, rev. ed. 1982, paperback edition with corrections, Oxford 1983.

J. Paris, *James Joyce in Selbstzeugnissen und Bilddokumenten*, Reinbek bei Hamburg 1960, repr. 1988.

C.G. Anderson, *James Joyce and His World*, London 1968.

Sekundärliteratur

S. Gilbert, *James Joyce's Ulysses*, London 1930, rev. ed. London 1952/New York 1955.

F. Budgen, *James Joyce and the Making of Ulysses*, London 1934.

J. Baake, *Das Riesenscherzbuch "Ulysses"*, Bonn 1937.

H. Levin, *James Joyce. A Critical Introduction*, Norfolk, Conn., 1941, rev. ed. 1960.

W.Y. Tindall, *James Joyce. His Way of Interpreting the Modern World*, London/New York 1950, repr. London 1968.

F. Stanzel, *Die typischen Erzählsituationen im Roman*, Wien/Stuttgart 1955.

M. Magalaner and R.M. Kain, *Joyce: The Man, the Work, the Reputation*, New York 1956.

W.T. Noon, S.J., *Joyce and Aquinas*, New Haven 1957.

W. Schutte, *Joyce and Shakespeare*, New Haven 1957.

W.Y. Tindall, *A Reader's Guide to James Joyce*, London/New York 1959.

J. Atherton, *The Books at the Wake*, London/New York 1960, rev. ed. 1974.

S.L. Goldberg, *The Classical Temper. A Study of James Joyce's "Ulysses"*, London 1961.

A.W. Litz, *The Art of James Joyce. Method and Design in "Ulysses" and "Finnegans Wake"*, London 1961, rev. ed. 1964.

C. Hart, *Structure and Motif in "Finnegans Wake"*, London 1962, repr. 1971.

S.L. Goldberg, *Joyce*, New York 1962.

A. Goldman, *The Joyce Paradox. Form and Freedom in His Fiction*, Evanston, Ill., 1966.

C. Hart and F. Senn (eds.), *A Wake Digest*, London 1968.

H. Kenner, *Dublin's Joyce*, Gloucester, Mass., 1969.

R.H. Deming (ed.), *James Joyce. The Critical Heritage*, 2 vols., London 1970, 1977.

R. Ellmann, *Ulysses on the Liffey*, London 1972.

A. Burgess, *Joysprick. An Introduction to the Language of James Joyce*, London 1973.

T. Fischer, *Bewußtseinsdarstellung im Werk von James Joyce. Von "Dubliners" zu "Ulysses"*, Frankfurt 1973.

U. Multhaup, *Das künstlerische Bewußtsein und seine Gestaltung in James Joyces "A Portrait of the Artist as a Young Man" und "Ulysses"*, Frankfurt/Bern 1973.

R. McHugh, *The Sigla of Finnegans Wake*, London/Austin, Texas, 1976.

B. Benstock, *James Joyce. The Undiscover'd Country*, New York/London 1977.

T. Fischer-Seidel (Hg.), *James Joyces "Ulysses": Neuere deutsche Aufsätze*, Frankfurt 1977.

M. Hodgart, *James Joyce. A Student's Guide*, London 1978.

E. Lobsien, *Der Alltag des Ulysses*, Stuttgart 1978.

C. MacCabe, *James Joyce and the Revolution of the Word*, London/New York 1978.

S.R. Brivic, *Joyce between Freud and Jung*, Port Washington 1980.

R.K. Gottfried, *The Art of Joyce's Syntax in "Ulysses"*, London 1980.

H. Kenner, *Ulysses*, London 1980, rev. ed. Baltimore 1987.

P.A. McCarthy, *The Riddles of "Finnegans Wake"*, Rutherford 1980.

R. McHugh, *Annotations to "Finnegans Wake"*, Baltimore 1980.

U. Multhaup, *James Joyce*, (Erträge der Forschung Bd. 142), Darmstadt 1980.

S. Bolt, *A Preface to James Joyce*, London/New York 1981.

J. Cope, *Joyce's Cities. Archaeologies of the Soul*, Baltimore 1981.

R. McHugh, *The "Finnegans Wake" Experience*, Dublin 1981.

K. Lawrence, *The Odyssey of Style in "Ulysses"*, Princeton 1981.

C. Schöneich, *Epos und Roman: James Joyces "Ulysses"*, Heidelberg 1981.

D. Rose and J. O'Hanlon, *Understanding Finnegans Wake*, New York/London 1982.

U. Schneider, *James Joyces "Dubliners"*, München 1982.

J.-P. Riquelme, *Teller and Tale in Joyce's Fiction: Oscillating Perspectives*, Baltimore 1983.

D. Attridge and D. Ferrer (eds.), *Poststructuralist Joyce: Essays from the French*, Cambridge 1984.

Z. Bowen and J.F. Carens (eds.), *A Companion to Joyce Studies*, Westport, Conn./London 1984.

V.J. Cheng, *Shakespeare and Joyce: A Study of "Finnegans Wake"*, University Park, Penn., 1984.

K.P. Müller, *Epiphanie: Begriff und Gestaltungsprinzip im Frühwerk von James Joyce*, Frankfurt a.M. 1984.

P. Parrinder, *James Joyce*, Cambridge 1984.

B.K. Scott, *Joyce and Feminism*, Bloomington, Ind., 1984.

F. Senn, *Joyce's Dislocations: Essays on Reading as Translation*, ed. J.P. Riquelme, Baltimore 1984.

B. Benstock, *James Joyce*, New York 1985.

R. Brown, *James Joyce and Sexuality*, Cambridge 1985.

J. Bishop, *Joyce's Book of the Dark: "Finnegans Wake"*, Madison 1986.

R. Wall, *An Anglo-Irish Dialect Glossary for Joyce's Works*, Gerrads Cross 1986.

R. Ellmann, *Wilde, Yeats, Joyce, and Beckett: Four Dubliners*, London 1987.

P.F. Herring, *Joyce's Uncertainty Principle*, Princeton, N.J., 1987.

C.G. Sandulescu, *The Language of the Devil: Texture and Archetype in "Finnegans Wake"*, Gerrads Cross 1987.
D.R. Schwarz, *Reading Joyce's "Ulysses"*, London 1987.
M.H. Begnal, *Dreamscheme: Narrative and Voice in "Finnegans Wake"*, Syracuse, N.Y., 1988.
D. Gifford, *"Ulysses" Annotated: Notes for James Joyce's "Ulysses"*. With R.J. Seidman, Berkeley, Los Angeles/London ²1988.
Z. Bowen, *"Ulysses" as a Comic Novel*, Syracuse, N.Y., 1989.
J.P. Houston, *Joyce and Prose: An Exploration of the Language of "Ulysses"*, Lewisburg 1989.
R.B. Kershner, *Joyce, Bakhtin and Popular Literature: Chronicles of Disorder*, Chapel Hill/London 1989.
K. Reichert, *Vielfacher Schriftsinn: Zu "Finnegans Wake"*, Frankfurt a.M. 1989.
L. Weir, *Writing Joyce: A Semiotics of the Joyce System*, Bloomington, Ind., 1989.
D. Attridge (ed.), *The Cambridge Companion to James Joyce*, Cambridge 1990.
B. Benstock, *Narrative Con-Texts in "Ulysses"*, Urbana, Chicago/London 1991.
S. Brivic, *The Veil of Signs: Joyce, Lacan, and Perception*, Urbana, Ill., 1991.
K.J. Devlin, *Wandering and Return in Finnegans Wake*, Princeton, N.J., 1991.
J.-M. Rabaté, *Authorized Reader: James Joyce*, Baltimore 1991.
J. Aubert, *The Aesthetics of James Joyce*, Baltimore, Md., ²1992.
R. Brown, *James Joyce: A Post-Cultural Perspective*, London 1992.
P.A. McCarthy (ed.), *Critical Essays on James Joyce's Finnegans Wake*, New York etc. 1992.
P. Myers, *The Sound of "Finnegans Wake"*, London 1992.
M. Norris, *Joyce's Web: The Social Unravelling of Modernism*, Austin, Tex., 1992.
D. Pierce, *James Joyce's Ireland*, with contemporary photographs by D. Harper, New York 1992.
D. Seed, *James Joyce's "A Portrait of the Artist as a Young Man"*, New York 1992.
K. Wales, *The Language of James Joyce*, London 1992.
B. Benstock, *Narrative Con-Texts in "Dubliners"*, Champaign, Ill., 1993.
F. Heibert, *Das Wortspiel als Stilmittel und seine Übersetzung: Am Beispiel von sieben Übersetzungen des "Ulysses" von James Joyce*, Tübingen 1993.
M. Tymoczko, *The Irish "Ulysses"*, London 1994.
S. Peters, *Wahrnehmung als Gestaltungsprinzip im Werk von James Joyce*, Trier 1995.
S. Connor, *James Joyce*, Plymouth 1996.
M. Power and Ulrich Schneider (eds.), *New Perspectives on "Dubliners"* (European Joyce Studies, 7), Amsterdam/Atlanta, Ga., 1997.

W. Erzgräber, *James Joyce: Mündlichkeit und Schriftlichkeit im Spiegel experimenteller Erzählkunst*, Tübingen 1998.
R. Freshner and U. Zeller (eds.), *A Collideorscape of Joyce: Festschrift for Fritz Senn*, Dublin 1998.
K.R. Lawrence (ed.), *Transcultural Joyce*, Cambridge/New York etc. 1998.
M. Norris (ed.), *A Companion to Joyce's Ulysses*, Boston 1998.

Auswahlbibliographie zu Virginia Woolf

Hauptwerke

Romane
The Voyage Out, London 1915.
Night and Day, London 1919.
Jacob's Room, London 1922.
Mrs. Dalloway, London 1925.
To the Lighthouse, London 1927.
Orlando: A Biography, London 1928.
The Waves, London 1931.
The Years, London 1937.
Between the Acts, London 1941.

Essays
Monday or Tuesday, London 1921.
The Common Reader, 2 vols., London 1925 u. 1932.
A Room of One's Own, London 1929.
Three Guineas, London 1938.
The Death of the Moth and Other Essays, London 1942.
The Moment and Other Essays, London 1947.
The Captain's Death Bed and Other Essays, London 1950.
Granite and Rainbow, London 1958.

Short Stories/Kurzprosa
Kew Gardens, London 1919.
Flush: A Biography, London 1933.
A Haunted House and Other Short Stories, London 1944.

sonstige Prosa
Roger Fry: A Biography, London 1940.

Bibliographien
R. Majumdar, *V. Woolf: An Annotated Bibliography of Criticism 1915–1974*, New York/London 1976.
B.J. Kirkpatrick, *A Bibliography of Virginia Woolf*, Oxford (1957, 1967) ³1980.

T.J. Rice, *Virginia Woolf: A Guide to Research*, New York 1984.
B.J. Kirkpatrick and S.N. Clarke, *A Bibliography of Virginia Woolf*, Oxford ⁴1997.

Ausgaben

Works, Uniform Edition, 17 Bde., London 1929–1955.
L. Woolf (ed.), *Collected Essays*, 4 vols., London 1966–67.
N. Nicolson and Joanne Trautmann (eds.), *The Letters of Virginia Woolf*, 6 vols., New York/London 1975–1980.
J. Schulkind (ed.), *Moments of Being: Unpublished Autobiographical Writings*, London 1976; New York/London 1977.
A.O. Bell (ed.), *The Diary*, 5 vols., London 1977–1984.
S. Dick (ed.), *The Complete Shorter Fiction*, London 1985.
A. McNeillie (ed.), *The Essays*, London 1986ff.
The Shakespeare Head Press Edition of Virginia Woolf, ed. J.T. Banks, S. Dick, J.M. Haule, A.M. McNeillie, S.P. Rosenbaum, Oxford/Cambridge, Mass., 1992ff.

Biographien

Quentin Bell, *Virginia Woolf: A Biography*, (2 vols., London 1972) London 1990.
R. Poole, *The Unknown Virginia Woolf*, Cambridge 1978.
P. Rose, *Woman of Letters: A Life of Virginia Woolf*, New York 1978.
L. Gordon, *Virginia Woolf: A Writer's Life*, Oxford 1984.
J. Klein, *Virginia Woolf: Genie – Tragik – Emanzipation*, München 1984.
P. Alexander, *Leonard and Virginia Woolf: A Literary Partnership*, New York 1992.
S. Raitt, *Vita and Virginia: The Work and Friendship of Vita Sackville-West and Virginia Woolf*, New York 1993.
P. Reid, *Art and Affection, A Life of Virginia Woolf*, New York/Oxford 1996.

Sekundärliteratur

W. Holtby, *Virginia Woolf*, London 1932, repr. 1969.
F. Delattre, *Le Roman Psychologique de Virginia Woolf*, Paris 1932.
I. Badenhausen, *Die Sprache Virginia Woolfs: Ein Beitrag zur Stilistik des modernen englischen Romans*, Marburg 1932.
E.F. Weidner, *Impressionismus und Expressionismus in den Romanen Virginia Woolfs*, Greifswald 1934.
D. Daiches, *Virginia Woolf*, Norfolk, Conn., (1942) New York ²1963.
J. Bennett, *Virginia Woolf: Her Art as a Novelist*, Cambridge (1945) ²1964.
M. Walter, *Strukturanalysen von Romanen Virginia Woolfs*, Diss. Bonn 1952.
W. Borgers, *"The Waves" von Virginia Woolf: Die Untersuchung eines literarischen Experiments*, Diss. Hamburg 1953.
J. Hafley, *The Glass Roof: Virginia Woolf as Novelist*, Berkeley 1954, repr. New York 1963.
J.K. Johnstone, *The Bloomsbury Group*, London 1954.

J. Guiguet, *Virginia Woolf et son Œuvre: L'Art et la Quête du Réel*, Paris 1962 (engl. *Virginia Woolf and her Works*, übers. von J. Stewart, New York 1965).

R. Freedman, *The Lyrical Novel*, Princeton, N.J., 1963.

A.D. Moody, *Virginia Woolf*, Edinburgh/London 1963.

J. O'Brien Schaefer, *The Three-Fold Nature of Reality in the Novels of Virginia Woolf*, The Hague 1965

N.C. Thakur, *The Symbolism of Virginia Woolf*, London/New York/Toronto 1965.

H. Marder, *Feminism & Art: A Study of Virginia Woolf*, Chicago/London 1968.

L. Dahl, *Linguistic Features of the Stream of Consciousness Technique of James Joyce, Virginia Woolf and Eugene O'Neill*, Turku 1970.

J.O. Love, *Worlds in Consciousness: Mythopoetic Thought in the Novels of Virginia Woolf*, Berkeley, Cal./Los Angeles/London 1970.

E. Dölle, *Experiment und Tradition in der Prosa Virginia Woolfs*, München 1971.

A. van Buren Kelley, *The Novels of Virginia Woolf: Fact and Vision*, Chicago/London 1973.

J. Naremore, *The World without a Self: Virginia Woolf and the Novel*, New Haven 1973.

J. Alexander, *The Venture of Form in the Novels of Virginia Woolf*, Port Washington, N.Y./London 1974.

I. Weber-Brandies, *Virginia Woolf – ›The Waves‹. Emanzipation als Möglichkeit des Bewußtseinsromans*, Bern/Frankfurt a.M. 1974.

R. Freedman, *Virginia Woolf: A Critical Reading*, Baltimore 1975.

J. Hawthorn, *Virginia Woolf's "Mrs Dalloway". A Study in Alienation*, Brighton 1975.

R. Majumdar and A. McLaurin, *Virginia Woolf: The Critical Heritage*, London/Boston 1975.

J. Novak, *The Razor Edge of Balance: A Study of Virginia Woolf*, Coral Gables, Fla., 1975.

H. Lee, *The Novels of Virginia Woolf*, London 1977.

M. Rosenthal, *Virginia Woolf*, London 1979.

M. DiBattista, *Virginia Woolf's Major Novels: The Fables of Anon*, New Haven, Conn./London 1980.

R. Freedman (ed.), *Virginia Woolf. Revaluation and Continuity. A Collection of Essays*, Berkeley 1980.

L.A. Poresky, *The Elusive Self: Psyche and Spirit in Virginia Woolf's Novels*, Newark/London/Toronto 1981.

W. Wicht, *Virginia Woolf, James Joyce, T.S. Eliot: Kunstkonzeptionen und Künstlergestalten*, Berlin 1981.

W. Erzgräber, *Virginia Woolf: Eine Einführung*, München 1982, Tübingen ^{2}1993.

H. Harper, *Between Language and Silence: The Novels of Virginia Woolf*, Baton Rouge, La./London 1982.

E.K. Ginsberg and L.M. Gottlieb (eds.), *Virginia Woolf: Centennial Essays*, Troy, N.Y., 1983.

S. M. Squier, *Virginia Woolf and London: The Sexual Politics of the City*, Chapel Hill, N.C./London 1985.

L.P. Ruotulo, *The Interrupted Moment: A View of Virginia Woolf's Novels*, Stanford, Cal., 1986.

P.J. Transue, *Virginia Woolf and the Politics of Style*, Albany, N.Y., 1986.

A. Zwerdling, *Virginia Woolf and the Real World*, Berkeley, Los Angeles/ London1986.

J. Marcus, *Virginia Woolf and the Language of Patriarchs*, Bloomington, Ind., 1987.

S. Dick, *Virginia Woolf*, London 1989.

W.A. Evans, *Virginia Woolf: Strategist of Language*, Boston 1989.

Christoph Schöneich, *Virginia Woolf*, (Erträge der Forschung 266), Darmstadt 1989.

V. Nünning, *Die Ästhetik Virginia Woolfs: Eine Rekonstruktion ihrer philosophischen und ästhetischen Grundanschauungen auf der Basis ihrer nichtfiktionalen Schriften*, Frankfurt a.M./Bern/New York 1990.

J.B. Batchelor, *Virginia Woolf, The Major Novels*, Cambridge 1991.

E.L. Bishop, *Virginia Woolf*, London/New York 1991.

P.L. Caughie, *Virginia Woolf & Postmodernism. Literature in Quest and Question of Itself*, Urbana, Ill., 1991.

D. Dowling, *Mrs. Dalloway, Mapping Streams of Consciousness*, Boston 1991.

M. Hussey (ed.), *Virginia Woolf and War. Fiction, Reality and Myth*, Syracuse 1991.

A. Lavizzari (Hg.), *Virginia Woolf*, Frankfurt a.M. 1991.

V. und A. Nünning, *Virginia Woolf. Zur Einführung*, Hamburg 1991.

A. Booth, *Greatness Engendered: George Eliot and Virginia Woolf*, Ithaca/ New York/London 1992.

T.C. Caramagno, *The Flight of the Mind: Virginia Woolf's Art and Manic-Depressive Illness*, Berkeley, Cal., 1992.

E. Bettinger, *Das umkämpfte Bild: Zur Metapher bei Virginia Woolf*, Stuttgart 1993.

D.F. Gillespie (ed.), *The Multiple Muses of Virginia Woolf*, Columbia, Miss./London 1993.

V. Neverow-Turk and Mark Hussey (eds.), *Virginia Woolf: Themes and Variations. Selected Papers from the Second Annual Conference on Virginia Woolf*, New York 1993.

S. Reid (ed.), *Virginia Woolf: "Mrs Dalloway" and "To the Lighthouse". Contemporary Critical Essays*, London 1993.

G. Beer, *The Common Ground*, Edinburgh 1996.

D.F. Gillespie and L.K. Hankins (eds.), *Virginia Woolf and The Arts, Selected Papers from the Sixth Annual Conference on Virginia Woolf*, Pace, N.Y., 1997.

Auswahlbibliographie zu E.M. Forster

Primärliteratur

Romane
Where Angels Fear to Tread, London/Edinburgh 1905.
The Longest Journey, London/Edinburgh/London 1907.
A Room With a View, London 1908.
Howards End, London 1910.
A Passage to India, London 1924.
Maurice, London 1971.

Short Stories
The Celestial Omnibus and Other Stories, London 1911.
The Eternal Moment and Other Stories, London 1928.
Collected Tales, New York 1947; engl. Ausgabe: *Collected Short Stories,* London 1948.
The Life to Come and Other Stories, ed. Oliver Stallybrass, London 1972.

Biographien
Goldsworthy Lowes Dickinson, London 1934.
Marianne Thornton: A Domestic Biography, London 1956.

Verschiedene Schriften
Alexandria: A History and a Guide, Alexandria 1922.
Pharos and Pharillon, London 1923.
Aspects of the Novel, London 1927.
Abinger Harvest, London 1936.
Two Cheers for Democracy, London 1951.
The Hill of Devi: being Letters from Dewas State Senior, London 1953.

Bibliographien
B.J. Kirkpatrick, A Bibliography of E.M. Forster, Oxford ^{1}1965, ^{2}1985.
A. Borrello, *E.M. Forster: An Annotated Bibliography of Secondary Materials,* Metuchen, N.J., 1973.
F.P.W. McDowell, *E.M. Forster: An Annotated Bibliography of Writings About Him,* De Kalb, Ill., 1976.
C.J. Summers, *E.M. Forster: A Guide to Research,* New York/London 1991.

Ausgaben
The Abinger Edition of E.M. Forster, ed. Oliver Stallybrass and E. Heine, London 1972–1984.
Selected Letters of E.M. Forster, 2 vols., ed. Mary Lago and P.N. Furbank, Cambridge, Mass., 1983, 1985.

Biographien

P.N. Furbank, *E.M. Forster: A Life*, vol.1 *The Growth of the Novelist 1879–1914*, London 1977, vol.2: *Polycrates' Ring 1914–1970*, London 1978.

F. King, *E.M. Forster and His World*, London/New York 1978.

N. Beauman, *Morgan: A Biography of E.M. Forster*, London ¹1993, 1994.

Sekundärliteratur

L. Trilling, *E.M. Forster*, Norfolk 1943/London 1944, new and rev. ed. London 1967.

R. Warner, *E.M. Forster*, London 1950.

J.K. Johnstone, *The Bloomsbury Group: A Study of E.M. Forster, Lytton Strachey, Virginia Woolf, and their Circle*, London 1954.

J. McConkey, *The Novels of E.M. Forster*, Ithaca 1957/London 1958.

J.B. Beer, *The Achievement of E.M. Forster*, London 1962.

F.C. Crews, *E.M. Forster: The Perils of Humanism*, Princeton, N.J., 1962.

K. Natwar-Singh (ed.), *E.M. Forster: A Tribute: With Selections from his Writings on India*, New York 1964.

A. Wilde, *Art and Order: A Study of E.M. Forster*, New York 1964.

H.T. Moore, *E.M. Forster*, New York 1965.

D. Shusterman, *The Quest for Certitude in E.M. Forster's Fiction*, Bloomington/London 1965.

M. Bradbury (ed.), *A Collection of Critical Essays*, Englewood Cliffs, N.J., 1966.

W. Stone, *The Cave and the Mountain: A Study of E.M. Forster*, Stanford, Cal., 1966.

J. Colmer, *E.M. Forster: A Passage to India*, London (¹1967) ²1969.

N. Kelvin, *E.M. Forster*, Carbondale, Ill./London 1967.

G.H. Thomson, *The Fiction of E.M. Forster*, Detroit 1967.

L. Brander, *E.M. Forster: A Critical Study*, London 1968.

F.P.W. McDowell, *E.M. Forster*, New York (¹1969), rev. ed. Boston 1982.

H.H. Anniah Gowda, *A Garland for E.M. Forster*, Mysore, India, 1969.

M. Bradbury (ed.), *E.M. Forster: A Passage to India: A Casebook*, London 1970.

K.W. Gransden, *E.M. Forster*, Edinburgh/London 1970.

D. Zeh, *Studien zur Erzählkunst in den Romanen E.M. Forsters*, Diss. Frankfurt a.M. 1970.

P. Gardner (ed.), *E.M. Forster: The Critical Heritage*, London/Boston 1973.

R. Martin, *The Love that Failed: Ideal and Reality in the Writings of E.M. Forster*, The Hague 1974.

J. Colmer, *E.M. Forster: The Personal Voice*, London 1975.

Bonnie B. Finkelstein, *Forster's Women: Eternal Differences*, New York/London 1975.

V.A. Shahane (ed.), *Focus on Forster's A Passage to India: Indian Essays in Criticism*, Madras 1975.

J.S. Martin, *E.M. Forster: The Endless Journey*, Cambridge 1976.

H. Winter, *Zur Indien-Rezeption bei E.M. Forster und Hermann Hesse*, Heidelberg 1976.

G.K. Das, *E.M. Forster's India*, London 1977.

J.L. Pinchin, *Alexandria Still: Forster, Durrell, and Cavafy*, Princeton 1977.

P. Gardner, *E.M. Forster*, London 1978.

G. Cavaliero, *A Reading of E.M. Forster*, London/New York 1979.

G.K. Das and John Beer (eds.), *E.M. Forster: A Human Exploration: Centenary Essays*, New York 1979.

R.J. Lewis, *E.M. Forster's Passages to India*, New York 1979.

R. Ebbatson, *The Evolutionary Self: Hardy, Forster, Lawrence*, Brighton, Totowa, N.J., 1982.

J. Scherer Herz and R.K. Martin, *E.M. Forster: Centenary Revaluations*, Toronto/London 1982.

B. Rosecrance, *Forster's Narrative Vision*, Ithaca 1982.

C. Gillie, *A Preface to Forster*, New York/London 1983.

C.J. Summers, *E.M. Forster*, New York 1983.

P.J.M. Scott, *E.M. Forster: Our Permanent Contemporary*, London/New York 1984.

J. Beer (ed.), *A Passage to India: Essays in Interpretation*, London 1985.

D. Dowling, *Bloomsbury Aesthetics and the Novels of Forster and Woolf*, London 1985.

A. Wilde (ed.), *Critical Essays on E.M. Forster*, Boston, Mass., 1985.

R. Ebbatson and C. Neale, *E.M. Forster: A Passage to India*, Harmondsworth etc. 1986.

E. Hanquart, *Un Humaniste dans la cité moderne: E.M. Forster*, 2 vols., Paris 1987.

N. Page, *E.M. Forster*, London 1987.

K. Graham, *Indirections of the Novel: James, Conrad, and Forster*, Cambridge 1988.

S.K. Land, *Challenge and Conventionality in the Fiction of E.M. Forster*, New York 1990.

B. London, *The Appropriated Voice: Narrative Authority in Conrad, Forster, and Woolf*, Ann Arbor, Mich., 1990.

Molly A. Daniels, *The Prophetic Novel*, New York 1991.

A.M. Duckworth, *"Howards End": E.M. Forster's House of Fiction*, New York 1992.

J. Scherer Herz, *A Passage to India: Nation and Narration*, New York etc. 1993.

N. Rapport, *The Prose and the Passion. Anthropology, Literature and the Writing of E.M. Forster*, Manchester/New York 1994.

M. Lago, *E.M. Forster, A Literary Life*, London 1995.

A. Horatschek, *Alterität und Stereotyp*, Tübingen 1998.

Auswahlbibliographie zu D.H. Lawrence

Hauptwerke

Romane

The White Peacock, London/New York 1911.
The Trespasser, London/New York 1912.
Sons and Lovers, London/New York 1913.
The Rainbow, London/New York 1915.
Women in Love, New York 1920/London 1921.
The Lost Girl, London 1920/New York 1921.
Aaron's Rod, London/New York 1922.
Kangaroo, London/New York 1923.
The Plumed Serpent, London/New York 1926.
Lady Chatterley's Lover, Florenz 1928, London/New York 1932.
The Escaped Cock, Paris 1929 (= *The Man Who Died*, London/New York 1931).
Mr. Noon in: *A Modern Lover*, London/New York 1934.
The Boy in the Bush, zusammen mit M.L. Skinner, London/New York 1924.

Short Stories/Novellas

The Prussian Officer, and Other Stories, London 1914, New York 1916.
England, My England and Other Stories, New York 1922/London 1924.
The Ladybird – The Fox – The Captain's Doll, London/New York 1923.
The Woman Who Rode Away, and Other Stories, London/New York 1928.
The Virgin and the Gipsy, Florenz/London/New York 1930.
Love Among the Haystacks, and Other Pieces, London 1930/New York 1933.

Sonstige Prosa u. Essays

Twilight in Italy, London/New York 1916.
Movements in European History, London 1921, reissued 1971.
Psychoanalysis and the Unconscious, New York 1921/London 1923.
Fantasia of the Unconscious, New York 1922/London 1923.
Studies in Classic American Literature, New York 1923/London 1924.
Reflections on the Death of a Porcupine, and Other Essays, Philadelphia 1925.
Mornings in Mexico, London/New York 1927.
Pornography and Obscenity, London 1929/New York 1930.
Apocalypse [and the Writings on Revelation], Florenz/New York 1931, London 1932.
Etruscan Places, London/New York 1932.

Bibliographien
E.D. McDonald, *A Bibliography of the Writings of David Herbert Lawrence. With a Foreword by D.H. Lawrence,* Philadelphia 1931.

W. Roberts, *A Bibliography of D.H. Lawrence,* London (1963), Cambridge ²1982.

J.E. Stoll, *D.H. Lawrence: A Bibliography, 1911–1975,* Troy, N.Y., 1977.

J.M. Phillips, *D.H. Lawrence: A Review of the Biographies and Literary Criticsm. A Critically Annotated Bibliography,* New York 1978.

K. Sagar, *D.H. Lawrence: A Calendar of His Works. With a Checklist of the Manuscripts of D.H. Lawrence* by L. Vasey, Manchester 1979.

J.C. Cowan, *D.H. Lawrence: An Annotated Bibliography of Writings About Him,* 2 vols., De Kalb, Ill., 1982, 1985.

T.J. Rice, *D.H. Lawrence: A Guide to Research,* New York/London 1983.

David Ellis, Ornella De Zordo (eds.), *D.H. Lawrence, Critical Assessments,* 4 vols., Mountfield, East Sussex, 1992.

P. Poplawski, *D.H. Lawrence: A Reference Companion. With a Biography by John Worthen.* Westport, Conn./London 1996.

Ausgaben

The Phoenix Edition of D.H. Lawrence, 26 vols., London 1954–1972.

The Complete Short Stories, 3 vols., London 1955/New York 1961.

The Cambridge Edidition of the Letters and Works of D.H. Lawrence, 27 vols, ed. J.T. Boulton et al., Cambridge/New York/Melbourne etc. 1979–1998.

The Letters of D.H. Lawrence, vols. 1–7 of *The Cambridge Edition of the Letters and Works* , ed. J.T. Boulton et al., Cambridge/New York etc. 1979–1993.

Biographien

E. Nehls (ed.), *D.H. Lawrence: A Composite Biography,* 3 vols., Madison 1957–1959.

H.T. Moore, *The Priest of Love: A Life of D.H. Lawrence,* Carbondale, Ill./New York/London 1974.

A. Burgess, *Flame into Being: The Life and Work of D.H. Lawrence,* London 1985.

J. Worthen, *D.H. Lawrence: A Literary Life,* London 1989.

J. Meyers, *D.H. Lawrence: A Biography,* New York 1990.

D. Ellis, M. Kinkead-Weekes, J. Worthen (eds.), *The Cambridge Biography: D.H. Lawrence,* 1885–1930, 3 vols., Cambridge 1991–1998.

Sekundärliteratur

F.J. Hoffman and H.T. Moore (eds.), *The Achievement of D.H. Lawrence,* Norman, Okla., 1953.

M. Spilka, *The Love Ethic of D.H. Lawrence,* Bloomington, Ind., 1955.

F.R. Leavis, *D.H. Lawrence: Novelist,* London 1956.

G. Hough, *The Dark Sun: A Study of D.H. Lawrence,* New York 1956.

E. Vivas, *D.H. Lawrence: The Failure and the Triumph of Art,* Evanston, Ill., 1960.

D.A. Weiss, *Oedipus in Nottingham: D.H. Lawrence,* Seattle 1962.

R.P. Draper, *D.H. Lawrence*, New York 1964.
J. Gottwald, *Die Erzählformen der Romane von Aldous Huxley und David Herbert Lawrence*, München, Diss. 1964.
H.M. Daleski, *The Forked Flame: A Study of D.H. Lawrence*, Evanston, Ill., London 1965.
G.H. Ford, *Double Measure: A Study of the Novels and Stories of D.H. Lawrence*, New York 1965.
K. Sagar, *The Art of D.H. Lawrence*, Cambridge 1966.
C. Clarke (ed.), *D.H. Lawrence: "The Rainbow" and "Women in Love": A Casebook*, London 1969.
G. Salgādo (ed.), *D.H. Lawrence: "Sons and Lovers". A Casebook*, London ¹1969, repr. 1975, 1990.
K. Alldritt, *The Visual Imagination of D.H. Lawrence*, London 1971.
F. Kermode, *D.H. Lawrence*, New York 1973.
S. Sanders, *D.H. Lawrence: The World of Five Major Novels*, London 1973/New York 1974..
S. Spender (ed.), *D.H. Lawrence: Novelist, Poet, Prophet*, London 1973.
F.R. Leavis, *Thought, Words and Creativity: Art and Thought in D.H. Lawrence*, New York 1976.
R. Beck, *D.H. Lawrence*, Heidelberg 1978.
A. Niven, *D.H. Lawrence: The Novels*, Cambridge 1978.
C.L. Ross, *The Composition of "The Rainbow" and "Women in Love": A History*, London/Charlottesville, Virginia, 1979.
R. Wettern, *D.H. Lawrence: Zur Funktion und Funktionsweise von literarischem Irrationalismus*, Heidelberg 1979.
J. Worthen, *D.H. Lawrence and the Idea of the Novel*, London 1979.
A. Burns, *Nature and Culture in D.H. Lawrence*, London 1980.
C. Dix, *D.H. Lawrence and Women*, London/Totowa, N.J., 1980.
P. Hobsbawm, *A Reader's Guide to D.H. Lawrence*, London 1981.
G. Holderness, *D.H. Lawrence: History, Ideology and Fiction*, Dublin/London 1982.
K. Sagar (ed.), *A D.H. Lawrence Handbook*, Manchester 1982.
H. Simpson, *D.H. Lawrence and Feminism*, De Kalb, Ill./London/Canberra 1982
J.N. Schmidt, *D.H. Lawrence: "Sons and Lovers"*, München 1983.
M. Squires, *The Creation of Lady Chatterley's Lover*, Baltimore/London 1983.
K. Sagar, *D.H. Lawrence: Life into Art*, New York 1985.
M. Squires, D. Jackson (eds.), *D.H. Lawrence's "Lady": A New Look at "Lady Chatterley's Lover"*, Athens, Ga., 1985.
M. Kalnins (ed.), *D.H. Lawrence: Centenary Essays*, Bristol 1986.
C. Heywood (ed.), *D.H. Lawrence: New Studies*, New York 1987.
J. Meyers (ed.), *The Legacy of D.H. Lawrence: New Essays*, London 1987.
G. Salgādo, G.K. Das (eds.), *The Spirit of D.H. Lawrence: Centenary Studies*, London 1988.
W. Templeton, *States of Estrangement: The Novels of D.H. Lawrence 1912–1917*, Troy, N.Y., 1989.

G.M. Hyde, *D.H. Lawrence*, London 1990.
A. Ingram, *The Language of D.H. Lawrence*, New York 1990.
C. Jansohn, *Zitat und Anspielung im Frühwerk von D.H. Lawrence*, Münster 1990.
G. Adelman, *Snow of Fire: Symbolic Meaning in "The Rainbow" and "Women in Love"*, New York 1991.
B. Mensch, *D.H. Lawrence and the Authoritarian Personality*, London 1991.
C.L. Ross, *"Women in Love": A Novel of Myth and Realism*, Boston 1991.
C. Siegel, *Lawrence Among the Women: Wavering Boundaries in Women's Literary Traditions*, Charlottesville, Virginia, 1991.
J. Worthen, *D.H. Lawrence*, London 1991.
M. Bell, *D.H. Lawrence: Language and Being*, Cambridge 1992.
M. Othman, *Thomas Hardy and D.H. Lawrence: A Comparison Between Hardy's and Lawrence's Approaches to the Man-Woman Relationship. "Tess of the D'Urbervilles" and "Jude the Obscure" in Contrast to "The Rainbow" and "Women in Love"*, Berlin, Diss. 1992.
J.B. Sipple, *Passionate Form: Life Process as Artistic Paradigm in the Writings of D.H. Lawrence*, New York 1992.
A. Fernihough, *D.H. Lawrence: Aethetics and Ideology*, Oxford 1993.
P. Poplawski, *Promptings of Desire: Creativity and the Religious Impulse in the Works of D.H. Lawrence*, Westport, Conn., 1993.
A. Stützer, *Darstellung und Deutung der Moderne bei D.H. Lawrence*, Frankfurt a.M. 1995.
R. Rylance (ed.), *Sons and Lovers.* Contemporary Critical Essays, London 1996.
M.F. Kearney, *Major Short Stories of D.H. Lawrence*, A Handbook, New York/London 1998.

Auswahlbibliographie zu Aldous Huxley

Hauptwerke

Romane
Crome Yellow, London 1921.
Antic Hay, London 1923.
Those Barren Leaves, London 1925.
Point Counter Point, London 1928.
Brave New World, London 1932.
Eyeless in Gaza, London 1936.
After Many a Summer (Dies the Swan), Ld./N.Y. 1939.
Time Must Have a Stop, N.Y. 1944/Ld. 1945.
Ape and Essence, London 1948.
The Devils of Loudun, London 1952.

The Genius and the Goddess, London 1955.
Island, London 1962.

Short Stories
Limbo, London 1920.
Mortal Coils: Five Stories, London 1922.
Little Mexican, and Other Stories, London 1924.
Two or Three Graces, and Other Stories, London 1926.
Brief Candles: Stories, London 1930.
Collected Short Stories, London 1957.

Kritische und verschiedene Schriften
On the Margin: Notes and Essays, London 1923.
Along the Road: Notes and Essays of a Tourist, London 1925.
Jesting Pilate: The Diary of a Journey, London 1926.
Essays New and Old, London 1926.
Proper Studies, London 1927.
Do What You Will: Twelve Essays, London 1929.
Music at Night, and Other Essays, Including "Vulgarity in Literature", London 1931.
Texts and Pretexts: An Anthology with Commentaries, London 1932.
Beyond the Mexique Bay, London 1934.
The Olive Tree, and Other Essays, London 1936.
Ends and Means: An Inquiry into the Nature of Ideals and into the Methods Employed for their Realization, London 1937.
Grey Eminence: A Study in Religion and Politics, London 1941.
The Art of Seeing, New York 1942/London 1943.
Science, Liberty, and Peace, New York 1946.
The Perennial Philosophy, London 1946.
Themes and Variations, London 1950.
The Devils of Loudun, London 1952.
The Doors of Perception, London 1954.
Adonis and the Alphabet, and Other Essays, London 1956 (Amerikan. Ausg., Titel: *Tomorrow and Tomorrow and Tomorrow, and Other Essays*, New York 1956).
Heaven and Hell, London 1956.
Brave New World Revisited, London 1958.
Literature and Science, London 1963.

Bibliographien
H.R. Duval, *Aldous Huxley: A Bibliography*, New York 1939, repr. 1972.
C.J. Eschelbach und J.L. Shober, *Aldous Huxley: A Bibliography 1916–1959*, Foreword by Aldous Huxley, Berkeley/Los Angeles, Ca., 1961.
E.E. Bass, *Aldous Huxley: An Annotated Bibliography of Criticism*, New York/London 1981.

Ausgaben.
Collected Works, 36 Bde., London 1946–1974.
Collected Short Stories, London/New York 1957.
Collected Essays, New York 1959/London 1960.
G. Smith (ed.), *Letters of Aldous Huxley*, London 1969.
D. Watt (ed.), *The Collected Poetry of Aldous Huxley*, New York 1971.
P. Ferrucci (ed.), *Aldous Huxley: The Human Situation. Lectures at Santa Barbara, 1959*, London 1977.
M. Horowitz and C. Palmer (eds.), *Aldous Huxley: Moksha. Writings on Psychedelics and the Visionary Experience (1931–1963)*, mit Einleitungen von A. Hoffmann und A. Shulgin, London 1977.

Biographien
J. Huxley (ed.), *Aldous Huxley, 1894–1963: A Memorial Volume*, London 1965.
R.W. Clark, *The Huxleys*, London 1968.
L.A. Huxley, *The Timeless Moment: A Personal View of Aldous Huxley*, New York/London 1968.
Philip Thody, *Huxley: A Biographical Introduction*, New York/London 1973.
S. Bedford, *Aldous Huxley: A Biography*, 2 vols., London 1973–74.
T. Schumacher, *Aldous Huxley: Mit Selbstzeugnissen und Bilddokumenten dargestellt*, Reinbek b. Hamburg 1987, ^{2}1992.

Sekundärliteratur
A.J. Henderson, *Aldous Huxley*, London 1935.
J.A. Atkins, *Aldous Huxley: A Literary Study*, London 1953.
M. Selck, *Der Kontrapunkt als Strukturprinzip bei Aldous Huxley*, Diss. Köln 1954.
S. Chatterjee, *Aldous Huxley: A Study*, Calcutta (1955) ^{2}1966.
S. Ghose, *Aldous Huxley, A Cynical Salvationist*, New York 1962.
J. Gottwald, *Die Erzählform der Romane von Aldous Huxley und David Herbert Lawrence*, Diss. München 1964.
J. Enkemann, *Die satirische Darstellung gesellschaftlicher Desintegration bei Aldous Huxley, Evelyn Waugh und Angus Wilson*, Berlin 1965.
S.J. Greenblatt, *Three Modern Satirists: Waugh, Orwell and Huxley*, London 1964/New Haven 1965.
P. Bowering, *Aldous Huxley: A Study of the Major Novels*, London 1968.
G. Rohmann, *Aldoux Huxley und die französische Literatur*, Marburg 1968.
L. Brander, *Aldous Huxley: A Critical Study*, London 1969.
L. Fietz, *Menschenbild und Romanstruktur in Aldous Huxleys Ideenromanen*, Tübingen 1969.
J. Meckier, *Aldous Huxley, Satire and Structure*, London 1969.
H.H. Watts, *Aldous Huxley*, New York 1969.
C.M. Holmes, *Aldous Huxley and the Way to Reality*, Bloomington, Ind., 1970.

M. Birnbaum, *Aldous Huxley's Quest for Values*, Knoxville, Tenn., 1971.

K. Schlüter, "Aldous Huxley", in: R.Sühnel, D. Riesner (Hgg.), *Englische Dichter der Moderne*, Berlin 1971, 411–422.

P. Firchow, *Aldous Huxley: Satirist and Novelist*, Minneapolis, Minn., 1972.

K.M. May, *Aldous Huxley*, London 1972.

G. Woodcock, *Dawn and the Darkest Hour: A Study of Aldous Huxley*, London 1972.

R.E. Kuehn (ed.), *Aldous Huxley, A Collection of Critical Essays*, Englewood Cliffs, N.J., 1974.

K.B. Ramamurty, *Aldous Huxley: A Study of His Novels*, Bombay, Calcutta, New Delhi 1974.

D. Watt (ed.), *Aldous Huxley: The Critical Heritage*, London 1975.

B. Krishnan, *Aspects of Structure, Technique and Quest in Aldous Huxley's Major Novels*, Uppsala 1977.

C. Bode, *Intellektualismus und Entfremdung: Das Bild des Intellektuellen in den frühen Romanen Aldous Huxleys*, Bonn 1979.

A. Dommergues, *L'amour dans l'œuvre d'Aldous Huxley*, Paris 1979.

W. Erzgräber, *Utopie und Anti-Utopie in der englischen Literatur: Morus, Morris, Wells, Huxley, Orwell*, München 1980, ²1985.

C. Ferns, *Aldous Huxley: Novelist*, London 1980.

B. Thiel, *Aldous Huxleys "Brave New World"*, Amsterdam 1980.

R.S. Baker, *The Dark Historic Page: Social Satire and Historicism in the Novels of Aldous Huxley 1921–1939*, Madison, Wisc., 1982.

P.E. Firchow, *The End of Utopia: A Study of Aldous Huxley's "Brave New World"*, Lewisburg, Pa./London 1984.

C. Bode, *Aldous Huxley: "Brave New World"*, München (1985) ²1993.

K. Greinacher, *Die frühen satirischen Romane Aldous Huxleys*, Frankfurt a.M./Bern 1986.

G.A. Nance, *Aldous Huxley*, New York 1988.

B. Nugel (ed.), *Now More Than Ever: Proceedings of the Aldous Huxley Centenary Symposium, Münster 1994*, Frankfurt 1995.

S. Roy, *Consciousness and Creativity: A Study of Sri Aurobindo, T.S. Eliot and Aldous Huxley*, New Delhi 1991.

J. Deery, *Aldous Huxley and the Mysticism of Science*, London/New York 1996.

J. Meckier (ed.), *Critical Essays on Aldous Huxley*, New York/London etc. 1996.

Auswahlbibliographie zu Evelyn Waugh

Hauptwerke

Romane

Decline and Fall: An Illustrated Novelette, London 1928, rev. ed. London ²1962.

Vile Bodies, London 1930, rev. ed. London ²1965.

Black Mischief, London 1932, rev. ed. London ²1962.

A Handful of Dust, London 1934, rev. ed. London ²1964.

Scoop: A Novel About Journalists, London 1938, rev. ed. London ²1964.

Put out More Flags, London 1942, rev. ed. London ²1967.

Work Suspended: Two Chapters of an Unfinished Novel, London 1942.

Brideshead Revisited: The Sacred and Profane Memories of Captain Charles Ryder, London 1945, rev. ed. London ²1960.

Scott-King's Modern Europe, London 1947.

The Loved One: An Anglo-American Tragedy, London 1948, rev. ed. London ²1965.

Helena, London 1950.

Sword of Honour, London 1965: The Final Version of the Novels *Men at Arms*, London 1952; *Officers and Gentlemen*, London 1955; *Unconditional Surrender*, London 1961.

Love Among the Ruins: A Romance of the Near Future, London 1953.

The Ordeal of Gilbert Pinfold: A Conversation Piece, London 1957.

Short Stories

Mr. Loveday's Little Outing and Other Sad Stories, London 1936.

Work Suspended and Other Stories Written before the Second World War, London 1948.

Tactical Exercise, Boston 1954.

Basil Seal Rides Again, or: The Rake's Regress, London 1963.

Biographien

Rossetti: His Life and Works, London 1928.

Edmund Campion: A Biography, London 1935, ²1946, ³1961.

The Life of the Right Reverend Ronald Knox, London 1959.

Autobiographie

A Little Learning, The First Volume of an Autobiography, London 1964.

Bibliographien

R.M. Davis, P.A. Doyle, H. Kosok and C.E. Linck, *Evelyn Waugh: A Checklist of Primary and Secondary Material*, Troy, N.Y., 1972.

R.M. Davis, *A Catalogue of the Evelyn Waugh Collection at the Humanities Research Center, The University of Texas at Austin*, Troy, N.Y., 1981.

M. Morriss and D.J. Dooley, *Evelyn Waugh: A Reference Guide*, Boston, Mass., 1984.

R.M. Davis, P.A. Doyle, D. Gallagher, C.E. Linck and W.M. Bogaards, *A Bibliography of Evelyn Waugh*, Troy, N.Y., 1986.

Ausgaben
Works: Uniform Edition, 8 Bde., London 1960–1967.
M. Davie (ed.), *The Diaries of Evelyn Waugh*, London 1976.
M. Amory (ed.), *The Letters of Evelyn Waugh*, London 1980.
D. Gallagher (ed.), *The Essays, Articles and Reviews of Evelyn Waugh*, London 1983.

Biographien
Alec Waugh, *My Brother Evelyn & Other Profiles*, London 1967.
D. Pryce-Jones (ed.), *Evelyn Waugh and His World*, London/Boston 1973.
J.S. John, *To the War with Waugh*, London 1973.
D. Carew, *A Fragment of Friendship*, London 1974.
C. Sykes, *Evelyn Waugh: A Biography*, London/Boston 1975.
M. Stannard, *Evelyn Waugh: The Early Years, 1903–1939*, London 1986.
– ders., *Evelyn Waugh: No Abiding City, 1939–1966*, London 1992.
J.H. Wilson, *Evelyn Waugh: A Literary Biography, 1903–1924*, Madison etc. 1996.
D. Lane Patey, *The Life of Evelyn Waugh, A Critical Biography*, Oxford/Cambridge, Mass., 1998.

Sekundärliteratur
C. Hollis, *Evelyn Waugh*, 1954, rev. ed. ^{2}1958.
A. Dauch, *Das Menschenbild in den Werken Waughs*, Diss. Köln 1955.
A.A. De Vitis, *Roman Holiday: The Catholic Novels of Evelyn Waugh*, New York 1956.
C.J. Rolo (ed.), *The World of Evelyn Waugh*, Boston 1958.
F.J. Stopp, *Evelyn Waugh: Portrait of an Artist*, London 1958.
M. Bradbury, *Evelyn Waugh*, Edinburgh/London 1964.
S.J. Greenblatt, *Three Modern Satirists: Waugh, Orwell and Huxley*, London 1964/New Haven 1965.
J.F. Carens, *The Satiric Art of Evelyn Waugh*, Seattle/London 1966.
C. Hollis, *Evelyn Waugh*, London 1966.
R.M. Davis (ed.), *Evelyn Waugh*, St. Louis 1969.
P.A. Doyle, *Evelyn Waugh: A Critical Essay*, Grand Rapids, Mich., 1969.
K. Schlüter, *Kuriose Welt im modernen englischen Roman*, Berlin 1969.
W.J. Cook, Jr., *Masks, Modes, and Morals: The Art of Evelyn Waugh*, Rutherford, etc., 1971.
D. Lodge, *Evelyn Waugh*, New York/London 1971.
K.O. Wyss, *Pikareske Thematik im Romanwerk Evelyn Waughs*, Bern 1973.
G.D. Phillips, *Evelyn Waugh's Officers, Gentlemen and Rogues: The Fact Behind His Fiction*, Chicago 1975.
Y. Tosser, *Le sens de l'absurde dans l'œuvre d'Evelyn Waugh*, Paris 1977.
R.M. Davis, *Evelyn Waugh: Writer*, Norman, Okla. 1981.

C.W. Lane, *Evelyn Waugh*, Boston 1981.
J. Heath, *The Picturesque Prison: Evelyn Waugh and His Writing*, London/Kingston/Montreal 1982.
I. Littlewood, *The Writings of Evelyn Waugh*, Oxford 1983.
M. Stannard (ed.), *Evelyn Waugh: The Critical Heritage*, London/Boston 1984.
J. McDonnell, *Waugh on Women*, London 1986.
J.F. Carens, (ed.), *Critical Essays on Evelyn Waugh*, Boston 1987.
G. MacCartney, *Confused Roaring: Evelyn Waugh and the Modernist Tradition*, Bloomington, Ind., 1987.
K.W. Crabbe, *Evelyn Waugh*, New York 1988.
P.A. Doyle, *A Reader's Companion to the Novels and Short Stories of Evelyn Waugh. With an Appendix by Donald Greene*, Norman, Okla., 1988.
J. McDonnell, *Evelyn Waugh*, Basingstoke 1988.
H. Carpenter, *The Brideshead Generation: Evelyn Waugh and his Friends*, London 1989/Boston 1990.
R.M. Davis, *Evelyn Waugh and the Forms of His Time*, Washington, D.C., 1989.
R.M. Davis, *"Brideshead Revisited": The Past Redeemed*, Boston 1990.
I. Gale, *Waugh's World: A Guide to the Novels of Evelyn Waugh*, London 1990.
W. Myers, *Evelyn Waugh and the Problem of Evil*, London 1991.
F.L. Beaty, *The Ironic World of Evelyn Waugh: A Study of Eight Novels*, De Kalb, Ill., 1992.
A. Blayac (ed.), *Evelyn Waugh: New Directions*, Basingstoke 1992.

Auswahlbibliographie zu George Orwell

Hauptwerke

Romane
Burmese Days, New York 1934.
A Clergyman's Daughter, London 1935.
Keep the Aspidistra Flying, London 1936.
Coming up for Air, London 1939.
Animal Farm, London 1945.
Nineteen Eighty-Four, London 1949.

Sonstige Prosa
Down and Out in Paris and London, London 1933.
The Road to Wigan Pier, London 1937.
Homage to Catalonia, London 1938.
Inside the Whale and Other Essays, London 1940.
The Lion and the Unicorn: Socialism and the English Genius, London 1941.
Critical Essays, London 1946.

James Burnham and the Managerial Revolution, London 1946.
The English People, London 1947.
Shooting an Elephant and Other Essays, London 1950.
England, Your England and Other Essays, London 1953.

Herausgeber
Talking to India: A Selection of English Language Broacasts to India, London 1943.
British Pamphleteers, vol. I: "From the Sixteenth Century to the French Revolution", ed. with R. Reynolds, London 1948.

Bibliographien
Z.G. Zeke and W. White, *George Orwell: A Selected Bibliography*, Boston 1962.
J. and V. Meyers (eds.), *George Orwell: An Annotated Bibliography of Criticism*, New York/London 1977.
G. Fenwick, *George Orwell: A Bibliography*, Winchester 1998.

Ausgaben
Collected Essays, London 1961.
The Collected Essays, Journalism and Letters of George Orwell, 4 vols., ed. S. Orwell and Ian Angus, London 1968.
The Complete Works of George Orwell, London 1987.
George Orwell: The Works in 14 Volumes, a reprint of the 1987 edition of *The Complete Works of George Orwell*, London 1996.

Biographien
M. Gross (ed.), *The World of George Orwell*, London 1971.
P. Stansky and W. Abrahams, *The Unknown Orwell*, London 1972.
J. Buddicom, *Eric and Us: A Remembrance of George Orwell*, London 1974.
P. Stansky and W. Abrahams, *Orwell: The Transformation*, London 1979.
B. Crick, *George Orwell: A Life*, London/Boston 1980.
P. Lewis, *George Orwell: The Road to 1984*, New York 1981.
T.J. Fyvel, *George Orwell: A Personal Memoir*, London/New York 1982.
L. Büthe, *Auf den Spuren George Orwells: Eine soziale Biographie*, Hamburg 1984.
H.-Ch. Schröder, *George Orwell: Eine intellektuelle Biographie*, München 1988.
M. Shelden, *Orwell: The Authorized Biography*, London [1]1991; 1996 (*George Orwell: The Works*, vol. 14).
S. Ingle, *George Orwell: A Political Life*, Manchester 1993.

Sekundärliteratur
J. Atkins, *George Orwell: A Literary Study*, London 1954.
L. Brander, *George Orwell*, London/New York 1954.

C. Hollis, *A Study of George Orwell: The Man and His Works*, London/ Chicago 1956.

R.J. Voorhees, *The Paradox of George Orwell*, Lafayette, Ind., 1961.

R. Rees, *George Orwell: Fugitive from the Camp of Victory*, London 1961/ Carbondale, Ill., 1962.

L. Holz, *Methoden der Meinungsbeeinflussung bei Orwell und Aldous Huxley*, Diss., Hamburg 1963.

I. Howe (ed.), *Orwell's "Nineteen Eighty-Four": Text, Sources, Criticism*, New York 1963.

E.M. Thomas, *Orwell*, Edinburgh/London 1965, New York 1968.

S.J. Greenblatt, *Three Modern Satirists: Waugh, Orwell and Huxley*, London 1964/New Haven 1965.

G. Woodcock, *The Crystal Spirit: A Study of George Orwell*, Boston/ Toronto 1966.

B.T. Oxley, *George Orwell*, London 1967/New York 1969.

J. Calder, *Chronicles of Conscience: A Study of George Orwell and Arthur Koestler*, London/Pittsburgh 1968.

K. Alldritt, *The Making of George Orwell: An Essay in Literary History*, London 1969.

R.A. Lee, *Orwell's Fiction*, London/Notre Dame, Ind., 1969.

S. Hynes, *Twentieth Century Interpretations of '1984'*, Englewood Cliffs, N.J., 1971.

R. Williams, *George Orwell*, New York 1971.

D. Kubal, *Outside the Whale. George Orwell's Art and Politics*, Notre Dame, Ind., 1972.

R. Kalechofsky, *George Orwell*, New York 1973.

A. Sandison, *George Orwell After 1984*, London 1974, 1986.

R. Williams (ed.), *George Orwell, A Collection of Critical Essays*, Englewood Cliffs, N.J., 1974.

A. Zwerdling, *Orwell and the Left*, New Haven/London 1974.

B.-P. Lange, *Literarische Form und politische Tendenz bei George Orwell*, Braunschweig 1975.

J. Meyers, *A Reader's Guide to George Orwell*, London 1975.

– ders. (ed.), *George Orwell, The Critical Heritage*, London/Boston 1975.

C. Small, *The Road to Miniluv: George Orwell, the State, and God*, London 1975/Pittsburgh 1976.

W. Steinhoff, *George Orwell and the Origins of "1984"*, Ann Arbor, Mich., 1975/British edition: *The Road to '1984'*, London 1975.

J. Calder, *Huxley and Orwell: "Brave New World" and "Nineteen Eighty-Four"*, London 1976.

R.I. Smyer, *Primal Dream and Primal Crime: Orwell's Development as a Psychological Novelist*, Columbia, Missouri, 1979.

W. Erzgräber, *Utopie und Anti-Utopie in der englischen Literatur: Morus, Morris, Wells, Huxley, Orwell*, München 1981, ^{2}1985.

C. Jolicœur, *George Orwell: Itinéraire moral et esthétique*, Rennes 1981.

J.R. Hammond, *A George Orwell Companion: A Guide to the Novels, Documentaries and Essays*, London 1982.

B.-P. Lange, *George Orwell: "1984"*, München 1982.

F. Brune, *"1984" ou le règne de l'ambivalence: Une relecture d'Orwell*, Paris 1983.

H.-J. Lang, *George Orwell: Eine Einführung*, München/Zürich 1983.

H. Neumann und H. Scheer (Hgg.), *Plus Minus 1984: George Orwells Vision in heutiger Sicht*, Freiburg 1983.

R. Plank, *George Orwells "1984": Eine psychologische Studie*, Frankfurt a.M. 1983.

G. Bonifas, *George Orwell: L'engagement*, Paris 1984.

L. Hunter, *George Orwell: The Search for a Voice*, Milton Keynes 1984.

E.J. Jensen (ed.), *The Future of "Nineteen Eighty-Four"*, Ann Arbor, Mich., 1984.

B.-P. Lange und A.M. Stuby (Hgg.), *"1984"*, Berlin 1984.

S. Leys, *Orwell ou l'Horreur de la politique*, Paris 1984.

C. Norris (ed.), *Inside the Myth; Orwell: Views from the Left*, London 1984.

D. Patai, *The Orwell Mystique: A Study in Male Ideology*, Amherst 1984.

M. Carter, *George Orwell and the Problem of Authentic Existence*, London 1985.

I. Slater, *Orwell: The Road to Airstrip One*, New York 1985.

B. Oldsey and J. Browne (eds.), *Critical Essays on George Orwell*, Boston 1986.

P. Reilly, *George Orwell: The Age's Adversary*, London 1986.

M. Conelly, *The Diminished Self: Orwell and the Loss of Freedom*, Pittsburgh, Pa., 1987.

D. Wykes, *A Preface to Orwell*, London 1987.

P. Buitenhuis and I.B. Nadel (eds.), *George Orwell: A Reassessment*, Basingstoke 1988.

A. Rai, *Orwell and the Politics of Despair: A Critical Study of the Writings of George Orwell*, Cambridge 1988.

I. Wiedemann, *Stiltechniken in den nicht-narrativen Texten von George Orwell*, Diss., München 1990.

V. Meyers, *George Orwell*, London 1991.

J.W. Young, *Totalitarian Language: Orwell's Newspeak and Its Nazi and Communist Antecedents*, Charlottesville, Va., 1991.

A.M. DeLange, *The Influence of Political Bias in Selected Essays of George Orwell*, Lewiston, Me., 1992.

E. Gottlieb, *The Orwell Conundrum: A Cry of Despair or Faith in the Spirit of Man*, Ottawa, Ont., 1992.

J. Rose (ed.), *The Revised Orwell*, East Lansing 1992.

W.J. West, *The Larger Evils: Nineteen Eighty-Four: The Truth behind the Satire*, Edinburgh 1992.

R. Fowler, *The Language of George Orwell*, London 1995.

S. Howald, *George Orwell*, Reinbek bei Hamburg, 1997.

Auswahlbibliographie zu Graham Greene

Hauptwerke

Romane

The Man Within, London 1929.
Stamboul Train, London 1932.
It's a Battlefield, London 1934.
A Gun for Sale, London 1936.
Brighton Rock, London/Toronto/New York 1938.
The Confidential Agent, London/Toronto/New York 1939.
The Power and the Glory, London/Toronto 1940.
The Ministry of Fear, London/Toronto/New York 1943.
The Heart of the Matter, London/Melbourne/New York 1948.
The Third Man, London/Melbourne/Toronto 1950.
The End of the Affair, London/New York 1951.
The Quiet American, London 1955.
Our Man in Havanna, London/New York 1958.
A Burnt-Out Case, London/Melbourne/Toronto 1961.
A Sort of Life, London/New York 1971.
The Honorary Consul, London/New York 1973.
The Human Factor, Boston/London/New York 1978.
Ways of Escape, London/New York 1980.
Monsignore Quixote, London 1982.
The Tenth Man, London 1985.
The Captain and the Enemy, London 1988.

Sonstige Prosa

Journey without Maps: A Travel Book, New York/London/Toronto 1936.
The Lawless Roads: A Mexican Journey, London/New York 1939.
In Search of a Character: Two African Journals, London/New York 1961.
A World of My Own: A Dream Diary, London 1992.

Bibliographien

J.D. Vann, *Graham Greene: A Checklist of Criticism*, Kent, Ohio, 1970.
R.A. Wobbe, *Graham Greene: A Bibliography and Guide to Research*, New York/London 1979.
A.F. Cassis, *Graham Greene: An Annotated Bibliography of Criticism*, Metuchen, N.J./London 1981.

Ausgaben

Works, Uniform Edition, 15 Bde., London 1949–1963.
Collected Essays, London/Sydney/New York 1969.
Collected Stories, London 1972.

Biographien

N. Sherry, *The Life of Graham Greene*, Bd. 1: 1904–1939, London 1989-
M. Shelden, *Graham Greene, The Man Within*, London 1994.

Sekundärliteratur

J. Madaule, *Graham Greene*, Paris 1949.
K. Allott and M. Farris, *The Art of Graham Greene*, London/Toronto 1951/New York 1963.
J. Rischik, *Graham Greene und sein Werk*, Bern 1951.
F. Wyndham, *Graham Greene*, London (1951), rev. ed. London 1977.
J. Atkins, *Graham Greene: A Biographical and Literary Study*, London 1957, new rev. ed. 1966.
D. Pryce-Jones, *Graham Greene*, Edinburgh (1963), rev. ed. 1973.
A.A. De Vitis, *Graham Greene*, New York 1964/Boston, Mass., ^{2}1986.
P. Stratford, *Faith and Fiction: Creative Process in Greene and Mauriac*, Notre Dame, Ind., 1964.
D. Lodge, *Graham Greene*, New York 1966.
J. Enn, *Graham Greenes Romane: Eine Neuinterpretation ihres religiösen Gehalts*, Wien 1972.
E. Charvát, *Die Religiosität und das Thema der Verfolgung in sechs Romanen von Graham Greene*, Bern 1973.
S. Hynes (ed.), *Graham Greene: A Collection of Critical Essays*, Englewood Cliffs, N.J., 1973.
J.P. Kulshrestha, *Graham Greene: The Novelist*, Delhi 1977.
A. Weber, *Die Erzählstruktur von Graham Greenes katholischen Romanen*, Bern 1978.
U. Böker, *Loyale Illoyalität: Politische Elemente im Werk Graham Greenes*, München 1982.
H.J. Donaghy, *Graham Greene: An Introduction To His Writings*, Amsterdam 1983, Boston ^{2}1986.
G.M.A. Gaston, *The Pursuit of Salvation: A Critical Guide to the Novels of Graham Greene*, Troy, N.Y., 1984.
R. Kelly, *Graham Greene*, New York 1984.
R. Sharrock, *Saints, Sinners and Comedians: The Novels of Graham Greene*, Tunbridge Wells/Notre Dame, Ind., 1984.
G. Smith, *The Achievement of Graham Greene*, Brighton/Totowa, N.J., 1986.
K.M. Radell, *Affirmation in a Moral Wasteland: A Comparison of Ford Madox Ford and Graham Greene*, New York 1987.
V. Schulz, *Das kurzepische Werk Graham Greenes: Gesamtdarstellung und Einzelinterpretationen*, Trier 1987.
M. Couto, *Graham Greene: On the Frontier. Politics and Religion in the Novels*, London/New York 1988.
D. Erdinast-Vulcan, *Graham Greene's Childless Fathers*, London 1988.
N. McEwan, *Graham Greene*, London 1988.
P. O'Prey, *A Reader's Guide to Graham Greene*, London 1988.

A.T. Salvatore, *Greene and Kierkegaard: The Discourse of Belief*, Tuscaloosa, Ala., 1988.

B. Thomas, *An Underground Fate: The Idiom of Romance in the Later Novels of Graham Greene*, Athens, Ga., 1988.

J. Adamson, *Graham Greene: The Dangerous Edge. Where Art and Politics Meet*, London 1990.

J. Meyers (ed.), *Graham Greene: A Revaluation. New Essays*, London 1990.

R.H. Miller, *Understanding Graham Greene*, Columbia, S.C., 1990.

J.C. Whitehouse, *Vertical Man: The Human Being in the Catholic Novels of Graham Greene, Sigrid Undset and Georges Bernanos*, New York 1990.

P. Erlebach, Th.M. Stein (eds.), *Graham Greene in Perspective: A Critical Symposium*, Frankfurt a.M. etc. 1991.

R. Hoskins, *Graham Greene: A Character Index and Guide*, New York 1991.

R.M. Kelly, *Graham Greene: A Study of the Short Fiction*, New York 1992.

B. Diemert, *Graham Greene's Thrillers and the 1930s*, Montreal & Kingston, London, Buffalo 1996.

R. Pendleton, *Graham Greene's Conradian Masterplot: The Arabesques of Influence*, London/New York 1996.

H. Gordon, *Fighting Evil. Unsung Heroes in the Novels of Graham Greene*, Westport, Conn./London 1997.

C. Watts, *A Preface to Greene*, London/New York 1997.

W.J. West, *The Quest for Graham Greene*, London 1997.

Register

Amis, Kingsley 453
Augustinus 420, 437
Austen, Jane 147, 456

Bacon, Francis
  The Wisdom of the Ancients 92
Baudelaire, Charles 303, 420
Beckett, Samuel
  "Dante ... Bruno. Vico ... Joyce" 119
  Malone Dies 454
  Molloy 454
  The Unnamable 454
  Waiting for Godot 345
Bennett, Arnold 127
  The Clayhanger Family 242
Bérard, Victor
  Les Phéniciens et l'Odyssée 92
Bergson, Henri
  Le rire 189–190, 327–328
  L'évolution créatrice 189
Blake, William 82
  The Four Zoas 301
Blavatsky, Mme. Elena P. 283
  Isis Unveiled 117
  Mahatma Letters 117
Boethius
  Consolatio philosophiae 286, 326
Booth, Charles
  Life and Labour of the People of London 196
Bowen, Marjorie
  The Vyper of Milan 405
Braine, John
  Room at the Top 453
Brontë, Emily
  Wuthering Heights 242

Brooke-Rose, Christine
  Out 454
  Thru 454
Browne, Thomas 408
Bunyan, John
  The Pilgrim's Progress 191, 218, 426
Burgess, Anthony
  Clockwork Orange 23
Burnham, James
  The Managerial Revolution 400
Butler, Samuel
  The Authoress of the Odyssee 92
  The Way of All Flesh 75
Byatt, A. S. 454
  Passions of the Mind 9

Carlyle, Thomas 264
  On Heroes, Hero-Worship, and the Heroic in History 141
Carpenter, Edward
  Homogenic Love 218
Carroll, Lewis
  Alice in Wonderland 121
Cervantes Saavedra, Miguel de
  Don Quichote 450, 451
Cézanne, Paul 128, 171, 172
Chambers, Jessie
  D.H. Lawrence. A Personal Record 230
Chaucer, Geoffrey
  The Franklin's Tale 259
Congreve, William
  The Way of the World 163
Conrad Joseph 24–74, 229, 405, 413, 456
  Almayer's Folly 37

An Outcast of the Islands 37–38
Chance 73
Heart of Darkness 37, 47, 49–53, 132
Lord Jim 18, 42–48, 74
Nostromo 13, 14, 26–36, 74, 456
The Arrow of Gold 73
The Nigger of the "Narcissus" 36, 37, 38–42, 50, 456
The Rescue 73
The Rover 73
The Secret Agent 63–72, 74, 392, 405, 410
Under Western Eyes 18, 54–62, 74
Victory 73
Cornelius Agrippa 82

Dante, Alighieri
Brief an Can Grande della Scala 115
Die Göttliche Komödie 14, 72, 103
Dickens, Charles 345, 456
David Copperfield 134
Great Expectations 366
Hard Times 178, 374
Dostojewski, Fëdor M. 128, 303
Dujardin, Édouard
Les lauriers sont coupés 107
Duns Scotus 81

Eastwick, E.B.
Venezuela: or Sketches of Life in a South American Republic 27
Einstein, Albert 128
Eliot, George 230, 453, 456
Middlemarch 25, 26, 35, 267, 454
Eliot, T.S. 420
"Baudelaire", 420
The Four Quartets 122, 162, 246
The Hollow Men 324
The Lovesong of J. Alfred Prufrock 284, 324
"*Ulysses,* Order and Myth" 95
The Waste Land 163, 304, 405, 409
Ellis, Havelock 284, 293
Emerson, Ralph Waldo
Nature 190
Erasmus von Rotterdam 287
Enchiridion 286

Fielding, Henry 456
Tom Jones 95, 122, 134, 277
Flaubert, Gustave 81
L'éducation sentimentale 353
La tentation de Saint Antoine 74
Forster, E. M. 173–223, 278, 456
Aspects of the Novel 222
A Passage to India 35, 173, 204–217, 370, 371
A Room with a View 189–195, 201
Howards End 35, 195–204
Maurice 176, 218–223
The Longest Journey 176–183
Two Cheers for Democracy 205
Where Angels Fear to Tread 183–189, 201
Fowles, John
The French Lieutenant's Woman 455
Frazer, James George
The Golden Bough: Adonis, Attis, Osiris 117, 118
Freud, Sigmund 116, 117, 128, 284, 293
Frobenius, Leo 264
Fry, Roger 350
Cézanne 170

Galsworthy, John 127
The Forsyte Saga 242
George, Henry
Progress and Poverty 318

Gibbon, Edward
  The Decline and Fall of the Roman Empire 124, 324
Gide, André
  Les Faux-Monnayeurs 298
Goethe, Johann Wolfgang von
  Die Wahlverwandtschaften 242
Greene, Graham 405–452
  A Burnt-Out Case 437, 438–440
  A Gun for Sale 409, 414–418
  Brighton Rock 15, 409, 418–424, 437
  It's a Battlefield 409–413
  Monsignor Quixote 450–452
  The End of the Affair 437–438, 439
  The Heart of the Matter 15, 18, 409, 431–437, 438
  The Honorary Consul 440, 444–450
  The Lawless Roads 424, 425
  The Man Within 407–409
  The Power and the Glory 15, 424–431, 437, 446, 447
  The Quiet American 440–444
  The Third Man 405
Guareschi, Giovanni
  Mondo piccolo ›Don Camillo‹ 452

Haggard, Henry Rider
  King Solomon's Mines 405
Hardy, Thomas 229, 372, 448, 456
  Jude the Obscure 134, 366
  The Return of the Native 235, 242
  The Woodlanders 230
Hayek, F. A.
  The Road to Serfdom 398
Heard, Gerald
  The Third Morality 313
Hobbes, Thomas 412, 414
Homer 95
  Ilias 24, 355
  Odyssee 25, 86, 93–94, 95, 96, 100, 115, 355
Hulme, T. E. 420
Huxley, Aldous 275–321
  After Many a Summer Dies the Swan 314–315
  Antic Hay 289–290, 291, 294
  Ape and Essence 316–317
  Brave New World 16, 288, 304–311, 320, 402
  Crome Yellow 280–288, 290, 291, 293
  Eyeless in Gaza 311–314
  Island 16, 298, 316, 317–320
  Point Counter Point 12, 298–304, 311
  The Perennial Philosophy 277
  Those Barren Leaves 289, 290–298
  Time Must Have a Stop 314–316
Huysmans, Joris-Karl
  A rebours 74

Ibsen, Henrik
  Die Stützen der Gesellschaft 74

James, Henry 13, 128, 158, 405, 442
Joyce, James 75–124, 150, 228, 229, 373, 375, 453, 455, 456
  A Portrait of the Artist 75
  A Portrait of the Artist as a Young Man 19, 22, 76–83, 87, 102, 176, 232, 376
  Dubliners 83–86
  Finnegans Wake 14, 15, 85, 100, 103, 109, 110–124
  Stephen Hero 75–76, 81, 87
  Ulysses 14, 88–110, 151, 374, 380, 383
Jung, C.G. 117, 264

Keats, John
  Ode on a Grecian Urn 181
Keynes, John Maynard 251

Kinglake, A.W.
The Invasion of the Crimea 412
Kipling, Rudyard
Kim 370

Langland, William
Piers Plowman 323
Lawrence, D.H. 126, 224–274, 278, 300, 301, 373, 374, 375, 407, 456
Aaron's Rod 261–262
Apocalypse 224
Kangaroo 261, 262–263
Lady Chatterley's Lover 222, 267–274
A Propos of "Lady Chatterley's Lover" 271–272
Sons and Lovers 176, 225, 232–241
The Plumed Serpent 227, 261, 263–266
The Rainbow 241–251, 374
The White Peacock 230–232, 366
Women in Love 227, 241, 251–260
Luther, Martin 287

Mallarmé, Stéphane 81, 102
Malory, Thomas
Le Morte d'Arthur 343
Mann, Thomas
Buddenbrooks 242
Der Zauberberg 252
Marlowe, Christopher
Edward II 292
Masterman, C.F.G.
The Condition of England 196
Masterman, G.F.
Seven Eventful Years in Paraguay 27
Meredith, George
The Egoist 194
Mill, John Stuart
On Liberty 173

Milton, John
Samson Agonistes 313
Money, L.C.C.
Riches and Poverty 196
Moore, G.E. 181
Principia Ethica 146–147, 174, 175
The Refutation of Idealism 146
More, Thomas 296
Morris, William
News from Nowhere 393
Muir, Edwin
The Structure of the Novel 24, 242
Murdoch, Iris 453
Murry, John Middleton 251, 302, 412

Newman, John Henry
The Idea of a University Education 178
Nietzsche, Friedrich
Genealogie der Moral 13

Ogden, C.K.
The System of Basic English 397
Orwell, George 366–404
A Clergyman's Daughter 371–375, 379
Animal Farm 366, 389–392
Burmese Days 367–371, 372
Coming Up for Air 11, 12, 22, 381–386
Down and Out in Paris and London 387
Homage to Catalonia 388–389
Keep the Aspidistra Flying 375–381
Nineteen Eighty-Four 16, 17, 316, 366, 368, 375, 379, 392–404
The Road to Wigan Pier 387–388

Páez, Ramón
Wild Scenes in South America;

or, Life in the Llanos of Venezuela 27
Pascal 420
Pater, Walter 81
    Marius the Epicurean 74
Peacock, Thomas L. 230, 278
    Crotchet Castle 278
    Gryll Grange 278, 279
    Headlong Hall 278
    Nightmare Abbey 278
Pope, Alexander 309
Proust, Marcel 128, 150

Reason, Will
    Poverty 196
Rowntree, Seebohm
    Poverty: A Study of Town Life 196
Ruskin, John 350

Sade, Marquis de 303
Schopenhauer, Arthur
    Die Welt als Wille und Vorstellung 46
Scott, Paul
    The Jewel in the Crown 371
Shakespeare, William
    As You Like It 147, 163
    Cymbeline 163
    Hamlet 96–97, 235
    Henry IV 163
    King Lear 308
    Measure for Measure 316
    Othello 306
    Romeo and Juliet 306, 309
    The Tempest 103, 163
    Twelfth Night 147
Shaw, G.B. 95, 158
Shelley, Percy Bysshe 142
    Epipsychidion 180, 317
    Ode to the Westwind 294
Silllitoe, Alan 453
Silver, Lee M.
    Remaking Eden: Cloning and Beyond in a Brave New World 321

Sterne, Laurence
    Tristram Shandy 160
Sophokles
    Oedipus Rex 115, 116
    Orestie 116
Strachey, Lytton
    Eminent Victorians 134–135
Swedenborg, Emanuel von 82
Swift, Jonathan
    Gulliver's Travels 314

Tennyson, Alfred
    Idylls of the King 343
Thackeray, William Makepeace
    Vanity Fair 25
Thomas von Aquin 81
Tolstoi, Leo 128
    Krieg und Frieden 24, 26
Trotzki (= Leo Dawidowitsch Bronstein)
    The Revolution Betrayed 400
Tschechow, Anton P. 128, 158
Turgenjev, Iwan S. 128

Unamuno, Miguel de
    Del sentimiento trágico de la vida 451
    Vida de don Quijote y Sancho 451

Van Gogh, Vincent 128, 171, 172
Verlaine, Paul 142
Vico, Giambattista
    Grundzüge einer neuen Wissenschaft
    (=*Principj di una scienza nuova*) 92, 93, 118, 119
Villiers de L'Isle Adam, Philippe-Auguste
    Axel 73

Wain, John 453
Waugh, Evelyn 322–365, 407
    A Handful of Dust 323, 342–347
    A Little Learning 355

Black Mischief 336, 339–342, 345
Brideshead Revisited 15, 323, 324, 342, 347–355
Decline and Fall 326, 327, 329–331, 337, 338, 342, 344
Helena 355
Put Out More Flags 342
Scoop 336–339, 360
Sword of Honour 15, 325–326, 356
Men at Arms 356, 359–360
Officers and Gentlemen 356, 360–362
Unconditional Surrender 356, 362–365
The Life of the Right Reverend Ronald Knox 355
The Loved One 355
The Ordeal of Gilbert Pinfold 355
Vile Bodies 331–336

Webb, Sidney u. Beatrice
Minority Report of the Poor Law Commission 196

Wells, H.G. 127
A Modern Utopia 304, 375
The History of Polly 383
Tono Bungay

Wilde, Oscar 81, 143
The Picture of Dorian Gray 75

Wilkins, W.J.
Hindu mythology, Vedic & Puranic 117

Williams, Frederick Benton (pseud.)
On Many Seas: The Life and Exploits of a Yankee Sailor 27

Wilson, Angus
No Laughing Matter 454
The Middle Age of Mrs. Eliot 453

Woolf, Virginia 125–172, 228, 229, 375, 445, 453, 454, 455, 456
Between the Acts 15, 131, 161–167, 183
Jacob's Room 134–138, 139, 176, 228
Mrs. Dalloway 10, 21, 150–155, 199
Night and Day 147–150
Orlando 106, 159–161
A Room of One's Own 22, 148, 161
To the Lighthouse 35, 167–172, 200
The Voyage Out 18, 131–134
The Waves 18, 138–147
The Years 155–159
Three Guineas 148

Wordsworth, William
Preface to Lyrical Ballads 179

Yeats, William Butler 82, 117, 283